박응규

총신대학교에서 신학을 전공했다. 필라델피아 웨스트민스터 신학교에서 목회학 석사와 신학 석사 학위를 받았고, 교회사로 박사 학위를 받았다. 아신대학교(ACTS)에서 명예교수로 교회사 및 역사신학을 가르치고 있다. 저서로 『옥한흠 목사의 설교 세계』 『한국 교회와 종말신앙』(CLC), 『한부선 평전』(그리심) 등이 있고 역서로는 『이성의 시대』 『교리 속 종말론』(그리심), 『페르시아와 성경』 『부흥의 계절』(CLC), 『종교개혁과 개혁신앙』(크리스챤출판사) 등이 있다.

옥한흠
평전

한국 현대 기독교의
초상

옥한흠
평전

박응규 지음

뜰임

박응규 박사의 『옥한흠 평전』은 한국 교회의 대표적 목회자이자 제자훈련 운동의 선구자였던 상재上梓하신 옥한흠 목사의 삶을 세밀하게 기록한 대작이다. 옥한흠 목사의 어린 시절 거제 한촌寒村에서의 성장, 신앙의 형성 과정, 청년 시절, 신학 교육, 그리고 교회 개척과 제자훈련 목회와 정년, 그리고 서거에 이르는 생애 전체를 전기 문학으로 편수한 대저다. 옥한흠 목사는 한국 전쟁 이후 현대 한국 교회를 세계적으로 부상하게 한 인물로 평가되고 있다. 동시에 순수 소박한 복음적 기독교와 강남 기독교를 형상화한 목회자로 평가되고 있다. 저자는 흩어진 자료들 수집에 있어서 거리가 먼 것을 알지 못하였으며, 글의 조리를 곧게 하고 문장을 읽기에 감동으로 하도록, 골고루 정성을 기울였다. 기도로 시종한 것은 이 문장들이 경건 문학을 방불하게 하는 영험靈驗으로 젖어 있게 하였고, 읽는 동안에 전달되어 오는 감동은 전기 문학의 극치에 이르게 했다. 이런 글을 쓰고 간행한 박응규 박사의 업적이 그의 또 하나의 준봉峻峰이 될 것이고, 우리 교회나 사단史檀에는 보감寶鑑의 묵직한 자리를 차지하게 될 것이다.

민경배, 교회사학자(연세대학교 명예교수)

옥한흠 목사는 한국 교회의 자랑이다. 굴지의 대교회를 이룩했으면서도 그것의 바람직함에 대해서 계속 고민했으며, 수많은 사람의 부러움과 존경을 받았으면서도 교만하지 않았고, 성공한 목회자의 표상이라 할 수 있으면서도 끊임없이 자신의 부족함에 관해 고민했으며, 올바로 설교하기 위해서 처절할 정도로 고민하고 노력한 진실하고 신실한 목회자였다. 그는 모든 목회자의 사표요 한국 기독교 역사에 중요한 목회자로 기록되기에 충분하다. 그의 설교나 강의를 들을 때마다 그가 얼마나 열심히 준비했는가를 분명하게 느낄 수 있었고, 비록 나이로는 후배지만 존경스러웠던 것이 기억난다.

그의 삶을 매우 상세하게 소개한 책이 나왔다. 박응규 박사의 『옥한흠 평전』이다. 한 인물을 이토록 상세하고 광범위하며 깊이 있게 다룬 경우는 드물다. 그리고 그 어느 부분도 무의미한 지면의 낭비라고 느끼지 못할 정도로 치밀하게 서술했다. 옥한흠 목사에 관해 관심을 가진 사람은 반드시 읽어야 할 책이다. 옥한흠의 어렸을 적 어려운 가정 상황, 결코 순탄했다 할 수 없는 학업 과정, 일생 동안 그를 괴롭힌 건강 문제, 행복한 결혼과 훌륭한 배우자, 자신의 부족함에 대한 좌절과 끊임없이 추구한 완벽함, 흠잡을 수 없는 자기 관리 등을 아주 생생하게 전달해 주고 있다. 그 하나하나가 독자들에게 인상적이고 긍정적인 자극이 될 수 있다.

그 대상의 삶이 충분히 모범적이기 때문에 당연히 긍정적일 수밖에 없다. 그리고 일단 세상을 떠난 분에 대한 평가는 긍정적이라야 한다고 믿는다. 그러나 적어도 옥한흠 목사가 고심 끝에 대교회를 해체하지 못한 점과 결코 자랑스럽지 못한 줄 알았으면서도 막지 못한 사치스러운 교회 건축에 대해서는 후대의 평이 존재해야 마땅했는데, 이 책이 그 역할을 감당해 주었다. 이는 그의 약점을 폭로한 것이 아니라 하나님 앞에서 조금이라도 더 온전하게 사역하려고 씨름한 옥한흠 목사의 공과(功過)를 공정하게 읽어 낸, 결과적으로 가장 정확한 형태의 명예 회복이라 할 수 있다.

어쨌든 이 책은 그리스도인들과 특히 한국 목회자들이 읽으면 큰 이익이 될 좋은 책이다. 그리고 읽기 시작하면 쉽게 놓아지지 않을 만큼 재미도 있다.

손봉호, 철학자(서울대학교 명예교수)

오랜 외우(畏友) 박응규 박사의 『옥한흠 평전』을 보니 43년 전 옥한흠 목사를 처음 만난 일이 그려진다. 1982년 2월 18일, 부산 고신대학교 교회문제연구소 행사에 초청받고 부산으로 온 옥한흠 목사는 "어떤 교회가 성장하면 그 교회를 모방하려고 하는데 그것은 최선의 길이 아니며, 자신의 고유한 목회 방식을 개발해야 한다"고 말하면서, "평신도 훈련이 새로운 목회 대안이 될 수 있다"고 했다. 그리고 "목회는 목회자의 일방적 사역이 아니라 평신도와 함께 하는 사역"이라고 하면서 "평신도 훈련이야말로 새로운 활로라고 주장"했던 그의 결의와 실천이 이 책을 통해 우리 앞에 목회자의 모범으로 제시되었다. 그때는 사랑의교회를 개척한 지 6개월 정도 되었을 때였고, 『평신도를 깨운다』가 출판되기 약 2년 전이었다. 옥한흠 목사는 40여 년간 오직 한길을 걸어갔고, 부흥했던 한국 교회를 갱신했다. 이 책은 옥한흠 목사가 걸어갔던 자취를 따라 그가 남긴 제자훈련, 평신도 지도자 양성, 교회 갱신, 개혁과 부흥 등 한국 교회 복음주의 운동의 역사와 유산을 섬세하게 그리고 있다. 박응규 박사는 『한부선 평전』을 통해 긴기 혹은 평전 작가로 명성을 얻었고, 이 대작을 통해 다시 그의 역사적 안목, 예리한 성찰, 기술적 능력을 보여 주었다.

이상규, 교회사학자(고신대학교 명예교수)

목차   서문   13

1부   자신을 깨운 한 사람, 옥한흠   19

1장   옥한흠의 출생과 성장
한 사람, 옥한흠의 출생   20
경남 거제 지역의 기독교 신앙   24
옥한흠의 성장 과정   33
책벌레, 옥한흠   41

2장   옥한흠의 신앙 형성
옥한흠의 회심   48
옥한흠과 학생신앙운동   51
옥한흠의 소명   63

3장   옥한흠의 청년 시절과 결혼
옥한흠의 대학 생활   74
아내와의 만남과 결혼   89
옥한흠의 아내, 김영순   97

4장   신학생 옥한흠의 목회 사역 준비
1960년대 후반의 총회신학교와 교수진   101
옥한흠의 신학 수업과 「신학지남」   107
옥한흠의 지도력과 경건 생활   124

| 2부 | 평신도를 깨운 광인(狂人), 옥한흠 | 131 |

5장 옥한흠의 성도교회 대학부 사역

옥한흠의 좋은 교회에 대한 꿈 … 132
제자훈련의 교두보: 성도교회 대학부 … 136
교회 속의 제자, 세상 속의 제자 … 157
옥한흠의 광인 공식: 미쳐야 미친다. … 173
옥한흠의 멘토 김성환 목사와 평생 동지들 … 170

6장 제자훈련 신학화를 위한 미국 유학

칼빈 신학교 유학과 이민 목회 … 198
김영순 사모와 세 아들, 그리고 경남 진영 … 214
웨스트민스터 신학교와 한스 큉의 『교회론』 … 218

7장 가장 행복한 결정

교회 개척, 강남은평교회 … 234
왜 이 교회를? … 241
세 가지 창립 비전 … 248
작은 예수 운동 … 255

8장 예수의 제자 됨과 제자훈련 목회

제자훈련 목회와 그리스도의 하나님나라 사역 … 264
옥한흠의 교회론과 사도성, 그리고 제자훈련 … 267
성령 충만과 제자훈련, 그리고 선교적 교회론 … 276
옥한흠의 시대 인식과 제자훈련의 당위성 … 279

3부	제자훈련의 장인(匠人), 옥한흠	289

9장	제자훈련 목회에 함께 미쳤던 동역자들	
	사랑의교회와 초기 부교역자들	290
	여집사 제자들과 옥한흠의 아내	298
	사랑의교회의 전도부인들	310
	사랑의교회의 권서들: 남성들의 제자훈련	315

10장	제자훈련 목회의 터전들	
	제자훈련, 현대판 카타콤	321
	제자훈련 목회 현장 리포트, 기도행전	328
	제자훈련 교과서, 『평신도를 깨운다』	337

11장	제자훈련 지도자(CAL) 세미나	
	『평신도를 깨운다』의 후속타, CAL 세미나	345
	CAL 세미나의 영향과 확산	348
	제자훈련, 전도, 문화명령, 그리고 사회적 책임	355
	제자훈련 목회와 대각성 전도집회	362

| 4부 | 목사들을 깨운 목사, 옥한흠 | 373 |

12장	옥한흠의 지도력과 사랑의교회	
	지도력 형성과 특성	374
	지도력과 공동체	402
	지도력과 확산	431

13장	옥한흠의 교회론적 비전: 교회의 순수성과 연합 운동	
	교회론적 비전	461
	예장합동 교단	480
	교회갱신목회자협의회(교갱협)	495
	한국목회자협의회(한목협)	517

14장	옥한흠과 제자훈련 목회의 선교지향성	
	제자훈련 목회의 국내외 확산	540
	제자훈련 목회의 사회적 영향력	549
	제자훈련 목회의 선교적 적용	575

| 5부 | 그리스도의 참 제자, 옥한흠 | 609 |

15장 은퇴 전후의 옥한흠
참 제자의 길 610
교회를 위한 선택, 조기 은퇴 618
오정현의 부임과 그 이후 627

16장 옥한흠의 한국 교회를 향한 외침
한국 교회를 향한 절규 661
사랑의교회 설립 30주년 672
고뇌와 병고 692

17장 옥한흠의 마지막 투병과 소천
이제는 그 모든 짐을 내려놓아야 할 때 704
옥한흠 없는 사랑의교회와 한국 교회 724
소명자는 낙심하지 않는다 735

주 742

서문

한 인물의 생애를 살피는 일은 언제나 그 시대를 함께 바라보고 재구성하는 일과 맞닿아 있다. 은보恩步 옥한흠 목사님1938-2010의 삶도 마찬가지다. 그는 개인적 열정과 신앙적 확신을 가지고 목회의 길을 걸었지만, 그 발걸음은 언제나 당시 한국 사회와 교회의 변화 속에서 형성되었다. 이 평전은 그의 생애를 면밀히 기록함으로써, 한 목회자의 이야기를 넘어 한국 현대 기독교가 어떤 길을 걸어왔는지를 함께 살피려는 시도다. 은보의 사역은 한국 교회가 압축 성장하던 시기와 깊이 연결되어 있다. 한국 전쟁 이후의 혼란, 산업화로 인한 도시 팽창, 그리고 새로운 교회 성장 모델의 도입 등은 교회가 스스로의 정체성을 정립해야 했던 중요한 전환기의 모습이었다. 그는 이 시기에 평신도 제자훈련을 중심으로 한 새로운 목회 방향을 모색했으며, 오랜 숙고 끝에 발견한 사역의 모델을 발전시켰다. 이는 그의 독창적 시도이기도 했지만, 동시에 그 시대가 요구했던 신학적 과제에 대한 응답이기도 했다. 제자훈련은 그 시대가 경험한 부흥의 동력과 함께 작동하며 은보 자신과 한국 교회에 깊은 영향을 주었다.

무엇보다 저자로서 깊은 존경을 품게 된 부분은 은보가 목회자로서 견지했던 태도였다. 그는 자신의 부족함을 누구보다 잘 인식했고,

목표로 삼은 기준에 미치지 못한다고 느낄 때마다 그 책임을 스스로에게 돌렸다. 성공이 따를 때에도 자신을 드러내기보다 하나님 앞에서의 정직함을 지키려 했고, 교회가 성장할수록 오히려 경계심을 더했다. 사역의 성취보다 성도의 영적 성숙을 우선했고, 지도자의 권한보다 공동체의 건강을 먼저 생각했다. 수많은 주변부의 증언을 통해 알 수 있듯, 은보는 단지 목회적 기법을 넘어, 시대의 복잡성 속에서도 참된 목회가 무엇인지를 치열하게 고민했던 그리스도인이었다. 은보의 사역을 기록하면서, 한 연구자로서뿐 아니라 한 신앙인으로서도 배울 점이 적지 않았다.

그러나 은보의 사역을 통해 드러난 것은 성취만이 아니었다. 성장기에 놓여 있었던 한국 교회의 대형화는 교회의 사역을 확장시켰지만, 한편으로 거대한 그림자들을 야기했다. 그 또한 시대적 한계 아래 놓여 있었다. 교회가 커질수록 목회의 방향과 구조, 공동체의 형태, 지도력의 영향력은 그의 원래 의도와 다른 방향으로 움직이기도 했다. 그는 교회의 본질을 잃지 않기 위해 여러 차례 경고와 제언을 남겼지만, 시대의 흐름은 그의 우려를 충분히 반영하지 못한 채 더 큰 규모와 영향력을 향해 나아갔다. 이 책은 그 과정에서 드러난 교회론적 문제들, 그리고 그것이 후대에 남긴 숙제들을 적게나마 다루며 "옥한흠"을 이상화하지 않았다. 오히려 그의 사역을 있는 그대로 바라보고, 그가 씨름했던 과제와 넘어서지 못했던 한계를 정직하게 기록하려고 했다. 그의 생애를 따라가다 보면, 어느 순간 우리는 한 목회자의 내면적 투쟁을 읽는 동시에, 한국 교회가 아직도 해결하지 못한 질문들을 마주하게 된다. "건강한 교회란 무엇인가", "어떤 방식으로 공동체는 세워지는가", "규모와 영향력은 어떤 형태의 신학을 만들어 내는가"와 같은 질문은 그의 시대뿐 아니라 오늘의 교회가 다시 묻고 답해야 하는 교회론적 문제다.

이 평전은 그러한 의미에서 한 인물에 관한 기록이자, "한국 현대 기독교의 초상肖像"이다. 은보의 생애를 통해 보이는 빛과 그림자는 바로 한국 교회가 가진 가능성과 한계를 동시에 드러낸다. 그의 사역은 여전히 많은 교회와 신자에게 영향을 미치고 있으며, 그가 남긴 교회론적 긴장들은 지금도 유효한 쟁점으로 남아 있다. 이 책이 독자들에게 "옥한흠"을 새롭게 이해하는 통로가 되기를 바란다. 더 나아가 그의 생애를 통해 한국 교회가 스스로에게 묻지 못했던 질문을 마주하고, 앞으로의 방향을 모색하는 데 작은 단초가 되기를 기대한다. 한 인물의 삶을 다시 읽는 일은 결국 우리 시대의 교회를 다시 읽는 일과 다르지 않기 때문이다.

은보에 대한 소식은 1980년 초반부터 총신대학교 캠퍼스에서 들어왔고, 그 후 도미하여 웨스트민스터 신학교에 재학 중일 때도 그의 설교 테이프를 오랫동안 들으며 누렸던 감동과 은혜는 아직도 잊을 수 없다. 오랜 세월이 흐른 후, 2009년 가을에 국제제자훈련원 사무실에서 은보를 만나 그의 생애와 목회, 그리고 설교에 대한 대화를 나누게 되었고, 비록 길지 않은 시간이었지만 그에 대해 깊이 이해할 수 있는 계기가 되었다. 그리고 국제제자훈련원으로부터 은보에 대한 평전을 저술해 달라는 제안을 받게 되었다.

당시 은보의 건강 상태가 많이 악화된 상황이어서 평전 저술을 위한 준비 작업을 서둘러야 했으며, 초기 단계에서 당시 김명호 국제제자훈련원 대표님, 옥성호 출판본부장님, 그리고 조상용 은보기념사업회 사무국장 및 은보기록실장님의 도움이 매우 컸다. 그 후 김영순 사모님과 가족들, 그리고 사랑의교회 오정현 목사님을 비롯한 여러 장로님들과 권사님들, 그리고 관계된 많은 분들과의 인터뷰를 통해서 글로 남겨진 자료뿐만 아니라, 은보와 함께 동역했던 120여 명이 넘는 분들의 생생한 증언과 진술은 평전이 좀 더 생동감 있는 역사적 행전行傳으로 기록되는 데 중요한 근거가 되었음에 진심으로 감사의 마음을 전하고자 한다. 은보에 대한 자료들, 곧 그와 관련한 문서들과 증언들을 국내뿐만 아니라 그가 유학했던 칼빈 신학교와 웨스트민스터 신학교, 그리고 목회했던 이민 교회들을 방문하여 철저하게 수집하고 역사적인 기록으로 남기고자 최선의 노력을 다했다. 특히 2009년에 사랑의교회 30주년을 기념하는 세미나에서 "한국 교회를 깨운 옥한흠 목사의 설교 세계"라는 논문을 발표했고, 2012년 은보기념 추모세미나에서는 "은보 옥한흠 목사의 선교적 교회론과 제자훈련 목회"라는 주제로 논문을 발표하면서 본격적인 저술이 진행되었다. 수년간의 자료 수집, 인터뷰, 주요 주제들에 대한 필자의 연구와 논문들이 축적되면서 평전의 출판 작업이 원활하게 진행되던 중 당시 사랑의교회 내부적 상황으로 말미암아 공식적으로 출판 과정이 중단되었다. 그리고 상당 기간 동안 원고는 발전되었지만, 이렇다 할 출판사를 찾지 못하고 있던 실정이었다.

이러한 와중 2017년에 『옥한흠 목사의 설교 세계』라는 저서가 출판됨으로 은보에 대한 목회적이고 역사적인 기록을 한국 교회에 전하고 남겨야겠다는 소망이 부분적으로는 성취되었다. 하지만 평전에 대한 아쉬운 마음을 금할 수 없었던 차에, 이러한 소식을 들은 뜰힘 출판사의 최병인 대표가 젊은 세대를 위해서라도 『옥한흠 평전』은 반드시 출판되어야 한다는 제안을 주었다. 그로 인해 오랫동안 묵혀 두었던 평전 초고가 새롭게 가다듬어지고 드디어 세상에 빛을 보게 되었다. 이러한 출판이 은보가 소천(召天)한 지 15주년을 맞이하여 이루어진 것도 결코 우연한 일은 아니라고 믿는다.

    이 책이 출판되기까지 여러분의 격려와 후원, 특별히 사랑의교회, 국제제자훈련원, 은보기념사업회 등에 진심으로 감사의 마음을 전하고자 한다. 또한 원고를 꼼꼼하게 읽고 귀한 의견을 제시해 주신 오광만 교수님, 필요할 때마다 조언을 아끼지 않으신 원종천 교수님, 그리고 아신대학교ACTS의 여러 동료 교수님들과 웨스트민스터 신학교 동문들께도 고마움을 표하고자 한다. 또한 바쁘신 일정 중에도 귀한 추천사를 써 주신 민경배 박사님, 손봉호 박사님, 그리고 이상규 박사님께도 감사의 말씀을 드리고자 한다. 아무쪼록 이 책이 한국 교회를 사랑하고 하나님의 말씀대로 갱신될 뿐만 아니라 그리스도의 참된 제자들이 구름 떼와 같이 일어나 주님이 다시 오시는 그날까지 복음의 증인으로, 그리고 그리스도의 참 제자로 살아가도록 한 알의 밀알로 수고와 희생을 아끼지 않은 은보 옥한흠 목사님의 삶과 사역이 널리 알려지고 이어지는 계기가 되기를 간절히 소망한다.

박응규
2025년 11월

1

자신을 깨운
한 사람,

옥한흠

그는 누구(Who)인가?
옥한흠의 성장 배경과
신앙 형성

옥한흠의 출생과 성장

1장

한 사람, 옥한흠의 출생

1938년 12월 5일, 옥한흠은 경남 거제의 한 바닷가 마을에서 아버지 옥약슬과 어머니 이희순의 3남 1녀 중 장남으로 출생했다. 지금은 삼거동이라 불리는 70호 정도가 사는 작은 마을에서 그의 선조가 5대째 살고 있었다. 그곳은 가족과도 같은 이웃 공동체로 인해 정서적 유대감이 어느 지역보다도 두터웠다.

옥한흠이 태어난 1938년은 일제의 압제가 더욱 거세지고 있었으며 신사참배 강요를 끝까지 거부하며 버티던 한국장로교회마저 굴복하고 말았던 치욕과 수치의 해이기도 했다. 그때는 일본 제국주의자들의 침략 전쟁이 1931년의 만주 사변을 거쳐 1937년에 일어난 중일 전쟁을 통해 본격화되고 있었고, 다시 1941년에 도발한 "대동아전쟁"이라 부른 태평양전쟁으로 확대되고 있었다. 그리고 일제는 식민지 백성 조선 사람들의 전쟁 협력을 받아 내기 위한 갖가지 정책을 강화하고 있었다. 일제강점기의 끝자락에 빈농의 가정에서 태어난 옥한흠은 일제 치하의 민족적 수난기에 개인적으로도 결코 적지 않은 어려움을 겪으면서 성장했다. 옥한흠은 일제 통치의 잔악성을 실제로 경험하고 피부로 느끼기에는 어린 나이였지만, 그 시대를 처절하게 살아갔던 그의 부모와 전前 세대로부터 창씨개명, 조선어 사용 금지나 이른바 황민화정책 등 여느 식민 지배와는 확연하게 다른 민족 말살을 획책하는 야만적이고 폭압적인 가슴 아픈 이야기를 들으며 자랐다. 더군다나 장남 옥한흠이 태어났어도 지독한 가난 때문에 그의 어머니는 음식을 제대로 먹지 못해 아들에게 젖 한 번 풍족하게 줄 수 없었다.

거제에는 고려 왕씨 후손들이 '옥玉' 씨로 변성變姓하고 조선 왕조 500여 년 간 숨어 살았다는 전설을 믿었던 그의 씨족들이 살던 마을이 있었다. 그들은 나름대로 자부심과 완고함이 강했다. 그런 가운데 옥한흠의 선조들이 기독교 신앙을 받아들인 것은 참으로 용기 있는 행동이었다. 그것은 하나님의 오묘한 섭리의 결과였다. 그들은 대부분 가난했지만, 그 마을에 선교사를 통해 복음이 전해지고 교회가 세워짐으로 영적으로 풍성한 삶을 누리며 살아가게 되었다. "초가집 교회에서 예배드리던 일은 내 기억 속에 선명하게 남은 가장 오래된 추억이다"라고 옥한흠이 회상할 만큼 이 마을 교회에서 이어받은 신앙적 유산은 그의 생애에 아주 중요한 뿌리가 되었다.[1]

옥한흠이 태어나서 다섯 살까지 살았던 거제의 삼거리라는 마을에는 초가집 교회 한 채가 있었다. 그 마을에서 처음으로 복음을 받아들인 이가 바로 옥한흠의 증조부인 옥주례였다. 옥주례는 호주 선교사에게 복음을 들은 후, 회심하고 철저한 기독교 신앙에 몰입했다. 이러한 복음의 수용은 거제에서는 두 번째였다. 첫 번째로 복음을 믿은 사람을 통해 옥포교회가 세워졌고, 그 후 두 번째로 복음을 받아들인 옥주례를 통해 삼거리교회가 세워졌다.² 당시 보수적인 분위기가 팽배한 마을에서 예수를 믿자마자 상투를 자르고 제사를 폐한 것은 매우 어려운 결정이었다. 이 일 때문에 '예수쟁이들'이라고 불리며 심한 핍박을 받기도 했지만, 이때부터 옥씨 집안은 독실한 기독교 집안이 되어 갔다. 옥주례는 영수領首가 되어 가가호호 방문하며 전도한 몇 가정과 함께 초가집 한 채를 마련해 삼거리교회를 시작했다. 그리고 이 교회가 옥한흠에게는 신앙의 요람이었다. 옥한흠의 조부, 옥영주도 아버지의 귀한 믿음을 이어받아 영수로서 교회를 섬기며 신실하게 살았다. 그리고 그의 조모 또한 독실한 신앙생활을 하며 여든셋의 나이에 소천하기 사흘 전까지도 새벽기도를 빠뜨리지 않았다고 한다.³ 또한 옥영주는 그의 아들들의 이름을 한문 성경에 나오는 이름으로 옥약한, 옥약슬, 옥약백으로 지었다 딸들이 이름은 쟁애와 몽애였고 막내는 옥치상이었다.⁴

부산과 경남 지역에서 첫 한국인 목사가 배출된 때는 1909년이었지만, 그 이후에도 그곳은 목사 없는 교회들이 절대다수였다. 목사 선교사들이 여러 지역 교회를 돌보며 정기적으로 순회하며 성례를 베풀었고, 개교회의 적절한 말씀의 봉사자를 선택하여 '조사'로 혹은 '영수'로 교회를 섬길 수 있도록 교육하고 격려를 아끼지 않았다.⁵ 그런 면에서 영수로 활동했던 옥한흠의 증조부 옥주례는 그 지역 교회의 평신도 지도자 중 한 사람이었다. 옥한흠의 어머니 이희순도 옥주례의 전도로 예수를 믿기 시작한 신앙심이 돈독한 가정 출신이었고, 믿음이 무척이나 단아했으며, 많이 배우지는 못했어도 오히려 의심하는 법 없이 소박하게 주님께 순종하는 신앙의 삶을 살았다. 이희순은 젊은 시절부터 매사에 적극적이었으며, 매우 활동적인 인물이었다. 또한 그녀는 주위의 사람들에게 역동적인 에너지를 느끼게 할 만큼 기운이 넘치는 성격이 강한 여인이었다.[6] 옥한흠 부모의 결혼은 "같은 마을의 같은 교회 교인끼리 맺은 혼사였다."[7]

  어릴 때부터 옥한흠은 어머니의 손에 이끌리어 교회에 나가기 시작했고, 그의 어머니도 아들을 신앙으로 잘 키웠다. 옥한흠이 세 살 때 어머니의 등에 업혀 예배에 참석했던 어느 날, 그때 들었던 찬송가의 여운이 그의 귓전에 평생 남아 있었다. 그때의 감격을 옥한흠은 이렇게 말했다. "아마 이것이 내가 예수에 대해 알고 느낀 최초의 체험이 아닌가 싶다. 이런 의미에서 내가 유난히 찬송을 사랑하는 목사가 된 것은 결코 우연한 일이 아닐 것이다."[8] 그리고 종종 그의 어머니는 네 살밖에 안 된 어린 아들을 앉혀 놓고 가만히 방에서 예배를 드리곤 했다. 그 이유는 일제가 식민 통치 말기에 기독교에 대해 혹독한 핍박을 자행하면서 증조부가 세웠던 고향 교회를 폐쇄했기 때문이다. 이러한 시대적 암흑기에 어머니의 신앙적 감화로 어린 소년 옥한흠은 신앙의 세계로 점점 빨려 들어갔다. 그리고 지독한 가난 속에서 복음으로 위로받고, 신앙생활에서 기쁨을 느끼는 것이야말로 옥한흠의 유일한 낙이었다. 그래서 훗날, 8·15광복 이후 너무도 가난하고 혼란스러운 시절을 눈물로 기도하며 예수를 믿었다고 말할 만큼, 어린 시절의 가난과 고통은 그의 삶을 예수께로 견인해 가는 주요한 요인이었다.[9]

경남 거제 지역의 기독교 신앙

19세기 말엽에 경남 지역 대부분은 기독교의 복음을 접하지 못하고 있었다. 이 지역은 해안과 인접해 있기 때문에 상대적으로 "해안성 미신과 토착신앙이 강했고, 불교적 영향이 깊어 기독교 복음에 대해 저항적이었다." 초기 선교사들의 헌신적인 사역과 기독교 교육, 그리고 의료 활동 등을 통해 기독교 복음에 대한 오해를 불식시키고 복음의 외연에 기여했음에도 불구하고 타 지역에 비해 선교와 전도의 열매가 다소 미약한 것은 사실이었다. 그러나 "기독교 복음과의 접촉은 이 지역에서의 가치, 질서, 그리고 사회 규범을 개변시켰고, 진정한 자유와 해방을 주는 한 줄기 소망의 빛이었다"고 말할 수 있을 만큼 서서히 결실이 영글어 갔다.[10]

그런데 경남 지역 사람들이 1890년대 후반에 이르면 당시로서는 사교邪敎랄 수밖에 없었던 야소교의 복음을 듣자마자 열정적인 반응을 보이기 시작했다. 그들은 호주 장로교 선교사 앤드류 아담슨Andrew Adamson, 손안로의 전도를 받게 되자 복음에 귀의하는 놀라운 역사役事가 일어났다.[11] 거제도는 호주 선교부 관할이었고, 호주 장로교 통영 지부에 속해 있었다. 통영에 선교지부가 설치된 때는 1912년이었지만 통영 지역에서의 기독교 선교 운동은 이보다 앞서 진행되었다.[12] 초기의 선교사들이 제물포를 통해 서울로 들어가기 전에 대부분 부산을 거쳐 갔지만, 본격적인 부산과 경남 지역 선교는 미 북장로교 파송 선교사였던 배위량William Martyn Baird을 통해 시작되었다. 배위량은 1891년 1월에 내한하여, 그 이듬해인 1892년 5월부터 서상륜과 함께 김해, 창원, 마산, 진해를 거쳐 고성, 통영 지방까지 답사하며 첫 번째 전도 여행을 했다. 그 이후에도 수차례에 걸쳐 경남 지역뿐만 아니라, 경북 지역도 전도 여행을 하면서 복음을 전파했다. 배위량은 조선에 도착한 그해부터 1895년까지 부산에 머물면서 부산 지부를 개척하며, 동일한 시기에 사역했던 호주 장로교 선교사들과 함께 초기 부산과 경남 지방 기독교 형성에 크게 기여한 부산에 주재했던 최초의 북장로교 선교사였다.[13]

또한 호주 장로교 선교부가 경남 지역을 선교지로 확정하게 된 배후에는 1889년 한국에 도착한 헨리 데이비스Joseph Henry Davies와 그의 누나 메리 데이비스Mary Tabor Davies의 역할이 매우 컸다. 바울의 선교 모델을 따라 "그리스도가 전해지지 않은 곳"(롬 15:20)에 복음을 전하겠다는 계획을 세운 데이비스는 1890년 3월 14일 한국어 선생을 비롯한 일행과 함께 서울을 떠나 약 20일 동안 전도 여행한 결과, 4월 4일 부산에 도착했다. 그러나 그는 추운 날씨와 더불어 피로가 누적되어 그만 천연두와 결핵으로 그다음 날 세상을 떠나고 말았다. 데이비스의 예기치 못한 죽음은 오히려 호주의 빅토리아 장로교회가 적극적으로 한국 선교를 감당하게 되는 계기가 되었다.[14]

1892년에는 엘리자베스 무어Elizabeth S. Moore 선교사가 내한했다. 무어 선교사는 1894년부터 통영 지역을 정기적으로 순회하며 전도했으며, 통영 선교지부가 개설되면서부터 로버트 왓슨Robert D. Watson, 왕대선 선교사 부부와 함께 이 지역의 개척선교사로서 사역하면서 통영 내륙 지방과 도서 지방을 순회하며 전도했다. 무어가 1894년부터 통영 지역을 정기적으로 전도한 결과, 이 지역에 적지 않은 신자들이 생겼다. 또한 이 지역을 초창기부터 열정적으로 선교했던 인물 중 앤드류 아담슨을 꼽지 않을 수 없다. 아담슨은 중국에서 선교한 경력이 있었던 인물이었는데, 부산 초량에 머물면서 거제도, 통영, 그리고 마산포 지역에서 전도 활동을 했다.[15]

옥한흠의 증조부 옥주례가 어느 선교사에게서 복음을 들었는지는 확실하지 않지만, 분명한 것은 1890년대에 부산을 거점으로 경상도 지역을 순회하며 선교 활동을 펼친 선교사들의 전도의 열매로 신자가 되었다는 사실이다.[16] 옥주례에게 전도했던 선교사는 부산과 경남 지역에서 사역했던 미 북장로교나 호주 장로교 선교사였을 것이다. 통영에는 교회가 처음으로 설립된 1905년 이전에 이미 복음을 전하는 자와 그 복음을 받아들여서 신앙생활을 하는 신자들이 존재하고 있었다. 이러한 가운데, 이 지역에서 선교 활동을 하던 미 북장로교 선교부가 모든 경남 지역을 다 감당하지 못하자, 호주 장로교 선교부는 이 지역에 지부 설립의 필요성을 절감하고 1912년 부산진교회에서 모인 호주 장로교 선교회가 특별위원회에서 거창과 통영에 선교부를 개설하기로 결의했다.[17] 이렇게 해서 1912년 호주 장로교 선교회 통영 지부가 개설되었다.

선교 초기 호주 선교부는 예양협정禮讓協定에 따라서 미 북장로교 선교부와 함께 부산과 경남 지역에서 사역해 왔다. 그러나 1901년 이래로 양 선교부 간의 계속적인 대화와 경남 지역에서의 선교 지역 분할과 재조정이 있어 왔는데, 1913년 말에 미 북장로교 선교부가 이 지역에서 완전히 철수함으로써 1914년 이후에 경남 지역 전역은 호주 장로교 선교부의 관할하에 놓이게 되었다. 당시 부산과 경남 지역의 인구는 약 150만 명으로 추산되었다. 호주 장로교 선교부는 좀 더 효과적으로 선교 사역을 감당하기 위해 더 많은 선교사를 파송하여, 선교지를 부산, 마산, 진주, 거창, 그리고 통영 지부로 관할 지역을 5개로 나누어 사역을 전개했다.[18] 옥한흠의 고향인 거제는 통영 지부에 속해 있었다.

선교사들의 활발한 사랑방 전도를 통해 회심자들이 생겨났다. 회심자들은 마을마다 교회를 세워 복음의 나팔을 널리 퍼뜨리는 나팔수 역할을 했다. 선교사들은 주로 자선 사업과 학교를 세워 불우한 소년들과 소녀들에게 기독 교육을 통한 선교에 많은 노력을 기울였다. 그러자 마을에는 믿는 자의 수가 증가했다.[19] 또한 서북 지역에서처럼, 경남 지역에서도 초기 평신도 지도자들인 권서勸書, colporteur들과 전도부인들은 복음서와 성경을 판매하면서 복음을 전하고 설교하는 데 매우 적극적인 역할을 감당했다. 그들은 선교사들의 "전위"이며 "척후병"으로서, 복음의 씨앗을 뿌리고 믿기 시작한 그리스도인들에게 선교사들을 인도했다. 그들은 선교사들과 한국인들 사이를 연결하는 다리였다.[20] 옥한흠의 선조들에게 복음을 전한 선구자들은 선교사들만이 아니라, 초기 한국 교회의 평신도 지도자들이었던 권서들과 영수들 그리고 전도부인들의 동역 속에서 이루어진 아름다운 섭리의 결과였다.

전도부인들의 역할은 매우 지대했다. 그들은 불우한 가정 때문에 고통을 겪다가 그리스도의 복음을 접하게 되면 누구보다도 더 강력하게 수용하고 변화되는 역사를 경험했다. 시대적으로 고난이 첩첩이 그들의 삶과 가정에 닥쳐왔을 때, 비록 연약한 여성들이었지만 복음의 능력으로 무장된 그들은 더 이상 나약한 존재가 아니었다. 어떠한 핍박이나 압제에도 불구하고 새로운 신앙생활을 위한 진보가 그들의 삶에 현저하게 나타났다. 하나님의 말씀을 통해 죄의 속박을 풀어 주신 그리스도의 구속과 은혜에 감격한 그들의 복음 전도로 많은 사람이 새로운 피조물로 거듭나게 되었다. 전도부인들은 우리 민족을 새롭게 일으킬 수 있는 사람의 변화를 주도했다.

이렇게 경남 지역에서의 전도의 열매는 선교사들과 영수들, 조사들, 그리고 전도부인들이 함께 펼친 열정적인 전도의 결과였다. 신앙 공동체가 형성되고 교회가 설립되면, '네비우스 선교 방법Nevius Mission Method'을 철저하게 시행하고, 체계적이고 지속적인 성경 공부반과 성경 학교 운동, 그리고 사경회를 활발하게 전개했다.[21] 그리고 교회 개척과 성장은 어려운 가운데서도 꾸준히 이루어졌다. 또한 호주 장로교 선교부는 여성과 어린이들을 위한 정책도 효과적으로 시행하여 여성의 지도력을 향상시켰고, 소외되고 불우한 여성들을 위한 구제 사역과 교육의 혜택을 제공함으로 신앙 안에서 자기실현을 추구할 수 있는 기회도 부여했다.[22] 복음의 씨앗이 열매 맺기에는 척박한 상황이었지만, 이러한 선교 정책과 자발적이고 활발한 평신도 지도자들을 통해 작지만 자립, 자치, 자전하는 교회로 성장해 나갔다.

바로 이러한 복음의 확장 속에서, 옥씨 가문에서 처음으로 옥주례가 예수를 믿고, 영수로 활동하며 나중에는 교회를 개척하는 데 한 알의 밀알로 헌신하게 되었다. 옥한흠의 선조는 복음을 일찍이 받아들였지만, 소년 옥한흠은 그의 어머니와 아버지의 신앙 때문에 벌어지는 갈등도 종종 보면서 성장했다. 그러나 그가 어릴 때 다녔던 교회의 신앙적 분위기는 "가정보다 교회가 우선이라는 일방적인 생각"이 매우 강했다. 이때부터 옥한흠은 자신도 모르는 사이에 "가장 이상적인 삶은 예수를 위하여 가정을 포기할 수 있는 자리에까지 가야 한다는 가르침에 지나치게 심취해 있었다"고 고백하기도 했다.[23]

부산과 경남 지역이 한국에서의 기독교 전래 역사에서 차지하는 비중은 결코 무시할 수 없다. 1880년대 미국과 호주 등 개신교 선교사들이 정식으로 입국하기 이전까지는 주로 만주 지방을 거쳐 의주 등 서북 지역을 통해 기독교가 전래되었다. 그러나 1880년대 이후는 거의 대부분의 선교사들이 일본의 시모노세키를 거쳐 부산으로 입항하면서, 경남 지역의 교세는 서북 지역이나 서울에 비해 약했던 것은 사실이었지만, 복음과의 접촉은 상당히 일찍부터 이루어져 왔다. 대부분의 선교사들이 부산을 거쳐 서울이나 다른 지역에 정착하면서 선교 사역을 시작했다. 또한 이 지역은 일제 치하에서 최초로 신사참배 반대를 결의한 지역 중 하나였으며 신사참배 반대 운동의 중심지였다. 해방 후에는 재건 운동, 특히 영적 갱신 운동이 활발하게 전개되었던 곳이기도 했다.

부산과 경남 지역은 일제 치하에서 항일 운동이 활발하게 전개되었던 곳이었다. 특히 함안, 진주, 거제, 통영, 그리고 부산 일부 지역에는 신사참배 반대 운동에 적극적으로 참여한 이들이 많았다. 부산을 비롯한 경남 지역은 남해안을 끼고 있는 도시와 어촌, 농산農山 지역으로 지리적 폐쇄성을 지니고 있었다. 부산은 역사적으로 일본의 침략 교두보로 활용되었고, 진해, 거제, 그리고 통영 등지는 해상 전투의 주요한 작전 지역이었으며, 경술국치 이전부터 이 지역으로 이주하기 시작한 일본인들로 인해 반일 감정이 어느 지역보다 강했다. 특히 통영은 연안 수산업과 남해안 해상 교통의 중심지였기 때문에, 일본인들이 그들의 경제적인 진출을 위해 통영항을 장악하고자 부단히 시도했고, 일제강점기에는 다른 지역보다 훨씬 많은 집단적 이주가 이루어졌다.[24] 경남 지역은 지리적이고 역사적인 상황 때문에, 항일 정신이 상대적으로 강할 수밖에 없었다.[25]

옥한흠의 집안도 선조가 세운 삼거리교회를 일제가 강제적으로 빼앗아 정미소로 만들어 버린 만행에 대해 매우 분노했다. 그래서 교회를 빼앗긴 성도들이 집에서 예배를 드리며 해방될 때까지 눈물로 기다리며 지냈기에 반일 감정이 강했다.[26] 이러한 이유로 복음이 이 지역에 전래된 이후로는 기독교 신앙과 민족의식이 연대될 수 있는 여건이 조성되었다. 그런 면에서 신사참배 반대 운동이 서북 지역과 함께 경남 지역에서 활발하게 전개되었던 것은 결코 우연이 아니었다. 이 지역에서는 다른 지역과 비교해 볼 때 상대적으로 많은 수의 순교자와 신사참배 반대자들이 배출되었다. 또한 경남 지역의 전도부인들이 강력하게 신사참배 반대 운동을 적극적으로 지원한 것도 매우 독특한 현상이었다.[27]

일제는 1931년 만주 사변과 1937년에 중일 전쟁을 일으킴으로써 내선일체, 곧 일본과 조선이 하나가 될 수 있는 방법은 오직 일본 천황을 하나님과 같이 모시며 경배하는 신사참배라고 간주했다. 그래서 모든 조선인에게 신사참배를 강요했다. 그것은 신의 자손으로서의 일본 천황가天皇家와 신의 국가로서의 일본, 그리고 일본을 위해 순국한 전쟁 영웅들을 경배하게 함으로써 일제가 일으킨 전쟁에 필요한 병력과 물자를 한국민으로부터 동원하기 위한 정치적이고 종교적 동기에서 비롯했다. 이러한 암울한 상황에서 비극의 극치는 무엇보다도 한국 교회의 지도자들에 의해 조성되었다. 그나마 끝까지 버티던 한국 장로교회도 이윽고 1938년 9월 9일 평양 서문밖교회에서 회집된 제27회 총회에서 신사참배를 우상 숭배가 아니라고 가결하고 말았다. 동 총회는 신사참배가 국민의례이므로 죄가 아니라고 결의했고, 산회 후에는 총대들이 대오를 지어서 자진해서 신사에 참배했다. 이와 같은 극한 상황에서도, 적지 않은 경남 지역의 교계 지도자들은 신사참배 반대 운동을 조직적으로 일으킴으로써 이 지역은 교회의 본질과 민족의 정절을 수호하기 위한 "맞섬의 신앙"이 분출되는 중심지가 되었다.

옥한흠이 태어난 경남 거제와 통영 지역은 바닷가 마을로 아주 가난했으며 과부가 많았다. 또한 바다를 생계의 수단으로 삼고 있기에, 용왕제, 풍어제 같은 공동의 제사 문화가 많이 생겨났다. 특히 100여 년 전 그 지역의 사람들에게 기독교 개종은 자기들이 돌보는 신의 노여움을 사는 일이요, 곧 멸망과 죽음을 의미하는 일이었다. 주민들은 기독교 신앙을 받아들이기에는 폐쇄적인 문화 속에서 살고 있었다. 그들의 완고한 마음을 열어 준 건 역시 선교사였다. 아파도 의원이나 병원을 찾을 형편이 안 되는 해안 지역의 그들에게 선교사들은 '꿈의 배'라 불리는 전도 순회 진료선에 올라 복음을 전했다. 선교사들의 정기적인 방문으로 생겨난 통영 대화정교회(지금의 충무교회), 귀신을 섬기던 집 마당의 당산나무를 베고 자신의 집에 교회를 세운 미수교회 등이 이 지역 초기에 세워진 대표적인 교회들이다. 거제도로 가는 길목의 장평교회는 지난 2008년 100주년을 맞은 교회로, 거제도로 선교하기 위해 배를 타고 왕래하면서 생긴 교회다. 경남 지역에서 배출한 최상림1888-1945, 주기철1897-1944, 손양원1902-1950, 한상동1901-1976 등 이름 있는 지도자들은 옥한흠이 태어난 1938년 이후 신사참배 반대 운동의 중요한 역사적 사명을 감당했다. 이러한 신앙적 의미가 서려 있는 지역이기에 거제, 통영, 그리고 부산 등 경남 지역의 기독교 유산에 주목해야 할 이유가 있다.

특히 최상림 목사는 주기철 목사보다 9년, 손양원 목사보다는 14년 연상으로서 두 인물에게도 영향을 끼쳤고 실제적으로 경남 지방 신사참배 거부 운동의 지도적 역할을 감당했다. 그는 경남 지방의 목회자이자 영적 지도자였고, 신사참배 반대자로서 한국에서 드물게 노회 차원의 신사참배 제안을 부결시켰던 인물이다. 그는 경남 지역의 여러 교회에서 목회하면서도 1940년 신사참배 반대로 체포되기까지 경남성경학원에서 16년간 강사로 가르치면서 신사참배에 대한 일사각오의 신앙을 널리 확산시켜 나갔다. 이 기간 주기철은 동료 강사로, 손양원은 초기의 학생으로 신앙의 교제를 나누기도 했다. 당시 최상림은 누구보다도 "일사각오의 기로에 선 한국 기독교"라는 역사인식이 분명했고, "교회 내의 분파와 지역주의, 남북교회 간의 대립, 그리고 예견된 신사참배 문제를 앞에 두고 교회의 각성을 요구한 설교"를 선포하면서 일제 치하의 마지막 시기에 결국 순교로 마감하면서 고결한 신앙의 유산을 남겼다. "이 당시 최상림 목사의 지도력이 없었다면 경남 지역에서의 신사참배 거부나 반대는 후에 나타난 바처럼 강력하지 못했을 것이다."[28]

당시 그들의 신사참배 거부 운동이 단순한 종교 운동만이 아니라, 민족 운동이었다는 주장은 상당한 설득력이 있다. 신사참배를 했던 이들이나 그의 추종자들은 그 과오를 감추고자, 신사참배를 거부했던 이들을 "비현실적이고 종말론적인 내세신앙인"이라고 평가절하 하는 경우가 있긴 하지만, 그들의 마음속에는 그 누구도 부인할 수 없는 '민족의식'이 타오르고 있었다는 사실이다.[29] 경남 지역민들, 특히 성도들은 "꾹 참고 한길로 가는 우직성fortitude"과 "믿는 신념이나 신앙 도리를 끝까지 인내하면서 지키고자 하는 충직성loyalty"이 강했고, 이 지역은 일본과 가장 인접해 있는 곳이라 일제의 침략을 가장 먼저, 그리고 직접적으로 체험했기에 어느 지역 사람들보다 "일본에 대한 반감이 깊었다고 볼 수 있다."[30]

옥한흠의 성장 과정

가난했지만, 신앙 안에서 어려움을 극복하며 지냈던 옥한흠의 가정도 그가 다섯 살 때인 1942년에 고향을 잠시 떠나 일본에서 3년간 거주한 적이 있었다. 당시에 어려운 경제 사정과 형편 때문에 "돈벌이"를 위해 일본에 부역으로 건너가는 경우가 적지 않았다.[31] 이미 일본 도쿄로 건너가 살고 있었던 옥한흠의 작은할아버지의 사업이 번창하고 있었기에 고향에서 고생하고 있었던 옥한흠의 부모와 아동 한흠, 그리고 작은아버지 옥약백을 불러들였다.[32] 먼저 옥한흠의 아버지가 도쿄에 가서 일을 했고, 나머지 가족들도 수년 후에 합류했다. 당시는 제

2차 세계 대전 중이라 전쟁을 피하여 이리저리로 피해 도망 다녀야 할 상황이었지만, 어린 옥한흠은 부모와 같이 지내고 있었기에 비행기에서 폭탄이 쏟아져도 불안한 마음이 없었고, 오히려 호기심에 가득 차서 구경까지 했었다고 했다.[33] 일본에서 살면서도 옥한흠의 어머니는 아들과 함께 드리는 예배를 중단하지 않았다. 옥한흠은 밖에서 함께 놀던 친구들을 따라 가미다라상 앞에 꾸벅 절을 한 적이 있었다. 그 일 때문에 옥한흠이 한동안 가책과 두려움을 뿌리치지 못했던 이유도 이국땅에서 남몰래 예배를 드리면서 어머니로부터 들었던 성경 말씀 때문이었다.[34]

그 시대를 살았던 강만길의 증언을 통해서도 알 수 있듯이, 민족 감정이 좋지 않았다. 또한 "말이 통하지 않아서인지 조선 사람과 일본인 어른 사이의 교제나 내왕은 전혀 없었던 것 같으며, 아이들은 가끔 어울리기는 했지만, 그들의 집까지 가 본 기억은 전혀 없다"고 했다.[35] 더군다나 일본에서 조선인으로 살아간다는 것은 더욱 큰 어려움과 고독이 엄습한 삶이었을 것이다. 제2차 세계 대전이 한창 진행되는 동안 숨죽이며 살아가야만 했던 그 시기에, 그것도 일본에서 외롭게 '조센징朝鮮人'으로 살아가야 했던 옥한흠의 가족은 그때를 결코 기억하고 싶지 않았을 것이다.

옥한흠의 아버지는 일본에 처자를 데리고 와 살면서 돈을 제법 벌었다. 하지만 조국이 광복을 맞이하게 되자 귀국해서 지세포에 거주했다. 그동안 번 돈은 동네에서 겨우 집 한 채 장만하고 농사지을 만한 논과 밭을 사는 데 사용했다. 그때부터 식구가 굶지 않고 살 정도의 가난한 생활이 시작되었다.[36] 1945년 해방된 직후, 일본에서 살다 8세 때 귀국한 소년 한흠은 기억나는 것이 별로 없었다. 그러나 훗날 아내에게 말했던 기억에 남아 있던 일들 중 하나가 재래식 변소의 변기에 빠져 죽을 뻔한 고생을 한 것과 냄새가 진동하는 가운데 자기 몸을 씻겨 주던 어머니의 안타까운 모습이었다고 한다. 그나마 일본에 먼저 와서 사업을 하던 작은할아버지 덕분에 그곳에서 생존을 위해 보내야만 했던 그 어린 시절의 추억이 결코 좋을 리가 없었을 것이다.[37]

8·15광복 이후 한참 어려운 시기에 농부들이 좁은 땅에 농사지으면서 굶어 죽지 않고 보릿고개를 넘기기 위해서 고생할 때 옥한흠의 가정도 매일 콩나물죽을 끓여 먹으면서 연명해 갔다. 매일 죽만 먹어서 콩나물죽만 보아도 머리가 아플 정도로 극심한 가난을 겪어야만 했다. 그는 가난이 얼마나 비참한지를 체험하고, 가난을 생각만 해도 진저리를 칠 만큼 그야말로 매우 어려운 시기를 보낼 수밖에 없었다.[38] 일제의 식민 수탈 정책으로 수많은 조선인은 가난과 고난의 삶으로 내몰리고 말았다. 그것만이 아니었다. 이러한 와중에서도 참된 신앙을 지키며 살아가려 했던 수많은 신실한 성도마저 신사참배 강요에 굴복했으며, 하나님에 대한 신앙마저 변질되고 말았다. 참으로 어려웠던 시기였다.

이러한 힘겨운 상황 속에서도 남다른 신앙생활을 해 왔던 그의 어머니가 일제의 강압에 못 이겨 신사참배를 한 후, 집에 돌아와 회한의 눈물을 뿌리며 예배드리던 모습을 보며, 어린 한흠은 많은 것을 깨달았다. 그는 신앙의 훼절이 얼마나 가슴 아픈 일인지를 그때부터 철저하게 절감했고, 올곧은 신앙이 얼마나 어렵고도 중요한지를 그의 가슴에 깊이 새겨 두었다. 또한 그때부터 무슨 일이 있어도 좌로나 우로나 치우치지 않고 한길을 가야 한다는 결심도 했을 것이다. 그때 어머니의 회개와 통한痛恨의 눈물로 인하여, 옥한흠은 많은 생각을 하게 되었다. 그 일 이후, 그의 어머니는 열정적으로 거룩한 삶을 추구하면서 우여곡절이 많았지만 천성을 향한 순례의 길을 걸어갔다. 그 시절, 그는 그의 어머니로부터 신앙을 하찮은 것으로 만들어 버리는 세속화의 오염으로부터 거룩한 신앙을 보호해야겠다는 남다른 절개를 분명히 배우게 되었다. 아무리 어렵거나, 시련이 다가와도, 그리고 유혹의 손길이 뻗쳐 와도 예수만 섬기고 그리스도의 제자로 살아가기를 원하는 간절한 희구가 그의 마음속에 단호한 신앙의 분별력으로 견고하게 자리 잡았다.

또한 그 당시는 소위 '출옥성도'라고 불리는 분들이 교회마다 다니면서 회개 운동을 일으키던 때여서 영적 각성의 분위기가 어느 때보다도 뜨거웠다. 그의 어머니는 새벽마다 교회에 나가 오랫동안 기도하기를 생명처럼 사랑했고, 그 기도라는 모태 속에서 옥한흠의 믿음의 윤곽도 점점 또렷하게 갖추어져 갔다. 이러한 신앙은 아들에게도 영향을 미쳐서 초등학교 학생인 옥한흠도 어머니를 따라 어른들이 모이는 집회에 전부 참석했고, 주일 학교 예배와 공부를 마치면 어른들 틈에 끼어 예배를 드리는 것이 하나의 습관처럼 되어 있었다. 당시 옥한흠은 어머니의 신앙생활을 그대로 모방했다. 그리고 그때 즐겨 불렀던 찬송가들 중 그의 뇌리에 깊이 각인되었고, 부를 때마다 진한 감동을 주었던 찬송은 「예수 나를 오라 하네」였다.[39]

매우 어려운 상황과 시대 속에서 경남 거제 지세포知世浦교회에서 성장하고 신앙생활을 했던 옥한흠에게는 강직한 신앙의 소중함과 교회와 민족을 위해 희생을 마다하지 않는 올곧음과 한결같음이 자연스럽게 그의 삶에 자리 잡을 수 있었다. '지세포'는 '세상을 아는 항구'라는 의미를 지닌 육지와 거제도를 이어 주는 아름답고 중요한 교통 중심지였다. 이곳에 세워진 지세포교회는 1918년 11월 17일, 호주 선교사 왕대선Robert D. Watson에 의해 설립된 유서 깊은 교회 중 하나였다.[40] 옥한흠이 어린 시절을 보냈던 지세포교회는 왕대선 선교사가 전도한 박동환, 이명순 부부가 설립한 경남 일운면 지세포리 725번지에 소재한 회진서당에서 1918년 11월 17일에 예배를 드리며 시작된 교회였다. 지세포와 삼거리는 소년 옥한흠의 신앙을 형성한 두 개의 축이자 주요한 동선動線이었다. 옥한흠의 가족과 친척들은 바닷가였던 지세포와 내륙이었던 삼거리를 자주 맨발로 오가면서 남다른 투지가 생긴 것도 사실이었다.[41]

   어린 소년이었지만 옥한흠은 당시 유행하던 사경회란 사경회는 전부 쫓아다니면서 하나님의 은혜를 갈망했다. 이 시절, 어머니의 영향도 컸지만, 어린 옥한흠에게 신앙적으로 많은 감화를 끼친 사람은 그의 주일 학교 교사이자 작은고모였던 옥경애였다. 참으로 가난하고 어려운 삶을 영위해 가면서도 항상 기뻐하고 감사하는 성도의 모습을 그의 삶과 가르침 속에서 발견했으며, 옥한흠은 그 모습을 닮아 가려고 애썼다. 전혀 기뻐할 수 없는 상황에서도 하나님을 믿는 신앙으로 기도하며 이겨 나가는 고모의 모습이 옥한흠의 뇌리에 깊이 새겨졌다. 무엇보다도 겸손하게 살아가는 한 거룩한 신자를 그의 곁에 두었다는 것이 큰 기쁨이었다.[42]

초등학교 시절의 옥한흠은 기도에도 남다른 관심과 열심이 있었다. 교회에서 기도 생활에 모범이 될 만한 성도들, 특히 여 집사들의 간절한 기도를 모방하면서 자신의 기도 생활을 발전해 나가려고 몸부림치기도 했다. 부인들의 기도는 말이 끊어지지 않은 채로 오랜 시간 기도하고, 특유한 기도의 리듬이 있었으며, 대부분 눈물을 흘리는 모습이었다. 옥한흠은 부인들로부터 기도에 대한 많은 것을 배웠다. 하지만 어린 나이였음에도 기도는 사람이 아닌 예수님으로부터 배워야 한다는 일종의 경각심이 그 시절 나름의 기도 생활을 통해 생겼다. 하나님이 기뻐하시는 기도가 무엇이며, 그러한 기도야말로 완벽한 기도이자 응답되는 기도라는 깨달음을 얻을 수 있었다. 그리고 기도야말로 그의 신앙생활 자체이고, 영적 호흡이라는 사실도 마음에 각인했다. 그때부터 하나님 앞에 무릎 꿇는 무언의 훈련이 그의 삶 속에서 끊임없이 시작되는 출발점이 되었다.[43]

초등학교 시절 옥한흠이 겪었던 가슴 아픈 경험이 있다면, 그것은 바로 한韓민족 모두의 비극, 6·25전쟁이었다. 전쟁이 터지고 얼마 지나지 않아 수많은 피란민이 그가 살았던 거제도 바닷가로 몰려들었다. 또한 흥남 철수 작전 때 남쪽으로 내려온 10만여 명의 피란민은 부산에 머물기도 했고, 상당수는 거제도로 이동했다. 장승포항, 옥포항, 그리고 고현항 등의 부두에는 피란민들이 가득했다. 거제도에 도착한 피란민들은 주민들에게 신세를 져야 했다. 그때 일을 기억하는 거제도 노인들은 "골방이나 창고에까지 피란민들이 들어찼지만 누구 하나 불평하는 사람이 없었다"고 회고했다.[44]

전쟁의 비극을 겪으며 처참한 몰골을 한 그들이 잘 곳과 먹을 것을 구하러 이리저리 다니던 모습은 소년 옥한흠이 평생 잊을 수 없는 아픔 중 하나였다. 그리고 처절한 가난과 절망 속에서 생존하기 위하여 세계 각국에서 구호물자들이 교회를 통해 배급되다 보니, 위장된 신앙생활을 하는 수많은 사람을 목격했다. 시간이 지나면서 구호물품이 줄어들고 마침내 중단되자 "그렇게 잘 믿는 것처럼 보였던 사람들이 언제 그랬냐는 식"으로 교회를 떠나는 모습이 어린 옥한흠의 뇌리에서 오랫동안 떠나지 않았다.[45]

그 시절, 옥한흠은 고달픈 농어촌 생활과 가난에 시달리며 살아가는 부모님을 보면서 마음이 몹시 아팠다. 그래도 고향 교회에서 예배를 드리며 기도하던 그 희열이 참으로 힘들었던 어린 시절의 그의 삶을 붙잡아 주는 버팀목이 되었다. 그의 아버지는 착했지만 몸이 허약했다. 아버지는 형제들 중에서 유일하게 기독교 신앙에 그다지 헌신하지 않는 분이었다. 반면에 어머니는 오직 예수 중심, 교회 중심으로 살아 보려고 애쓰는 분이었다. 그의 아버지가 이런 어머니를 이해하지 못하는 것은 너무나 당연한 일이었다. 아버지는 무척 부지런하여 집안일과 농사일을 게을리한 적이 없었지만, 어머니가 항상 교회에 나가 너무 시간을 많이 보낸다고 하는 선입견을 버리지 못했다. 그래서 그의 집안에서는 자주 시끄러운 소리가 났다.

어머니는 아무리 바쁜 농사철에도 새벽이면 몇 시간씩 기도를 하러 교회에 갔다. 옥한흠은 이렇게 회고한다. "특히 주일날에는 단추가 떨어져도 바느질이 하나의 일이라고 생각하여 달아 주지 아니하시던 어머니와 아버지와의 충돌이 일어나지 않을 수 없었다. 가을에 빗방울이 떨어지기 시작해도 주일 예배를 드리느라 나타나지를 아니할 뿐 아니라 논에 베어 놓은 벼가 물속에 잠겨도 주일 성수를 고집하시던 어머니를 아버지가 어찌 참으실 수 있었겠는가?"⁴⁶ 이렇게 주일 성수를 고집하는 어머니의 철저한 신앙은 당연히 가정의 불화의 씨앗이 되곤 했다. 매우 보수적인 신사참배 반대자들의 순교 신앙을 고수하고자 하는 교회를 다니면서, 신앙적 감화는 많이 받았지만, 어린 옥한흠에게는 그러한 신앙 때문에 벌어지는 부모 사이의 불화로 인해 마음을 졸이던 때가 자주 있었다. 옥한흠은 "두 분이 끔찍이 아끼고 사랑하는 사이였음은 의심하지 않지만, 애틋하게 사랑을 표현하는 모습은 본 기억이 없다"고 오랜 세월 후에 술회했다. 그래서 그의 부모님의 결혼 생활은 그의 눈에는 썩 매력적이지 않게 보였다. 그래서 옥한흠은 "어려서부터 부부 생활이라는 것에 대해 자신도 모르게 비관적인 정서를 품고 자라난 사람"이라고 언급하기도 했다.⁴⁷

하지만 그때에 옥한흠이 어머니를 통해 믿음의 선한 싸움이 무엇인지를 조금씩 배우기 시작했다. 옥한흠은 훗날 세상을 떠나기 수년 전부터 아버지가 확실하게 새사람이 되어 결국은 과거를 철저하게 회개하고 하나님의 품에 안기는 모습을 보면서, "선한 싸움은 반드시 승리한다는 영구불변의 진리를 몸소 체득할 수 있었다."⁴⁸ 이런 분위기 속에서 성장한 옥한흠에게는 그의 부모님을 비롯하여 순박하고 신실하게 살아가는 믿음의 어른들이 많이 있었다. 오랜 세월이 흐른 뒤, 그는 그 시절을 이렇게 회상했다. "낫 놓고 기역자도 모르시던 옛날 부모님들의 모습을 지금도 생생히 기억하고 있습니다. 비록 세상적으로 갖추지 못한 것이 많음에도 불구하고, 날마다 살아 계신 하나님을 마음의 눈으로 보면서 만족하며 감사하는 모습, 늘 미소를 잃지 않고 찬송

하면서 사시던 모습을 너무나 많이 뵈었습니다."⁴⁹

책벌레, 옥한흠

1945년, 일본에서 귀국한 옥한흠은 일운초등학교에 편입했다. 그는 공부도 잘했으며 노래도 어릴 때부터 참 잘했다. 일본 사람이라면 이를 갈던 옥한흠의 집안에는 일제 치하에서 자녀들에게 공립 학교 교육을 받게 하는 것에 상당한 거부감이 있었다. 일본 사람으로 변한다는 이유 때문이었다. 그러나 조국이 광복된 이후에도 공교육에 대한 아버지와 집안 어른들의 비판적인 입장은 별로 달라지지 않았다. 옥씨 가문에서 처음으로 초등학교에 첫발을 디딘 사람이 옥약슬의 막내 동생이었던 옥치상이었다. 옥한흠은 자기보다 공부를 못한 친구들도 다 중학교에 진학하는데, 집안의 반대로 장생포에 있는 거제중학교에 갈 수가 없었다. 이런 상황에서 1950년 6·25전쟁이 발발했다. 피란민들이 부산으로 몰리게 되었고, 그곳에서 그들을 다 수용할 수 없게 되자 일부를 거제도로 보내 지세포 해수욕장 모래사장과 산기슭에 흙집을 짓고 난민 마을을 형성하여 살게 했다. 거제도는 졸지에 난민수용소가 되었다. 전쟁 중에서라도 피란민들은 자녀들을 교육하고자 기독교 계통의 대광중학교를 세웠다. 옥한흠은 아버지가 거제중학교에 보내지 않았기 때문에 인가는 나지 않았지만 등록금을 면제해 주었던 대광중학교에 입학하여 중학교 과정을 마쳤다. 거기서 그는 음악 선생님으로부터 노래도 배우고 풍금 치는 것도 배웠다. 그는 특히 찬송

부르는 것을 무척 좋아했다.⁵⁰

어린 시절의 옥한흠은 시골 동네 사람들에게 '참 착한 아이'로 알려졌었다. 노래나 운동에도 만능이었다. 주일 학교에서는 독창을 많이 해서 또래 친구들에게는 '진짜 선망의 대상'이었다. 중학교 2학년 때에는 친구와 함께 공부하다가 탁구가 하도 치고 싶어 교실의 칠판을 떼어 탁구대로 삼고, 탁구채는 판자로 대강 만들어 치다가 선생님에게 발각되어 혼날 뻔한 일이 있었다. 다른 애들 같았으면 이 일로 크게 야단을 맞았을 텐데, 옥한흠 때문에 그날 일은 무마되었다. 모범 학생이 오죽 치고 싶었으면 그랬겠냐 생각하며 선생님이 묵인해 주신 까닭이다. 옥한흠은 그때부터 탁구 치는 것을 굉장히 좋아하게 되었다.

자기도 가난하고 어려운 형편 속에서 학교에 다니면서, 책 살 형편이 전혀 안 되었던 친구 반석진에게 책을 빌려 주고, 그가 도시락을 싸 오지도 못하고 영양실조에 걸린 것을 알고는 자기 도시락을 나누어 먹었다. 옥한흠은 남을 배려하기를 좋아했고 진심에서 우러나오는 우정을 베풀었던 친구였다. 그의 죽마고우는 그때를 기억하며 오랜 세월이 지난 후에 이렇게 말했다. "생각해 보십시오. 어린 심정에 그 배고픈 시절에 친구에게 누가 자기 도시락을 나누어 줍니까?"⁵¹ 그는 참으로 정이 많았던 소년이었다.

그 당시 옥한흠의 아버지는 잦은 가뭄 때문에 수심이 가득 차곤 했다. 어린 시절의 기억을 훗날 옥한흠은 설교를 통해서 이렇게 회상했다.

저의 아버지는 농부였습니다. 제가 어릴 때만 해도 2년이 멀다 하고 가뭄이 찾아와서 농사를 망칠 때가 참 많았습니다. 그럴 때마다 아버지의 얼굴엔 수심이 가득해지는 것을 어린 저의 눈으로도 자주 볼 수 있었습니다. 수고는 너무나 많이 했는데 거두는 것이 별로 없을 때 농부의 그 심정을 누가 이해하겠습니까? 물론 어쩌다가 풍년이 들기도 했습니다. 벌레도 별로 없고, 비도 적절하게 잘 와 주고, 햇살도 좋아서 온 들판이 황금빛으로 물드는 해도 있었습니다. 그럴 때면 아버지는 논둑에 앉아서 알알이 속이 차 가는 이삭을 어루만지며 아주 흡족한 표정을 지으시곤 했습니다.[52]

그래서 그의 집에서는 옥한흠이 중학교만 졸업하고 아버지를 도와 농사짓기를 원했다. 그러나 그는 무슨 일이 있어도 공부하고자 하는 마음뿐이었다. 중학교를 졸업한 옥한흠은 고등학교 공부를 위해 부산으로 나왔다. 하지만 그의 아버지가 도와주지 않아, 고신 교단에서 세운 기독교 미션스쿨이며 교역자 자녀들이 많이 다녔던 평화고등학교를 2학년 초까지 다니게 되었는데, 그나마 그곳도 어려움 때문에 그만두었다. 그리고 다시 고향으로 가서 아버지와 다툰 후, 겨우 허락을 받아 또 다른 미션스쿨이었던 거제고등학교에 입학했다. 지세포와 거제고등학교가 소재한 장생포까지는 6킬로미터밖에 안 되어 옥한흠은 집에서 다녔는데, 아버지로부터 집안일을 돕지 않는다고 야단도 많이 맞았지만, 학업에는 꾸준하게 매진했다.[53]

이 시기에 옥한흠은 부모님 간의 신앙과 기질 때문에 벌어지는 갈등 속에서도, 어머니를 따라 열심히 교회에 다녔다. 그는 농사일보다 성경과 여러 양서良書를 읽으며 그 어려운 시절을 이겨 나갔다. 당시 여동생 재선은 오빠가 "항상 헌책, 그러면서도 별나게 독서를 많이 했다"고 할 만큼 옥한흠은 책에 열중했다. 중학교 때보다 고등학교에 올라가서는 더 많은 책을 읽었다. 나중에는 책을 살 수 없으니까 헌책방에서 책을 빌려서 하룻저녁에 7권씩 다 보고 아침이 되면 갖다 주곤 했을 정도로 독서광이었다.[54] 그렇게 독서에 몰입함으로써 그는 새로운 세상을 꿈꿀 수 있는 비전의 창문을 활짝 열어 놓았다. "꼴을 먹이던 소가 남의 논에 뛰어 들어가 짓밟아 놓는 것도 모른 채, 책 읽는 데만 정신을 빼고 앉아 있는 나를 대하는 아버지의 모습은 항상 폭군과 같았다"라고, 당시 아버지에 대한 섭섭한 마음과 함께 중고등학생 시절 독서삼매경에 빠졌던 자신을 술회했다. 어린 시절 친구들의 회고에 의하면, 옥한흠은 이런 가운데서도 검은 소에게 꼴을 먹이려 들판에 나가서 어디서 구했는지 트럼펫을 불며 나름대로의 낭만을 즐길 줄 아는 여유도 있었다고 한다.[55]

옥한흠의 아버지는 공부할 형편은 전혀 되지 않는데 책만 잡고 있는 아들을 향해 "빌어먹을 놈"이라는 말을 자주 뱉곤 했다.[56] 그 당시는 일단 먹고사는 문제가 절박했기에, 아들의 도움이 절실했던 아버지에게는 책에 빠져 있고 공부에 관심이 많은 아들이 못마땅할 수밖에 없었다.[57] 생존의 문제가 절박했던 곤핍한 상황에서 책만 읽고자 했던 아들 옥한흠이야말로 그의 아버지 눈에는 "간서치看書痴", 곧 책만 읽는 멍청이로 보였을 것이다.[58] 집안일을 도울 수 있는 아들이 어떻게든 기를 쓰고 공부하겠다고 책에 빠져 있으니, 아버지는 그 아들이 못마땅했다. 아버지의 눈에 비친 아들 옥한흠은 현실 파악을 전혀 못한 채 자기가 하고 싶은 일에만 매달리는 아이였다. 아무리 공부하고 싶어도 전혀 그럴 수 없는 형편에서 농사일이라도 배워야 남에게 빌어먹지 않고 살아갈 텐데 그렇지 못한 아들이 야속하기만 했다. 몸이 허약했던 아버지의 입장에서는 자신을 도울 만한 장남에게 괘씸한 마음이 들었을 것이다. 그렇다고 나이 어린 작은아들들에게 일을 시킬 수는 없었다. 그러나 큰아들인 옥한흠의 입장에서는, 아버지가 공부하는 것을 도와주지는 못할망정 왜 책을 아궁이 속에 던져 버리는지 도무지 이해할 수 없었다. 여동생 옥재선은 당시의 상황을 이렇게 말했다. "우리 아버지가 이상한 사람이라서가 아니라 당시는 공부가 문제가 아니고, 일단 먹고사는 게 문제였어요."59 하지만 하늘 아버지께서는 이러한 옥한흠을 향한 계획을 실현하기 위하여, 극심한 가난과 고난 중에서도 한 걸음 한 걸음씩 인도해 가셨다.

그런 어려운 형편에서도 옥한흠에게는 신앙심이 돈독한 어머니가 계셨다. 누구보다도 장남에 대한 자부심을 갖고 살아가시는 모성애가 있었기에, 그는 청소년 시기를 잘 보낼 수 있었다. 그는 당시를 추억하며, 하나님께서 오늘의 자기로 만들어 가기 위해 자신의 어머니를 도구로 사용하셨다는 생각을 떨쳐 버릴 수 없었다. 아버지와의 갈등과 핍박 속에서도 꿋꿋하게 살아갈 수 있었던 옥한흠의 배후에는 어머니라는 존재가 버티고 있었다. "가난한 집안에서 공부에만 매달리던 나를 언제나 못마땅하게 여기시던 아버지 앞에서 그때마다 감싸 주시려던 나의 어머니, 갖은 고생을 무릅쓰고 공부할 수 있는 분위기를 만들어 주시던 어머니가 계시지 아니했다면 오늘의 내가 존재할 수 없었을지도 모른다."60 어머니의 존재와 신앙은 어린 시절의 옥한흠을 그리스도의 제자의 길로 인도했던 아주 귀한 길라잡이였다.

옥한흠은 그러한 와중에 책 속에서 수많은 사람들을 만났고 그들과 무언의 대화를 나누었다. 책 속에 등장하는 인물들과 대화할 때는 이 세상에 그 어떤 일도 일어나지 않을 것처럼 그들에게 전적으로 집중하고 주목하곤 했다. 어릴 때부터 자신에게는 타고난 재주가 없다고 느꼈던 옥한흠은 무언가 열심히 해야 한다는 일종의 강박 관념이 있었던 것 같다. 그래서 그는 시대를 초월해서, 그리고 가장 단순한 사람에서부터 가장 지적인 사람에 이르기까지 수많은 사람을 책 속에서 만났다. 그들의 변화를 통해 일어났던 역사를 목격하면서 끊임없이 사람들을 만났고 새로운 세계에 들어가는 쾌감을 맛보았다. 이러한 독서 습관을 통해 옥한흠은 단순히 책만 읽은 것이 아니라, 사람들이 엮어 가는 역사와 세계를 음미할 수 있는 진가를 배웠다. 이러한 경험은 사람과 역사에 대한 관심과 집중으로 이어지는 중요한 계기가 되었다.

어떻게 보면, 어린 시절의 지독한 가난과 아버지에 대한 서운한 감정이 소년기의 옥한흠으로 하여금 책을 더 가까이하게 했는지도 모른다. '책벌레 같은 사람'으로 살아가면서, 때로는 아버지로부터 혼도 났지만, 그 책에 몰입되어 그 속에서 발견하는 새로운 깨달음과 세계는 도피처가 되어 주었다. 외롭고 고독했던 그가 독서와 공부에 전념했던 것이 당시의 그에게는 가장 큰 기쁨이었다. 이런 상황에서 심기어진 책 읽기는 그가 성장해 가면서 엄청난 독서열로 생각을 가다듬고 자신의 생각을 명료하게 드러낼 수 있는 훈련이 되었을 뿐만 아니라, 자신을 항상 깨우고 채찍질하며 하나님의 진리와 세상에 대한 지식을 예리하게 통찰할 수 있는 관점도 제공했다. 옥한흠은 성경을 비롯한 많은 책을 읽어 가면서 자신을 깨웠고 동시에 하나님과 세상을 향해 눈을 크게 떠 갔다. 물론 그가 가장 열심히 몰두한 책은 하나님의 말씀인 성경이었다.

 옥한흠은 어려운 환경과 핍박 속에서도 단 한 번도 아버지 앞에서 화를 낸 적도 없고, 뒤에서 아버지를 원망하고 욕한 적도 없었다. 더구나 그리스도께서 극한 십자가의 고통을 당하면서 그를 구원해 주신 그 엄청난 은혜를 생각하면, 이 세상에서 당하는 그 어떤 고통도 옥한흠에게는 인내의 대상이 되곤 했다. 이러한 상황 속에서 경험한 하나님의 은혜는 그로 하여금 그 어떤 환난과 역경 속에서도 자제력을 잃지 않고, 끝까지 참아 내며 하나님의 주권에 모든 것을 맡기고 믿음으로 기다리는 신앙적 자세를 평생 견지하게 했다.[61] 그 시절부터 옥한흠의 삶 속에는 예수 그리스도의 십자가의 의미와 그 은혜의 능력이 관통하고 있었다. 그래서 옥한흠의 삶의 자리는 반듯했다. 은혜의 체험에서 흘러나온 신앙의 품성이라는 바탕에서 그의 근면한 노력이 꽃을 피울 만반의 준비를 해 나가고 있었다.

옥한흠의
신앙 형성

2장

옥한흠의 회심

옥한흠은 거제 지역에서 초기부터 성도가 된 가정에서 기독교 신앙생활을 유산으로 물려받았다. 선교사로부터 전도를 받고 하나님의 자녀가 된 증조부 옥주례 때부터 기독교 신앙을 받아들인 믿음의 가정에서 성장했다. 옥주례는 선교사로부터 복음을 듣고 회심한 후, 주저하지 않고 기독교 신앙생활뿐만 아니라, 그릇된 관습이나 미신을 타파하는 데에도 상당히 적극적이었다. 옥한흠의 외가 역시 그의 증조부의 전도로 독실한 기독교 집안이 되었으며, 그의 어머니 이희순도 진실하고 소박한 마음 자세로 주님께 순종하는 삶의 길을 걸어갔다.

  어릴 때부터 신앙적으로 조숙했던 그는 거제 일운초등학교 3학년 때 어머니를 따라 사경회에 참석하여 예수님이 자신을 위해 돌아가셨다는 복음을 들으며 구원의 진리를 깨달았다. 복음 선포를 통해, 어린 소년 옥한흠은 자신이 죄인이며, 예수 그리스도께서 자신의 죄를 속량하시려 십자가에 달려 돌아가셨다는 사실을 믿게 되었고, 이 십자가의 은혜를 통해 뜨거운 구원의 감격을 경험했다. 그날은 옥한흠에게는 더할 나위 없는 기쁨의 날이었다. 그의 자서전에 보면, "어머니를 따라 당시에 유행하던 사경회란 사경회는 다 쫓아다니던 어느 날",[1] 예수님께서 죄인인 자신의 구세주이시며, 자신이 죄 용서를 받았다는 구원의 확신을 갖게 되었다. 그때부터 옥한흠은 십자가의 복음을 직시했고, 자신의 죄를 대속하신 그리스도의 은혜에 이끌리는 삶을 살아갔다.

옥한흠은 초등학교 3학년 시절에 호롱불 밑에서 바느질하는 어머니로부터 느닷없이 마태복음 27장을 읽어 달라는 부탁을 받았다. 그의 어머니는 겨우 한글을 읽을 정도의 실력으로 날마다 성경을 들고 정말 열심히 읽었지만 한 장을 가지고 오랫동안 씨름하기가 일쑤였다. 어느 추운 겨울날 오후, 주일 학교에서 성경 읽기 대회를 자주 열어 그날도 성경 읽기를 준비하며 앉으나 누우나 성경을 손에서 놓지 않고 읽고 있었던 아들에게, 어머니가 그런 부탁을 했던 것이다. 그 말씀은 지난주에 들은 주일 설교의 본문이었기에 어머니는 다시 한번 더 듣고 싶어 했다. 예수 그리스도께서 재판을 받으신 다음 십자가를 지고 골고다로 향하시는 말씀을 누워서 읽는 가운데 이상한 느낌이 들어 어머니를 힐끗 쳐다본 순간, 어머니의 뺨에 하염없는 눈물이 흐르고 있었고, 조금 후에는 어머니가 흐느껴 울기 시작했다. 더 이상 성경을 읽지 못하고 당황해하는 아들을 향해, 감정을 진정시킨 어머니는 "나는 예수님이 나를 위해 그처럼 비참하게 죽으셨다는 사실을 전에는 잘 모르고 있었던 것 같구나"라고 고백했다. 그때의 감격을 옥한흠은 이렇게 기억하며 표현했다.

이날 이후로 나는 언제나 어머니의 영롱한 눈물 속에 비치는 십자가를 보는 사람이 되었다. 비록 그 눈물에는 심오한 설명이 들어 있지 않았지만 나의 가슴에 뜨겁게, 그리고 정확하게 와닿았고 몇 년이 지나지 아니하여 어머니 눈물을 가득히 담아 주님께 드리는 사람이 되었다. 지금까지 내가 십자가에 대한 수천 편의 설교를 들었지만 어머니의 눈물보다 더 감동적인 십자가의 메시지를 들은 일은 없다.[2]

소년 옥한흠은 마태복음 27장의 말씀을 어머니께 읽어 드리면서, 그 본문 속에 묘사되어 있는 예수 그리스도의 극한 고통을 그의 지성과 감성으로는 도저히 표현할 수 없는 격한 감동을 그저 마음으로 체휼했다. 바느질을 하던 어머니와 성경을 읽던 아들, 모자母子 두 사람은 하나님의 은혜에 겨워 함께 눈물을 흘리며 감격을 맛보았다. 이때 경험했던 옥한흠의 은혜의 감격과 감동이 그의 삶과 사역을 이끌어 간 중요한 영적 동인이 되었다.[3] 그는 어린 시절부터 은혜의 가치를 알았고, 은혜의 체험을 한 사람이었다. 그날 이후로 그는 정말로 어머니의 눈에 비친 십자가를 바로 보는 사람이 되었고, 그 감격이 자신에게도 전달되어 "어머니의 눈물을 가득 담아 주님께 드리는 사람"으로 한평생을 살아가는 신실한 예수 그리스도의 제자가 되기를 원했다. 그의 평생 삶과 사역, 그리고 설교의 핵심에는 바로 "어머니의 눈물 속에 투영된 십자가"가 자리 잡고 있었던 것이다. 그 자애로운 어머니의 눈길은 옥한흠으로 하여금 그리스도의 십자가를 그의 신앙과 생애 속에 각인시키고 주목하게 한 주요한 요목要目이 되었다.

옥한흠은 초등학교 4학년 시절에 박재봉 목사가 인도하는 부흥회에 참석하여 어른들 틈에 끼어 설교도 듣고, 치유 이적 기사가 일어나는 것도 목격했다. 그 당시 시간마다 말씀의 은혜가 넘쳤으므로 오전 10시에 시작된 집회가 오후 2시나 3시가 되어도 끝이 나지 않았지만 전혀 지루해하지 않는 성도들을 보면서 말씀을 통해 임하는 은혜의 진가가 무엇인지를 깨닫게 되었다. 강사가 설교를 끝내고 교회를 떠나도, 그 자리를 떠나지 않고 기도하는 사람들, 찬송하는 사람들, 그리고 끼리끼리 모여 서로 받은 은혜를 나누는 아름다운 장면들이 그의 기억 속에 오래오래 간직되었다.[4]

옥한흠과 학생신앙운동SFC

회심을 체험한 이후에도 옥한흠은 거제 지세포 대광중학교 시절, 1954년 1월 5일부터 13일까지 부산남교회에서 열렸던 '학생신앙운동Student for Christ/SFC' 제8회 수양회에 참석하여 또 한 번 그리스도의 십자가의 은혜를 강력하게 체험했다. 수련회의 주제는 '의인은 믿음으로 말미암아 살리라'였다. 그 수련회에는 중고등학생들이 주로 참석했지만, 고려신학교에 재학 중이었던 김의환도 있었고, 김상복, 허순길, 석원태, 심군식, 그리고 김만우 등도 그 자리에서 많은 은혜를 받았다. 또한 김진경, 손주환, 이원웅, 홍치모, 김남식, 손봉호, 이만열 그리고 윤종하 등도 함께 참석하여 귀한 감격의 순간을 함께 나누었다.[5]

그리고 그해 여름 8월에 부산남교회에서 개최된 제9회 수양회의 주제는 '충성된 증언'이었고, 902명의 학생이 참석하는 전례 없는 대성황을 이루었다. 저녁 집회에는 2,000명이 넘는 인원이 모였으며, 강사로는 이인재 목사, 한부선Bruce F. Hunt 선교사, 윤봉기 목사, 한명동 목사, 명신익 목사, 송상석 목사, 하도례Theodore Hard 선교사, 그리고 안용준 선생 등이 초청되어 귀한 은혜의 말씀을 옥한흠을 비롯한 청년들에게 선포했다. 옥한흠은 중학교 시절 SFC 수양회에 참석하여 하나님의 크신 은혜를 체험했다.

고신 내의 학생신앙운동의 활성화를 위해 한부선 선교사는 남다른 관심과 노력을 기울였다. 1946년 초부터 부산중앙교회에서 '청년신앙운동Youth For Christ/YFC'이라는 월요 모임이 시작되었고, 기독 청년들의 사명 의식을 고취시키면서 학업에 충실하며 전도를 통한 학원 복음화를 위해 활동하던 중 많은 호응이 있자 1948년 8월부터는 '학생신앙운동'으로 개칭되었다. 학생신앙운동은 해방 후 고려파를 중심으로 일어난 회개 운동, 진리 운동, 그리고 신앙 운동이 평신도들 특히 청년들에게까지 파급되어 일어난 운동이었다. 6·25동란을 경험하면서, 한국 교회의 회개 운동이 부산을 중심으로 경남 지역에서 강하게 일어났다. 그리고 회개 운동은 일제 치하에서 행한 신사참배에 대한 하나님의 징계로 받아들인 측면도 다분히 있었다. 이러한 영적 분위기가 학생들에게도 파급되어 '학생신앙운동'으로 발전해 갔다고 볼 수 있다. 민족상잔이라는 전쟁의 상황으로 말미암아 수많은 학생이 회개 기도와 함께 어려운 사정을 하나님께 호소하는 철야 기도가 수양회 기간 내내 계속되기도 했다. 또한 박윤선, 한상동, 한명동, 이상근, 한부선 등의 설교자들로부터 선포되는 능력이 넘치는 메시지는 옥한흠을 비롯한 수많은 학생에게 위로와 소망을 전해 주었고, 어려운 시기를 인내하며 미래를 준비하는 하나님의 사람들로 훈련시켜 나갔다. 불을 뿜어내는 듯한 이들의 설교를 들으면서 어린 옥한흠은 설교의 가치와 능력, 그리고 설교자의 고귀함과 삶 자체를 통해 외쳐지는 말씀의 위력을 깊이 체감했다. 이 시절에 수양회에 참석하여 받은 하나님의 은혜와 말씀의 능력은 참석한 학생들의 생애 기간 내내 크나큰 영향력을 발휘했다는 사실을 거의 반세기 이상이 지난 후에도 여전히 지속되고 있음을 김상복의 증언을 통해서도 확인할 수 있다.[6]

시간이 흐름에 따라 조직의 필요성이 제기되었고 1952년 7월 26일에 이르러 전국 학생신앙운동의 기구 조직이 완비되었다.[7] 이 학생신앙운동은 신앙적인 자발심에서 출발했고, 신앙의 자립을 강조하며, 개개인의 신앙 인격, 곧 중생 체험이 이 운동의 특징이 되었다. 또한 순수한 기독학생운동이라는 점과 함께 한국적인 기독학생운동이라는 독특성을 통해서 당시의 수많은 학생에게 하나님 중심, 성경 중심, 그리고 교회 중심의 원리에 입각하여 학원과 국가의 복음화를 목표로 삼아, 기도하고 전도하며 개혁 신앙을 추구하면서도 생활의 일치를 의도했다.[8]

옥한흠은 1952년 여름, SFC 조직 당시부터 전국수양회에 참석했다. 대광중학교 재학 때부터 고려고등성경학교, 그리고 평화고등학교와 거제고등학교 시절과 1959-60년, 칼빈대학에 다니던 때까지 전국과 지방 수양회에 열심히 참석했다. SFC 보고서도 "이 중 모친이 삼거리 출신으로 이기진 목사의 누님이었던 옥한흠 동문은 대광중학교에 다니던 때부터 고려고등성경학교와 고려신학교(칼빈대학)에 다니던 때까지 전국과 지방 수양회에 빠짐없이 참석하고 있다"고 기록하고 있으며, "옥한흠 동문은 부친이 59세에 소천하고 어머니의 강인한 신앙을 물려받았다"고 언급한다.[9] 옥한흠은 이 수양회에 꾸준하게 참석하면서 순교적 신앙의 의미와 세상의 빛과 소금이 되어야 한다는 메시지에 크게 공감하면서 귀한 감화를 받았으며, 하나님나라의 비전과 소명감을 가슴에 품는 계기가 되었다. 그리고 중고등학교 시절에도 주일 예배는 두말할 나위도 없었고, 새벽기도도 빠지지 않고 참석했다.[10] 이와 같은 어린 시절 경험했던 은혜의 순간들은 옥한흠의 평생의 신앙을 받쳐 주는 든든한 영적 지렛대 역할을 감당했다.

초기 한국 교회의 귀한 전통 중 하나가 바로 사경회 운동이었다. 체계적이고 다양한 성경 공부 제도가 활성화되어서 개인 신앙의 성숙뿐만 아니라, 교회의 자립을 도모한 훌륭한 전통이었다. 이러한 사경회 운동 속에서 옥한흠은 그의 신앙적 보금자리를 찾았고, 그 속에서 예수 그리스도와의 교제를 누리면서 말씀과 함께 성령의 역사로 사춘기 기간을 주님과 동행하는 복을 누리게 되었다. 옥한흠은 당시 구원의 감격을 이렇게 회상했다.

그 일은 마치 바닷가에 오래 서 있다 보면 때가 되어 밀물이 밀려오고 그 물에 온몸이 잠기는 것 같은 신비스러운 은혜였다. 그때부터 시작해서 한 7년, 중학교 3학년 무렵까지 나는 무어라 형언할 수 없는 행복 속에 젖어 지냈다. 예수님이 내 마음을 온통 소유하고 계신 것 같았다. 그리고 어린 나이에 어울리지 않게 열심히 성경 읽으며 신앙의 터를 한 켜 한 켜 닦을 수 있었던 것 역시 나만이 누린 특별

한 은총이었다.[11]

이때부터 어린 옥한흠의 마음은 예수님 한 분만으로 가득 찼다. 그 무렵 뚜렷한 변화가 그에게 나타났는데, 그것은 하나님의 말씀인 성경에 대한 간절한 갈급함과 성경을 읽으면서 그 속으로 빨려 들어가는 기쁨과 깨달음이었다. 이 모든 것이 그의 삶을 인도해 가기 시작했다. 옥한흠은 외삼촌을 졸라 선반 위에 얹혀 있던 표지도 없는 낡은 성경책 하나를 얻어 어린 나이에 열심히 성경을 읽었다. 그런 아들을 가장 가까이서 지켜 보던 그의 어머니는 사랑하는 아들이 훗날 목회자가 될 것이라고 예견했고, 그 일을 위해 새벽마다 기도하기를 게을리하지 않았다.

초등학교 시절부터 옥한흠은 목사들의 설교를 듣는 것을 좋아해서 학교 공부를 소홀히 할 만큼 종교성이 매우 강했다. 또한 하나님의 은혜로 예수 그리스도의 십자가의 은총을 경험한 이후에는 성경을 처음부터 끝까지 깊이 읽고 숙고하는 혼자만의 시간을 평생 가져왔다. 성경을 읽으며 자신을 깨우고, 진리를 통해 깨우친 바를 세상일로 빼앗기지 않으려고 자기의 마음을 깨우는 일에 매우 민감했다. 특히 예수 그리스도의 재림을 강조하며 대환란을 당할 때 살아남아야 한다는 메시지 때문에, 한때는 '대환란 공포증'으로 고민하기도 했지만, 이 세상의 일로 영적인 잠을 자지 않으려고 부단히 자신을 깨우는 일은 그 이후에도 여전히 계속되었다. 그는 평생 '말세불감증'에 걸리지 않도록 그 자신부터 철저히 깨우는 신실한 자세를 유지하려 노력했다.[12]

주 달려 죽은 십자가 우리가 생각할 때에 세상에 속한 욕심을 헛된 줄 알고 버리네. 죽으신 구주밖에는 자랑을 말게 하소서. 보혈의 공로 힘입어 교만한 맘을 버리네. 못 박힌 손발 보오니 큰 자비 나타내셨네. 가시로 만든 면류관 우리를 위해 쓰셨네. 온 세상 만물 가져도 주 은혜 못 다 갚겠네. 놀라운 사랑받은 나 몸으로 제물 삼겠네(아멘).[13]

그러한 은혜의 감격에 푹 젖은 옥한흠은 수도 없이 「주 달려 죽은 십자가」를 울며 부르곤 했다. 이 찬송을 부르면서, 그의 마음속에는 죽으신 구주밖에는 다른 것들은 그의 시야에서 비껴가고 있었고, 그리스도의 십자가가 더 크게 보였다. 옥한흠은 십자가 외에는 자랑할 것이 전혀 없는 한 성도의 모습으로 참 제자의 삶으로 빨려 들어가고 있었다. 그는 4절까지 부르고 또 불렀다. 그러는 동안 그는 하나님의 은혜에 충만했다. "온 세상 만물 가져도, 주 은혜 못 다 갚겠네." 그의 동생 옥재선은 "오빠가 이때부터는 은혜에, 즉 하나님의 십자가 사랑에 너무 감격하고 취해 가지고 살았어요. 그런데 진짜 중요한 건 이때부터 그냥 사람이 바뀌어 버렸어요"라고 당시를 회상했다.[14]

   그는 아버지를 도와 소에게 풀을 먹이러 들로 나갈 때에도 찬송가를 불렀다. 마음속으로만 부르는 게 아니라 들에 나가 소리를 내어 찬송을 부르는 그의 모습은 친구들에게도 좀 특별하고 신앙이 아주 돈독한 친구로 각인되었다. 공부도 잘했고 책을 좋아했던 옥한흠을 그의 부모가 그렇게 많이 일을 시키지 않았어도, 특히 어머니가 시골에는 일이 많아 공부하는 데 지장이 된다고 일을 하지 말라고 해도, 자진해서 아버지의 일을 나름대로 도우려고 부단히 애를 썼다고 친구들은 말한다. 친구들에게 한흠은 어릴 때부터 다른 아이들보다 남다른 면이 많았다. "항상 웃는 낯으로 대하고, 어렵다는 내색을 안 하고, 완벽하고, 좀 소심한 편이었고 말을 함부로 안 하는 아이"로 기억되었다.[15] 그렇지만 하나님의 은혜를 체험한 그는 그 귀한 감격을 누구보다도 표현하는 데 적극적인 사람으로 변화되기 시작했다.

구원 감격을 깊이 체험하고 그 기쁨에 겨워 부른 이 찬송이야말로 옥한흠의 신앙적 감성을 크게 고양시킨 곡조였으며, 어린 시절의 순수한 신앙을 요약적으로 표현한 천상의 가락이 되었다. 그 찬송을 부를 때마다 구원의 감격을 회복하고, 자신을 구원하신 십자가의 예수님이 크게 보이곤 했다. 그래서 그날 이후 옥한흠은 "예수를 똑바로 봤고, 예수를 제대로 바라보았기 때문에, 태어나면서부터 죽는 그 순간까지 정말로 말로 형용할 수 없는 고생"을 경험했지만 끝까지 인내하며 "한결같음"을 유지해 나갈 수 있었다.[16] 이때부터 십자가를 통해 하나님을 가까이서 보았기 때문에 옥한흠은 누구보다도 자신의 잘남보다 추함을 볼 수 있었다. 그는 겸손하게 한평생을 살아가고자 부단히 노력했다. 오랜 세월 후에 그는 한 신문과의 인터뷰에서 이런 말을 남겼다. "하나님을 가까이서 보는 이들은 자신의 추함을 볼 것이고, 멀리서 보는 이들은 자신의 잘남을 볼 것이다."[17] 그 구원의 감격에 대한 찬송을 부르며 살았던 옥한흠의 모습은 그의 평생 변치 않았던 올곧은 자세였다. 여동생 옥재선의 증언이다. "난 다른 건 모르겠어요. 그 철조망 울타리를 부여잡고 그 찬송을 부르며 울던 오빠의 모습이 눈에 아른거려 부를 수가 없어요. 오빠는 어린 시절 그때의 그 심정으로 커서도, 유명해져서도, 조금도 변하지 않고 목회를 했다고 생각해요. 그리고 그 심정으로 중환자실에서도 누워 찬양하다가 하나님께 갔다고 생각해요."18

어린 옥한흠에게 다가온 하나님의 은혜의 물결은 그 자체가 신비였다. 그는 하나님께서 베풀어 주신 은혜의 신비를 풀어 보려고 시도하지 않았다. 다만 성령께서 자기 마음에 갈망을 주사 그리스도 앞에 완전히 무릎을 꿇으며, 십자가의 구속의 사랑이 자신에게 주어짐은 전적으로 하나님의 은혜임을 잘 깨달았을 뿐이었다. 예수 그리스도의 십자가를 바로보고 깨달은 옥한흠은 자신이 정말로 구원받을 자격이 없는 사람임을 분명하게 인식했다. 그냥 머리로만 알았던 십자가의 의미를 가슴으로 깨닫고 그 구원의 감격이 그로 하여금 새로운 삶을 영위해 가는 영적 원동력이 되었다. 이렇게 감격적으로 체험한 예수 그리스도의 구원의 은총을 「주 달려 죽은 십자가」라는 찬송을 즐거이 부르면서 표현하곤 했다. 그 후 옥한흠은 다니고 있었던 지세포교회에 찬양대를 만들었고, 학생 때부터 학생회에서 설교하는 역할도 감당했다. 이때부터 옥한흠에게는 기독교 신앙의 감성적 측면을 중시하는 특성도 자연스럽게 생기게 되었다. 그는 어렵고 힘들 때마다 여동생과 함께 동네 산에 올라가 찬송과 노래를 부르곤 했다. 또한 그때부터 설교자로서의 그의 능력은 청중들인 또래 학생들에게 호소력을 발휘하는 것으로 표현되었다. "성경을 마치 소설의 스토리처럼 단막극으로 나눠서 구성해 들려줬는데, 사람들이 그걸 듣고 싶어서 모이고 또 모이고 그랬어요."19

이렇게 해서 옥한흠의 인생이 새롭게 탄생되었고, 숱한 고난과 지독한 가난으로 찌들었던 그의 삶에 하나님의 은혜로 인한 새로운 믿음의 행보가 시작되었다. 그의 전 인격이 새롭게 방향을 잡고 새로운 활력을 얻어 나가기 시작하는 발단이 되었다. 이것이 바로 거듭남의 축복이요 새로운 탄생의 희열이었다. 십자가에서 달려 돌아가심으로 자신의 구원을 이루신 예수 그리스도의 은혜를 생각하면 할수록 감격의 눈물이 그의 눈을 적시곤 했다. 그는 그때부터 은혜의 의미가 무엇인지, 그리고 그 은혜의 능력이 무엇인지를 분명히 알았기에 마치 '영적인 걸인spiritual beggar'처럼 그리스도의 은혜를 간절히 갈구하며 그의 인생길을 걸어갔다. 또한 옥한흠의 회심은 그를 친히 만나 주었던 예수 그리스도의 형상을 닮아 가는 변화의 시작이기도 했다. 그 이후 옥한흠은 그리스도를 아는 것과 그분이 어떤 분인지 실감 나게 체험하며, 그분의 진정한 제자가 되는 것을 그의 필생의 과업으로 삼았다.

하지만 소년 옥한흠이 이렇게 "예수님의 첫사랑에 취해 있을 때"에 그를 가장 슬프게 한 사람은 고향에 있던 교회의 한 장로였다. 그 장로는 "공적으로는 선한 목자처럼 행동하고 사적으로는 매정한 삯꾼처럼 행동하는 두 얼굴을 가진 사람이었다."[20] 그의 손으로 교역자들이 3년 이상을 버텨 내지 못하고 쫓겨 나갔고, 그러한 과정에서 옥한흠을 비롯한 어린 주일 학교 학생들과 많은 교인들에게 씻을 수 없는 엄청난 슬픔과 고통을 안겨 주었다. 그는 열한 살쯤 되었을 때 "예수님을 만나 한창 은혜의 단맛"에 빠져 있었다. 그가 다니고 있던 고향 교회는 정말 멋진 목사가 부임하여 교회가 부흥 일로에 있었다. 그러나 한 장로의 가족들로 인하여 그 교회는 큰 어려움에 처하게 되었다. 갖은 방법으로 장로 부부가 목회자를 괴롭히고, 폭행하기도 하며, 설교하는 강단에서조차 끌어내리며 고통을 받다가 떠나가야만 했던 일은 평생 잊을 수 없었던 아픔이었다. "그 목사님을 송별하는 부둣가에 나가서 먼 바다를 바라보며 한없이 통곡하고 슬퍼했던 일"은 어린 시절부터 옥한흠에게 "이상적인 장로상"을 추구하며 "진정한 그리스도인"이란 누구인지를 깊이깊이 숙고하게 만들었다. 이런 일은 정말로 소년 옥한흠에게 깊은 상처가 아닐 수 없었다. 실로 그의 동심童心에 못이 박히고 말았던 것이다.[21]

이런 쓰라린 경험으로 인하여 어린 옥한흠은 참된 제자로서의 삶이 매우 중요하고 교회가 갱신되어야 할 필요성이 있음을 어린 시절부터 막연하게나마 갖게 되었다. 또한 그릇된 장로직에 대한 부정적 견해와 그릇된 장로교 전통에 대한 비판적 인식이 그때부터 싹텄다고 볼 수 있다. 그리고 오늘날 거의 모든 사람에게서 고향 의식은 뿌리 뽑혔지만, 고향에서의 추억은 평생의 추억 중 가장 생생하고, 소중하게 간직하고픈 일종의 "유토피아라는 유행병의 형태"[22]일 수 있다. 하지만 옥한흠은 고향에서의 찌든 가난과 고된 삶, 그리고 고향 교회에서의 가슴 아픈 추억 때문에 고향을 그리워하면서도 멀리하는 이중적인 태도를 가지게 됐는지도 모른다.

중학생 2학년 때 소년 옥한흠은 세례를 받았는데, 당시에는 어린 나이에 세례를 받는 것은 대단한 긍지로 여길 만한 일이었다. 그만큼 그때부터 옥한흠은 주위로부터 "믿음 좋은 소년"으로 인정을 받고 있었다. 이렇게 인정받긴 했지만, 세례의 의미나 감격을 제대로 알지도 못하고 단순한 고백만으로 세례를 받았다는 강한 아쉬움이 있다고 옥한흠은 술회했다. 그 자신의 말에 의하면, "결국 고백은 훌륭했으나 은혜

의 체험은 놓쳐 버린 아쉬움을 남긴 세례였다"고 했다.[23]

이렇게 신앙적으로 잘 성장해 나간 소년 옥한흠은 주위 사람들에게 '목사감'으로 여겨졌고, 목사가 되어야 한다는 일종의 의무감이 그에게 생긴 것은 자연스러운 일이었다. 특히 그의 어머니는 아들이 어릴 때부터 다른 아이들과는 뭔가 달랐고, 성격도 좋았으며, 목사로 아주 적합하다는 아들에 대한 자부심이 있었다.[24] 그렇게 인정받고 있었던 그였지만, 그에게는 교회와 세속 사회를 이분하여, 신앙이 좋으면 세상을 멀리해야 경건한 삶을 살 수 있다는 인식은 좋아 보이지 않았다. 더군다나 섬 지역에서 가난한 농가의 아들로 살아왔던 옥한흠에게 작은 시골 교회 목회자의 삶이란 동경의 대상이 되기에는 너무나도 거리가 멀었고 회피하고 싶은 대상이 되기도 했다.

회심을 경험하고, 그리스도의 십자가의 은혜에 흠뻑 젖는 감격도 맛보았지만, 그 당시 옥한흠에게는 적지 않은 신앙적인 부담도 있었다. 그가 다녔던 교회의 소속 교단은 신사참배 반대 운동을 통해 한국 교회의 신앙을 순수하게 지켜 온 순교적 전통이 강한 "좋은 교단"이었음에는 분명했지만, 다른 교단의 교회들을 "마귀 당이요 심지어 구원이 없다고까지 가르치는 사태"를 목격하면서 그는 자부심과 함께 심한 부담감도 느끼고 있었다. 오랜 시간이 흐른 후, 옥한흠은 당시 자신의 신앙생활의 일면을 이렇게 회상했다.

중학 시절에 수학여행을 가 어느 도시에 있는 교회의 수요 예배에 참석하려고 찾아갔지만 그 교회는 내가 소속한 교단이 아니었다. 그래서 예배를 보지 않고 앉아서 구경만 하다가 나왔다. 기도할 때도 눈을 감지 않았다. 그것은 혹시 여기에는 구원이 없을지도 모르고 또 마귀당일지도 모르므로 그들과 같이 기도할 수 없다는 이유 때문에 취한 행동이었다.[25]

물론 고신 교단의 전반적인 좋은 면들보다는 다소 부정적이고 독선적인 요소들이 어린 옥한흠에게 크게 부각된 것은 사실이었지만, 교단의 신앙 전통에 지나친 자부심은 오히려 다른 교단 교회들과 성도들을 폄하하고, 성령의 영감으로 기록된 성경이 아닌 교회의 전통이나 배타적인 교단주의로 타 교단을 정죄하고 신앙을 가늠하는 척도로 삼는 것이 관례처럼 굳어져 있었다. 중학생이었던 옥한흠은 이것 때문에 마음이 무척이나 괴로웠다. 옥한흠의 동년배로서 1938년 경남 함안 군북에서 태어난 역사학자 이만열도 고신 교단에서 어린 시설 신앙생활을 한 것을 이렇게 회고한 적이 있다. "거기에다 중고등학교 시절 '광적으로' 접했던 고신파 신앙의 경건성과 대결성은 나를 억압하고 폐쇄적으로 만들어 갔다."[26]

옥한흠도 어린 시절 잘못된 가르침으로 오랜 기간 크게 고민했던 적이 있었다고 언급했다. "저는 어렸을 때 말씀을 잘못 배웠습니다. 예를 들면 이런 것입니다. '예수 믿은 다음에 짓는 죄는 훨씬 크고 악한 죄다. 용서를 받는 것과 벌을 받는 것은 별개의 문제다. 알고 짓는 죄는 사할 곳이 없다.' 당시 교회가 성결을 지나치게 강조하다가 정도를 벗어났는지는 모르지만 하여튼 이 잘못된 가르침은 나를 얼마나 고통 속으로 몰아넣었는지 모릅니다."[27] 그러나 옥한흠에게는 이러한 그릇된 신앙적 경향보다는 순수한 하나님의 은혜에 대한 인식과 체험이 그의 삶과 신앙을 지탱해 나가도록 해 주었다. 초등학교 때와 중학교 때 두 번, 그는 정말로 깊은 하나님의 은혜를 깨달았다.

옥한흠의 소명

옥한흠은 가난한 환경과 아버지의 반대에도 불구하고 공부에 대한 집념만큼은 포기하지 않았다. "아버지가 아궁이에 교과서를 던져 태우고, 비 오는 날 마당에 교과서를 갖다 버리는 상황에서도 공부를 포기하지 않았어요. 그때마다 저는 그 진흙에 젖은 교과서를 주워 들고 들어와 방에서 한 장 한 장 펴 가면서 말렸죠."[28] 이러한 수난 속에서도 아버지를 원망하지 않고 꿋꿋하게 참으며, 자신의 목표를 향하여 한 걸음씩 나아가는 그의 모습 속에서 회심한 참 성도의 아름다운 모습을 볼 수 있다. 그의 여동생이 증언하는 대로, 옥한흠은 자신의 구원을 이루시기 위해 이 땅에 찾아오시고 온갖 고난과 수욕을 다 참으시고 구속의 역사를 완성하신 주님을 생각만 하면 이 땅에서 참을 수 없는 고통은 존재하지 않는다고 생각한 것 같았다. "오빠는 이런 생각이었던 게 분명해요. 예수님께서 나 같은 죄인을 위해서 십자가의 고통을 참으셨는데, 하물며 내가 이 세상에서 못 참을 고통이 무엇이 있겠는가?"[29]

    이러한 하나님의 은혜를 체험하면서 황홀한 경험도 했지만, 소년 시절의 옥한흠의 삶은 너무도 버거웠다. 학구열이 남달랐던 그는 고등학교만이라도 졸업할 수 있다면 대학은 세월이 흐른 후에라도 갈 수 있는데, 고등학교 진학하는 것 자체가 그의 집안 형편상 매우 어려운 상황이었다. 사랑하는 여동생 재선의 학업 포기와 희생에 힘입어 그는 좀 늦은 나이인 19세 때인 1956년에 거제고등학교에 입학할 수 있었다. 평화고등학교에서 공부한 것을 인정받아 2학년으로 들어갔다.[30] 그 당시 여동생이 공장에서 최선을 다해 돈을 벌었고 그 덕분에 그가 바라던 학업도 마쳐 갈 수 있었지만, 동생에 대한 회한은 가슴이 저미어 올 수밖에 없었다. 옥한흠은 당시 여동생 또래의 학생들을 보면 형언할 수 없는 고통을 느끼곤 했다. 그런 마음이 생길 때면 동생에게 이렇게 말했다. "재선아, 내가 여고생을 보면 내 목에서 피가 올라오려고 한다. 쟤들은 저렇게 교복을 입고 학교를 다니는데 공장에서 일하고 있는 너를 생각하면 내 목에서 피가 올라온다." 동생이 자기의 학업을 위해 희생했다는 부담과 고통이 일생 동안 그의 뇌리에서 벗어나지 않았다.[31]

이러한 역경 속에서 십대를 보냈던 옥한흠은 가난하고 어려운 여건 속에서도 어머니의 기도와 여동생의 희생 덕분에 1958년 거제 장승포의 거제고등학교를 졸업했다.[32] 이제 옥한흠은 어머니를 비롯한 주위 사람들의 기대에 부응하기 위해서라도 목회자의 길을 걸어야만 하는 입장에 놓이게 되었다. 특히 "노골적인 강요"는 하지 않으셨으나 내심 아들이 목사가 되기를 바라며 기도하시던 그의 어머니는 적지 않은 부담감을 옥한흠에게 주었다.[33] 부담스럽긴 했지만, 어머니의 보이지 않는 아들에 대한 기대감이 자신도 모르는 사이에 옥한흠 안에 훗날 목사로 거듭날 수 있는 상상력을 계발시켜 준 것은 부인할 수 없을 것이다.

어린 시절부터 주일 학교 예배는 물론이고 장년 예배에도 열심히 참석하는 옥한흠을 보고 교회의 어른들은 그를 향해 신학교에 가서 목회자가 되라는 권유를 심심찮게 했다. 그럴 때마다 옥한흠의 마음은 하나님의 부르심에 대한 막연한 기대도 있었겠지만, 그에게는 현실적인 문제가 더 크게 보였다. 가난한 농부의 아들이었던 그는 가족들이 고생하는 것이 싫어 궁핍한 목회자의 삶을 살고 싶지 않은 것이 솔직한 마음이었다. 그러면서도 그의 마음속에 생기는 질문은 '믿음 좋은 젊은이들이 다 신학교에 가면 누가 세상을 변화시키겠나?'라는 것이었다. 당시 옥한흠은 한국 교회의 신앙 속에 깊게 내재되어 있었던 이원론적이고 내세지향적인 특성에 대한 거부감이 있었다.

하나님의 은혜를 체험했지만 그를 목회자의 길로 선뜻 나서지 못하게 한 요인이 또 한 가지 있었다. 그것은 바로 그 당시 주변의 목사들이 "항상 깨어 있어야 한다"라고 수없이 가르쳤던 종말론적인 권고 때문이었다. 마침 경남 거제에는 피란민들이 많이 이주해 와서 전쟁으로 인한 경각심과 종말론적 각성이 매우 고조되어 있었다. 이 세상에 마음을 빼앗기지 않고 자신의 마음을 지키는 것이 깨어 있는 것인데, 종말론적 말씀이야말로 그를 깨웠던 강력한 말씀이었다. 일제 치하와 6·25전쟁 전후로 한국 교회에는 전천년설의 영향력이 더욱 강해졌고, 임박한 예수 그리스도의 재림에 대한 가르침이 강단에서 어느 때보다도 많이 선포되었다. 그러한 시대 인식을 하면서 평신도도 아니고 목사로서 살아가면서 영적으로뿐만 아니라, 모든 면에서 깨어 있어야 한다는 부담감이 엄청나게 컸을 것이다.[34] 그는 1958년 음력설에 지세포교회 청장년면려회에서 주최한 '환란 때의 승리는 투쟁이냐 인내냐'라는 토론 대회에 투쟁 편에 참여하여 자신의 입장을 피력하기도 했다.³⁵ 이런 신앙의 분위기가 옥한흠이 성장했던 청소년기의 주요한 특성이었다.

당시에는 목회자의 길을 가야 한다는 부담감을 덜어 내기 위한 옥한흠의 자기변명이었는지는 몰라도, 그는 청소년 나이에 모든 영역에서 하나님의 일을 할 수 있다는 나름의 "개혁주의적 소명 의식"을 갖고 있었다. 훗날 옥한흠은 "'평신도 지도자'를 꿈꾸는 선견자적인 발상을 하기도 했고, 남자라면 열심히 공부하고 열심히 일해서 가족들을 잘 부양해야 한다는 생활인으로서의 내 기질에 꼭 맞는 생각이기도 했다"라고 술회했다.³⁶ 이러한 변명에도 불구하고, 옥한흠의 마음속에는 이미 맛본 하나님의 특별한 은혜에 대한 그리움이 점점 커져만 갔고, 거부할 수 없는 하나님의 은혜에 대한 거룩한 갈망이 어린 시절부터 그를 사로잡고 있었다. 하지만 이러한 주변의 은근한 기대를 뿌리치고 그가 지원한 곳은 살고 있었던 곳과 멀지 않은 진해 해군사관학교였다. 바닷가에서 성장한 옥한흠이 해군사관학교를 동경한 것은 어쩌면 자연스러운 일이었는지도 모르지만, 이러한 결정은 그의 삶이 얼마나 어려운 형편에 있었는지를 단적으로 보여 준다. 6·25전쟁 후인 1950년대 중반은 가난한 것이 당연하게 여겨지던 때였다. 그 시대에 궁핍한 생활을 돌파할 수 있는 길 중 하나로서 장학금으로 공부할 수 있고, 졸업 후에 취업이 보장되는 사관학교 입학이야말로 옥한흠을 비롯한 당시 젊은이들에게는 인기와 선망의 대상이었다. 그는 마음속으로 해군 장교로서 사병들과 예배도 드리고 그들에게 복음을 전하겠다고 하는 의지를 되새겨 보았다. 사실, 사관학교에 들어가는 것은 "목사가 되지 않기 위한 탈출구"에 불과했다. 영특하고 매사에 당당했던 옥한흠은 성적도 좋았고 합격을 확신했지만, 예기치 않게 신체검사에서 떨어지고 말았다.[37]

당연히 합격하리라 자신했던 해군사관학교 입학시험에 어이없는 이유로 떨어진 후에야 비로소 자신을 부르시는 하나님의 강권하심에 복종해 목사의 길을 가야겠다는 생각을 본격적으로 하기 시작했다. 성적 면에서 안심을 하고 있었고 자신 있게 응시했지만 시험도 보기 전에 신체검사에서 혈압이 높아 필기시험 자격이 박탈되고 만 것이었다. 그때의 막막한 심정은 그 무엇으로도 위로받을 수 없었다. 그때의 심정을 이렇게 진술했다. "신체검사를 하기 전까지 한 번도 혈압이 높아서 몸에 불편함을 느껴 본 적이 없었던 나는 도저히 신체검사 낙방 사실을 받아들일 수 없었다. 또한 그것이 어떤 하나님의 신호라고 받아들이기에는 목사가 되기 싫은 마음이 너무나 컸다. 무언가 잘못된 것이라 생각하고 다시 한번 도전하리라 마음먹었다."[38]

그러나 옥한흠의 어머니는 이미 이러한 결과를 예상하고 계셨다. 시험에 응시하는 것은 자유이지만, 결과는 잘 안 될 것이라고 어머니는 미리 말씀했다. 그러나 어머니의 말씀을 하나님의 경고로 받아들이기에는 그의 자존심이 허락하지 않았다. 그래서 다시 재도전해 보기로 마음먹고 있었지만, 아버지와의 갈등 때문에 집에 머물면서 공부에 전념하기가 매우 어려운 상황이었다. 이러한 가운데, 그가 유년기를 보냈던 삼거리 벽촌 마을에 있는 삼거리교회에서 주일 설교와 주일 학교 지도를 해 주면 방 하나를 제공하고 재수 생활을 뒷바라지해 주겠다는 제안을 받았다. 옥한흠은 그의 증조부가 세웠던 교회이자, 유년 시절 신앙생활을 보냈던 곳이기에 더없이 기뻐하며 이 제안을 받아들였다. "가난한 교회다 보니 교역자를 청빙할 수 없어 성경 말씀을 잘 아는 학생으로 소문나 있던 평신도 옥한흠을 부르게 된 것이었다."[39] 옥한흠은 교역자가 아닌 평신도였지만, "전도인"으로서 나름대로 목회 사역을 해 본 경험을 하게 된 것이다.[40] 그의 나이 20대 초반이었던 1958년경의 일이었다.

옥한흠은 신학교에서 공부하지도 않은 상황에서 사역에 열중하면서도, 가정 형편 때문에 한글을 깨우치지 못한 청년들을 교회로 불러 문맹을 퇴치하며 공부를 시킴으로 독특한 목양의 첫 삽을 떴다. 그리고 이곳에서 그의 특유한 열정으로 주일 학교를 부흥시켰고 주일 설교도 열심히 준비하여 선포했다. 당시 옥한흠의 설교나 가르침에는 남다른 은사가 있었다. 본격적인 신학 훈련을 받지 않은 상태에서 그렇게 많은 사람에게 감화를 끼칠 수 있었던 것은 자신이 받은 구원이 무엇인지를 알고 그 기쁨을 알며 그 구원의 축복을 알았기 때문이었다. 자신의 마음이 구원의 감격으로 뜨거워져 있고, 그것을 나누고자 하는 열망이 그의 마음속에 타오르고 있었기 때문에, 청년 옥한흠은 이미 어린 학생들로 하여금 그의 설교에 끌리게 하고 빠져들게 하는 묘한 매력과 열정을 가지고 있었다.[41]

그런 가운데 옥한흠은 전도인 사역에 열심을 내어 주일 학교 학생들에게도 좋은 감화를 끼쳤으며, 그 교회에 다니고 있던 결혼 적령기의 자매들에게 특히 인기가 많았다. 부모가 믿지 않는 가운데 신앙생활을 열심히 하는 한 자매가 옥한흠을 좋아한다는 이야기를 들은 그의 외삼촌은 반대를 하면서, 목회할 사람은 "뒤에서 기도해 줄 수 있는 어머니가 있는 집안의 여자와 결혼해야 한다"라고 강력하게 주장해서 흐지부지된 경우도 있었다.[42] 미래가 불투명했던 이러한 상황에서도, 옥한흠은 대학에 입학해야겠다는 일념 하에 입시 공부에 매진했다. 옥한흠은 어린 시절부터 목회자의 삶이란 영광의 길이 아니라, 십자가의 길임을 누구보다도 확고하게 인식하고 있었다. 그래서 그는 목회자로서 충분한 자격을 갖추어야 한다는 생각 때문에 젊은 시절 오랫동안 목회자의 길로 선뜻 들어서기를 회피했다. 목회자에 대한 높은 기대 수준을 갖고 있었기에 더욱 그러했다.[43] 그러나 좀 더 실제적인 이유는 목회자들의 경제적 어려움, 특히 가난이 무척이나 두려웠던 것도 사실이었다.

삼거리교회에서 열심히 사역하면서 해군사관학교 입시를 준비한 옥한흠은 이번에는 신체검사를 무난하게 통과했다. 그는 합격에 대한 안도감과 지난 시간에 대한 억울함의 감정이 교차하는 가운데 이번에는 무난히 들어가겠다는 기대감에 가슴이 부풀어 올랐다. 그런데 예기치 않게 필기 과목 중 하나였던 수학 과목에서 낙방하고 말았다. 그가 가장 자신 있었던 과목인 수학에서 또 패배의 아픔을 맛보아야 했다. "나뿐만 아니라 주위의 모든 이들이 의아해한 결과였기에 그때 나는 비로소 '하나님의 소명'에 대해… 엄숙하게 점검하지 않으면 안 되겠다는 생각을 처음으로 갖게 되었다. '하나님의 소명'이란 죽으라면 죽고, 가라면 가야 된다는 걸 나는 미처 모르고 있었던 것이다."[44]

두 번째 도전에서도 실패한 옥한흠은 그야말로 갈 데가 없었다. 그렇다고 한가롭게 공부하며 지낼 만한 형편이 안 되는 집으로 갈 수도 없었고, 도시로 나가 새로운 삶을 도전하기에는 상황이 너무도 열악했다. 이렇게 연거푸 실패를 맛본 옥한흠은 자신을 향한 하나님의 계획이 무엇인지를 깨달았지만, 그것을 수용하기에는 견디기 힘든 고통이 남아 있었다. 그때의 심정을 이렇게 표현했다. "실패의 쓴맛 때문에 한 달간 정신없이 고민하며 돌아다니다가 자살하고 싶은 충동을 느끼기도 여러 차례. 그러나 보니 자살해서 죽는 것보다는 목사 되는 것이 낫겠다 싶어 어느 날부터는 백기를 들고 시골 교회에 앉아 몇 날 며칠을 기도하며 여러 가지를 생각하지 않을 수 없었다."[45] 두 번째 실패를 경험하고서야 비로소 옥한흠의 마음은 목회의 길로 기울기 시작했다.

옥한흠은 시간이 갈수록 하나님께서 조용히 그러나 확실하게 자기를 인도하고 계심을 느꼈다. 그러한 하나님의 임재는 목사로서 부르시는 소명에 앞선 일종의 전주곡과도 같았다. 그는 영적 분별을 위해 간절히 기도하면서 최종 확신을 얻게 되었고, 목회자로 부르시는 하나님의 소명을 받아들이고, 하나님께 "항복 선언"을 했다. 그때 그는 목회자로서 복음을 위해 살겠다고 굳게 결심했다. 시골 교회 마룻바닥에 엎드려 하루 종일 몸부림치며 하나님께 매달렸다. 이렇게 기도하는 자신의 모습 속에서, 옥한흠은 "다시스로 도망가다 물고기 뱃속에서 울부짖던 요나의 꼴"을 보게 되었다.[46] 이런 일이 있은 지 며칠 후, 하나님께서 목회자의 길을 가도록 부르셨다는 사실을 받아들이고 창조주 하나님께 자신의 삶을 내려놓았다. 이제 옥한흠의 마음은 확정되었고 그의 생애를 하나님을 섬기는 일에 바치겠다고 결단하기에 이르렀다.

20대 초반의 나이에 옥한흠은 비로소 "사람이 마음으로 자기의 길을 계획할지라도 그 걸음을 인도하는 자는 여호와시니라"(잠 16:9)는 말씀을 마음에 각인하며, 그의 삶에 개입하시는 하나님의 주권에 전적으로 순복했다. 이러한 결단 즉시, 그의 마음속에는 하나님께서 주시는 위로와 평안이 찾아왔다. 하나님의 소명에 응답한 그 결단의 순간이 옥한흠의 인생에 중요한 전환점이 되었다.

> 작은 질그릇이 자기를 만드신 분에게 항복하는 순간이었다. 즉시 내 마음에는 형언할 수 없는 평안이 깃들기 시작했다. 그렇게 두려웠던 목회자의 길이 아름답게 보였다. 그렇게 싫었던 가난도 기쁜 마음으로 품을 수 있을 것 같았다. 이처럼 복음을 위해 살기로 결단한 이후 지금까지 나는 단 한 번도 후회하거나 곁눈질하는 일 없이 외길을 달려왔다.[47]

훗날 옥한흠은 그의 설교집, 『소명자는 낙심하지 않는다』에서 그때를 이렇게 회고했다.

> 저는 스물세 살 때 하나님의 소명을 받았습니다. 그때가 1960년 봄이었는데, 그렇게도 안 가겠다고 도망가던 제가, 그렇게도 하기 싫어서 그저 어디든 피할 수만 있다면 수단과 방법을 가리지 않고 피하던 제가 2, 3년 동안 하나님과 씨름을 하다가 결국 하나님의 강권적인 역사하심에 꺾여 작은 시골 교회 마룻바닥에 홀로 엎드려 하나님 앞에 항복하던 그 순간을 저는 기억하고 있습니다.[48]

이렇게 귀한 결단을 한 이후에, 옥한흠의 마음에는 하나님을 향한 송구스러움이 자리 잡고 있었다. 자원하는 마음으로 하나님의 소명을 받아들이지 못하고, 마치 강제 차출로 끌려온 자처럼 목사의 길에 들어선 자신의 모습을 생각할 때마다 하나님의 별난 은혜에 감사하지 않을 수 없게 되었다. 그래서 그는 바울이 목멘 소리로 중얼거리던 "나의 나 된 것은 하나님의 은혜로 된 것이니"(고전 15:10)라는 독백을 그 누구보다도 사랑하게 되었다. 또한 옥한흠은 신앙의 본질이 하나님의 은혜를 바라는 끊임없는 자기 성찰이라는 것도 확실히 배웠다.

그러고 보니, 어린 시절에 깊이 경험한 하나님의 특별한 은혜에 대한 그리움이 그를 목회자로 부르시는 하나님의 섭리임을 분명하게 깨달았다. 옥한흠의 삶과 사역의 원동력은 바로 "하나님 은혜에의 갈망"이라고 할 수 있다. 그래서 훗날 그는 자신의 삶의 여정을 잘 드러낸 '은보恩步'라는 호를 선택함으로, 그의 삶을 인도하시는 하나님의 손길을 '은혜의 발걸음'으로 표현했다. 그야말로 이때부터 하나님의 은혜를 갈구하는 '영적 걸인'의 순례의 여정이 시작되었다. 어린 시절의 이 경험이 옥한흠의 신앙 전체를 관통하는 본질적인 요소가 되었다. 그는 이렇게 고백했다. 내가 은혜에 취하기 시작한 것은 초등학교 3학년 때부터였다. 그리고 중학교를 졸업할 때까지 그 은혜는 식지 않고 지속되었다. 성경 말씀이 꿀송이처럼 달다는 것이 어떤 것인지, 예수님의 십자가의 사랑이 얼마나 진하게 가슴을 울리는지, 죄 사함을 받고 하나님의 자녀가 되었다는 것이 얼마나 사람을 황홀하게 만드는지, 나는 이 기간에 넘치도록 맛보면서 살았다. 그러나 성인이 되면서 이 강렬한 은혜의 맛이 서서히 식어지기 시작했다. 그리고 안타깝게도 지금까지 그 은혜의 경지를 다시 회복하지 못했다고 말하는 것이 솔직한 나의 심정이다. 그럼에도 불구하고 부인할 수 없는 사실은 그 때에 받은 은혜가 내 한평생의 신앙생활과 목회의 질을 결정짓는 절대적인 요소가 되었다는 것이다.[49]

　이렇게 어린 시절에 하나님의 귀한 은혜를 체험한 옥한흠에게 평생 그 은혜에 대한 진한 그리움이야말로 그의 생애와 사역을 하나님의 영광으로 견인牽引해 가는 강력한 원동력이 되었다.

옥한흠의 청년 시절과 결혼

3장

옥한흠의 대학 생활

바다를 유난히 좋아했던 청년 옥한흠이 두 번이나 해군사관학교 낙방을 경험한 일은 그야말로 절망 그 자체였다. 그의 마음은 참으로 참담하기만 했다. 사관학교 시험에 실패한 뒤, 그는 큰액 장학금을 받으면서 부산 고려신학교 부속 칼빈대학을 2년간 다녔다. 1959년부터 1960년까지 옥한흠은 작은아버지 옥치상의 집이 있는 부산에 소재한 칼빈대학의 종교학과에 재학했다.[1] 옥한흠은 당시 한명동 목사가 시무하고 있었던 부산남교회에 다니고 있었으며 찬양대에서 봉사하기도 했다. 또한 경제적으로 여의치 못했던 옥한흠은 입주 가정 교사를 하면서 대학 생활을 했다. 그는 주로 철학과 역사, 논리 및 윤리 등의 다양한 교양 과목들과 성경과 관련한 개론 과목들, 그리고 영어와 독일어 등을 수강했고 성적도 매우 우수했다. 이때 고신에서 가르치던 홍반식을 비롯한 여러 교수와, 미 정통장로교회 파송 선교사들이었던 한부선 내외와 하도례도 만났다. 그리고 훗날 옥한흠이 성도교회에서 다시 만나게 될 김성환 목사도 칼빈대학에서 강의를 하고 있었다. 김성환은 아주 명석했고 인간됨이나 가르치는 데에도 탁월했으며 운동도 아주 잘해 학생들에게 인기가 매우 많았다.[2]

당시 고신 교단 지도자들은 "칼빈대학에만 와야 공부도 제대로 하고 신앙생활도 제대로 한다"는 의식과 자부심이 있었다. 진리 탐구도 결혼도 그 교단 테두리 안에서만 해야 하는 것으로 강조하곤 했다. '작은 칼빈'이 되어서 개혁주의 교회를 전 세계에 건설하라는 메시지가 교명에서부터 물씬 풍겨 나왔다. 그래서 일반 대학에 재학 중이던 청년들이 칼빈대학으로 전학 오는 경우도 적지 않았다. 그리고 중고등학교 시절 학생신앙운동에서 영향을 받았던 학생들이 칼빈대학에 진학한 경우도 많았다. 당시 급우들 중에는 나이가 다소 많았던 윤종호의 눈에 비친 옥한흠에 대한 인상은 오랜 세월이 지났어도 결코 지워지지 않았다. "이 사람이 장래에 하나님의 훌륭한 일꾼이 되겠다 싶었고, 눈망울이 반짝반짝 빛이 나고 있었고 말도 너무 분명하고 기도 생활도 많이 하고 있었다.… 그리고 옥한흠이 특히 잘한 과목은 영어였다. 당시 하도례 선교사가 미국에서 영어 원서를 주문해서 강독을 시켰는데 옥한흠이 빠르고도 정확하게 이해를 해서 선생들로부터 칭찬을 많이 들었다.… 뿐만 아니라 인물도 참 좋았다."[3]

그러나 옥한흠이 어린 시절에 다녔던 교회는 "답답하다 싶을 정도로 경건 생활을 강조하는 교단"이었고, 신학에 대한 예비적 훈련을 받았던 대학에서의 과정도 그에게는 큰 의미를 주지 못했던 것 같다. "변화하는 시대에 적극적인 목회를 하려면 고학을 해서라도 일반 대학을 거쳐야겠다는 생각"을 품고 잘 준비된 목회자의 길을 가기 위해 자신을 채찍질하기 시작했다.[4] 또한 경건 운동에 앞장서는 것은 좋지만, 젊은 청년들, 특히 신학생들에게 "이성 간의 교제나 연애하면 죄인 줄 알고, 곁눈질하면 큰 범죄인 줄 알았기 때문에 큰길로만 다녀야 했으며, 결혼도 우리 교단 안에서 여자를 선택해야 하는" 율법주의적인 성향은 옥한흠에게 견디기 쉽지 않은 대학 시절이었을 것이다.[5] 마음에 드는 이성과의 교제도 쉽지 않은 상황이었다.

옥한흠은 고려성경고등학교와 칼빈대학에 재학하면서 신학 수업을 나름대로 꾸준하게 준비해 가고 있었다. 그가 목회자가 되기로 소명을 분명하게 느낀 것은 20대 초반이라고 언급하는 것을 보면, 이미 신학 공부는 그때 시작이 되었다. 그러한 과정에서 폭넓은 공부가 선행되지 않고는 좋은 목사가 되기가 어렵다는 판단 하에, 옥한흠은 서울에 올라가서 대학 생활을 하고자 마음먹었다. 고신 교단에서 옥한흠의 신앙생활은 순교적 신앙과 신앙의 올곧음을 배우는 귀한 계기가 된 것은 사실이었지만, 다소 교조적이고 종파적인 특성에 대해서는 목을 조이는 듯한 답답함을 느꼈던 것 같다. 경건 생활을 강조하고 율법주의적 경향에서는 숨 막히는 것 같은 갑갑함에서 벗어나고픈 강한 충동을 느꼈다. 그래서 서울로 올라간 이후부터는 일단 고신 교단을 떠나 합동 측 교단의 교회를 물색하기로 마음먹었다. 그럼에도 고신 교단은 그에게 훗날 교파의 벽을 넘어 복음주의 신학의 테두리 안에서 교제하며 사역하는 중요한 요인을 제공했다.

그 상황에서 옥한흠은 외삼촌 이기진 목사와 작은아버지 옥치상 목사의 반대에 직면했다. 하지만 그가 고신 교단을 떠나기로 한 것은 어쩔 수 없는 선택이었다.[6] 얼마 후 합동과 고신이 합했다가 다시 고신 교단 측이 1962년 환원할 때에는 옥치상도 그대로 합동 측에 남았다.

옥한흠이 고신을 떠나 합동 교단으로 옮긴 데에는 여러 이유가 있었 겠지만, 고신 교회와 경남 지역에서만 지내기보다는 서울로 가서 좀 더 넓은 세상에서 미래의 날개를 펼쳐 보고픈 마음도 작용했다. 옥한 흠을 대견해하고 칭찬을 마다하지 않았던 옥치상 목사의 입장이 조카 가 고신 교단과의 관계를 정리하고 총회신학교(지금의 총신대 신학대 학원)를 염두에 두고 목회자의 길을 준비하는 데에 큰 영향을 끼쳤음 은 부인할 수 없다.

중도에서 끝내긴 했지만, 칼빈대학에서 공부하는 동안 옥한흠은 또 하나의 생각에 몰입하고 있었다. 그것은 바로 "변화하는 시대에 적극 적으로 대처하는 목회를 하려면 일반 학부 과정을 거쳐야만 한다는 생각이었다. 말씀으로 가르치고 권면할 뿐만 아니라 평신도들에게 비 전을 제시해 주는 바람직한 목회를 하기 위해서는 일반 대학 과정을 공부해야 하는 것이 내게는 우선 과제로 다가왔던 것이다."[7] 그래서 옥한흠은 칼빈대학을 2년 다니다가 귀향하여 가배교회에서 기거하 며 다시 대학 입시에 몰두하게 되었다. 당시 이미 입영통지서를 받았 지만, 군대는 대학에 들어간 후에 가겠노라고 입영을 연기하고 있었 던 터였다. 그런데 1961년 5월 16일에 군사변란이 터지자 그동안 병 역을 기피한 사람은 자수하라는 포고문이 대대적으로 나붙었고 옥한 흠은 입시를 두 달 앞둔 12월에 군대에 입대하게 되었다. 말로 표현할 수 없는 참담함이 그의 마음에 몰려왔다. 군 생활에 대한 두려움보다 도 일반 대학을 서둘러 마치고 싶은 마음이 컸기에 그 꿈을 접고 입대 한다는 사실이 무척 안타까웠다.

옥한흠은 어린 시절부터 해야겠다고 마음먹은 일에는 철저하게 집중하고 지속적으로 밀어 붙이는 습관을 가지고 있었다. 그때부터 그는 "한 우물만 파는 사람"이 되어 있었다.[8] 훈련소로 가면서도 입시 준비를 위해 성경과 몇 가지 책들, 그리고 사전을 집에 그냥 두고 갈 수가 없었다. 입소하면 입었던 옷가지와 모든 소지품을 전부 집으로 되돌려 보낸다는 것을 뻔히 알면서도 그는 그렇게 가지고 갔다. 예상 밖으로 그가 가지고 간 책들은 무사히 통과되어, 그는 훈련소 시절에도 틈만 나면 장소를 가리지 않고 공부에 열중하며 사전 속의 영어 단어들을 외웠다. 아마도 훈련 중에 "화장실에 가서도 공부하는 괴벽"을 지닌 훈련생은 지금도 찾아보기 힘들 것이다. 목사가 되려면 수준이 높아야 한다는 생각에 책에 대한 애정은 점점 커져만 갔다. 이렇게 어려운 환경 속에서도 좋은 목사가 되기 위해 대학 공부를 하겠다고 기도하며 모든 준비에 심혈을 기울이는 청년 옥한흠에게 하나님은 "기석이 연속되는 놀라운 과정"을 그의 생애에 펼쳐 주셨다.[9] 대전 병참학교에서 6주간 받은 훈련을 전체 수석으로 마친 옥한흠에게 원하는 부대에 우선적으로 지원할 수 있는 특전이 주어졌다. 그런 혜택이 주어지면 보통 고향 가까운 부대로 가는 것이 상례였는데, 옥한흠은 한 번도 가 보지 못한 서울로 가겠다고 자원했다. 그것도 박정희 대통령 지휘하에 있었던 6관구로 말이다. 그 이유는 서울로 가서 군 생활을 하면서도 대입을 준비할 수 있는 길을 모색하기 위해서였다.

옥한흠은 고된 훈련을 마치고, 쉽게 배치될 수 없었던 전체 군수 체계를 통제 관할하던 서울 6관구로 오게 되었고, 병참 계열로 발령받았지만 후에는 군종병으로 근무했다. 그는 거기에서 목사 아들인 직속상관을 만났다. 이러한 상황 속에서 낮에는 군인으로서 성실하게 복무하고 밤에는 입시 준비에 매진할 수 있는 특혜도 받았다. 당시 옥한흠은 "그것이 얼마나 특혜인지를 잘 알고 있기 때문에 청계천에서 헌책을 사서 밤새 공부를 하면서도 피곤한 줄을 몰랐다. 아니 피곤해도 이를 악물고 전념할 수 있었던 것이다."[10]

그 당시 옥한흠의 직속 군목이 박조준 목사였다. 옥한흠은 그 부대에서 특별한 허락을 받아서 대학 입학 시험을 열심히 준비했고, 결과도 좋았다.[11] 또한 이 시기에 옥한흠 일병의 소식을 들은 부대장인 이세호의 따뜻한 격려와 후원은 옥한흠에게 큰 힘이 되었다. 그 후 이세호 장군은 주월사령관으로 파병되어 혁혁한 공로를 세웠고 육군참모총장을 지내기도 했다. 옥한흠은 군 생활을 하면서도 영등포 양평동에 소재한 영성교회에 출석했다. 주일 성수를 하기 위해 어려움을 당해도 굴하지 않고 자신의 신앙생활을 지키기 위해 최선을 다했다. 옥한흠은 입시를 준비한 지 3개월 만에 국가 고시에 합격했다. 그는 연세대학교에 응시하려고 했지만 주간에 공부하는 것은 현실적으로 불가능한 일이었기에, 당시 야간 대학으로서는 인기가 가장 높았던 성균관대학교에 지원하기로 결정했다. 그는 그 대학교 문리대 영문과에 전체 수석으로 1963년 입학했다. 그때 총장에게서 축하 선물로 받은 손목시계를 한동안 차고 다니기도 했다.[12] 당시의 감격을 옥한흠은 이렇게 되뇌었다. "나의 기도에 응답하신 하나님의 너무나 놀랍고 기이한 은혜다. 그렇게 소원하던 대학을, 그것도 빈손 들고 서울 와서 남보다 3, 4년 늦게 단기 복무하는 졸병의 신분으로 들어갈 수 있게 되었으니 그 감격과 흥분이 오죽했겠는가?"[13] 이렇게 해서 제대를 1년 남겨 둔 상황에서 옥한흠은 야간 대학생이 되었다.

여러 어려움이 있었지만 군 생활도 무사히 마치고 본격적으로 대학 생활에 들어선 옥한흠은 누구보다도 열심히 공부에 전념했다. 그 이유는 "일단 목회의 길에 들어서면 다시는 그 길을 돌이킬 수도 없거니와 어렵고 외진 길이므로 단단한 각오를 해야 된다는 것"을 너무도 잘 알고 있었기 때문이었다. 또한 "성경만 안다고 좋은 목사가 되는 게 아니요, 사회도 알고, 사람도 알고, 시대도 알아야 하는데 그러기 위해서는 충분한 준비 기간을 갖는 게 필요하다"고 느꼈다. 그는 "하나님, 제 나이 서른이 될 때까지는 목회 준비 기간으로 잡아 주십시오"라는 작정 기도도 드렸다.[14]

대학생 옥한흠은 영문학을 전공하면서 많은 강의를 들었지만, 대학 졸업 후 수십 년이 흘러도 그의 마음에 깊은 자국을 남긴 채 기억에서 사라지지 않는 강의가 있었다. 그것은 바로 당시 연세대학교 영문학과 교수로 있으면서 성균관대학교에 와서 희곡drama을 가르쳤던 오화섭 교수의 강의였다. 오 교수는 아서 밀러Arthur Miller가 쓴 『세일즈맨의 죽음』이라는 유명한 희곡을 강의한 적이 있었는데, 그 강의에 옥한흠은 완전히 매료되었고 예술에 대한 그의 관점이 전적으로 변화되었다. 그가 신앙생활을 시작한 어린 시절의 교회 분위기에 영향을 받아 연극이나 드라마, 그리고 춤 등에 대해서는 아주 부정적인 태도를 취해 왔던 것이 사실이었다. 그런데 이 강의를 들으면서 그의 편견을 극복해 갈 수 있었다. 그때의 감격과 흥분을 훗날 이렇게 언급했다. "'야, 드라마가 이런 것이구나. 음악이라는 것이 이런 것이구나. 예술이라는 것이 이렇게 파워가 있구나' 하는 것을 그때서야 비로소 알게 된 것입니다. 그 한 학기 동안 저는 정말 정신을 온통 그 강의에 빼앗겼습니다. 참 감동적인 명강의였습니다."[15]

이렇게 새로운 세계에 눈을 떠 가는 기쁨을 만끽하고 있었지만, 옥한흠은 대학 시절 목회의 길을 준비하면서 당면해야 할 어려움이 있었다. 그것은 바로 건강과의 싸움이었다. 아무리 상관들이 배려를 해 준다 할지라도 군 생활을 하면서 대학 입시 준비에 매진하고, 입학 후에는 야간에 대학 생활을 병행하는 것이 큰 무리가 아닐 수 없었다. 무엇보다도 그의 건강이 온전할 리가 없었다. 영등포에 있는 부대에서 낮에 근무하고 밤에는 명륜동에 있는 학교로 달려가 헐레벌떡 수업에 임하는 일들이 그의 몸에 큰 무리를 주었던 것이다. 부대 업무와 학업 사이에서 그의 몸은 점점 야위었고, 얼마 지나지 않아 각혈을 하게 되었고, 급기야 1964년에는 폐결핵 판정을 받고 말았다. 당시 사회적 통념으로는 폐결핵은 중병 내지는 난치병으로 여겨졌기에, 폐결핵 판정은 옥한흠에게는 말로 형용할 수 없었던 정신적 고통이었다. 하지만 학업에 대한 그의 열정은 결코 식지 않았다.

군을 제대한 후 본격적인 대학 생활을 시작했지만, 건강과 싸워야만 했던 그의 대학 생활은 고통의 연속이었다. 2학년부터는 주간으로 대학 과정을 옮기면서 휴학할 수밖에 없었다. 학교를 휴학하고 집에 가긴 갔지만 있을 형편이 못 되어, 다시 영등포 시립 병원에 가서 치료 방책을 찾았다. 그는 거기서 옥수복이라는 간호사를 만나 먹을 약을 무료로 공급받고 주사도 맞아 일단 고비를 넘겼다. 약을 더 이상 안 먹어도 되었지만 그래도 겁이 나서 그는 약을 더 먹었다. 폐결핵 약을 과용하면 위에 문제가 생길 수 있었지만, 위도 아무 탈이 나지 않았고 하나님께서 고쳐 주셨다는 확신을 갖게 될 만큼 회복이 되었다.¹⁶ 대학 시절에 가난과 질병을 극복해 가며 학업에 매진했던 청년 옥한흠은 누구보다도 고난의 의미와 인내의 열매가 무엇인지를 터득했다. 하나님이 보내 주신 아름다운 사람들을 통해 무한한 하나님의 은혜를 경험하는 시기였지만, 무엇보다도 시간이 흘러가는 것을 생각하면 너무도 안타까웠다. 그래서 조급한 마음에 치료받는 과정을 중단하고 공부에 전념하는 중에 악화된 결핵과 투병하느라 옥한흠은 절망에 빠졌다. "또다시 재발한 결핵과의 싸움, 그 싸움이 젊은 날의 나를 얼마나 좌절하게 만들고 한편 기도에 매달리게 했는지 모른다."¹⁷

그의 지인 이중표에 의하면, 그 시절의 투병 생활이야말로 청년 옥한흠에게는 '떠남의 사람'이 되어 가는 결정적인 계기가 되었다. 이 세상을 떠나기가 은근히 두려웠고, 가난한 생활이 지긋지긋해서 목사가 되기 싫어했던 옥한흠이었지만, 병고를 통해서 그의 삶에 역사하시는 하나님의 예정과 섭리를 깨닫게 되었다. 이중표는 옥한흠의 투병의 의미를 이렇게 진술했다.

내가 볼 때 청년 옥한흠이 세속적 삶으로부터 하나님께로 완전히 떠나보내는 결정적인 사건은 그의 폐결핵 투병 생활이다. 질병으로 인한 사경에 이르는 고통은 때로 한 사람이 한 세계를 떠나 다른 세계로 들어가게 하시는 하나님의 한 방법이 되기도 한다. 그는 군 생활과 야간 대학 생활을 함께하면서 몸이 약해져 폐결핵을 앓게 되었다. 각혈을 하기까지 고통을 받게 된 것은 그를 불러 쓰시기 위한 하나님의 손길임에 틀림없다. 죽음의 그림자를 경험한 사람이야말로 참으로 생명의 세계를 향하여 자기를 부인하는 자리에 서게 되기 때문이다. 이 세상을 떠나 하나님의 세계로 들어가게 한다는 점에서 보면, 고난이야말로 하나님의 은혜요 섭리다. 청년 옥한흠은 온전히 떠남을 결단하도록 하나님께 친히 재촉을 받은 사람이다. 그러므로 그는 진정으로 하나님의 사랑을 많이 받은 사람이다.[18]

군복무 중에 그리고 제대하고 대학에 재학하면서 옥한흠은 영성교회에서 주일 학교 교사로 봉사했고, 또한 찬양대를 지휘하면서 은혜롭게 대원들을 이끌어 나갔다. 옥한흠이 때로 풍금을 치면서 찬송하는 모습이 당시 같은 교회에 다녔던 후배 송용걸에게는 매우 인상적인 기억으로 남아 있다. 자기보다 아홉 살이나 어린 송용걸과 함께 교회의 회지를 만들어 한 번 사람들이 그것을 잡으면 끝까지 읽도록 감동이 넘치는 글을 쓰자고 제안하기도 했다. 당시 옥한흠의 젊은 시절을 곁에서 목격했던 송용걸에게 옥한흠은 참으로 특별한 사람이었다. 특히 그의 목소리가 매우 독특했다고 한다. 교회 인근 지역에는 공장들이 많아 젊은 공원들을 쉽게 만날 수 있었는데, 그들을 만나면 옥한흠은 그들의 고통과 아픔을 자신의 것으로 동일화하여 그들을 위해 간절히 기도하고 그들의 입장에서 간구하는 모습에 송용걸은 "어떻게 젊은 사람이 저렇게 기도할 수 있나?"라고 생각하며 큰 충격을 받기도 했다. 자신들의 처지와 동일시하며 기도하고 위로하는 옥한흠의 모습과 태도를 통해 공원들은 눈물 흘리며 감격해하곤 했다.[19]

옥한흠의 이러한 태도야말로 한없이 악하고 약한 우리를 사랑하사 우리를 긍휼히 여기시는 하나님의 사랑을 깨달은 성도들만이 지닐 수 있는 신앙의 성품이 아닐까 한다. 고향에서 오빠의 학업을 위해 자신의 학업을 포기하고 공장에서 돈을 벌었던 여동생을 생각해서도 그랬을 것이고, 어려운 형편을 극복하며 나름대로 서울에 올라와 갖은 고생을 하며 살아갔던 자신과 공원들을 동일하게 생각했기에 그런 자세가 자연스럽게 배어 나왔다. 이때 이런 옥한흠의 영향으로 공원들 중 약 10명 정도가 훗날 목회자의 길을 가게 되었다. 한 사람 한 사람을 만나 간절하게 그들을 위해 기도하고, 말씀을 전하는 옥한흠을 통해 사람을 변화시키시는 하나님의 능력이 그때부터 확실하게 나타나기 시작했다.

너무도 가난했고, 자신이 스스로 학비를 벌어 생활해야만 했던 옥한흠은 까만 물감 들인 군복 바지를 즐겨 입고 교회 장로의 자녀들을 가르치는 가정 교사로 입주하여 살았다. 돈이 더 필요했던지 차고를 빌려 그룹 과외 공부 교실로 만들어 몸이 약한데도 무리를 하기도 했다. 그들이 다니던 교회의 지성인이라면 성균관대학교를 다니던 옥한흠과 연세대학교 신과대학을 다니다가 자퇴하고 후에 총신대학에 입학한 송용걸을 꼽을 수밖에 없는 상황에서, 그들이야말로 인기 있는 과외 선생들이었다. 돈은 더 필요하고 힘에 부친 옥한흠은 자기는 국어, 영어, 사회 등의 과목들을 가르치고, 후배 송용걸에게는 수학과 과학을 맡겨서 일종의 과외 수업 동업을 했다. 훗날 송용걸은 자신에게 사례는 넉넉하게 주지 않았다고 술회했다. 그만큼 옥한흠은 경제적으로 쪼들리며 여유가 없는 고단한 삶을 타향에서 영위해 갔다. 송용걸의 기억에 의하면, 젊은 시절의 옥한흠에게는 사람에 대한 뜨거운 사랑과 변함없는 관심, 하나님의 말씀에 사로잡힌 참 신자의 모습이 배어 있었다. 이러한 자세로 사람과 말씀을 대했기에 그에게서 나오는 감화력은 여느 보통 사람과 사뭇 다른 감동이 서려 있었다. 옥한흠을 가정 교사로 입주시켜 자신의 자녀들을 가르치게 한 영성교회의 이희주 장로가 담임 목사와의 갈등 때문에 교회를 떠나 협성교회라는 개척 교회를 세우게 되었는데, 옥한흠도 어쩔 수 없이 이 장로를 따라 나올 수밖에 없었다. 하지만 훗날 옥한흠은 영성교회에서 나와 협성교회 개척에 참여한 것에 대해서 안타까움이 많았음을 토로하곤 했다. 그는 청년 시절에도 정당하지 못한 교회 분열로 무척이나 마음 아파했다.[20]

송용걸도 같이 나와 옥한흠과 수년 동안 새로운 교회에서 신앙생활을 함께했다. 옥한흠은 그때부터 젊은이에 대한 관심이 많아 자기와 나이차가 별로 없는 성균관대학교 학생들을 전도하여 교회로 데리고 오기도 했다. 그는 협성교회에서도 어린이들에게 큰 관심을 갖고 가르치기도 했는데, 그가 구성지게 풀어 내는 존 번연의 『천로역정』이야기는 옆에서 목격했던 사람들에게도 여전히 재미있고 생생하게 기억되고 있을 정도였다. 여름성경학교 기간에 행한 옥한흠의 스토리텔링은 당시 어린아이들에게 흥미진진한 사건이었다. 아이들이 잠도 자는 둥 마는 둥 하고 새벽에 옥한흠이 기거하는 집에 와서 문을 두드리며 빨리 일어나도록 재촉하는 진풍경도 허다하게 벌어졌다고 한다. 그는 이렇게 평신도로서 영성교회와 협성교회에서 찬양대 지휘자로 그리고 주일 학교 교사로 봉사하면서 총회신학교 1학년까지 다니다가 은평교회 전도사로 부임했다.

가난한 시절의 옥한흠과 관련된 일화가 있다. 그는 먹을 것도 변변하게 없었던 그 시절에 허기진 배를 채우려고 누군가가 준 딱딱한 엿을 송용걸과 같이 먹다가 그만 충치를 봉한 보철이 빠진 적이 있었다. 그 당시 옥한흠이 안타까워했던 모습이 여전히 기억에 남는다고 그의 후배는 그때를 회상하며 씁쓸하게 웃었다. 상황이 호전되어 옥한흠은 공부에 더 매진하려고 성균관대 앞에 자취방을 구하여 이사를 하게 되었다. 어느 날 그 집을 찾아갔던 송용걸은 또다시 옥한흠이 기도하며 성경 읽는 모습에 놀라게 되었다. 성경을 혼자 읽어 내려가다가 감격하고 은혜를 받은 말씀이 있으면, 그 구절의 말씀을 손가락으로 짚고 읽어 가면서 성경의 진리를 마음으로 씹고 또 곱씹었다. 마치 예레미야가 "내가 주의 말씀을 얻어먹었사오니"(렘 15:16)라고 고백했듯이, 하나님의 말씀을 막연히 눈으로 보고 귀로 듣는 것이 아니라, 게걸스럽게 "그 말씀을 먹듯이 마음속 깊이 담았다"고 할 만큼 그렇게 하나님의 말씀을 아주 간절하게 읽고 또 읽었다.[21] 마치 그 모습은 예수님께서 말씀하신 "네가 어떻게 읽느냐?"(눅 10:26)라는 질문을 마음에 고이 품고 읽어 가는 자세와 같았다. 유진 피터슨Eugene Peterson이 그의 명저 『이 책을 먹으라』에서 자신의 집에서 키우는 사냥개가 어느 날 사슴 뼈다귀를 발견하고 그 뼈다귀가 하얗게 드러날 때까지 물어뜯고 핥아먹고 또다시 핥는 장면에서 말씀 묵상의 참 의미를 언급한 그 내용 그대로였다. "진정한 묵상은 텍스트를 우리의 근육과 뼈, 산소를 만드는 폐와 피를 펌프질하는 심장에 받아들이는 것을 의미한다."[22] 옥한흠은 그렇게 말씀을 진지하고도 철저하게 온 마음과 정성을 다해 대했다.

옥한흠은 젊은 시절부터 하나님의 말씀에 매우 진지했다. 송용걸은 오랫동안 감격의 눈물을 흘리며 기도하는 옥한흠의 솔직하고도 진지한 모습에 신선한 충격을 받았다. 옥한흠은 성경을 읽을 때마다 마음에 와닿는 구절이 있으면 그 구절을 계속 마음에 두고 그것을 깨달을 때까지 묵상하고 반추하곤 했다. 마치 푸른 초장의 소가 풀을 뜯은 뒤 계속 되씹듯이 그렇게 하나님의 말씀을 곱씹었다. 그리고 젊은 시절의 옥한흠은 성경을 읽으면서 하나님의 은혜를 느낄 때마다 울곤 했던, 눈물이 아주 많았던 사람이었다. 이런 식으로 그는 성경의 가르침에 전심으로 경청하고 반응하는 습관을 가지고 있었다. 그것은 하나의 예배 행위였으며,[23] 예전禮典이었다.[24] 아마도 어린 시절 뜰에 소를 끌고 나가 풀을 먹이면서 목격했던 되새김질을 하나님의 진리의 말씀인 성경 연구에 적용했던 것 같다. 그렇게 진리에 대해 충실하고 열정적인 자세는 훗날 진리의 깊이를 아는 설교자로 훈련받는 데 매우 필수적이었다.

옥한흠의 군대 시절부터 지금까지 교제해 왔던 송용걸은 옥한흠에 대해 이렇게 말했다. "그는 담대함이 없고 걱정이 많았던 사람이었다. 그러나 예수 그리스도의 진실된 제자로서 최선을 다하며 겸허하게 살아갔던 그에게 하나님의 은혜가 임하여 인생의 어려운 고비를 넘어갔던 삶을 살았다. 옥한흠의 삶을 보면 하나님의 섭리의 인도하심의 결과라는 생각을 지울 수 없다. 결국 하나님의 은혜로운 인도하심이 '옥한흠'을 만들었다."[25] 그의 어려운 과거를 잘 알고 있었던 후배를 만나면 "야! 우리 출세하지 않았니? 너 나 잘 알잖아!"라고 감격했던 그였다. 부끄러웠던 자신의 연약함과 고생의 흔적과 여정을 누구보다도 잘 알고 있었던 송용걸이 미국에서 목회하다가 한국을 방문하면, 그 바쁜 중에도 어김없이 그를 만나고 사랑의교회에서 말씀을 전하도록

청했던 옥한흠의 모습 속에서 한결같음을 발견하게 된다. 오랜만에 만나 개인적인 이야기를 나누다가도, 결국은 제자훈련 목회의 이야기로 결론짓는 옥한흠에게서 송용걸은 그야말로 진짜 광인狂人을 만났다고 술회했다. 제자훈련만이 한국 교회가 살길이며, 그 자신의 삶 자체가 제자훈련의 결과임을 확인하게 되었다. "제자훈련으로 온몸과 영혼이 적셔 있었던 분이었다. 평생 깨지다가, 그의 평생 마지막까지 깨지다가 이 세상을 떠나간 분"이라고 되뇌었다.26

또한 대학생 시절에 옥한흠은 영등포 양평동에 있는 영성교회에 출석하면서 주일 학교 교사로 어린아이들을 가르치면서 그들의 과외 선생님으로도 유명했다. 아마도 가르치는 은사는 그때부터 빛을 발했는지도 모른다. 대학생 옥한흠을 큰아들의 선생님으로 만난 적이 있었던 이종연은 오랜 세월이 흐른 뒤, 우연한 기회에 잊혀졌던 '옥한흠'이라는 이름을 목격하게 되었다. 1978년 10월쯤, 사랑의교회 개척 시기에 교회 홍보도 하고 전도도 할 겸 전도지를 영동아파트 인근에 돌린 일이 있었는데, 그때 이종연은 옥한흠의 이름을 전도지에서 발견하자마자 교회로 달려갔다. 그 후부터 옥한흠은 그녀에게 '옥 선생님'이 아닌 '옥 목사님'이 되었고 개척 시절부터 사랑의교회에 출석하는 계기가 되었다.27 이러한 사실은 대학생 옥한흠에게 이미 가르치는 은사가 여러 사람에게 오래오래 기억될 만큼 출중했다는 증거가 아닐 수 없었다.

군대를 제대하고 대학 생활에 들어선 옥한흠은 건강 때문에 많은 고통을 겪어야 했지만, 하나님이 예비하신 귀한 축복이 그를 기다리고 있었다. 그것은 바로 사랑하는 아내를 만나게 해 주신 만남의 축복이었다. 그리고 그는 하나님의 은혜로 고난의 터널을 어렵지만 통과할 수 있었다. 청년 옥한흠은 대학 생활을 하면서도 예전처럼 교회에서 봉사하는 일에 큰 비중을 두고 있었다.

아내와의 만남과 결혼

옥한흠의 대학 시절은 병고와 씨름해야 하는 어려운 과제가 그의 앞에 놓여 있었다. 휴학했다가 복학하고, 다시 휴학했다가 복학하기를 4년간 반복하면서 옥한흠의 심신은 무척이나 지쳐 있었고, 외로움도 깊어만 갔다. 하지만 그의 힘겨운 인생길 앞에는 아름다운 만남이 그를 기다리고 있었다. 다름 아닌 그의 아내가 될 김영순과의 만남이었다. 외삼촌 이기진 목사의 중매로 이루어진 김영순과의 만남은 옥한흠에게는 그야말로 은혜와 축복이었다. 인생은 수많은 만남으로 연결되어 있다. 크고 작은 만남들이 모여 인생이란 우주를 이룬다.

옥한흠의 인생에서도 만남의 축복은 그의 삶과 사역의 기반을 세우는 것과 같았다. 옥한흠이 대학 시절을 떠올릴 때면, "2년간의 처절한 투병 생활, 그리고 사망의 골짜기 끝자락에서 아내를 만난 일"을 회상할 만큼 병고의 아픔은 매우 컸고, 그런 상황에서 만난 아내와의 결혼은 그의 생애에 또 다른 중요한 기적이요 전환점이었다.[28] 결혼 적령기를 맞이했다 해도 가난한 대학 2학년생, 폐병을 앓고 있는 목회자 지망생을 남편으로 맞이하는 것은 결코 쉬운 일이 아니었다. 그러나 김영순은 어느 누구도 선뜻하지 못할 결정을 담대하게 했다. 사랑하는 사람을 위해 집안이나 환경, 그리고 조건을 안 보고 옥한흠과 결혼을 결심한 것은 참으로 어려웠지만 위대한 결정이었다.

당시 아내에 대한 감사의 마음은 지극했지만, 잘 표현하지 못했던 옥한흠은 나중에 이렇게 회고했다. "무엇보다, 비록 완치되었다는 판정은 받았지만 내가 결핵을 앓은 병력이 있는 줄 알면서도 나와의 결혼을 포기하지 않은 아내는 하나님이 나를 위해 준비하신 또 하나의 기적이었다."29 이러한 기적을 베풀어 주신 하나님의 풍성한 은혜에 감격하고 아내의 지고한 사랑에 감사하는 마음은, 자신의 삶의 여정이야말로 하나님의 지극한 '은혜의 발걸음'임을 깨닫게 해 주었다.

옥한흠과 김영순의 혼인은 결국 하나님의 은혜였다. 그의 외삼촌 이기진 목사는 경남 진영의 진영읍교회에 김희도 목사 후임으로 부임하여 목회를 하고 있었는데, 그 교회에 순진한 시골 처녀 김영순의 친정어머니가 다니고 있었다. 당시 옥재선이 집안에 사정이 있어서 외삼촌 집에서 수개월 머문 적이 있었는데, 그때 경남여고를 나온 재원 김영순을 본 재선은 한눈에 오빠와의 인연을 생각했고 외삼촌에게 연결을 부탁한 것이 두 사람의 만남으로 이어졌다.30 침이 마르도록 오빠를 자랑하는 여동생의 모습을 보면서, 김영순은 옥한흠에 대해 은근히 호기심을 갖게 되었고, 그에게 마음이 끌렸다.

옥재선의 다리 역할을 통해서 이 목사는 자기의 조카를 김영순에게 중매했다. 당시 옥한흠은 군인이었기 때문에 몇 번 만나지도 못했다. 주로 편지를 주고받으면서, 두 사람의 교제는 시작되었다. 당시 옥한흠의 사정은 너무도 좋지 못해 본인조차 결혼할 엄두를 내지 못하고 있었다. 그런데 옥재선의 오빠 자랑이 김영순의 마음을 움직이는 데 결정적인 역할을 했다. "사실 주변 얘기를 들어보면 당시 옥 목사는 정말로 별 볼 일 없었거든요. 고등학교는 간신히 졸업했고, 사관학교는 떨어지고, 남들 다 제대하고 사회생활 할 늦은 나이에 군대에 가서 졸병 생활을 하고 있는 사람. 정말 그렇지 않아요? 뭐가 자랑할 게 있겠어요? 그런데 도대체 그런 사람의 어떤 것이 재선이로 하여금 저렇게 자랑하게 하는지 궁금했었지요."[31] 이렇게 시작된 두 사람의 만남은 하마터면 이루어지지 않았을 수도 있었다. 김영순의 어머니가 딸이 목사 사모하기에는 적합하지 않다고 극구 반대했기 때문이었다. 시골 교회의 목사 사모의 삶을 너무도 잘 아는 형편에서 자기 딸이 그런 삶을 살아간다는 것은 허락할 수 없었다.

그럼에도 불구하고 친정 식구들의 극심한 반대를 극복하고 하나님의 은혜로 귀한 가정을 이룰 수 있었다. "지금이야 웃지만, 어려운 집안 형편에 아직 대학도 못 마쳤지, 신학해서 목사한다지.… 시골에서 고생하시는 목사님들을 너무 많이 보신 우리 어머니가 결사반대를 하셨어요. 근데 중간에서 목사님의 외삼촌 내외분이 적극 밀고 나갔고 결국 결혼이 성사되었지요."[32] 게다가 옥한흠 자신도 결혼하기에는 아무런 준비가 없는 상황인 터라 편지에다 결혼할 수 없는 이유들을 적어 보내어 김영순도 알겠다고 응답했는데, 나중에 옥한흠의 외삼촌의 집요한 설득으로 결혼에 이를 수 있었다.

그러나 옥한흠의 장모는 마음 한구석에 자신의 아들 중에서 복음을 위해서 헌신하는 사역자가 나왔으면 하는 마음의 소원을 지니고 있었던 차에, "주님을 위해서 딸이라도 헌신을 하겠다고 하는데 밀어주자. 하나님을 위해서 할 수 있는 데까지 내가 해 보자"라는 생각이 들었던 것도 사실이었다. 옥한흠은 결혼한 이후, 장모의 헌신적인 도움과 사랑이 없었다면 그의 학업과 유학, 그리고 사랑의교회 목회 사역이 불가능했을 것이라고 고백했다.[33] 결혼 이후의 옥한흠은 아내의 헌신적인 희생과 억척스러운 내조로 비교적 편안하게 학업에 전념할 수 있었으며, 무엇보다도 장모와 아내의 든든한 기도 후원이 가장 큰 자산이 되었다.

결혼하려면 눈에 무언가 씌어야 한다지만, 청년 옥한흠의 준수한 용모는 순박한 처녀 김영순의 마음을 끌었을 것은 분명해 보인다. 옥한흠이 진영읍교회에 나타나면 탁구도 잘 치는 데다가 "신성일이 왔다고 여자들이 난리"가 날 만큼 용모도 준수했었다. 그리고 훗날 그의 장남 성호도 어린 시절에 아버지가 참 잘생겼다고 생각했고 강단에서 설교를 하거나 찬양하는 모습을 자랑스러워했다.[34] "기기에나 복사님은 목소리도 좋으니, 순진한 나에게 그냥 멋있어 보였지요"라고 말하는 김영순은 아무리 어머니가 "넌 사모 못한다"라고 여러 차례 말렸지만, 그 말이 전혀 귀에 들어오지 않았다. 그런데 더 심각한 문제는 두 사람이 연애하는 중에 옥한흠이 폐결핵에 걸려 쓰러지는 일이 생긴 것이다. 자신의 건강 때문에 걱정이 되었던 옥한흠은 폐결핵 걸린 사람과는 가까이하지 않으려는 당시의 분위기를 잘 알고 있었고, 그래서 그 사실을 김영순에게 알리며 자신과 계속 만날 수 있겠냐고 편지로 묻기도 했다. 그런데 그 편지에 대한 김영순의 답장은 "지금 바로 무척산 기도원으로 올라갑니다. 하나님께서 고쳐 주실 것입니다"였다.[35] 이러한 지고한 사랑과 하나님에 대한 흔들리지 않는 믿음은 옥한흠을 감격시키기에 너무도 충분했다.

옥한흠은 교제하는 중에 각혈할 때도 있었고 병고는 여전히 계속되었다. 이런 우여곡절 속에서 두 사람은 1965년 4월에 결혼하게 되었다. 옥한흠은 그해 9월 학기부터는 주간으로 옮겨서 대학 공부에 매진했다. 옥한흠의 장모는 처음에는 결혼을 반대했지만 결혼이 성사된 후에는 병약하고 공부에 열심인 사위를 성심성의껏 도와주었다. 김영순은 결혼했다고 친정어머니를 떠날 형편이 못되었다. 운수 사업을 하고 있었던 어머니였지만, 일찍 혼자가 되어 외롭게 살고 있었다. 더군다나 어머니의 도움을 받고 있었던 딸의 입장에서는 그런 어머니 품을 훌쩍 떠날 수 없었다. 그래서 김영순은 공부하러 가서 집에 없는 날이 많았던 남편과 함께 있기보다는 친정집에 계속 머물고 있었다. 서로 서울과 친정집을 오가면서 학업을 마칠 때까지 두 부부는 그렇게 신혼을 보냈다.[36]

옥한흠의 마음을 감동시켰던 것은 김영순의 모친이야말로 그의 외삼촌이 목회하면서 만난 사람들 중 "가장 신실하게 기도하는 권사"요, 그 딸도 "그 엄마 못지않게 기도하는 여자"라는 언급이었다. 두 사람의 결혼식 주례를 섰던 이기진 목사는 조카에게 앞으로 목사 될 사람으로서 "기도하는 장모" 없이 성공하는 목회가 없을 만큼 기도의 힘은 절대적이라는 교훈을 명심하라고 일러두었다. 당시 옥한흠에게는 부모보다는 외삼촌의 영향력이 더 컸었다. 외삼촌의 말대로 훗날 옥한흠의 목회에서 장모의 기도는 엄청난 격려와 용기를 불어넣어 주었으며, 사랑하는 장모를 하나님께 떠나보낸 후, "천국에 계신 장모님이 지금도 너무 그립고 보고 싶다"고 아내에게 말하곤 했다.[37] 하나님의 뜻 가운데 한 가정을 이룬 것은 가장 귀한 만남의 축복이었다.

옥한흠은 결혼한 지 얼마 되지 않아 영성교회에 출석하고 있었을 때, 고원용 목사를 강사로 모신 부흥회에 참석했다. 그때 그는 설교에 큰 은혜를 받고 감격하여 자신의 유일한 재산이라고 할 수 있는 결혼 패물을 손수건에 싸서 헌금으로 바쳤다. 은혜를 받을 때마다 눈물을 닦던 그 손수건 안에 아내와 의논한 후 패물을 바치면서 "주님! 이 질그릇과 같은 저를 완전히 깨뜨리셔서 하나님의 귀한 그릇으로 만들어 주옵소서!"라는 기도문을 적어 놓았다. 이러한 상황을 바로 곁에서 목격한 송용걸은 또 한 번 옥한흠의 결단과 헌신에 신선한 충격을 받았다.[38]

아마도 이러한 자세는 옥한흠으로 하여금 제자훈련 목회를 위해 자신의 모든 것을 바치고 희생하고자 하는 사역의 전조前兆였다고 할 수 있다. 옥한흠의 신앙적인 결단과 패기, 헌신의 강도는 이미 젊은 나이에 어느 누구도 넘볼 수 없는 경지에 이른 것 같았다. 갓 결혼한 아내의 입장에서는 쉽지 않은 삶의 여정을 예고한 사건이기도 했다. 참으로 귀한 일이었지만, 인간적으로 보면 받아들이기 쉽지 않은 상황이었다. 아내가 먼저 바치자고 하긴 했지만, 장모님이 사랑하는 딸에게 주신 패물을 선뜻 헌물로 바치기란 결코 쉽지 않았을 것이다. 그의 아내는 처음에는 어머니께 미안한 마음이 든 것도 사실이었다. 후에 김영순 사모는 요한계시록을 보면서 "성도가 영원히 누릴 황금보석으로 꾸민 천국에서의 삶을 염원한다면 이 세상에서의 보화에 개념할 필요가 있겠는가?"라는 생각으로 물질에 대한 자세를 정리했다.[39]

그리고 이러한 결단의 배후에는 자신의 부족함과 연약함을 솔직하게 드러내고 투명한 제자로 자신의 삶을 드리고자 하는 마음이 자리 잡고 있었다. 그의 마음속에는 사도 바울의 연약한 모습을 담아 기록한 말씀이 되새겨졌다. "우리가 이 보배를 질그릇에 가졌으니 이는 심히 큰 능력은 하나님께 있고 우리에게 있지 아니함을 알게 하려 함이라"(고후 4:7). 결혼 패물마저 드림으로 질그릇과도 같은 자신을 하나님의 은혜와 능력으로 새로운 그릇, 그리고 귀한 그릇으로 만들어 달라는 헌신의 자세와 기도는 그의 삶과 사역이 하나님의 전적인 주권에만 의존한다는 그의 신앙을 드러낸 것이었다. 자신의 능력이 아닌, 하나님의 능력으로만 가능하다는 확신을 표현한 것이었다. "누가 이 일을 감당하리요?"(고후 2:16)라는 질문 앞에 옥한흠은 오직 하나님의 은혜와 능력만이 가능케 한다는 사실을 마음속에 깊이 각인하고 있었다.

아내의 헌신적인 내조와 함께 처가로부터 받은 경제적 도움으로, 몸이 아파 식은땀을 흘려 가면서 어린 중학생들을 가르치며 돈을 벌고 공부해야 했던 그의 고단한 삶이 일단 끝이 났다. 후배 송용걸은 "나 이제 과외하지 않아도 돼"라고 기쁘게 말하던 옥한흠의 표정 속에서, 병과 싸우면서 학비를 벌고 생활비를 마련해야 하는 그의 곤고한 삶의 단면을 읽을 수 있었다고 했다. 송용걸의 눈에 비친 옥한흠의 아내는 "참으로 자신을 꾸미지 않고 결혼 때나 지금도 한결같은 모습과 자세로 살아왔던 믿음의 장부 같은 여성이었다." 그리고 "주기철 목사에게 오정모 사모가 있었다면, 옥한흠에게는 김영순 사모가 있었다. 사모의 역할이 옥한흠의 목회와 삶을 가능하게 했던 주요한 요인이었다"고 언급했다.[40] 그만큼 옥한흠의 삶과 사역 뒤에는 김영순 사모의 역할이 지대했다는 의미일 것이다.

결혼 후에도 옥한흠은 5년 동안 가족과 떨어진 채로 서울에서 공부하며 살아야 할 만큼 그들의 삶의 여정은 매우 버거웠다.⁴¹ 결혼 후 신학교에 입학하면서 불광동 은평교회에서 교육전도사로 봉사했는데, 그때부터 사역에 미친 사람처럼 몰두했다. 교회 사역뿐만 아니라, 자신이 맡은 학생들의 학교 성적을 직접 가서 점검할 정도로 사람을 키우고 "삶 속에 뛰어든 사역"에 몰입했다. 그때부터 전도사 옥한흠이 사람을 키우는 데 적용한 변함없는 원칙은 "작은 것들에 대한 소중함"(사 60:22)이었다.⁴² 방학이 되어 식구들이 있는 시골에 올 때면 한 주일쯤 교회 일을 다른 사람에게 맡기고 와서 하다못해 한 열흘이라도 같이 보내고 가면 좋을 텐데 사나흘 정도만 지내고는 교회로 훌쩍 올라가곤 했다. 처가에 오래 머물기가 민망한 이유도 있었겠지만, 그때부터 교회 일에 미쳐 가정과 일정 거리가 있었음이 틀림없다.

  1967년 2월에는 장남 옥성호가 태어났고, 아내의 내조 덕에 가난하나마 생활은 점차 안정되어 갔다. 그러나 삶의 가장 안온한 울타리여야 할 그의 가족은 수년이 지나서야 비로소 함께 지내게 되었다. 오랜 시간이 지난 후, 제자훈련 세미나에서 간증한 김영순 사모의 글이다.

  저희는 1965년에 결혼했습니다. 결혼 후 5년 동안 옥 목사는 서울에서 공부하면서 교육전도사로 일하고, 저는 친정에서 큰애가 네 살이 될 때까지 살면서 서울을 오르내렸습니다. 그러다가 옥 목사가 성도교회 부교역자로 들어가면서 비로소 우리 가족은 함께 지내게 되었습니다.⁴³

옥한흠의 아내, 김영순

옥한흠의 아내 김영순은 경남 김해군 진영에서 성장했다. 김영순의 어머니 신명년 권사는 서른두 살의 젊은 나이에 남편을 위암으로 여의고 홀로 자식들을 당당하게 키운 여장부였다. 진영에서는 "부산댁" 혹은 "앞산왕"으로 불리었다. 홀로 운수 사업을 하면서도 신앙생활에 열심을 다한 여인이었고, 김영순 사모와 아들들이 어려울 때마다 버팀목이 되어 주었던 강하고도 자상한 어머니이자 외할머니였으며, "신실한 교회 권사"였다.[44] 또한 "신명년 권사는 옥한흠 목사가 친어머니 이상으로 사랑한 분으로 그의 목회를 위한 기도의 불을 끄지 않았던 기도의 어머니였다."[45] 외손자들에게 기억되는 외할머니는 아주 머리가 좋으시고, 수학적 사고가 발달한 분이었으며, '꼿꼿한 자존심'이라는 단어가 떠오르게 하는 분이었다. "할머니는 무엇보다도 원칙과 명분을 중시하는 대쪽 같은 스타일의 전형적인 내유외강형"의 인물로서 이러한 특성은 김영순 사모에게도 상당 부분 이어졌다.[46]

서울에서 단칸방이라도 마련할 경제적 여유가 없었던 옥한흠은 아내와 결혼 후 5년 가까이 떨어져 지내면서 남은 대학 과정을 마치고 총회신학교 과정을 이수했다. 이러한 고난을 극복해 나가면서 신학을 공부하며 목회자의 길을 간 그였기에, 초기부터 고통에 대한 관심이 클 수밖에 없었고, 바른 교회와 참된 예수의 제자 된 성도를 향한 열망이 그의 마음속에 강하게 타오르고 있었다.

옥한흠 부부의 앨범에는 남들과 같은 달콤한 신혼 생활의 추억이 담긴 사진들이 없다. 그렇지만 두 사람은 서로 간의 신뢰와 사랑으로 어려운 시기를 감내해 나갔으며 서로를 향한 무한한 신뢰와 사랑의 마음은 숙성되어 갔다. 신학생 시절부터 제자훈련에 미친 남편 때문에 남모르게 눈물을 많이 흘렸던 아내는 오랜 세월이 지난 후에야 남편에게서 마음속 깊이 품어 두었던 진정한 사랑과 감사의 말을 듣게 되었다.

> 아내는 결혼하면서 나에게 마음을 준 뒤로는 한 번도 후회하거나 불평하는 일 없이 나의 가장 믿음직한 동역자요, 충고자가 되어 주었다. 그리고 체력이 약해 늘 힘들어하면서도 내 뒷바라지와 황소 같은 사내놈들을 잘 키워 내었다. 더군다나 아내는 병원에 누워 내 사역의 짐이 된 일도 없었다. 이 모두가 일한 것 없는 사람한테 거저 주시는 하나님의 넉넉한 품삯임에 틀림없다. 그래서 나는 항상 빚진 자의 심정으로 살고 있다.[47]

김영순 사모는 지금도 남편이 본격적으로 제자훈련 사역을 시작했던 성도교회 대학부 학생들만 생각하면 많은 아쉬움과 미안함이 남는다고 했다. 그 당시 남편과 아이들한테 제대로 된 과일 하나 사 주기 힘들 정도로 형편이 어렵긴 했어도, 대학생들에게 식사 한 번 온전히 대접하지 못한 것을 못내 아쉬워했다. 그래서 그들에게 "너무 성의가 없었지 않았나 하는 미안한 마음"이 몇 번이고 사모의 마음을 무겁게 했다.[48] 하지만 당시의 제자들은 사모가 대학부 청년부들의 이름을 거의 모르는 사람이 없을 정도로 다 알고, 배후에서 그들을 위해 기도한다는 사실을 간접적으로 느끼고 있었다.[49]

목사의 사택에 수시로 드나드는 대학생들 때문에 아예 옥 목사의 서재와 가족이 생활하는 곳 출입문이 따로 있었다. 그 어려운 때에도 보잘것없는 월급에는 차마 손을 못 대고 몇 달에 한 번 나오는 보너스를 늘 가불해 가며 책을 사 보곤 했던 옥한흠은 책 읽기를 그렇게 좋아했다. 가족을 생각하면 차마 떨어지지 않는 발걸음, 그리고 늘 형편 때문에 미뤄야만 했던 미국 유학 공부도 1975년에 감행하고 말았다. 그래서 성도교회 대학부 사역은 막을 내렸지만, 그때 뿌려진 제자훈련의 씨앗은 풍성한 열매를 맺고 있다.

당시 성도교회 대학부 청년들에게 알려진 옥 목사의 사모에 대한 이미지는 "기도에 전념하시고 사역에는 거의 간여하시지 않는 분"이었다. 옥한흠도 가능한 아내에게 사역으로 인해 신세를 지지 않으려고 노력했고, 젊은 시절부터 사모를 거의 등장시키지 않았다. 아마도 이런 배후에는 그의 제자 중 한 사람이 언급했듯이, "'여자는 교회에서 잠잠할지니라'라는 말씀을 기본 바탕으로 가지시고, 남녀 간의 보수적인 성향을 결코 버리지 못하신 것 같다"는 옥한흠의 자세에서 기인한다고 볼 수 있다. 그러나 이제 사모에게 미안하다는 말도 가끔 하고, "사람이 되셨다"고 그의 제자들이 말할 만큼 많은 변화가 있었다. "지금 두 분의 삶은 참으로 보기 좋다"는 제자들의 놀림이 결코 경박스럽게 들리지 않는다.[50]

이렇게 사모를 떼어 놓고 사역하는 옥 목사의 태도는 김영순에게도 섭섭한 일이었다. 집사의 초대가 있어도, 사모와 같이 오라는 말이 없으면 혼자만 갔던 옥한흠이었다. 한국에서는 으레 "목사님 오세요, 그러면 사모님도 포함되는 거"라고 해도 묵묵부답이었다. 목회와 가정을 분리해서 생각하는 옥한흠의 소신 때문이었음을 나중에 알게 되었다고 한다. 그가 아내에게 "사장이 자기 부인 데리고 출근하는 것 봤냐"는 말을 들을 때는 무척이나 섭섭했지만, 지금은 그런대로 웃어넘길 수 있는 말이 되었다고 한다.[51]

대학부 사역을 할 때나 사랑의교회 개척 초기에도 여전히 옥한흠은 제자훈련에 정신없이 몰입했다. 결혼 후 5년을 서울과 친정을 오가며 큰애를 키울 때만 해도, 1970년 성도교회 대학부를 맡으면서 진짜 한 살림을 시작했을 때도, 그저 남편이 도를 조금 지나친다고만 생각했었다고 한다. "남산 밑에서 5년을 살았는데도 우리 식구끼리, 그 어린 것들 데리고 한 번도 남산에 올라간 적이 없어요. 유학 갈 때도 전날까지 내내 대학부 일에 매달리다가 우리 식구 이사도 시키지 않은 채 떠났어요. 그땐 불평도 많이 했는데, 진정한 제자훈련을 위해 가족이 감당해야 할 대가가 아니었나 하는 생각이 들어요."[52]

신학생 옥한흠의 목회 사역 준비

4장

1960년대 후반의 총회신학교와 교수진

고신 교단에서 성장한 옥한흠이 예장합동 소속 교회와 신학교로 오기까지의 여로가 순탄했던 것은 아니었다. 하지만 옥한흠은 합동 측이 보수적인 신학을 지향하고 있기에 자기의 입장과 잘 부합하리라고 생각했다. 그래서 총회신학교에 응시하고자 준비했다.[1] 물론 그의 작은아버지 옥치상 목사도 고신 출신이었지만 합동 측 소속이었기 때문에, 옥한흠이 총신에 입학하는 주요한 원인으로 작용했을 것이다. 1968년 성균관대학교를 졸업한 옥한흠은 총회신학교에 입학했고, 그곳에서 학문과 신앙을 겸비한 훌륭한 스승들을 만나게 되었다. 그에게 총신에서의 학창 시절은 또 다른 만남의 축복이었고, 하나님의 은혜로 인생의 걸음을 또다시 크게 한 번 내딛는 계기가 되었다. 그리고 그해에 차남 승훈이 태어나는 기쁨도 누렸다.

당시 총신의 교수진은 여러 면에서 탁월했고, 우수한 학생들도 상당히 많이 입학하여 학업 분위기가 매우 좋았다. 옥한흠보다 한 해 먼저 총신에 입학했던 홍정길도 "우리를 맞이하는 교수님들은 그 당시 한국 교회를 대표할 만큼 훌륭한 분들"이었다고 자랑스럽게 회고했다.² 그때야말로 "총신의 황금기"였고, 그러한 교수들의 지도를 받고 배웠다는 사실이 축복으로 각인되는 순간을 신학교에서 맞이했다. 당시의 교수들은 "학문과 영성 그리고 연세와 경륜에서 모두 존경할 만한 분들이었다."³ 이렇게 옥한흠은 자기와 같은 신앙을 고백하고 서로 마음이 통하는 교수와 동료들을 그곳에서 만났다. 신학적이고 신앙적인 정체성이 형성되는 시기이기도 했던 그 시절, 옥한흠에게 총신은 우정과 기도와 배움의 안전한 공동체가 되어 주었다.

그 당시 총신에는 한국 교회 보수 신학의 대변자라고 할 수 있는 조직신학자 박형룡, 신약신학을 가르치면서 성경 전권을 주석하고 경건한 인격으로 감화를 끼쳤던 박윤선, 실천신학을 가르치는 교수이고 신실한 목회자이자 총회장을 역임했던 명신홍, 조직신학을 가르쳤던 이상근, 그리고 웨스트민스터 신학교를 졸업하고 미 정통장로교회의 선교사로 내한하여 총신에서 신약학을 강의하며 헬라어를 가르쳤던 간하배Harvie M. Conn, 그리고 교회사를 가르쳤던 김의환, 실천신학을 강의했던 차남진, 구약신학을 담당했던 최의원과 김희보, 변증학의 박아론, 기독교교육학을 가르쳤던 김득룡 등의 젊은 교수들이 포진하고 있었다. 옥한흠은 이들의 지도를 받으면서 학문과 경건의 깊이를 더해 갔다.⁴ 1966년도에 총신에 입학하여 공부했던 정정숙은 당시의 교수들을 회상하는 기고문을 통해서, "한국 보수 신앙의 수호자, 죽산 박형룡 박사", "이 땅의 나다니엘, 정암 박윤선 박사", "겸손과 섬김의 사람, 명신홍 박사", "사형수의 전도자, 차남진 박사", "온유와 겸손의 선비, 이상근 교수", "묵묵히 학자의 길을 가신, 주토朱土 최의원 박사", "사당동의 기틀을 닦은 김희보 목사", "한국을 사랑한 신학자 선교사, 간하배 교수", "개혁 신학의 지평을 넓힌 은석 김의환 박사", "총신 기독교교육의 초석이 된 송산 김득룡 목사" 등을 언급했다.[5]

총신에서 배운 "그분들의 강의는 이론이 아니라 육화肉化된 학문이었고 인격과 삶이 배어 있는 신학"이었다.[6] 옥한흠은 이러한 이상적인 분위기에서 신학에 전념할 수 있었던 것을 더할 나위 없는 기쁨이요 행복으로 여겼다. 당시 그러한 학구적 분위기에서 공부할 수 있었던 것은 옥한흠에게 큰 보람이었다. 그는 동기생들과 신학 연구 단체를 만들어 신학 공부에 매진하며 「그람마」라는 회지를 만들기도 했다.[7] 옥한흠은 이미 일종의 독학도獨學徒로서 누군가의 지속적인 감독이나 지도가 없어도 공부에 스스로 매진하며 완벽하게 몰입할 줄 아는 사람이었다. 그의 완벽주의적 기질은 공부에 온 힘과 정열을 다 쏟아 넣게 했으며, 시험을 앞두고 벼락치기를 하거나 마지막 순간에 가서 복습을 하는 신학도가 아니었다. 모든 것은 충분히 사전에 준비가 끝나 있었고, 일종의 "제자훈련식" 신학 공부에 익숙해져 있었다. 또한 옥한흠에게는 이 시절에 엄밀한 신학적 분석과 표현의 명료함이 자리를 잡아 가고 있었고, 그의 평생 동안 지향해야 할 신학적 방향과 교회 사역의 목적이 분명히 설정되어 있었다. 옥한흠은 하나의 일관된 주요 원리에 지배될 수 있는 신학적 사고의 논리적 구조를 형성해 나갔고, 그가 생각하는 바가 무엇이며 그것을 어떻게 표현해야 하는지를 배워 나가는 소중한 시간이었다.

1970년대를 전후한 시기의 총신은 박형룡 박사가 은퇴를 앞두고 있었으며, 박윤선 박사가 새로운 리더십을 발휘하고 있었다.[8] 주지하는 바와 같이, 박형룡의 신학적 사상은 구舊 프린스턴 신학에 뿌리를 두고 있었다. 박윤선은 주경신학자로서 구 프린스턴 신학에서 웨스트민스터 신학으로 이어지는 전통을 계승하면서도 화란 개혁 신학을 총신을 비롯한 한국 보수주의 신학계에 소개하는 데 앞장섰다. 이러한 가운데 외국에서 유학을 마치고 돌아온 김의환과 최의원 같은 젊은 교수들의 가르침은 신학생들에게 새로운 신학적 안목을 열어 주는 계기가 되었다.

옥한흠보다 나이는 어렸지만 총신을 1년 먼저 들어갔던 홍정길에 의하면, "1968년, 우리 뒤에 입학한 학생들은 나이도 우리보다 좀 많고 개성이 강한 이들이 대거 포진해 있었다. 문창수, 옥한흠, 이재영 등 개성이 강한 신입생들이었다."[9] 당시는 신학생들이 소위 "헐떡 고개"라고 명명된 그 높은 사당동 고개를 넘어야 학교에 올 수 있었다. 신학교로 오는 길은 고통스러운 "십자가의 길Via Dolorosa"이었지만, 그곳만 넘어서면, 귀한 스승들로부터 전해지는 학문적 감화와 고매한 신앙 인품의 영향력으로 수고와 땀의 보람을 느낄 수 있었다. 미 정통장로교 파송 선교사로서 총신에서 교수로 수고하며 불우한 사람들에게 전도했던 간하배가 미국에서 원서를 구입해서 싼값에 신학 서적들을 팔 때, 홍정길이나 옥한흠은 누구보다도 그 책들에 남다른 관심이 많았다. 특히 옥한흠은 간하배 교수의 비서 일도 보며 보필했기 때문에 간하배에 대해 남다른 진한 정을 간직하고 있었다.[10] 돈을 아끼고, 식사 값을 투자해 가며, 때로는 책 욕심을 절제하지 못해 후회하면서도, 그들은 책들을 사고 읽으면서 새로운 세계로 인도되는 "신학과 경건의 창문"을 활짝 여는 데 여념이 없었다. 그뿐만 아니라, 간하배의 지도하에 옥한흠은 신학생 동료들과 한 학년에 3, 4명씩 뽑아 '비블리온'이라는 독서 그룹을 만들어 원서를 읽은 후 서로 발표하고 비평하면서 독서회를 주관하는 책임도 맡아 활동했다.[11] 그 그룹에 속한 멤버들 중 미국으로 유학 간 친구들도 많았고, 훗날 한국 교회에 지도자 역할을 한 이들도 꽤 있었다. 이러한 노력의 결과, 옥한흠은 자연스럽게 유학을 준비했고, 칼빈 신학교Calvin Theological Seminary에서 전액 장학금을 받을 수 있는 실력을 배양하는 귀한 계기가 되었다.[12]

그 당시 귀한 교훈과 영향을 다른 교수들에게서도 많이 받았지만, 성경 강해를 주로 가르쳤던 박윤선의 삶을 통해서 열정적으로 학생들에게 전달되는 강의는 대부분의 신학생들에게 벅찬 감동으로 다가왔고 평생에 걸쳐 지워지지 않는 마음의 자국으로 남았다. 홍정길도 당시의 교수진 중에서도 박윤선과 간하배의 영향력을 높이 평가했다. 홍정길은 그 당시의 감격을 이렇게 표현했다.

시골 고집쟁이 할아버지처럼 생기신 분이 교단에 섰습니다. 말씀 한 구절 한 구절을 성경을 통해 설명해 갈 때, 엄청난 감동이 일었고 곧 그분의 열정적인 강의에 매료되었습니다. 참석했던 학생들은 저마다 다른 여건과 문화에서 살았지만, 그 강의 시간만큼은 하나가 되었습니다. 저마다의 이성이 살아 계신 하나님의 말씀 앞에 겸손히 무릎을 꿇게 되는 경험을 하기 시작했습니다. 설교도 아닌 강의 시간의 감동 때문에 매시간마다 울면서 하나님의 말씀을 마음에 새겼습니다. 박윤선 목사님의 삶은 우리에게 큰 도전이었습니다. 오직 말씀만을 온전히 붙잡는 믿음의 모습과 깊은 기도로 살아 계신 하나님과 생생히 교제하는 삶은 학생들에게 하나님의 사람이 어떻게 살아야 하는지를 실제적으로 알게 했습니다. 이 시간의 기쁨이 점점 다른 시간으로 번져 나갔습니다.[13]

이와 같은 감동을 당시의 신학생들에게 준 또 다른 한 분의 스승이 바로 간하배였다. 간하배는 강의가 끝나는 금요일부터 주일까지 미군들이 거주하는 지역으로 가서 그곳의 여성들에게 복음 전하는 일에 앞장섰다. 불우한 처지에서 윤락 여성이 된 이들을 이용해 돈을 버는 포주들의 갖은 방해에도 불구하고 꿋꿋하게 복음을 전하고 성경 공부로 그들을 양육했다. "조폭들에게 다리가 부러지는 위협도 당했지만, 흔들리지 않고 복음을 전하던 그분의 모습은 제게 전도자의 삶이 무엇인지를 가르쳐 주었습니다"라는 친구 홍정길의 고백에 옥한흠을 비롯한 배움을 받았던 모든 제자들이 공동적으로 동의할 것이다.[14] 정성구는 간하배를 이렇게 평가했다. "그는 개혁주의 신학의 큰 틀을 바로 깨달을 뿐 아니라 그것이 단순히 논리적이고 사색적인 학문으로 머물러 있어서는 안 되며 삶의 현장에서 선교적인 불꽃으로 되살아나야 한다고 했다. 그래서 그는 실천적 변증가요 선교적인 변증가의 삶을 살았다. 말하자면 간하배 박사는 영성과 지성을 더불어 갖춘 보기 드문 학자였다."[15]

무엇보다도 간하배의 개혁주의적 세계관과 영성, 곧 그리스도의 주권을 모든 영역에 통합적으로 실천하고 적용하고자 하는 가르침과 삶은 제자들로 하여금 개혁 신학의 본질을 바르게 이해하도록 도와주었다. 당시 총신 신학생들에게 간하배는 "개혁 신학의 틀과 내용을 효과적으로 가르쳐 준 귀한 교수였다." 또한 개혁주의 신학의 관점에서 교회 역사를 일목요연하게 잘 가르쳐 준 또 다른 교수는 김의환이었으며 그는 젊은 시절부터 복음 전도와 선교에 대한 소명과 열정이 남달랐다. 이 두 젊은 교수들의 영향력은 그 당시 총신에 재학했던 학우들에게 매우 지대했다.[16]

옥한흠의 신학 수업과 「신학지남」

어린 시절부터 책 읽기에 남다른 열정과 수고를 아끼지 않았던 옥한흠은 신학교 시절에 그 진가를 발휘하기 시작했다. 돌려보내질 것을 뻔히 알면서도 훈련소에 책을 가지고 들어갔던 책에 대한 그의 애착은 신학을 체계화해 가는 과정에서도 매우 중요하게 작용했다. 신학교 시절에 공부에 매진하면서도, 그는 누구보다도 많은 책을 읽었다. 신학교 졸업 후, 분주한 목회 사역 중에서도, 옥한흠의 독서 습관은 설교 준비와 더불어 여러 분야로 확장되어 나갔고, 전문적인 주제들에 대한 연구로도 이어졌다. 이러한 철저하고도 지속적인 독서 습관은 그의 목회와 설교 사역 중에도 지속되었다.

사랑의교회 초기부터 옥한흠 목사와 제자훈련 사역에 평생을 동역해 온 강명옥 전도사에 의하면, 그에게 처음으로 주어진 사역 중 하나가 옥 목사가 책을 읽고 메모해 두었던 쪽지들과 편지들, 그리고 1960-70년대의 일기와 신문과 잡지 등을 스크랩해 놓은 자료들을 정리하는 것이었다고 한다. 이것을 보면서 강명옥은 한평생을 성실하

게 준비하고 목회하는 스승의 면모를 보고 많은 것을 느끼고 배웠다고 했다.[17]

이러한 옥한흠의 치열한 독서 열정은 설교와 제자훈련에도 계속적으로 반영되었고 시대를 바로 꿰뚫어 볼 수 있는 안목으로 이어졌다. 그의 장남 옥성호는 중학교 1학년 시절에 아버지의 서재에서 발견한 이상한 약재 서랍을 보며 다음과 같은 글을 언급했다.

어느 날 그 방에 못 보던 가구가 하나 들어왔습니다. 한약방에서 흔히 보는 약재 서랍이었습니다. 그렇게 크지 않은 장에 좁지만 길게 들어가는 조그마한 서랍들이 백 개가 넘게 붙어 있는 약재 서랍장 말입니다. 그리고 아버지는 그 서랍 하나하나에 제목을 붙여 갔습니다. '천국', '고통', '산상수훈', '초대교회' 등의 메모였습니다. 그리고 그 서랍들은 타자로 친 내용의 인덱스 용지들로 쌓여 갔습니다. 그때는 몰랐는데 지금 돌이켜 보면 그 약재 서랍장은 제가 만난 최초의 인덱스였습니다.[18]

어릴 때부터 독서광이었던 신학생 옥한흠은 총신의 신학 수업에도 성실하게 임했고, 그의 인생에 새로운 전환점을 맞이할 수 있는 기반을 든든히 조성해 나갔다. 그는 한 가지 일에 몰두하면 반드시 끝을 내고 마는 집중력과 일관성이 남다른 가운데, 어려운 신학교 시절에도 사역과 학업에 탁월성을 보여 주었다. 그의 은사 중 한 분이었던 김의환은 박형룡과 박윤선 박사의 신학 세계에 대한 비교 연구 과제를 탁월하게 해 온 옥한흠의 논문을 오랜 세월 간직했을 뿐만 아니라, 신학

잡지에 싣고 싶어 할 만큼 학문적으로도 매우 우수한 것이었다고 평가한다. 김의환 박사와 나눈 사제지간의 정은 잊히지 않는 추억으로 남았고, 그의 교회사 강의는 매우 인상적이었다. 나이 차이는 많지 않았지만 김의환이 제자 옥한흠에게 보낸 각별한 관심과 사랑은 옥한흠이 신학 공부를 이어 가는 데 끊임없는 격려와 열정으로 이어졌다. 영문과 졸업생으로서의 자부심도 있었고 어학에 남다른 욕심이 있었던 옥한흠은 김의환이 내주는 숙제는 항상 영어로 작성하여 제출했다.[19] 이러한 인연으로 옥한흠은 교회사에 지대한 관심을 갖게 되었고, 신학교 졸업 이후에도 김의환과 함께 칼빈신학교에서 교회사 과목을 분담해서 강의하기도 했으며, 목회 현장에 필요한 많은 자문과 도움도 받았다.

그만큼 옥한흠의 학문적 소양은 당시 교수들에게 널리 인정되고 있었다. 옥한흠은 졸업한 이후에도 신학 서적들과 논문들을 읽었고, 때로는 번역하기도 했으며 「신학지남」에 서평을 게재할 만큼 학적으로도 탁월했다. 아마도 이러한 경우는 지금도 찾아보기 드문 예가 아닌가 생각된다. 학구열이 남달랐던 옥한흠은 목회에 대한 소명이 그를 향하신 하나님의 뜻이라고 확신하고 있었지만 여러 분야에 대한 심도 있는 연구의 행진을 꾸준히 해 나갔다. 총회신학교 재학 중에, 그리고 졸업 직후에 그가 관심을 가지고 읽고 번역하고 평한 글들을 살펴보면, 당시 옥한흠의 신학적인 청사진을 발견할 수 있다. 옥한흠은 1971년부터 「신학지남」에 많은 번역 논문들과 서평들을 기고했다.[20]

옥한흠이 신학교 시절 전후에 반틸Cornelius Van Til의 "개혁주의 교회의 영감론"이라는 논문과 호주의 개혁주의 신학자 클라스 루니아Klaas

Runia의 "칼 바르트의 성경관 비판"이라는 논문을 번역하여 기고한 것은 그가 얼마나 성경관을 중시했는지를 잘 보여 준다. 동시에 그의 신학적 관심이 개혁주의적 성경관 정립과 그것에 대한 변증적 관심이 얼마나 지대했는지를 드러내 준다. 이러한 배후에는 그가 어린 시절부터 다녔던 고신 교단에서 익히 들어 잘 알았고, 평소 '영적 아버지'로 존경했던 박윤선 박사의 영향력도 감지할 수 있다.[21] 특히 칼 바르트Karl Barth의 성경관 비판은 박윤선의 주요 관심사 중 하나였기 때문에 그런 영향이 옥한흠에게까지 미쳤음을 유추해 볼 수 있다.

그리고 옥한흠이 관심을 가지고 서평한 책들을 일괄一括해 보면, 그의 신학적 특성을 이해하는 중요한 단면을 발견할 수 있다. 먼저 그는 프란시스 쉐퍼francis schaeffer의 저서들에 지대한 관심을 갖고 있었다. 번역된 저서들뿐만 아니라, 아직 번역되지 않은 개혁주의 신학 원서늘도 각고의 노력을 통해 한국 교회에 소개하려는 의지가 매우 강하게 표출되었다. 바쁜 신학교 시절과 교역 생활을 하면서도 이와 같이 주요한 논문들과 양서들을 읽고 서평하여 그것도 장로교 신학의 대표적인 학술지라고 할 수 있는 「신학지남」에 기고했다는 것은 그의 학자적 역량과 선각자적 혜안이 얼마나 탁월했는지를 잘 보여 준다. 그는 쉐퍼의 『살아계시는 하나님』을 읽고 서평하는 목적과 의미를 이렇게 표현했다.

저자는 본서를 통하여 신신학자들의 주장만 20세기를 위한 참 메시지인 줄 알던 수많은 젊은 지성인에게 성경적 기독교야말로 오늘을 위한 가장 참신한 진리임을 시원하게 변증해 주었다고 할 수 있다. 뿐만 아니라 현실의 사조思潮에 대해 너무나 어두운 현 보수 교계를 향해 무엇이 가장 시급한 문제인가를 바로 지적해 주고 있다. 아직 번역도 안 된 책을 소개한다는 것이 비현실적일는지 모른다. 그러나 본지의 서평란은 국내의 책만 소개하는 소극적 자세보다 세계적 신간들을 많은 지면을 할애해서라도 적시適時마다 그 내용을 소개하여 지적인 면에서 항상 구미교회보다 10년 이상이나 뒤떨어져 따라가는 한국 교회의 비극을 막아 주는 적극적인 자세를 지켜야 할 줄 안다. 그래서 필요한 책이면 하루 빨리 번역이 될 수 있도록 그 필요성을 강조하는 안목까지 가져야 할 것이다.[22]

옥한흠은 이 서평에서 다소 길게 『살아계시는 하나님』의 내용 가운데 이해하기 어려운 단어와 개념에 각주를 달아 가면서 본질적인 내용에 대해 자신의 관점에서 정리한 내용을 요약적으로 진술했다. 20세기에 지대한 영향을 미쳤던 문화와 철학의 전반적인 흐름에 대해 본서를 통해 기독 지성인들이 반드시 인식해야 할 내용을 다루면서, 결국은 역사적 기독교를 현대철학과 문화의 영향을 받은 신신학과 어떻게 다른지를 규명하고, 현대 인간이 당면한 딜레마를 해결할 수 있는 네 가지 사실들을 소개한다. 이를테면 첫째, 살아 계시는 하나님은 선하시고, 둘째, 인간의 딜레마에 대한 해결의 소망이 있으며, 셋째, 도덕을 위한 충분한 근거, 곧 도덕적 절대가 있으며, 넷째, 악과 싸워야 할 타당한 이유 등이 그것이다. 그리고 옥한흠은 역사적 기독교가 20세기의 문화적 풍토에 어떻게 소통해야 할지에 대한 쉐퍼의 견해를 적절하게 부각했다.

이 문제에 있어서 기독신자가 제일 먼저 할 것은 현대인의 말을 배우고 이해하는 일이라는 점을 강조한다. 그다음 현대인들에게 줄 메시지의 순서를 다룬다. 즉 '예수를 구주로 영접하라'보다 '하나님이 살아 계신다'를 먼저 알려서 그들에게 복음이 요구되도록 만들지 않으면 안 된다고 말한다. 만일 우리가 의사전달을 원한다면 우리의 말을 이해할 수 있도록 하기 위해 듣는 자들이 사용하는 언어를 우리가 먼저 배워야 할 것이다.[23]

옥한흠은 쉐퍼의 책들에 지대한 관심을 가지고 읽으면서, 주요 저서를 번역하고 서평을 쓰며, 변증적이고 현대 문화의 영향을 받는 자들의 입장에서 복음을 효과적으로 전달할 수 있는 방법을 고안해야 한다는 일종의 의무감을 가졌을 것이다. 이렇게 기독교계의 귀한 몇 저서를 철저하게 독파하고 신학생의 입장에서 요약적 진술과 함께 서평을 했다는 것은 당대에는 매우 드문 일이었다. 이러한 심도 있는 독서 덕분에 그때부터 설교가 청중에게 들리는 설교가 되었고, 그의 설교 속에 그들의 영적 호기심과 갈급함을 채워 줄 수 있는 변증적 감각을 지닐 수 있었을 것이다. 또한 신자들이 비신자들을 만나고 대화할 때 "제일 먼저 그들에게 주어야 할 진리는 성경의 교리적 진리가 아니라 실제적인 외부 세계의 진리와 자기 자신이 무엇인가에 관한 진리다" 라고 전제하면서, 이것이야말로 20세기 후반기를 살아가는 현대인들을 위한 변증의 참된 순서라고 강조하고 있다. 그러면서 변증의 목적이 복음 선포와 직결되고 있음을 다음과 같이 역설했다.

현대인에게 먼저 그가 죽었다는 것을 냉혹하게 선언해야 한다. 그 죽음은 도덕적인 죽음이지 현대철학이나 신신학이 말하는 형이상학적인 고독 같은 것이 아니라는 것을 가르쳐 주고 난 다음에야 복음의 문이 열리게 된다. 그래서 예수를 알기 전보다 더 비참한 상태로 빠지게 만들어야 한다. 천국보다 지옥을 먼저 이야기해야 할 인간이 바로 현대인이다. 우리는 복음의 첫 부분이 "그리스도를 구주로 영접하라"가 아니라 "하나님이 살아 계신다"는 것임을 잊어서도 안 될 것이다. 요구를 일으켜 주는 율법이 선행하지 아니하면 복음이 복음으로 전해질 수 없기 때문이다.[24]

서평의 마지막 부분에서 옥한흠은 쉐퍼가 반복적으로 강조한 "전도 이전의 준비Pre-evangelism는 결코 수월하게 얻어지는 것이 절대 아니다"라는 메시지를 읽는 독자들에게 효과적으로 전달하고 있다. "현대교회의 약점인 현대인에 대한 이해 부족을 지적하고 그들이 믿기 전에 알 수 있는 신앙의 내용, 곧 진리의 제시가 중요하다"는 점을 상기시켜 주었다.[25] 다시 말하면, 현대 기독교가 사회의 문화와 예술을 방관만 하는 태도를 지양하고, 현대인들을 향해 문호를 개방하여 성경적 예술의 메시지가 무엇인지를 가르쳐 주어야 한다는 적극적 자세를 촉구하고 있다. 구원은 개인의 차원으로 끝나는 것이 아니라, 공동체적 관계를 통해 드러나야 한다는 쉐퍼의 교훈을 강조하고 있다. 기독교의 본질적인 교리의 내용을 현대인의 문화적이고 역사적인 상황을 심도 있게 이해하여 변증적 차원으로 연결시켜 효과적인 전도의 능력을 겸비하게 도와준다. 또한 그리스도는 신자의 전생全生, 곧 모든 삶

의 영역의 주님이 되신다는 사실을 힘주어 강조했다.²⁶

옥한흠은 원래 성경관과 성경신학에 남다른 학구적인 열정을 가지고 있었다. 물론 프란시스 쉐퍼와 같은 저자의 저서들을 통해 기독교 세계관과 문화관, 그리고 기독교 변증에도 지대한 관심을 두었던 것이 사실이다. 그러나 옥한흠은 에릭 사우어Erich Sauer의 『세계 구속의 여명』에 대한 서평을 통해 독자들에게 성경신학의 중요성을 환기시키며, 성경 계시의 통일성을 제시하는 이 책을 읽고 만난 기쁨을 이렇게 표현했다.

> 필자는 이 책을 중도에서 덮지를 못했다. 다 읽었을 때의 흡족한 기분을 표현하여 보라고 한다면 마치 친절한 해설과 함께 베토벤의 심포니를 감상하고 난 만족감, 바로 그것이었다. 아주 심오하고 어려운 구약의 진리를 매우 쉽고도 조리 있게 그리고 은혜스럽게 읽을 수 있도록 해 준 것이 저자의 큰 공이 아닌가 한다. 2,200회 이상이나 성경 본문을 인용하고 있지만 무미건조하거나 혼잡한 흔적이 조금도 없다. 구약이란 신비스러운 동굴을 상냥 박식한 안내자를 앞세우고 이곳저곳을 세밀히 답사나 하듯이 독자에게 구약 계시 전체의 지식을 물 흐르듯이 풀어 주고 있다.²⁷

옥한흠이 이 책을 차분하게 읽고 서평을 하여 독자들에게 소개하려고 했던 가장 큰 이유는 본서가 신조나 교리에 관한 순서에 기초한 것이 아닌, 성경 자체가 말해 주고 있는 역사적인 질서에 근거한 복음주의적 신학의 지침서 역할을 하기 때문이었다. 오랜 기간의 계시적 흐름을 일목요연하게 간결하게 제시해 주는 귀한 특성을 이 책에서 발견했기에 그런 감격과 기쁨을 한국의 목회자는 물론이고 특히 평신도들과 함께 많은 유익을 나누기 위해 소개 및 추천하고 있는 것이다.

그리고 얼마 지나지 않아 사우어의 또 다른 저서 『영원에서 영원까지』에 대한 서평을 「신학지남」에 기고했다. 옥한흠은 사우어의 『세계 구속의 여명』, 『십자가의 승리』, 그리고 『영원에서 영원까지』라는 세 권의 저서를 면밀하게 읽고 그 책들의 공통점과 차이점을 잘 파악해 냈다. 내용 면에서는 별 다른 점이 없어 보일지라도, 구원사의 계시를 드러내는 특성적인 면에서 횡단면橫斷面이 아닌 종단면縱斷面의 형태로 구원사의 모든 과정을 폭넓게 포함하고 있는 수많은 발전의 상태를 설명하고 있는 점을 높이 평가했다. 성경의 영감론에 대해서도 다른 저서들에서 발견할 수 없는 독특한 일곱 가지 이유를 제시하며 "참으로 은혜스러운 논리"로 가르쳐 주고 있다고 평했다. 그에게 의미를 주고 그가 서평한 대부분의 책들은, 심오한 내용을 언급하면서도 독자들에게 쉽게 읽히고 감동을 주는 그런 책들이었다. 그런 면에서 사우어의 『영원에서 영원까지』를 강력하게 추천하는 이유는 그 책이 "학구적인 논술이라기보다 저자의 가슴속에 깊이 간직하고 있던 성서에의 경외감을 독자들에게 나누어 주고자 하는 건전성을 가득히 담은 설교라고 보는 것이 더 적절할 것 같다. 그러면서도 매우 심오한 통찰을 지니고 있어 누구에게나 권하고 싶은 내용"이기 때문이었다고 소회를 밝혔다.[28]

그러나 옥한흠은 이 책을 높이 평가하면서도 저자의 "천년기 전 재림론"에 동의하지 않을 뿐만 아니라, 비판적이기까지 하다. 천년왕국에 대한 상이相異한 견해들로 말미암아 신학적 논쟁이 빚어져 왔고, 그러한 영향이 한국에도 미친 것을 잘 알고 있었던 옥한흠은 서로 다른 천년왕국에 대한 견해를 이해하려고 노력하는 저자의 "건전한 신학적 겸손"을 치하하면서도, 천년기 전 재림론을 신봉하지 않는 입장을 마치 어느 정도 고등비평에 영향을 입은 불명확한 성경 영감 견해의 전제에 빠져 버린 것 같다는 식의 비판은 지나친 공격이라고 인식하고 있다. 그러면서 본서가 천년기 전 재림론을 신봉하는 자들에게는 상당한 도움을 주겠지만, 그렇지 못한 독자들에게는 "지나치게 틀에 박은 듯한 독단적인 냄새"를 맡게 할지도 모른다는 우려도 표명했다. 옥한흠이 1970년대 초반에 천년왕국 사상에 대해 건전하고도 균형 있는 인식을 하고, 서구 복음주의권뿐만 아니라 한국 교계 내의 종말론에 대한 인식의 폭과 넓이를 매우 깊이 있게 파악하고 있음을 이 짧은 서평을 통해서 감지할 수 있다. 그리고 그는 이 책을 마지막으로 평가하면서 본서의 신학적 오리엔테이션이 세대주의dispensationalism에 두고 있다는 점이 아쉽다고 언급했다.[29] 옥한흠은 결코 세대주의자가 아니었지만, 세대주의를 통해서도 배울 것은 배워야 한다는 입장이었다.

옥한흠의 신학교 시절, 그의 마음속에 지워지지 않는 진한 아쉬움이 있었다. 그것은 보수주의 입장에 선 한국의 대부분의 교회들이 문화 속에 살면서도 문화에 대해 너무도 무지할 뿐만 아니라 배척하고 있었다는 사실이었다. 옥한흠은 김남식의 『기독교에서 본 문화』라는 책을 평하면서 한국 기독교의 행적을 보게 되면 긍정보다는 부정이, 적극적인 면보다는 소극적인 면이 농후했었음을 지적했다. 작금의 현실을 볼 때 문화의 방향이 혼란에 빠져 있을 때 과연 기독교가 해야 할 일이 무엇인지를 심각하게 고민하면서 이원론적 신앙관의 극복을 촉구했다. 그리고 한국 교회를 비판했다. "하늘만 지나치게 중시하고 땅을 거의 무시하다시피 한 지금까지의 신앙관이 사회 진출의 선봉이 될 만한 인재 양성에도 실패하다시피 했고 문화 자체에 대한 정의도 올바르게 내리지 못했었다."[30] 옥한흠은 기독교와 문화의 관계에 지대한 관심을 표명하면서, 본서와 함께 앞으로도 이 주제에 대한 많은 양서를 희구했다. 본서에는 적지 않은 장점과 유익이 있지만, 아쉬운 점들도 있음을 솔직하게 지적하면서, 이 책을 서평과 함께 추천하는 중요한 이유로 "각 교회 대학생들이나 청년들이 현대 문화에 대한 기독교적 입장을 요구하는 예가 많기 때문에 그들의 토론이나 연구를 위해 충분히 권할 수 있는 저서"라고 밝히고 있다.[31] 이러한 언급을 통해 옥한흠이 대학부 사역을 할 때 얼마나 많은 관심을 기독교 문화관에 두었는지를 잘 알 수 있다.

옥한흠은 '의학의 성서적 이해'에 대해서도 지대한 호기심을 갖고 있었다. 폴 투르니에Paul Tournier가 지은 『성서와 의학』이라는 책을 서평하면서 그러한 사실을 여실히 드러내 주었다. 그는 저자의 번역되지 않은 다른 책들에 대해서도 소상하게 알고 있었다. 그중 대표작이 『성서와 의학』이기 때문에 본서에 관심을 가졌겠지만, 더 중요한 이유에 대해서 이렇게 언급했다. "저자의 성서적인 깊은 통찰과 생과 현실에의 냉정한 직시直視, 그리고 의사로서의 풍부한 경험에서 우러나온 신앙적인 체험이 한데 용해溶解되어 결정체를 이룬 의학적 철학medical philosophy이며 사상이다. 한마디로 의학적 사상의 정신적인 혁명을 부르짖는 선언문이라고 할 수 있다."[32]

의사는 약전藥典을 다루는 것과 마찬가지로 성경을 다루는 법을 배워야 한다는 저자의 주장에 서평자도 찬동한다. 그는 의학과 질병의 경우에 "우리는 마술 신앙의 형적을 언제나 발견한다"라는 저자의 글을 인용하면서 인간의 약함에 대한 지적도 잊지 않고 있다. 누구든 육체의 질병과 연약함 앞에 장사가 있을 수 없으며, 심지어 "이상한 것, 신비한 것, 점성술 같은 것" 등에도 편애하고 마음이 쏠리는 경신輕信이 우리 인간에게 있음을 언급했다. 생명은 신으로부터 오는 것이기 때문에, 신성불가침의 문제라는 저자의 주장을 깊이 숙지한 옥한흠은 그때뿐만 아니라, 앞으로 올 세대의 심각한 문제가 무엇인지 미리 예견이라도 한 듯이 이 책의 주요 내용을 소개했다. 옥한흠이 이 책을 서평하고 추천하고자 한 이유는 본서가 "생명은 신과의 사귐이요 죽음은 신과의 이별이라는 정통적인 개혁파 입장을 그대로 지지"하기 때문이었다. 생명의 성서적 의미는 우리의 실패를 통해서까지도 신의 뜻을 새롭게 이해하면서 끊임없이 신을 재발견하는 일이라고 명확하게 정의한 저자의 견해를 서평자도 흔쾌하게 동의한다. "인간의 목적은 무엇인가? 신을 아는 것이다. 그러면 인간의 행복은 무엇인가? 역시 신을 아는 일이다"라는, 인용된 칼빈의 언급을 통해 옥한흠은 인간의 실패, 질병, 그리고 약함을 통해 하나님을 발견하고 알아가는 중요한 통로가 됨을 실존적으로 터득하고 동의했을 것이다.[33]

투르니에의 저서를 서평하는 가운데 옥한흠은 저자의 철저한 개혁신학적 입장에서 논리적으로 진술해 가는 솜씨에 그만 탄복하고 만다. 그는 그 책을 읽으며 느낀 바를 이렇게 언급했다.

본서를 읽으면서 놀랍게 생각하는 것은 그가 스위스 제네바 태생이어서 그런지 몰라도 그의 신앙 원리가 철저하게 칼빈주의에 뿌리박혀 있다는 사실이다. 의사라는 직업은 물론 의사의 범주 안에 들어오는 모든 개념들, 사건들, 결과들이 다 명확한 성서적 의미를 가지고 있다는 주장은 사실 칼빈주의적 신앙 바탕에 서지 아니하면 나올 수 없다. 하나님의 주권과 예정, 그리고 인간의 절대적인 타락, 무조건적인 은총에 의한 신생의 회복 등 지주 같은 칼빈주의적 사상이 본서 전체의 밑바닥에 은은히 흐르고 있어서 칼빈주의가 한 분야에 미치는 영향을 새삼스럽게 절감할 수 있다.[34]

투르니에의 저서를 통해 배우는 중요한 교훈, "성서만이 해답한다"라는 선언은 단지 의료계에 종사하는 사람들에게만 해당되는 것이 아니라, 어느 직업에 종사하는 신자에게라도 무관할 수 없다는 사실이다. 다시 말하면, 저자가 성경의 가르침을 의학 분야에 적용했던 원리를 모든 분야에 적용해 본다면, 하나님의 주권이 미치지 않는 영역이 한 치도 없다는 개혁주의 선배들의 주장에 고개를 끄덕일 수밖에 없다는 옥한흠의 주장에 동의하게 될 것이다.

옥한흠은 다양한 분야의 책들을 읽으며 서평 소개도 많이 했지만, 그중 빼놓지 않은 주제가 젊은 대학생들의 실제적인 관심 분야였던 결혼과 사랑에 대한 성경적 개념 정립과 그것을 바르게 이해하고 적용하는 방법 등에 관한 것이었다. 이러한 측면에서 월터 트로비쉬Walter Trobish의 『나는 너와 결혼했다』라는 책을 읽고 나서, 대학생들을 사역하면서 무엇인가 풀리지 않아서 고민하던 숙제가 해결되고 시원함을 느끼며 "굉장한 감화와 여운을 남겨 준다"고 그 감격을 표현했다.[35] 이렇게 옥한흠은 사역의 토대를 견고히 하기 위해 부단히 연구하고 숙고했을 뿐만 아니라, 그것을 기초로 해서 실제적이고 효과적인 사역 방법론에 대한 탐구도 병행했다. 그리고 그러한 과정을 통해 맛본 감격과 결과를 남과 나누기를 즐겨 했다. 이런 연장선상에서 개인적으로 느낀 감동을 그대로 간직해도 되었겠지만 서평의 형식을 빌려 많은 사역자들과, 성도들과 공유하기를 원했다. 이러한 행동은 결코 그의 자기 과시가 아니었다. 다만 한국 교회를 마음에 품고 좀 더 아름다운 교회를 함께 일구어 가고자 하는 그의 소박한 바람을 이루려는 일환이었다.

이 책에도 옥한흠이 선호했던 특성들이 고스란히 배어 있었다. 그가 표현했듯이, 저자는 "성서도 정확하게 이해했고, 청년들의 고민도 바로 이해했다. 그는[저자는] 성서의 애정관을 오늘의 젊은이들의 구미에 맞도록 싸서 줄 수 있는 포장법을 알고 있었다."[36] 그가 선별해서 읽고 서평한 대부분의 책은 성경적 기반을 분명히 하고, 기독교 교리의 바탕이 선명하면서도, 읽는 이들의 세계와 소통할 수 있는 이해의 접촉점이 존재하며, 전달하는 방법도 적절한 그야말로 책으로서 갖추어야 할 모든 요소가 균형과 조화를 이룬 저서들이었다. 옥한흠이 비중 있게 다루었던 책들은 대부분 연구실에서 나온 이론이 아니라, 실제적인 체험에서 우러나오고 삶과 사역 속에서 "살아 낸" 이론과 사상에 관한 저서들이었다. 왜냐하면 이러한 책들이 독자들에게 더 깊은 흔적을 남긴다는 사실을 누구보다 잘 알고 있었을 그였기 때문이다.

물론 편집진의 도움도 있었겠지만, 옥한흠은 젊은 사역자 시절 이미 이런 책들을 선별할 수 있는 안목과 혜안, 탁월한 식견을 갖추고 있었다. 그의 은사들이 교수가 되었으면 좋겠다던 격려와 제안이 결코 지나가는 칭찬이 아니었음을 분명하게 확인할 수 있다. 그는 여러 면에서 총신의 교훈, "신자가 돼라, 학자가 돼라, 목회자가 돼라, 성자가 돼라, 전도자가 돼라"는 내용을 누구보다도 성실하게 그의 삶과 사역 속에서 체득하고 구현해 낸 많지 않은 졸업생들 중 한 사람이었다.

남겨진 기록상 옥한흠이 「신학지남」에 마지막으로 서평을 한 책은 웨인 오트Wayn Oates가 저술하고 김득룡이 번역한 『기독교 목회학』이라는 책이었다. 본서의 저술 동기가 "영혼의 보호와 치료를 주 임무로 하는 화해의 사역자인 일반 목사를 위한 실제적인 목회 지침을 제시해 주자는 데 그 목적이 있다"는 저자의 말에 서평자도 전적으로 동의하면서 몇 가지 중요한 특징들을 언급했다. 서평자에게 깊은 감동을 주었던 부분은 먼저 "목사직에 대한 성서적인 재평가"였다. 옥한흠은 "하나님의 상징적 대표자로서 해석되는 목사의 신분과 위기의 사람으로 해석되는 목사의 기능을 정확하게 깨닫고 있는가의 여부는 목회 전반의 방향은 물론 그 성패까지 좌우할 만한 절대적인 기본 요소"라는 주장이었다. 목사로서 옥한흠은 그 당시 한국 교회의 목사직에 대한 인식을 본서를 통해 분명하게 정립할 수 있었다. 그가 지적한 현대 교회 안에 나타나고 있는 두 가지 경향을 본서를 통해 독자들에게 효과적으로 각인시켜 준다. "하나는 목사의 권위에 대한 편파적인 과소평가의 경향"이고, "또 다른 하나는 목사를 지나치게 우상시하는 과대평가의 경향이다." 본서는 이 두 가지의 경향성을 극복하고 성경적이고 올바른 목사관을 정립해 줄 뿐만 아니라, "목회자의 긍지를 새롭게

일깨워 주고 있다"고 높이 평가할 만한 내용을 담고 있었다.[37]

이 책이야말로 목사 옥한흠의 목사관牧師觀도 세워 주고, 목회자의 긍지를 일깨워 준 매우 가치 있는 저서였다. 그리고 목사 안수 받은 지 얼마 되지 않은 시점에서 이 책을 서평하면서 그의 마음에 큰 깨달음을 준 또 다른 교훈이 있었다. 그것은 바로 일종의 "몹시 아픈 공감"이라 할 수 있는데, 대부분의 목회자가 성령 안에서 말씀과 기도만 열심히 하면 목회상에 대두되는 과학적인 연구와 전문적인 지식의 요구도 능히 상쇄할 수 있다고 쉽게 단정해 버리는 자위적 사고방식에 대한 저자의 은근한 도전이었다. 이런 면에서 본다면 옥한흠은 그 당시의 시대적 목사상과 목사관을 초월해야만 새로운 목회의 장이 열릴 것이라는 경고의 메시지를 서평의 형식을 통해 목사들에게 전한 것이다. "결국 본서를 읽는 독자는 노력과 연구가 결여된 비생산적인 목회 방법이나 인간 성품에 관한 갖가지 지식과 인간의 문제점을 다루는 노련한 기술만을 앞세우는 영적이지 않은 목회 방법은 둘 다 상당한 수정을 받지 않으면 안 된다는 것을 배우게 될 것이다."[38] 그때부터 이미 목사들의 목사로서 목사들을 깨울 수 있는 안목과 역량을 갖춰 가는 한 목회자의 진솔한 내심을 우리는 이러한 서평을 통해서 만나게 된다.

그리고 옥한흠은 본서를 통해 앞으로 한국 목회자들에게 다가올 현대 목회의 필연적인 목회적 요구에 대해 이미 눈을 떴다. 그것은 바로 목사의 '개인 상담'이었다. 당시만 해도 한국 교회의 목회자들이 '목회 상담'의 필요성이나 적실성에 대해 그렇게 열려 있는 상황이 아니었다. 또한 교회는 성장일변도로 교인들의 숫자가 기대 이상으로 증가하고, 그 결과 "결국은 교회의 개개 회원의 유용성은 감소되고 그

비례로 회중의 규모만 커졌다"고 볼 수밖에 없는 상황에 이르게 된다. 이런 현상은 "분명히 개인이 강조되던 초대교회 성격과는 배타되는 것"임을 부인할 수 없었을 것이다. 이러한 저자의 강조는 고스란히 서평자에게 전달되어 당시 한국 교회와 앞으로 당면할 목사의 과제가 무엇인지를 앞서 예언자적으로 밝혀 주었다. "이런 상황에서 저자가 개개인의 영혼이 갖고 있는 문제와 성장을 중점적으로 다루는 개인 상담을 특별히 중요하게 목회의 일면으로 부각시켰다는 것은 너무나 당연한 일이 아닐 수 없다."[39]

이러한 본서의 주장에 대해 혹자는 이미 알고 있는 진부한 내용이 아니냐고 반문할 수 있음을 논평자 옥한흠은 인식하고 있었다. 그래서 그는 이런 말을 덧붙였다. "그러나 분명히 말할 수 있는 것은 반드시 무엇인가 본의 아니게 빠뜨리고 간 것을 다시 돌아서서 줍도록 해 줄 것이라는 사실이다. 지금까지 무의식적으로 범하고 있었던 실수를 아주 쉽게 발견할 수 있을 것이다. 뿐만 아니라 더 효과적인 상담자가 되어야 하겠다는 자기 발전욕을 불러일으켜 줄 것이다." 결론적으로 본서는 "실제적인 목회상의 적용 면에서의 효과도 크겠지만 그것보다 더 기대할 수 있는 것은 목회자 자신을 위한 자기 수정에 더 크게 기여할 수 있을 것으로 본다"는 기대와 함께 서평을 마무리했다.[40] 옥한흠은 이 책의 서평을 통하여 개혁 교회는 항시적으로 개혁되어야 할 뿐만 아니라, 목회자도 항상 개혁되고 수정되어야 한다는 주장을 함으로써 한국 교회 목사들을 일깨우는 일성一聲을 이미 고告한 것이었다.

어느 책을 서평하기 위해서는 그 책의 내용을 철저하게 소화하고 평가할 수 있는 입장에 있어야 한다. 그렇지 않으면 서평은 힘든 작업이다. 이러한 책들을 읽고 서평하는 가운데, 자연스럽게 그 책들의 내용이 그의 신학과 목회에 대한 이해를 정리하고 발전시키는 데 중요한 요소가 되었음을 부인할 수 없다. 젊은 시절의 책은 옥한흠에게 다른 세계를 볼 수 있도록 안내하는 창문이기도 했지만, 책은 자신의 성장을 촉구하는 채찍이기도 했다. 평생 배우려는 자세를 견지했던 옥한흠은 어린 시절뿐만 아니라, 신학교에서, 그리고 그 후 바쁜 목회 일정 가운데서 "일생 책을 가까이 하신 분"으로 제자들에게 각인될 만큼 책을 손에서 놓지 않고 평생 그리스도를 닮아 가기 위한 여정을 밟아 나갔다.[41] 성도들의 지적 수준이 높아져 가고 있는 상황에서 목사의 수준이 더 높지 않으면 안 되겠다는 생각이 그를 '책의 사람'으로 만들었다. 그는 자신을 깨우는 영적이고 학문적인 채찍질을 결코 소홀히 하지 않았다. 옥한흠은 젊은 시절부터 책의 사람이었으며, 기준을 높게 잡는 성향이 그의 마음속에 깊이 자리 잡았다.

옥한흠의 지도력과 경건 생활

옥한흠은 신학교 시절부터 성실하기도 했지만 야심도 대단했다. 옥한흠이 "똑똑한 목회자들을 기수별로 한데 묶어서 만나고 교제하며 무엇인가를 준비하는 모습"이 예사롭지가 않았다. 때로는 그런 야심 때문에 오해를 받기도 했지만, 그때부터 옥한흠은 "좋은 그리스도인들의 세력을 모아서 한국 교회를 개혁하고 갱신하기 위한 나름대로의 구상"을 하고 있었다.[42] 이미 그가 어린 시절 시골 교회에서 고통스럽게 체험한 바, 직분자를 올바로 훈련해야 하고 교회가 갱신되지 않고는 교회가 바로 설 수 없다는 확고한 인식을 기반으로 제자훈련을 통한 좋은 교회를 향한 꿈의 도전을 이미 시작한 것이었다. 옥한흠을 누구보다도 잘 알고 있는 홍정길은 그때를 회상하며 이렇게 언급했다.

> 이것을 보면 옥 목사님은 즉흥적으로 일하는 것이 아니라 계획을 세우고 목표를 정한 다음, 로드맵을 만들어 한걸음 한걸음 실천하는 목회자이다. 그분이 당시의 '세력'을 바탕으로 오늘날의 한국 교회를 다시 하나로 묶는 결정적인 사역을 감당하고 있는 것은, 지난 시절을 뒤돌아보는 내 마음 깊은 곳에서 감동을 자아낸다.[43]

이렇게 옥한흠은 지향한 바를 위해 정진하는 한편 그 목적을 이루기 위해 뜻을 같이하는 동역자들과의 교제 및 동역의 장을 만들어 가기 위해 많은 노력을 기울였다. 다소 내성적인 성격이었지만, 예수 그리스도를 알고 그분께 순종하며 그분을 세상에 널리 알리고자 열정을 불태웠으며, 참된 그리스도의 제자들이 교회를 교회답게 이루어 가기 위한 터전을 신학교 시절부터 만들어 갔다. 참된 교회를 향한 길, 그리고 그리스도의 진정한 제자로의 순례의 길은 그렇게 시작되었다. 남들 앞에 나서기를 꺼려 했던 옥한흠이었지만, 우리 주님을 위해 교회를 바르게 세우기 위해서는 과감하게 영적 리더들을 끌어당기는 묘한 매력이 그의 내면에 작동하고 있었다. 그렇게 해서 그는 "영적 자석 같은 사람"이 되었고,[44] 한국 교회를 향한 큰 그림을 마음속에 그리고 있었다.

옥한흠은 신학교 시절 신학 연구 쪽으로만 기울었던 것은 아니다. 그는 기도 생활에도 열심을 내었다. 공부하면서 부교역자로 사역하는 중에 겪는 어려움도 적지 않았다. "교회가 교역자의 사정을 잘 몰라 주는 일"도 많았고, 재정적으로 어려운 교회가 아닌데도 박대하는 경우도 있었다. 경제적으로 어려운 형편에서 등록금을 마련하는 것은 매우 어려운 일이었고, 그럴 때마다 그는 기도하지 않을 수 없었다. 오랜 세월이 흐른 뒤 옥한흠은 신학교 시절을 회고하며, "그때 뵈뵈와 같이 남몰래 저를 도와주는 형제들이 가끔 있었습니다"라고 설교 중에 언급했다.[45]

학생 수는 많고 시설은 열악한 가운데, 그는 자신의 기도 생활과 학업을 위해 부단히 노력했다. 그는 총신 본관 뒷산 언덕에 자신이 만든 작은 토굴에 들어가 기도도 하고, 기숙사나 도서관에서 공부가 안 될 때에는 그곳으로 가서 촛불을 켜 놓고 밤새도록 공부하곤 했다. 거기서 기도하면서 때로는 간첩으로 오인되어 경찰이 출동한 적도 있었지만, 기도 토굴에서 공부했던 신학 공부와 히브리어와 헬라어에 대한 '즐거운 추억'은 기억하면 할수록 귀한 희열이었다.[46] 몸이 다소 약했던 옥한흠은 본격적인 신앙생활을 하면서부터 기도의 중요성을 더욱이 터득하고 있었다. 그리고 그가 회심한 이후에는 예수님께서 친히 제자들에게 기도하는 법을 가르치셨듯이, "기도하는 법을 부지런히 배울 것"이 그 인생의 주요한 과제가 되었다.

이렇게 신학생 옥한흠에게는 기도의 샘이 있었다. 무엇보다도 하나님께 자신의 삶을 맡기고 기도하는 기도의 무릎이 있었다. 총신 캠퍼스 안에는 옥한흠이 하나님께 기도하며 하나님과 교제하는 기도의 지성소가 있었다. 신학교 시절부터 옥한흠에게는 하나님의 뜻을 깨달아 가는 자기만의 장소와 공간이 있었다. 이러한 경건의 훈련과 기도의 능력을 통해 자신의 탑을 쌓아 가는 것이 아니라, 하나님나라의 비전을 위해 헌신할 수 있는 사역자로서 준비되어 갔고, 그의 미래에 나타날 그 어떤 담도 넘어갈 수 있는 영성의 기반이 조성되었다.

그에게 기도는 부지런히 그리고 성실히 임해야 할 하나님과의 대면 시간이었다. 그리고 기도야말로 실천을 통해 익혀야 할 하나의 훈련이었다는 사실을 누구보다도 강하게 인식하고 있었다. 신학교 시절, 육체적 고통과 재정적 어려움이 엄습해 올 때마다 그의 기도의 강도는 더해 갔다. 그는 무엇보다도 기도를 통해서 하나님의 주권을 인정하는 훈련을 톡톡히 받게 되었다. 그리고 하나님의 주권을 인정하는 것이야말로 자신이 하나님께 간절히 기도하는 근거임을 깨달았다. 하나님이 모든 것의 근원이심을 확신하면서, 그리스도인의 기도는 하나님의 손을 강제하려는 시도가 아니고, 오히려 우리 인간의 어쩔 수 없음과 의존적 상태에 대한 겸손한 자각이었다. 그는 기도하는 가운데 자신을 의지하고 인정하는 것으로부터 철저하게 하나님을 인정하고 주권을 의지하는 존재임을 깨달았다. 그는 기도할 때 하나님의 주권과 인간의 책임이 상충 관계에 있는 것이 아니라, 자연스럽게 조화를 이루는 신비를 경험하곤 했다.

총신에서 옥한흠은 박형룡과 박윤선으로 이어지는 보수적인 정통 신학을 배워 가면서도, 간하배와 김의환과 같은 신진 학자들을 통해 개혁 신학의 정수를 배우며 삶에 적용할 수 있는 안목을 터득하고, 새로운 신학 사조에 관심을 갖고 신학 수업에 임했다. 신학교 재학 시절은 옥한흠에게 학문적 열정을 자극할 뿐만 아니라, 그의 잠재력을 계발하는 기간이었으며, 한 가지 일에 몰두하면 성실하고도 지속적으로 끝내고 마는 그의 집중력이 남다른 진가를 발휘한 시기이기도 했다. 이러한 과정을 통해 옥한흠의 신학적 자의식은 분명해졌으며, 그러한 토대 위에서 제자훈련 목회의 씨앗이 아름답게 발아되고 있었다.

2

평신도를 깨운
광인狂人

옥한흠

그는 왜(Why)
제자훈련에 미쳤는가?
제자훈련 목회의 시작과 전개

옥한흠의 성도교회 대학부 사역

5장

옥한흠의 좋은 교회에 대한 꿈

총회신학교 시절 옥한흠이 가장 욕심을 냈던 것은 학업이었다. 목회자란 평생 공부해야 하는 직분이지만 목회의 길에 들어서면 책상 앞에서 진득이 공부하기가 매우 어려운 현실이다. 이런 사실을 잘 알고 있었던 그는 교육전도사를 하지 않고 학업에만 전념하고자 하는 마음도 있었다. 신학교 시절에 일정한 시간을 공부에 투자해 놓지 않으면 안 된다고 생각하고 있었다. 그런 가운데 1학년 과대표를 맡고 있었던 옥한흠이 주목하게 된 일이 하나 있었다. 불광동의 한 교회에서 교육전도사를 청빙하는 과정에서 동료 전도사를 무려 여덟 명이나 떨어뜨렸다는 소식을 듣게 된 것이다. 어떤 교회이기에, 그리고 도대체 무엇이 부족해서 그들을 교육전도사로 청빙하지 않은 건지 매우 궁금했다. 이 일로 인해 옥한흠은 친구들의 권유로 그 교회 교육전도사에 지원하게 되었다. 결국 그는 그 교회로 부임하게 되었는데, 배기주 목사가 시무하고 있었던 은평교회였다. 1968년 6월이었다. 이 무렵부터 옥한흠은 신학 공부와 함께 본격적으로 사역에 매진하기 시작했다.[1]

자취방이 있는 상도동과 교회가 있는 불광동을 오가면서 학업과 사역을 병행하는 것은 쉽지 않은 일이었지만, 그는 맡겨진 유년 주일 학교와 학생부의 부흥을 위해서 최선을 다해 달렸다. 부임할 당시 80명 정도 모이던 주일 학교 인원이 몇 달이 채 안 되어 450여 명으로 성장하면서, 한 반에 12명만 모이면 새로운 반을 만들고 교사를 배치해야 하는 상황에서 고등학교 학생들도 교사로 영입해야 하는 지경에 이르게 되었다. "교사들에게는 꼭 교안을 작성하게 하고 결석한 아이가 있으면 주일 오후에 바로 심방해서 사유서를 제출하게 했다."[2] 철저하게 교사들을 감독하면서 주일 학교 사역을 전개해 나갔다. 결혼 후에도 사정이 여의치 않아 아내는 친정집에 거주하고 있었고, 옥한흠은 교회 기도실에 기거하면서 맡겨진 사역에 최선을 다하고 있었다. 옥한흠이 상도동에 살았던 집을 자주 비워 놓자 도둑이 들어 그의 단벌 양복마저 훔쳐 가는 바람에 주일에 입을 옷이 없어 곤욕을 치른 적도 있었다.[3]

은평교회 담임 목사 배기주는 이북 출신으로 말이 없는 목회자였고 외유내강형 인물이었다. 그는 목회에 전념하여 장년 교인이 300여 명에 이르는 성장일로의 교회를 일구어 가고 있었다. 이로써 교회는 건축을 해야만 하는 상황에 놓였고 성도들의 관심도 고조되고 있었다. 그런데 장로 한 사람이 목회에 협조를 하지 않았고 담임 목사에게 큰 부담이 되고 있었다. 그는 교회에서 중책을 맡았으면서도 교회 건축에 헌신하는 자세를 보이지 않고 있었다. 오히려 목회를 방해하고 교회 내에서 주도권을 장악하려는 태도를 보였다. 이런 모습을 목격한 옥한흠은 마음이 몹시 상했고 교회를 위해서라도, 그 장로를 그대로 방치해서는 안 된다고 생각했다. 배기주 목사는 그 장로를 두고 인내하며 기도하고 있었지만, 옥한흠은 그 장로를 좌시하지 않고 대놓고 잘못을 지적하고 말았다. 결국 그는 이 문제에 책임을 지는 차원에서 사임을 하고 말았다. 사실상 오갈 데 없는 가운데 쫓겨났다고 하는 것이 더 적절할 것이다. 옥한흠 전도사가 예기치 않은 일로 은평교회를 사임하게 된 때는 신학교 3학년 무렵인 1970년이었다.

배기주는 참으로 안타까워하면서 젊은 전도사 옥한흠을 평생 잊지 못할 후배로 각인했다. 얼마 후 배기주는 은평교회 하기수양회 강사로 왔던 한명수 목사에게, 전도사 시절부터 누구보다 부지런하고 윗사람에 대한 예의가 깍듯하며, 개個교회를 넘어 한국 교회를 걱정하는, 그야말로 "무슨 일을 내기는 낼 사람" 같은 이가 있다며 옥한흠을 소개해 준 적이 있는데, 이 언급 역시 한명수의 기억 속에서 사라지지 않았다고 한다.[4]

전도사로서 교회에서 영향력이 있는 장로의 잘못을 나무란다는 것은 예나 지금이나 계란으로 바위를 치는 격이라고 할 수 있다. 아무리 담임 목사가 부교역자를 아끼고 돕는다 해도 이와 같은 일을 원만하게 해결한다는 것은 쉽지 않다. 그런데 신학생 옥한흠은 "내가 쫓겨나더라도 저런 사람 버릇은 고쳐 주고 나가겠다"는 젊은 정의감과 의협심으로 부딪혔다가, 결국 교회에서 쫓겨나는 신세가 되었지만 후회는 없었다. 다만 하나님의 인도하심을 기대하면서 어려운 상황을 직면할 수밖에 없었다. 결국 그의 기질도 기질이었지만, 어린 시절부터 가지고 있던 좋은 교회에 대한 목마름이 그렇게 행동할 수밖에 없는 주요 요인이 되었다. 갑자기 교회를 사임하고 나오게 되니 처자식이 딸린 처지에서 그야말로 막막하기 그지없었다. 그런 상황에서 유학을 생각해 보기도 했다. 그러나 쉽지 않은 일이었다. 개척을 하자니 그것도 역시 만만한 결정은 아니었다. 그렇지만 며칠간의 짧은 방황 끝에 옥한흠은 하나님이 예비하신 다른 사역지로 인도함을 받았다.[5] 옥한흠은 하나님 앞에서 옳다고 생각되면 앞뒤 안 가리고 일을 저지르는 직선적인 성격으로 인해 곤궁한 형편에 처했고,[6] 이 일로 인해 은평교회 주일 학교 사역이 안 좋게 끝났지만, 또 다른 좋은 사역을 위한 계기가 되었던 것이다.

이러한 일이 벌어진 지 한 주도 지나지 않아, 총신에서 소선지서를 강의하던 성도교회 김희보 목사가 옥한흠의 소식을 듣고, 바로 그 주간부터 주일 학교 전도사로 봉사해 줄 것을 요청했다. 첫 사역지에서 주일 학교를 짧은 기간에 부흥시킬 만큼 열심히 사역했음에도 불구하고 장로 한 사람으로 인해 힘없이 쫓겨난 신세를 생각해 보면 억울하고 마음의 상처가 쉽게 가실 수 없는 일이었다. 그러나 옥한흠이 이 일로 인하여 "성도교회로 가게 된 것은 하나님의 놀라운 인도하심"이었고, 그의 생애에 있어서 "일생일대의 분수령"이 되었다.[7] 그때의 일에 대하여 옥한흠 자신도 이렇게 의미를 부여했다. "성도교회 사역은 오늘날 사랑의교회 사역의 시발점이 되었고, 그곳에서 나는 비로소 '제자훈련'에 눈뜨기 시작했으니 하나님의 섭리는 생각할수록 묘하고 놀랍기만 하다."[8] 이때부터 모든 일을 합력해서 선을 이루시는 하나님의 섭리에 대한 확고한 신앙(롬 8:28)이 옥한흠의 생애를 지배했다.

옥한흠은 어린 시절 장로가 목사에게 폭행을 가하는 것을 목격하고, 전도사 시절 부당한 장로의 행동을 보면서, 예수 그리스도의 성숙한 제자로 만드는 것이 얼마나 시급하고 중요한지를 절감하게 되었다. 이러한 경험 때문에 옥한흠에게는 "늘 좋은 교회에 대한 갈증"이 강했고, "신학교에 입학하기 훨씬 전부터 좋은 교회에 대한 소녀 같은 꿈"을 품게 되었다. "교회의 질은 평신도에 의해 결정된다는 것과 평신도가 가진 영적 잠재력을 얼마나 계발하느냐에 관건이 달려 있다는 사실"을 절감하게 되었다. 그런 까닭에 제자훈련과 교회 갱신을 위해 가르치고 선포하며 치유하는 사역을 위한 준비에 전심전력했다.[9] 그가 그리스도를 믿고 고백하는 과정에서, 그리고 교회라는 믿음의 공동체를 이루어 가면서, 참 제자가 되는 것이 무엇이며, 좋은 교회에 대한 비전이 무엇인지를 고뇌하면서 그의 신앙은 성숙해 갔다. 사역의 현장에서 뼈저리게 경험한 참 교회를 향한 그의 번민과 꿈은 당시 교회의 상처들과 어우러지면서 바른 교회를 지향(指向)할 수 있는 방향과 원동력을 제공해 주었다.

제자훈련의 교두보: 성도교회 대학부

옥한흠이 성도교회에서 유년 주일 학교 전도사로 사역을 시작했을 때는 32세인 1970년 봄이었다. 그리고 그해 12월 그는 총회신학교를 졸업했다. 은평교회에서처럼, 성도교회에서도 전도사 옥한흠은 누구보다도 어린이 사역에 최선을 다했다. 어린 생명 한 명 한 명에 집중하고 사역한 결과 괄목할 만한 성과가 있었음에도 은평교회를 떠날 수밖에 없었던 그에게 어린 학생들이 눈에 밟히는 것은 어찌할 수 없었다. 새로운 사역지인 성도교회에서 어린이 사역을 시작하면서도 그는 한 생명을 지극히 사랑하는 마음으로 임했다.

남산 밑에 위치한 성도교회는 황은균 목사를 중심으로 평안도 출신 성도들이 주축이 된, 보수적인 입장을 취했던 교회였다. 황 목사의 후임으로 김희보 목사가 부임했다. 김희보는 담임 목사로 활동하면서 총회신학교에서 강사로 구약학을 강의하고 있었다. 당시 성도교회는 장년 성도 700여 명이 모이는 중형 교회로, 한동안 갈등과 싸움이 잦아 상처의 골이 깊었는데, 김희보 목사가 부임한 이후 분위기가 호전되어 좋은 교회로 변화되면서 유명세를 타게 되었다.

당시 성도교회 대학부 출신이었던 한인권에 의하면, 옥한흠 전도사는 부임하자마자 주일 학교 학생들 가운데 유능한 친구들을 뽑아 '밀알회'라는 모임을 만들어 토요일마다 소수의 리더들에게 제자훈련을 따로 하면서, 이때부터 다수의 대중을 놓고 사역하기보다는, 소수의 제자훈련이 갖는 효용성에 눈을 떴다고 증언했다. 물론 교인들에게서 아이들을 차별한다는 비난도 받았지만, 사람을 키우는 일에 그때부터 관심이 매우 많았던 것이 사실이다.[10] 옥한흠은 유년 주일 학교 사역을 하면서도 성도교회 내 대학생들과 청년들에게도 지대한 관심을 갖고 있었던 차에 마침 그들과 만나면서 자연스럽게 『성경탐색 Search for the Scripture』이라는 교재를 가지고 성경 공부를 시키면서 이미 비공식적인 제자훈련 사역을 시작했다. 이런 면에서 옥한흠이 품었던 한 사람의 변화를 통한 제자훈련에 대한 관심과 열정은 성도교회 대학부 사역 이전에 그의 마음속에서 불타고 있었다고 보아야 한다.[11]

주일 학교 사역을 맡은 지 6개월이 지난 이후, "젊은이 사역에 은사가 많은 것 같다는 김희보 목사의 제안에 따라 그의 인생의 분수령이 된" 성도교회 대학부를 맡아 본격적인 사역을 시작했다. 옥한흠이 처음으로 대학부실에 갔을 때는 고려대 3학년에 재학 중인 회장 한 사람만 남아 있던 상황이었다. 그러나 옥한흠은 어떻게 해서라도 대학부를 살려야겠다는 각오를 다지며, 졸업을 앞둔 회장보다는 대학에 입학하려는 학생들을 붙들고 사역의 불씨를 당겼다. 그렇게 해서, 당시 서울공대 1학년이었던 방선기 학생 한 명으로 한국 교회를 향한 제자훈련 목회의 꿈을 풀어 놓기 시작했다.[12] 옥한흠은 성도교회에서 주일 학교 사역은 몇 달도 채 못하고 그 "문제의 대학부"를 맡게 되었다. 그는 대학부 사역만 한 것이 아니라, 부교역자로서의 사역을 모두 감당하면서 예배 안내며 심방에도 참여했다.[13]

성도교회 대학부를 맡아 달라는 제안을 받았을 때 옥한흠은 마음이 몹시 아찔했고 당황했다고 한다. "1970년도 초반에는 정통 보수주의 계통이든 자유주의 계통이든, 한국 교회가 전반적으로 대학부 침체기를 맞고 있는 상황이었다. 반면, 대학생선교회(CCC)나 네비게이토, 죠이선교회 같은 데는 불꽃이 타듯이 부흥하고 있었기 때문에 교회 내의 고등학생들도 졸업만 하면 다 그곳 선교 단체로 떠나 버리곤 했다."[14] 사태가 이렇게 되자 당시 한국 교회는 그러한 문제로 위기감이 팽배해 있었다. 이런 상황에서 대학부를 맡았으니 옥한흠도 눈앞이 캄캄할 수밖에 없었다. 그러나 그때 "하나님께서 주신 은혜는 문제에 부딪혔을 때 변죽을 울리지 않고 핵심을 보는 눈"이었다. 그것은 바로 그와 함께 손잡고 일할 대학부 형제들, 동역할 사람을 찾는 일이

었다. 그 한 사람의 동역자가 바로 방선기 학생이었다.[15]

1970년 봄에 이루어진 옥한흠과 방선기의 만남은 하나님의 섭리였다. 유년부 교사였던 방선기의 눈에도 옥한흠 전도사는 유년 주일학교에는 "좀 안 어울리는" 듯했고, 뭔가 다른 사역이 더 맞을 것 같다는 막연한 생각이 들었다. 방선기가 옥한흠이 신학교 시절에 이끌던 신학연구단체 「그람마」라는 회지를 만드는 데 협조하면서 두 사람의 사이는 매우 가까워졌다. 그 당시 방선기는 성도교회에 다니면서 네비게이토 선교 활동에도 참여하고 있었다. 방선기는 옥한흠에게 선교단체의 장점을 전달해 주는 통로 역할을 했고, 옥한흠은 방선기에게 신학에 대한 눈을 뜨게 해 주는 역할을 감당했다.[16] 이렇게 시작된 교제와 대화를 통해서 두 사람은 대학부의 비전을 나누게 되었고, 그 비전은 시간이 지나면서 아름답게 영글어 갔다.

당시 성도교회는 "대학부가 언제부터인가 사라져 버려서 대학부에 대한 아쉬움"이 컸던 터라 대학생들을 향한 옥한흠의 사역 비전은 방선기에게도 즉각적으로 공유되었다. 두 사람이 교회 내의 다른 대학생들을 설득하여, 그해 9월에 성도교회 대학부가 다시 시작되었다. 그런데 막상 그날 모인 사람들은 옥한흠과 방선기, 그리고 입시 공부를 하던 고등학교 3학년 학생들인 박성남과 한인권뿐이었다. 엄밀하게 말하면 옥한흠과 방선기 둘만으로 대학부 모임이 시작된 셈이다. 하지만 결국은 이때 모인 세 사람이 대학부의 기둥이 되었다. 그 후 방선기는 김병재와 이경준을 인도하고, 박성남이 박성수를, 그리고 한인권은 한정국과 김광일을 인도함으로 성도교회 대학부가 활성화되기 시작했다.[17] 옥한흠의 말을 빌리자면, 그들은 "하나님께서 보내 주신

사람들"이었다.[18]

그 후로 대학부 모임 참석 숫자는 빠르게 늘었고, 제자훈련의 비전은 힘찬 파장과 함께 널리 퍼져 나갔다. 무엇보다도 옥한흠의 설교는 대학부 청년들의 마음을 복음의 감격으로 적셔 놓았고, 그들을 향한 지대한 관심과 지극한 사랑은 그들의 마음을 그리스도의 사랑으로 녹였다. 당시 젊은이들에게는 의지하고 기대할 만한 지도자가 많지 않았다. 젊은 사역자 옥한흠은 그들에게 "믿을 만하고 진실한 맏형" 같은 존재였다.[19] 이것이 그들이 옥한흠에게서 받은 첫인상이었다. 그들 사이에 스승과 제자의 관계가 아름답고도 견고하게 맺어졌다. 이렇게 해서 성도교회 대학부는 마치 "교회 안의 교회" 같다는 시샘을 받을 정도로 아름다운 신앙의 공동체로 성장해 나갔다.

옥한흠의 제자훈련의 필요성은 당시 기성 교회들의 청년 사역에 대한 비판적인 인식에서 싹텄다. 당시 그는 대학생들이 왜 교회에서 빠져나가 선교 단체로 모이는지 그 이유가 매우 궁금했다. 선교 단체 지도자들이 신학교 출신도 아니고, 성경 공부 교재를 봐도 텅 빈 공간이 많았다. 그런데 선교 단체에서 훈련받는 대학생들은 놀랍게 변화되고 있었다. 변화의 필요성을 절감하고 있었던 옥한흠에게는 새로운 계기가 매우 절실했다. 그렇다고 당시 선교 단체나 파라 처치para-church운동에 대한 부정적인 인식이 강했던 터라, 선교 단체의 전략을 함부로 도입할 수 없는 처지에서 옥한흠은 김희보 담임 목사와 이 문제를 논의했다. 이때 김희보는 제자이자 부교역자였던 옥한흠에게 교회 생활이 흐트러지지 않는 범위 내에서 잘 배워 보는 것도 좋겠다고 격려했다.[20] 그 당시 선교 단체는 교회 안에서 젊은이 사역에 적지 않은 물의를 일으키기도 했고, 교회와 선교 단체 간의 사이가 썩 좋지 않은 상태였던 것을 감안하면, 이것은 매우 "획기적인 결단"이었다.[21]

옥한흠의 제자훈련 사역의 본격적인 가동可動은 사람을 보는 안목에서부터 시작되었다. 먼저 그는 그와 함께 손잡고 일할 학생들이 누구인지 찾았고, 처음으로 만난 학생이 서울대에 갓 입학한 방선기였다. 그 후 얼마 지나지 않아 다른 학생들도 대학부에 참석하기 시작했다. 대학부 사역은 이렇게 바로 한 사람과의 만남을 통해 그 든든한 기반이 조성되었다. 여기에 힘을 얻은 옥한흠은 혁신적인 변화를 시도했다. 얼마 후, 청년 대학부 예배 시간을 주일 오전 10시에서 오후 12시 30분으로 늦추어, 주일 대예배 시간에 쫓기지 않고 아예 예배가 끝난 후에 모이기로 한 것이다. 충분한 모임 시간을 확보하기 위해 모이는 시간부터 과감하게 변경할 필요가 있었다. 이러한 변화에 적지 않은 우려도 있었지만, 옥한흠의 마음속에는 누구든지 모임에 은혜가 있으면 시간에 구애받지 않고 온다는 확신이 있었다.

이미 언급했듯이, 제자훈련의 필요성을 절감하고 있었던 옥한흠에게 선교 단체 사역과 실제적으로 연결되도록 다리를 놓은 사람은 방선기였다. 그 당시 방선기는 네비게이토라는 선교 단체에서 훈련을 받고 있었고, 거기서 배운 내용을 후배들과 나누고 있었다. 자신이 훈련받은 것을 자연스럽게 교회의 후배들과 나누면서 방선기도 "나름대로 제자훈련을 시도"하고 있었다. 당시의 기성 교회가 선교 단체 훈련에 거부감을 갖고 있었던 것을 잘 알고 있었던 방선기는 담당 교역자 몰래 비공식적인 성경 공부를 인도하고 있었던 것이다. 그러던 어느 날, 그 모임에 예기치 않게 옥한흠이 방문을 열고 들어왔다. 깜짝 놀란 방선기는 당시의 상황을 이렇게 밝히고 있다. "그 순간 나는 죄송하기도 하고 떨리기도 했다. 나름대로 내가 이 공부에 대한 설명을 하자 옥 목사님은 자기 모르게 한 것에 대해 화를 내시기는커녕 '그 좋은 것을 왜 너희들끼리만 하느냐? 우리 다 같이 하자'고 하셨다. 그것이 성도교회 대학부의 제자훈련의 시발점이 되었다."[22]

"왜 너희들끼리만 하느냐? 우리 다 같이 하자"라는 옥한흠의 말은 방선기에게는 "아주 파격적인 말씀"으로, 그의 평생 잊지 못할 스승에 대한 추억이 되었다. 감추고 숨기면서 선교 단체 훈련에 몰입하고 있었던 제자의 심정을 옥한흠도 어느 정도 알고 있었기에 그들은 서로 소통할 수 있었다. 기성 교회의 폐단을 개혁하고 극복해야 할 필요성을 누구보다도 깊이 인식하고 있었던 그에게 그날의 일은 제자훈련을 시작하는 귀한 계기가 되었다. 계속 배우고 자신을 깨우치려는 옥한흠은 제자였던 방선기의 제자훈련에 호기심이 갈 수밖에 없었다. "자신이 기존에 아는 것보다 더 나은 것을 발견하면 얼마든지 그것을 내려놓고 좋은 것을 받아들인 것"이야말로 스승의 위대한 점이라고 방선기는 아직도 그렇게 생각하고 있다. 이러한 과정과 만남을 통해 성도교회 대학부에 제자훈련 프로그램이 정착되었고 그 영향력은 점차 증대되었다. 옥한흠이 제자훈련 프로그램을 창안한 것은 아니지만, 그것을 기성 교회의 대학부에 알맞게 수정해서 도입한 것은 오히려 "창안보다 더 큰 일"이었다.[23] 선교 단체에서 얻은 아이디어를 교회 실정에 맞게 재창조해서 사용한 것은 옥한흠의 공헌이다. 그는 제자훈련의 장점을 교회 안으로 들여왔고, 교회 중심으로 실행하고자 했다. 이러한 배후에는 옥한흠이 학생 시절에 참여했던 '학생신앙운동Student

For Christ, SFC' 경험도 작용했을 것이다. SFC의 주요 특성 중 하나가 교회 중심적이었기 때문이다.

그때 만약 옥한흠이 교역자의 허락도 없이 모임을 인도하고 있었던 방선기를 나무랐다든지, 선교 단체에서 시행하고 있었던 훈련을 열린 마음으로 대하지 않았다면, 아마도 제자훈련 목회의 씨앗은 기성 교회에 뿌려지지 못했거나, 그 시기가 상당히 연기될 수밖에 없었을 것이다. 옥한흠의 열린 자세는 방선기의 마음에 감동을 주었다. 그뿐만 아니라 성도교회 대학부와 한국 교회에 제자훈련의 장점을 도입할 수 있는 통로가 되었다. 그리고 첫 제자 방선기도 기성 교회 안에서 제자훈련을 지속적으로 받음으로써 성도교회 대학부의 주요한 기반을 형성하는 데 지대한 공헌을 했다. 옥한흠과의 만남은 방선기에게도 아주 중요한 이정표가 되었다.

그때를 회상하며 방선기는 이렇게 고백한다. "정통신학에 익숙한 옥 목사님이 선교 단체의 교재를 수용하고, 훈련 방법을 지역 교회 대학부에 맞게 조정"했다. 그런 가운데 양쪽에서 훈련을 받게 되었고, "그러다가 어느 한쪽을 택해야만 했을 때 나는 옥 목사님이 있는 지역 교회를 택할 수밖에 없었다."[24] 당시 방선기에게 이러한 상황은 솔직히 갈등이 되었다. 그는 이렇게 회고한다. "내게 처음 제자훈련을 해 준 생부生父와 지금 나를 훈련하고 있는 양부養父 사이에서 선택을 해야만 하는 상황"이었다. 결국 그는 양부를 선택했지만, 옥한흠 같은 분이 아니었다면 교회를 떠났을 수도 있었던 형편이었다.[25]

이 일로 옥한흠은 방선기에게 "어떤 사역을 해도 교회가 중심이어야 한다는 중요한 교훈"을 일깨워 주었으며, "지역 교회 안에서 지역 교회를 통해 사역해야 한다"는 확신을 갖게 했다.[26] 이렇게 하나님의 사람들과의 만남을 통해 하나님의 역사가 행해졌고, 선교 단체의 유익한 복음의 열정, 양육, 비전이 기성 교회 내로 유입되는 귀한 결과가 이루어졌다. 옥한흠과 그의 제자들이 진정으로 "예수의 제자"가 되기 위한 아름다운 여정이 성도교회 대학부에서 시작되었다. 그리고 영예의 "크루세이드 넘버 원"은 방선기에게 주어졌다. 이것은 기독교 세계관에 입각한 철저한 제자훈련을 받아 예수 그리스도의 제자가 되어 세상을 복음으로 변혁시키라는 위임이자 파송의 의미였다. 이때 옥한흠은 성도교회 대학부의 실정에 맞게 선교 단체의 제자훈련 방법들을 나름대로 재조정하여 사용했는데, 그중 현재 사용하고 있는 제자훈련의 모태가 된 것들이 많다. "제자훈련 교재나 제자훈련 지도자 세미나 때 다락방, 제자반, 순장반 참관 등도 모두 이때 실습된 아이디어들이다."[27] 대학별 다락방들을 운영했고, 옥한흠은 직접 각 대학 다락방을 순례하기도 했다.

이렇게 대학부를 맡자마자 열정적으로 제자훈련 사역을 전개해 나갈 수 있었던 배경에는 짧은 기간이었지만 나름대로 왜 기성 교회의 대학부 사역은 쇠퇴해 가고 있는지, 반면에 어떻게 해서 선교 단체는 부흥하는지를 분석한 결과였다. 옥한흠은 교회 밖 선교 단체 안에 좋은 점이 있다면 기성 교회 대학부의 문제를 해결하기 위해 당연히 배워 와야 한다는 당위성을 누구보다도 확신하고 있었다. 이렇게 숙고할 수밖에 없었던 당시의 심정을 그는 이렇게 표현했다.

나는 깊은 고민에 빠졌다. 이러다가는 교회에서 젊은이들 씨가 마르겠다는 위기의식과 더불어 주님의 교회가 청년들에게 외면당해야 한다는 현실에 눈물이 다 나왔다. 깊은 고민 끝에 나는 햇병아리 전도사로서는 가히 교회적, 신학적 코페르니쿠스의 전환이랄 수 있는 일대 선언을 내놓았다. 지금도 그때 그런 용기가 어디서 나왔는지 잘 모르겠지만, 아무튼 '옥 전도사가 교회를 젊은 애들 딴따라 판으로 만들려고 한다'는 치명적인 비난도 감수하리라는 결심을 세웠던 것으로 기억한다. 나는 당시 교회 젊은이 사역의 문제점과 바람직한 대안을 제시하고 그 방향으로 젊은이 사역에 승부수를 띄우기로 작심했다.[28]

그 당시 옥한흠이 분석한 젊은이 사역의 문제점과 체질 개선 방향은 다음과 같았다.

문제점	개선 방향
교리 강조	복음 강조
예배 형식의 모임	교제 형식의 모임
지도자 중심	구성원 중심
대그룹	소그룹
일방통행식 전달	쌍방통행식 전달
조직적 관계	유기적 관계
행사 위주	양육 위주[29]

옥한흠이 대학부 사역을 개선할 수 있는 방안을 마련할 수 있었던 것

은 어린 시절부터 좋은 교회에 대한 꿈을 이루기 위해 부단히 노력해 왔던 그의 지속적인 숙고와 하나님께서 주신 참 교회에 대한 깨달음의 결과였다. 그는 당시의 감격을 이렇게 표현했다.

그랬다. 부흥의 열쇠는 다른 데 있지 않고 바로 위와 같은 성경적 교회 구조에 있음을 깨닫게 되었다. 학생들에게 복음을 강력하고 선명하게 제시하고 알뜰살뜰 양육하며 비전을 심어 주기보다 축구 대회 한다, 등산한다 해서 행사 일변도로 나갔을 뿐 하나님나라에 대한 꿈을 심어 주지 못했던 것이다. 그런데 밖의 선교 단체에 가보면 비전을 제시해 주고 꿈을 보여 주니 학생들이 몰릴 수밖에 없었다. 그 사실을 발견하고 나자 나는 무릎을 치며 감탄했다. '아, 이거였구나. 그래서 젊은 애들이 빠져나갔구나.'[30]

이런 깨달음이 있었기에 그 각성의 가치가 기성 교회의 허술한 부분을 보완할 수 있다는 신념과 확신 속에서 대학부 사역 초기부터 선교 단체의 장점을 교회로 접목하는 일에 매진할 수 있는 열정이 넘쳐 났던 것이다. 이러한 열심뿐만 아니라, 옥한흠은 그러한 깨달음을 사역에 효과적으로 적용할 수 있는 자세도 겸비하고 있었다. 방선기가 데려온 다섯 명의 학생부터 제자훈련에 돌입하면서, 옥한흠은 "내게 부족한 모습이 보일 때 너희들이 가르쳐 달라"는 부탁을 하면서 시작부터 집중적인 훈련에 들어갔다.[31]

그 강도가 어느 정도였냐 하면 공휴일이란 공휴일, 학교에 안 가는 토요일이란 토요일은 전부 활용하여 그들을 규합하고 모이기에 힘쓸 정도였다. 모든 사생활은 중단되었고 툭하면 모두 기도원에 올라가 기도하고 성경 공부하며 지냈다. 여름에는 일주일이란 시간을 내서 합숙하기도 했다.[32]

이런 노력의 결과, 훈련받은 초기의 학생들은 나중에 대학부의 리더 역할을 훌륭하게 감당했고, 그들로 인해 성도교회 대학부가 일어나게 되었다. 그들이 먼저 구원의 기쁨을 맛보고 말씀의 능력을 체험하고 나자, 계속적으로 대학부 인원이 늘어 갈 수밖에 없었다. 그들은 캠퍼스에 가서 확신 속에서 전도에 힘썼다. 일단 전도 대상자들이 초대되고 나면, 그들도 모임 가운데 변화받는 역사가 속출했다. 한 사람의 진정한 변화는 또 다른 사람들의 변화로 이어지는 제자훈련 사역의 결실을 목격했다. 이렇게 사역자의 자세와 열정에 탄복한 젊은이들은 제자훈련을 하는 데 얼마나 진지하고 열심을 냈는지, 그 열기와 진지함은 그 당시나 그 후에도 생전의 옥한흠에게 항상 손에 잡힐 듯 떠올랐다.[33]

옥한흠은 교회 안에서 대학생들을 철저하고 혹독하게 훈련시켰다. 그래서 그 당시 "대학부에 들어가면 죽는다"는 소문이 났으며, 학생들은 옥한흠을 "옥악돌"이라고 부를 정도였다.[34] 그러나 그런 소문의 배후에는 그만큼 대학부에 들어가면 신앙인으로서 성숙한 훈련을 받을 수 있다는 신뢰감이 깔려 있었던 것도 사실이다. 이런 분위기 속에서 매년 방학 때마다 갖곤 했던 대학부 수련회는 은혜의 도가니였다. 인도하는 사역자부터 철저하고 체계적으로 준비했으며, 매번 말씀의 은혜가 충만했고 회개의 눈물과 함께 기쁨의 눈물이 흘러넘치는 그야말로 "눈물의 수련회"였다. 옥한흠은 수련회를 위해 금식 기도로 준비했고, 제자들은 그런 스승의 성실한 준비와 헌신과 희생에 매번 감동했다. 그리고 제자들에게 전하는 내용을 옥한흠 자신이 먼저 실천하고 가르치며 전했기에 감동은 배가되었다. 그 당시 학생이었던 박승빈과 김정숙은 이렇게 회고한다. "옥 목사님은 본인이 안 하신 것을 우리에게 하라고 하신 적이 없었다. 직접 우리에게 역할 모델이 되어 열정적으로 헌신하며 모든 일을 진행했고, 스스로 하나님의 제단 앞에서 은혜받은 것을 우리에게 전하셨기에 무엇을 배우고 들어도 은혜가 100% 가슴속 깊이 전해졌다."[35] 다른 제자들도 이구동성으로 이렇게 말한다. 그들의 스승은 "훈련은 강하게 했지만, 권위적이지 않고 열려 있으며 다가가기 쉬운 따뜻한 분"이었고, "당시 학생들에게 작은 거 하나라도 발견하면 신경 써서 격려"해 주셨기에 크고도 긴 영향이 가능했다고 말이다.[36]

　방선기에 의하면, 옥한흠의 신앙 훈련은 기본적으로 성경적이며 복음적이었으며, 동시에 젊은이들을 끌어들이는 매력도 있었다. 지속적으로 성경을 암송하고 경건의 시간을 갖도록 독려했고, 그 과정을 끝낸 청년들을 예수 그리스도의 제자로 임명하면서 "크루세이드 넘버"를 부여했다. 그 번호를 받는 의식은 당시의 성도교회 대학부에서는 큰 의미가 있었다. 방선기로부터 시작된 번호의 숫자는 점점 커져 갔다. 기수별 제자훈련을 받고 이 넘버를 받는 것은 마치 "제자도의 트레이드마크"처럼 여겨졌다.[37] 실제적인 제자의 삶을 살도록 하기 위한 매우 효과적인 방법이었다. 단순히 교회 안에서의 제자에 국한

되는 것이 아니라, "교회 안의 울타리를 벗어나 세상에 나가 영향력을 끼치면서 살아야 한다고 꿈"을 심어 주어 제자들에게 일평생 삶의 화두로 삼게 해 주었다.[38] 십자군이 아닌 십자가, 곧 보혈의 능력으로 세상을 변혁시키는 그리스도의 제자로 양육하여 세상으로 파송하는 거룩한 의식이었다. 그들은 2천 년 전 예수 그리스도의 제자들이 세상을 바꾸고 로마 제국을 복음으로 전도하며 변화시켜 나갔듯이, 그러한 삶을 흠모하면서 대학 생활을 보냈다. 성도교회 대학부는 초대교회 신앙 공동체처럼 모이기를 힘썼다. 신앙뿐만 아니라 삶도 나눌 수 있는 격의 없는 공동체 생활로 이어졌다. 대학부 모임 시간이 그리워 도시락을 몇 개씩 싸 들고 올 정도로 그 모임에 푹 빠져들었다. 리더들은 자신의 것 외에 새신자와 초신자들을 위해 도시락을 한두 개씩 더 준비해 왔고, 한인권은 쌀 두 되 분량의 주먹밥을 가져와서 나눠 주며 제자행군弟子行軍을 위한 양식을 제공하기도 했다. 당시 주위의 사람들이나 대학부 청년들은 어떻게 저렇게 도시락까지 싸 갖고 와서 하루 종일 집에도 안 가고 신앙 훈련을 받느냐고 놀라워할 만큼 성도교회 대학부는 뜨거운 영적 부흥을 경험하고 있었다.[39]

제자훈련 프로그램을 흔쾌히 받아들여 기성 교회 대학부 사역의 일대 변화를 적극적으로 시도한 옥한흠의 열린 태도는 교회 안의 젊은이들을 살리기 위해서라면 무슨 일이든지 하겠다는 그의 열정과 비전이 있었기에 가능한 일이었다. "그리스도를 알고 그를 알게 하라"는 기본 목표로 세워진 네비게이토 선교회는 20세기 초반 예수님의 전도 대사명Great Commission, 마 28:18-20을 읽다가 크게 깨달은 도슨 트로트맨Dawson Trotman에 의해 설립되었다. 트로트맨은 복음주의 선교 기관은 물론이고 기성 교회에까지 제자화 운동을 강하게 일으켰다. 그리스도께서 분부하신 제자를 만들라는 말씀은 단순히 전도하고 땅끝까지 복음을 전하는 것 이상의 의미가 있다는 사실을 깨달은 트로트맨의 정신은 미국뿐만 아니라 전 세계적으로 기독교계 전반에 많은 영향을 끼쳤다.[40]

옥한흠의 혜안은 사람을 찾고 만나 키우는 일뿐만 아니라, 청년 및 대학부 사역의 틀을 새롭게 갱신하는 데에도 영향력을 발휘했다. 그는 방선기가 가져온 네비게이토 성경 공부 교재들을 분석하면서 매우 값진 사실을 깨닫게 되었으며, 그것을 자신의 사역에 효과적으로 적용했다. 소위 "parachurch의 in church화"(선교 단체의 장점을 교회에 접목한다는 뜻으로 만들었던 슬로건)라는 모토를 내세우고 밤낮없이 매달렸다. 그는 이러한 새로운 틀 위에서 대학생들에게 제자훈련을 본격적으로 시키기 시작했다.[41] 이렇게 해서 기성 교회에는 그 기운이 약했던 "복음, 훈련, 그리고 비전"이라는 영적 물줄기가 성도교회의 대학부로 흘러 들어오는 계기가 되었다. 또한 옥한흠의 사역을 통해서, 십자가와 복음이 젊은이들의 가슴속에서 살아나고 있었다. 그는 성경 공부를 하면서 사람들을 양육했으며, 세상에서 하나님나라의 비전을 갖고 살아가도록 그들에게 비전을 심어 주었다.

옥한흠의 성도교회 대학부 사역에는 소위 "5인방"이라고 불리는 방선기, 한인권, 박성남, 박성수, 그리고 한정국의 역할이 매우 중요한 기반이 되었다. 모이는 숫자는 점차 늘어 갔다. 김희보 목사가 총신으로 떠나면서 그가 살던 사택이 비었을 때, 그곳은 학생들이 함께 공부하고 제자훈련을 받으면서 탄탄한 대학부 구성원들의 신앙과 관계를 형성하는 센터가 되었다. 토요일에는 리더들 훈련을 집중적으로 실시했다. 각 조의 성경 공부를 인도하기 전에 옥한흠은 대학생 리더들의 생활 전반을 점검했다. 친구들과의 관계, 경건 생활, 전도 등은 물론이고 심지어 학교 성적도 점검 대상이었다. 이런 훈련을 받은 리더들은 주일 예배 후 대학부 훈련 모임을 자발적으로 인도하는 임무를 맡았다. 옥한흠은 광고만 하고 설교도 리더들에게 위임했다. 그러나 대학부가 급속도로 성장하고 발전해 가면서 1974년 5기 제자훈련부터는 본인이 직접 나서기 시작했다.[42] 이런 성도교회의 대학부는 날로 성장해 갔고, 서울 장안의 여러 교회의 주목 대상이 되었다.

1970년부터 옥한흠이 유학 떠나는 해인 1975년까지, 성도교회 대학부 사역은 그야말로 제자훈련 목회의 교두보가 마련되는 시기였다. 제자훈련이라고 해서 가르치고 배우는 데에만 열중했던 것은 아니었다. 철저하고도 지속적인 제자훈련과 함께 옥한흠은 공휴일이나 여름방학과 겨울방학을 이용해 1년에 두 번에 걸친 수련회를 직접 인도했다. 공휴일에는 일일 기도회나 수련회를 열어서 학생들을 데리고 가서 은혜 받게 하고, 제자훈련에 전력을 기울였다.[43] 수련회를 통해서 함께 기도하고, 말씀을 깊이 인식하고 말씀의 위력 앞에 전 인격이 녹아지면서 제자훈련의 생동력은 더욱 강화되었다.

수련회 때마다 선포되는 옥한흠의 열정적인 메시지는 제자들에게 "삶의 방향을 제시해 준 생명의 말씀들"로, 그들의 삶의 중심축을 "나 중심에서 예수 중심으로의 변화된 삶"을 살게 한 원동력이 되었다. 대학생들은 말씀을 듣고 구원의 은혜를 체험하며 깊은 회개의 눈물을 펑펑 흘렸다. 이 시기에 성도교회 대학부를 통해서 각자 은사대로 꿈

과 비전을 키우며 하나님의 영광을 위해 살고자 하는 작은 예수들의 행진이 시작되었다.44

제자훈련의 순조로운 적용과 열매의 배후에는 전적으로 하나님의 주권을 믿으면서도, 자신의 역할에 최선을 다해 준비하고 애쓰는 옥한흠의 신실한 자세가 있었다. 매사에 철저하면서도 성실함으로 일관성 있게 준비하는 자세, 그리고 모든 노력을 다한 후 하나님께 전폭적으로 기도하며 의지하며 진행된 제자훈련과 수련회는 엄청난 영적 영향력을 발휘할 수밖에 없었다. 수련회는 젊은 영혼들을 주님의 심장으로 전율시켜 참 제자로 이 땅에 살아갈 수 있는 생동감과 역동성을 제공해 주었다. 수련회 때에는 "헌신"이 많이 강조되었고, "예수 그리스도의 주 되심Lordship"과 "하나님나라에 대한 꿈"을 키우는 것 등이 주된 주제로 다루어졌다.45 옥한흠은 지적으로 탁월했지만, 제자들과 주위 사람들에게 감동을 주었던 것은 매사에 끊임없이 배우고 노력하며 자기 개발에 최선을 다했던 모습이었다.

옥한흠은 언제나 두 가지 준비에서 균형을 이루었다. 인간이 해야 할 준비와 하나님 안에서의 준비, 곧 기도를 철저하게 실천했다. 이처럼 잘 준비된 대학부 수련회나 집회에서는 언제나 영적 부흥이 따랐다. 그 부흥의 기준은 숫자가 아닌 회개와 헌신이었고, 사람이 바뀌는 기적이었다.

옥한흠은 성도교회 대학부에서의 마지막 수련회에서 "좌행참坐行懺"이라는 주제로 말씀을 전했는데, "예수 안에 앉고坐, 예수와 함께 동행行하여, 예수와 함께 대적懺하는 것이 성도의 삶임을 논리정연하게 제시했다." 그는 주로 에베소서를 강해 설교하면서 캠퍼스 선교Campus

Ministry, 비즈니스 선교Business Ministry 그리고 세계 선교World Mission라는 "3M 비전"도 명확히 제시했다. 그리스도 안에 먼저 앉고, 일어나 캠퍼스와 직장에서 세계 비전을 품고 그리스도인으로 나아가 영적 적들과 맞서 싸우라는 강력한 메시지를 전달했다. 이것은 제자들의 마음에 깊이 각인되었다.[46] 이렇게 옥한흠의 성도교회 대학부 사역은 깊이 있는 성경의 진리에 대한 효과적인 전달, 본질적인 기독교 교리에 대한 체계적 교육, 그리고 교회뿐만 아니라 사회 속에서도 그리스도의 참 제자의 삶을 살아갈 수 있는 균형 감각을 제공하는 데 집중되었다.

1970년대 젊은 지성인들은 한국 기독교인들에 대하여 상당히 비판적이었다. 김병재도 "당시 젊은이들의 눈에 비친 기독교인들의 모습은 독재 정권에 머리를 조아려 부귀영화나 권력의 부스러기를 얻으려는 부류가 아니면, 늙고 힘없는 사회의 패잔병들을 한군데 모아 예수천당 불신지옥을 부르짖으며 세상을 등진 채 살아가는 부류가 대부분이었다"라고 술회했다.[47] 그런데 옥한흠은 제자훈련을 통하여 각자의 은사에 따른 꿈과 비전을 기르게 함으로써 교회뿐만 아니라 사회를 변혁할 수 있는 그리스도의 참 제자도의 길을 제시해 주었다. 이렇게 지도자 한 사람의 혜안을 통해서 기독교에 대한 긍정적이고 대안적인 이미지가 심겨졌고, 많은 청년들이 그들의 발길을 교회로 돌리게 되었다. 또한 당시 대학가의 상황이 정의감에 불타 데모하는 운동권으로 휩쓸리기 쉬웠는데, 어려운 상황에 놓여 있던 대학생들은 옥한흠의 지도와 인도로 교회와 사회를 향해 균형 있는 자세를 취하게 되었고 성숙한 신앙의 길로 들어설 수 있었다.

유신체제로 인해 많은 갈등과 혼란이 야기되었던 1970년대에 옥한흠은 대학생들에게 철저하고도 체계적인 제자훈련과 함께 감동적인 강해 설교를 통해 성경적인 관점에서 당시의 세상을 볼 수 있는 안목을 열어 주었다. 이로써 옥한흠의 강해 설교는 이미 성도교회 대학부 사역 때부터 시작된 중요한 사역 기반이었음을 확인할 수 있다. 시편, 요나서, 요한복음, 로마서, 그리고 요한일서 강해 설교는 많은 청년들에게 시대의 고민들을 성경을 통해 풀어 주었고, 교회가 무엇인지를 확연하게 깨닫도록 인도해 주었다.[48] 당시 옥한흠의 강해 설교는 듣는 청년들로 하여금 세상과 분리하게 만드는 것이 아니라, 오히려 세상 속의 제자로 더욱 다가가게 하는 징검다리 역할을 감당했다. 이 시기에 특강 강사로 옥한흠에게 초빙되어 강연을 한 적이 있는 손봉호 박사도 당시 성도교회 대학부가 이원론을 극복한 아주 독특한 분위기였다고 술회했다.[49]

그러나 옥한흠의 제자훈련 중심 사역으로 성도교회 대학부가 날로 성장했지만, 일부 토박이 교인들과 청년들은 불만을 토로했다. 새로운 변화에 거부감이 많았던 사람들에게서 나온 불평이었다. 또한 명문대 출신들이 환영받는 대학부에서, 오래전부터 교회에 출석하고는 있었지만 그러한 조건을 갖추지 못했던 젊은이들은 제자훈련에 적응하지 못하고 하나둘 빠져나가는 일도 있었다. 그리고 옥한흠에게도 일종의 엘리트 의식이 있어서 그 부분에 마음이 상한 청년들도 있었다. 그래서인지는 몰라도, 옥한흠이 사역했던 기간 동안 대학부 회장들은 거의 다 서울대 출신이었고, 명문대 출신이 80퍼센트를 차지했으며, 대학부 내에 갈등도 있었다. 교회에 다니고 사역에 열중하면서 학교 공부를 등한시하는 것을 질책했던 옥한흠이었지만, 일종의 엘리트들을 선호했던 성향이 있었음도 부인할 수는 없다. 그리스도인은 모든 영역에서 최선의 삶을 살아야 한다는 그의 지론은 두말할 나위 없이 옳은 말이었다. 하지만 당시에 그런 조건을 구비하면서 신앙생활을 했던 젊은이들이 매우 적었던 상황임을 생각할 때, 그러한 태도는 비판의 여지가 있었다. 그래서 한때는 서울대에 재학 중이었던 방선기가 나서서 성도교회 대학부에서 학교 배지를 옷에 달고 오지 말자는 캠페인을 벌인 적도 있었다.[50]

옥한흠이 부임한 지 얼마 지나지 않은 1972년, 김희보 목사가 총신의 학장직을 수행하기 위해 성도교회 담임 목사직을 사임하면서 김성환 목사가 부임했다. 옥한흠으로서는 영적 멘토라고 할 수 있는 김성환 목사를 다시 만나게 된 좋은 기회였다. 옥한흠이 성도교회에서 만난 담임 목사 두 사람은 그의 "목회적 토양을 다져 준 분들"이었다.[51] 김희보 목사는 총신에서 가르치면서도 차분하고 부드럽게 목양에 임했던 사람이다. 총신대 학장이 되기 전 2년 동안 전도사 옥한흠을 데리고 심방을 다니면서 희생적인 목자의 자세를 가르쳐 주었다. 옥한흠도 그의 자서전에서 "김희보 목사님이 어머니처럼 자상하게 가르쳐 준 분이라면, 김성환 목사님은 내가 힘껏 일할 수 있는 분위기를 만들어 준 아버지 같은 분이었다"고 회고했다.[52] 그런 면에서 옥한흠이 성도교회 대학부를 통해서 제자훈련을 본격적으로 시도하고 한국 교회에 그 의미를 각인시킬 수 있었던 배경에는, 새로운 시도를 하도록 신뢰하고 후원해 주었던 훌륭한 담임 목회자들과 자신의 가르침을 잘 이해하고 수용하며 실천할 수 있었던 제자들이 있었기 때문에 가능한 일이었다.

옥한흠은 분주하게 성도교회 대학부 사역을 감당하던 가운데, 1972년에 대한예수교장로회(합동) 수도노회에서 34세의 나이로 목사 안수를 받았다. 안수를 받은 이후, 옥한흠은 그냥 목사가 아니라, 교회의 목사, 그리고 성도들의 목사임을 분명히 자각하기 시작했다. 이상적인 교회, 교회다운 교회, 그리고 성경적인 교회상敎會像을 실현하기 위해 몸부림치며 안수받은 옥한흠은 "목사는 자율적인 소명이 아니었다. 목사는 하나님과 나 둘이서만 협상한 소명이 아니었다. 거기에는 회중이라고 하는 제3자가 있었다"는 유진 피터슨의 말에 전적으로 동감했을 것이다.[53]

그리고 1974년 9월에 3남 옥성수가 태어났다. 이제 아들이 세 명이 되어 돌봐야 할 식구가 더 늘었다. 안수받은 후 그의 사역은 부목사로서 심방을 비롯한 다양한 목회에 동참하면서 대학부 사역까지 맡았기에, 공휴일 하루도 제대로 쉬지 못하고 세 아들과 함께할 시간도 갖지 못한 채 제자훈련 목회에만 몰입했다. 이때 그는 그의 아내에게서 "제발 좀 적당히 하세요"라는 말을 자주 들을 만큼 사역에 미쳐 있었다.[54] 이렇게 대학생들과 함께 바쁘게 제자훈련 사역에 몰입하고 있을 때, 옥한흠의 부모가 모처럼 서울에 살고 있는 아들 집을 방문했다. 그때 아들 내외와 손자들을 바라보는 노부부의 눈망울 속에는 회한과 함께 존경의 정情이 깊게 담겨 있었다. 오랜만에 부모가 시골에서 올라오셨다는 소식을 듣고 헐레벌떡 사택으로 달려오는 아들의 모습이 시야에 나타나자, 부친은 고개를 숙이며 아들을 향해 그러한 감정을 자신도 모르게 드러냈다. 옥한흠은 목격하지 못했지만, 그의 아내는 시아버지의 모습을 보면서 어린 시절 그토록 공부하겠다는 아들을 집안일을 돕지 않는다고 핍박했던 자신의 잘못에 대한 뉘우침과 동시에, 그런 가운데서도 꿋꿋하게 공부해서 서울에서 목사가 되어 사역하는 아들의 모습이 너무도 자랑스러운 마음의 표현이 아닐까 생각했다고 한다.[55]

교회 속의 제자, 세상 속의 제자

옥한흠은 젊은 대학생들에게 당시의 교회에서는 그리 흔하게 회자膾炙되지 않았던 프란시스 쉐퍼 등의 기독교 세계관을 언급하면서, 이원론적 입장에서 이 세상을 바라볼 것이 아니라 모든 영역에 미치고 있는 하나님의 주권을 인식하면서 이 세상에서 문화변혁자로 살아갈 것을 촉구했다. 당시 한국 교회 대학부에서 이러한 내용으로 청년들을 가르치고 제자훈련 목회를 시도한 것은 매우 선구적인 일이었다.

성도교회 대학부 모임에 처음 참석한 사람에게는 "너무 학구적이고 생각을 많이 하게 만드는 예사롭지 않은 모임"이었지만, 시간이 지나면서 예수 그리스도의 복음의 본질을 깊이 이해하고 세상 속에서 자신의 소명이 무엇인지를 깨닫게 하는 묘미가 있었다. 또한 그러한 소명의 확신은 가슴속에서 억제할 수 없는 헌신의 열기로 뿜어져 나왔다. 옥한흠은 삶과 문화 전반에 이원론적 사고방식에 매여 있지 않았고, "유연하고 자유함"이 있었다. 제자들이 만나러 가면 결코 어떤 벽도 두지 않았고, 유머 감각도 탁월했으며 격의 없이 제자들과 대화하며 교제의 폭을 넓혀 갔다. 옥한흠의 인간적인 매력은 남학생들에게 더 큰 호응을 받았다. 그는 제자들에게 이 세상과 역사를 하나님나라의 관점에서 볼 수 있는 안목을 제공했다. 이러한 결과, 제자 중 한 사람인 김대일은 대학생 시절에 2년 동안 연구하여 성경과 세계 역사를 연결시킨 "성경족보"라는 책자를 만들었다. 그가 만든 독특한 성경족보는 주위의 친구들에게 놀라움의 대상이 되었을 뿐만 아니라, 많은 교인과 신학생들도 참고할 수 있는 성경 역사에 대한 귀한 통찰력을 제공했다.[56]

이런 안목을 갖출 수 있었던 것은 옥한흠이 신학교 시절에 배웠던 개혁 신학의 영향과 그가 탐닉했던 쉐퍼를 비롯한 개혁주의적 변증가들의 저서들을 통해서였다. 사도 바울이 로마서 12장과 고린도후서 10장에서 강조했듯이, 모든 생각을 그리스도께 복종시키며 마음을 새롭게 하고 변화를 받아 하나님의 온전하신 뜻을 분별하지 않는 그리스도인의 삶은 뿌리가 없는 삶이 되고 만다. 우리 삶의 모든 영역은 그리스도의 주권하에 있음을 확신했기에, 옥한흠은 제자훈련이 단순히 성경의 지식을 전달하고informational, 신앙의 공동체를 형성하는 formational 차원에만 머물 것이 아니라, 우리의 모든 삶의 모든 영역이 변혁되어야transformational 함을 직시하고 있었다.[57] 다시 말하면, 옥한흠은 그의 제자훈련 초기 사역부터 "그리스도의 주 되심the Lordship of Christ"의 터 위에서 구축해 나가기 시작했다. 옥한흠은 그리스도와 문화Christ and Culture 사이의 긴장 속에서 변혁을 추구해야 하는 삶이 성경적이고 개혁 신앙에 부합한 원리라고 확신했다. 이러한 그의 전제는 대학부 사역뿐만 아니라, 훗날 사랑의교회 목회 사역에서 폭을 확대하여 사회적 관심을 갖고 펼칠 사역의 장을 예시하는 것이었다.

바로 이 시기에 옥한흠이 성도교회 대학부 사역에 매진하면서도 자신이 읽은 기독교 양서들에 대한 서평을 「신학지남」에 꾸준히 기고 했다는 사실을 주목할 필요가 있다. 프란시스 쉐퍼의 『살아계시는 하나님』에 대한 서평과 함께 이 책을 추천하면서 기독교인들이 현대 문화를 소상하게 이해해야 할 뿐만 아니라, 기독교 신앙을 효과적으로 변증할 수 있는 안목을 배울 것을 촉구했다. 그리고 그가 지도하던 젊은 대학생들에게 그러한 정신을 확고히 심어 주었다. 또한 옥한흠은 이 시기에 성경 계시의 구속사적 통일성을 인식하면서 성경신학의 중요성을 강조하는 저서들을 읽었다. 그는 다양한 신학적 양서들을 정독해 가며 성경 자체가 말해 주는 역사적인 질서에 근거한 복음주의적 신학의 맥을 정확히 파악했고, 성경 전체의 계시적 흐름에 대한 안목이 얼마나 중요한지를 터득하고 있었다. 옥한흠은 그러한 치열한 독서를 통해서 성경 속의 하나님의 계시와 세상 속의 성도의 삶을 융합시켜 갈 수 있는 고민과 방안을 젊은이들과 모색했다. 그의 신학 공부나 사역 속에는 현재의 상태에 안주하지 않고, 끊임없이 자기 개혁과 갱신을 추구하는 추진력이 움직이고 있었다. 대학생들을 대상으로 사역하면서, 기존의 방법인 주입식이나 일방적 강의, 그리고 훈계식의 교육은 이미 젊은 세대들에게 효과가 없다는 것을 실감하고, 그들이 스스로 연구하고 검토하며 문제점을 충분히 파악하고 스스로 해결점을 찾아가도록 자율적이고 혁신적인 성경 공부 방법을 과감하게 시행했다. 이것이 바로 그가 강조했던 귀납법식 성경 공부였다.

    옥한흠은 그가 지도하던 학생들에게 신앙생활뿐만 아니라, 학교 공부도 열심히 해야 한다고 수도 없이 강조했다. 학교에서 공부도 잘해야 학원 사역이 가능하고, 직장에서도 남보다 모범적이고 탁월해야 복음의 진보에 필수적임을 가르쳤다. 또한 그는 직업에 대한 성속 이원론을 극복하고, "일반 직업도 목회와 똑같은 성직이라는 것"을 대학생들에게 일깨워 주었다.[58] 학교와 직장, 그리고 세계를 일관성 있게 바라보며 각자의 삶을 준비할 수 있는 안목을 길러 주면서 선교적 비전을 심어 주었다. 그래서 신앙 좋은 청년들이 목회의 길로만 들어설 것이 아니라, 지성적인 평신도 지도자로서 정치, 사회 및 경제 등 각 분야에서 기독교 소명 의식을 구현해 가도록 그들을 독려하고 훈련했다. 이러한 비전이 그들 "모두에게 인생의 방향을 잡는 기준이 되었다." 옥한흠은 사랑하는 제자들에게 현재적 삶을 성실하고 철저하게 살아갈 뿐만 아니라, 미래적 삶도 미리 바라보며 준비할 수 있는 안목도 뜨게 해 주었다. "학생 때에는 캠퍼스에서 공부하며 사역하고, 직장에 가서는 직장인으로 일하면서 사역을 하고, 그것을 기반으로 세계 선교를 하자는 것이었다. 어린 대학생들에게는 정말 '꿈같은 꿈'이었다."[59] 방선기에게 이러한 깨달음은 옥한흠의 가르침 가운데 "가장 인상적인 것"으로 기억되고 있다. 옥한흠은 당장 목전의 것만 본 것이 아니라, 그의 제자들을 통해 이루어질 미래를 이미 내다보고 있었기 때문에 그러한 교훈을 사랑하는 제자들에게 줄 수 있었다. 옥한흠을 통해 심겨진 선교적 비전은 결국 제자훈련을 통해 담금질되면서, 다양한 삶의 현장에서 아름다운 결실로 드러나기 시작했다. 오랜 세월이 흐른 뒤 방선기는 "우리 친구들의 현재의 모습을 보면 바로 그 비전이 구체적으로 열매를 맺은 것 같다"며 그의 스승 옥한흠의 가르침과 혜안에 동감한다.[60]

　모든 영역에서 하나님께 영광을 드리는 삶을 살아야 한다고 가르쳤던 옥한흠이었기에, 제자들 중에서 신학을 하겠다는 신앙적 열정을 품은 자들을 오히려 가로막고 자신의 영역에서 하나님께 영광 돌리는 삶을 살도록 권면했다. 일례로, 제자훈련을 받던 대학생 가운데 서울대 의대에 재학 중이던 한인권이 의대를 그만두고 신학교에 진학하겠다는 것을, 옥한흠은 심하게 꾸짖어 계속 의학 공부에 전념하도록 했다. 다양한 직장과 사업을 통해서 하나님나라를 이 땅에 구현해 나가고자 독려하는 스승의 비전과 가르침에 대학생들의 변화와 성숙이 뒤따랐다. 훈련을 통해 변화된 청년들의 삶의 파장이 성도교회 대학부를 중심으로 널리 퍼져나갔다.

이때부터 예수 그리스도의 제자 만들기에 미쳐 버린 "광인狂人 옥한흠의 진면목은 양적인 팽창에 있지 않았고, 대학부 청년 한 생명 한 생명을 그와 마찬가지로 예수님에게 미친 사람으로 물들여 가고 변화시켜 낸 데 있다."[61] 옥한흠은 젊은 청년 한 사람 한 사람을 향한 끝없는 관심과 사랑으로 그를 통해 나타난 예수 그리스도의 사랑을 깨닫게 했다. 그리고 주님을 구체적으로 따른다는 것이 무엇이고, 그것이 얼마나 좋은 것인지를 새삼 느끼게 해 주었다. 그의 제자였던 박성남은 이렇게 고백했다.

믿는 집안에서 태어나 교회는 어릴 때부터 다녔지만 주님을 따른다는 것이 무엇인지 구체적으로 몰랐던 나에게 옥 목사님은 주님을 따른다는 것이 얼마나 좋은 것인지, 주님을 위해 산다는 것이 얼마나 흥분되는 것인지, 청년의 때에 주님을 만나 일평생을 주님을 위해 사는 것이 얼마나 중요한지를 보여 주셨다. 그래서 정말 주님을

따르고 싶었다.62

어떻게 보면, 옥한흠의 제자훈련 과정은 단지 개인 경건 훈련이나 교회 생활과 봉사에 적합한 일꾼을 키워 내는 데 역점을 둔 것이 아니라, 성경에 기초를 둔 기독교적 세계관, 좀 더 구체적으로 언급한다면 종교개혁 신앙을 철저하게 계승하는 '개혁주의적reformational' 세계관 운동을 대학생들에게 전개한 것이다.63 그래서 옥한흠은 하나님 앞에 헌신하겠다는 젊은이들이 신학교에 가기보다는 "하나님이 주신 소명을 가볍게 생각하지 말고, 평신도로서 세상 속으로 들어가 영향력을 끼칠 것을 항상 강조"하곤 했다.64

이러한 이유 때문에, 그는 후에 미국 유학을 고려하면서 칼빈 신학교를 염두에 두었을 것이다. 이때부터 그의 마음속에 그려진 제자훈련 목회의 조감도는 단지 평신도 훈련과 교회 성장에 역점을 둔 프로그램이 아니라, 성경적 교회관과 세계관을 토대로 한 일종의 개혁 신앙 운동이었다고 할 수 있다. 그렇기 때문에 수년 뒤, 옥한흠이 미국으로 유학을 떠났어도, 제자훈련을 통해 심어진 기독교 세계관은 그들의 삶에 "나침반이나 약도의 역할"65을 함으로 많은 결실을 맺을 수 있었다.

제자훈련을 철저하게 받은 대학부 청년들 개인뿐만 아니라, 그들의 변화를 통한 파급 효과도 점점 크게 번져 나갔다. 옥한흠은 성경 중심의 제자훈련을 통해서 그들에게 삶에 대한 새로운 관점과 신앙 고백적인 비전을 심어 주었다. 그리스도의 진정한 제자가 되는 길은 그리스도 안에 있는 소망을 굳게 붙잡는 것이었다. 그것은 바울이 말했던 것처럼 "마음을 새롭게 하는"(롬 12:2) 일이며, 삶의 전 영역에서 하나님의 뜻을 분별하기 위해 성경에 비추어 자신의 인생관과 세계관을 점검하고 수정하는 가운데 하나님나라의 비전을 품는 것이다. 제자훈련의 과정과 결과는 구체적이었고, 매우 실제적인 효과로 나타났다.

옥한흠의 제자훈련은 이원론적 세계관을 넘어서서, 개혁주의 세계관의 통합적 관점을 통해 그의 제자들이 살아가는 이 세상과 삶의 모든 영역을 해석할 수 있는 안목을 제공해 주었다. 다시 말해서, 제자훈련은 "은혜가 자연을 회복한다"는 통찰력을 그들에게 부여했다.[66] 예수 그리스도 안에서 성취된 구속이란 우리의 개인적 구원의 차원에만 머무는 것이 아니라, 원래의 선한 창조의 회복도 의미한다. 옥한흠은 구속의 의미를 각성시켜 모든 영역에서 하나님의 창조 질서와 의도를 그리스도를 통해 구속받은 성도들이 수행해야 할 의무가 있음을 깊게 각인시켰다.

옥한흠은 사역 초기부터 노동의 신성함과 다양한 직업이 갖고 있는 의미와 소명 의식을 강조했다. 직업에는 귀천이 없으며, "누구나 분명히 소명을 받아서 확신을 갖고 거기서 행복을 찾으면 그것은 귀한 직업"이라는 의식이 강했다. 그는 "또한 하나님의 영광을 위한 직업이면 귀한 직업"이라고 생각했다. 그래서 귀한 직업을 갖고 살아간다는 것은 그 사람에게 있어 "대단한 생의 의미"를 갖게 하는 것이다. 직업이 갖는 중요한 의미는 첫째는 "생활 수단"이고, 둘째는 "사회 참여의 수단"이다. 셋째는 "성도에게 있어서 직업은 하나님의 뜻을 실천하는 기회"일 뿐만 아니라, "세상에서 행복을 추구하기 위한 수단"이다.[67] 그러므로 예수 그리스도의 제자라면 교회 안에서뿐만 아니라, 교회

밖에서도 다양한 귀한 직업을 통해서 하나님의 일을 하며 제자로서의 삶을 영위해야 한다. 그는 직장이 선교 터전이 될 수 있다는 신념을 갖고 제자들을 양육했다.

옥한흠이 어린 시절부터 오랫동안 신앙 교육을 받아 온 교회의 신앙 풍토는 이원론적 세계관의 영향이 컸다. 그러나 옥한흠은 나름대로 신학적 사고를 성숙히 발전시켜 가면서 기독교 세계관으로 그러한 약점을 극복한 뒤, "이원론적 사고방식"에 대한 비판적 인식이 강해졌다. 그는 성직과 세상 직업을 지나치게 구분하는 "직업에 대한 이원론적 사고방식"을 극복해야 함을 절실히 느꼈다. 그의 판단에 의하면, 한국 교회는 많은 사람을 신학교에 보냈지만, "사회 요소요소에서 건전한 직업을 가지고 하나님께 영광을 돌리는 참다운 직업인을 배출하는 데는 실패"했다.[68] 이러한 까닭에 대학부 사역을 통해서 3M 선교 정신을 제자들에게 불어넣고자 안간힘을 썼던 것이다.

이렇게 단 한 명으로 시작된 성도교회 대학부는 얼마 지나지 않아 재적 350명에 매주 200여 명이 출석하는 괄목할 만한 성장을 이루었다. 제자훈련을 받은 대학생들이 자기들의 모임에만 열중한 것은 아니었다. 그들은 성도교회 내 중등부 교사로도 활동하면서, 후배 학생들을 성경 공부를 통해 양육하는 일에 열정을 기울였다.[69] 대학생 선교 기관의 장점을 기성 교회 내로 끌어들여 귀한 열매를 맺기까지, 처음부터 제자훈련을 교회 중심으로, 그리고 교회 안에서 접목하고 실시한 모습을 발견할 수 있다. 그뿐만 아니라, 옥한흠은 대학부 사역을 통해서 젊은이들에게 그 시대를 읽을 수 있는 안목을 제공했고, 교회 밖의 세상을 볼 수 있는 시야를 열어 주었으며, 현재뿐만 아니라 미래도 볼 수 있는 "꿈의 폭을 넓혀 주었다." 그래서 그들은 "교회 가는 것이 제일 즐거웠다"고 한다.[70] "예수님을 믿는 사람들은 역사를 기록하는 사람들이다. 학교에서나 사회에서든 어느 곳에서나 준비된 사람이어야 한다"는 옥한흠의 가르침은 큰 도전이 되었다. 제자들은 자신들도 준비된 자가 되어 세계 곳곳에서 영향력 있는 그리스도의 제자가 될 뿐만 아니라, 그런 제자들을 배출하고자 하는 꿈을 갖게 되었다.[71] 옥한흠의 제자훈련 비전은 이미 그때 세계를 품고 있었다.

그들은 무엇보다도 예수 그리스도 때문에 좋았고, 복음 때문에 즐거웠다. 그래서 매주 모일 때마다 「주 예수보다 귀한 것은 없네」라는 찬양을 감격스럽게 불렀고, 그들의 입가에는 그리스도 때문에 웃는 웃음꽃이 지는 날이 없었다. 어린 시절 사택에서 이러한 모습을 목격한 옥성호도 "그 사람들을 생각할 때 가장 먼저 떠오르는 모습은 함박웃음"이었고, 아버지의 모습도 "항상 웃는 모습"이었다고 회상했다.[72] 부목사가 살던 사택은 화장실도 들어갈 수 없는 매우 불편하고 협소한 공간이었지만 "여덟 평에 가득했던 행복"을 만끽했던 나날들이었다.[73] 그들은 그야말로 예수 때문에 너무 행복했고 즐거웠다. 결국 제자훈련은 한마디로 예수 때문에 웃고 울고, 예수를 따라가는 일이라고 표현할 수 있다. 이 세상에서의 그 어떤 것도 예수 그리스도를 대신할 수는 없었다. 그들의 삶에 예수 그리스도가 얼마나 귀하고 가치 있는 존재인지를 깨달으며, 예수를 따라가고 닮아 가는 제자의 길에 그들은 즐거이 노래하며 들어섰다. 이 찬송이야말로 "노예들의 합창"이 아닌 "제자들의 합창"이었고, 예수 때문에 자신들의 마음을 비우고 예수로 채우며 천국을 소유했던 "작은 예수들의 찬양"이었다. 그뿐만 아니었다. 예수 그리스도로 인한 감격의 찬양은 자연스럽게 그들을 헌신으로 이끄는 찬송으로 이어졌다. 그들은 예수로의 강한 이끌림에 순종할 뿐이었다. 그래서 그 시절, 그들은 "부름 받아 나선 이 몸"을 매주 만날 때마다 수도 없이 불렀다. 이러한 찬양이 그들의 주제가였다.[74] 그들은 스승과 함께 예수 그리스도에 미친 중독자가 되어 갔다.

  그들은 교회 안에 설치되어 있었던 탁구대에서 시간을 보내며 운동에도 열심이었다. 젊은 대학생들이 옥한흠과 탁구를 칠 때 스승의 강한 승부욕에 놀랐다.[75] 제자훈련을 할 때와 마찬가지로 운동을 할 때도 집착과 열정만큼은 젊은이들 못지않게 패기가 넘쳤다. 그들의 즐거운 교제의 범위는 성경 공부와 제자훈련뿐만 아니라, 수양회를 비롯한 다양한 행사들과 운동 경기를 통해서도 널리 확산되었고, 그들은 그때가 마냥 즐거웠다. 그리고 제자훈련 사역으로 그들에게만 엄청난 변화의 물결이 일기 시작한 것이 아니었다. "훈련 후 제일 먼저 변한 사람은 옥한흠 목사였다. 십자가와 복음이 회복됐고, 하나님나라의 비전을 갖게 됐다. 이때부터 제자훈련에 미쳐 버린 광인狂人 옥한흠의 삶이 시작됐다. 그리고 광인 옥한흠이 되면서부터 불행히도 가족들을 돌보는 일은 소홀하게 됐다. 성도교회에서 5년을 사역하는 동안 사택이 남산 밑에 있었음에도, 한 번도 가족들과 함께 남산에 올라가 본 적이 없었다."[76] 그나마 며칠 되지 않는 공휴일마저 가족들과 보내기보다는 젊은 학생들을 양육하고 변화시키기 위해 기도원으로, 그리고 수양관으로 데리고 다니면서 시간을 보냈다. 제자훈련의 광인 옥한흠은 아내와 아들들과 오붓하게 보낼 시간이 없을 정도로 제자훈련에 철저하게 미쳐 있었다.

바쁜 사역 가운데, 가정과 사역 사이에서 고민했던 옥한흠은 기독교의 독신獨身주의에 대해 부정적 측면으로 바라보기는 했지만, 한편으로는 독신 생활에 합당한 은사를 받은 자들에게 긍정적 측면도 있음을 인정했다. 그는 이렇게 말하기도 했다. "본인의 개인적인 생각으로는 교회 안에 독신의 은사를 받은 사람이 좀 많이 생겼으면 좋겠다. 앞으로 천국 복음이 더 힘 있게 뻗어 나가기 위해서는 이런 은사를 받은 사람들이 많이 필요할 것 같다. 솔직히 말해서 교역자의 신분을 갖고 가정에 매인다는 것이 얼마나 큰 십자가인지 모른다." 옥한흠은 결혼 생활이든 독신 생활이든 하나님의 영광을 위해 합당한 것이면 어느 것이나 다 받을 수 있지만, 지금이야말로 결혼을 희생하고 하나님 나라를 위해 헌신하겠다고 나서는 사람들이 많이 필요한 때라고 역설했다. 그만큼 그는 오늘날 교역자들이나 평신도들이 너무 "세속주의의 흙탕물"에 빠져 있다고 보았고, 제자훈련의 당위성을 매우 심각하게 느끼고 있었다.[77]

이렇게 가정을 희생해 가며 제자훈련에 몰두하는 동안, 성도교회 대학부는 해마다 부흥하여 5년 만에 한국 교회에서 가장 큰 대학부가 되었다. 그들의 모임 속에는 복음에서 솟아나는 감격과 기쁨, 생동감, 그리고 역동성이 꿈틀대고 있었다. 그들은 공간이 좁아 쪼그리고 앉아 모임을 가졌고, 더위와 추위를 쫓아 줄 냉난방 시설도 매우 열악했지만, 도시락을 싸들고 와서 하루 종일 복음을 이야기하고 하나님 나라의 비전을 나누며 즐거워했다. 그리고 성도교회 대학부에 대한 소문은 교회 안팎으로 퍼져 나갔다. 당시 영락교회 대학부도 그만큼 모이지 않았으니, 여러 대형 교회에서 성도교회는 주목 대상이 될 수밖에 없었다. 이렇게 해서 한국 교회에 "제자훈련이라는 물결"이 거세게 몰아치기 시작했다.

여러 교회에서 성도교회 대학부로 견학을 오고 싶어 하자 옥한흠은 회장이었던 방선기를 비롯한 대학부 리더들의 반대에도 불구하고, 주위의 대학부 지도자들을 아예 초청해서 모든 사역의 내용을 공개하기로 했다. 자칫하면 자랑하는 모양새가 될 수 있었기에 반대할 만했겠지만, 옥한흠은 생각이 달랐다. "하나님은 모든 대학부들이 잘되기를 원하시므로 성도교회 대학부가 그 일의 촉매가 되어야 한다는 것이었다. 분명한 도전 앞에 순종했고, 공개 집회는 성공적이었다."[78] 옥한흠은 항상 좋은 것을 다른 이와 나누는 것을 좋아했다. 아마도 이러한 열린 자세는 훗날 사랑의교회를 통해서 더욱 발전된 제자훈련을 국내외 목회자들에게 공개함으로써, 하나님 나라의 비전을 공유할 뿐만 아니라 참된 예수의 제자가 되기 위한 공동의 노력을 기울이는 장場을 마련하는 데 기여했을 것이다. 자신의 사역을 외부에 공개하는 일은 결코 쉽지 않은 일이었지만, 옥한흠은 과감하게 시도했다. 과시가 아니라 그리스도의 복음이 확장되고 동역의 기회를 공유하기 위함이었다. 이러한 모습은 옥한흠이 훗날 "목사들의 목사"와 "한국 교회의 목회자"가 될 수 있는 잠재적 지도력을 소유하고 있었음을 드러낸 일면이다.

성도교회 대학부로의 공개 초청은 많은 교회 청년들과 목회자들에게도 신선한 충격과 도전을 주었다. 이런 제의에 응했던 목회자 중에는 옥한흠보다 훨씬 연배가 높은 내수동교회의 담임이었던 박희천 목사도 있었다. 그는 일정 기간 동안 직접 성도교회 대학부 모임에 참석하여 젊은 영혼들을 깨우기 위해 배워야 할 바를 겸손하게 배운 아름다운 모습을 보여 주었다. 그 결과 내수동교회에 대학부가 본격적으로 시작되었다. 그 뒤를 이어 서현교회, 서울침례교회 대학부 등 좋은 모델들이 배출되었다. 특히 청년 대학생들의 사역을 배우겠다고 젊은 교역자가 사역하는 교회에 직접 찾아갔던 박희천 목사의 지대한 관심으로 내수동교회 대학부는 여러모로 부흥하게 되었다. 그 당시 오정현은 내수동교회 청년부에서 활동하고 있었다.

그래서 성도교회 대학부의 아름다운 열매는 얼마 되지 않아 내수동교회에서도 목격할 수 있었다. 이때 이미 "성도교회를 넘어서 한국 교회를 보신 옥 목사님의 안목"에 또다시 제자들은 감탄했다. 그들은 이렇게 사역을 나누면 사역의 테두리가 넓어지고, 사역의 열매가 배가되는 것을 똑똑하게 목격했다. 그때부터 옥한흠의 제자들은 그들의 스승이 품고 있었던 큰 꿈과 비전의 폭과 넓이에 감탄해 마지않았다. 방선기는 이렇게 회상한다. "옥 목사님이 한 교회만을 세운 것이 아니라 CAL 세미나를 통해서 한국 교회는 물론 세계 교회에 제자훈련 프로그램을 소개하고 교갱협이나 한목협 등의 연합 모임을 이끄신 일의 뿌리를 나는 그 모임에서 찾을 수 있다. 그래서 더욱 존경을 하게 된다."[79]

당시 성도교회 대학부를 통한 제자훈련의 파급 효과에 대해 박성수는 이렇게 증언한다. "다른 교단의 큰 교회들도 대학부들을 키우기 시작했고, 이러한 모델과 자극의 원천은 성도교회 대학부였다. 나는 나중에 대학부로 유명해진 교회들과 영락교회, 새문안교회, 순복음교회를 비롯한 큰 교회 대학부를 순방해 그 영향을 눈으로 확인할 수 있었다."[80] 이렇게 5년간 성도교회 대학부에서 사역하면서 옥한흠은 제자훈련의 분명한 가치와 영향력을 직접 경험했고, 모든 대학부가 잘 되기를 원하시는 하나님의 뜻을 이루어 가는 촉매제가 되기를 원했다. 그리고 훗날 한국 교회 전체에 제자훈련을 접목할 수 있는 비전을 향해 그의 마음이 움직이고 있었다. 당시 옥한흠은 성도교회 대학부 사역에 집중하고 최선을 다했지만, 그의 머릿속에는 벌써 미래의 한국 교회를 향한 청사진을 구상하고 있었다. 그는 제자훈련 목회가 자신이 평생 걸어가야 할 사역의 길임을 확신했다.

그런데 그 당시 그의 마음속에 지울 수 없는 허전함이 있었다. 그것은 바로 "제자훈련에 대한 신학적 논리와 성경적 체계에 대한 필요"였다. 그의 "학자적이고 완벽주의적인 기질이 제자훈련의 뿌리에 대한 신학적 검증을 요구했던 것이다. 그리고 제자훈련이 청년 대학생뿐만 아니라 일반 성인들을 대상으로 했을 때도 동일한 열매를 맺을 수 있는지에 대한 확신도 얻고 싶었다."[81] 옥한흠이 선교 단체로부터 복음의 열정과 비전, 그리고 양육이라는 장점들을 도입하여 목회의 본질을 깨달아 성도교회 대학부를 크게 성장시킨 것은 사실이었지만, 그는 개인적인 체험이나 사역을 통한 경험만으로는 안 된다는 것을 절감하고 있었다. 성경적이고 신학적인 바탕과 배경이 없이는 사상누각이 될 수밖에 없음을 인지하고 있었다. 그래서 그는 "누가 흔들어도 흔들릴 수 없는 뿌리"가 있어야 함을 철저히 자각했다. 여기서 우리는 신학적이고 사역의 균형 감각을 철저하게 지켜 나가는 젊은 청년 사역자 옥한흠의 혜안을 발견하게 된다. "선교 단체는 교회가 아니기에 교회론이 없습니다. 그래서 제자를 만드는 열정은 있지만 이론적 근거를 제시해 주지는 못했습니다. 그래서 저는 유학을 결정했고, 처자식을 시골로 보내고는 곧바로 유학을 떠났습니다."[82]

이러한 이유 때문에 옥한흠은 대학부 사역을 하면서도 이 과제를 해결하기 위해 미국 유학을 고민하기 시작했고, 결국 실행에 옮겼다. 가족들과 제자들이 눈에 밟혔지만, 옥한흠은 더 큰 비전을 이루기 위해 떠날 수밖에 없었다. 옥한흠은 떠나기 전에 제자들에게 20년 후에 본인들이 어떤 사람이 될지에 대해 비전 카드 및 기도 제목을 쓰게 하고 또한 사진도 붙이게 했다. 그것을 앨범으로 만들어 옥한흠은 몇 번이고 읽으며 마음에 담아 기나긴 장도長途에 올랐다. 그는 유학 기간 내내 그들을 기억하며 기도했고, 학업을 마치자 그것을 갖고 귀국할 만큼 제자들을 사랑했으며, 그들의 비전을 소중하게 마음에 품고 있었다.[83]

당시 옥한흠에게는 유학을 떠날 만한 경비가 없었다. 이렇게 그가 무일푼으로 유학의 길을 떠날 수 있었던 이유는 무엇이었을까? 5년 동안 대학부 사역을 통해 옥한흠은 내수동교회 박희천 목사가 직접 참관할 정도로 유명해졌고, 서울 장안의 대학생들에게도 그 이름이 알려지기 시작했다. 그러나 옥한흠은 현실에 안주하지 않았다. "자신이 부흥시켰지만, 사역이 정점일 때 언제든지 떠날 수 있다는 모습"을 보여 주었다. 그에게는 "언제든지 포기할 수 있는 마음"이 있었기 때문이었다. 그는 현 상태에 만족하거나 안주하지 않고, 끊임없이 발전을 추구하고 새로운 것을 향하여 나아가는 순례자의 태도를 견지하며 평생 살아갔다. 이러한 자세는 제자들에게도 적지 않은 도전과 영향을 미쳤다.[84]

옥한흠 목사가 유학을 떠난 후, 성도교회 대학부는 이 교회 중고등부 출신 가운데 대학을 가지 않았던 청년들이 중심이 되어 이끌게 되었다. 남은 선배들이 대학부를 부흥시켜 보려고 안간힘을 쓰면서 리더의 역할을 다했지만 예전 같지는 않았다. 또한 대학부를 인도하는 지도자의 성향에 따라 대학부의 신앙이나 리더 훈련의 특성도 확연하게 변화가 왔다. 옥한흠 목사가 성도교회 대학부를 떠난 후, 국동출 목사가 수년간 사역하다가 담임 목사 청빙을 받아 부산 지역으로 떠났고, 그 후 박영선 목사가 부임했다.[85]

성도교회 출신이었던 박영선이 1971년 2월에 군에서 제대하고 교회에 돌아왔을 때에는 대학부가 없었다. 그러나 그가 고등부 교사를 하다가 신학 공부를 하고 다른 교회에서 사역하다가 1977년 성도교회 고등부 전도사로 돌아왔을 때는 대학부의 분위기가 완전히 달라져 있었다. 그는 당시의 소감을 이렇게 언급했다. "이미 대학부가 유명해진 거예요. 그 잠깐 사이에. 이제 와서 보면 기적이었습니다." 하지만 박영선의 눈에 비친 성도교회 대학부의 제자훈련은 방법론에 치우친 측면이 강하지 않았나 하는 인상이 있었다.[86] 변화는 있게 마련이었다. 그래서 성도교회 대학부의 변화를 목격한 황태연은 다음과 같이 언급했다. "옥 목사가 신앙의 기본을 다잡아 주며 제자훈련에 집중했다면 그 뒤 사역자는 신학적인 부분을 강조했고, 그 뒤 사역자는 신학적 바탕에 자유스러운 분위기로 인도했다. 오히려 옥 목사의 제자훈련 정신은 그 뒤 내수동교회 대학부에서 불을 지펴 나갔다."[87]

옥한흠의 광인 공식: 미쳐야 미친다.

사랑하는 제자들과 함께한 성도교회 대학부 사역에 젊은 목회자 옥한흠은 미친 사람처럼 몰입했다. 그의 제자훈련의 주제는 예수 그리스도였다. 그러므로 제자훈련 지도자는 예수 그리스도께 미쳐야 하고, 제자들도 함께 미쳐야 했다. 이런 소신을 갖고 그는 사역에 몰두해 왔다. 제자훈련 지도자가 미치지 않고서는 도저히 감당할 수 없는 사역이었다. 그래서 그는 제자훈련을 배우러 오는 자들에게 이렇게 외치곤 했다. "미치세요. 이 훈련을 주도하는 사람, 곧 목회자가 안 미치면 절대로 제자훈련에 성공 못합니다. 미치지 않았으면 제자훈련은 시작도 하지 마세요."[88]

제자훈련에 미치지 않으면 제자훈련의 미침은 요원하다. 그래서 "불광불급不狂不及! 곧, 미치지 않으면 미치지 못한다"는 사실은 명확하다. 세상에 미치지 않고 이룰 수 있는 큰일이란 없다. 학문도, 예술도, 사랑도, 나를 온전히 잊는 몰두 속에서만 빛나는 성취를 이룰 수 있다. 한 시대를 열광케 하고 변화시킨 탁월한 성취 속에는 스스로도 제어할 수 없는 광기와 열정이 깔려 있다.[89] 옥한흠이 존경했던 프란시스 쉐퍼를 평한 그의 아들, 프랭크 쉐퍼가 출판한 솔직하고도 고백적인 회고록의 제목도 『하나님을 위해 미치다Crazy for God』였다. 쉐퍼와 옥한흠 사이에 공통점이 있다. 쉐퍼가 평생 목회적 관심을 갖고 그의 기독교 변증을 "사람들을 구원자인 그리스도께 인도하는 것"과 "그들이 그리스도인이 된 다음에 모든 삶의 영역에서 그리스도의 주권을 인정하게 하는 것"에 집중했듯이,[90] 옥한흠도 온전한 복음을 선포하고, 진실한 그리스도의 제자가 되어 모든 삶의 영역에서 주님을 온전하게 따르는 길을 닦는 일에 미쳤다. 옥한흠의 삶은 "그리스도를 위해 미치다Crazy for Christ"로 요약될 수 있다.

예수께 미쳐야 한다는 옥한흠의 "광인론"과 그의 지극한 "예수 사랑"은 동전의 양면과 같다. 그가 그토록 예수에게 미치는 이유는 오직 예수를 사랑하기 때문이었다. 그리고 예수님의 참 제자가 되기를 원했기에 제자훈련에 미쳤던 것이다. 그가 대학부 사역 시절부터 예수의 진정한 제자 만들기에 매진했던 이유는, 그 자신이 먼저 예수 그리스도를 미치도록 사랑하는 제자가 되고 싶었기 때문이었다. 교회는 예수님의 제자 된 목사를 찾고 있다. 그리고 예수님의 사도가 된 목사를 찾고 있다. 그래야 비로소 예수님을 닮은 교회, 예수님을 닮은 교인들이 나올 수 있다.[91] 청년 목회자 옥한흠은 참으로 예수님의 제자로서 제자훈련에 몰입할 수 있었던 예수 사랑의 열정이 남다르게 타올랐던 사람이었다. 이렇게 해서 옥한흠의 제자훈련의 광기는 서서히 한 시대를 변화시키는 추동력推動力으로 형성되어 갔다.

또한 예수에 온전히 미쳐 버린 젊은 옥한흠은 "진정한 예수"를 발견하기 위한 성경 공부에도 미쳐 버렸다. 그는 단지 제자가 되기 위한 훈련 프로그램에 집중한 것이 아니었다. 그가 그토록 사랑하고 닮고 따라가려 했던 "그 예수"를 바로 성경에서 찾을 수 있기에 그러했다. 존 스토트John Stott가 언급했듯이, "진정한 예수는 어디서 찾을 수 있는가? 성경에서 찾을 수 있다는 것이 그 답이다. 성경은 성부께서 그려 내신 성자의 모습에 성령이 색을 입히신 것이라고 묘사할 수 있다. 성경은 그리스도로 가득 차 있다."[92] 그리스도께서 직접 말씀하셨듯이 성경은 "내게 대하여 증언하는 것"(요 5:39)이며, 성경에 무지한 것은 바로 그리스도에 대해 무지해지는 것임은 너무도 자명하다. 철저한 성경 공부를 통해 진정한 예수에 대해 새롭고 분명하며 참되게 아는 것이야말로 그리스도의 제자로 성숙해 가는 데 가장 중요하다. 바로 여기에 옥한흠의 광인 공식은 제자도의 원리와 깊이 연관해 있다. "우리가 그리스도를 바라보는 시각이 빈약할수록 우리 제자도는 빈약할 것이고, 반면에 우리가 그리스도를 바라보는 시각이 풍성할수록 우리 제자도도 풍성할 것"이기 때문이다.[93] 그래서 옥한흠은 예수에 미쳤고, 그 미침은 제자훈련에 미친 것으로 나타났다.

제자훈련을 위해 미쳐야 한다는 이 단순 명쾌한 전제는 사실 사람을 키우는 성경의 원리이기도 하다. 오늘날 인재의 중요성을 말하는 조직은 많다. 그러나 성경의 사람 키우기는 경영학 등에서 말하는 그것과는 사뭇 다르다. 성경은 길 잃은 한 마리 양을 위해 아흔아홉 마리를 우리에 두고 그 잃은 한 마리를 찾아 나서는 비경제적 양육 원리를 제시한다. 구스 내시 한 사람의 회심과 성장을 위해 빌립을 그 먼 광야로 인도하셨던 성령님의 역사 앞에서 '한 교인 잘 키워서 두고두고 부려 먹자'는 영적 편의주의나 숨은 목회적 야심 따위는 제자훈련과 함께 설 자리가 없다. 제자훈련은 경제 법칙을 거스르는 하나님나라 법칙이요, 효율이 아닌 한 사람에 목숨을 거는 반경제의 법칙이다.[94]

이와 같이 제자훈련의 성경적 원리와 교회의 존립 목적에 대한 확고한 신념이 없이는 제자훈련에 미칠 수 없게 되어 있다. 그런 면에서 제자훈련은 해도 좋고 안 해도 좋은 것이거나, 목회 성공을 부르는 또 하나의 방법론이 아니라, 반드시 해야 하는 훈련이다. 그리고 제자훈련을 하려면 열정과 희생을 자발적으로 바칠 수 있는 자세가 겸비되어야 한다.

이렇게 해서 이미 옥한흠의 트레이드마크가 되어 버린 "광인 공식A Crazy Man's Formula"이 생겨나게 되었다. 그의 광인 공식은 'C=B+E+V'로 요약된다. B는 "신념 혹은 확신Belief"의 첫 글자다. 성도 한 사람을 그리스도 안에서 온전한 제자로 세우는 일이 목회의 본질이라는 분명한 확신이 없이는 제자훈련에 임할 수 없다. E는 "열정Enthusiasm"을 말한다. 아무도 흔들 수 없는 확신을 가진 자의 가슴에는 열정이 타오르게 마련이다. 이 열정의 불꽃 가운데서 지도자는 기꺼이 불쏘시개가 되어 자신을 태워야 한다. 마치 그리스도께서 죄인 된 우리를 구하시려 종의 몸으로 성육신Incarnation하셨듯이 자신을 태워 새로운 생명이 움틀 수 있는 토양이 되어야 한다. 그래서 열정이 없이는 희생할 수 없다. V는 "비전Vision"을 의미한다. 그리스도의 제자들이 온 세상을 은혜와 진리, 사랑과 찬송, 하나님을 아는 지식과 거룩한 삶으로 정복해 가는 비전이 없이는 감당할 수 없는 것이 제자훈련이요, 참 목자의 길이다. 물이 바다를 덮음 같이 온 땅에 편만해지는 그리스도의 복음의 능력, "가서 제자 삼으라!"는 그리스도의 지상명령의 필연적 성취를 믿음으로 바라보지 못하면 진정한 제자의 길을 걸어갈 수 없다. 바로 이 세 가지, 'B+E+V'가 합쳐진 것이 C다. C는 "그리스도에 미친 인간 Crazy for Christ"을 말한다.[95] 이것이 바로 제자훈련의 기본 자세이자 옥한흠이 내건 사역의 본질이기도 하다.

나는 목회의 대가도 아니고 제자훈련의 원조도 아니다. 사랑의교회가 제자훈련의 모든 것을 보여 주는 유일한 모델도 아니다. 다만 분명히 말할 수 있는 것은 나는 지난 40여 년 간, 예수 제자 삼는 일에 미친 사람이었고 나와 뜻을 같이하고 이 광기를 사랑하는 사람들과 함께 그리스도의 교회를 일구어 왔다는 것이다. 이 광기의 태동이 바로 성도교회 대학부에서 시작되었고 그로 인해 성도교회 대학부는 새 역사의 장을 쓰기 시작했다.[96]

성도교회 대학부 사역은 옥한흠의 인생에서 자신의 진로를 결정하는 중요한 분기점이 되었다. 그는 무엇보다도 사역의 열매를 보며 감사와 기쁨을 마음껏 누리면서 어떤 목회를 지향해야 하는지를 확고하게 설정할 수 있었다. 옥한흠은 그때를 회상하며 이렇게 자신의 심정을 적어 놓았다. "그 시절은 지금 돌아봐도 가슴이 벅차오른다. 젊은이들의 달라지는 모습을 지켜보며 흥분하지 않을 목회자가 어디에 있으랴! 그들을 떠올리면 지금도 힘이 솟고 하나님께 무한 감사와 영광을 드리게 된다."[97] 그는 이런 글도 남겨 놓았다. "성도교회에서의 5년 동안의 생활은 내게 있어서 중요한 경험이 되고도 남았다. 그곳에서 나는 '제자훈련만이 앞으로의 목회 방향을 결정짓는 왕도'라는 것을 알고, 한국 교회가 살기 위해서는 제자훈련이 필수적임을 깨닫게 되었기 때문이다."[98] 그리고 그러한 사역을 마음껏 할 수 있도록 기도와 관심, 그리고 후원을 아끼지 않은 평생의 멘토이자 은사인 김희보 목사와 김성환 목사에 대한 감사의 마음은 그의 생애 기간 내내 지속되었다. 특히 김성환 목사에 대해서는 더욱 그러했다.

옥한흠의 멘토 김성환 목사와 평생 동지들

○ 김성환과 옥한흠

청년 옥한흠에게 목사로서 귀한 롤 모델이 있었는데, 그가 바로 김성환 목사였다. 김성환은 성도교회 담임 목사였을 뿐만 아니라, 그의 나이 40대에 부흥사요 탁월한 설교자로 한국 교계에서 유명 인사였다. 그는 한국 교회에 강해 설교를 본격적으로 선포한 설교자들 중 한 사람이었다.[99] 김성환은 평남 강서 출신으로 고려신학대학교와 경희대학교 영문과를 졸업한 후, 박윤선 목사가 설립하고 시무했던 서대문 동산교회에서 목회하다가 1972년 성도교회로 부임했다. 그는 영어와 일어에 능통했던 학구적인 목회자로서, 오랜 기간 동안 「기독신보」에 "칼빈주의 해설"이라는 칼럼을 연재했으며, 평신도들이 이해하기 쉽게 다양한 교리들을 해설한 논설 위원으로 활동하기도 했다. 후에는 그의 글들이 모아져 『평신도를 위한 칼빈주의 해설』이라는 책으로 출판되어 한국 교계에 널리 알려지기도 했다. 김성환은 칼빈주의적 입장에서 성경관을 비롯한 모든 교리를 일목요연하게 요약적으로 진술할 뿐만 아니라, "기독자 한 사람 한 사람이 걸어가야 할 정로正路"를 탐색함으로써 "예수님에게로 가는 길"과 "천국으로 가는 길"을 제시하려고 부단히 노력했던 신실한 목회자였다.[100]

김성환은 1970년대에 보수주의 신학자들의 저서들이 열악한 상황에서 목회자와 기독신자들, 특히 "평신도를 위한" 칼빈주의 교리를 간명하게 설명하고 적용할 수 있는 교리적 지침서를 마련했다. 그는 영문 서적도 섭렵하여 그의 교리 해설서에 반영함으로 한국 교회의 칼빈주의 연구사에서도 그 비중을 배제할 수 없는 분명한 입지를 차지하고 있다. 또한 그는 설교에도 많은 감화력을 끼쳤던 탁월한 설교자였다. 옥한흠이 성도교회 대학부 사역에서 귀한 열매를 맺을 수 있었던 요인들 중 하나는 김성환의 논리정연한 설교였다. 김성환은 종교와 철학에 대해 해박하고 심오한 지식을 지닌 설교자였기에, 수많은 젊은 지성인에게 호소력을 발휘했다.[101] 김성환의 설교 속에는 무엇보다도 구속사적 맥락이 녹아 있었다. 강해 설교를 중심으로 뿜어내는 메시지의 감화력이 옥한흠에게도 상당한 영향력을 끼쳤음은 두말할 나위가 없다.[102]

아마도 옥한흠은 부교역자로 성도교회에서 봉사하면서, 담임 목사로부터 신학적이고 목회적인 감화는 물론이고, 특히 "평신도"를 염두에 두고 어려운 신학적 주제들을 명쾌하게 정리한 그의 저서를 통해서도 많은 영향을 받았을 것이다. 김성환은 정의감에 불타고 만능 스포츠맨인 데다가 통이 크고 솔직한 인품 때문에 옥한흠의 기질과도 상통하는 바가 많았다. 이러한 김성환의 후광을 입고 대학부를 소신껏 인도할 수 있었던 것은 옥한흠에게는 크나큰 축복이었다.

하지만 성도교회에서 사역하면서 어려운 갈등도 있었다. 옥한흠을 신뢰한 김성환은 선임 부목사가 있었음에도 불구하고, 그가 감당해야 할 중책을 목사 안수를 받은 지 얼마 안 되는 옥한흠에게 맡겼다. 옥한흠은 전임 부목사가 맡아야 할 사역까지 맡아, 담임 목사의 분부대로 최선을 다했지만, 위계질서가 깨진 상황에서 옥한흠은 담임 목사와 선임 부목사 사이에서 적지 않은 갈등을 겪어야 했다. 옥한흠은 당시를 회상하면서, 용기를 내어 자기가 맡은 사역을 선임 부목사에게 맡겨 달라고 부탁하고 사양했어야 했다고 후회하며 당시의 고충을 이렇게 토로했다. "그런 연유로 해서 3년 동안이나 두 사람 다 힘든 세월을 살았습니다. 그분이 자꾸 저를 비판하고 다녀서 저도 속으로 몹시 갈등했습니다. 서로가 가까운 이웃에 살면서도 만나는 것이 부담스러워서 슬슬 피해 다닐 정도였으니 얼마나 힘들었겠습니까? 결국 그분은 미국으로 떠났습니다."[103] 옥한흠에게 성도교회 시절이 다 좋았던 것만은 아니었다.

ㄱ 당시 성도교회 중등부 전도사로 사역했던 황규명도 김성환 목사야말로 "당시에 독특한 분이자 거침이 없는 분이었으며, 운동도 좋아했던 분"이셔서 젊은이들에게 인기가 많았다고 회상했다. 그의 설교는 성경 중심적이면서도, 때로는 깊이 있는 철학적 성찰도 선포되었고, 깊은 영성이 흘러나오는 메시지였다고 술회했다.[104] 옥한흠에게 김성환은 "젊은 후배들의 우상이던 지도자" 중 한 분이었으며, 멘토였다. 옥한흠도 자신의 목회와 설교에 지대한 영향을 미친 인물은 김성환 목사이며, 그로부터 설교를 준비하기 위해 부단히 연구하는 습관을 배우게 되었고, 성도교회에서 부교역자 생활을 하면서 그의 설교를 경청하고 많은 감화를 받았다고 술회한 바 있다. 훗날 두 사람을 아는 지인들은 두 목회자의 설교가 비슷하다는 말을 많이 들었다고 언급했다.[105] 정말로 옥한흠은 김성환을 "우상이나 다름없었다"고 말

할 만큼 지극히 존경했고 그리고 진심으로 사랑했다.[106]

김성환은 목회자로서 많은 것을 갖추었지만, 성도교회를 목회하면서 적지 않은 갈등을 겪기도 했다. 제자훈련 목회에 열중했던 옥한흠은 부교역자로 성도교회 대학부를 사역하면서, 김성환 목사와 장로들과의 수많은 갈등과 어려움을 가장 가까이서 목격했다. 성도교회 상당수의 교인들은 북한에서 피란 온 성도들이었고, 이견異見이 표출되면 대화로 차분하게 교회의 여러 문제를 해결해 나가기보다는 감정적으로 쉽게 대립하곤 했다. 옥한흠은 이 모습을 가슴 아프게 바라 보았다. 김성환의 전임자 김희보도 이북 출신이었지만 성격이 비교적 온순한 편이라 표면적으로는 큰 문제없이 목회해 왔다. 하지만 그가 결과적으로 장로들의 잘못된 행태를 방관한 격이 되어, 후임자인 김성환에게 엄청난 갈등과 어려움을 전가한 것은 안타깝지만 사실이었다.[107]

옥한흠이 성도교회에서의 사역을 되돌아보면서 잊을 수 없는 사건은 바로 그의 스승이자 담임 목사였던 김성환의 질병과 예기치 못한 죽음이었다. 당시 김성환은 말초 다발성 골수종(다발성 신경염)을 앓았는데, 당시 대학부 청년이자 서울의대 학생이었던 한인권에 의하면 그 병은 80-90퍼센트가 낫는 것이 다반사인데, 목사님의 경우 점점 더 악화되었고 1978년에 소천하고 말았다.[108] 사실 그가 그렇게 빨리 세상을 떠난 이유는 다른 데 있었다. 홍치모 교수에 의하면, 김성환은 고신 출신으로 박윤선의 영향을 누구보다도 강하게 받은 인물이었다. 그러나 설교 가운데 유신정권을 비판했다는 이유로 중앙정보부에 끌려가 혹독한 고문을 받고 그 후유증으로 심각한 고통을 당했다고 한다. 김성환은 칼빈주의적 신학 기반이 분명했고, 감동적인 설교로 교인들에게 은혜를 끼쳤을 뿐만 아니라, 당시 대부분의 보수주의 목회자들과는 달리 정치 및 사회적 문제들에 대해 침묵하지 않았던 선지자적 설교자였다.[109] 당시 대학생이었던 박성남도 김성환의 설교를 회상하면서 "확실히 바른 말씀을 많이 하셨고, 언제든지 잡혀갈 수 있다고 생각하시니까 늘 내복을 입고 계셨다"고 언급했다. 예배 시간에 형사들이 무슨 내용으로 설교하나 감시하기 위해 앉아 있기도 했는데, 김성환은 "혹시 여기 나오신 형사 분들이 계시면 우리 같이 한번 생각을 해 봅시다!"라고 언급하며 당시 정치와 사회에 대한 현실적인 이슈들에 대해서도 과감하게 비판했다고 한다.[110]

그런데 옥한흠에 의하면, 김성환의 이른 죽음은 성도교회를 목회하면서 빚은 장로들과의 갈등이 주된 원인이었다. 당회를 마치고 사택으로 돌아와서 "이불을 뒤집어쓰고, 내가 시집을 잘못 왔어!"라는 김성환의 회한의 소리를 여러 번 들은 젊은 부교역자 옥한흠의 마음은 여러 가지 상념으로 가득 찼다. 누구보다도 그는 김성환의 죽음의 원인이 무엇인지를 잘 알고 있었다. "내가 3년간 곁에서 모시면서 지켜본 것이 있었기 때문에 그분의 죽음이 절대로 우연한 것이 아니라는 것을 짐작으로 알고 있었다."[111] 옥한흠도 성도교회 부임 전에 이미 부교역자로서 그러한 경험을 한 적이 있었다. 옥한흠은 그러한 과정을 겪으면서 개인적으로도 귀한 깨달음을 갖게 되었는데, 그것은 다름 아닌 "철저하게 자신을 비우는 연단"의 중요성이었다. 목회자가 자기를 위해 무언가를 기대한다면 그때부터 초라해지는 것은 시간 문제다. 목회자가 사는 길은 결국 자기를 철저하게 비우는 것이라는 사실을 소중하게 배웠다.[112]

옥한흠은 무엇보다도 직분자들을 바르게 훈련시켜 세우지 않으면, 목양은 끊임없는 갈등의 연속이 될 수밖에 없음을 절감했다. 목사로서 그리고 설교자로서 명성을 얻기 시작한 김성환은 이러한 갈등 속에서, 그리고 올곧은 자세 때문에, 정신적인 고통과 육체적인 고문의 후유증으로 수년간 골수증으로 투병 생활을 하다가, 너무도 일찍이 세상을 떠나고 말았다. 옥한흠은 유학을 마치고 제자훈련과 관련한 여러 기관을 견학하고 있던 중에, 김성환의 상태가 위독하다는 소식을 듣고 서둘러 귀국하려 했다. 하지만 귀로 중에 방문했던 캘리포니아 주 LA에서 만난 김의환이 자신이 가야 된다고 하면서, 옥한흠에게 강단을 세 주일이나 맡기고 가는 바람에 장례식 후에야 유족들을 위로할 수밖에 없었음을 안타깝게 회고했다.[113] 이렇게 김의환은 김성환과 아주 각별한 관계에 있었는데, 아마도 고신에서 함께 신앙의 뿌리를 두었던 이유도 있지만, 두 사람 모두 유신정권에 대한 비판적 자세를 공유한 것도 작용했을 것이다. 김의환은 교수직을 박탈당하고 미국으로 떠날 수밖에 없었고, 김성환은 고문과 당회와의 갈등 때문에 병을 얻어 고생하다가 일찍 세상을 떠나고 말았다. 이러한 관계 때문에 옥한흠에게 김성환과 김의환은 매우 중요한 멘토요, 은사들이 아닐 수 없었다.

김성환이 얼마나 옥한흠을 신뢰했는지를 보여 주는 한 일화가 있다. 당시 한국 교회의 대표적인 설교자들이 인도하는 인천 지역 감리교회 연합 집회를 김성환이 사흘 동안 인도하던 중이었는데, 마지막 날 심한 독감으로 드러눕게 되자, 그는 주저 없이 부교역자였던 옥한흠을 자기 대신에 보냈다. 일반적으로 집회 마지막 날에는 집회 참석자 모두들 은혜를 받겠다고 벼르고 별러 참석하기 마련인데, 본인이 책임을 맡은 집회에 누군가를 대신 보낸다는 것은 무척이나 어려운 일이다. 혹시 모르는 일말의 책임도 져야 할 뿐만 아니라, 웬만큼 신뢰하지 못하면 그런 부탁을 할 수도 없다는 것을 잘 알고 있었던 옥한흠은 순종하긴 했지만 두렵고 떨리는 마음으로 그 집회에 가서 말씀을 전했다. 하지만 "어떻게 설교했는지도 모를 정도로 긴장하며 말씀을 전하고 왔던 추억"이 그의 뇌리 속에서 결코 지워질 수 없었다.[114] 이미 주일 예배 설교에도 옥한흠을 세웠던 김성환에게는 그것은 전혀 새로운 일은 아니었다. 이러한 기회가 주어질 때마다, 옥한흠은 그의 스승이 외치는 설교와 자신의 설교를 비교해 보면서 한없이 작아지는 느낌을 가슴에 품었다. 그러면서도 설교에 대한 깊은 자각과 도전을 받았고, 설교에 생명을 걸고자 하는 결의를 다지곤 했다. 설교자의 순고한 의무와 설교에 대한 강한 자극과 도전을 김성환에게서 확실하게 받았다.[115]

　김성환의 설교의 깊이와 능력에 깊이 영향을 받았던 옥한흠은 이때부터 어느 목사보다도 설교에 애착을 갖고 생명을 거는 자세로 설교를 준비하고 선포했다. 옥한흠은 현재 한국 교회 목회자들의 상당수가 남의 설교를 가져다가 그대로 설교하는 경우가 비일비재하고, 이제는 공공연한 관행이 되어 버린 현실을 안타깝게 지적했다. 그리고 그의 말년에 "이제 설교는 연구의 대상이 아니라 개혁의 대상이 되고 말았다"라는 개탄을 했는데, 김성환의 설교를 생각하면 할수록 더욱 그러했을 것이다. 올곧은 목회자로서 설교에 전심전력을 기울이는 옥한흠의 자세는 성도교회 대학부를 지도하던 중에, 담임 목사였던 김성환에게서 배웠던 매우 소중한 교훈이었다.[116] 옥한흠은 성도교회에서, 대학생 제자훈련을 통해서 복음의 능력을 회복하고 교회와 사회의 귀한 인재들을 양성하는 눈을 뜨게 되었고, 김성환을 통해서는 설교에 심혈을 기울이지 않고는 목회자로서 교인들에게 영향을 끼칠 수 없다는 귀한 교훈을 얻게 되었다. 그는 이 두 요소를 평생 그의 목회에 일관성을 갖고 실천하고 적용했다. 목사로서 성도들을 가장 잘 섬기는 방법이 바로 은혜로운 설교를 준비하고 선포하는 것임을 그때부터 절감하면서 목회자의 길을 걸어갔다.

그래서 생전의 옥한흠은 김성환 목사를 생각하기만 하면 마음이 참으로 아프다고 몇 번이고 되뇌었다. 세상을 떠나기 전에 입버릇처럼 "옥 목사 언제 돌아오지?' 하며 그렇게 기다렸다는데⋯ 그분이 살아 계시다면 얼마나 좋을까!" 그분이 오래 살아 계셨더라면 자기는 "무척 행복한 목사"가 되어 있을 것이라고 아쉬워한 젊은 시절의 옥한흠은 김성환 목사만큼 자신을 아껴 주는 선배를 그의 평생 다시 찾기가 힘들었을 것이다.[117] 오랜 세월이 지난 후에도, 그의 생애와 사역에 지대한 영향을 미친 스승을 그리워하고, 이른 죽음을 아쉬워하는 옥한흠의 한숨이 그런 안타까운 말을 직접 들었던 필자에게도 그대로 전해졌다. 그러나 이러한 아픔을 통해서 옥한흠은 그의 스승 김성환 목사에게서 설교에 대한 치열한 준비와 선지자적으로 선포해야 할 설교자의 자세를 직접 배우게 되어, 제자훈련과 설교를 함께 아우르는 목회의 토양을 조성할 수 있었다. 이렇게 해서, 하나님의 사람들을 만나게 하시는 하나님의 역사役事는 오늘도 역사歷史 속에서 계속되고 있다.

젊은 옥한흠은 너무 일찍 스승을 잃었지만, 사실상 얻은 것도 적지 않았다. 이 시기에 옥한흠은 자기의 설교 및 강의 스타일을 개발할 수 있는 중요한 계기를 마련했으며, 김성환의 칼빈주의적 신학에 근거한 설교 스타일, 특히 철저한 강해 방식을 뚜렷하게 선호했다. 무엇보다도 김성환 덕택에 옥한흠은 성도교회에서의 부목사 시절을 재미있고도 의미 있게 보낼 수 있었다. 그 시절은 그의 생애와 사역에서 귀중한 전환점이었다. 그는 이렇게 회상한다. "성도교회에서의 5년 생활은 내게 있어서 중요한 경험이 되고도 남았다. 그곳에서 나는 '제자훈련만이 앞으로의 목회 방향을 결정짓는 왕도'라는 걸 알고, 한국 교회가 살기 위해서는 제자훈련이 필수적임을 깨닫게 되었기 때문이다."[118]

옥한흠은 당시 한국 교회의 한계를 넘어설 수 있는 목양의 틀이 무엇인지를 나름대로 번민하고 있었으며, 하나님은 그런 고민 속에서 새로운 사역에 매진하는 옥한흠에게 혜안을 주셨다. "하나님께서는 대학부를 맡아 인생의 결정적 전환점을 막 돌아서 뛰기 시작하는 나에게 은혜를 베풀어 주셨다. 주변을 더듬으면서 헤매지 않고 문제의 핵심을 찾아갈 수 있는 눈을 허락하셨던 것이다."[119]

○ 옥한흠의 평생 동지, 복음주의 4인방

옥한흠의 제자훈련 목회가 한국 교회 내 견고한 뿌리를 내리고 열매를 맺기까지 홍정길, 이동원, 그리고 하용조와의 만남도 중요한 역할을 했다. 이들은 모두 1970년대에 젊은이 사역에 지대한 관심을 갖고 있었던 사역자들이었다. 1960년대와 70년대 대부분의 복음주의적 교회에서는 교회 성장일변도로 나아가고 있었고, 여의도순복음교회처럼 은사주의나 현세적 기복신앙으로 기우는 경향이 매우 뚜렷하게 나타났다. 이러한 특징은 6·25전쟁 이후에 더욱 심화되었다. 6·25전쟁을 경험한 한국인들은 무속에 지대한 관심을 보였으며, 이러한 현상은 교회도 예외는 아니었다. 전쟁 자체뿐만 아니라 죽음과 학살, 기아와 도피, 그리고 다양한 인간의 비극에 대한 공포심이 상당히 오랜 기간 한국인들의 뇌리에 각인되었다. 또한 전쟁 이후, 한국 사회에는 반공주의가 확실히 내면화되었다. 정치에 대한 불신과 경계 심리도 팽배해 있었지만, 권력과 이데올로기의 향배가 개인의 생존과 안녕에 직결된다는 의식이 매우 강하게 퍼져 있었다. 그리고 한국 사회와 교계는 무엇보다도 극단적 이기주의가 만연하는 가운데 개인과 사회의 도덕성이 급격하게 약화되고 있었다.[120] 그런 면에서, 소위 "복음주의 4인방"에게는 전후 세대의 한국 교회를 이끌고 나갈 중차대한 사명이 주어졌다.

1970년대의 시대적 상황은 근대화와 경제 개발 논리 속에 많은 사회적 문제점이 노출되고 있었다. 당시의 젊은이들 사이에는 기성 교회를 향한 반항과 비판 의식이 팽배해 있었고, 교회마다 대학생과 청년 사역이 꽃을 피우지 못하고 있었다. 이러한 상황 속에서 1960년대 말에 청년 사역에 관심이 많았던 한국대학생선교회Korea Campus Crusade for Christ, CCC의 김준곤 목사, 한국십대선교회Youth for Christ, YFC의 김장환 목사, 한국기독학생회Inter-Varsity Fellowship, IVF의 조동진, 김영철 목사, 그리고 네비게이토의 유광식 등이 모여 젊은이들을 위한 사역의 활성화를 위해 논의했지만 그 모임은 지속되지 못했다.

그러다가 1970년대 초반에 서울 시내의 영향력 있는 청년 사역자들이 모임을 가졌는데, 이때 만난 동역자들이 성도교회 대학부 사역을 하고 있었던 옥한흠, CCC 총무였던 홍정길과 총무 보좌 간사였던 하용조, 그리고 YFC 간사로 활동하던 이동원이었다. 네 사람은 청년 사역에 열정을 품고 있었고, 복음과 성경 공부에 관심이 높았으며, 서로 생각과 말이 통했다. 그 후에도 "생각이 비슷한데 같이 모이자"는 옥한흠의 제의와 주도로 이들은 평생 교제하며 동역의 길을 걷게 되었다.[121] 이동원은 당시 제자훈련에 대한 비전과 젊은이 사역에 큰 관심을 두고 서울침례교회를 목회하고 있었다. 그런 이유로 옥한흠이 3년을 계획하고 미국 유학을 떠났을 때, 성도교회 대학부에서 제자훈련을 받았던 절반에 가까운 청년들이 서울침례교회로 적을 옮긴 적도 있었다.[122]

옥한흠은 선교 단체 지도자들과 교제를 하면서, 교회 안의 대학 및 청년부 활동의 부족한 부분과 선교 단체의 장단점을 파악하고, 한쪽으로 치우칠 수 있는 편향성을 극복할 수 있는 균형 감각을 유지하며 자신의 사역에 몰입해 갔다. 한정국에 의하면, "네비게이토 제자훈련은 기술과 효과적인 전도 방법을 지녔고, CCC는 친교와 기도, 전도하는 열심이 있었으며, 성도교회 대학부 제자훈련은 친밀감과 사랑, 그리고 인간미가 넘쳤다"고 말할 만큼 저마다 독특성이 있었다. 다시 말하면, 옥한흠의 제자훈련은 교회 속에 자리 잡을 수 있는 기반을 조성했으며, "정감과 본능적인 사랑이 있었고, 복음과 세상 간의 균형 감각이 있었다." 당시 성도교회 대학부는 "마치 초대교회처럼 인간미 넘치는 공동체적 분위기가 강했다."[123] 이렇게 빨리 학생 운동과 선교 단체 운동의 장점을 받아들인 성도교회 대학부가 발전할 수 있었던 것은, 그 시대의 목회적 필요를 채우는 데 옥한흠의 선각자적인 예지와 결단이 있었기에 가능했다. 이외에도 옥한흠은 철저한 성격의 소유자였다. 어떤 현상을 파악하고 해결해 나가는 데 치밀했으며, 새로운 생각과 아이디어를 짜낼 뿐만 아니라, 그것을 구체화하는 데 탁월했다. 말하자면 그는 청년들을 깨울 수 있는 새로운 사역의 패러다임을 개발할 수 있는 필요조건을 갖추었다. 그는 진정으로 "앞서서 보는 선구자"였다.[124]

네 사람이 만나 동일한 비전을 확인한 이후, 그들의 관심 속에는 항상 복음주의적 학생 운동과 선교 운동이 핵심으로 자리 잡았다. 각 사람들이 그들의 사역을 통해서 나름대로 독특한 방향으로 학생 운동을 전개하고 발전시켜 나갔지만, 옥한흠은 전통적 교회 내에 뿌리를 두고 있으면서도, 부단히 제도권 교회를 개혁하려는 시도를 지속했다.[125] 그는 선교 단체들의 장점을 기성 교회에 도입시켜 교회 내 생동감을 진작시켜 밖으로 퍼져 나가는 운동성에 지대한 관심을 두고 목회에 전념했다. 이렇게 함으로 현대 문화와 소통하고 그 문화를 기독교 신앙으로 변혁하려는 차원에서 목회 사역이 전개될 수 있었다. 이러한 배후에는 복음주의 4인방과, 영국과 미국의 복음주의적 지도자들과의 교제와 영향도 매우 컸다. 특히 존 스토트에게서 받은 영향으로 이들은 기독교 신앙의 균형을 유지할 수 있는 안목을 얻었다. 또한 네 사람은 선교를 향한 열정도 공유하고 있었으며, 한국 교회의 선교 운동의 발전과 영역을 확장하는 데도 지대한 영향을 미쳤다.

4인방은 여러 면에서 다른 점이 많았다. 하지만 이들은 한국 교회를 향한 뜨거운 열정과 젊은 세대와 복음 전파에 대한 비전을 품으며 뜻을 같이하는 평생 동지요, 매우 가까운 영혼의 친구들이 되었다. 서로가 상대방이 없는 삶과 사역을 생각할 수 없을 정도로, 인격적이고 신앙적인 교제의 끈은 세월이 흐를수록 더욱 견고하게 서로의 삶을 묶어 하나님나라 사역에 헌신하도록 했다. 옥한흠은 어릴 때부터 고신 교단 소속의 장로교회 교인으로, 그리고 신학교 시절에는 개혁주의 신학 교육을 철저히 받아 온 사람이었다. 그러나 전통적인 한국 교회의 신앙의 현실은 개혁 신학의 본질을 잘 이해하고 적용하기보다는, 근본주의적이고 율법주의적인 요소들이라는 장애물을 극복하지 못했다. 이러한 상황에서 옥한흠이 하나의 돌파구로 삼았던 것이 그의 신학과 사역의 기반을 조금 더 복음주의적 방향으로 움직이는 것이었다. 그는 복음주의에서 다소 숨통이 열리기를 기대했다. 특히 대학생 사역을 하면서 그는 기성 교회의 목회 방식으로는 새로운 세대의 청년들을 감당할 수 없다는 명확한 판단을 하게 되었다. "복음주의 4인방" 간의 격의 없는 교제는 옥한흠에게 복음주의 신앙 운동이 갖고 있는 많은 장점들을 긍정적으로 생각하는 계기가 되었다. 특히 복음주의 신학 속에 내재한 역동성과 생동감은 그에게 신학적으로 매력적인 특성들로 다가왔다. 옥한흠은 전도와 선교에 열정을 자아내며 선교 운동을 뿜어내는 복음주의 신앙의 원동력에 크게 고무되었다.

그런데 옥한흠이 이러한 신학적 통찰력을 전통적인 개혁 신학 속에서 찾지 못하고, 복음주의적 학생 선교 운동을 비롯한 파라 처치 운동에서 발견하여 대학부 사역에 유용하게 적용했고, 실제로 매우 긍정적인 영향을 받았던 것도 사실이다. 그러나 이로 인해 옥한흠이 개혁 신학을 신봉하는 기성 교단이나 전통으로부터 다소 거리를 두려 했던 것은 애석한 일이었다. 사실상 그는 복음주의 신학의 근간이 되며 신학적 정체성을 견고하게 해 주는 개혁 신학의 중요성보다는, 예수 그리스도께 집중하며 그의 제자가 될 뿐만 아니라, 그리스도의 복음을 전할evangelistic 열정을 불태우며 현대 선교 운동을 태동시킨 "복음주의evangelicalism"라는 용어에 마음이 상당히 끌리게 되었다. 옥한흠의 신학적 정체성에 대한 고민과 사색은 이때부터 시작된 것으로 보아야 한다. 개혁 신학의 의미와 가치를 유지하면서도, 어떻게 복음주의적 유익을 그의 목회와 사역에 접목시킬 것이냐가 중요한 신학적 고민이었을 것이다. 이러한 배경에는 옥한흠과 홍정길에게 지대한 영향을 준 박윤선 목사의 사상에 힘입은 바가 지대함은 부인할 수 없다. 박윤선은 신학적 패쇄주의exclusivism와 혼합주의syncreticism에 대해서 아주 단호한 입장을 취하면서도, "복음주의라는 커다란 테두리 안에서 우리의 개혁주의는 견지하되, 오로지 그 테두리는 분명히 하라고 경고한다.… 또한 소위 개혁주의라는 정통주의의 약점을 잘 인식하고, 전도에 능한 파라 처치 운동에서도 그 장점들을 취사선택하도록 주문했다."[126]

옥한흠은 이들과의 교제와 동역을 평생 지속하면서 많은 힘과 용기를 나누어 왔다. 4인방은 각자의 다양성을 뛰어넘어 청년 사역에 대한 비전과 새로운 목회 방향을 제시하며 한 시대를 이끌어 왔던 한국 교계의 주요한 지도자 그룹을 형성했다. 각자의 차이를 초월하여 복음주의 신앙을 토대로 교회화합적인 활동을 전개했다. 한국이라는 풍토 속에서 출신 지역과 학교 그리고 교단을 초월해서 우정의 관계를 쌓고 목회자로 평생 돈독한 우의 속에 지도자로 살아간다는 것은 생각보다 쉽지 않은 것이 사실이다. 그럼에도 각자가 사역하는 교회가 대형 교회로 발전하면서 그 만남과 연합 운동을 통해 빚어지는 4인방의 영향력은 시간이 흐름에 따라 더욱 파급되었다. 그들은 청년 사역, 코스타 사역, 선교 운동, 교회 갱신 운동, 강남 지역 신앙 강좌 등에 협조하면서 영향력의 반경을 더욱 넓혀 나갔다.

복음주의적 선교 단체에서 활동했던 동역자들과 교제하고 동역하면서, 옥한흠은 신학적으로뿐만 아니라 목회 사역에서도 그들로부터 적지 않은 영향을 받았다. 그는 개혁주의에 뿌리를 둔 신학 교육을 받았지만, 좁은 의미의 차원에만 머문 것은 아니었다. 좁은 의미의 개혁주의가 아닌 더 넓은 의미의 복음주의에 근거한 사역을 전개하다가 "오히려 나중에는 개혁주의의 영역주권" 사상이 좀 더 강하게 드러났다고 볼 수 있다. 그래서 옥한흠의 신학적 사상은 고백적인 복음주의confessional evangelicalism에 충실하면서도, 실천적인 개혁주의자 혹은 칼빈주의자practical calvinist로서의 면모를 형성해 갔으며, 그의 목회 사역에 반영되었다.[127]

또한 네 사람의 각자 목회 사역과 활동을 통해 한국 교회에 적지 않은 변화의 바람이 불어왔다. 그것은 바로 교회에 성경 공부 열풍이 분 것이다. 한국 교회의 오랜 전통이었던 성경 공부반, 곧 사경회 운동이 일제 치하를 겪고 6·25전쟁이라는 격변기를 거치는 동안에 부흥회가 그 자리를 차지해 버렸다. 그러나 1950년대 후반과 1960년대 초반부터 불어닥친 학생 운동으로 한국 교회는 다시 성경 공부를 활성화할 수 있는 계기를 마련했다. 당시의 선교 단체나 학생 운동은 성경 공부와 함께 "제자훈련"이라는 용어와 개념을 한국 교회에 널리 소개했다. 1960년대만 해도 한국 교회에서는 "제자", "제자훈련" 등의 용어는 거의 들어 볼 수 없는 상황이었고, 1970년대에 이르러서야 알려지기 시작했다. "그 당시 한국 교회는 주로 예배 중심의 사역에만 의존하고 있었기 때문에 '제자 삼기'라는 어구 자체가 생경하게 들렸고, 심지어는 '이단시'하는 경우까지 발생했다. 그러던 중 네비게이토 사역에 직간접으로 연관되었던 이들에 의해 '제자 삼기'라는 용어와 개념이 점차적으로 교회의 젊은이들 사이에 뿌리를 내리기 시작했다."[128] 이러한 상황에서 4인방에 의해 다시 한국 교회에 성경 공부와 제자훈련에 대한 관심이 널리 확산되기 시작했다.

옥한흠과 함께 평생 동지로 그리고 젊은 시절 학생 및 선교 운동의 가치에 적극적으로 참여했던 홍정길도 "한국 교회가 다시 성경 공부로 돌아오는 데는 많은 세월이 걸렸다"고 언급했다.[129] 학생 운동이야말로 성경 공부의 중요성을 확실하게 가르쳐 주었다. 특히 부흥회식 감정적인 신앙 훈련이나, 교리 지향적이고 율법주의적인 신앙의 분위기에 적응하지 못하는 젊은 대학생들에게 선교 단체들의 성경 공부 운동은 영적 샘터의 역할을 감당했다. 학생 운동이나 선교 단체에서 시행하는 성경 공부는 주입식 공부 형태가 아니라, 한 사람, 한 영혼을 소중히 생각하는 일대일 성경 공부 형태와 소그룹 성경 공부 제도를 활성화하여 새로운 형태로 뿌리를 내리고 있었다. 이러한 친밀한 분위기 속에서 깨닫고 체험한 복음의 진리는 감동적인 하나님의 음성으로 젊은 가슴속으로 저며 들어갔다. 막연히 지각적이고 피상적인 차원에서 진리에 대한 인식이 살아 있는 "하나님을 아는 지식knowledge of God"으로 변화와 생동감을 발휘했다.

홍정길에 의하면, 학생 및 선교 단체 운동은 한국 교회에 성경 공부의 중요성을 새롭게 다시 회복시켰을 뿐만 아니라, 평신도의 중요성을 일깨워 주었다. 그 당시 한국 교회의 신앙적 형태는 성직자와 평신도의 구조가 확고하게 자리 잡고 있었다. 그래서 가르치는 자와 배우는 자 간의 간격은 매우 멀었다. 배우는 자는 듣는 것에 너무 익숙해져 있었고, 평신도들은 감히 자기에게 주어지는 말씀을 주체적으로 이해하는 것을 기피했다. "종교개혁은 성경을 평신도에게 돌려주었지만, 한국 교회는 평신도에게서 성경을 빼앗아 갔다"고 할 정도로 성경 공부와 신앙생활에서 평신도들의 수동성은 너무도 강했다. 그런데 학생 운동과 선교 단체의 영향으로 "평신도의 소중성이 평신도 단체인 대학생 성경 공부를 통해서 한국 교회에 점점 더 보급되[었]다."[130]

복음주의 4인방의 막내였던 하용조는 복음주의적 신앙에 토대한 학생 운동으로부터, 그가 공부한 장로회신학교의 신학 교육의 문제점들을 극복하는 데 필연적인 도움을 받았다. 하용조는 창조론이 진화론에 의해 희석되면서 성경에 대한 확신이 점차 약화되고 위협받는 경험을 했으며, "성경에 오류가 있다"는 현대 신학의 집요하고 설득력 있는 증거 자료들과 교수들의 주장과 견해에 저항할 힘을 잃곤 했다. 그는 하마터면 CCC에서 거듭남의 체험을 통해 만난 예수님을 잃어버릴 뻔하기도 했다. 그러나 복음주의 신앙 운동을 통해서 정확무오한 하나님 말씀에 대한 분명한 신앙을 확립하고, 예수 그리스도의 십자가에서의 대속적 죽음을 통한 구원의 확신을 확고히 했다. 하용조는 이렇게 고백한 적이 있었다. "제 개인적으로도 신학교에 가서 불트만을 배우고 바르트를 공부하다가 혼란에 빠진 적이 있습니다. 제가 거기서 헤어 나오지 못했다면 오늘날의 온누리교회는 없었습니다. 신학교에 신학만 있고 성경이 없는 것이 문제입니다."¹³¹ "내 나름대로 불트만이나 바르트나 틸리히 같은 신학자들을 공부해 보면 그럴듯한데, 문제는 이들의 신학 이론에서는 예수님을 만날 수 없었다는 것"이다.¹³² 복음적인 학생 운동과 복음주의 계통의 사람들과의 만남과 교제를 통해 하용조는 결국 그의 신학적 방황과 번민을 종식시키고, 숱한 고난과 질병의 짐을 지면서도 목회자의 삶을 지속시켜 나갈 수 있었다.

이렇게 학생 신앙 운동가들의 혁신적인 노력으로 말미암아 1970년대 초반부터는 제자훈련의 보급 단계가 활발하게 전개되었다. 송인규는 제자훈련이 한국 교회 내 정착하게 된 유래를 살피면서, 1960년대 말부터 1970년대는 "유입의 단계"에 해당하고, 1970년대부터 1980년대는 "보급의 단계", 그리고 1980년대 중반부터 2000년대는 "정착의 단계"라고 규정한다. 이러한 제자훈련의 역사 속에서 옥한흠의 성도교회 대학부 사역과 그 후의 사랑의교회 목회는 결국 보급과 정착의 단계에서 매우 핵심적인 역할을 감당했음을 알 수 있다. 1970년대를 지나면서 서울 시내의 여러 교회의 대학 및 청년부에 선교 단체 식의 제자훈련 프로그램이 자리를 잡아가기 시작했다. 청년부 사역 자체의 성격도 예전과는 다른 방향에서 전개되었다. "1970년도에 들어와 새로 시작된 대학부들은 그 성격 자체가 기존의 대학부와 달리 전도와 양육을 위한 목적 중심으로 탈바꿈하게 되었다. 아마 이런 면에서 선봉을 선 것이 1960년대 말의 성도교회였을 것이고, 그 이후 1970년대 중반에 내수동교회가 그 뒤를 따랐으며, 얼마 후에는 서울 침례교회가 역시 이런 면모를 드러냈던 것으로 알고 있다."¹³³

1980년대 초에 이르게 되면 대학생 선교 단체 출신들이 목회자의 길을 걸으면서, 제자훈련은 한국 교회에서 더욱 대중화되기 시작했다. 물론 "제자훈련"이라는 용어를 적극적으로 사용하지 않은 경우도 있었지만, 일대일 전도, 양육, 경건의 시간quiet time, QT, 소그룹 활동과 같은 프로그램은 결국 제자훈련 사역과 직간접적으로 연관된 사항들이었다. 특히 한국 교회 내 설교를 준비하는 목회자들과 성경 말씀을 삶 속에 적용시키는 큐티를 적극적으로 활용하고 생활화하는 데 하용조의 역할이 매우 컸다.[134] 이러한 한국 교회 내의 큰 변화 속에 옥한흠과 그의 평생 동지들의 역할이 매우 긍정적으로 작용했다.

이 시절은 옥한흠이 목회자로서 그리고 가르치는 자로서 "가르칠 수 있다"는 자신감을 발견하고 발전시켜 나간 기간이기도 했다. 한 개인으로 볼 때, 그는 꼼꼼하고 다소 수줍음이 있고 자신을 잘 드러내지 않는 사람이었지만, 가르치는 자로서 돌보는 자세와 자신감, 그리고 상대방을 배려하는 정신을 확연하게 드러내 보였다.[135] 이 시기에 그에게 배움을 받은 제자들에게 옥한흠은 훌륭한 교사이자 스승이며, 제자들에게서 최고의 결과를 이끌어 낼 줄 아는 사람으로 각인되었다. 옥한흠은 그의 제자들에게 "기독교는 내가 선택할 수 있는 종교가 아니라, 내가 택함을 받을 수밖에 없는 유일한 종교라는 것"을 말씀 선포(요 14:6)를 통해서 강조하며 제자훈련을 시행해 나갔다.[136]

이렇게 옥한흠의 성도교회에서의 대학부 사역은 제자훈련과 교회 갱신을 위한 청사진이 마련되는 계기가 되었으며, 얼마 지나지 않아 큰 열매를 거두면서 제자훈련의 교회적 적용에 대한 가치가 한국 교회에 널리 알려졌다. 이러한 배후에는 옥한흠의 건설적인 비판 의식과 열린 안목이 큰 역할을 했다. 그는 당시 한국 교회의 성장일변도의 목회가 갖고 있는 문제점을 나름대로 인식하고 있었으며, 1970년대의 빌리 그레이엄 전도집회와 엑스플로 전도폭발 등에 대한 지대한 관심과 함께 그러한 운동이 지니는 장점에 대해 "수용의 폭이 넓어졌다."[137] 교회 안에서, 그리고 교회를 토대로 복음주의적 선교 기관의 역동성을 도입하고 적용한 것은 옥한흠의 철저한 신학적 뿌리와 안목이 분명했기 때문에 가능한 일이었다. 그의 제자 박성수는 다음과 같이 그 의미를 언급했다.

목사님이 한국 교회에 남기신 가장 큰 공헌은 신자의 제자화 개념과 방법을 소개한 것이라 생각한다. 내가 알기로 사실 이 개념은 목사님의 독창적인 개념이 아니다. 대학부 제자였던 방선기 목사, 한정국 목사를 비롯한 몇 사람이 대학 1, 2학년 시절 선교 단체와 관련을 맺으며 배운 것을 옥 목사님께 허락받고 대학부에 도입한 것이었다. 당시 다른 교회에도 이 개념들이 도입되었지만, 지도자들의 배척으로 교회와 선교 단체는 서로 관계를 갖지 않게 되었다.… 많은 선교 단체 출신들이 졸업 후 신학교에 가고 교회 사역을 했지만 캠퍼스와 교회는 근본적으로 토양이 달라 다양한 나이와 배경의 구성원을 가진 교회라는 독특한 토양에 제자훈련을 연결시키지 못한 것이 사실이다. 목사님은 본래 자신의 것이 아니었음에도 불구하고 배우려는 겸손한 자세를 통해 이 놀라운 아이디어를 교회에 접목시킨 혁신을 이루어 낸 것이라 생각한다.[138]

제자훈련 신학화를 위한 6장
미국 유학

칼빈 신학교 유학과 이민 목회

옥한흠이 대학부 사역을 하면서 유학을 심각하게 고려하게 된 이유가 있었다. 그는 제자훈련의 중요성과 가치를 알면 알수록 "스스로의 한계에 자꾸만 부딪히게 되었다." 그리고 제자훈련에 대한 확신과 경험은 깊어 갔지만, 아무리 열심히 공부했어도 신학적으로나 성경적인 체계가 견고하게 잡히지 않은 상태라 스스로 "뿌리 없는 목사처럼 느껴졌기 때문"이었다. 이러다가는 자신이 "가르치는 제자훈련이 되지 못하고 다른 사람의 이론을 가르치는 제자훈련으로 목회할 수밖에 없다는 걸 절감하게 되었다."¹ 또한 대학생이라는 특수한 목회 대상에게는 제자훈련의 성과가 있었지만, 일반 목회라고 하는 복합적인 대상에게 과연 제자훈련이 잘 적용이 될지 확신이 서지 않았다. "이 두 가지가 숙제로 남다 보니 더 배워야 한다는 생각이 끊임없이" 그를 따라다녔다. 그가 "굳이 유학을 결심할 수밖에 없었던 건 그런 이유 때문이었다."²

옥한흠의 유학 동기는 그의 제자훈련과 밀접한 관계가 있었다. 단순히 이론적 학문을 연구하기 위해 유학을 계획했던 것이 아니라, 지난 수년간 대학생들과 제자훈련에 몰입하면서 신학적 기초를 다지기 위함이었다. 초교파 선교 단체에서 실시하는 장점들을 도입하여 성공적으로 제자훈련에 열매를 거두었고, 경험적으로는 그 가치와 효용성이 확인되었지만, 한국 교회 전체로 확산시켜 나가기 위해서는 신학적 체계와 성경적 토대가 분명해야 했다. 옥한흠은 유학 공부를 통해서 제자훈련의 신학적 기반을 돈독히 하고, 그것을 바탕으로 청년들뿐만 아니라 일반 성도들에게 적용함으로써 그가 그동안 희구해 왔던 "좋은 교회에 대한 꿈"을 이루어 가기를 소망했다. 이것이 그가 어려운 가운데 유학을 감행한 동기이자 목적이었다.

옥한흠의 유학 준비도 대학생들을 훈련하는 과정을 통해 자연스럽게 이루어졌다. 그는 신학교 시절 일주일에 한 번씩 성도교회 교육관에 대학생 10명 정도를 모아 영어 원서를 강독하는 모임을 만들어 책을 번역하도록 하고, 그 내용을 철저하게 이해하는 훈련을 시켰다. 그때 이 모임에 들어온 학생들은 학업 성적이 매우 우수했다. 옥한흠은 이들이 독서 모임을 통해 기독교 신앙의 깊은 경지를 인식할 뿐 아니라, 영어에도 능숙해지도록 독려했다. 원서 강독은 어느 분야든지 앞장서 나갈 수 있는, 기독교 신앙으로 무장된 지도자들을 훈련시키는 좋은 방법이었다. 이 모임은 옥한흠에게도 유익했다. 그 모임의 일원이었던 한인권은 원서 연구와 꼼꼼한 번역 훈련을 통해 "목사님이 칼빈 신학교에 유학을 갈 수 있는 준비가 되었다"고 회상했다.[3]

이렇게 분명하고도 의미 있는 목적을 위해서 유학을 준비하다 보니, 모든 절차가 순조롭게 진행되었다. 부교역자 생활을 하면서 유학 준비를 하는 것은 사실 무리였다. 당시로서는 고등고시만큼 어려운 유학 시험을 옥한흠은 나름대로 준비했다. 경제적 형편이 어려웠던 그는 "시험을 한 번에 붙고 전액 장학금을 주시면 하나님의 응답으로 알고 가겠다"고 간절하게 기도했다. 그렇지 않으면 개척 교회를 시작하려고 마음을 먹고 있었다. 그런 기도에 하나님은 "희한하게도 모두 응답"해 주셨다. 평소에 영어도 꾸준하게 준비한 결과 처음 응시한 토플 시험에서 최상위 점수를 받았다.[4] 옥한흠은 당시 국가에서 학과마다 한 명씩 선발하는 유학 시험에서 "신학" 부문에 뽑힐 만큼 성적이 매우 우수했다.

옥한흠은 국가 고시와 토플 시험을 단번에 통과하고 미국 웨스트민스터 신학교와 칼빈 신학교 등 두 곳에 지원했다. 두 학교 중 칼빈에서는 전액 장학금을 약속했고, 웨스트민스터에서는 반액 장학금을 주겠다는 연락이 왔다. 그는 칼빈 신학교를 선택했다. 그가 이 신학교를 선택한 배후에는 화란 기독개혁교단Christian Reformed Church, CRC이 한국에서 운영하고 있던 개혁선교부의 추천도 큰 몫을 했다. 선교부는 김의환이 칼빈 신학교에 유학할 때에 그랬듯이, 옥한흠도 추천해 주었다. 또한 선교부 직원들을 위한 집회에 강사로 초청받아 로마서 강해 설교를 통해 큰 감화를 끼쳤던 김성환의 역할도 지대했다. 김의환의 절친한 친구였던 김성환은 단골 강사로 개혁선교부 직원들에게 인기가 아주 높았고 자주 방문하여 신앙의 교제를 이어 갔다.[5] 신학교 시절 옥한흠을 높이 평가했던 김의환과 성도교회 부교역자로서 아름다운 사역을 일구어 갔던 옥한흠을 유심히 바라보며 아끼던 담임 목사 김성환의 배려와 추천이 옥한흠의 미래를 열어 가는 데 귀한 초석이 되었다. 또한 옥한흠이 칼빈 신학교로 유학을 가게 된 이유 중 하나는 1960년대 이후 총회신학교와 화란 기독개혁교단과의 관계가 밀접해져 있는 상황도 큰 몫을 했다. 명신홍 박사를 위시한 합동 교단의 지도자들은 미국 내 화란 기독개혁교단과의 친선 관계 수립, 신학교 건축, 선교사 파송 지원, 교수 교류, 유학생 알선 등을 위해 헌신적으로 기여했다.[6]

더군다나 경제적으로 전혀 여유가 없었던 옥한흠에게는 전액 장학금을 지원하겠다는 칼빈 신학교로 결정하는 수밖에 다른 선택의 여지가 없었다. 그는 사랑하는 가족을 남긴 채, 1975년 8월, 37세의 나이에 홀로 유학길에 오르기로 마음먹었다. 전액 장학금을 받는다고 해도 모든 가족이 미국에서 생활하기에는 돈이 턱없이 부족했기 때문에, 아내와 자녀들을 다시 경남 진영의 처가로 보내고 또다시 생이별을 하게 되었다. 1965년 결혼해 대학 생활과 신학생 시절을 가족과 떨어져 지냈던 옥한흠은, 1970년 성도교회 부목사가 되어 사택이 주어져 겨우 함께 살다가 5년 만에 또다시 헤어지게 된 것이다. 이제 갓 태어난 막내아들 성수의 첫돌도 보지 못한 채 유학길을 떠나야 했던 옥한흠의 마음은 매우 무거웠다. 또다시 헤어져야 하는 이러한 상황에서도 사모 김영순은 말없이 남편을 보낼 수밖에 없었고, 세 아들을 키워 가며 남편의 유학 생활이 끝나기만을 인고하며 기다려야 했다.

옥한흠은 유학을 떠나기 직전까지도 제자훈련에 열중했다. 그가 유학을 떠나기 이틀 전, 아무 연락도 없이 나가 집에 들어오지 않았다. 그다음 날 허겁지겁 집으로 돌아온 그는, 다음날이면 아내도 자식도 두고 유학 떠날 처지에 애틋한 말 한마디 들려주는 것은 고사하고, 학생들을 불러내어 나가더니 그날도 종일토록 사방으로 쫓아다니다 밤에야 들어왔다고 한다. 그날만큼은 가족들과 함께 있었어야 할 옥한흠은 그날도 제자들과 시간을 나누었다. 부부 싸움을 하면 울어 버리는 그의 아내는 출국 하루 전에 멀리 부산에서 집에 찾아온 작은아버지 옥치상 목사의 부부를 만나지도 못할 만큼 눈이 부어 있었다. 그래서 김영순 사모는 그 일로 오랫동안 오해를 받기도 했다.[7] 이날 조카 옥한흠만 만났던 옥치상은 "너 절대 신학자 될 공부하지 말고, 목회자 될 공부하거라. 내가 경험해 보니까 목사는 교인과 더불어 울고, 웃고 하는 게 목사상이더라"는 한마디 부탁만 하고 헤어졌다.[8]

  1975년 여름, 칼빈 신학교에 도착한 옥한흠은 제자훈련의 신학적 체계화를 위한 단계를 차근차근 밟아 가고자 했다. 그는 칼빈에서 공부했던 김희보의 처남 정석삼의 집에 며칠 기거하다가 학교로 들어갔다. 칼빈 신학교는 화란 기독개혁교단 소속 신학교로서 교수들 대부분은 화란 자유대학교에서 학위를 마친 화란계 신학자들이었다. 하지만 그 학교의 학풍을 알게 되면서 옥한흠은 곧 실망하게 되었다.

    가족들과 헤어지면서까지 유학 온 동기는 단순히 학위를 따겠다는 게 아니고 오직 제자훈련에 대해 성경적이고 신학적인 준비를 하겠다는 뜻이었는데, 그곳 분위기는 내 예상과 전혀 달랐다. 화란계 사람들의 교단 소속 신학교라 그런지 유달리 자존심이 강하고 제자훈련 따위는 학문에 끼일 주제가 못 된다고 여기는 인상이었다. 나의 지도교수마저도 제자훈련에 대한 나의 별난 관심을 잘 이해하지 못하는 것 같았다.[9]

그렇다고 해서 칼빈에서의 유학 생활이 전혀 의미가 없었던 것은 아니었다. 비록 개혁 신학의 틀 속에서 제자훈련의 신학적 기초를 심도 있게 연구하지는 못했지만, 그가 서구의 신학을 이해하고 견문을 넓혔다는 면에서 학문적 소득이 분명히 있었다. 특히 화란 개혁주의 신학의 특징 중 하나인 영역 주권 사상은 훗날 옥한흠의 신학과 사역에 지대한 영향을 미치게 된다. 어쨌든 신학석사(Th.M., 실천신학 전공) 과정을 그곳에서 마치기로 하고, 제자훈련의 신학화 작업은 후일로 미룰 수밖에 없었다. 이 기간에 주임 교수였던 칼 크로밍가Carl Kromminga 교수와 로버트 렉커Robert Recker 교수 등의 가르침과 감화는 오래 기억되었다. 또한 동료 학우였던 제리 후리맨Jerry Vreeman과의 교제는 오랫동안 지속되었다.[10] 당시 옥한흠과 함께 공부했던 학우 중 존 볼트John Bolt는 현재 칼빈 신학교 조직신학 교수로서 명성을 떨치고 있는 학자다.

특히 크로밍가는 『평신도 전도The Communication of the Gospel through Neighboring』라는 저술을 통해 현대 사회의 특수성을 고려하면서 평신도들이 적극적으로 수행할 수 있는 복음 전도에 대한 신학적 안목을 제공했다. 옥한흠은 크로밍가의 강의를 듣는 가운데, 우리는 현재 평신도 운동의 시대에 살고 있으며, 성경 중심의 전도와 세계 복음화를 위한 평신도 사역의 중요성에 대해 깊은 학문적 깨달음을 받았다. 20세기 중반에 평신도의 중요성에 관한 인식과 논의는 로마 가톨릭교회와 에큐메니컬 교회에서 주로 시행되었다. 신학적 경향이 한쪽으로 기울면서 사회복음Social Gospel으로 치우쳐 가는 시기에, 개혁 교회와 복음주의권에서 평신도 신학에 관한 주요한 책을 쓴 크로밍가와 존 스토트, 그리고 간하배Harvie M. Conn 등의 역할은 매우 중요한 역사적 의미를 지닌다.

크로밍가의 신학은 헤르만 바빙크와 그의 조카 J. H. 바빙크의 영향을 받았다. 옥한흠은 크로밍가 교수의 과목들을 매우 우수한 성적으로 이수했다. 그는 나이지리아 선교사 출신인 렉커 교수로부터는 선교적 교회론의 신학적 기반과 특성에 대해 깊은 영향을 받았다. 그는 렉커 교수의 브라질 장로교회 역사 과목도 수강했다. 렉커는 성령론과 교회론에 지대한 관심을 갖고 있었으며 사도적 교회론을 주장했다. 존 볼트는 렉커의 교회론은 한스 큉Hans Küng의 교회론과도 연결될 수 있다고 언급했다.[11]

화란의 문화적 유산이 칼빈 신학교 안에 강하게 남아 있었지만, 옥한흠에게 또 다른 영향을 준 것은 여러 나라에서 유학 온 학우들과의 교제였다. 그는 그들과 사귀면서 폭넓은 신앙을 형성해 나갈 수 있었다. 외국인 유학생들의 숫자가 늘어나자 신학교 당국은 그들을 교내 기숙사에서 생활하게 하기보다는 학교 부근에 집을 사서 그곳에 기거하도록 조치했다. 아마도 인종적 편견이 있는 백인 학생들 때문에 그러한 방안을 내놓았던 게 아닌가 싶다. 열두 명 정도의 유학생들과 공동으로 생활하던 인터내셔널 하우스International House가 옥한흠의 새로운 거처였다. 옥한흠은 그곳에서 함께 지냈던 제3세계 유학생들과의 생활을 통해서 그리스도인의 교제가 문화와 인종을 넘어서는 것임을 실감했다. 여러 나라에서 공부하러 온 동료들과 어울려 격의 없는 교제를 나누었다. 또한 학업에 정진하면서도 기독교 신앙을 통해 인간적 경계를 초월하는 아름다운 경지를 경험했다. 요리에 그다지 관심이 없었던 그도 한국에 있는 아내에게 연락하여 요리책을 보내 달라고 부탁하여 손수 요리를 했다. 교대로 음식을 준비해야 했지만, 그들에게 한국 음식을 맛있게 만들어 대접하고자 하는 그의 순박한 마음이 더 컸을 것이다.[12]

유학 중 옥한흠의 어머니가 회갑을 맞았다. 그러나 그는 귀국할 수 없었다. 장남 입장에서 어머니의 회갑에 참석하지 못하는 마음이 얼마나 아팠겠는가? 그는 어머니의 생신을 축하하는 메시지와 함께 친구들이 부른 축하의 노래를 녹음 테이프에 담아 보냈다. 그에게는 그런 효심과 낭만이 있었다. 그것을 듣는 그의 어머니와 아내, 그리고 여동생 재선은 그리움의 눈물을 흘릴 수밖에 없었다. 전화 통화가 원활하지 못했고 비용도 비쌌던 당시에 옥한흠은 자신의 마음을 녹음하여 사랑하는 가족들에게 테이프를 보내며 가족과 떨어진 마음을 달래고 가족을 향한 사랑의 마음을 전달하곤 했다.[13]

칼빈 신학교로 유학 온 지 얼마 안 된 시기에 옥한흠은 거주할 곳이 없어 어려움에 처한 한인 동포 한 사람을 만났다. 그는 생면부지의 불신자였다. 곤경에 처한 그를 인터내셔널 하우스 내의 자기 방으로 인도하여 열흘간 같이 지내며 그에게 복음도 전했다. 옥한흠은 그에게 적합한 제자훈련도 하며, 종종 도시락도 싸 주면서 출퇴근시켰다고 한다. 긴 세월이 지난 후, 옥한흠의 아들 옥성호가 그를 만나서 들은 이야기를 이렇게 증언했다. "그때 자기가 예수님을 믿고, 그날 이후로 가족도 예수님을 믿고, 자기 자식과 손자손녀들이 다 예수님을 믿고 미국에서 살 수 있었다. 그때 목사님과 함께 있었던 10일이 자기네 가족을 살릴 수 있는 힘이 되었다." 지금은 80세가 넘은 노신사가 된 그는 오래전의 일을 기억하면서 감사의 눈물로 당시의 일을 회고했다.[14] 옥한흠의 한 사람에 대한 관심과 열정은 어느 상황에서든지, 그리고 어려움에 처한 그 누구도 예외가 없었다는 것을 잘 드러내 주는 단면이다. 이러한 일이 옥한흠 자신도 형편이 어려워 남에게 도움을 받아야 살 수 있었던 유학 초기에 일어났다.

당시 칼빈 신학교에 유학 온 한인 학생은 옥한흠뿐이었다. 그는 인근의 한인 교회로부터 주일 설교를 부탁받았다. 아직 교회라기보다는 일종의 성경 공부 모임이라고 할 수 있었다. 이 모임에서 거창고등학교 교장 전영창 선생의 딸 전영애와 사위인 김순호가 성경 공부를 인도하고 모임을 이끌어 가는 주도적인 역할을 하고 있었다. 그러나 옥한흠의 설교를 들은 이후부터는 성경 공부 중심의 모임보다는 예배를 드리는 교회로 자연스럽게 전환되었다. 옥한흠의 열정적인 설교를 들은 성도들은 큰 은혜를 받았으며, 그들의 이민 생활에 많은 위로를 얻었다. 그들은 매주일마다 옥한흠에게 설교를 부탁했고, 1975년 9월 하순을 지나면서 그 모임이 교회로 자연스럽게 발전해 갔다. 결국 교회 설립에 대한 동의를 얻어, 1975년 10월 5일 설립 예배를 드림으로써 정식으로 교회가 출범하게 되었다. 이 교회가 옥한흠이 장년들을 대상으로 최초로 목회한 그랜드래피즈 한인 교회다.

옥한흠은 성도교회 대학부에서 사용하던 네비게이토 교재를 가지고 말씀 공부와 제자훈련의 기본 단계를 이민 교회 성도들에게도 실시했다. "제자훈련"이라는 용어는 드러내 놓고 사용하지 않았지만 성경 공부를 철저하게 시행하면서 성도들을 훈련시켰다. 당시 교인 중 한 사람이던 이철우에 의하면 "그때 당시에 옥 목사님한테 부딪히면 교회를 안 나오든지, 그렇지 않으면 말씀 앞에 무릎 끓고 복종하게 되든지, 둘 중 하나였다. 옥 목사님은 적당한 걸 못 보셨고, 숙제를 안 해 가면 정말 단호하게 대하셔서 반감 있는 사람들은 떨어져 나갔다"고 증언한다. 복음에 대한 열정과 철저함은 그 누구도 따라갈 수 없을 만큼 강하고 확실했다.[15] 그리고 옥한흠이 인도하는 성경 공부 시간에는 말씀과 함께 성령의 역사가 강하게 일어났다. 그는 성도들에게 무엇보다도 성경 구절을 많이 외우도록 격려하며, 복음이 무엇인지를 확실하게 깨닫도록 해 주었다.[16] 이국 생활에 지친 이민자들은 서서히 성경 말씀에 마음의 문을 열었다. 옥한흠의 은혜롭고 열정적인 설교가 이민 교회 성도들에게도 큰 감동을 주었고, 그의 정기적인 성경 공부 모임을 통해서도 이민자들의 신앙이 성숙해 갔다. 이렇게 시작된 옥한흠의 이민 목회는 1977년 3월 25일까지 계속되었다.[17]

길지 않은 시간이었지만, 옥한흠은 이민 교회 성도들에게 목회자의 진실한 삶을 보여 주었다. 말씀을 가르치고 선포할 뿐만 아니라, 그대로 살려고 부단히 애쓰는 삶을 통해 상당한 감화력을 발휘했다. 자기 때문에 혹시라도 오해나 실망을 했다면 며칠이고 철저하게 금식하며 기도했다. 성도들은 그의 그런 모습에서 참 목회자상을 보게 되었다. 옥한흠에게는 자신을 돌아보고 작은 실수에도 민감하게 반응하는 영적 민감성이 있었다. 그리고 그는 유학 시절, 자기만의 기도 생활에도 철저했다. 새벽에 일어나면 언제든지 한두 시간 기도하면서 개인적 간구와 함께 조국 교회 그리고 세계를 품은 선교 기도를 했는데, 그 소리가 당시 교인들의 귓전에 여전히 남아 있다. 시간이 나면 성도들과 함께 인근에 있는 제네바 캠프라는 수양관에 가서 밤새 기도하며 찬송하는 열정적 모습도 당시 성도들의 기억 속에 고이 간직되어 있다.

옥한흠은 청바지 차림으로 젊은 청년들, 청소년들과도 격의 없이 축구와 탁구를 하며 어울렸다. 유학생 신분으로 목회하지만 교회를 위한 헌금에서도 그는 가장 솔선수범했다. 그는 교인들 중에서 가장 가난했지만 자신이 갖고 있는 모든 것을 아낌없이 바쳤다. 교인들은 그의 지극한 헌신에서 진정한 목자의 모습을 발견했다. 그리고 목회를 위해 시간을 많이 내야 하는 상황에서도 학업에 최선을 다해 집중하는 태도는 그들의 눈에 아름답게 보였다. 이런 목회자였기에 그들은 옥한흠과 아쉬운 석별을 경험한 이후에도 그의 설교 테이프를 통해 영적 교제를 이어 나갔다.[18]

미국에 홀로 와서 공부하며 목회했던 옥한흠은 성경책 안표지에 사랑하는 아내와 아들들의 사진을 붙여 놓고 성경을 읽을 때마다 수시로 가족들의 얼굴을 보면서 그리운 마음을 달래곤 했다. 혼자서 아들 셋을 데리고 친정에 머물고 있는 아내를 그리워하면서 "우리 성호 엄마"라고 수도 없이 부르며 한없는 사랑과 신뢰의 마음을 표현했던 옥한흠으로 인해 큰아들 성호의 이름은 이미 그때부터 그랜드래피즈 성도들에게 낯익은 이름이 되었다. 가족과 멀리 떨어져 있는 공간의 간격을 그는 기도로 채웠다. 이철우는 이렇게 회고했다. "목사님은 가족들과 떨어져 있으면서 기도도 많이 하시고 하나님께 더 매달리시는 기회로 삼으셨다. 그리고 목사님 숙소에 가면 세계 지도가 있었는데, 외국 학생들과 함께 말은 서로 통하지 않아도 자기 나라 말로 떨어져 있는 가족들과 세계 복음화를 위해 기도하시곤 했다."[19] 가족과 떨어져 지내면서 여러 나라에서 온 학우들과 영적 가족처럼 지내는 동안, 기도를 통한 세계 선교의 열정이 옥한흠의 마음속에서 활화活火하고 있었다.

그때 잠시 한인 교회 목회를 했던 경험은 그에게 큰 추억이자, 훗날 이민 교회에서 제자훈련을 하는 목회자들을 이해하는 계기가 되었다. 또한 그의 이민 목회는 장년 제자훈련의 작은 실험장이 되었다. 그는 대학생들에게서 발견했던 동일한 영적 변화가 그들에게도 일어나는 것을 그때 경험했다. 사실은 제자훈련보다 더 중요한 것이 있었다. 성도들은 제자훈련에 끌리기 전에 제자훈련을 시행해 나가는 한 목회자의 진실하고 희생적인 자세에서 예수의 모습을 보았기에 그의 가르침에 빨려 들어갔다. 거의 사반세기가 지난 후인 2000년에 그가 목회했던 그랜드래피즈 한인교회 25년사에 실린 축사에서 옥한흠은 이렇게 권면했다.

이제는 1.5세대와 2세대들에게 꼭 필요한 교회로 발돋움해야 될 것입니다. 이 일을 위해서 지금까지 교회를 지켜 온 기성세대는 아무리 비싼 대가라도 지불할 각오를 하셔야 할 것입니다. 틀림없이 다음 세대를 위해 큰일을 감당하는 교회가 될 것을 의심하지 않습니다. 교회가 건강해야 개인과 가정이 건강할 수 있습니다. 교회가 은혜 충만해야 성도들이 영적 싸움에서 승리할 수 있는 능력을 유지할 수 있습니다. 서로 사랑하십시오. 서로 용서하십시오. 그리고 기도하는 무릎으로 교회를 섬기십시오. 그러면 모일 때마다 여러분 가운데 천국이 임하는 것을 체험하게 될 것입니다.[20]

1977년 5월에 옥한흠은 칼빈 신학교에서 신학석사 과정을 마치고, 다시 제자훈련의 신학적 토대를 강화하려고 웨스트민스터 신학교 목회학 박사 과정에 지원했다. 그런데 칼빈 신학교에서의 학업이 마무리되는 시기에, 미시간 주의 세기노라는 지역에 있는 한 이민 교회에서 목회 청빙을 해 왔다. 필라델피아에 소재한 웨스트민스터 신학교에서 공부하기 위해 시무하던 교회를 사임했는데, 뜻밖에도 목회자가 없었던 그 교회에서 설교해 달라는 부탁을 해 온 것이다. 그는 한두 번 말씀을 전하고 떠나려는 참이었다. 그러나 설교를 듣고 난 성도들은 목회학 박사 과정은 학교에 상주하면서 공부하지 않아도 되는 과정이므로, 자신들을 위해 목회하면서 계속 공부를 하도록 요청했다. 결국 옥한흠도 고민 끝에 이 제안을 받아들였다.[21]

그곳 교인들 중에는 의사들도 꽤 있었고 이민 생활을 오래한 사람들이 많았다. 옥한흠은 "세기노 소망교회"라는 새로운 이민 교회에서 목회하면서도 제자훈련의 결실을 목격할 수 있었다.[22] 당시 그 교회에는 40-50명 정도가 모이고 있었는데 의사가 30명이 넘었다. 생활이 안정되니까 큰 집을 짓고 서로 경쟁하며 으스대는 교인들도 꽤 있었다. 그러자 의사가 아닌 성도들은 기가 죽어 교회를 그만 나오는 일이 많았다고 한다.[23] 하지만 옥한흠은 세기노 소망교회에서도 제자훈련 목회를 적용하면서 차츰 변화의 모습을 목격할 수 있었다. 이러한 결과, 옥한흠은 "교포 교회에도 역시 제자훈련만이 대안이라는 사실을 확인하고 내심 흥분하게 되었다."[24] 그곳에서 그의 목회 기간은 1년도 채 되지 못했지만, 신학교에서 공부하면서도 제자훈련에 대한 열정을 이민 교회 현장에 접목하려고 시도했다. 교인들 중에는 멀리 떨어져 있는 지역에서 교회에 출석하는 경우도 많았고, 상당수는 의사들이었기 때문에 제자훈련을 시행하기가 쉽지 않았다. 또한 목회자 본인도 그랜드래피즈와 필라델피아를 오가며 목회와 공부를 병행하는 것은 결코 쉬운 일이 아니었다.

유학 시절의 옥한흠은 여전히 제자훈련 목회에 미쳐 있었다. 이민 목회를 하면서도 교회가 먼 교우들에게는 전화로 여러 시간씩 통화하면서 제자훈련에 몰두했다. 이러한 모습은 유학 시절에도 그가 제자훈련 목회에 대한 열정이 얼마나 특심했는지를 잘 보여 주는 단면이다. 외국 땅에 와서 힘든 이민자의 삶에 지친 한인 성도들이 처음에는 불평하다가도 제자훈련을 받으면서 아름답게 변화되는 모습을 목격하면서 제자훈련의 중요성과 필요성을 절실하게 느끼기도 했다. 이 국땅에서 시작한 짧은 장년 목회 경험이었지만, 옥한흠은 제자훈련을 장년들에게도 적용할 수 있을 뿐만 아니라, 이민 교회와 세계 교회에도 접목될 수 있다는 가능성을 나름대로 확인할 수 있었다. 당시 그는 공부하는 입장이기 때문에 전적으로 목회에 임할 수는 없었지만, 주로 주말을 이용해 목양하면서 "어느 정도 신학과 목회의 균형"을 맞출 수 있었다. 그리고 생활에 여유도 생겼다.[25] 이때 이민 교회에서 받은 사례금을 절약하여 사랑하는 가족들에게 송금하는 것은 그에게 큰 기쁨 중 하나였다.[26]

옥한흠이 세기노에서 이민 목회를 하는 기간에 그의 삶과 사역에 전환점이 될 만한 일이 있었다. 그것은 미국에서 정착하고 싶은 마음 때문에 일어난 일이었다. 그 당시 옥한흠이 마음만 먹고 변호사의 도움을 받아 신청하면 미국 영주권 취득도 가능한 상황이었다. 그는 한

때 "만일 미국에서 살게 하신다면 칼빈 신학교와 등을 돌리게 돼도, 내 서약을 스스로 파기해 버리는 꼴이 돼도 해 볼 만하지 않을까?"라고 생각할 정도로 흔들렸다.[27] 실제로 그는 세기노에서 목회하면서 의사 교인들의 제안을 받아들여 영주권 신청을 실험적으로 한 적도 있었다. 하지만 일부 교인들의 은근한 반대도 있었던 것이 사실이다. 또한 자신이 성도교회 제자들과 칼빈 신학교와 한 약속 때문에 영주권을 신청한 뒤 마음이 매우 무겁기도 했다. 학위 취득 후 한국으로 돌아간다는 조건하에 칼빈 신학교에서 전액 장학금을 받고 공부했으므로 그의 마음은 몹시 부담스러웠다. 그러나 당시 옥한흠은 "하나님께서 나를 미국에 살게 하실 건지, 한국에 살게 하실 건지" 하는 마음에 그저 주사위를 던지는 심정으로 영주권을 신청했다. 변호사를 거치지 않고 의사 교인 몇 사람이 어설프게 서류를 작성해 신청했고, 그 결과 그의 목회 경력이 짧다는 이유로 기각되고 말았다. 그때 옥한흠은 기분이 상하긴 했지만, 하나님이 자신을 선하게 인도하시는 것을 확인하게 되었다. "나는 매여도 주님의 복음은 절대 매이지 않는다. 내가 원하는 일이 안 돼도(원하는 일도 아니고 한 번 해 본 것이지만) 주님께서 하시고자 하는 일은 절대로 방해받지 않는다"고 생각했다.[28]

옥한흠은 유학 생활을 하면서 그의 가족들이 미국에 오는 것을 깊이 고민했었다. 생활이 어느 정도 안정되어 가고 경제적 여유도 생기자, 그는 한국에 있는 가족들에게 미국 문화를 접하게 하고, 자신도 남은 학업을 잘 마칠 수 있도록 아내에게 미국에 올 의사가 있는지 타진했다. 그의 편지에 아내에게서 예상 밖의 답장이 왔다. 약속한 유학 생활 3년도 금방 지나갈 것이고, 끝나면 한국에 다시 와야 할 텐데 애들 셋을 데리고 왔다 갔다 할 필요가 있느냐, 그저 공부에만 전념하라는 답신이었다. 더구나 홀로 계시던 어머니를 생각하면, 그러한 제안에 응할 수 없었고, 미국까지 갈 생각이 조금도 없다는 것이었다. 기회만 주어지면 누구든지 미국에 가고자 하는 열망이 강했던 그 시절에, 미국으로 오라는 남편의 제안을 거부하고 본래 의도했던 유학의 목적을 이루라고 독촉했던 사모의 태도는 남편 옥한흠도 이해하기 어려웠다. 만약 그때 사모가 미국행을 원했더라면, 그리고 미국 영주권에 대한 미련을 끝내 버리지 못했다면, 옥한흠도 이민 목회자의 한 사람으로 살아갔을 것이다. 그랬었다면, 오늘날의 사랑의교회는 존재할 수 없었을 것이며, 한국 교회에 끼친 옥한흠의 영향과 의미는 훨씬 삭감되었을지도 모른다.[29] 그러나 이 일을 계기로 옥한흠은 자신을 향한 하나님의 섭리와 인도하심을 다시 한번 깨닫게 되었고, 그가 가야 할 길이 어딘지를 바르게 인식했다.

옥한흠은 희생을 마다하지 않은 그의 "아내의 고집으로 내내 떨어져 지냈지만", 한국 교회를 위한 제자훈련의 신학적 토대를 더욱 견고하게 만들어 갔다. 하나님의 섭리는 옥한흠의 가족을 사랑의교회를 세우고자 하는 방향으로 인도해 가고 있었다. 옥한흠은 그때의 일을 이렇게 회고했다. "지금 와서 돌이켜볼 때, 누구나 한번쯤은 가보고 싶어 하는 미국에 오라고 하는데도 거절한, 어떻게 보면 '앞뒤로 꽉 막힌 여자' 같기도 한 아내의 고집이 오늘의 사랑의교회를 있게 만든 숨은 원인이 아닌가 생각한다."[30]

김영순 사모와 세 아들, 그리고 경남 진영

남편이 유학을 떠나면서 세 아들과 함께 친정인 경남 진영에 내려온 김영순 사모야말로 가장 어렵고 힘든 삶을 영위해 나갈 수밖에 없었다. 장남 성호가 회고했듯이, "엄마를 기다린 것은 남이 결코 알 수 없는 고독과 가난이었다."[31] 세 아들이 볼 때, 어차피 같이 살았어도 아빠는 교회 일로 정신없이 바빠 식사 한 번 같이 할 수 없는 상황이라면, 유학을 떠난 아빠의 공백과 부재가 진영에 사는 외할머니의 품에서 사라질 수 있었다는 것이 오히려 다행이었다. 옥한흠 부부와, 가정이 어려울 때마다 큰 버팀목이 되어 주곤 했던 외할머니가 살고 있는 "진영과의 만남"은 세 아들에게는 말할 수 없는 위로와 소망이었다.[32] 그들에게 아빠라는 존재는 멀리멀리 사라지고 있었지만, 그 공백은 어머니의 세심한 보살핌과 외할머니의 너른 품속으로 인해 파묻히고 밀렸다. 그래도 미국에서 유학 중에 있는 아버지를 그리워하고 동경하는 마음의 끈은 아들들, 특히 장남 성호에게 면면히 이어지고 있었다.

친정어머니의 후덕한 베풂과 보살핌 속에 지낼지라도, 김영순 사모는 살림을 알뜰하게 했고, 철저한 절약 정신으로 자식들을 교육시키며 신앙생활을 영위해 나갔다. "생존을 기준으로 꼭 필요한 것과 굳이 없어도 되는 것을 명확히 구분"하는 엄격한 잣대를 갖고 남편 없는 가정을 이끌어 나가며 세 아들을 교육시켰다.[33] 그 당시 사모는 아이들한테 책 한 권 마음 놓고 사줄 수 없을 만큼 경제적으로 매우 어려운 형편이었다. 성도교회 대학부 제자들은 형편이 어려운 사모님과 가족들을 위해서, 아직 사회생활이 정착되지 않은 시기였지만 "거름회"라는 명칭으로 회비를 조금씩 모아 전달하기도 했다.[34] 그 당시 어려웠던 때를 회상하며 옥성호는 "아버지가 3년간 혼자 미국으로 유학 간 사이 전혀 책을 살 형편이 아니었지만 과감하게 투자하신 어머니께 감사한 마음을 전합니다"라고 언급하기도 했다.[35] 외할머니 집의 다락방에 널려 있었던 책들을 보며 즐거워하는 성호의 모습은 어쩌면 책을 사랑하는 아버지를 그대로 닮았다. 아버지가 없는 그 외로운 마음의 공간을 책으로 채워 가며 꿋꿋하게 성장한 아들들은 사모의 희생적인 사랑의 열매라고 할 수 있다.

아버지가 유학을 떠난 후에, 성호와 두 동생은 엄마와 함께 외할머니 집에서 보낸 3년을 이렇게 회상했다. "지금 생각하면 참 철이 없었지만, 초등학교 2학년까지만 해도 교회 일에만 '몰두하시던' 아버지와 거의 시간을 보낸 적이 없었던 저와 제 연년생 동생은 아버지가 하루빨리 미국으로 떠나고 우리가 시골에 갈 날만을 손꼽아 기다렸습니다." 그렇게 말할 만큼 눈코 뜰 새 없이 사역에 분주한 아버지가 몹시도 원망스러웠다.[36] 하지만 그는 어린 시절 아버지와 함께 보냈던 시간들이 많지는 않았지만 오랜 세월이 지난 후에 "지금 제가 객관적으로 보아도 좋은 아버지"임에 틀림없다는 고백을 남겼다.[37]

제자훈련 목회에 미쳐 아내와 아들들과 제대로 시간을 보내지 못했던 옥한흠에게 장모의 존재와 도움은 그가 인간에게서 받을 수 있는 가장 큰 은덕이었다. 옥한흠은 결혼 초기부터 장모로부터 학비와 생활비 도움을 받았다. 목회자의 길로 들어선 이후에도 필요할 때마다 세 아들을 번갈아 돌봐 주고 사위와 딸이 목회 사역에 전념할 수 있도록 최선의 배려를 아끼지 않았다. 이러한 장모가 계셨기에, 그는 가족을 놔두고 미국 유학을 감행할 수 있었을 것이다. 그런 면에서 옥한흠은 장모 덕을 톡톡히 본 목사라 할 수 있다. 그가 없을 때에도 그의 장모는 크게 드러내지는 않지만 그 "큰 사랑"과 "넓은 그늘"로 외손자들을 감싸 주었기에, 아버지의 부재가 초래하는 부작용이 그의 아들들을 비껴갈 수 있었다. 오히려 옥성호는 아버지 없이 "진영에서 사는 동안 나는 누구의 아들이 아니라 부산 댁의 외손자였다. 그 호칭은 내게 말할 수 없는 특권"을 느끼게 해 주었다고 회상한다.[38] 그러나 이러한 아들의 자부심도 멀리 떨어져 있긴 하지만 아버지가 계시고, 그와 만날 수 있다는 소망과 함께, 기다리면 언젠가 돌아오신다는 확신 때문에 가질 수 있었다. 그런 면에서, 옥한흠의 식구들이 남편과 아빠를 기다리면서 진영에서 보낸 3년의 삶은 이 세상 너머에서 사랑하는 이들을 다시 만날 수 있다는 "새로운 진영"을 꿈꾸게 하는 종말론적 소망의 전주곡과 같았다.

옥한흠이 유학을 떠난 뒤에도, 성도교회에서 제자훈련을 받았던 그의 제자들은 스승을 잊지 않고 진영에 살고 있던 그의 가족들을 찾아가 스승이 가장 좋아했던 찬송가인 「주 달려 죽은 십자가」를 부르며 사모를 위로한 적도 있었다.[39] 사랑하고 존경하는 스승과 제자의 아름다운 인연이 여전히 이어졌던 것이다. 비록 육체적으로는 서로 다른 공간에 있었어도, 스승의 신앙의 진수가 그의 회심의 감격을 노래했던 찬송가의 곡조와 가사를 통해 지속되었다. 옥한흠이 중학교 시절에 참석한 수양회에서 회심을 경험하고 예수 그리스도의 십자가의 공로와 은혜가 너무 소중하고 고마워 시골집 앞 철조망으로 만든 울타리를 잡고 울며 기도하면서 불렀던 그 찬송의 감격이 고스란히 그의 제자들과 가족들에게도 전해져, 멀리 떨어져 있는 옥한흠과 이들을 하나로 묶어 주었다. 아마도 "철조망으로 만든 울타리"는 옥한흠에게 자기의 죄를 용서하고 그리스도의 은혜로 구원하신 십자가와 가시 면류관을 연상케 하는 은혜의 상징이었는지도 모른다. 그 찬송의 정신은 그 자신과 그의 제자들이 예수 그리스도를 따라가는 제자도의 길을 더욱 역동적으로 걸어가게 했던 고리가 되고 동력이 되었다. 그리스도 안에서 맺어진 귀한 만남은 그렇게 지속되었다.

옥한흠은 그의 유학 기간에 아들들을 대면하여 교육시키지는 못했다. 그렇다고 해서 제자훈련에 대한 투철한 교육 철학을 지녔던 그가 자녀 교육에 대해 무관심했던 것은 결코 아니었다. 옥한흠은 유학 중 나이아가라 폭포를 다녀온 뒤, 그가 찍은 사진 뒤에 적어 놓은 메모를 통해 그러한 마음을 드러냈다. 사랑하는 가족에게 폭포와 무지개 사진을 보내면서 "여보, 성호한테 무지개가 왜 생기는지 한번 물어봐요"라며 자식 교육에 깊은 관심을 드러냈다. 당시 그의 아들들도 아빠는 멀리 있지만 지기들의 교육에 관심이 아주 많았다는 점을 잘 알고 있었다. 시골에서 공부하고 있는 아들들을 생각하면 많은 아쉬움과 안타까움이 그의 마음에 자리 잡고 있었을 것이다. 한창 공부에 전념하고 있을 나이에, 그것도 서울이 아닌 시골의 처가에서 지내고 있을 자식들을 생각하면 옥한흠은 마음이 무척 아팠을 것이다. 그래도 편지를 쓸 때마다 그의 아내가 아들들이 공부를 아주 잘하고 있다고 자랑을 해서 보내면, 그는 시골에서 잘하는 것으로 결코 만족할 수 없으며 이다음에 서울에서 공부할 것을 생각해서 더욱 매진하기를 독려했다. 아버지 옥한흠은 그 시절에, 그것도 시골에서 아들들에게 손목시계를 사 주게 했다. 어린 시절부터 "시간관념"을 철저하게 갖도록 하기 위해서였다. 그 당시에 아들들은 자기들에게 시계를 사 주는 아버지의 의도를 깨닫지는 못했지만, "참으로 현명한 결정"이었다고 아버지의 배려에 감사했다.[40]

웨스트민스터 신학교와 한스 큉의 『교회론』

옥한흠은 제자훈련의 신학적 토대를 조금 더 구축하기 위해 웨스트민스터 신학교에서 목회학 박사 과정에 입학 허가를 받고 필라델피아로 향했다. 나름대로 기대를 가지고 온 웨스트민스터 신학교에서도 옥한흠의 제자훈련에 대한 각별한 관심은 공감을 얻지 못했다. 그는 이런 경험을 이미 칼빈 신학교에서 했기 때문에, 그렇게 큰 실망은 하지 않았다. 그는 개인적으로 도서관에서 별도의 시간을 내어 관련 서적들을 찾아가는 탐사探査의 행진을 계속했다. 웨스트민스터 신학교의 목회학 박사 과정은 목회학, 설교학, 교회 성장, 도시 선교, 그리고 성경적 상담학 등 분야에 역점을 두었다. 목회학 박사 과정은 주로 방학을 이용해 집중적인 수업을 실시했기 때문에, 옥한흠은 그 과정을 이수해 가면서 제자훈련에 대한 신학적 정당성과 체계화를 위한 학문적 순례의 길을 독자적으로 부지런히 수행하고 있었다.

그러던 중 예기치 않게 웨스트민스터 구내 서점에서 그의 눈을 사로잡는 한 권의 책을 발견하게 되었다. 그 책은 개혁 신학자가 아닌 가톨릭 신학자 한스 큉이 저술한 『교회론』이었다.[41] 가톨릭 신학자가 저자라는 점이 부담이 되기도 했지만, 개혁 신학을 철저하게 교육하는 신학교 서점에 놓인 책이라면 괜찮겠지 하는 마음으로 펼쳐 들었다. 그리고 금방 그 책 속으로 빨려 들어갔다. 특히 "사도성"에 관련한 부분은 서점 바닥에 앉아 단숨에 다 읽어 버렸다. 이 책의 내용을 살펴본 옥한흠의 마음은 말할 수 없는 기쁨과 감격으로 가득 찼다. 그 책과의 만남은 제자훈련의 신학적 토대를 마련할 수 있는 희망을 가져다준 아주 값진 발견이었다. 그때의 감격을 이렇게 적어 놓았다.

웨스트민스터에 가서도 나의 관심사는 변함없이 제자훈련에 대한 신학적 기초를 다지는 것이었다. 아무래도 도시에 있는 신학교라 제자훈련에 관해 연구할 무엇이 좀 있으리라는 기대를 잔뜩 하고 갔다. 그러나 그곳 역시 실천신학 분야에서는 생각보다 취약했다. 할 수 없이 도서관에 들어앉아 칼빈에서 하던 식의 공부를 해야 했는데, 그때 내게 결정적인 전기를 가져다준 사건이 발생했다. 구내 서점에서 한스 큉의 『교회론』을 발견한 일이다. 그 책을 뽑아 몇 페이지 읽는 중에 '아, 이것이구나!' 하는 탄성과 함께 내 마음에 한 줄기 밝은 빛이 들어오는 느낌을 받았다.[42]

한스 큉의 『교회론』이 옥한흠의 주목을 끌었던 것은 바로 오래전부터 품고 있었던 교회론에 대한 뜨거운 관심이요, 참된 교회를 구현해 나가려는 타오르는 열정 때문이었다. 옥한흠에게 교회론은 단지 몇 줄에 지나지 않는 신학적 정의로 끝날 성질의 교리가 아니었다. 교회론은 신학의 여러 주제 가운데 하나에 불과한 것이 아니라, 신학 전체의 방향과 성격을 결정짓는 신학의 사고 지평이었다. 교회에 대한 끊임없는 숙고와 교회 생활을 하면서 겪은 체험이 바로 "교회란 무엇인가?"라는 교회의 정체성을 찾는 일이었다. 그는 참된 교회를 지상에 그리고 조국 땅에 구현해 나가는 길이 무엇인지를 고민하는 가운데 한스 큉의 『교회론』을 접하게 된 것이다. 그는 이 책에서 제자훈련과 교회론을 연결할 수 있는 고리를 발견했다. 제자훈련의 풀리지 않았던 열쇠를 가톨릭 신학자의 책에서 발견한 것이다.

한스 큉과 그의 『교회론』이 기독교계의 본격적인 주목을 받기 시작한 것은 1970년 교황무오류설을 비판하면서부터였다. 이러한 한스 큉의 과감한 비판은 전 세계적인 반향을 불러일으켰다. 이 사건으로 말미암아 그는 가톨릭의 "개혁자"요 진정한 "교회일치 신학자"라는 명성을 얻었지만, 동시에 "자유주의적 개신교도"라는 가톨릭 진영의 비난의 소리도 들어야 했다.[43] 한스 큉이 교황무오류설을 비판한 것은 우발적으로 이루어진 것이 아니라, 오랜 기간 탐구하고 심화시켜 온 그의 교회론의 자연스러운 귀결이었다. 그는 신약성경의 조명을 통해서 전통적인 교회론의 주제들인 교회의 기원과 본질, 그리고 교회의 직무 등에 깊은 관심을 갖고 연구하며 해석했다.

이러한 가운데 한스 큉은 "부활 이전의 예수가 교회를 설립한 적이 없다"고 단언하면서,[44] 교회는 부활하시고 승천하심으로써 우주적으로 현존하시게 된 예수 그리스도의 부르심에 응답하는 성도들의 공동체, 또는 "하나님의 말씀에 의해 생겨난 피조물creatura verbi divini"로 정의된다고 주장했다. "이러한 견해는 분명 교회가 역사적 예수에 의해 세워졌다고 말하는 제2차 바티칸공의회의 견해와는 다른 입장을 취하는 것이며, 오히려 교회를 말씀의 피조물로 말하는 종교개혁자들의 견해에 더 가깝다"고 볼 수 있다.⁴⁵ 한스 큉은 구체적으로 "옛 백성과 구분되지만, 옛 백성을 계승하는 하나님의 새 백성은 사도들의 선포에서 처음으로 나타난다"고 언급하면서,⁴⁶ 부활하신 그리스도의 현현을 목격한 사도의 선포에서 비로소 교회가 시작되었다고 본다.

한스 큉은 신약성경에 근거하여 교회의 본질을 하나님의 백성, 성령의 피조물, 그리고 그리스도의 몸으로 인식한다. 그는 교회가 하나님의 나라는 아니지만, 하나님나라의 빛을 비춰야 할 하나님의 백성이라는 개념을 강조한다. 하나님의 백성이란 개념은 종말론적인 의미를 지니고 있으며, "하나님의 백성으로서의 교회는 하나님나라의 도래를 고대하며 현재에로 돌입하는 하나님나라의 표징이 되어야 한다"고 주장한다. 이러한 전제 위에서 그는 하나님의 백성의 특성을 성직자와 구분되는 평신도가 아니라 세상과의 구별됨에서 찾는다. 그 구별됨을 향하여 교회는 이 땅에서 중단 없이 계속적으로 전진하는 교회여야 한다. 그런 면에서 한스 큉도 개신교 교회론과 마찬가지로 하나님의 백성이 구원받은 백성이지만 동시에 죄인들의 공동체이기에 이러한 사실을 인식하고 "매일 개혁되어야 할 교회ecclesia semper reformanda"임을 강조한다.⁴⁷

교회를 하나님의 백성으로 인식하는 한스 큉의 교회론의 특성과 함께 강조해야 할 사실은 바로 "교회의 공동체적 성격"이다. 교회는 단순히 신앙을 소유한 개인들의 단순한 집합이 아니다. 하나님의 부르심은 공동체를 통해 개인에게 주어지며, 부름 받은 개인도 성도의 교제(공동체)로 인도된다. 또한 교회는 성령의 피조물이기도 하다.⁴⁸

초대교회가 성령의 능력을 알고, 은사를 통해 세워졌던 공동체였듯이, 교회는 성령의 은사를 받은 성도들이 서로 섬기는 공동체라는 사실이다. 그러나 한스 큉은 진정한 카리스마적 공동체를 열광주의적 공동체와 구분하면서 영 분별의 기준을 사랑과 질서에서 찾는다. 이런 면에서 그는 사랑을 가장 큰 은사로 말하는 사도 바울의 가르침에 충실하게 따르려 한다. 그리고 한스 큉은 그리스도의 몸에서 가장 구체적인 교회의 본질을 발견한다. "교회를 그리스도의 몸이라고 말함은 교회의 본질이 예배 공동체에 있다는 것이요, 또한 이 예배 공동체를 통해 실제로 현존하시는 그리스도와의 교제가 이루어지고, 동시에 신자 상호간의 교제가 이루어진다는 것이다."49

그렇다면 이러한 질문들이 대두될 수밖에 없다. 교회의 본질이 실현될 때 교회는 어떤 모습을 갖게 되는가? 교회를 교회답게 만드는 것은 무엇인가? 참된 교회를 분별할 수 있는 구체적이며 가시적인 기준은 무엇인가? 참된 교회의 가시적 특성, 곧 참된 교회의 속성에 대해 최초의 공의회 신조인 니케아 신조는 "하나의 거룩하고 보편적이며 사도적인 교회una, sancta, catholica, apostolica ecclesia를 믿습니다"라고 고백한다. 여기서 말하는 교회의 네 가지 속성은 독립적인 네 가지 특성이 아니고, 상호 의존적으로 하나의 전체를 기술하고 있는 것으로 보아야 한다. 교회의 일치성, 거룩성, 보편성, 그리고 사도성이라는 특성들은 상호 의존적이다. 그중에서도 "사도성이라는 한계 속에서만 참된 교회의 속성이 될 수 있다. 달리 말하자면, 아무리 폭이 넓고 거룩하더라도 사도성을 상실한 교회는 참된 교회가 아니라고 말할 수 있다." 그런데 이 사도성에 대한 이해는 상이하다. 가톨릭에서는 사도성을 사도의 후계자에게서 찾는다. 반면에, 개신교에서는 "사도의 사명이 실현되는 교회가 사도적인 교회로 이해된다."⁵⁰ 곧, 교회의 사도적 사명이 강조된다. 그래서 교회가 사도적인 이유는 사도적 기초 위에서 세워지기 때문이며, "사도의 사명은 예수님이 놓으신 기초 위에 집을 짓는 것이다."⁵¹

옥한흠에게 지대한 영향을 미쳤던 사도성의 문제를 큉은 사도의 정체성으로부터 설명해 간다. 사도란 부활하신 그리스도를 목격한 사람이고, 부활하신 분의 증인이다. 그러므로 사도는 주님으로부터 선교와 선포를 위임받은 자다. 부활하신 그리스도를 목격했다는 것은 현존하시는 그리스도를 체험하는 것이나 역사적 예수를 만나는 것 이상의 가치를 지닌다. 그러나 새로운 사도들이 계속 나타날 수는 없었다. 부활하신 그리스도는 승천하셨고, 승천을 통해 그리스도는 우주적으로 현존하시게 되었지만, 보이지 않는 분이 되셨다. 그리스도께서 부활하시고 승천하신 후에는 그 누구도 사도들처럼 그리스도를 온전하게 이해할 수 없었으며, 새로이 사도가 될 수도 없었다. "그러나 큉은 사도의 사명만큼은 계승될 수 있었으며, 이 사명을 계승하는 자를 사도의 후계자라고 부를 수 있게 되었다"고 말한다. 그러면 누가 이러한 사도성을 계승하는가? 큉은 단언한다. "교회밖에 없다." 특정한 개인들이 아니라, 교회 전체가 사도의 후계자라는 것이다. 따라서 사도적 사명을 가진 교회가 사도적 교회이며, 이러한 사명은 특정한 직무가 아니라 전체 교회에 계승된다"고 주장했다.⁵²

그렇다면, 교회가 사도적 사명을 구체적으로 계승하는 방법은 무엇인가? 이 질문에 대해 옥한흠은 이렇게 설명한다.

첫째는 사도들의 교훈을 계승하는 것이다. 이것은 교회가 신약성경을 통해 전수되어 온 사도들의 살아 있는 증거를 그대로 받아들이는 믿음으로 가능하다. 이는 사도들의 신앙과 고백을 따르는 것을 의미한다.… 둘째로 전 교회가 사도의 사역을 계승하는 것이다.… 사도성은 단순한 전도의 행위에만 국한되는 것이 아니다. 그것은 사도들이 순종하던 형태의 모든 봉사를 다 포함하고 있다. 교회가 하는 모든 일은 세상을 향한 사도적 사명을 완성하는 데 집중되어야 한다. 교회가 된다는 것과 선교를 한다는 것은 별개의 일이 아니다. 세상에 보냄을 받았다는 이 사실을 교회가 복종을 통해 계속적으로 인정하고 나타내는 데서 사도성은 계승된다.[53]

가톨릭 신학자였던 큉의 교회관이 옥한흠을 비롯한 개신교계에도 적지 않은 영향을 미칠 수 있었던 주된 이유는 "그의 교회론은 사도의 증언인 신약성경에 집중"하기 때문이었다. 옥한흠은 제자훈련에 대한 성경적이고 신학적인 근거를 큉의 교회론을 통해 재확인했다고 판단했다. 그는 교회론의 본질을 평신도의 사도성에서 찾게 되었다. 이 책을 통해 옥한흠은 자신이 왜 제자훈련에 미쳐야 하는지, 왜 평신도를 제자로 일깨워야 하는지, 왜 이것을 목회 철학으로 삼아야 하는지 확신할 수 있는 견고한 신학적 해답을 얻었다. 이러한 감격을 체험했던 그는 "마치 어둠 속에서 빛을 발견한 기분이었다"고 했다.[54] 그가 그렇게 뒤지고 찾았던 답이 한스 큉의 『교회론』 안에 있었던 것이다. 그 순간을 그는 "가슴이 뻥 뚫린 것" 같았고, 또한 "바로 신학생으로 거듭난 순간"이었다고 회고했다.[55] 한스 큉의 저서에서 "제자훈련을 하는 것이 목회의 본질이다"라는 신학적 해답을 재확인한 옥한흠은 "신학을 연구하다가 제 인생에서 두 번째로 미치게 된 것입니다. 그것은 제 가슴속에서 제자훈련의 뿌리가 더 단단하게 되는 계기가 되었습니다"라고 당시의 감격을 언급했다.56 필자는 이 경험을 "옥한흠의 교회론적 다메섹 사건"이라고 명명하고 싶다.

옥한흠은 평신도나 성직자 모두 사도성을 계승한 자들이며, 교회를 통해 복음을 전파하고 모든 족속으로 제자 삼는 사역에 부름 받았다는 사실을 재확인했다. 그는 제자훈련에서 평신도의 중요성을 강조한 신학적 근거를 한스 큉의 교회론에서 찾았다. "사도직"은 사도들의 죽음과 더불어 소멸되었지만, "사도의 과제"는 계속되며 모든 교회가 사도의 후계자라는 사실은 평신도에게 제자훈련을 적용할 강력한 동기를 부여했다. 그리고 모든 교회는 사도들의 복음 선포를 통해 모인 새로운 하나님의 백성인 것이다.57 이러한 주장은 이미 종교개혁자들이나 개혁주의 신학자들을 통해서 선포된 내용이었지만, 가톨릭 신학자인 한스 큉에 의해 재창된 것은 더 큰 의미가 있다고 하겠다. 한스 큉의 신학적 공헌에는 이론의 여지가 없지만, 분명한 것은 그의 교회론에서 피력하는 사도성의 원리는 성경적 가르침이고, 이미 개혁주의적 교회론에서도 강조되고 있는 교리다. 옥한흠이 한스 큉의 『교회론』을 통해서 발견한 이 원리는 성경적이고 개혁 신학의 입장에서도 부합하는 것이기에 수용한 것이고, 그러한 계기가 한스 큉의 저서에서 재발견되었다는 것이 의미 있는 것이지, 아주 새롭거나 혁신적인 가르침은 아니었다.58

종교개혁자들이 외친, 믿음으로 말미암아 의롭게 된 자들은 더 이상 사제를 통하지 않고 영원한 대제사장이신 예수 그리스도를 통해 하나님께 나아갈 수 있다는 "만인제사장" 원리는 평신도들을 각성시켜 목회의 대상이 아닌 목회의 동역자로 탈바꿈해 교회 사역에 역동적으로 참여할 수 있는 기반을 조성했다. 그렇다고 해서 목사의 직분과 역할이 모호해지는 것은 아니다. 칼빈이 강조했듯이, 목사의 직분에는 "복음을 전하며 성례를 집행한다는 두 가지 특별한 기능"이 있다. 목사로 "임명된 것은 무위도식하라는 것이 아니라, 그리스도의 교훈으로 사람들에게 진정한 경건을 가르치며 거룩한 성례를 집례하고 올바른 치리를 유지하며 실시하라는 것"임을 망각해서는 안 될 것이다.[59] 그럼에도 불구하고, 평신도 의식의 변화로 교회 전체는 전도 대사명과 모든 영역에서 하나님이 부여하신 문화 명령을 감당해야 하는 사명이 고취되었다. 이러한 차원에서 한스 큉이 주장한 바와 같이, 교회는 하나님나라의 전조임을 정의하면서, 하나님의 주권적 통치가 이루어져야 하는 분야는 교회 내적 공간에 그치는 것이 아니라, 피조 세계의 모든 영역임을 인식해야 한다.

사도성의 원리는 옥한흠의 눈을 활짝 열어 주었을 뿐만 아니라, 그의 가슴에 열정의 불이 타오르게 했다. 이것을 깨닫고 발견한 옥한흠은 그야말로 "한 줄기의 밝은 빛"을 얻었고, 그 빛은 한국 교회의 평신도와 목회자를 깨워야 하는 등대가 되었다. 지난 3년간 칼빈 신학교와 웨스트민스터 신학교에서 유학하며 얻은 수확이 있다면 바로 이것이었다. 그는 더 이상 학위 취득에 연연해 하지 않았다. 제자훈련의 신학적 토대를 발견했으니 그것을 장년 목회에 접목할 수 있다는 가능성을 갖고 귀국 길에 오르기로 결심했다. 또한 이민 목회에서의 짧은 경

험을 통해 그 원리가 현장 목회에 적용될 수 있음도 확신했다.⁶⁰

덧붙이자면, 옥한흠이 미국 유학을 계획하면서 처음으로 고려했던 신학교가 필라델피아에 소재한 웨스트민스터 신학교였다. 장학금 때문에 칼빈 신학교에서 신학석사 학위를 마치고 웨스트민스터에 왔지만, 옥한흠은 칼빈대학과 총신 시절부터 웨스트민스터에 대한 이야기를 많이 들었던 터라 처음으로 그곳에 도착해서도 그렇게 낯설게 느껴지지 않았다. 그가 어렸을 때부터 존경했던 박윤선 목사와 그와 각별한 사이였던 김의환 박사와 경남 지역에서 많은 신앙적인 영향을 끼쳤던 한부선 선교사 등이 공부했던 신학교였기 때문이다. 그리고 총신에서 그를 가르치다가 나중에 웨스트민스터 신학교의 변증학 및 선교학 교수로 간 간하배도 그 신학교에서 가르치고 있었다. 옥한흠은 총신에서 만난 박형룡 박사를 비롯한 여러 교수의 강의를 들으면서 구 프린스턴 신학과 웨스트민스터 신학의 관계를 알고 있었다.⁶¹ 무엇보다도 "성경의 증언 그 자체를 역사적 객관적 진리로 전제하고, 그 증언을 시대적 요청에 따라서 새롭게 변증하려고 노력하는 '성경신학,' 곧 '하나님 말씀' 신학의 전통을 굳게 고수"하는 웨스트민스터 신학교의 신학적 전통이 옥한흠의 마음에 쏙 들었다.⁶² 제자훈련의 성경적이고 신학적인 근거를 분명히 하고 체계화하기 위해서는 개혁 신학적 틀이 무엇보다도 절실했기 때문이다.

옥한흠이 유학하기로 결심했던 웨스트민스터 신학교는 1929년 단순히 하나의 신학교로 시작된 학교가 아니었다. 20세기 초 미국 교회가 세속주의와 현대주의의 영향 아래로 들어갈 때, 대표적인 미국 장로교 신학의 보루였던 프린스턴 신학교가 오히려 당시의 다양한 신학

사상에 수용적이고 포용적인 자세를 취하면서 신학교와 교단 내에 심각한 신학적 갈등과 논쟁이 일어났다. 이러한 과정에서 웨스트민스터 신학교는 "신학적 변질을 막고, 전통적인 장로교 신앙과 성경 중심의 신학을 고수하기 위해 세워졌다. 따라서 개교 이래로 전통적인 장로교 신앙을 가르치며, 성경의 영감과 권위에 대한 강조, 삶의 전 영역에서 성경의 적용을 주장해 왔다."[63] 이러한 전통은 설립 때부터 현재까지 일관되게 유지되어 온 개혁 신학적 유산이다. 필라델피아와 캘리포니아에 소재한 웨스트민스터 신학교 교수들이 선언한 신학적 입장도 여전히 "기록된 하나님의 말씀으로서의 성경의 충만한 권위와 무오, 인간 이성의 권위에 대항하는 신앙의 변증, 예수 그리스도에 대한 믿음을 통하여 전적으로 은혜롭게 해결할 뿐만 아니라 삶과 사상의 모든 영역에서 드러나는 하나님의 주권, 우리 주 예수 그리스도의 왕권, 그리고 하나님의 법의 실천적 권위"를 실현하는 것이라고 재천명했다.[64]

고귀한 신학 전통을 유지하기 위해서, 웨스트민스터 신학교에서는 개혁주의적 교리와 학문적 탁월성을 토대로 모든 신학 교육 과정이 편성되고 교육되었다. 그렇기 때문에 웨스트민스터 신학교의 목회학 박사 과정은 상대적으로 다른 신학교보다는 요구하는 바가 매우 까다로웠다.[65] 과목 이수를 마치고, 임상 실험을 거친 후 3년 후에라야 프로젝트를 제출하도록 했다. 논문 자체만으로는 학위를 받을 수 없고, 현장에 가서 3년 동안 사역하면서 프로젝트를 만들어 와야 한다는 원칙이었다. 그것은 옥한흠이 한국에 돌아와 3년 동안 따로 준비해야 하는 것을 의미했다. 당시 3년간의 유학을 계획하고 온 옥한흠에게는 남은 1년간 모든 요구 사항을 완수할 수 있는 상황이 아니었기에, 계속 공부할 것인지 갈등이 되었다. 미국에 남아서 프로젝트를 한다고 해도 그에게 남은 기간이 너무 짧았다.

하지만 그는 한두 과목을 제외하고 과목 이수를 거의 다 마칠 즈음에 더 난감한 일이 벌어졌다. 마지막 학위 과정을 마무리하기 위한 프로젝트 완성이 만만치 않은 상황임을 잘 알고 있었던 그는 나름대로 준비한 논문 초안을 당시 주임 교수였던 제이 아담스Jay Adams에게 제출했다. 그러나 성경적 상담학을 강조하고 있었던 그에게, 옥한흠이 고민하며 준비한 제자훈련 목회를 다룬 논문 주제는 제대로 주목을 받을 수 없었다. 그 제안서를 읽자마자 곧장 폐기해 버린 교수의 무례하고 황당한 반응을 보면서, 옥한흠은 아담스야말로 "상담할 사람이 아니라 오히려 상담을 받아야 할 사람"이라고 생각하며, 웨스트민스터 신학교에서의 학업을 포기할 수밖에 없었다. 논문을 그곳에서 다 마친다는 것이 현실적으로 불가능한 것도 물론 사실이었지만, 아담스와의 충돌이 학위 과정을 마무리하지 못하는 결정적 계기가 되었다. 그 일로 인해 옥한흠의 "마음속 응어리"는 오랫동안 풀리지 않았다.[66]

그러나 설령 그 제안서가 통과되었다 해도, 한국에 가서 개척 교회를 하면서 목회 사역과 학위 프로젝트라는 "두 마리 토끼"를 다 잡을 자신이 그에게는 없었다. 무엇이나 한 가지에 몰입하는 유형의 사람이었던 옥한흠의 성격에도 맞지 않을 뿐 아니라, 신학 공부는 그의 소명을 이루기 위함에 그 목적이 있는 것이라는 학문에 대한 그의 입장과도 어긋났다. 학위에 연연하지 않는 의연함이 그에게 있었다. 유학을 간 입장에서 학위 취득을 포기하는 것은 매우 결정하기 힘든 일이었지만, 제자훈련이라는 묘목을 한국 교회에 심고 가꾸기에 그 토양이 얼마나 척박한지를 누구보다도 잘 알았던 옥한흠은 다시 도전해 보겠다는 마음도 접은 채, "주임 교수에게 3년 후 프로젝트를 내지 않겠다"는 말을 남기고 결국 귀국 길에 올랐다.[67] 옥한흠의 유학은 이렇게 마무리가 되었다. 그는 학위를 받지 못했지만 제자훈련에 대한 신학적 정당성을 발견했기 때문에 주임 교수와의 불화는 그런대로 삭힐 수 있었다.

그는 학위에 대한 미련을 포기하고, 그 대신 제자훈련에 대해 배울 수 있는 기관이나 지도자들을 만나기로 마음먹었다. 미국에 체류하는 동안 그는 제자훈련과 관련된 리서치 여행을 하면서 제자훈련의 토대를 더 돈독하게 하기를 원했다. 먼저 콜로라도 스프링스에 있는 네비게이토 선교회 본부에 가서 약 1개월간 머물면서 네비게이토 역사와 제자훈련 자료들을 섭렵했고, 설립자인 도슨 트로트맨의 전기를 읽었으며, 그의 후임자 새니 박사를 만나 교제하며 대화를 나누었다. 그리고 미국에서 나름대로 제자훈련을 적용하고 있는 여러 교회를 3개월간 탐방하면서 제자훈련 사역을 모범적으로 시행하는 교회들을 발견하고 배우기를 원했다. 그가 기대했던 제자훈련 모델 교회는 찾지 못했지만, "한 가지 깨달은 점은 평신도의 중요성을 인식하고, 그들을 깨우는 목회 현장은 무척 건강하고 부흥하고 있다는 사실이었다."[68]

그 후 옥한흠은 남침례교 연합 제자훈련 세미나가 열리는 캔자스 위치타로 향했다. 그곳에서 들었던 빌리 행크스Billie Hanks, Jr.의 강의는 매우 인상적이었고 감동적이었다. 행크스는 한국에 돌아가 교회를 개척하겠다는 옥한흠에게 "한 영혼을 위해 생명을 거시오"라는 매우 중요한 부탁을 했다.[69] 이것은 평소 한 영혼을 그리스도의 제자로 삼는 제자훈련에 몰입하기로 작정한 옥한흠에게 잊을 수 없는 조언이자 격려였다. 옥한흠을 처음으로 만난 행크스도 마음에서 우러나오는 동역자의 정을 느꼈다. 행크스는 옥한흠에 대한 첫인상을 "그리스도의 제자로서의 헌신dedication과 제자훈련 목회의 열정passion으로 가득했으며, 생각이 매우 명료한clear thinking 사람"이었다고 필자에게 전해 주었다.[70] 이런 경험 말고도 옥한흠은 평신도들을 사역자로 훈련시켜 모범적으로 목회하는 여러 교회를 방문하며 귀국 후의 한국에서의 목회에 대한 비전을 새롭게 다지는 시간을 가졌다.

옥한흠에게는 꼭 가 보고 싶은 곳이 또 있었다. 그의 유학 시절에 미국 교계에 상당한 영향력을 끼치며 많은 사람의 관심 대상이 되었던 오럴 로버츠Oral Roberts와 그가 오클라호마의 털사에 세운 오럴 로버츠 대학교Oral Roberts University였다. 요한삼서 1장 2절의 말씀을 근거로 해서 소위 "삼박자 축복"을 선포하고 미국인들에게 엄청난 도전을 주고 호응을 받고 있었던 이유와 그 사역의 결과가 상당히 궁금했었기 때문이다.[71] 아마도 이러한 호기심이 훗날 조용기 목사와의 교제로 이어지지 않았나 추정해 볼 수 있다. 신학적으로 입장이 다른 목회자나 사역에 대해서도 배울 것은 배우자는 자세로 일관했던 옥한흠의 모습을 오럴 로버츠 대학교를 방문했던 그의 여정 속에서도 발견할 수 있다. 특히 대학 캠퍼스 안에 건립한 기도의 탑을 둘러보고 내려오다가 발견한 기도 카드들 가운데 "하나님은 우리가 가진 어떤 문제보다 더 크고 위대하시다"라는 문구가 적힌 카드를 그의 성경책에 끼워 넣었는데, 그것은 오랜 기간 그의 마음속에 새겨 놓은 교훈 중 하나가 되었다. 특히 오럴 로버츠가 폐결핵의 아픔을 극복하고 비상한 믿음을 소유할 뿐만 아니라, 절망에 빠진 수많은 사람에게 복음을 전하는 열정에 옥한흠도 많은 은혜를 받았고 상당 부분 공감했다.[72]

학위 취득 과정은 순탄치 않았지만, 그런대로 자신의 유학 과정을 마무리하고 여행 중에 있었던 옥한흠을 급하게 귀국하게 만든 비보가 전해졌다. 젊은 시절 존경하고 따르던 김성환 목사가 결국 지병으로 고생하다 세상을 떠났다는 소식이 전해진 것이다. 거기에다 경남 진영 처갓집에서 자라던 막내아들 성수가 오토바이에 치이는 사고 소식까지 듣게 된 것이다. 유학을 떠날 당시 채 돌도 지나지 않았던 막내가 아빠의 손이 닿지 않는 먼 곳에서 그렇게 크게 다쳐 누워 있다는 소식은 아버지 옥한흠에게 큰 충격이었고, 그의 마음은 찢어질 듯 아팠다.[73]

한국으로 귀국하기에 앞서 미국의 여러 지역을 여행하던 중 마지막으로 LA에 들른 옥한흠은 여러 지인을 만났다. 그 지역에서 목회하고 있던 오랜 지기 송용걸도 만나 회포를 풀며 미래의 사역에 대해 이야기를 나누었다. 한국으로 떠나는 옥한흠을 만났던 송용걸은 "갈 바를 알지 못하고 떠나야만 하는 아브람"의 모습이 그의 마음속에 불현듯 떠올랐다고 그때를 회고했다.[74]

유학을 마쳐 갈 즈음인 1978년, 공부가 끝나는 대로 조국에서 본격적인 제자훈련 목회를 하겠다는 옥한흠의 당초 계획이 조금은 흔들렸던 것은 분명한 것 같다.[75] 지금도 그렇지만, 그 당시에는 미국에서 공부를 마친 뒤 자의든 타의든 그곳에 주저앉는 경우가 허다했다. 시카고 지역의 한인 유지들을 만났을 때 이민 목회도 제의받았지만, 결국은 한국에서 반드시 이루어야 할 일이 있다면서 그것을 뿌리치고 고국에 돌아가기로 했지만 그의 꿈을 이루어 가는 것이 그렇게 녹록한 것은 아니었다. 옥한흠이 이민 목회를 제의받은 것은 귀로 중에 들렀던 LA에서도 일어났다. 그 당시 그곳에 머물고 있었던 박윤선 박사를 만나 대화를 나누면서도 "미국에서 목회하라"는 제안을 받았고, 평소 잘 알고 지냈던 이진태 박사는 자기가 목회하고 있었던 오렌지 한인교회의 수양회 강사로 부탁하면서 아예 미국에서 목회할 것을 종용하기도 했다. 또한 화란 기독개혁교단에 소속된 그 교회에서는 적극적으로 옥한흠을 붙잡고자 했었고, 그가 귀국한 후에도 2년간 이민 목회를 권유하기도 했다. 특히 화란 기독개혁교단 신학교인 칼빈 신학교를 졸업한 옥한흠이야말로 그 교회에 가장 적합한 목회자였다고 판단했을 것이다.[76] 그러한 가운데서도 옥한흠은 하나님의 손에 이끌리어 태평양을 건너 고국으로 돌아왔고 원래의 비전을 이루기 위해 하나님의 인도하심을 기다리고 있었다.

 1978년 6월 14일, 옥한흠은 3년간의 유학 생활을 마치고 귀국했다. 그는 귀국하자마자, 성도교회 예배에 참석했다. 그런데 당시 임시 당회장을 맡았던 장광덕 목사는 옥한흠을 교인들에게 소개하지도 않았다.[77] 수년간 떨어져 지냈던 정다운 성도들에게 인사할 기회조차 갖지 못한 옥한흠은 장광덕에게 부담을 주기도 싫었고, 성도교회와는 더 이상 인연이 닿지 않는다고 생각했다. 김희보 목사가 옥한흠에게 성도교회 담임 목사로 가라는 간청도 했지만 그 교회의 체질을 잘 알고 있었던 그는 거절했고, 옥치상 목사가 서울남교회를 소개한다고 해도 기성 교회는 가지 않겠다고 단호하게 답했던 그였다.[78]

7장

가장 행복한 결정

교회 개척, 강남은평교회

유학을 다녀온 옥한흠에게 주어진 사역은 본인의 의사와는 무관하게 이루어지고 있었다. 솔직히 그의 아내도 유학을 마친 이후 안정된 목회를 내심 바라고 있었는데, 귀국하면 개척할지도 모른다는 남편의 편지에 그의 아내는 동의할 수 없다고 답장했다. 그것은 너무도 당연한 반응이었지만, 옥한흠은 마음이 무척 부담스러웠다. 기성 교회로 갈 것인지, 개척할 것인지를 두고 그는 고민했다. 가족들이 고생할 것을 생각하면 기성 교회로 가는 것이 좋을 것 같다고 생각했다. 실제로 전술한 교회들 이외에도, 서대문교회를 비롯하여 몇몇 기성 교회에서 담임 목사 제의가 들어오기도 했다. 그렇지만 제자훈련에 남다른 비전과 열정을 갖고 있었던 그에게는 개척 교회를 하는 것이 "지름길"임이 자명했다. 그러나 둘 중 어느 길을 선택해야 할지 실제로 결정을 내리기는 매우 어려웠다. 김희보 목사가 편지로 소개한, 교회 재정을 전적으로 책임지겠다는 한 의사 장로의 개척 교회 제안도 옥한흠은 거절한 바 있었다.[1] 장로 한 사람의 영향이 매우 크게 작용하는 교회에서 그의 목회 비전을 펼치는 것이 여러모로 어려울 일이라고 판단했을 것이다. 제자훈련을 통한 새로운 개척 목회에 마음이 있었지만 상황은 그렇게 녹록하지 않았다.

귀국을 앞두고, 옥한흠은 이 문제로 갈등하는 가운데 기도하면서 하나님의 인도하심을 기다렸다. 그러던 중, 오랜 기간 소식이 끊겨 있던 은평교회 배기주 목사에게서 개척을 권유하는 편지를 귀국 직전에 받게 되었다. 이미 남편보다 먼저 연락받은 옥한흠의 아내는 남편이 가족을 생각하여 개척은 하지 않을 것이라고 대신 답변했다. 그럼에도 불구하고 배기주는 콜로라도스프링스를 방문하고 있는 옥한흠에게 연락을 했다. 배기주의 편지를 받은 옥한흠은 이것을 하나님의 인도하심으로 생각했지만, 미래를 고민하지 않을 수 없었다. 이때가 옥한흠이 불혹不惑의 나이에 들어선 1978년 3월 중순경이었다.

유학을 마치고 제자훈련 목회의 비전을 이루기 위해 귀국하긴 했지만, 옥한흠은 교수 사역도 생각했던 것 같다. 사실 유수한 신학교에 유학까지 다녀왔으니 실천신학 분야에서 교수로 봉직하기에 충분했다. 당시 총신대학교 교회사 교수였던 홍치모의 증언에 의하면, 옥한흠은 귀국 후 얼마 되지 않아 총신의 학장으로 재직하고 있던 김희보 목사를 찾아와 오랜 시간 면담하고 교수로서의 사역을 타진해 보았다고 한다. 인사차 온 이 만남을 그렇게 볼 수도 있었을 것이다. 하지만 홍치모에 의하면, 김희보는 자신이 아끼던 제자이면서 성도교회에서 부교역자로 섬겼던 옥한흠이지만 그가 교수로 총신에 오는 것을 다소 꺼렸다고 한다.[2] 이렇게 해서 결국 옥한흠이 신학교에 발을 들여놓는 일은 일어나지 않았다. 김희보는 옥한흠에게 원래 꿈꾸었던 목회자로서의 길을 좀 더 확고히 걷는 계기를 제공한 셈이 되었다. 얼마 후 옥한흠 부부는 김희보 목사를 찾아가 인사하며 기성 교회에 부임하기보다는 새로운 교회를 개척하는 것이 자신들이 기도하면서 결정한 것임을 알리며 대화를 나누었다.[3]

결국 옥한흠은 은평교회가 강남에 새로운 교회를 개척한다는 소식을 듣고 그 교회에 부임하기로 결정했다. 강남은평교회(후의 사랑의 교회)를 개척하기로 한 것이 옥한흠에게는 "가장 행복한 결정"이었지만, 또한 "상당히 어려운 결정"이기도 했다. 짧은 기간 약간의 갈등도 있었고 마음이 흔들리기도 했으나, 개척 교회를 시작하기로 마음먹은 배후에는 그것이 "모든 것을 버리고 십자가를 지고 따라가는 길"이라는 분명한 인식이 있었기 때문이다. 그는 "마음을 완전히 비웠기 때문"에 홀가분해졌고 또한 행복했다. 뒤돌아 생각해 보면 당시 "마음을 완전히 비울 수 있었다는 게 얼마나 큰 은혜였는지 모른다"라는 말을 몇 번이고 되뇌었다.[4]

어려운 상황 속에서 개척할 수 있었던 것은 전적으로 하나님의 은혜요 섭리였지만, 옥한흠이 전도사 시절에 얼마나 성실하게 사역에 임했으면 배기주 목사 내외가 유학을 갔다 온 그를 잊지 않고 순수 모든 것을 준비하면서까지 교회 개척을 진행해 주었겠는가! 옥한흠이 오직 한 영혼을 그리스도의 제자로 세우는 일에 전념하도록 "여호와 이레"의 하나님께서 모든 것을 준비해 주셨다. "자식이나 아내 생각도 채 못하고 어찌 보면 무모한 결정"이었는데,[5] 하나님을 전적으로 믿고 경외하는 마음으로 그의 제물을 온전히 드리고자 나아갔을 때에, 아브라함에게 "한 숫양"을 준비해 주셨듯이(창 22:13-14), 하나님은 모든 것을 준비해 주셨다. 그런 까닭에 강남은평교회, 아니 사랑의교회를 통해서 수많은 영혼이 주께로 돌아오며 그의 제자가 되는 놀라운 은혜와 축복의 문이 열렸던 것이다. 옥한흠도 자신을 향한 이러한 "하나님의 강력한 뜻"을 깨닫고 준행했기에 제자훈련 목회의 씨앗을 뿌릴 수 있었다.

옥한흠은 진로에 대해 고민하긴 했지만, 자신의 기도에 대한 하나님의 응답과 명령이 동시에 내려졌다고 확신한 다음엔 더 이상 지체하지 않고 1978년 7월 23일 주일 오후에 창립 예배를 드렸다. 이렇게 함으로써 유학 후 한국에서의 목회 사역이 재개되었다. 그리고 그의 아내도 "항상 그랬듯이" 남편을 믿고 남편의 뜻을 따랐고 하나님의 마음에 합한 종이 되게 해 달라고 기도했다.[6] 옥한흠은 귀국 후 두 달도 안 되어 교회를 개척했고, 9명과 함께 시작한 제자훈련에 본격적으로 미쳐 가기 시작했다. 옥한흠은 한 가지 일에 집중하면서도, 그 일을 추진할 때에는 주저함 없이 그리고 신속하게 진행했다. 그가 그렇게 서두른 이유 중 하나는 "기성 교회로 가고 싶은 마음의 유혹을 가급적 피하려는 나름대로의 자기 관리"도 작용했다.[7] 그리고 그가 유학 가기 전에 사역했던 성도교회에서 경험했던 일로 그 방향으로 나갈 수밖에 없었다. 성도교회 대학부 학생이었던 박성수는 옥한흠 목사의 개척 목회의 이유에 대해 이렇게 언급했다.

이때 경험하신 완고한 장로님들과 오래된 교회가 갖는 폐쇄성에 대한 부정적 생각이 옥 목사님으로 하여금 유학에서 돌아와 어려움을 무릅쓰고 당시 황량했던 강남에서 개척 교회를 시작하신 배경이 되었다고 한다. 물론 우리 여러 졸업생은 원래의 성도교회로 다시 부임해 주시기를 간절히 부탁드렸지만 오래 생각하고 기도하신 뒤 목사님은 기존의 터에 대한 미련을 버리셨다. 헌 부대의 한계를 생각하고 새 포도주를 새 부대에 담기로 하신 것이었다. 얻을 새 포도주를 생각하고 값을 치르기로 하신 것이다.[8]

옥한흠이 이전에 전도사로서 처음 사역했던 은평교회를 생각하면, 그 교회에서 바르게 행동하지 못했던 장로를 질책하다 쫓겨난 아픈 기억, 그 과정을 누구보다도 잘 알면서도 그를 도와주지 못했던 배기주 목사와 여러 성도들이 눈에 선하게 떠올랐다. 인간적으로 생각하면 썩 좋은 기억이 없는 교회일 수도 있지만, 늘 좋은 교회를 향한 소녀 같은 꿈을 갖고 있었던 그에게는 오히려 이러한 상황이 그런 꿈을 이루어 갈 수 있는 터전처럼 생각되었다. 강남이 개발되면서 그 지역으로 이사 간 교인들을 분립시켜 개척하면, 그래도 안심하고 맡길 사람은 옥한흠밖에 없다는 배 목사의 생각이 결국 한국 교회에 제자훈련의 거대한 고동 소리를 낼 수 있는 영적 추동력의 도화선이 되었다.

배기주 목사가 강남에 살고 있던 성도들을 위해 가졌던 일종의 목회적 배려와 몇 안 되는 성도들은 훗날 사랑의교회를 위한 믿음의 씨앗의 분깃이 되었다. 이렇게 해서 강남은평교회가 태동되었다. 전도사 시절부터 맡겨진 사역에 최선을 다했던 옥한흠은 담임 목사에게 남다른 인상을 주었고, 기대의 대상이 되었다. 그가 유학에서 돌아오기만을 기다렸던 김성환 목사, 그리고 선뜻 개척 교회를 맡기고 후원하고자 하는 배기주 목사는 옥한흠을 진정으로 사랑하고 아꼈던 선배 목사들이다. 배 목사는 이미 옥 전도사가 은평교회에서 주일 학교 사역을 하는 것을 보면서, 장차 무언가 큰일을 할 것 같은 강한 확신을 갖게 되었다. 이런 면에서 옥한흠의 사역은 물론 전적으로 하나님의 은혜요 하나님의 섭리의 역사였지만, 맡겨진 사역에 최선을 다하며 한 단계 한 단계 성실하게 쌓아 올린 좋은 인간관계를 통해 이루어졌다고도 볼 수 있다.

개척 목회를 시작하기로 결정한 옥한흠에게는 "한 사람이라도 제자훈련해서 투철한 소명자로 만들면 기적이 일어나겠거니 하는 단순한 믿음"에 사로잡혀 있었다.[9] 그렇기 때문에 개척 교회의 장소나 시설, 그리고 여러 외부 요인들을 별로 걱정하지 않았다. 그렇다고 해서 옥한흠이 개척 교회의 미래가 밝을 것이라고 낙관적으로만 생각한 것도 아니다. 그 교회 건물은 개척에 동참하기로 한 은평교회의 오태영, 정용방, 서화자, 이인규 교우 등이 드린 헌금과 개척을 위해 그동안 준비했던 헌금으로 마련한 공간이다. 교회당은 당시에는 외진 곳이라 할 수 있는 반도 유스호텔 앞의 3층짜리 건물의 2층에 40평 정도를 배기주 목사가 계약함으로 마련되었다. 새로 시작하는 교회의 입지 조건으로는 적합하지 않았고 교통도 불편했지만, 교인들을 바르게 제자훈련하면 된다는 일념에 사로잡힌 그에게는 장소 문제는 그리 큰 고민거리가 아니었다. 주변 여건은 별로 좋지 못했다. 당시 충현교회는 인근 지역에 공사를 하려고 말뚝을 여기저기 꽂아 놓았다. 옥한흠은 전혀 주눅 들지 않고 "충현교회는 충현교회고, 우리 교회는 우리 교회다"라는 마음 자세로 시작부터 당당하게 임했다.[10] 강남은평교회 교우들의 수는 얼마 되지 않았지만 훗날 사랑의교회 "회중의 태아"가

될 기반이 아름답게 조성되었다.

배기주는 옥한흠이 소신껏 목회할 수 있도록 개척 후 1년 동안 일정액을 헌금하는 것 외에는 다른 일을 하지 않고 기도로 후원했다. 오래전부터 개척 교회에 필요한 비품들을 준비하면서도, 강대상과 의자만큼은 옥한흠이 직접 선택하는 것이 좋을 것 같아 그가 귀국할 때까지 보류했다. 옥한흠은 이러한 배려와 후원으로 시작된 교회의 시작 과정에 늘 감사한 마음을 가졌다. 훗날 "오늘의 사랑의교회를 위해 믿음의 씨앗 하나를 묻어 준 그분들에게 뭐라고 감사해야 할지 아직도 빚진 심정을 씻지 못하고 있다"고 고백하기도 했다.[11] 그런 의미에서 교회 이름도 "강남은평교회"라고 지었다. 그리고 그가 유학 기간 절약하면서 모은 4,000달러도 교회를 위해 아낌없이 바쳤다.[12]

이렇게 해서 목회를 시작하긴 했지만, 옥한흠은 누구보다도 오랜 전통으로 굳어 있는 기존 교회들의 목회 토양에 "제자훈련이라는 새로운 묘목을 이식하는 일은 순교를 각오하지 않으면 안 되는 일"임을 절감했다. 그래서 좀 더 확실하게 뿌리를 내릴 수 있는 개척 교회를 선택했다고 볼 수 있다. 그래도 그것은 결코 쉽지 않은 결정이었다. "평신도를 깨워야 한다는 신념" 때문이었을 것이다.[13] 이렇게 해서 옥한흠의 그리스도를 위한 미침의 행진이 진행되었다. 옥한흠 자신도 이렇게 언급했다. "유학생이었을 때에는 평신도를 제자 삼는 사역이 목회 본질임을 확신하며 이론적으로 연구하며 미쳤었다면, 사랑의교회를 개척한 후 목회를 정식으로 시작하면서부터는 본격적으로 제자훈련에 미쳐 갔습니다."[14]

결국 하나님의 뜻에 이끌리어 간 것이 옥한흠이 개척 목회 사역을 시작하게 된 동기였다. 그때의 결정에 대해 옥한흠은 매우 어려웠지만 그것이야말로 "가장 행복한 결정"이었다고 술회했다.

사랑의교회를 개척하기로 했던 것이 가장 행복한 결정이었다. 상당히 어려운 결정이었다. 모든 것을 버리고 십자가를 지고 따라가는 길이었지만 그럼에도 그 결정이 행복했던 이유는 마음을 완전히 비웠기 때문이다. 마음을 완전히 비울 수 있었다는 게 얼마나 큰 은혜였는지 모른다. 작은 교회가 될지, 큰 교회가 될지, 성공할지, 안 할지 전혀 알 수 없었다. 서초동에 자리를 잡은 것도, 준비를 하시던 목사님이 자리를 잡았던 것이었고, 내 의지와는 상관이 없었다. 완전히 마음을 비웠다. 오직 한 영혼을 그리스도의 제자로 세우는 일을 해라, 내가 성령을 밀어줄 테니 그것으로 만족하라고 말씀하셨다. 자식이나 아내 생각도 채 못하고, 어찌 보면 무모한 결정이었는데, 지금 돌아보면 그게 하나님의 강력한 뜻이었다는 생각이 든다. 그리고 우리가 목회한 지난 40년은 정말 행복한 기간이었다. 아마 다시 이런 기회가 오기 어렵지 않을까 싶다. 50년대부터 한국 교회에 불어닥친 폭발적인 부흥의 끝자락이었다. 90년대 중반부터 본격적인 침체가 시작됐다.[15]

왜 이 교회를?

제자훈련을 목회 철학으로 삼고 유학을 마친 뒤, 귀국한 옥한흠에게 그 거룩한 열망을 실천할 수 있는 장이 열렸다. 그때 그는 이런 기도를 하나님께 간절하게 드렸다.

> 주님, 여러 교회 가운데 또 하나의 교회를 더하지 말게 하옵소서. 종교적 허세만 가득하고 정작 생명을 잉태치 못하는 불임의 교회를 또 하나 세우지 말게 하소서. 사람을 위한 직함들만 줄줄이 만들고 정작 그리스도의 제자로 사람을 키우지 못하는 무기력하고 무책임한 교회를 만들지 말게 하소서. 내가 그리스도의 군사라는 명쾌한 자기 인식 없이 행사에 바쁜 사교 클럽으로 전락하지 않게 하소서. 그리스도 왕국을 전략적으로 이 땅에 구축하는 야전 벙커가 되게 하시고 행정에 분주한 동사무소가 되지 않게 하소서.[16]

귀국하고 하나님께 "목회전상서"를 드린 지 얼마 되지 않은 그해 7월 23일에 드디어 개척 창립 예배를 드렸다. 은평교회 배기주 목사의 사회로 시작된 이날 예배는 김희보 학장의 축사와 내수동교회 대학부 학생들의 찬양 등으로 이어진 어디서나 흔히 볼 수 있는 개척 예배의 조촐한 풍경이었다. 이때 찬양을 드렸던 청년들 가운데는 오정현도 있었는데, 그 당시 그는 대학부 간사였다. 옥한흠이 귀국한 지 한 달도 채 안 된 상황에서 내수동교회 박희천 목사가 그 교회 대학부 수련회를 인도해 달라고 부탁을 했고 경기도 송추에서 모인 수련회에서 두고두고 잊지 못할 말씀의 은혜를 경험한 청년들이 감사의 보답으로 개척 예배에 참석했던 것이다. 수련회를 통해 선포된 말씀을 통해 영적인 핵심과 감각, 그리고 비전이 청년들을 변화시켜 내수동교회 대학부의 귀한 전환점이 되었다.[17] 그들은 그런 감격을 찬송가 「십자가를 질 수 있나」에 담아 찬양을 드렸다.

그런데 그날 독특하게도 개척 교회의 담임 목사인 옥한흠이 설교를 했다. "이날 내가 설교를 맡은 것은 의도적이었다. 이것은 일반적인 관례를 깨는 일이나 다름이 없었다. 대개는 교단 내의 유명 인사를 초빙하여 설교 부탁을 하는 것이 자연스럽게 생각되던 때였기 때문이었다."[18] 이러한 전통적 관례를 과감하게 깰 수 있었던 것은 "새로 시작하는 교회의 강단에서 선포하는 첫 메시지"는 "그 교회의 목표와 방향성을 제시하는 설교"라고 생각했기 때문이다. 이런 이유로 설교를 남에게 맡기기보다는 본인이 직접 선포하는 것이 그의 소신에 더 적합했다. 그 예배에 참석했던 사람들에게는 의외였겠지만, 옥한흠에게는 당연한 처사였다. 그는 설교 제목을 "왜 이 교회를?"이라고 정했다. 마태복음 9장 35-38절을 본문으로 선택했다.[19]

이 본문을 중심으로 선포한 설교에서 옥한흠은 강남은평교회의 모델은 바로 예수 그리스도의 지상 사역에서 찾아야 한다는 것을 분명히 했다. 처음부터 교회는 "전파하는preaching 교회, 가르치는teaching 교회, 그리고 치료하는healing 교회"로서 사명을 다해야 한다는 그의 설교를 통해서 참석한 이들은 모두 가슴 벅찬 감격을 경험했다. 그날 옥한흠은 제자훈련을 토대로 하는 개척 목회의 첫 일성一聲을 내었다.

예수님이 모든 성과 촌을 두루 다니며 사역하신 것처럼 개척되는 교회도 어느 지역에 묶여서 일하기보다는 주님이 가라는 곳이면 어디나 갈 수 있는 교회, 즉 경계선이 없는 목회를 할 수 있어야 합니다. 예수님의 사역이 보여 준 가르치고 전파하고 치료하는 기능은 바로 우리 교회가 꾸준히 추구해야 할 기능입니다. 예수님이 세상 사람을 목자 잃은 양으로 보시고 가슴 아파하시며 그들을 위해 일할 일꾼을 찾으신 것처럼 우리 교회는 세상으로 보냄 받은 소명자로서 평신도를 깨우는 일에 목회의 비전을 두어야 합니다.[20]

첫 예배의 설교는 결국 제자훈련 사역으로 우뚝 설 사랑의교회의 특성과 모습을 결정짓는 "유전자 구실"을 한 것이나 다름없었다고 할 수 있다. 이렇게 해서 옥한흠은 평신도를 깨울 뿐만 아니라, 한국 교회를 깨우는 본격적인 목회 사역을 시작했다. 그가 "교회를 개척하면서 품었던 비전은 모든 평신도가 자신이 누구라는 것을 분명하게 알도록 가르치겠다는 것"이었다. 이러한 사실은 단지 기독교인이라는 보편적인 인식만으로는 성도의 신분을 정확하게 파악했다고 볼 수 없었기 때문이었다. 예수님은 제자들에게 "너희는 나를 누구라 하느냐?"고 물으시고 그 답변을 중요하게 여기셨다. 이와 마찬가지로 옥한흠은 평신도의 신분을 분명히 깨워야 그 한 사람의 사고와 삶의 방식을 근본적으로 바꿀 수 있다는 확신을 가지고 있었다.[21]

그러나 창립 예배 이후 강남은평교회 주일 예배에는 너무도 적은 성도들이 모였다. 참석한 열두 명 중에서 중학생과 옥한흠 내외를 제외하면 장년은 일곱 명에 불과했다. 바로 한 주 전에 드렸던 창립 예배에서의 감격과 각오가 외관상으로는 식어진 듯 보였다. 기대에 찼던 성도들과 개척 교회 목사는 감정을 드러내지는 않았지만 아쉬웠던 것이 사실이었다. 그럼에도 불구하고 실망하지 않고 담대히 복음을 전한 옥한흠 목사에게서 새로운 모습이 드러나기 시작했다. 적은 수의 성도들 앞에서 예배를 인도하고 설교하는 것이 어색했는지는 모르지만, 옥한흠은 기존의 예배 형식에서 과감히 탈피해 강대상 아래로 내려와 원형으로 둘러앉도록 의자를 놓고 소그룹 모임 형태로 예배를 드렸다.

옥한흠은 신령과 진정으로 드리는 예배의 정신이 중요하지, 목사가 가운을 입고 강대상에서 설교해야만 예배 형식이 갖춰진 것이라고 생각하지 않았다. 오히려 적은 수의 성도가 모인 예배에서 그들과의 거리감을 없애고 친근함을 유지하며 예배를 드리는 것이 성경적 원리고 청교도 정신과도 일치한다고 믿었다. 그날의 파격에 대해 옥한흠은 이렇게 회고했다.

> 예배의 본질이 손상되지 않는 한 목사와 평신도가 같은 눈높이에서 은혜를 나누기 위해 둘 사이의 거리감을 최대한 줄여 보려는 노력이었다. 이 노력의 하나로 나는 첫 시간부터 강단에 서면서 가운을 입지 않았다. 가운이 양 떼를 맡은 목자로서의 소명을 표하는 데 좋은 이미지를 주는 것이 사실이다. 하지만 내게는 어릴 때부터 그 가운 속에 갇힌 목사를 볼 때마다 별세계를 사는 사람처럼 느끼던 감정이 그때까지도 남아 있었다.[22]

옥한흠의 과감한 예배 형식의 변혁은 단순히 사람이 적게 나온 상황에서 비롯한 것은 아니었다. 그가 오래전부터 생각해 왔던 목회적 소신을 시의적절하고 과단성 있게 실행에 옮겼던 것이다. 그러면서 한 영혼이 얼마나 귀하게 하나님께 인식되는지를 다시 한번 절감하는 계기도 되었다. 그가 이미 유학 시절 이민 목회에서 경험한 것이지만, 한 성도, 한 영혼은 개척 교회의 목회자에게 정말 중요한 존재였다. 오랜 세월이 흐른 뒤, 그는 이것이 그의 제자훈련 목회의 핵심이라고 할 수 있는 "한 사람의 철학"이 시작된 원천임을 회상했다. "예상보다 적은 수의 모임, 다락방 성경 공부 형태의 첫 예배, 이것은 나에게 '한 사람'을 바라보는 비전과, 소그룹을 통해 평신도를 깨우는 제자훈련의 정신을 처음부터 일깨워 주기 위해, 주님이 예비하신 시작의 장이었음을 한참 후에야 깨닫게 되었습니다."[23]

그가 깨달은 바는 이것뿐만이 아니었다. 로마서 5장 19절, "한 사람이 순종하지 아니함으로 많은 사람이 죄인 된 것같이 한 사람이 순종하심으로 많은 사람이 의인이 되리라"는 말씀처럼, 한 사람 예수 그리스도의 순종은 구속사적으로도 엄청난 구원의 은혜를 베풀어 주셨다는 사실이다. 이제 예수 그리스도의 제자 된 한 사람, 그 한 사람의 순종과 변화가 복음이 왕성하게 전해지고, 교회다운 교회가 일구어질 수 있는 필수 요인임이 매 예배 때마다 그의 마음에 새겨졌다. 한 사람의 순종이 차지하는 구속사적 의미가 어떠한지는 옥한흠의 마음속에 이미 자리 잡고 있었겠지만, 시간이 흐를수록 그 의미가 점점 더 확연하게 그에게 다가왔다.

옥한흠이 평신도를 깨우는 제자훈련 목회의 중요성과 각오를 창립 예배에서 선포하긴 했지만, 그에게는 한 사람의 가치에 대한 의미를 재확인하는 과정이 필요했다. 그런 면에서 창립 예배 후의 첫 예배에서의 어색한 분위기가 오히려 옥한흠으로 하여금 "한 사람" 그리고 작은 자와 약한 자에게 주목하고 집중하는 제자훈련 목회의 필연성을 깊이 확인시켜 주는 귀한 계기가 되었다. 이때의 감흥을 살려 그는 제자훈련을 중심으로 한 개척 목회에 몰입해 갔다. 서울 강남에서 아홉 명으로 개척 목회를 시작한 옥 목사는 교인들을 데리고 전도를 나가는 대신 그들을 훈련시키느라 여념이 없었다. 그래서 얼마 지나지 않아 실험적 기성세대 제자훈련이 교회에 뿌리를 내리기 시작했다. 한인권은 개척 당시를 이렇게 언급한다.

옥 목사님이 미국 유학에서 돌아왔을 때 500명 정도 모이는 기성 교회에서 담임 목사로 모시려는 움직임이 있었어요. 하지만 목사님은 개척을 택하셨죠. 당시 목사 가운을 입지 않고 설교를 하셨는데 상당히 획기적이었죠. 또 성도들이 많지 않아 강단에 서는 대신 둘러앉아 예배를 드렸어요. 옥 목사님은 언제나 외부의 형태를 깨는 분입니다. 그래서 우리끼리 개판 목사님이라고 부르기도 했죠. 1984년에 『평신도를 깨운다』라는 책을 낸 것도 형식에 얽매이지 않는 정신 때문에 가능했습니다. 목사만 제사장이 아니라, 평신도도 훈련시켜 제사장을 만들 수 있다는 내용은 자칫하면 이단異端으로 몰릴 수도 있을 정도로 쇼킹했죠.[24]

이렇게 옥한흠은 제자훈련을 접목한 교회를 시도하기 위해 좋은 조건을 물리치고 개척을 택했지만, 이렇게 시작되면서 개척 교회 설립에 대한 우려의 목소리도 많았다. 1998년 10월 사랑의교회가 20주년을 맞았을 때 월간「목회와신학」은 무려 90페이지를, 그리고「빛과소금」

은 40페이지를 할애하여 사랑의교회 관련 기사와 기고문을 실었다.

세 가지 창립 비전

새로운 교회를 시작하면서 옥한흠은 목회 비전과 철학을 세웠고 그것을 이루기 위해 한 걸음씩 앞으로 걸어갔다. 그 비전은 바로 "교회 안에 있는 사람을 예수의 제자로 만들어 세상으로 파송하고, 그들을 통해서 세상 안에 있는 사람들을 교회로 인도하여 예수의 제자로 만드는 것"이었다. 이것은 하나님나라의 비전이었다. "그렇게 함으로써 사랑의교회는 주님의 이름을 영화롭게 하고 그의 나라가 이 땅에 임하게 하고 하나님의 뜻이 하늘에 이룬 것같이 땅에서도 이루어져서 종국에는 나라와 권세와 영광이 하나님께 돌아가게 해야 한다"는 것을 목표로 삼았다. 이것이 옥한흠의 꿈이었고 소원이었다. 이 꿈을 실현하기 위해 제자훈련의 외길을 달리기 시작했다.[25]

개척 교회의 터전을 일구어 가면서 옥한흠은 교회의 비전을 공고히 해 나갔다. 평신도 훈련을 통해 전 교인을 동력화하고, 각 대학과 직장의 젊은이 선교를 위해 복음을 전하며, 그리고 공산권을 향한 특수 선교를 감당하는 교회로 발돋움하기 위한 비전은 "평신도 훈련, 젊은이 선교, 공산권 선교"로 다듬어졌다. 그 후 이와 같은 3대 비전은 사랑의교회를 이루어 가는 중요한 토대가 되었으며, 한국 교회와 세계 교회를 향한 섬김의 소명으로 이어졌다. 교회의 이 세 가지 비전은 옥한흠이 소년 시절부터 품어 왔던 "좋은 교회에 대한 꿈"을 실현시켜 나가는 실천적 방향이 된 것도 사실이었다. 결국 그는 교회의 질은 평신도에 의해 결정된다는 것과 평신도가 지닌 영적 잠재력을 목회자가 얼마나 계발하느냐가 관건이라는 사실을 잘 알고 있었다.

평신도를 훈련시켜 동역자로 삼아야 한다는 비전을 품고 시작된 강남은평교회, 아니 사랑의교회는 당시의 다른 교회와는 독특하고 차별화된 길을 걸을 수밖에 없었다. 1970년대 대부분의 한국 교회는 성장에 지대한 관심을 갖고, 목회자의 설교와 심방, 그리고 전도에 열중하고 있었다. 그리고 일 년에 수차례 부흥회를 개최함으로써 부흥의 열기와 전도의 열정은 뜨거웠지만, 평신도들은 여전히 수동적인 존재로 전락한 채, 목회자 중심의 목회가 주류를 이루고 있었다. 그러나 옥한흠은 한 사람, 그리고 또 한 사람을 훈련시켜 그리스도의 참 제자로 삼는 평신도 훈련이야말로 교회의 본질에 충실하는 성경적 지름길이라고 확신했다.

1960-70년대 한국 개신교의 경이로운 성장은 박정희 대통령 시절의 경제 상황과 밀접하게 맞물려 있었다. 그때는 많은 사람이 먹고 살기 위해 농촌을 떠나 도시로 몰려오던 시기였다. 산업화와 도시화의 물결 속에 몰려든 수많은 사람의 삶은 불안하고 고달팠다. 갑자기 도시로 몰려든 그들에게 교회는 위로와 소망을 전하는 정신적 안식처 역할을 할 수밖에 없었다. 이러한 시기에 급성장하고 있었던 한국 교회는 교인들에게 "하면 된다"는 적극적인 사고방식을 심어 주면서 물질적 축복과 현세적 기복 신앙을 주로 강조했다. 교회에 나오게 되면 영적 축복도 받지만, 물질적 축복을 받아 이 세상에서 잘살 수 있게 된다는 메시지는 당시 교회의 부흥과 성장을 견인하는 주요 요인으로

자리 잡았다. 교회 성장의 물결은 당시 "잘살아 보세"라는 시대적 표어와도 맞아떨어졌다. 교회는 그 시대에 맞는 종교적 역할을 통해 매우 빠르게 성장하고 있었다. 이러한 목회의 대표적인 형태는 1958년 5월 18일 서울 은평구 대조동 산기슭의 작은 주택에서 시작하여 여의도로 옮겨 폭발적 부흥을 이룩한 여의도순복음교회의 조용기 목사가 주도하고 있었다.[26]

이러한 시대적 상황에서 평신도 한 사람 한 사람을 그리스도의 제자로 변화시켜 나가는 제자훈련 목회는 상당히 이질적인 것이었다. 옥한흠은 처음에 교회 이름도 "제자교회"라고 했으면 하는 생각을 했다. "성경 공부"라는 말을 사용하긴 했지만 그는 시간이 흐르면서 의도적으로 성경 공부라는 말보다는 "제자훈련"이라는 용어를 선호했고, 구역장 대신 "순장", 그리고 구역 대신 "다락방"이라는 이름을 사용했다. 그는 기성 교회의 예배 의식과 목회 양식과 판이하게 다른 형태로 사역을 전개해 나갔다. 그래서 초기에는 "이상한 교회"라는 인식을 준 것도 사실이었다. 그러나 초창기 교우들은 흔들리지 않는 소신과 일관성으로 추진해 나가는 담임 목사의 비전과 결단을 보면서, 목회자에 대해 신뢰와 존경의 마음을 갖게 되었다.[27]

기존의 목회 형식과는 판이하게 다른 옥한흠의 목회 방침에 젊은 이들이 호응한 것은 이상한 일이 아니었다. 창립 후 2년간 강남은평교회는 교인들이 꾸준히 늘었다. 그중에도 젊은이들의 현저한 증가가 눈에 띄었다. 이미 성도교회 대학부에서 젊은 청년들과 사역했던 옥한흠의 목회의 특성은 젊은이들의 감각과 잘 감응되었다. 형식에 매이지 않는 예배, 가운을 입지 않고 권위적인 냄새가 나지 않는 참신한 목회자, 찬송가뿐만 아니라 복음성가도 과감하게 부를 수 있는 예배 분위기, 그리고 강단 아래에 평신도와 함께 앉아 격의 없이 성경을 함께 공부하고 인도해 나가는 목회자의 모습은 청년들의 마음을 사기에 충분했다. 당시 대학생이었던 한기수는 1978년 연세대 IVF 정기 모임에 설교자로 와서 은혜롭고 감동적인 설교를 전해 주었던 옥한흠 목사를 처음으로 만났다. 그 후 한기수는 1980년 1월 첫 주일부터 강남은평교회에 출석했고, 수년 후에는 그곳에서 평생의 배필을 만나는 행복도 누렸다. 그는 당시의 소감을 이렇게 밝혔다. "사랑의교회를 처음 가 보니 교인은 100여 명이었지만, 목사님의 설교 말씀은 듣는 이들의 심령과 골수를 쪼개며 그리스도의 은혜에 깊이 잠기게 하였고, 교회 운영은 여느 기성 교회와 달리 개혁적이고 신선했다."[28] 이렇게 옥한흠의 감동적인 설교와 신선한 교회 이미지는 젊은이들에게 매우 긍정적인 영향력을 발휘했다.

하지만 그렇다고 해서 교회가 청년들 중심으로 움직일 수는 없었다. 젊은이들이 주축이 된 교회는 역동적이고 활력이 넘쳤지만, 교회로서의 본질과 사명을 다하기에 부족하다는 것을 옥한흠은 냉정하게 간파하고 있었다. 이제 그는 대학부를 담당하는 사역자가 아닌, 한 교회의 목회자라는 의식을 분명히 하고 있었다. 청년들과 장년들의 비율이 균형을 이루지 않고는 교회의 발전에 문제가 생길 것은 자명했다. 그래서 그는 마음이 아팠지만 "고의적으로 청년들을 천대"하는 모종의 결단을 내릴 수밖에 없었다.[29] 이러한 결정은 성도 한 사람이 매우 아쉬운 개척 교회의 실정에서 목회적 소신이 없으면 내릴 수 없는 결단이었다. 물론 젊은이 선교를 포기한 것은 아니었지만, 교회가 건실하게 발전하려면, 그러한 과정은 필수적 과정이라고 그는 확신했다. 이렇게 옥한흠 목사에게는 사역의 우선순위가 무엇인지, 어느 시기에 어떤 사역에 초점을 맞추어야 하는지를 파악하는 혜안과 균형 감각이 있었다. 그는 비전을 보고 제시하는 안목과 그것을 실현하기 위한 체계적인 준비 과정이 필요함도 적절하게 인식하고 있었다. 그래서 한동안 주일 학교 교육 운영도 다른 교회에 위탁했다. 양심에 가책을 느꼈지만, 장년들의 제자훈련에 초점을 맞추고 심혈을 기울이기 위해서는 어쩔 수 없었다. 준비되지 않고, 체계가 갖추어지지 않으면 함부로 시작하지 않는 옥한흠의 목회는 더디고 시간이 걸리긴 했지만, 차근차근 모든 영역에서 사역의 기반이 서서히 자리를 잡아가고 있었다.

옥한흠의 언급대로, 개척한 그다음 해 초반은 그야말로 여러모로 분주했고 안정도 되지 않았다. 하지만 그는 어린 시절부터 마음에 품어 왔던 좋은 교회에 대한 꿈을 이루기 위해 제자훈련 목회의 중요성과 제자훈련 세미나에 대한 비전을 언급한 적이 있었다. 개척 초기에 그러한 꿈과 비전을 들은 성도들은 담임 목사의 꿈이 과욕이라고 생각했지만 시간이 지나면서 그것은 하나님이 주신 것이었음을 깨닫게 되었다.[30] 제자훈련 세미나는 사랑의교회가 성장한 후에 영향력을 발휘하려고 시행한 것이 아니라, 개척 초기부터 좋은 교회를 일구어 가고자 했던 옥한흠의 순수하고도 자연스러운 소망의 결실이었다. 그는 훗날 그때를 이렇게 회고했다.

1979년 3월이면 정말로 교회가 오락가락할 때였습니다. 저녁집회도 모였다가 못 모였다가, 새벽기도도 했다가 못했다가, 정말 오락

가락했습니다. 앞길이 막막하던 상황이었습니다. 그런데 놀라운 사실은 예배 시간이면 제가 자주 제 꿈을 이야기했다는 것입니다. 그 꿈이란 다름이 아니라 교회가 좀 더 발전하면 제자훈련 세미나를 하겠다는 것이었습니다. 저는 기억이 통 안 나는데 들은 분들의 말이니 거짓이 아니겠지요?[31]

설립 초기부터 제자훈련 목회에 열중하다 보니 새벽기도회를 인도하기가 쉽지 않았다. 개인적으로는 꾸준한 기도 생활에 열중했던 옥한흠도 한국 교회의 전통적인 새벽기도회를 매일 인도하는 것은 그의 건강을 고려해 볼 때 현실적으로 불가능했다. 많은 고민이 있었겠지만, 형식과 관례에 따라 의무적으로 담임 목사가 새벽기도회를 인도하기보다는 성도들이 자유롭게 나와 기도하거나, 부교역자였던 최홍준의 몫으로 넘어가는 경우가 많았다.[32] 그러나 주일 저녁 예배가 차츰 정착되면서 제자훈련 목회를 통한 세 가지 비전이 성도들에게 효과적으로 전달되었다.

우여곡절 끝에 1979년 4월 5일에 재개된 주일 저녁 예배부터 옥한흠 목사는 강단에서 본격적인 성경 강해 설교를 시작했다. 주일 저녁 예배 설교에서 요한계시록을 강해하고, 수요일 저녁 예배에서는 창세기를 강해하며 말씀을 선포했다. 종말에 대한 올바른 신앙을 견지하도록 선포한 요한계시록 강해 설교와 모든 성경의 기반이라고 할 수 있는 창세기 강해 설교는 참석한 성도들에게 신앙적으로 신선한 도전을 주었다. 이때부터 옥 목사의 설교가 주위에 알려지기 시작했다. 주일 저녁에는 다른 교회에서 온 교인들이 본 교회 성도들보다 더 많이 참석하는, 이른바 "주객이 전도되는 기현상"도 일어났다.³³ 그의 설교는 전도를 통해 교회로 발걸음을 어렵게 옮긴 초신자들이 말씀을 통해 참된 신앙인으로 거듭나는 계기가 되었으며, 신앙생활은 오래전에 시작했지만 미지근한 상태에 있었던 성도들에게도 "성령의 강한 펀치"를 날리곤 했다.³⁴ 또한 가톨릭교나 불교 신자였던 자들도 교회의 좋은 소문을 듣고 오거나 교인들의 권유에 사랑의교회에 발을 디디기만 하면 그들은 옥한흠의 설교를 듣고 크게 감격하고 그날로 교회에 등록하는 일이 비일비재했다.³⁵

차분하게 진행된 강해 설교와는 달리, 복음성가와 찬송을 부를 때면 입을 크게 열고 마음껏 찬양에 몰입하는 젊은 목회자의 진솔한 모습은 참석한 성도들에게 진한 감동을 주기에 충분했다. 개척 초기부터 옥한흠은 "하나님을 높이는 노래"이자, "하나님이 하시는 일을 우리가 기뻐하는 노래"가 찬송임을 강조해 왔다. 하나님의 은혜에 대한 감사가 찬송 속에 들어가야 하는 절대적 요소임을 그의 목회와 삶을 통해 체험했다. 그 어려운 개척 교회를 시작한 지 1년을 보내면서 이렇게 감사와 찬송의 의미를 설교했다.

찬송의 역할이라는 것은 놀라운 것입니다. 그러나 나에게 어떤 유익이 주어지든지 간에 그것은 부수적이고, 근본적인 취지는 누구를 높이고 노래하는 겁니까? 하나님을 높이고 노래하는 것입니다. 이것이 찬송이에요. 이거 없으면 안 됩니다. 그래서 감사와 찬양을 흔히 딱 두 개 붙여서 황금 바늘과 금실이라고 그럽니다. 황금 바늘과 금실, 금으로 만든 바늘과 금으로 만든 실이라는 뜻입니다. 감사와 찬양, 이 두 가지는 절대적으로 붙어 다닙니다. 그러니 감사가 넘치는 곳에 진짜 찬양이 있고, 찬양이 넘치는 곳에 진짜 감사가 있습니다. 우리 지난 일 년 동안 받은 은혜가 너무 많아요. 참 많아요.[36]

또한 개척 교회의 어려운 상황 가운데서도, 옥한흠 목사의 제자훈련과 젊은이 사역과 북방 선교를 향한 비전이 그를 만나고 말씀을 들으며 교제하는 가운데 성도들의 마음에도 자라나고 있었다. 이렇게 공유된 비전으로, 교인들은 비록 소수였지만 가만히 있지 않고 전도에 앞장서게 되었다. 사역의 대상이 아니라 동역의 자리로 나아오는 성도의 수가 차츰 늘어나기 시작했다. 개척 초기부터 사랑의교회 성도 수가 4,000여 명으로 성장하기까지 교인의 60-70%가 초신자로 구성될 만큼 전도의 열매가 매우 현저히 나타났다.[37] 그들의 발걸음이 예수 그리스도로 향하게 되고, 결국 하나님의 은혜를 경험하게 되는 중요한 계기는 바로 옥한흠 목사의 감동적인 설교였다. 그리고 하나님의 은혜에 감격하여 함께 부르는 찬송도 큰 몫을 했다.

작은 예수 운동

개척한 지 6개월이 지나자 교회의 자리가 비좁아지기 시작했다. 한 영혼을 구원하고 제자 삼는 일에 열중한 지 얼마 되지 않았는데 교회의 공간이 다 채워진 것이다. 교인 수는 100여 명을 넘어섰고, 개척 당시 준비한 의자도 모자랐다. 좁은 공간을 염려한 사람은 물론 목회자 옥한흠이었지만, 좀 더 넓은 공간을 원했던 사람들은 교인들이었다. 더 넓은 장소로 이전하는 것이 불가피해졌다. 당시 주일 학교 교사로 봉사하던 홍경희의 제안으로 개발 가능성이 많은 서초동 지역으로 이전하기로 결정했다.[38] 하지만 이전 비용을 마련하는 것이 쉽지 않았다. 건물을 임대하기에 필요한 돈을 간신히 마련하여 이주했는데, 그 건물은 공사도 채 끝나지 않았고 내부도 텅 비어 있었으며 도로를 비롯한 주변 여건도 매우 열악했다. 하지만 공간이 좀 더 넓어지니 좀 더 많은 사람들이 제자훈련을 받을 수 있다는 데 고무적이었다. 아울러 사람들을 만나고 교회로 인도하기에 좋은 여건이라는 면에서 훨씬 더 희망적이었다. 교회에서 멀지 않은 곳에 세워진 삼호아파트의 입주가 끝난 상태였고, 곧 진흥아파트가 입주할 예정이었다.

1970년대에 들어서면서 정부는 강남 개발을 본격적으로 시작했고, 배추밭으로 가득했던 말죽거리가 급속도로 변화했다. 1970년대에는 서울 인구의 약 75퍼센트가 강북에, 그리고 약 25퍼센트가 강남에 거주했다. 그런데 1979년에 이르러 강북과 강남 인구가 약 6대 4의 비율이 되면서, 소위 "강남 신화"가 가시화되고 있었다. 많은 명문고와 사설 학원이 강남으로 이주해 왔고, 덩달아 유흥업소들도 빠르게 늘었다. 2호선을 비롯한 주요 지하철 노선들도 강남 지역을 거쳐 갔다. 이런 가운데 부동산 투기를 비롯한 개발 여파도 만만치 않았다. 강남 지역 개발을 개시한 지 10년 만에 이러한 현상이 확연히 드러났다. 그 당시 비교적 중산층 시민에 속하는 이들이 강남에 모여들었고, 교육 수준이나 교육열이 높은 주민들이 새로운 형태의 목회를 요구하고 있었던 것도 부인할 수 없었다.

거룩한 생명의 놀라운 역사를 기대하며 교회를 이전한 첫 주일인 1979년 3월 4일에 옥한흠 목사는 사도행전 2장 43-49절을 본문으로 "우리는 무엇을 세상에 줄 것인가?"라는 제목으로 설교했다. 그날 설교는 신자가 개인적으로 줄 것과, 교회가 전체적으로 세상에 줄 것이 무엇인지에 대해 선포했다. 이때 옥한흠은, 10년 후에도, 그리고 20년 후에도 "참신, 순수, 뜨거움"이라는 개척 정신을 지속적으로 이어 갈 것을 강조했다.39 이 설교를 통해 옥한흠은 강남은평교회가 초기 예루살렘 교회처럼 말씀과 성령으로 새로워져 역동적인 교회, 복음 전파에 열정적인 교회, 그리고 하나님과 이웃을 섬기는 아름다운 신앙의 공동체가 되기를 간절히 소원했다. 하나님의 귀한 공동체를 형성하는 성도 개개인이 어떻게 하나님의 거룩한 뜻을 받들어 세상을 섬겨야 할지를 말씀을 통해 일깨워 주었다.

이 무렵에 선포한 옥한흠의 사도행전 강해 설교는 매우 중요한 의미를 지닌다. 그 설교에는 그의 교회론적 기반과 제자훈련이 접목되어 목회에 구체적으로 적용되어야 할 방향과 방법이 제시되었다. 그의 목회적 본질이 고스란히 스며 있는 사도행전 설교는 전하는 자나 듣는 성도들에게 감동이 넘쳐 났다. 이런 일화도 전해지고 있다. 어느 날 옥한흠이 강렬한 메시지를 선포하고 있는데 교회당의 난로에서 불이 나고 말았다. 교인들은 옥 목사의 설교가 불을 뿜어내서 난로에 불이 났다고 수군거리기도 했다고 한다.40 목회의 본질을 세우고, 사도행전적 교회를 갈망하는 열정과 집착으로 옥한흠은 온몸으로 열을 뿜어냈다. 이렇게 지속적으로 타오르는 정열, 현장에서 솟아나는 지칠 줄 모르는 열정적 설교는 초기부터 사랑의교회를 영적으로 뜨겁게 달겼다. 이렇게 본질에 충실한 옥한흠의 설교와 목회는 성도들의 신앙과 삶을 연결하는 견고한 고리를 만들었다. 그것을 기반으로 공동체 간의 유기성은 점점 강하게 엮여져 나갔다. 그뿐만 아니라, 그가 꿈꾸는 교회의 모습과 이상을 사도행전 강해 설교를 통해 선포함으로써 개척된 지 얼마 안 되는 믿음의 공동체가 돈독한 신앙의 연대성을 확립해 나갔다.

사도행전의 교회론에 의하면, "교회는 예수님의 승천 이후 예수님의 일을 우리가 이어 나가는 것이라고 보지 않고, 성령이 창조하시고 계속해 나가시는 일"이다. 사도행전은 우리가 계획하고 성취하고 책임진다는 관점에서 교회를 이해하는 것으로부터 하나님이 계획하시고 성취하시고 책임지신다는 관점에서 교회를 이해하는 것으로의 전환이 필요함을 강조한다.[41] 사도행전을 통해서 본 교회론은 교회를 반드시 성령론적 차원에서 이해해야 함을 주지시키며, 예수 그리스도의 구속 사역이 교회를 통해 지속되어야 함을 가르친다.[42] 그리스도의 사역은 성령의 임재와 동행함으로 땅끝까지 그리고 예수 그리스도의 재림 때까지 계속된다. 이렇게 해서 사랑의교회는 사도행전 강해 설교로 교회관을 견고히 다졌으며 성장의 기틀을 더욱 든든하게 세웠다.[43]

교회당을 이전했어도 여전히 자체 건물이 없었던 강남은평교회였지만 좋은 소문이 지역 주변으로 널리 퍼졌다. 당시 재미있게 회자되던 이야기 중에, 그 교회에 가면 세 번 놀란다는 말이 있었다. 첫째는 옥한흠 목사가 잘생겼다는 것과, 두 번째는 바깥에서 보기보다 교회의 규모가 컸다는 것, 세 번째는 설교가 좋다는 것이다.[44] 제자훈련에 몰두하는 와중에도, 개척 교회로서 여러 가지 제반 시설들을 구비해야 하는 과정에서 목회자와 교회에 대한 이미지가 좋게 난 것은, 교회의 발전과 미래를 위해서도 매우 고무적이었다. 제자훈련 목회의 기반을 조성해 가는 상황에서, 다른 기성 교회와 다른 면들이 그 교회만의 독특한 특징으로 퍼져 나갔다.

1980년대에 들어 강남은평교회는 여러 면에서 안정되게 자리를 잡기 시작했다. 젊은이 선교 담당 최홍준 전도사, 중고등부 담당 남용우 전도사, 그리고 유초등부 담당 김영애 전도사가 옥한흠 담임 목사와 동역했다. 모든 부서별 예배와 모임 시간도 정착되어 갔다. 그리고 성도들이 교회에서 신앙생활하면서 경험한 이야기들을 문서로 알리며 공감대를 넓혀 갔다. 변화된 성도들의 소감과 간증문을 강남 지역의 아파트별로 교회 소식지에 실은 것도 매우 독특했다. 당시 우성아파트에 살고 있었던 김민자 성도는 이렇게 썼다. "시어머니, 친정어머니 모두 불교 신자입니다. 저도 마찬가지였습니다. 이웃 교인의 전도를 받아 은평교회에 나갔습니다. 마음을 파고드는 하나님의 말씀은 연속 3주일을 거쳐 저를 울게 만들었습니다…." 그리고 삼호아파트에 살고 있던 최병태 성도는 "할아버지의 유언 때문에 몹시 부담스러운 교회 생활에 시달려 오던 중 은평교회를 알게 되었습니다. 하나님이 말씀을 통해 놀라운 위로를 주십니다. 지금 같아서는 주일이 한 주간에 세 번 정도 있었으면 합니다"라고 마음의 감격을 언급했다.[45]

소식지에는 이런 내용도 실렸다. "평신도를 예수님의 제자로 훈련해서 그들이 가진 저력을 하나님나라를 위해 전력투구할 수 있도록 개발하여 보려는 것은 본 교회의 개척 비전 중 하나"다. 그러면서 강남은평교회가 일반 목회프로그램 외에 제자훈련과 다락방 전도 양육에 매진하고 있음을 강조하며, 장발의 담임 목사 이력과 사진을 실었다. 그리고 교회를 이렇게 설명했다.

> 본 교회는 1978년 8월에 9명의 형제들이 모여서 시작한 작은 개척 교회입니다. 그동안 주님께서 꾸준히 키워 주셨습니다. 2년이 된 현재는 주일 낮예배에 400명 정도의 성도들이 모여 예배를 드리고 있습니다. 이들의 대부분이 예수님을 처음 영접하였든지 아니면 오랜 기간 신앙생활에서 떠나 있다가 돌아온 형제자매들입니다. 와 보십시오. 그리고 당신의 영혼의 고향인 하나님의 품을 발견해 보시지 않으시렵니까?[46]

강남에 살고 있었던 사람들이라 하더라도, 그 당시나 지금이나 목사의 머리 스타일로는 어울리지 않는 장발의 옥한흠에 대한 첫인상이 좋지 못한 경우가 종종 있었다. 그러나 그런 그에게서 뿜어 나오는 설교의 위력과 감화력은 듣는 사람들의 인상을 비호감에서 호감으로 바꾸었다. 말씀을 들으면서 그의 내면에 깊이 자리 잡고 있는 맑은 영혼과 솔직한 성품을 발견하고는 처음 온 성도들의 마음의 빗장이 저절로 열렸다. 개척 초기부터 일단 전도해서 사람들을 교회로 데려오기만 하면, 옥한흠의 설교를 통해 그 사람은 감화를 받고 신앙생활을 하기로 결심하고 얼마 지나지 않아 제자훈련 과정에도 참여하는 일이 지속적으로 생겨났다.[47] 그리고 초기에 교회에 나온 사람들 중에는 기존 교회에 불만을 갖고 사랑의교회로 나온 경우도 있었다. 그들 중에는 경제적으로 안정되었고 교육 수준도 높은 중산층에 속한 사람들이 많았지만, 옥한흠의 설교나 제자훈련 목회에 만족하지 못하고 대성교회(후에는 평강제일교회로 개칭)로 간 성도들도 더러 있었다. 그중에는 심지어 여전도회 임원들도 있었다.⁴⁸ 기성 교회의 밋밋한 신앙생활을 극복하려고 강남은평교회에 끌려 나오긴 했지만, 결국 적응하지 못하고 이단적 신앙에 빠지는 안타까운 일도 발생했다. 이러한 사실에서 우리는 1980년대 초반 강남 지역에 살고 있었던 거주자들이 참신한 신앙생활을 얼마나 열망했었는지를 가늠해 볼 수 있다. 그러한 기대에 부응한 결과 강남은평교회의 기초가 든든하게 잡혀 가게 되었다. 그러나 그런 과정이 결코 순탄했던 것만은 아니었다.

그 시기에도 옥한흠은 그리스도의 참된 제자가 되어 아름다운 교회상을 세워 나가지 않으면 전도의 문이 닫혀 버릴 수밖에 없다는 것을 너무도 절실하게 인식하고 있었다. 그는 세상의 원리가 하나님나라의 원리를 대신해 가고 있는 현대 교회에서 세속적인 냄새가 끊임없이 피어오르는 현실을 누구보다도 정확하게 간파하고 있었다. 그래서 그는 제자훈련이란 예수의 제자 되기를 포기한 자들이 교회 안에서 큰소리치고 있는 현실을 타파하는 것이라고도 했다. "제자훈련이란 무엇인가? 이와 같은 고질적인 병을 치유하는 것이다. 제자훈련은 목회자와 평신도 모두를 낮은 자리로 내려앉게 하는 성령의 사역이다. 제자가 되어 가는 길은 종이 되어 모든 것을 드리고 생명까지 드리는 길이다."⁴⁹

교회가 바르게 세워지고 복음의 문이 활짝 열리기 위해서는 무엇보다도 교회 안에서 수많은 작은 예수들이 배출되어 세상으로 하여금 우리의 구세주 예수 그리스도를 볼 수 있게 해야 한다. "제자훈련의 절정은 우리를 투명하게 만들어 예수님이 투영되게 하는 데 있다. 다른 말로 하면 작은 예수로서의 변화와 성숙을 세상이 볼 수 있게 하는 데 있다."[50] 제자훈련을 목회의 한 방편으로 시행한다든지, 교회 생활에 빨리 적응하기 위해, 혹은 성경 지식을 습득하기 위해 실시한다면 그것은 잘못이다. 제자의 삶의 초점은 온전히 예수님께 맞춰져야 한다. 제자훈련은 이러한 제자의 삶을 살아가는 연속선상에 놓여 있는 과정을 의미한다. "제자훈련은 책상 앞에서 이루어지는 것이 아니라, 삶 속에서 일어나는 역사이며, 예수님을 믿기 위해 받는 것이 아니라 부르심을 받은 제자의 삶을 살기 위해 받는 것이다.… 따라서 제자훈련은 훈련받는 자의 인격이 예수님을 닮아 가는 과정이다. 초대교회 성도들이 '작은 그리스도'라는 별명을 얻었던 것처럼 모든 성도들은 예수화되어야 한다."[51] 그런 면에서 제자훈련은 무엇보다 사람을 바꾸어 놓는 작업이 되어야 한다. 지도하는 목회자나 훈련을 받는 평신도 모두가 동참하는 "일종의 영적 몸부림"이다.

우리 중 어느 누구도 물론 이 세상에서 예수 그리스도를 완전하게 닮을 수 없다. 하지만 그렇다고 해서 제자훈련의 열정과 과정을 소홀히 해서는 안 된다. "우리 모두는 똑같이 노상路上에 있는 자들인 것이다. 아직 흠과 티가 없는 완전의 경지에 이르지 못하고 있다. 성령의 손에 부서지고 녹아져서 예수님의 모습으로 다시 빚어지는 과정에 있는 자들이다." 제자훈련이라고 하는 "작은 예수 운동"의 골자는 그래서 예수 그리스도만이 핵심적 주제이고, 표준이며, 또한 목표이다. 제자훈련에서 예수님을 빼 버리면 남는 것은 하나도 없다. "제자훈련은 그 자체가 거듭나는 진통이요, 통회하고 자복하는 골방이요, 하나님의 은혜에 매달리는 겟세마네 동산인 것이다." 이러한 과정을 성실하게 거쳐 가면서, "나의 직업이 무엇이든, 내가 사는 환경이 어떠하든 간에 내가 머무는 그곳에서 하나님의 이름이 거룩히 여김을 받을 수 있고 하나님의 뜻이 이루어지도록 최선을 다하는 소명자"가 되어 가는 것이다.52 제자훈련을 통해 우리 모두가 소명자가 되는 것이 작은 예수 운동의 골자이며, 이러한 과정은 평생에 걸쳐 지속되어야 한다.

그래서 이러한 사실을 가슴에 새기며, 개척 초기부터 예배를 시작하면서 그들은 주기도문 송을 불렀다. 그 전통은 옥한흠이 목회하는 내내 계속되었다. 주기도문송을 예배 때마다 그렇게 지속적으로 불렀던 이유는 "주님이 가르쳐 주시는 기도"를 통해 바른 기도의 자세를 보완하고 완성하여 하나님을 만족시킬 수 있다는 확신이 있었기 때문이었다. 그렇게 하는 데에는 물론 찬양과 헌신의 의미도 있었다. 하지만 그 찬송은 "만민이 기도하는 집"인 교회의 속성을 바르게 유지하고 싶은 소망의 표현이었고, 목회자 "자신을 지켜 주는 보루"가 되기도 했다.53 이러한 기도의 찬송은 지금도 여러 교회에서 주의 나라가 임하기를 간절히 소원하는 거룩하고 아름다운 가락으로 만방으로 퍼져 가고 있다.

예수의 제자 됨과   8장
제자훈련 목회

제자훈련 목회와 그리스도의 하나님나라 사역

옥한흠이 목회 초기부터 품었던 참 교회를 향한 꿈은 이상의 영역에만 머물지 않았다. 그는 어떤 수고와 희생이 따라온다고 할지라도 그 꿈을 목회 현장에 적용하기 위해 심혈을 기울였다. 1980년 6월부터 약 7년 동안 강남은평교회와 사랑의교회에서 동역하며 초창기 시절부터 가장 가까이서 옥한흠을 지켜본 최홍준은 "옥 목사야말로 이 시대의 마르틴 루터"라고 생각했다. 제자훈련을 통해 한국에 새로운 종교개혁을 이루시기 위해 하나님이 보내신 종이라고 간주할 만큼 옥한흠은 한국 교회의 갱신을 위해 초기부터 목회 사역에 매진해 왔다.[1]

종교개혁의 중요한 유산인 만인제사장설에 근거한 "평신도 재발견"은 영향력 측면에서 볼 때, 경건주의 운동이나 복음주의 운동의 확산에 지대한 공헌을 했다. 옥한흠의 주장대로, "종교개혁이 하나님을 위한 참 교회상을 회복하는 데 그 의의가 있었다고 한다면, 평신도 운동은 세상을 위한 참 교회상을 회복하는 데 그 의의가 있다"고 할 수 있다.[2] 이러한 인식을 토대로, 옥한흠은 구체적으로 평신도를 깨우는 제자훈련이야말로 교회론의 개혁을 도모하는 첩경임을 강조했다. 또한 평신도를 각성시켜 참 교회상을 회복하는 것은 성경에 근거하고 있는 원리이기에 연기할 수 없는 그의 목표가 되었다. 평신도의 신분 의식을 분명하게 인식시키고 정립하는 것은 한국 교회가 종교개혁의 원리를 따른다고 하면서도, 실제적으로는 중세교회의 성직주의라는 전통의 굴레 속에 허덕이는 상태로부터 벗어나게 하는 교회 갱신의 측면도 있었다. 아직도 적지 않은 목회자들이 "가톨릭이 남겨 놓은 냄새나는 유물"을 청산하지 못하고 있기 때문이다.[3] 그런 면에서, 존 스토트의 주장은 매우 적절하고 설득력이 강하다. "평신도가 호응적이고 능동적이며 건설적인 교회의 일원이 되어 주기를 기대하는 바른 이유는 신학적 원리에 입각한 실용주의나 편의주의 때문이 아니라 성경적이기 때문이다."[4]

종교개혁자들이 "말씀으로 돌아가자!"라는 표어와 함께, 성경 속에서 재발견한 진리들을 토대로 하여 개혁의 원리와 사상을 추출했듯이 옥한흠도 제자훈련의 기반을 성경에서 찾았다. 그는 하나님이 성경을 교회에 주신 이유는 첫째로 믿지 않는 자들이 구원에 이르게 하려 함이요, 둘째는 믿는 자들로 온전케 하려 하심(딤후 3:15-17)이라고 확신한다. 하나님은 그의 자녀가 되게 하고, 하나님의 자녀가 된 사람들이 예수를 닮게 하시려고 말씀을 주셨다.[5] 옥한흠의 제자훈련 대헌장과 예수 그리스도의 하나님나라 사역은 직결되어 있다. 옥한흠에게 제자훈련의 대헌장은 골로새서 1장 28-29절이다. 그는 다음과 같이 언급했다.

제자훈련의 주제는 그리스도인이다. 그 외의 다른 것을 보태면 안 된다. 예수님만 보여야 한다. 목사의 제자를 만들어서는 안 된다. 예수님만이 주제가 되어야 한다. 전파하고 가르치고 권면하는 예수님의 사역을 그대로 계승하는 것이 제자훈련이다. 제자훈련의 현장에서는 예수님의 사역이 그대로 재현된다. 전파하는 사역preaching, 가르치는 사역teaching, 치유하는 사역healing이 제자훈련의 현장에 나타나는 것이다.6

한마디로 말해서, 제자훈련은 예수 그리스도께서 하시던 사역을 재연하는 것이다. 이렇게 해서, 오순절에 성령께서 강림하여서 교회를 세우시고 그리스도의 재림 때까지 그리고 땅끝까지 하나님의 말씀을 가르쳐 지키게 하는 명령은 성도와 교회에게 주신 지상 과제다. 그런 면에서 옥한흠은 지상에서 행하신 예수 그리스도의 구속 사역과 오순절 성령 강림을 구속사적 차원에서 바르게 이해하여, 실제적인 사역 현장에 성령 충만한 제자훈련으로 이어질 수밖에 없음을 잘 깨닫고 있었다. 또한 성령 강림으로 인하여 제자들은 좀 더 확실하게 예수 그리스도가 선포하신 말씀과 행하신 사역들의 의미를 깨달았고, 좀 더 역동적으로 그 사역을 감당하기 위해 모든 족속에게 그리고 땅끝까지 갔다.

예수님으로부터 제자훈련을 받은 제자들은 오순절에 임한 성령 충만으로 그들에게 주어진 사명을 감당했다. 옥한흠은 "성령 충만은 제자훈련의 마무리 작업"이었다고도 언급했다.7 그는 제자훈련과 성령 충만은 분리할 수 없는 고리로 연결되어 있음을 구속사적 맥락과 실제적 사역의 차원에서 분명하게 인지하고 있었다.

옥한흠의 교회론과 사도성, 그리고 제자훈련

옥한흠의 제자훈련 목회의 본질을 바르게 이해하기 위해서 그의 교회론, 특히 성령과 사도성과의 관계를 명확히 알아야 한다. 먼저 그의 평신도 이해를 살펴보자. 오순절에 성령께서 강림하셔서 교회를 세우시고, "하나님의 백성으로 선택받은 자들을 불러내어 사도들의 증거를 그대로 받아 믿고 고백하게 하신다. 그리고 구원받아야 할 다른 양들을 위해 먼저 부른 그들을 소명에 응하게 하시고, 능력으로 무장시켜 주신다. 이제 세상은 성령을 통해 그리스도를 옷 입고 생활하며 이야기하는 새로운 종류의 사람들을 만나게 된 것이다. 이들이 바로 증거하는 공동체인 교회의 평신도이다."[8] 옥한흠은 성령이야말로 교회를 세우실 뿐만 아니라, 교회를 사도적 본질을 가진 실체로 만들어 가신다고 확신했다. 이러한 결과, 신약의 교회는 성령의 역사하심으로 말미암아 증거하는 공동체의 성격을 띠면서, 고백하는 교회, 전파하는 교회, 그리고 찬양하는 교회가 되었다고 믿는다. 또한 성령께서 말하게 하심을 따라서 새 방언으로 말했다는 사실은 "교회의 입을 열어 주셨다는 것이다. 왜 입을 열어 놓으셨는가? 지상 교회는 세상에 복음을 전하기 위해 보냄을 받은 소명자이기 때문이다."[9]

옥한흠의 교회관에 의하면, 성경적 교회는 사도적이어야 하며, 사도적이기 위해서는 평신도를 포함한 모든 교회가 사도의 계승자라는 사실을 믿어야 한다고 주장한다. 사도의 진정한 계승자가 되려면 사도가 전해 준 증거의 말씀을 그대로 받아 믿고 고백해야 한다. 동시에 사도들이 땅끝까지 복음을 전하라는 선교적 명령을 받았던 것처럼 모든 교회도 그 명령을 받은 소명자라는 사실을 고백하고 순종해야 한다. 이러한 교회의 본질을 성령께서 오순절에 강림하셔서 교회의 입을 열어 사도들의 사역을 계승하도록 하셨다. "그러므로 평신도를 깨운다는 것은 바로 그들 각자가 사도의 사역을 물려받은 소명자임을 고백하고 순종하도록 가르치는 일이라 할 수 있다."[10] 또한 그는 교회의 사도적 사명에 대해서 이렇게 주장한다.

> 사도적 사명은 아직 끝나지 않고 있다. 그것은 세상 끝 날까지 남아 있게 될 것이다. 사도적 사역은 완성되지 않고 있다. 그것은 땅끝까지 모든 사람들을 다 포용하는 일이기 때문이다. 그러므로 교회는 항상 세상 안에 있어야 하고 그 가운데서 사도들처럼 그리스도를 고백하고 증거하고 봉사하지 않으면 안 된다. 이것은 교회의 존재 그 자체를 성경적으로 결정하는 본질적 사명이다.[11]

그리고 옥한흠의 목회 사역과 제자훈련은 그의 교회론과 분리할 수 없다. "교회란 무엇인가?"를 수시로 자문하고 점검하지 않는 것은 목회자 자신과 교회가 끊임없이 갱신되어야 하고 발전해야 한다는 영적 당위성을 망각하는 것이다. 그래서 그의 교회론의 핵심에는 늘 "교회의 갱신을 지향하는 목회"가 자리 잡고 있다. 옥한흠의 제자훈련은 평신도에 대한 새로운 각성을 촉구하는 개혁의 의미가 분명히 있다. 이러한 교회의 개혁과 갱신은 목회자인 지도자 자신의 개혁을 전제로 일어날 수 있는 운동이다. 오늘날 교회 안에 자리 잡고 있는 내향적인 사고와 편견에서 벗어나 평신도의 실체를 바로 볼 수 있는 안목은 교회 전체가 개혁되기 이전에, 먼저 지도자 자신의 개혁이 선행되어야 가능한 일이었다. 옥한흠이 언급했듯이, "사실상 교회의 개혁은 교역자의 개혁을 의미하는 시대가 많았다. 그들의 마음에 변화가 일어나지 않는 한 교회가 스스로 변화를 맛본다는 것은 정말 어려운 일이다."[12]

종교개혁자들과 특히 개혁 신학자들이 주장했던 것처럼, "교회는 항상 개혁되어야 한다." 이 원리가 끊임없이 추구되어야 지상 교회의 영적 생명력이 왕성하게 유지될 수 있다. 그런 면에서 옥한흠은 "끊임없는 개혁이라는 법칙의 빛에 비추어 볼 때 평신도는 그 본질적인 위치와 의미를 갖는 것"이며, "교회 전체가 이 끊임없는 개혁을 위해 소명"을 받는다고 주장한다. 이것은 그의 제자훈련의 토대를 분명한 개혁주의적 교회론에 두고 있음을 시사하는 대목이다.[13] 평신도를 각성시키고 세우는 제자훈련은 항구적인 교회 개혁이라는 전제가 없이는 적용될 수 없는 원리다. 어떠한 종류의 교회를 막론하고 개혁의 필요성을 벗어날 수 있는 교회는 지상에 없다. 교회 개혁과 제자훈련은 이 땅에서 필수적으로 시행해야 하는 절대적인 과제다. 그런 면에서 옥한흠의 평신도를 깨우는 운동은 단순히 제자훈련을 통한 사역자 양성 자체가 목적이 아니라, 성경적 교회론에 근거한 선교 운동이요, 또한 교회 갱신 및 개혁 운동이라고 할 수 있다.

옥한흠은 평신도를 깨우는 각성 운동이 제자훈련의 당위성으로 귀결되고, 이것이 성경적 교회상을 회복해 나가는 필수적 과정이며 종교개혁의 유산을 계승하는 것임을 확신하고 있었다. 그에 의하면, 평신도의 주체성을 확립하지 못한 개신교의 문제점은 일종의 암으로 간주된다. 동시에 그는 칼빈의 교회론이 종교개혁으로 생긴 교회 질서 중에서 가장 박력 있는 것이었지만, 교역자의 권위를 지나치게 강조함으로써 상대적으로 평신도의 참된 의미와 중요성을 무시하는 결과를 빚었다고 비판적으로 언급한다.[14] 옥한흠은 평신도의 잠재력과 위치와 역할을 깨우면서도, 교역자 직분의 중요성을 균형 있게 강조하려고 무진 애를 썼다. 그는 다음과 같이 실토하기도 한다. "사실상 교역자와 평신도를 각각 별개의 존재로 인정하는 이원론에 빠지지 않으면서 교직의 중요성을 유지하는 일은 쉬운 일이 아니었다. 교역자와 평신도, 이 둘은 가장 가까우면서 동시에 가장 상처를 주기 쉬운 관계였다. 그 관계가 악화되면 교권주의와 反교권주의의 투쟁으로 발전하기 일쑤였다."[15] 그는 이렇게 말한다. "인간적으로 보면 반교권주의라는 원고가 교권주의라는 피고 앞에서 일말의 동정을 얻을 수 있을지 모르지만, 이것이 지나쳐서 성직 제도 자체를 거부한다면 최고의 법정인 성경 앞에서 절대로 승소할 수 없을 것이다. 교직은 엄연히 그리스도께서 그의 교회에 허락하신 직분이다."[16]

옥한흠은 루터나 칼빈이 언급한 교직에 대한 고찰을 토대로 하여 교역자와 평신도의 소명에 대해 다음과 같이 정리한다.

교역자는 평신도가 소유하고 있는 제사장직을 이행하는 사람이다. 그러나 평신도를 대신해서 그 직무를 이행하는 것이 아니라 그들과 나란히 서서 그 일을 하고 있다. 그러므로 교역자의 중요한 역할은 누구를 대신하거나 대표하는 데 있지 않고, 평신도가 참 제사장으로서 그 특권을 행사할 수 있도록 그들을 돕고 지도하는 데 있는 것이다. 그리고 우리가 한 가지 더 알아 두어야 할 것은 교직은 모범을 보여 주는 위치라는 사실이다. 특히 섬기는 자로서의 모범을 보여야 한다. "맡기운 자들에게 주장하는 자세를 하지 말고 오직 양 무리의 본이 되라"(벧전 5:3).[17]

그렇다면, 옥한흠의 교회에 대한 정의는 무엇인가? 어떠한 교회론에 근거하여 평신도를 깨워 목회자의 동역자로 삼고자 했는가? 먼저 그는 "교회"라는 단어에 대한 성경적 고찰을 한 후 이렇게 주장한다.

한편 세상으로부터 부름 받은 하나님의 백성인 교회는 예수님이 오셔서 실현하신 하나님의 통치의 유기적, 제도적, 세상적 표현이라고 할 수 있다. 하나님나라가 보다 포괄적인 하나님의 통치 영역을 의미한다면 교회는 그 통치권 안에 속해 있는 과도기적 제도라고 보아야 할 것이다. 과도기에 있는 교회는 미래에 주님이 오실 때 완성될 하나님나라의 도래를 겸손하게 간절히 기다려야 한다. 교회는 아직 집에 도착하지 못했다. 영원한 도성을 향해 순례의 길을 걷고 있다. 그러므로 지금의 교회는 종말을 알리는 사인sign이며 앞으로 무엇이 도래할 것인지를 알리는 게시판과 같다. 왕이 오실 때 교회는 왕국을 물려받을 것이고, 그 왕국은 온 우주에 실현될 것이다.[18]

옥한흠의 교회론은 성경적 근거에 토대하면서도 종말론적인 성격과 함께 하나님나라와의 관계를 선명히 드러내고 있다. 그래서 옥한흠에 따르면, "교회는 이 세상에서 하나님나라를 들여다볼 수 있는 창문"의 역할을 해야 하고, "세상에 말세를 알리는 사인sign"이어야 한다. 이러한 이유 때문에 하나님은 교회를 말세에 세우셨고, "교회는 예수 그리스도의 재림, 곧 말세가 다가옴을 나타내는 게시판"이라고 역설했다.[19]

또한 옥한흠은 종교개혁자들로부터 물려받은 교회론적 값진 유산에 긍정적 평가를 내리면서도, 그 한계를 극복하려고 부단히 노력했다. 그는 이렇게 주장한다. 교회가 "택자擇者의 모임"이라는 정의는 불가견적 교회와 가견적 교회를 다 포함하고 있는 것이 사실이지만, "그 정의를 액면 그대로 놓고 보면, 눈에 보이는 교회보다 보이지 않는 종말론적 교회에 그 무게가 훨씬 더 무겁게 실려 있다는 것을 부인할 수 없다."[20] 교회를 이런 식으로 이해하면 지상 교회가 이미 완성된 실체인 것처럼 간주될 여지가 농후하고, 교회가 이 세상에서 예수 그리스도 안에서 값없이 누리게 된 영광에 도취되어 세상을 향한 소명과 사역의 강조점이 약화될 수 있음을 예리하게 지적한다. 옥한흠은 "지난 수 세기 동안 지상 교회를 부름 받은 하나님의 백성으로만 알고 가르친 교회들은 대개가 자기도취에 빠져 있는 것 같은 인상을 자주 보여왔다"고 그의 견해를 토로했다.[21]

옥한흠의 이러한 주장의 배후에는, "택자들의 모임"이라는 개념으로 가시적 교회와 비가시적 교회의 차이를 간과하고, 교회론이 지니고 있는 종말론적 성격을 정확하게 이해하지 못한 자기비판적 자성自醒이 자리 잡고 있다. 아무리 성도가 구원을 받았다 할지라도 하나님의 백성이 되었다는 신분 자체가 지상에서 성도의 삶을 다 보장해 주는 것은 아니다. 처음부터 끝까지 하나님의 은혜로 의롭다 여김을 받은 성도들은 그것에 합당한 거룩함을 삶 속에서 드러나게 해야 한다. 그는 반문한다. "구원을 받았으니 이제 되었다는 일종의 안도감 때문에 주님의 일에 미온적이거나 무관심으로 일관하려는 평신도가 얼마나 많은가?" 그가 판단하기에 "대부분의 평신도는 천당 가기 위해 예수를 믿기는 하지만, 소명을 다하기 위해 신앙생활에 진지해지려는 투철한 자의식이 결여되어 있다."[22]

전통적인 교회론에 대한 옥한흠의 비판적 인식은 그가 교회론을 구원론과 밀접하게 연관시켜 이해하고 있다는 사실을 드러내 주고 있다. 그는 칭의와 성화의 유기적 관계를 분명하게 인식하는 구원론적 토대 위에서 교회론을 논한다. 그리스도의 의의 전가가 칭의의 근거임에는 틀림없다. 칭의의 죄 사함과 의인 됨이 그리스도의 의에 근거하게 되는데, 그것은 바로 그리스도의 의가 구속사적 의미를 갖기 때문이다. 칼빈에게 그리스도의 의는 구속사적 완성, 곧 객관적 성취의 의미를 지니며, 주관적 차원에서 개별적 적용의 근거가 된다. 중보자로 이 땅에 오신 그리스도로 말미암아 완성된 구속을 통해 세워진 그 의가 그리스도 안에 있는 우리에게 전가될 때, 그 의로 말미암아 우리가 의롭게 여겨지게 된다는 것이다. 칼빈은 주관적 차원에서의 칭의를 객관적 차원의 구속사적 의와 잘 연결시키고 있다. 이 점에서 칼빈의 교회론은 철저하게 구원론에 뿌리를 두고 있으며, 성도의 삶과 직무에 대한 논의의 시작은 바로 성도의 구원받은 신분에서 비롯한다. 그리스도와의 연합을 통해 구원론적 역사성과 생동감을 회복하는 것이 개인의 경건 함양과 제자훈련, 그리고 교회 개혁과 부흥의 주요한 신학적 기반이 될 수 있다.[23] 그런 면에서 성부께서 그리스도를 통해 성취하신 "구원의 완성"이 어떻게 우리의 것, 곧 "구원의 적용"이 되느냐가 매우 중요하다.[24]

칼빈의 구원론이 자연스럽게 그의 교회론으로 연결되듯이, 옥한흠의 교회론도 그러한 특성을 계승하고 있다. 어떻게 보면 구원론과 교회론을 연결하는 고리가 "제자도"라고 간주할 수 있을 만큼, 그리스도를 믿음으로believing 구원받고 하나님의 백성이 되었다면, 그리스도를 따름으로following 구원을 이루어 가고 하나님의 백성답게 살아가야 할 당위성이 모든 성도에게 주어졌음을 강조한다. 옥한흠은 구원받은 성도의 의로운 신분과 함께, 세상 속에서 구원받은 성도답게 살아가야 하는 거룩한 소명을 균형 있게 강조하고 있다. 그는 다음과 같이 주장한다.

평신도가 깨어나기 위해서는 지상 교회의 정의를 다시 써야 할 것이다. 지상 교회는 세상으로부터 부름 받은 특권만 가진 것이 아니다. 세상으로 보냄 받은 소명을 함께 가지고 있다.… 우리가 목회하는 교회는 지상에 남아 있는 교회다. 특권과 함께 소명을 자신의 신앙으로 고백할 수 있어야 한다. 그래서 특권만 알고 소명을 모르는 절름발이 교회를 만들지 말아야 한다. "당신이 부름 받은 특권을 누리고 있는가? 그러면 보냄 받은 소명에 순종해야 한다." 교역자는 이렇게 가르칠 수 있어야 하고 평신도는 이렇게 믿고 고백할 수 있어야 오늘의 교회가 몽롱한 잠에서 깨어날 수 있을 것이다.[25]

옥한흠의 균형 잡힌 구원론에 근거한 교회론은 지상 교회의 특권 의식을 소명 의식으로 변혁시켜 지상 교회가 "지역 교회의 정체성"을 이해하는 올바른 개념을 정립했다. "신약성경에는 어느 교단에 소속된 개교회들을 총괄해서 부르는 집합적인 의미로서의 교회는 존재하지 않는다"는 사실을 전제하면서, 그는 지역 교회의 중요성과 소명에 대해 이렇게 말했다.

> 따라서 각 에클레시아, 각 집회, 각 공동체, 각 교회는 아무리 작고 아무리 빈약하고 아무리 보잘것없는 모임이라고 하더라도 완전히 하나님의 에클레시아, 하나님의 집회, 하나님의 공동체, 하나님의 교회의 발현이요 표현이며 실현이다. 지역 교회가 하나님의 교회의 한 부분이 아니라, 교회 그 자체이며 그 실체의 확실한 표현이요, 어떤 의미에서는 하나님의 교회를 대표하는 것이라고 한다면, 지역 교회에 몸담고 섬기는 우리 모두는 다시 한번 어깨를 활짝 펼 수 있어야 할 것이다.[26]

옥한흠은 교회의 사도성에 대한 새로운 깨달음을 통해 지상 교회에 대한 올바르고도 실제적인 개념을 분명히 정립하는 데 이바지했다. 이것이 평신도를 깨울 수 있는 교회론적 기반이 되었다. 이러한 인식의 변화가 전제되지 않고서는 평신도를 깨워 역동적인 교회를 일굴 수 없다. 옥한흠에게는 이런 비전이 있었다. 세상은 이러한 자각을 토대로 열심히 섬기는 작은 교회를 통해 하나님나라가 가까이 임하고 있음을 보게 될 것이다. 또한 목회자들은 자신의 목회 현장을 보는 패러다임이 바뀔 때, 한 영혼을 붙들고 예수의 제자로 만드는 일에 미친 사람처럼 헌신할 수 있을 것이다. 그런 면에서 옥한흠의 평신도를 깨우는 제자훈련 사역은 "구원론적 자각에 기반을 둔 교회론적 개혁 운동"이라고 할 수 있다. 그의 교회론을 한마디로 요약할 수 있다. "지상 교회는 세상으로부터 부름 받은 하나님의 백성이요, 또한 세상으로 보냄 받은 그리스도의 제자"다.[27]

성령 충만과 제자훈련, 그리고 선교적 교회론

제자훈련의 중심은 예수 그리스도이고, 전파되는 것은 그리스도의 복음이며, 그 열매는 성령 충만의 결과다. 예수 그리스도의 제자훈련도 결국은 오순절 성령 강림을 통해 마무리되었다. 그리스도의 제자로서 복음을 땅끝까지 전파해야 하는 이 시대의 제자들도 성령 충만해야 그러한 사명을 수행할 수 있다. 오순절 성령 강림의 구속사적 의미와 성령 충만을 설명하는 신학적 이견들이 존재하고 있지만, 옥한흠은 그러한 다양성의 차이를 넘어 공감할 수 있는 명백한 성령 충만의 특성을 제자훈련 사역에 도입했다. 그는 먼저, 성도 한 사람 한 사람이 자신의 의지가 아니라 성령의 지배를 받아 살아가는 존재가 되어야 한다고 역설했다.

성령 충만한 사람에게 나타나는 중요한 특징 중의 하나는 인격과 삶이 주님을 닮아 가는 것이다. 우리에게 임하신 성령은 우리로 하여금 그리스도의 증인으로 복음을 전하고 가르치는 제자의 삶을 살아가게 하는 주된 요인이다. 성령은 우리로 하여금 예수 그리스도의 인격을 본받아 살아가게 하는 인격적 변화가 나타나게 하신다. 이러한 특징은 사역의 능력과 열매를 맺게 하는 기반이 된다. 성령 충만해야 예수 그리스도의 참 제자가 되고, 성령 충만의 역사로 제자는 제자로서의 삶을 살 수 있고 제자의 사역을 행할 수 있다. 이러한 성령 충만의 역사가 무엇인지를 알았기에 옥한흠은 성령께 의존하며 평생 성령 충만을 간절하게 기도했다. 그래서 그는 성령을 사모하는 기도 시간을 확보하기 위해 몸부림쳐 왔고, 하나님 앞에 무릎 꿇을 수 있는 최선最善의 시간과 그리고 최대最大의 시간을 가지려고 부단히 노력했다. 성령 충만을 위해 기도하는 것은 단지 개인적 차원에서만 이루어진 것이 아니다. 그리스도의 몸 된 교회의 갱신과 부흥을 위한 기도였다. 그런 면에서 박영돈의 주장은 상당히 설득력이 있다.

    누가복음과 사도행전에서 누가도 이러한 구약적 성령 이해의 맥을 따라 성령 충만을 우선적으로 하나님나라의 증거를 위한 능력 부여로 이해했다(행 1:8). 누가는 이런 관점에서 오순절 전후의 성령 사역을 연결시키는 동시에 구별했다. 누가는 구약의 선지자들이 예언의 영에 사로잡혀 앞으로 임할 종말론적 왕국을 선포했듯이, 제자들도 동일하게 이 성령으로 충만하여 이미 임한 하나님의 나라를 증거했다는 점을 부각시켰다. 그래서 구약의 예언의 영이 마지막으로 임박한 메시아 왕국을 증거하는 엘리사벳, 사가랴, 그리고 세례 요한에게 임한 것을 '성령 충만'했다고 표현함으로, 오순절 후에 제자들이 복음을 전할 때 성령 충만한 것과 평행을 이루도록 묘사했다.[28]

신약성경, 특히 누가복음과 사도행전에 나타나는 성령 충만과 관련된 언급들은 우선적으로 누가가 보았던 구속사적 틀 속에서 이해해야 한다. 왜냐하면 누가는 성령 충만을 우선적으로 선교론적이고 구원 역사적인 맥락에서 이해했기 때문이다. 또한 바울 역시 성령 충만이라는 개념을 선교론적 교회론이라는 큰 틀 속에서 이해했다. 그는 "그리스도의 몸", "성전"이라는 교회의 이미지를 "충만"이란 단어와 연관시켜 새롭게 표현함으로써 교회의 우주적 사역의 특성을 부각시켰다. 바울에 의하면, 교회 안에 거하시는 성령은 우주적 통합의 원동력이며 만물을 새롭게 하는 영이시다. 만물이 회복되는 종말론적 사역은 먼저 교회 안에서 시작된다. 오순절 성령 강림에서 교회가 시작되었다. 교회가 땅끝까지 복음을 선포하는 것은 교회에게 주어진 매우 중요한 종말론적 과제다. 성령 강림으로 말미암아 마가의 다락방에 모인 무리가 서로 다른 방언들로 말했지만 서로 상통했다는 사실은 주님이 다시 오실 그때까지 선교적 증인들로 살아가야 할 당위성을 제시한 것이었으며, 설교preaching나 선교mission 모두 "종말론적 말하게 하심eschatological proclamation"이라고 할 수 있다.[29] 결국 예수 그리스도를 따르고 닮아 가다 보면 선교지향적 삶으로 이어질 수밖에 없다. 그러므로 그리스도의 제자들은 그러한 삶을 살기 위해 성령 충만해야 한다. 그래서 사도 바울은 "우리가 다 하나님의 아들을 믿는 것과 아는 일에 하나가 되어 온전한 사람을 이루어 그리스도의 장성한 분량이 충만한 데까지"(엡 4:13) 자라야 한다고 말했다. 여기에 성령 충만과 제자훈련 그리고 선교적 교회론이 밀접하게 연관되고 있다.

바울과 누가에게서 발견할 수 있는 근본적인 공통점은 둘 다 성령 충만을 하나님나라의 확장과 연결시켜 이해했다는 점이다. 결국 성령 충만은 땅끝까지 복음이 전파되어(누가의 관점), 온 땅 위에 하나님을 아는 지식과 영광이 충만한(바울의 관점) 하나님나라의 비전을 실현한다. 이런 선교론적 관점의 큰 틀 속에는 성령 충만에 대한 교회론적이면서 성화론적인 이해가 내포되어 있다.30

그런 면에서, 100여 년 전에 일어났던 평양대부흥 운동을 역사적으로 연구하고 조명하여 부흥의 현상과 결과들을 분석하는 것은 앞으로 한국 교회의 부흥이 과연 어떠해야 하는지를 예측하는 데 도움을 주는 의미 있는 작업이다. 그러나 그 사건에 대한 냉철한 신학적 검증 없이 과거에 일어났던 현상이 그대로 재현되기를 기대해서는 안 될 것이다.31 옥한흠은 한국 교회의 역사에 대한 인식과 더불어 제자훈련의 당위성을 구속사적인 맥락에서 이해하고 자신의 목회 사역에 적용시키려고 부단히 노력했다.

옥한흠의 시대 인식과 제자훈련의 당위성

목회 초기부터 제자훈련에 역점을 두었던 옥한흠은 한국 교회의 뿌리에는 "네비우스 선교 방법Nevius Mission Method"이 있음을 잘 알고 있었다. 그것은 체계적인 성경 공부를 토대로 자립, 자치, 그리고 자전을 추구해 나감으로 성경적 신앙 위에 교회를 세우려는 선교 방법이요 신앙 선교faith mission의 일환이었다. 옥한흠은 네비우스 방법에서 강조하고 있는 선교 정신을 주목했다. 곧, 모든 신자는 자기가 전도를 받은 그곳에 살면서 그리스도를 위한 개인 사역자가 되어야 하고, 생업에 종사하면서 이웃에게 그리스도를 보여 주는 삶을 살아야 하며, 이것을 평신도에게 철저하게 가르쳐야 한다는 것이었다.[32] 바로 이러한 네비우스의 선교 정신으로 한국 교회가 초기부터 전 교인을 총동원하여 평신도 제자화 훈련의 토대 위에 세워졌음을 직시한 옥한흠은 평신도를 깨우는 제자훈련 목회야말로 과거의 유산을 그의 시대에서 계승하고 재현해 나가는 것이라고 확신했다.

네비우스 선교 방법을 도입한 초기 한국 교회는 교육 중심의 목회를 지향했고, 평신도를 개인적으로 양육하고 훈련할 뿐만 아니라, 교회의 사역을 세상 속에서 역동적으로 감당할 수 있는 기반을 조성해 나갔다. 평신도는 수동적 입장에서 신앙생활을 하는 것이 아니라, 그리스도를 위한 사역자가 되어야 하며, 삶의 현장에서 그리스도를 보여 주는 삶을 살아가야 한다는 것은 우리 한국 교회가 오랫동안 실천한 전통이었다. 성도들은 세상 속에서 복음의 증인으로 부름 받았음을 인식하고, 세상의 빛과 소금의 역할을 감당하기 위해서 사경회 운동에 열심히 참석했다. 초기 사경회 운동은 일종의 성경 공부 운동이요, 성경 학교 운동이었다. 거기에서 성경을 체계적으로 공부하는 것은 성경에 대한 지식을 축적하는 데에만 목적이 있지 않았다. 그것은 개인의 신앙 성장과 함께 전도 생활, 그리고 교회와 사회생활에 지대한 영향을 끼친 일종의 제자훈련이라고 간주할 수 있었다.[33]

1890년 존 네비우스John Nevius 내외가 한국을 방문하여 자신의 선교 방법을 전달했고, 재한 선교사들은 이 방법을 공식적인 선교 방법으로 채택했다. 그 후 1905년에는 전국 교회 성도의 약 60퍼센트가 한두 개의 성경 공부반에 출석하면서 성숙한 신앙을 키워 나갔다. 이렇게 초기부터 가르치고 배우는 일에 적극적이었던 한국 교회는 평신도 지도자들을 배출함으로써 국운이 쇠락하고, 일제의 식민지로 고난을 받는 상황에서도 한국의 교회뿐만 아니라 민족의 미래도 이끌어 갈 수 있는 수많은 인재를 배출했다.

네비우스 선교 방법을 통해 예수 그리스도께서 강조하셨던 가르치는 "교육 중심의 목회"가 한국 교회에 탄탄하게 뿌리를 내렸다. 또한 네비우스 방법은 초창기 한국 교회의 상황에 적절하게 대처했을 뿐만 아니라, 역동적인 평신도 지도자들을 양성할 수 있는 여건을 마련해 주었다. 이 방법으로 "가정 중심의 목회"가 실행되었다. 남성들을 위해 사랑방 모임이 활발해졌고, 여성들을 위해서는 안방 모임이 활성화되었다. 이러한 성경 공부 모임을 통해 참석자들은 신앙을 훈련하면서도, 이웃을 초대하여 복음을 나누었다. 성경 공부 모임은 만남의 장으로도 활용되었다. 이렇게 해서 "개인 전도 중심의 목회"가 자연스럽게 자리 잡게 되었다. 이러한 선교 방법을 통해 한국 교회는 훈련의 기능과 함께 전도의 열정을 고무시키는 방향으로 전개되었다. 옥한흠은 이러한 한국 교회의 역사를 고찰하여 자신의 제자훈련 목회에 접목시킬 수 있는 안목을 구비하고 있었다.

한국 교회가 오늘날 세계 선교 역사상 가장 성공한 사례의 하나가 된 배후에는 이와 같은 평신도 훈련 중심의 목회 정신이 깃들어 있었던 것이다. 우리나라 초대교회의 기본 정신은 선교사 중심이나 교역자 중심이 아니라 평신도 중심의 교회를 세우는 데에 있었다. 평신도를 훈련하여 교회 안에서 상호 사역의 봉사를 하게 하고 세상에서 말과 행위로 그리스도를 증거할 증인으로 파송하는 데에 역점을 둔 성경적인 정신을 가지고 있었다.… 우리가 지금 처해 있는 환경은 그 당시와 비교가 될 수 없을 만큼 다르다.… 그러나 초창기의 교회 지도자들이 소중하게 생각하고 그들의 목회의 기본으로 삼았던 정신만은 얼마든지 계승할 수 있는 것이다. 지금이야말로 우리의 위대한 선배들이 남겨 준 정신적 유산을 다시 찾아 목회 현장에서 불을 지펴야 할 때라고 생각한다.[34]

또한 제자훈련에 대한 옥한흠의 열망은 그가 살았던 시대 인식과도 밀접한 관계를 맺고 있다. 경제 개발이 본격적으로 이루어지고 있었던 1960년대와 70년대는 그야말로 "교회 성장"을 넘어서 "폭발 explosion"이라고 간주할 수 있을 만큼, 한국 교회는 양적 성장에 도취되어 있었다. 옥한흠이 목회했던 1970년대 후반부터 90년대 이전까지 성장의 폭은 많이 약화되었지만, 그래도 성장은 지속되었다. 이러한 상황에서 옥한흠은 한국 교회의 부흥이나 성장이 지난 30여 년 동안 고속 성장을 주도해 온 근대화 운동과 유사성이 있음을 예리하게 파악하고 있었다. "잘살아 보세!"라는 당시의 구호는 교회에도 지대한 영향을 미쳤다. 목표 지향적이고, 결과를 달성하기 위해서라면 과정상의 윤리는 큰 문제가 되지 않았다. 그뿐만 아니라, 부흥이나 성장이라는 개념이 단지 양적 개념으로만 해석되는 경향이 한국 교회 안에 깊이 자리 잡게 되었다. 어떻게 보면, 한국 교회도 근대화와 경제 성장의 웅장한 궤적 속에 파묻혀 "수적인 목표 달성을 위해서라면 교회 지도자들이 목회 윤리마저 예사로 파기하는가 하면, 세상적인 마케팅 전략을 비판 없이 받아들이고, 어떤 경우에는 무속적인 요소마저 도입하는 영적 혼란을 자초해 왔다."[35]

다시 말하면, 옥한흠은 당시 한국 교회가 성장의 그늘 아래 몰아치는 세속화의 물결에 너무 쉽게 무너져 가는 현실을 직시하고, 그런 파고를 막아 낼 수 있는 대안적 목회가 무엇인지를 고민했고, 그에 대한 해답을 제자훈련 목회에서 발견했던 것이다. 옥한흠에 의하면, 이러한 가운데 양적 성장에만 급급한 한국 교회에는 "삼허현상三虛現象"이라는 후유증이 나타나게 되었다. 삼허현상이란, 허수虛數, 허세虛勢, 그리고 허상虛像이었다. 가시적 성과 및 물량주의에 매몰된 한국 교회에는 통탄할 정도의 정직하지 못한 일들이 당연하게 받아들여지는 이상한 현상이 퍼져 갔다. 한 사람 한 영혼에 주목하는 목회가 아니라, 많은 사람과 교회의 크기와 대형 교회를 이상으로 하는 목회 풍조가 강하게 자리 잡아 갔다. 그 결과, 한국 교회에는 교회의 규모가 커지고 성도의 숫자는 상당히 증가했음에도 불구하고, 그 영향력은 이전 세대보다 더 약화되는 역설적인 현상이 나타났다. 또한 성도의 신앙과 삶에 괴리가 나타났고, 불신자들의 삶과의 차별성이 별로 없어 보이는 허상으로 이어졌다. 바른 믿음은 바른 삶과 행동으로 드러나야 하는데, 그 신앙의 변화가 인격과 삶으로까지 연결되지 못한 것이다. 한국 교회는 세상이 보고 싶어 하는 신앙의 진면목을 보여 주기는커녕, 세상의 "비판의 과녁"으로 전락하고 말았다.[36] 이런 면에서 제자훈련 목회를 통해 옥한흠은 허수를 실수實數로, 허세를 실세實勢로, 그리고 허상을 실상實像으로 변화시키려고 자신의 삶과 사역을 한 알의 밀알처럼 한국 교회 속에 뿌리려고 작정했던 것이다.

이러한 세속화의 물결에도 불구하고 성장해 온 한국 교회가 올바른 목적을 향하여 전진하기 위해서는 일대 개혁이 선행되어야 함을 옥한흠은 그 자신부터 각성하고 있었다. 그는 한국 교회가 더 큰 하나님나라의 비전을 갖고 진군해 나가기 위해서 "교회는 옷을 갈아입지 아니하면 안 될" 시기가 되었다고 인식했다. 한국 교회는 그야말로, 로마서 13장 14절의 말씀처럼 "정욕으로 옷 입지 말고 그리스도로 옷을 갈아입어야 할 때"가 되었다.[37] 이 본문은 아우구스티누스의 회심에 결정적인 영향력을 미친 말씀이다. 그 말씀을 읽는 순간 탕자 아우구스티누스의 삶이 더 이상 세속의 옷이 아닌 그리스도의 옷으로 입혀지고, 그에게 그리스도인으로서의 새로운 변화가 일어났던 것처럼, 이와 동일한 회심의 역사가 교회(론)적으로도 일어나야 할 절박한 상황을 한국 교회는 마주하고 있었다. 옥한흠은 이러한 변화야말로 이 시대와 다가오는 시대에 한국 교회에 요청된 가장 중요한 과제임을 힘주어 강조한다. "우리는 지금 잃어버린 성경적 평신도상을 다시 회복하는 용기와 노력을 필요로 하는 시대에 살고 있다.… 다가오는 예측불허의 세기를 교회가 책임지기 위해서는 평신도를 깨우는 것 외에 다른 길이 없다는 사실을 깊이 인식해야 한다."[38] 그런 면에서 옥한흠의 목회의 저변에는 전통적인 목회 방식에 대한 일종의 "위기의식"과 "저항 의식"이 자리 잡고 있었다고 할 수 있다.[39]

옥한흠의 교회론적 이상과 개혁 의지는 서로 맞물리면서 그의 목회 초기부터 작동했다. 그렇기 때문에 사랑의교회는 설립할 때부터 평범하면서도 차별화된 길을 걸었다. 그는 전통적인 목회에서 강조하는 말씀과 기도와 심방의 중요성을 무시하지 않으면서도, 전통적인 형식에 매이기보다는 성령의 임재가 충만하고 신앙 고백이 살아 있는 역동적인 교회를 이루고자 했다. 옥한흠이 "한 생명을 세우는 일에 혼신의 노력을 다한 것도, 전교인 수양회를 통해 초대교회가 했던 사경회 형식의 수양회를 인도했던 것도, 성가대의 전용물이었던 찬양을 회중의 손으로 옮기려고 한 것도, 세례를 받는 모든 사람에게 공개적인 신앙 고백을 요구해 형식적인 세례가 아닌 신앙 고백이 살아 있는 공동체로 다듬어 가려고 했던 것도 그런 이유에서였다. 1981년 사랑의교회로 교회의 이름을 바꾼 것도 마찬가지였다."[40] 그리고 시간이 지남에 따라 이와 같은 비전은 사랑의교회를 넘어서서 한국 교회 전체로 그 영향력을 발휘해 나갈 토대를 마련하고 있었다.

평신도를 큰소리로 깨우지 못하면, 교회 안으로 거세게 흘러 들어오는 세속주의, 이단 사상, 무속 사상, 뉴에이지 운동, 불건전한 성령 운동, 형식주의, 도덕적 불감증 등의 도전을 막아 낼 도리가 없다. 평신도들의 신앙생활의 과녁이 위를 향하기보다는 아래로 향하기 쉬워지는 교회의 세속화를 제자훈련을 통해서만 이겨 낼 수 있다고 직시했다. 왜냐하면 이러한 세상의 파고는 제자도로 훈련된 평신도의 벽이 엷어지면 교회가 이런 도전을 막아 내지 못하고 오히려 무너지는 것은 시간 문제이기 때문이다.[41] 더욱 안타까운 것은 "지금은 인구의 자연 증가와 도시 인구의 밀집 현상으로 교회들이 양적 비만증을 앓고 있으며, 그것으로 인해 평신도를 정예화하는 일에 한층 더 지장을 받고 있는 실정이다. '가르침의 깊이가 없이 계속되는 교세의 확장은 훗날 교회를 허약하게 만든다'고 한 따끔한 경고를 우리는 다시 한번 귀담아들어야 할 때가 되었다."[42] 그래서 옥한흠은 평생 제자훈련의 당위성과 필요성을 피를 토하며 외쳤던 것이고, 교회의 양적 팽창보다는 질적 성숙에 초점을 두고, 다수의 대중을 주목하기 전에 대중에게 결정적인 영향력을 끼칠 수 있는 소수의 사람들을 준비하는 데 전력해야 함을 절감하면서 제자훈련 목회에 임했다.

이렇게 초지일관 제자훈련 목회에 집중했기에, "한국 교회에 알려진 옥한흠 목사의 대표적인 이미지는 '설교자'로서보다는 평신도의 역할을 강조하는 독특한 목회 철학을 통해서 구축된 것"으로 보는 것이 일반적인 견해다.[43] 이러한 이미지는 옥한흠 목사 스스로도 밝힌 바와 같다. "나는 30년이 넘게 예수의 제자 됨이 무엇인가에 대하여 깊은 관심을 쏟아 왔다. 이런 이유로 사랑의교회를 개척한 다음 제자훈련을 통해 평신도를 깨우는 것을 나의 목회 철학으로 확정하고 곁눈질 한번 하지 않고 외길을 달려왔다."[44] 이러한 결과, 옥한흠 목사나 사랑의교회를 언급할 때면 평신도를 깨우는 제자훈련과 "평신도 중심"의 목회를 통해서 한국 교회의 교회론적 갱신에 초점이 맞추어진 경향성이 있어 온 것이 사실이다.

3

제자훈련의
장인匠人

옥한흠

그는 어떻게(How)
제자훈련 목회를 시행했는가?
제자훈련 목회의 적용

제자훈련 목회에 함께 미쳤던 동역자들

9장

사랑의교회와 초기 부교역자들

기대만큼 만족한 것은 아니었지만, 옥한흠의 미국 유학이 제자훈련에 대한 신학적 근거를 마련하는 데 든든한 기초가 된 것은 사실이다. 그런 데다가 그랜드래피즈에서의 한인 이민 목회 경험은 옥한흠에게 장년들에게도 제자훈련을 실시할 수 있는 가능성을 열어 주었다. 그가 귀국 직후 개척 목회를 시작한 것은 자연스러운 일이었다. 그뿐만 아니라 강남은평교회를 거쳐 사랑의교회라는 토양 위에서 펼쳐질 제자훈련 목회의 방향은 이미 정해졌고, 한국과 이민 교회, 그리고 세계 여러 나라 교회들에게도 연결될 수 있는 기반도 어느 정도 조성되었다.

"강남은평교회"라는 이름은 개척 초기부터 수년간 수고와 후원을 아끼지 않은 분의 은혜를 기념하는 의미에서 얼떨결에 지은 임시 명칭이었다. 배기주 목사가 미국으로 이민을 가게 되자, 강남은평교회는 1981년에 교회의 이름을 바꾸기로 결정하고, 성도들과 함께 새로운 이름을 고려했다. 성도들은 "성경에 나오는 용어 가운데 우리 마음에 가장 뜨겁게 와닿은 것들 중에 하나를 택하기로 마음먹었다."[1] 그리고 몇 가지 이름을 떠올려 보았지만, 좋은 이름은 대부분 다른 교회들이 사용하고 있었고, "제자교회"라는 이름이 끌리긴 했지만 당시는 "제자"나 "제자훈련"이라는 말이 기성 교회에서는 생소하고 낯설게 느껴지던 때였다. 그런데 "사랑"이라는 이름의 교회는 이상하리만큼 거의 없는 것을 안 뒤로 옥한흠은 "사랑"이라는 이름이 마음에 들었다. 그런데 "사랑교회"는 그가 원하던 교회의 신선한 이미지가 아니었다. 그러던 중 "'사랑교회'가 어색하면 '사랑의교회'라고 하는 것이 어떨까?" 하는 생각이 그의 뇌리를 스쳤다. 소유격 "의"를 집어넣어 지은 교회 이름은 한 번도 본 적이 없었지만 어감은 좋아 보였다. 그리고 그 이름을 뒷받침하는 하나님 말씀으로 요한일서 4장 8절, "하나님은 사랑이심이라"를 정했다.

> 이 말씀 안에는 십자가가 있다. 세상을 구원하신 하나님의 무궁한 사랑이 흐르고 있다. 그리고 성도가 어떻게 사랑하며 살아야 하는가를 교훈하는 말씀이 들어 있다. 어떻게 보면 그 이름 자체가 퍽 부담스러운 것이지만 하나님을 사랑하고 이웃을 사랑하는 일에 최선을 다한다는 노력의 하나로 그 부담을 기꺼이 짊어져 보기로 한 것이다.[2]

이런 사랑의 의미를 사랑이신 "하나님의 소유"인 교회와 성도가 되어 실천한다는 것은 옥한흠이 오랜 기간 동안 마음속에 품어 왔던 "좋은 교회를 향한 소녀 같은 꿈"과 너무도 잘 조화를 이루었다. 그가 가지고 있던 소박한 소원은 "교회마다 모든 평신도가 예수님의 제자로 깨어나서 마음을 다해 하나님을 사랑하고 이웃을 자기 몸처럼 사랑하는 사랑 공동체가 되었으면 하는 것이다."³ 이렇게 해서 "사랑의교회"가 이 땅에 태어났다.

그 당시 한국 교회는 교회 명칭에 지역 이름을 붙여 명명하던 추세였는데, 기독교 복음의 의미를 함축하는 단어를 교회 이름으로 정하는 새로운 경향이 나타나기 시작했다. 이러한 변화의 흐름 속에서 기독교의 근본정신이 가장 잘 담긴 "사랑"이라는 이름에다 소유격 "의"를 첨가해 그야말로 독특하고도 의미 있는 이름을 가진 교회로 새롭게 태어난 것이다. 그런데 영어 명칭은 "Sarang Community Church"로, Community라는 단어를 첨가한 것은 "지역 사회를 섬기고 전도해야 하는 교회의 사명"을 되새기려는 데 목적이 있었다. 교회 이름을 바꾸는 과정에서 기독교의 사랑의 복음으로 지역 사회를 복음화하겠다는 의지가 다시 한번 표명된 셈이다. 장로교회를 의미하는 Presbyterian이라는 명칭을 사용하지는 않았지만, 교회가 사역의 근거를 두고 있는 지역성을 강조하면서도 지역노회를 중심으로 활동하는 장로교회의 특성을 효과적으로 반영했다고 볼 수 있다.

그런데 그 "사랑 공동체"는 예수 그리스도의 제자 됨을 통해서만 움직일 수 있었고, "다락방과 함께 성장해 왔다. 평신도 지도자들, 특히 남녀 순장들의 눈물과 땀, 그리고 한 영혼을 위해 쏟는 아름다운 사랑이 그 밑거름이 된 성장이다."⁴ 이렇게 해서, 1981년 9월 6일 강남은평교회는 "사랑의교회"라는 새 이름과 새 옷으로 갈아입게 되었다. 그렇다고 해서 설립 당시의 교회의 비전과 방향이 달라진 것은 하나도 없었다. 바로 그 주일에 옥한흠은 "사랑의교회"라는 제목으로 말씀을 전했는데, 사랑의교회가 사랑이라는 복음이 지닌 본연의 사명에 충실하면서 지역과 한국 교회와 민족에 대한 책임을 다해야 한다고 역설했다. 이날 "사랑의교회"라는 설교 제목 옆에 다음과 같은 글귀를 적어 놓았다. "당신이 예수님을 가장 많이 닮아 보일 때는 사랑할 때입니다. 교회가 가장 능력 있게 영혼을 치료할 때는 사랑이 충만할 때입니다. 사랑은 믿음보다 더 크고 소망보다 더 영원한 것입니다."[5]

시간이 흐름에 따라 사랑의교회가 제자훈련을 근간으로 지속적으로 성장할 수 있었던 배경에는 희생적인 부교역자들의 노고도 빼놓을 수 없다. 제자훈련에 미쳤던 옥한흠 목사는 제자훈련에 미친 부교역자들을 선호했다. 이렇게 해서 초기부터 전임 부교역자로 동역했던 사람이 최홍준 전도사다. 신학생 신분으로 사랑의교회를 탐방했던 최홍준을, 그 교회 성도 중의 한 분이 "제자훈련하는 전도사"라고 추천을 하자 그 한마디에 옥한흠은 동역을 제안했다.[6] 최홍준의 마음에 남아 있는 옥한흠에 대한 첫인상은 "장발에다가 노란 셔츠와 청바지를 입은 40대"의 "괴짜 목사"요, "기존의 틀을 깨는 기이한 목사"였다. 그래서 최홍준은 처음에는 당황했지만, 그런 모습이 오히려 "신선한 충격"으로 다가왔고, "이런 파격과 자유로움에서 목회자와 성도들 사이의 불필요한 거리를 없애는 지혜를 배울 수 있었다"고 한다.[7]

이러한 옥한흠의 모습의 근원은 그의 솔직성과 단순성에 기인한 행태였다. 당시 옥한흠의 외모나 스타일은 다른 교회의 목회자들과 확연히 달랐다. 그의 트레이드마크가 된 특유의 "투구머리"(장발인 데다 머리가 위로 붕 떠서 마치 투구를 올려놓은 듯 보인다고 해서 붙인 이름)와 자주 즐겨 입는 청바지는 더욱 그랬다. 이런 헤어스타일이나 독특한 옷차림은 다른 사람의 눈길을 끌었고 형식에 매이지 않는 그의 특성을 보여 주기도 했지만, 실은 "납작한 뒷머리를 감추려는 의도"와 함께 그의 실용적인 삶의 한 일면을 드러내 주는 것이기도 했다.[8]

이러한 담임 목사의 모습 때문에, 부교역자들과 성도들도 마음이 가까워지고 진솔하게 교제의 장으로 인도되었다. 부교역자들도 담임 목사의 파격적인 모습에서 많은 것을 배울 수 있었다.

심방 역시 짜여진 틀에 의해 진행되는 일이 없었고, 드러낸 문제들을 안고 함께 나누는 자리였고, 눈물 흘리며 기도하는 자리, 솔직한 대화가 오가는 상담의 자리였다. 또한 형식보다는 내용을, 겉치레보다는 진실을 볼 수 있는 안목이 이런 자연스러움과 파격을 통해 전달되는 것을 목격할 수 있었다. 자연스럽게 성도들은 자신 앞에 있는 인간 목사를 바라보는 것이 아니라 그를 보내신 예수님을 바라보게 되었다. 이것이 바로 진정한 제자도의 모습이 아니겠는가?[9]

자신을 솔직하고도 자연스럽게 드러내는 옥한흠을 통해서 부교역자들은 당시 담임 목사에 대해 품었던 고정 관념을 깨어 버릴 수 있는 "파격의 미"를 배우게 되었다. 최홍준의 "폭로성 이야기"이지만, 개척 초기 어느 수요일 저녁 예배를 앞두고 옥 목사가 나타나야 할 시간에 아무 연락도 없이 나타나지 않았던 적이 있었다고 한다. 그래서 전화를 했더니 옥한흠이 대뜸 하는 말이 이랬다고 한다.

"최 전도사가 설교해. 나 못 나가."

"왜요? 어디 아프세요?"

"아니야, 아프지 않아."

"그럼, 왜요?"

옥한흠이 조금 머뭇거리더니 하는 말.

"집사람과 한바탕했어."

"예? 뭐라고요?"

"당신은 부부싸움 안 해? 싸웠단 말이야. 전화 끊는다. 잘해 봐."[10]

옥한흠의 "못 말리는 정직"에는 목회자가 금기시해야 할 한계가 전혀 없었다. 본인은 자신의 이름을 빗대어 "'한' 없이 '흠'이 많은 사람"이라고 지인들에게 수도 없이 얘기했지만, 그런 솔직함이 "흠"이 되는 목사가 아니라 오히려 장점이 될 수 있는 도량이 있었다. 그것은 아무나 흉내 낼 수 없는 정직함이었다. 그날 최홍준은 "그날이 오면"이라는 무슨 영화의 제목 같은 주제로 설교했는데, "주님의 재림을 준비하자. 나같이 준비하지 못하고 있다가 갑자기 강단에 서서 이렇게 떨지 말고 깨어 있어 주님의 재림을 준비하라"고 열심히 외쳤다고 한다.[11] 아마도 그는 예수님의 재림도 준비해야 되겠지만, 부교역자로서 아무 때나 담임 목사로부터 설교를 부탁받아도 강단에 설 수 있는 "설교 준비"에 대한 종말론적 자세를 더 강하게 외치고 싶었을 것이다.

최홍준은 1980년 6월부터 약 7년 동안 옥한흠의 그림자처럼 곁에서 충직하게 동역했다. 교회가 급성장하면서 생길 수 있는 여러 사역의 공백을 효과적으로 메워 주면서, 옥한흠의 제자훈련 목회야말로 이 시대의 또 다른 종교개혁을 수행하는 것이라고 믿으면서, 하나님께서 허락하신다면 영원한 부목사로 남겠다는 일념으로 사역했다. 이후 그는 부산 새중앙교회(지금의 부산 호산나교회)에서 담임 목사 청빙을 받았다. 옥한흠은 최홍준에게 그 교회에 가라고 제안했고, 최홍준은 그동안 훈련받은 제자훈련 목회를 기성 교회에 접목하여 교회를 완전히 탈바꿈시켰다. 옥한흠에게서 제자훈련 목회의 본질과 원리를 잘 배웠던 최홍준은 부산 지역에 새로운 제자훈련의 붐을 조성했고, 기성 교회에서도 제자훈련이 가능하다는 사실을 그의 목회를 통해 실증했다. 더 나아가 그의 목회는 제자훈련 목회를 국내외로 확산시키는 데 크게 기여했다. 그러한 경험을 바탕으로 최홍준은 오랫동안 제자훈련 지도자 세미나의 단골 강사로 활동했다.

개척 시절 최홍준이 대학부와 청년부, 그리고 장년들을 대상으로 부교역자의 사역을 잘 감당했다면, 남용우 전도사는 중고등부를 맡아 교육에 공백이 생기지 않도록 많은 노력을 경주했다. 자녀들에게 좋은 교육 환경을 마련해 주느라 강남 지역으로 이사 온 부모들은 무엇보다도 자녀 교육에 관심이 무척 많았다. 아무리 신앙이 좋은 부모라 할지라도 학교 공부와 자녀 교육에 조금이라도 자녀들이 불평한다면 교회는 물론이고 학교라도 옮기려는 이들도 많았다. 그런 가운데 이러한 부모들이 흔쾌히 자기 자녀들을 교회에 맡길 만한 중고등부 사역을 한다는 것은 여간 힘든 일이 아니었다. 1980년 8월에 부임한 남용우는 학생들을 단호하게 대하면서도 성실하게 사역함으로써 중고등부 사역의 토대를 든든히 조성했다. 1982년부터는 청년부 사역을 맡았다.

김영애 전도사 역시 여교역자로서 1979년 9월에 부임하여 교회 안에서 중요한 몫을 감당했다. 장년들이 급속하게 늘어나자 담임 목사를 도와 성도들을 심방하고 협력할 여전도사가 절실하게 필요했다. 그래서 김영애는 부임한 지 1년이 지난 후부터는 장년 담당 여전도사로 사역했고, 나중에는 새신자반도 맡아 섬겼다. 후에는 새신자반은 강명옥 전도사가 맡아 사역했고, 김영애는 다른 교회로 사역지를 옮겼다. 초창기 주일 학교 사역을 위해서 김원주 전도사와 안성원 전도사가 수고를 아끼지 않았다. 제자훈련 사역이 본격화되면서 김명호 전도사가 그 일에 가담하게 되었는데, 후에는 국제제자훈련원의 대표로 상당히 오랜 기간 제자훈련사역의 확산과 발전에 기여했다.

옥한흠은 초기 사역부터 "목회자를 키우는 목회자"로서의 의지가 매우 강했다. 평신도를 키워 작은 목자로 만드는 일뿐만 아니라, 후배 교역자를 키우는 일에도 과감한 목회자였다. 그에게는 평신도 훈련뿐 아니라 교역자도 훈련하여 하나님나라를 위해 파송한다는 비전이 있었다. 그래서 초기부터 부교역자들에게 강단 설교와 함께 제자훈련도 과감하게 맡겼다. 여성 사역자들에게도 똑같이 맡겼다. 이러한 비전은 후에 사랑의교회 부교역자들을 해외로 유학시키는 일로 발전했다. 건축 직후 교회 재정이 넉넉하지 않은 상황에서도 그러했다. 물론 주저함이 없었던 것은 아니었지만 말이다. 사역에 탁월한 은사와 열정이 있는 부교역자들을 유학 보내고, 돌아온 후에는 사랑의교회 출신 목사들을 전국 곳곳에 흩어 사역하게 했다. 이것은 사람을 키우는 옥한흠의 한국 교회를 위한 또 다른 아름다운 열매가 아닐 수 없다. 이렇게 해서 초창기부터 동역의 수고를 아끼지 않았던 김만형, 김명호 등이 유학을 다녀와 한국 교회를 위해 귀한 사역을 감당하고 있다. 이런 좋은 전통을 만들어 가는 데에는, 사랑의교회 부교역자들의 맏형이라고 할 수 있는 최홍준의 건의와 추천이 큰 몫을 했다.[12]

담임 목사와 부교역자 사이에는 수직적 관계가 아닌, 수평적 관계가 중시되었다. 옥한흠은 사역자들과 제자훈련을 통해 좋은 교회를 일구어 가기 위한 동역 관계를 유지하면서, 그들에게 사역의 재량권을 주었고, 때로는 사랑의 격려와 고언苦言도 마다하지 않았다. 이찬수의 회고에 의하면, 옥한흠 목사는 "사람 자체를 귀히 보시는, 한 사람을 배려하는 그런 분이셨다. 그렇게 크게 목회하시고, 그렇게 많은 사람을 상대하시면서도, 교역자 한 사람에게 툭 던지셨던 말을 기억하고 계시는 분이셨다. 목사님은 내 기능이 아니라 나의 인격을 존중하시는 분이셨다. 그게 바로 목사님의 '한 사람 철학'이었다."[13]

여집사 제자들과 옥한흠의 아내

옥한흠은 개척 교회를 시작한 지 약 한 달 반이 지난 9월 중순부터 제자훈련을 시도했다. 전체 교인 수가 30명 정도였지만 그의 눈에는 훈련만 제대로 한다면 지도자가 될 수 있는 부인들로 보였다. 목회자가 소그룹을 만들어 성경 공부를 시키는 교회가 매우 드문 그때에, 30대 후반에서 50대 중반 나이의 여집사들을 중심으로 과감하게 성경 공부를 시작했다. 그러나 제자훈련 목회라는 큰 포부를 안고 시작한 첫 제자반은 우여곡절 끝에 마지막에는 김영순 사모만 남으면서 실패로 끝나고 말았다. 부유하고 신앙의 연조를 강조하는 강남 지역의 부인들에게 "예수님의 사랑을 언제 처음으로 느끼셨습니까?" "구원받으셨습니까?" 등 구체적이고 원색적인 질문을 하자 그들은 당황하기 일쑤였다. 그리고 그에게는 소위 "강남 부인들"에 대한 일종의 반감도 있었던 것이 사실이다. "당시 그는 강남에서 세상적인 재미를 느끼며, 신앙적으로도 정상에 오른 것처럼 거드름을 피우는 그들의 태도에 내심 분노하고 있었음"을 고백하기도 했다.[14] 어쩌면 당연한 실패였다. 하지만 옥한흠은 포기하지 않았다.

다시 시작한 여제자반은 영적으로 큰 변화를 맛보기 시작했다. 이 일을 계기로 그는 제자훈련 사역의 열매는 젊은 대학생들에게서만 나타나는 현상이 아님을 확인하게 되었다. 변화와 영적 성숙의 열매가 여제자반에서 맺어지기 시작했다. 옥한흠도 교회 밖의 모든 모임이나 집회 요청을 거절하고 사랑의교회를 중심으로 한 제자훈련에 완전히 집중했다. 이렇게 해서 강남의 유복한 부인들이 그리스도의 제자들로 그리고 "전도부인들Bible Women"로 변화되어 갔다.[15] 교회 역사에서 영적 회복의 증거들이 경건한 부인들에게서 가장 먼저 선명하게 드러났듯이, 사랑의교회에서도 마찬가지였다.[16]

그 당시 제자훈련 교재로 네비게이토 교재를 사용했지만, 그것을 설명하고 인도해 나가는 옥한흠의 탁월한 질문과 구체적인 문제를 말씀으로 파고드는 솜씨에 이내 말씀의 은혜를 맛보고 변화되기 시작했다. "추상적으로 믿어서는 안 됩니다"라는 권면을 수도 없이 했다. 그리고 훈련받는 사람들의 심리를 꿰뚫어 보는 혜안을 가진 옥한흠은

"주로 기본적이면서 영적이고, 교리적이면서 실제적인 것들"을 적절히 질문했다.[17] 어떻게 보면, 신앙생활에 어느 정도 연조가 붙은 이들에게 새삼 성경 공부를 하자는 것은 "은근한 저항"을 불러올 수 있는 제안이었다. 그렇지만 시작된 지 얼마 안 되어 말씀의 은혜의 강에 잠기어 감격과 재미가 넘치는 시간으로 바뀌어 갔다.

개척 초기의 평신도 제자훈련은 여러모로 체계가 덜 잡혔다. 교재 선정도 그랬고, 성경 공부반과 제자훈련의 개념도 분명하지 못했으며, 순장 사역을 맡아 헌신할 만한 사람도 찾기가 마땅치 않았다. 이런 초기의 어려움에도 불구하고 제자훈련이 지속적으로 전개될 수 있었던 것은, 무슨 일이든지 열정적으로 인도해 나가는 옥한흠의 인내와 그런 사역자를 통해 사람들을 변화시켜 가시는 하나님의 전적인 역사役事에 근거한다. 하나님의 은혜였다.

그럼에도 불구하고 정말 감사한 것은 훈련을 받으면서 대다수가 영적으로 큰 변화를 맛보고 또 놀랄 만큼 신앙이 성숙하는 모습을 볼 수 있었다는 사실이다. 그리고 순장을 시키면 그들은 기쁨으로 순종할 뿐 아니라 자기의 부족에도 불구하고 충성했다는 것이다. 사실 사랑의교회의 터를 닦고 평신도 훈련의 틀을 세우는 데 결정적 역할을 했다고 볼 수 있는 사람들은 1979년에서 1981년에 훈련 받고 배출된 여집사들이라고 해도 과언이 아니다.[18]

이렇게 사랑의교회 제자훈련의 토대는 김갑주, 최정숙, 서화자, 김정 집사에 옥한흠 목사의 아내 김영순을 보탠 다섯 명을 통해 이루어졌다. 유학 후 개척한 교회가 1980년대에 접어들면서 교인 수가 200여 명으로 늘었다. 제자훈련 스케줄은 토요일까지 빡빡하게 짜여 있을 만큼 분주했다. 그때는 지금처럼 자가용이 보편화된 시기도 아니고, 강남은 신개발지역이라 버스 노선조차 오락가락했기 때문에, 옥한흠의 작은 자가용이 훈련받는 성도들을 수송하는 데 자주 사용되었다. 어떤 때는 사모의 자리마저 없어지는 경우도 있었다. 아무리 사모지만 서운할 수밖에 없었다. 옥한흠도 이런 말을 남겼다. "교회 여집사들은 천사처럼 소중하고 자기 아내는 아무렇게나 취급해도 상관없다는 식의 그 태도가 원망스러웠다는 것입니다. 얼마나 서운했었으면 지난 10여 년 동안 일 년에 한 번씩은 그때 이야기를 합니다. 결국 나는 아내한테 평생 용서받지 못할 죄를 지은 꼴이 되어 버린 것이지요."[19] 옥한흠은 아내의 마음에 깊은 상처를 남겼다. 나중에 남편의 열정을 이해하고 제자훈련 사역의 가치를 알게 되며 한恨이 풀렸겠지만, 좀처럼 용납할 수 없는 일이었다.

이런 태도나 일들은 대부분의 한국 목회자들에게는 다반사였다. 목사 사모로서 이런 일들은 잘 이해하면서도, 그리고 다 알면서도 참을 수 없는 일이었을 것이다. 옥한흠이 실토했듯이, "사실 목사가 제자훈련에 미치면 여러 가지 면에서 가장 큰 대가를 지불해야 할 사람은 그의 부인이라 할 수 있다."[20] 또한 옥 목사가 밤중까지 집에 못 들어오는 것은 부지기수였고, 설사 일찍 들어온다고 해도 틈틈이 설교 준비를 해야 하기 때문에 식구들과 거의 대화를 나눌 수 없는 실정이었다. 지금도 그렇지만, 예전에는 한국 목사들 대부분이 진정한 의미에서 가정이라는 사랑의 공동체를 형성하기가 그렇게 순조롭지 못했던 것이 사실이다. 유진 피터슨도 실토했듯이 목회자에게 결혼 생활과 가정이야말로 신학 공부나 목회보다 훨씬 더 어려운 것임을 인정하지 않을 수 없다.[21] 옥한흠에게도 결혼 생활과 가정은 철저한 훈련이 필요한 대상이 아닐 수 없었다.

설교 준비 면에서도 어느 누구보다 철저했던 옥한흠에게 제자훈련이란 그 자신과 가족들에게 엄청난 희생을 강요하는 사역이었다. 개척 초기부터 옥한흠의 목회 사역은 지속적으로 제자훈련에 집중하면서 전개되었기에 교회가 안정된다고 해서 해결될 문제가 결코 아니었다. 옥한흠은 숫자가 적으면 적은 대로, 많으면 많은 대로 늘 분주하게 움직였다.

또한 제자훈련은 일종의 체력 소모전이라 할 수 있기 때문에 일주일에 네 번 정도를 맡아 씨름하면 설교 준비조차 어려울 만큼 몸에 부담을 지게 된다. 그러므로 집에만 들어오면 식구들을 떠들지 못하게 하고 휴식을 취하는 일이 많았다. 옥 목사 경우만 해도 "아빠가 집에 들어온다" 하면 텔레비전을 보던 아이들이 제 방으로 도망갈 정도로 가족들이 심적으로 부담이 컸다고 한다. 그런 의미에서 제자훈련은 목사 혼자 하는 것이 아니라 가족이 함께하는 합동 사역이라고 하는 생각이 옥 목사에게는 자주 들었다고 한다.[22]

옥한흠의 제자훈련 사역 배후에는 묵묵히 인내한 그의 아내와 세 아들의 희생이 있었다. 목회 초기부터 지금까지 남편 곁에 서서 때로는 눈물로 기다리고, 고통 중에 괴로워하는 남편 앞에서 자신의 아픔은 드러내지도 못한 사모의 이해와 희생 없이는 제자훈련은 이루어질 수 없는 사역이었다. 김영순은 단순히 목사 옥한흠과 결혼한 사모가 아니었다. 오히려 그것을 소명의 차원으로 승화시켰다. 그녀는 "하늘과 땅이 교차하는 혼잡한 교차로에 전략적으로 거하면서도 요란 떨지 않으며 사는 것"을 터득한 사모였다.²³ 인간의 필요와 하나님의 은혜가 만나는 교차로에 서서 사랑하는 양 떼를 위해 섬세한 환대를 베푸는 삶에 익숙해지는 것을 즐거워한 진정한 목사의 아내였다. 그녀에게 그것은 신성한 소명이자 성직이었다.

이러한 아내의 사랑과 희생을 절실히 깨달은 옥한흠은 훗날 "무엇보다 나의 약점을 감싸고 받아 준 좋은 아내"가 있었기에 현재의 그와 그의 사역이 가능했다고 고백하면서, 결국은 "나의 나 된 것은 하나님의 은혜"라는 말이 절로 그의 입가에서 나왔다. 또한 사랑하는 아내를 낳아 주고 길러 준 "장모님이 안 계셨다면 사랑의교회는 결코 이 땅 위에 세워질 수 없었습니다"라고, 장모의 장례를 치른 후 주일 예배에서 고백하기도 했다.²⁴ 그러나 개척 초기부터 제자훈련에 미쳤던 옥한흠 목사에게는 "가장 가까운 사모님보다 성도들이 우선"이었고, "자식들보다도 주의 일이 우선"이었다.²⁵

또한 그의 세 아들 역시 목사의 자녀로서 경험해야 하는 그들만이 아는 문제들과 씨름해 나가야 했다. 특히 장남 옥성호는 자신 때문에 목회자인 아버지에게 피해가 가지나 않을까 걱정하는 마음을 학창 시절 내내 벗어 버릴 수 없었다. 그의 무의식중에는 늘 이런 생각이 자리 잡고 있어서 공부하는 것이나 놀러 가는 것에도 무척 신경을 쓰곤 했다. 어린 시절 목회자의 자녀로 자라 가는 과정에서 자유를 마음껏

누리지 못했던 분위기가 다소 아쉬운 것도 그의 마음에 남는 회한이었다.26

세 아들을 키우는 것을 포함한 모든 가정의 일과 목회 사역을 뒤에서 꿋꿋하게 내조한 아내만 생각하면 옥한흠은 감격의 눈물을 흘릴 수밖에 없었다. 그렇지만 아내의 입장에서도 그런 남편의 진정한 동반자가 되는 것이 기쁨이었다. 이제는 제자훈련을 한다면서 덜 미친 것처럼 보이는 교역자들을 보면 안타까운 생각에 "저래서는 안 되는데, [내 남편처럼] 미쳐야 될 텐데…" 하는 걱정이 앞섰다. 이런 아내를 볼 때마다 옥한흠은 "당신이 내게 제일 필요한 사람"이라고 말하곤 했는데, 이것은 자신의 부족함에도 불구하고 늘 그것을 메워 주는 아내에 대한 지극하고도 겸허한 사랑과 존경의 표현이었다.27 결국 옥한흠은 제자훈련 목회를 하면서, 그의 부부 간의 지고至高한 사랑에도 철저한 "결혼 제자훈련"을 받은 셈이다.

옥한흠 내외의 서로를 향한 지극한 사랑은 숱한 고난과 어려움을 믿음과 신뢰로 이겨 낸 경륜이 묻어난 진득한 사랑이었다. 그들은 "우리 부부는 같은 것이라고는 하나도 없다"고 말하면서도, 다른 것이 오히려 은혜요 축복이라고 고백한다. 오랜 세월 옥한흠의 사역을 도운 강명옥에 의하면 "목사님은 사역에 질주하시고, 사모님은 보이지 않는 곳에서 목사님의 약한 부분을 채워 주셨던 것이다. 사모님은 새벽을 깨우며 성도들과 함께 새벽 제단을 지키는 일과 가난하고 소외된 사람들을 돌보는 일, 병원에 입원해 있는 환우들을 심방하는 일들을 조용히 말없이 감당"했으며, "드러나지 않으면서도 목사님의 사역에서 가장 중요한 부분"을 함께했다.28

교구장이었던 민지영은 김영순 사모에 대해 이렇게 언급했다.

담임 목사와 가장 가까운 곳에 있으면서도 아주 멀찍이 거리를 유지하며 필요할 때마다 이런 일 저런 일 구석진 곳에서 섬김의 손길을 아끼지 않으시는 분, 그분을 만나는 이마다 어떤 불편함이나 저항감보다는 인종忍從의 국화꽃 같은 향기와 편안함을 느끼곤 한다.… 얼핏 무뚝뚝하게 보이기까지 하는 그녀의 꾸밈없는 소박함 속에 눈물이 많고 정이 넘쳐흐르는 성격을 아는 교우들마다 교회 안에 있을 법한 인간적인 부닥침이나 걸림과 같은 것들을 걱정할 필요가 없음을 늘 감사해한다.[29]

부창부수夫唱婦隨라고, 옥 목사의 사모는 "검소와 절제의 모범"이라고 할 수 있다. "집 안을 꾸미는 것이나 옷을 입는 것이나 모든 일에 있어 검소와 절제가 몸에 배신 분"이라고 최홍준은 지금도 그렇게 기억하고 있다. 이러한 아내 때문에 옥한흠 목사는 평생 목회하면서 사례비나 재정 문제로 구설수에 오른 적이 한 번도 없었다.[30] 목회자를 비롯한 지도자들에게 돈과 이성, 그리고 명예 문제는 평생을 두고 멀리해야 할 과제다. "사랑의교회 원로 부목사"를 꿈꾸었던 최홍준은 "사역 기간 동안 한 번도 이런 문제로 교회에 시험을 준 일이 없으시다는 것 역시 목사님의 은퇴가 더욱 명예롭게 느껴지는 이유"라고 오랜 세월이 지난 후에 언급했다.[31] 하지만 한 남성으로서 옥한흠은 때로는 아내가 자신이나 집안을 너무 소박하게, 그리고 꾸미지 않고 지내는 것에 대해 다소 아쉬움이 있었던 것도 사실이다.[32] 제자훈련 목회에 몰입해 사역하는 남편을 내조하며 세 아들을 키워야 하는 아내의 입장에서는 그럴 만한 여유가 없었겠지만, 옥한흠이 강남의 잘 꾸며진 가정을 방문할 때 가끔씩 그런 생각을 한 것을 이상하다고 할 수만은 없다. 옥한흠의 아내는 가정을 귀한 영적 보석으로 장식한 여인이었다. 오랜 세월 옥한흠 목사의 제자로서 곁에 있었던 박성남은 김영순 사모에 대해 이렇게 회고했다. "사모님은 겉으로 나타내지 않으신다. 그러나 사람과의 관계에 있어서 옥 목사님보다 더 핵심을 잘 잡으셨다. 목사님은 조금 예민하신 편인데 사모님은 그런 측면에서 중심을 잘 잡아 주셨던 것 같다. 사모님은 굉장히 포근하시다."[33] 이런 옥한흠 목사 부부의 "상보적 소명"은 목회 사역의 시작은 물론 상승 곡선을 그릴 때에도, 그리고 마감할 때에도 그 영향력을 발휘했다.

사랑의교회 개척 초기에 옥한흠 목사 부부가 결코 잊을 수 없는 이수정이라는 여집사가 있었다. 그녀의 순수하고도 헌신적인 봉사와 희생은 교회 발전에 아름답고 귀한 영적 밑거름이 되었다. 이수정은 부모와 남편에게서 버림받고 삶을 포기하려고 했던 여인이다. "인간적인 측면에서 볼 때 여성으로서의 매력이란 거의 갖지 못한, 자기 힘으로는 어쩔 수 없는 어떤 숙명적인 불행의 씨앗을 안고 태어난 사람처럼 보였다."[34] 그러나 남의 집에서 가정부로 일하면서 극동방송의 "젊은이여 여기 참삶이"라는 프로그램에서 선포된 메시지를 듣던 중 예수 그리스도를 인격적으로 만나 거듭나는 체험을 하게 되었다. 그 후로 그녀의 인생에 큰 변화가 일어났고, 특히 "마음가짐에 불가사의한 대전환"을 맞이하게 되었다. 세상을 보는 눈이 완전히 달라진 것이다.[35] 이런 변화와 함께 그녀에게는 간절한 소망이 생겼다. 그것은 바로 교회에 나가고 싶은 마음이었다. 집주인의 허락을 받아 주일 낮예배에만 참석할 수 있게 되어 찾은 교회가 집 부근의 강남은평교회였다. 교회가 창립된 지 두 달도 채 안 된 어느 주일부터 그녀는 예배에 참석하기 시작했다. 그렇게 해서 이수정의 삶의 여정에 옥한흠 목사와 교회와의 인연이 이어졌고, 그녀는 길지 않은 인생길을 우리 주님과 동거하며 아름답게 이 세상에서의 삶을 살았다. 옥한흠은 그녀가 기거하고 있던 집을 심방했을 때 나눈 대화를 통해 느낀 당시의 감격을 이렇게 기록했다.

> 그가 나에게 들려주고 싶어 한 것은 자신의 어두운 과거가 아니라, 예수를 어떻게 만나고 그분으로 인해 자기의 삶이 얼마나 밝아지고 행복해졌는가에 대한 것이었다. 이야기를 다 듣고 그를 다시 쳐다보는 나의 눈에는 초라한 가정부는 사라지고 기쁨과 평안을 얼굴에 가득히 담은 아름다운 천사만 보였다.[36]

어려운 형편에서도 이수정은 예수 그리스도를 믿고 따라가는 제자도의 길을 올곧고도 당당하게 걸어갔다. 자신도 병약하고 궁핍한 삶을 살아갔지만, 시간이 나면 교도소의 재소자들이나 강남시립병원의 무연고 환자들을 찾아가 위로하며 전도에 앞장섰다. 자신의 불행이 오히려 다른 이웃의 불행을 무심히 보아 넘기지 못하게 했다. 자신의 인생이 불행하고 병으로 많은 고생도 했지만, 예수님 때문에, 그리고 교회를 사랑하는 마음으로, 그녀는 결코 강남의 화려한 사람들로 인해 기죽지 않고 신앙생활을 영위해 나갔다. 개척 초창기 시절 옥한흠은 잘사는 교인들과는 "의도적으로 적당한 선"을 그어 놓은 반면에, 영세한 사람들은 이틀이 멀다하고 찾아다녔다. 그러나 교회가 성장하고 교인 수가 증가함에 따라 가난하고 불우한 형제들과 자매들이 교회를 떠나는 경우도 있었다.[37] 이런 상황에서도 이수정은 결코 흔들리지 않았다. 오히려 "행복하기만 한 앳된 소녀 같은 미소를 지으며 예배석을 돌면서 헌금위원으로 수고하는 그의 모습에는 어떤 범할 수 없는 위엄 같은 것이 엿보이기도 했다."[38]

이 땅에서 곤고한 삶을 살아가던 이수정은 마침내 인생의 마지막 순간이 다가오자 옥한흠 목사 집으로 발걸음을 옮겼다. 그녀의 작고 연약한 몸에 말할 수 없는 고통이 엄습해 와 견딜 수 없어 신음할 때에, 그녀는 지친 몸을 이끌고 교회에 나왔을 때 말씀으로 깊은 감명과 위로를 주었던 옥 목사가 생각났다. 그녀에게는 그 집이 친정과도 같은 영혼의 보금자리였는지도 모른다. 이수정의 병력病歷을 잘 아는 의사가 "당신이 아직도 살아 있느냐!"고 말할 정도로 병약했던 그녀는 그야말로 시한부 인생을 살면서도 그리스도를 신실하게 따랐다. 1982년 12월 18일, 그녀는 결국 옥 목사의 품에 안겨 마지막 숨을 거두었다. 이수정은 이 세상을 떠나기 직전에 편지 한 통을 옥한흠에게 보냈다.

가진 것은 없습니다만 주께서 주신 모든 것과 몸과 마음을 아낌없이 주님의 영광과 우리 교회를 위해 죽도록 충성하며 헌신하겠습니다. 그리고 제가 3년 동안 적금한 100만 원, 그것을 타게 되면 다대지 헌금으로 하나님께 바치겠습니다. 그동안 제가 받은 은혜에 비하면 너무나 약소하여 아무도 모르게 바치려고 했습니다. 그러나 성전 건축 일로 목사님의 심려가 크신 것 같아 조금이나마 힘이 되어 드리고 싶어서 부끄럽지만 말씀을 드립니다.[39]

이 땅에서 "더 고생하고 더 춥기 전에" 그녀를 목사의 집으로 인도한 것은 그녀를 향한 하나님의 지극한 사랑 때문이었다. 옥한흠은 장례를 치른 당시를 이렇게 회고했다.

> 병원에 갔다가 그날따라 목사의 집으로 발길을 옮기게 하신 것은 놀랍도록 신기한 하나님의 인도하심이었다. 마치 자기가 죽을 자리가 어디인지를 알고 찾아온 사람처럼 보였다. 하나님은 너무 고생스러웠고 너무 외로웠던 그를, 그가 가장 믿고 의지했던 목사의 품에 눕혀 하늘로 영접하실 계획이셨나 보다. 그의 임종을 지켜보면서 나는 그가 결코 불행한 사람이 아니라는 것을 알았다. 외로운 여인도 아니었다. 교인들이 그토록 따뜻한 가슴을 가지고 말로 할 수 없는 사랑을 표시하면서 장례를 치러 주었으니 말이다. 더 고생하기 전에, 더 늙기 전에, 더 춥기 전에 잠자듯이 데리고 가신 하나님을 생각하면 지금도 가슴이 뜨거워진다.[40]

마치 미 신대륙에서 인디언 선교를 하다가 그만 폐결핵에 걸려 극한 고통 속에서 조나단 에드워즈Jonathan Edwards 목사의 집을 찾아갔던 젊은 데이비드 브레이너드David Brainerd로 인해 인디언 영혼들을 더욱 가슴에 품게 했듯이,[41] 이수정도 옥한흠 목사의 마음속에 한 영혼의 소중함을, 그리고 예수 그리스도를 따르는 참 제자의 아름다운 변화가 얼마나 고귀한지를 더욱 강하게 품게 했다. 이수정이 남긴 아름다운 흔적 때문에, 옥한흠은 교회가 아무리 강남 지역에서 부흥하고 성장해도, 소외되고 어려운 영혼들을 향한 시선을 결코 뗄 수 없었다. 이러한 아름다운 성도들의 지극한 헌신과 희생이 있었기에, 그리고 하나님과 교회, 목회자를 진심으로 사랑하는 마음이 있었기에 사랑의교회가 이 땅에서 살아 움직일 수 있었다.

사랑의교회의 전도부인들

옥한흠의 사랑의교회 사역은 아름다운 사람들과의 만남을 통해 계속적으로 이어져 갔다. 마치 유럽 선교를 위해 빌립보에 도착한 바울과 바나바가 기도하러 가다가 자주색 옷감 장사 루디아를 만났듯이 말이다. 좋은 사람들과의 만남은 사역의 시작이요 토대였다. 옥한흠도 "개척 교회가 성공하느냐 못하느냐의 판가름은 목사가 어떤 사람들을 만나느냐, 그리고 그들을 어떤 신자로 만드느냐에 달렸다"라고 몇 번이고 강조했다.

자비로우신 하나님이 저를 얼마나 불쌍히 보셨는지 지난 10년을 돌이켜 보면서 눈시울이 뜨거워질 때가 많습니다. 좋은 사람들을 만나야 하고 신자로 그들을 만들어야 하는 것은 목사에게 있어서 피할 수 없는 중차대한 책임이긴 하지만 사람 만나는 일이 마음대로 되는 일이 아니지 않습니까? 그런데 주님께서는 초창기 사랑의교회 터를 닦고 기둥을 세워야 하는 시점에서 너무 좋은 형제자매들을 보내 주셨습니다. 감사하고 또 해도 모자란다고 늘 생각하고 있습니다.[42]

초창기부터 지금까지 사랑의교회 구석구석을 조용히 지키며 구심점을 이루면서 성장의 밑거름이 되어 왔던 "좋은 사람들" 대부분은 제자훈련을 열심히 받은 자매들이었다. 어느 교회나 개척 초기에는 여성들의 역할이 절대적이라는 사실을 부인할 목회자는 거의 없을 것이다. "한국적인 상황에서는 교회마다 대동소이한 현상이지만 특히 사랑의교회 초창기에는 전교인 중 대부분이 여성이었다. 자연히 제자훈련은 여성들을 주축으로 하여 먼저 시작"될 수밖에 없었다.[43]

여성 위주로 제자훈련을 하면 지나치게 교회가 여성화되지 않느냐, 여성 위주의 목회로 나가는 것 아니냐는 비판도 받았지만, 옥한흠의 확신과 소신은 흔들리지 않았다. 그는 강남 지역의 여성들의 삶을 정확하게 간파하고 있었다. 다 그런 것은 아니었지만, 주변의 여성들은 비교적 부유한 집안의 주부들로서 대낮에 소일거리를 찾아 헤매는 일이 많았다. 그래서 그는 이들에게 먼저 다가가서 전도하고 훈련시키는 일이야말로 "가장 확실하고 경제적인 교회 성장의 비결"이라는 사실을 잘 알고 있었다. 그리고 옥한흠은 주부가 그리스도 안에서 바로 세워지면, "자녀 구원과 남편 구원"이라는 열매가 자연스럽게 따라올 수밖에 없음을 예견했는데, 실제로 남편을 주님 앞으로 인도하는 데 아내의 영향이 대단한 것임을 금세 목격했다. 초창기 시절 좋은 사람들, 특히 믿음의 여성들은 교회에서뿐만 아니라, 가정에서도 귀한 영혼들을 주 앞으로 인도해 내는 견인차 역할을 훌륭하게 감당했다. 그 남편들은 "모두가 아내 잘 만나서 천국 가게 된 행운아들"이었다.[44] 이것이 바로 사랑의교회의 과거이자, 초기 한국 교회 역사의 진면목이기도 했다. 그들은 초기 사랑의교회를 일구어 갔던 강남의 "전도부인"들이 되었다. 이렇게 제자훈련을 통해서 사랑의교회가 견실하게 부흥해 갈 수 있는 터전이 마련되었다. 사랑의교회의 과거를 돌이켜 볼 때, "여성 위주의 제자훈련부터 해야 한다는 옥한흠의 판단은 그대로 적중한, 정확한 진단이었다는 사실을 아무도 부인할 수 없을 것이다. 초창기 5, 6년 동안 제자훈련을 받는 아내를 통해 신앙의 길로 들어선 남편들의 수가 헤아리기 어려울 정도로 많았기 때문이다. 덕분에 전체 교인의 남녀 비율도 그 격차가 서서히 줄어들었다."[45]

옥한흠은 바쁜 제자훈련 일정에도 불구하고 설교에 엄청나게 많은 공을 들였다. 말씀을 준비하는 데 심혈을 기울이자 설교에 성령의 역사가 강하게 나타났다. 초창기 사랑의교회의 사역에서 제자훈련이 차지하는 비중이 중요한 것은 사실이었지만, 처음 교회에 나온 대부분의 성도들은 옥 목사의 설교에서 뿜어 나오는 강력한 흡인력 때문에 교회로 빨려 들어왔다. 전도의 첫 열매들은 거의 예외 없이 "난생 처음 들은 옥 목사의 설교에 붙들려 예수쟁이"들이 되었다.[46] 그들 중에는 교회에 나오자마자 설교를 듣고는 "세상에 이런 말씀도 다 있구나!" 하고 놀라는 이들도 있었고, 강해 설교에 "혹해 버렸다"고 말할 만큼 매료되어 아예 교회 근처로 이사하여 제자 공동체의 일원들로 변화된 이들도 있었다.[47]

당시 옥한흠의 설교에 대해 최홍준은 이런 말을 남겼다. "옥 목사님의 메시지는 언제나 참으로 감동적이었다. 주일이면 그 많은 성도들이 손수건을 적시면서 눈이 붉게 충혈되어 예배당을 나오곤 했다. 나 역시도 얼마나 눈물을 많이 흘렸는지 모른다. 심혈을 기울여 준비된 말씀의 파워가 각 사람의 마음에 파고들었기 때문이리라."[48] 초기부터 제자훈련과 설교는 사랑의교회라는 수레를 이끌고 갔던 두 바퀴였다. 이렇게 시작된 사랑의교회는 예수 그리스도의 참된 제자의 길을 걷고자 초창기부터 일관성 있게 움직여 왔다. 옥한흠의 영향력도 결코 무시할 수 없지만, 교회의 이름에서 목사나 조직보다는 사역의 내용을 먼저 떠올릴 수 있는 흔치 않은 교회로 자리매김해 갔다.

옥한흠은 초기부터 설교와 제자훈련에 역점을 두면서도 기도를 게을리하지 않았다. 옥한흠이 풍기는 인상이 이지적이고 그가 제자훈련을 강조하다 보니, 기도와 경건성에 대해서는 과소평가하지 않았나 생각할 수도 있지만, 결코 그렇지 않다. 그는 신앙과 목회의 균형 감각을 바르게 유지하려고 평생 애썼다. 그가 교인들을 제자훈련하는 데 역점을 두다 보니, 새벽기도회에 나가지 못했던 것은 사실이다. 제자훈련을 하느라 지칠 대로 지친 몸을 이끌고 집에 들어오면 불면증으로 쉽게 잠이 들지 않아 고생하곤 했다. 그래서 새벽기도회도 안 나오는 이상한 담임 목사 때문에 초창기 교인들은 때로 시험도 받고, 대놓고 새벽기도회를 인도해 줄 것을 요청하기도 했다. 하지만 길어야 두 주 정도 하고는 쓰러지는 그였다. 이러한 상황에서 새벽기도회에 나오지 못했고, 그래서 다른 교회에 비해서 사랑의교회 새벽기도회에 나오는 성도들의 숫자가 적었던 것은 사실이다.[49] 그렇지만 옥한흠은 매일 아침 교회에 나오자마자 오랜 시간 자기만의 기도 시간을 가졌다. 자신의 사무실이나 강대상 앞에서 하나님께 간구하여 위로부터 오는 소망과 위로와 능력을 힘입어 목양하기를 바라며 기도했다.[50]

교회가 성장해 감에 따라서 옥한흠은 외부에서 설교 요청을 받는 일도 많아졌다. 하지만 특별한 경우가 아니고서는 거의 정중하게 사양하고 고통스러울 만큼 설교 준비로 씨름했다. 그는 기도 방석이 파일 정도로 눈물로 성도들을 위한 기도를 게을리하지 않았다. "'지금 이 시간이면 목사님은 목사님 방에 계실 거야!' 하면 어김없이 계셨다. 오로지 교회를 중심으로만 도셨다." 초기부터 시종여일 그는 "정녕 목회자"의 길을 걷고 있었다.[51] 이러한 경건의 깊이와 목회에 대한 헌신이 있었기에, 한국 교회 목회자 가운데 새벽기도회를 인도하지도 않고, 새벽기도회에 나가지도 않은 상태에서도 사랑의교회를 일구어 갈 수 있었다.

이러한 그의 신실한 모습과 열정적인 목양의 태도로 인하여 교회의 성도들과 제자훈련에 임하는 자들, 그리고 교회에 나오지 않는 자들에게도 조용하면서도 은은한 감동의 여파가 전달되었다. 성도들은 그러한 목회자의 모습을 보면서, '우리도 저렇게 변화되어야 하지 않겠는가?'라는 질문을 스스로에게 던지게 함으로써 피동적인 제자훈련의 학습자에서 성숙하고도 진정한 그리스도의 제자로 변화되어 갈 수 있는 의식 변혁도 동시에 일어났다. 이러한 변화로, 그들은 평신도 인식에서 벗어나 "왕 같은 제사장"으로의 신분 변화와 정체성에 대한 확고한 인식을 하게 되었다. 이것이 바로 제자훈련의 백미白眉였고, 제자로 살아가게 하는 귀한 원동력이 되었다.

사랑의교회의 권서들: 남성들의 제자훈련

여자 제자반이 성공하면서 1979년 남자 제자반을 처음으로 시작했다. 개척하고 1년 가까이 지나서야, 늦었지만 전도를 받아 성도가 된 남편들이 여성들에 이어 제자훈련에 참가하여 사랑의교회의 터를 더욱 견고케 했다. 마땅히 훈련시킬 만한 남자 대상자들을 찾기도 힘들었던 터라, 옥한흠은 이미 훈련 중인 아내들의 영향을 받은 남편들이 제자훈련에 좋은 감정을 갖기까지 서두르지 않고 기다리는 것이 좋겠다고 생각했다.

예수님의 제자들처럼, 처음에 남성 열두 명이 모였다. 신앙 경력이 오래된 사람들이 대부분이었지만, 아내의 성화로 끌려온 포로들도 있었다. 그저 나와 주는 것만으로도 고마워해야 할 사람들이었다. 두서너 달의 어려운 고비를 넘기자 분위기가 사뭇 달라졌다. 입을 크게 벌리고 몸을 흔들며 찬송 부르는 목회자의 모습을 보고 처음에는 충격도 받았지만, 그들은 점차 옥 목사의 진솔한 태도에 호의적으로 바뀌어 갔다. 무엇보다도 권위적인 면이 없고 열정적인 옥 목사의 매력에 빠져들었다. 그리고 이때를 기점으로 남자 성도들이 증가해 사랑의교회는 여자와 남자의 비율이 균형을 이루게 됐다.

"'신자가 하는 일은 다 거룩하다'는 만인제자장직을 배운 후 사회생활에 의욕과 보람을 가지게 되었던 것도 당시의 남자 교우들이 성경 공부반에서 얻은 큰 수확이었다."[52] 당시 "전통적이고 권위적인 목회자상에 짓눌려 있었던 자들에게 그의 솔직함과 소탈함은 호감을 얻기에 충분했다." 또한 옥 목사의 설교와 가르침의 영향력은 그들에게도 미쳐 "우리도 솔직해야겠다"는 자극이 되었고, 구체적인 질문과 적용이 있는 전혀 다른 스타일의 성경 공부에 그들은 매료되어 갔다. "옥 목사의 공부 방식은 진하고 강한 흡인력이 있어서 '이거 재미있을 것 같다'"는 기대감을 불러일으키기에 충분했다. 그뿐만 아니라 성경 공부 후에 이루어지는 아주 진지하고 밝은 성도 간의 교제가 있었던 그 시기야말로 "아기자기하고 만나고 싶은 마음이 너무 많았던 때"였다.[53]

1979년부터 1981년 사이에 사랑의교회에서 제자훈련을 받은 여자 성도들은 모두 교회의 든든한 터를 닦고, 제자훈련의 틀을 세우는 데 결정적인 역할을 했다. 또한 남자 제자반 훈련생 아홉 명도 1982년 모두 제1기 장로로 세움을 받았다. 이런 과정을 통해 "이상적인 장로상"이 어떤 것인지를 보여 줄 수 있는 가능성이 사랑의교회 안에서 확증되었다.[54] 장로 피택에 앞서 그들은 장로 자격을 갖추지 못했다며 한사코 장로를 못하겠다고 사양했다. 이런 그들을 옥한흠 목사는 "서로 배우고 협의하면서 섬기는 것이 좋다"라고 설득했다. 이어 그들은 공동의회에서 피택되고 장로 고시에도 합격하여 순장으로 봉사하다가 1982년 12월 5일 장로 장립을 받았다. 이날 임직 예배에서 박윤선 목사는 "너희는 자기를 위하여, 온 양 떼를 위하여 삼가라"는 제목의 설교를 했고, 김명혁 목사가 기도했으며, 임직자들은 모두 감사와 두려움으로 눈물을 흘렸다. 아홉 명의 장로 중에 오태영과 김차술 외에는 모두 40대 초반의 나이로 패기 넘치는 목사와 함께 동역할 귀한 일꾼들이었다. 그들이 임직을 받으면서 드린 감사 헌금은 합동신학교 대지 구입을 위한 헌금으로 드려졌다.[55] 그들은 몇 가지 원칙을 세웠다. 교회 안에 따로 장로석이나 당회실을 만들지 않기로 했고, 정년 제도를 시행하기 전인데도 70세가 되면 목사와 장로가 함께 퇴진하기로 결정했다. 또한 교회의 중요한 안건은 만장일치로 하고, 그 결과에 대해서는 공동으로 책임지기로 하는 등의 원칙을 세웠다.[56] 그들은 옥한흠이 어린 시절부터 꿈꾸어 왔던 좋은 장로들이었으며, 그들에게 옥한흠은 좋은 목사였다. 그들의 관계는 서로에게 복이었고, 좋은 교회를 이루기 위한 필수 요건이었다.

그러나 두 번째로 시작한 남자 제자반은 준비가 안 된 상태에서 급히 구성되는 바람에 훈련에 실패했다. 하지만 초창기 사랑의교회 제자훈련은 실패와 성공의 과정을 거듭해 가며, 제자훈련의 체계를 단계적으로 갖추어 나갔다. 제자훈련을 통해 평신도로서 소명을 깨달은 성도들은 전도를 통해 복음을 전파했다. 전도의 열매가 사랑의교회 안에 가득 넘치게 되었다. 이 시기를 전후해서 옥한흠 목사의 사모는 더 이상 제자훈련 반의 순장으로 활동하지 않고 가정을 보살피고 기도하는 데 전념하게 되었다.[57]

이렇게 제자훈련에 매진하다 보니 교인들도 눈에 띄게 늘기 시작했다. 하지만 제자훈련에 미친 옥한흠은 교회 건축에는 별로 관심이 없었다. 좁은 공간이기에 주일 3부 예배까지 드릴 수밖에 없었다. 교인들 중에 특별한 이유가 있어서 오전 8시 예배에 참석해야 할 경우, 영락교회를 비롯한 다른 교회에서 예배를 드린다는 소식을 들은 옥 목사가 "우리 교회 성도들이 왜 남의 교회에 가서 예배를 드려야 되냐?" 하는 생각으로, 오전 8시 예배를 필두로, 10시, 그리고 12시 등 주일 예배를 세 번 드리기로 했다.[58] 한국 교회에는 주일에 한 번만 있던 낮 예배를 1970년대부터 2-4부로 나누어 드리는 경우가 많아졌다. 주일 낮 예배 중심으로 주일 예배 개념이 바뀌면서 주일 저녁 예배가 눈에 띄게 약해져 주일 오후로 옮기는 경우가 생겨났다. 이 당시는 예배당의 공간적 문제가 없는 교회들도 2부나 3부 예배를 드리는 경우가 많았다.

신앙과 삶의 기초부터 탄탄하게 다져 나간 옥한흠 목사의 제자훈련이 본궤도에 진입하자, 그동안 연구하고 실제적인 훈련 과정의 숙고를 거쳐 완성한 『평신도를 깨운다』라는 책이 1984년에 출간되었다. 이 책에서 남자 성경 공부반 멤버들이 "제자훈련"이라는 단어를 본격적으로 접하게 되었고, 비로소 제자훈련의 참된 의미를 터득할 수 있었다. 이렇게 시작된 남자 제자훈련반은 어려운 일도 겪었지만, "황량한 광야에서 은혜의 초장"으로 바뀌어 가고 "은혜의 샘이 넘치는 오아시스"로 변하자 그 파장과 전염은 이곳저곳으로 뻗어 나갔다. 이것이 사랑의교회를 위해 헌신할 최초의 장로 아홉 명을 배출하는 모판의 역할을 한 것은 너무도 당연했다. 또한 돌이켜 보면 남제자반의 출발은 사랑의교회 기둥을 다듬는 작업이었다.[59] 어떻게 보면 그들은 초기 한국 교회의 "권서"들처럼[60] 사랑의교회를 든든히 세워 가는 기둥이자 평신도 지도자, 목사와 함께 사역하는 동역자로서 교회의 기반을 튼튼히 만들었다. 그들은 비록 성경은 번역하지 않았지만, 성경의 진리와 기독교 신앙, 그리고 삶으로 성경의 의미를 전한 자들이었다. 자신의 삶을 더 이상 세상의 기준과 가치로 바라보는 것이 아니라, 하나님나라의 비전과 그리스도의 진정한 제자의 삶으로써 재해석하고 그대로 적용하는 그들의 변화된 삶 자체가 "제2의 성경"으로 번역되도록 부단히 노력했다.

옥한흠에게 사랑의교회에서 시작한 첫 제자반은 여러 면에서 큰 의미가 있었다. 그의 목회가 앞으로 무엇을 향해 어디로 갈 것인지를 천명하는 선언적 의미가 있었을 뿐 아니라, 제자훈련의 첫 실험이라는 점에서 결코 "물러설 수 없는 한판"이었기 때문이다. 그는 제자훈련에 혼신의 힘을 다하여 매달렸다.[61] 때로는 벼랑을 걷는 마음으로, 때로는 인고의 고통을 견뎌야 하는 마음으로 그렇게 옥한흠은 제자훈련에 매진했다. 그 결과 얼마 지나지 않아 순장들이 배출되었다. 그들은 다락방을 맡아 동역의 장을 만들어 나갔다. "순장"이나 "다락방" 같은 용어들은 당시로는 "대단히 파격적인 명칭"이었다.[62]

어떻게 보면, 기성 교회 목회의 형태를 과감하게 혁신하는 가운데 제자훈련이 사랑의교회에 뿌리를 내려 갔다. 옥한흠은 훗날 이렇게 회상했다. 다락방을 시작하던 초창기 2, 3년은 매우 어려운 시기였다. 오직 주님만이 기억하고 계실 순장과 순원들의 향기로운 열심과 봉사가 없었다면 오늘의 풍성한 열매는 결코 기대할 수 없었을 것이다.[63]

때로는 그들의 신앙이 목사의 기를 죽이는 경우도 많았다. 그래서 옥한흠은 그의 마음에 이런 생각도 들었다고 고백했다. "나는 사례비를 받아 가면서 일하는 사람이고, 그들은 헌금을 내면서 일하는 사람들이다. 이러다가는 주님 앞에 설 때 내가 설 자리가 있을까 하는 두려운 마음마저 든다." 평신도를 깨워서 얻게 되는 유익이 한두 가지가 아니지만, 옥한흠에게는 그들로 인해서 지속적으로 도전받는 것이 목회자 자신을 계속 점검하고 성장할 수 있는 귀한 받침대가 되어 주었다. 그래서 그들은 "목사를 기죽이는 사람들"이었고, 그들을 향해 옥한흠은 "목회자인 나를 길들이기 위해 하나님께서 내 가까이 두신 천사들인지 모른다"고 생각했다.[64] 이들을 볼 때마다 옥한흠은 신이 났다. 그리고 낙관적인 소망을 마음껏 품게 되었다. 그래서 훗날 감격스럽게 말했다. "얼마나 멋진가. 목사 뺨치는 평신도 3,000여 명이 동역하고 있는 사역 현장 말이다. 이 정도면 건강한 교회가 아닐까?[65] 매년 이런 평신도들이 수백 명씩 쏟아져 나온다. 이 정도면 미래가 있는 교회가 아닐까?" 평신도 지도자들이야말로 옥한흠의 소망이자 기대였고, 그리고 자부심 그 자체였다. 그들은 그렇게 "목사를 기죽이는 사람들"로 변화되어 갔다.[66]

초기 한국 교회에서 권서들과 전도부인들이 평신도 지도자들로서 한국 교회의 기반을 확고하게 조성해 나갔듯이, 사랑의교회 초기에 성실하게 제자훈련을 받은 성도들도 그러한 역할을 당당하게 수행해 나갔다. 옥한흠도 100여 년 전 국운이 풍전등화의 형국으로 치닫고 있을 때에, 복음의 씨앗이 이 땅에 뿌려지고 "들불 같은 복음의 폭풍"이 평신도들로부터 일어났던 역사적 사실을 잘 인식하고 있었다.[67] 옥한흠의 제자훈련 비전과 전략은 철저하게 성경에 근거하고 있으면서도, 역사적 교훈을 깊이 숙고하면서 자신의 목회 현장에 적용하는 것이었다.

제자훈련 목회의 터전들

10장

제자훈련, 현대판 카타콤

사랑의교회는 성도가 100명가량 모일 때부터 예배당 좌석이 모자랐다. 옥한흠은 개척한 지 7개월 만에 이사를 하면서도 "교회는 언제 짓나? 땅은 어디에 사지?" 등 누구나 할 수 있는 예배당 확장은 고민도 하지 않은 채 제자훈련에만 매진했다. 중요한 것은 사람이지 땅이나 건물이 아니라는 신념도 한몫했다. 하지만 1980년대에 들어서면서부터 주변 여건이 시시각각 달라지고 있었다. 제자훈련을 통해 예수의 제자를 만들려면 장소도 필요한 것이 사실이었다. 주일마다 예배를 드려야 할 공간, 자라나는 세대들을 위한 교육 환경과 시설이 필요한 실정이었다. 이런 고민을 하던 중 인근 아파트 자투리땅을 놓고 건축의 대장정을 시작하게 되었다.

"쏘려면 나뭇가지를 보고 쏘지 말고 달을 보고 쏘아야 한다. 그래야 더 높이 더 멀리 쏠 수 있다"는 옥 목사의 격려에 성도들은 힘을 얻어 헌금하기 시작했다. 모두가 "개미 작전"으로 똘똘 뭉쳐 건축을 위한 발걸음이 한층 더 빨라졌다. 넉넉하지 않은 형편에서도 힘에 부칠 만큼 헌금한 성도들이 부지기수였다. 옥한흠 역시 아이들이 입을 만한 옷이 없어 "니네 집 달동네지?"라는 놀림을 받을 정도로 허리띠를 졸라매는 희생을 감수하며 나아갔다. 이런 수고와 희생으로 사랑의교회는 교회 건축을 위한 땅을 구입할 수 있었다. 이 일은 그들에게 "오병이어의 기적, 그것은 얼마든지 일어날 수 있었다"는 사실을 확증한 사건이었다.[1]

건축 허가를 받는 것은 힘든 과정이었다. 인근 아파트 주민들이 난데없는 복병처럼 나타나 피켓 시위를 하는 등 건축 공사를 방해하는 일도 있었고, 설상가상으로 공사 현장에서 사고가 나기도 했다. 건축 과정에서 공사 현장이 무너진 것이다. 게다가 공사를 맡은 회사가 부도가 나는 등 겹겹이 어려운 일들이 터지기도 했다. 삼익아파트 부녀 회원들의 저돌적이고 격렬한 반대 시위 현장과 적절한 보상을 요구하는 모임에 갔다가 옥한흠은 심한 마음의 충격을 받아 위에 탈이 나기도 했다. 그러나 이 모든 문제가 하나씩 해결되면서 교회는 안정되고 성장일로에 놓이게 되었다. 그런 반면에 옥한흠 목사의 건강은 하강 곡선을 긋고 있었다.

하지만 이 모든 어려운 과정은 사랑의교회가 교회 주변에 사는 주민들을 배려할 수 있는 계기가 되었다. 사랑의교회는 "지하 교회라는 기발한 발상"으로 소위 "현대판 카타콤"의 모습을 지어냈다. 주민들을 위해 "교회가 자진해서 소음 공해를 완벽하게 해소시킨 것은 불신자들의 눈에도 대단한 공로"로 인식되었다. 그 건축미가 인정되어 서울시는 1985년 올해의 건축상 은상을 사랑의교회에 수여했다. 이렇게 해서 마침내 1985년 1월 12일 입당 예배를 드릴 때부터 사랑의교회 건축과 입당은 여러 사람에게 회자되었고, 일간신문과 교계신문에 여러 차례 보도되었다. 또한 교회는 건축하는 동안에도 계속 부흥해 교회 부지를 살 때 400여 명이던 출석 교인 수가 입당 예배를 드리던 주일에는 1,250명으로 증가했다.[2] 그리고 이때야말로 사랑의교회의 역사 속에서 가장 열정적이고 은혜로운 분위기가 무르익었던 시기였다. 교회 전체의 영적인 역동감이 넘쳐 났다.[3]

사랑의교회 건축은 그리스도의 제자 됨의 기본 정신을 구현한 결과였다. 아무리 주민들이 반대해도 합법적 근거와 적법한 절차에 따라 지으면 그만이라고 생각할 수 있지만, 옥한흠과 성도들은 차마 그럴 수 없었다. 아파트, 유흥가, 그리고 상가들이 밀집해 있는 삭막한 주거 지역에 웅장하게 예배당을 짓는다면, 성도들에게는 좋겠지만 지역 사회의 보는 눈은 곱지 않을 터였다. 교회 건물 공간을 최대한 줄여서 지역 주민들이 휴식처로 사용할 수 있도록 했고, 아파트 베란다에서 내려다보아도 평화로운 분위기를 느낄 수 있도록 오랫동안 고민하다 생각해 낸 것이 바로 지하 예배당이었다. "일단 교회에 들어서면 마음이 편안하게 가라앉고 시각적으로 아름다움을 느낄 수 있게 지었으면 했다. 결국 큰 덩치는 땅 속으로 넣고 지상에는 작은 규모의 구조물이 아담하게 자리 잡도록 교회를 지어보자는 데 의견이 모아졌다."[4]

지하로 예배실이 들어가면 건폐율에 상관없이 대지 면적을 최대한 활용할 수 있기 때문에 지상보다 넓은 공간의 예배실을 확보할 수 있는 이점도 있다. 지상에는 널찍한 마당을 둘 수 있을 뿐만 아니라, 예배실보다 더 자주 사용하는 방들이 충분한 햇빛을 받을 수 있는 혜택도 누릴 수 있었다. 무엇보다도 주변 상황과 어울리는 환경 친화적 조화를 완벽하게 충족할 수 있었다. 하지만 문제도 많았다. 이상은 좋지만, 당시 한국의 건축 시공 기술이 완벽하게 지하 공사를 할 만한 수준이 못 된다는 지적이 마음에 걸렸다. "지하 공간이면 늘 뒤따라 다니는 누수의 위험, 환기의 불편, 결로 현상 등을 철저하게 처리하기가 쉽지 않다는 소리였다. 더욱이 수천 명이 여러 시간 앉아 있어야 하는 공간이라는 문제는 더 심각할 수 있다"는 지적은 무시할 수 없었다.[5]

이런 말을 들을 때면, 젊은 시절 폐결핵으로 고생했고 연약한 육체로 고심했던 옥한흠이 한 번쯤은 지하 예배당 계획을 심각하게 재고함직도 했지만, 그는 그대로 밀고 나갔다. "서초동 땅 속 깊이 '움막'을 파고 카타콤과 같은 것을 지어 밖으로도 나오지 않은 채 교인들을 훈련시키고 하나님의 사랑으로 양육"하기로, 자신과 하나님과 굳게 약속했다.[6] 다윗에게 "아둘람"이라는 동굴(삼상 22:1-2)이 있었다면, 옥한흠에게는 "사랑의교회"라는 동굴이 있었다. 어떻게 보면, 이동원 목사가 표현했듯이 "두더지 굴 파듯 늘 집중하는 모습"의 옥한흠은 이런 지하 예배당이 오히려 더 제자훈련에 매진할 수 있으며, 또한 순교 신앙이 배어 있는 카타콤을 흠모할 수 있는 귀한 공간으로 생각했는지도 모른다.[7] 그 장소는 바로 하나님나라와 제자훈련을 위한 "지하특공대 훈련장"이 되었다. 옥한흠은 "제자훈련 목회의 불도저discipleship ministerial bulldozer"가 되어 한국 교회와 세계 교회를 향한 제자도弟子道를 닦기 위해 심혈을 기울였다.[8]

이렇게 시작된 사랑의교회를, 훗날 「조선일보」는 "땅 위의 하늘나라 농군"이라고 소개했다. 계속해서 이런 내용이 이어졌다. "우리나라에 예수를 '믿는' 사람은 많다. 그러나 예수처럼 '사는' 사람은 얼마나 될까? 그러면서 서울 서초동 '사랑의교회'(예장합동)야말로 '예수를 믿는 사람을 예수처럼 살도록 만드는 곳'이다. 이 교회의 "평신도를 깨운다" 프로그램은 예수가 말하고 모범을 보인 대로 살아가도록 가르치는 과정이다. 교회 설립자인 옥한흠(61세) 담임 목사는 '우리 교회들은 그동안 신자를 모으는 데 치중하고 세상일과 교회 일을 구별해 왔다'며 '그러나 예수님의 제자인 신자들이 그분이 말한 나라를 땅 위에 이루도록 인도하는 것이 교회의 사명'이라고 말한다"고 보도했다.[9]

사랑의교회 건물의 주소재는 가장 값이 저렴한 붉은 벽돌로 정했다. 지하 예배당의 형태도 부채꼴로 해서 "기도하는 곳이라는 공간의 본질을 추구하는 의미에서 하나의 정점을 향해 모아지는 모양"이 돋보이게 했다. 경제적으로 넉넉하지 않은 처지라, "싼 옷을 몸에 잘 맞도록 만드는" 식이었지만, 소박하고 담백하게 보이는 모습이 오히려 세련되어 보이기까지 했다. 그렇지만 옥한흠은 지하 예배당이기에 안전사고가 나지 않을까 오랜 기간 걱정을 떨쳐 버릴 수 없었고, 건물 구조상 엘리베이터를 설치할 수 없다는 소식을 듣고는 노인들이나 어린이들이 층계를 통해 이동하는 것을 무척 마음에 걸려 했다. 결국 수년 동안 오랜 숙고 끝에 엘리베이터를 무리 없이 설치하여 몸이 연약한 교인들에게 제공했을 때는 누구보다도 기뻐했다.[10]

입당한 지 수십 년이 지났지만 "지하"라는 이유로 처음에 염려했던 사고가 한 번도 발생하지 않은 것은 분명한 감사의 조건이었다. 예배실로 들어서서 계단을 따라 아래로 내려가면, 채광 유리를 통해 부드럽게 쏟아지는 햇살 사이로 "하나님은 사랑이시라"라는 말씀이 눈에 뚜렷하게 들어온다.[11] 그리고 바깥 소음이 전혀 들리지 않는 카타콤의 고요 속에서 하나님과의 아름다운 교제의 깊이가 더해 갈 것이다. 그러나 그 카타콤의 평안과 고요가 있기까지 순교자들의 엄청난 수고와 희생, 그리고 생명도 아낌없이 바친 피의 대가代價가 있었다는 사실을 잊어서는 안 될 것이다.

교회의 역사 속에서 믿음의 증인들은 숱한 고난과 핍박 가운데서도 시대를 밝히는 횃불의 역할을 감당해 왔다. 그중에서도 로마 제국의 기독교 박해가 극에 달했던 시기에 그리스도인들은 로마 시내의 근교인 카타콤과 소아시아의 카파도키아 등지에서 지하 공동체 생활을 하면서 순교적 신앙을 이으며 죽어야 사는 밀알의 원리를 극명하게 보여 주었다. 엄숙한 지하 예배당은 대부분의 사람들이 갖고 있던 교회에 대한 판에 박힌 생각에서 벗어나 새롭게 교회의 모습을 상상해 볼 수 있는 좋은 계기를 제공해 주었다. 죽음의 권세와 위협도 순교적 신앙과 부활 신앙으로 무장한 카타콤 신앙 공동체를 파괴할 수 없었다. 교회는 성령께서 죽음의 나라인 이 땅에 세우신 "하늘의 식민지"라고 할 수 있다. "예수님이 이 땅에 시작하신 하나님의 나라를 인간을 통해서 증언하고 물리적으로 존재하게 하는 성령의 전략적 핵심이 교회다. 교회는 그 나라가 완성된 모습이 아니라, 하나님나라 그 자체다"라는 사실을 카타콤 지하 예배당은 웅변하고 있다. 그런 면에서 지하 예배당은 교회의 "시작점으로 돌아간다는 취지에 꼭 맞는 표현이자 정확한 시각적 이미지였다."[12]

다시 말하면, 순교적 신앙으로 무장되어 있는 평신도들이 살아 있는 한 교회는 어떤 위기 속에서도 살아남을 수 있다는 실례를 초대교회 성도들은 생생하게 증언했다.[13] 또한 한국 교회의 신앙 유산 역시 "거저 난 것이 아니라 신앙의 선배들의 핏값으로 이어져 온 것"이며, "여기에 제자도가 있고, 여기에 십자가의 길"이 있음을 깨달아야 한다.[14] 이러한 역사를 훤히 알고 있었던 옥한흠은 1970-80년대 이후 한국 교회의 급성장 속에서 교회와 신앙의 본질이 훼손되어 가고, "세속화"라는 거센 시대적 도전과 핍박에 순교적 각오로 대응하면서 제자훈련 목회의 장을 그 지하 예배당에서 지속적으로 펼쳐 나갔다. 이 지하 예배당에서 성도들은 예배를 드릴 때마다 "우리는 세상으로부터 부름 받은 하나님의 백성입니다. 또한 세상으로 보냄 받은 그리스도의 제자입니다"라는 사랑의교회 공동체 고백을 가슴에 새기며 교회로 들어오고, 그리고 예배 후에는 세상으로 나갔다.

그럼에도 불구하고, 지하 예배당을 사용하면서 현실적으로 겪은 불편함과 우려는 상상을 초월했다. 거의 25여 년 동안 좁은 공간에서 예배와 교육 등의 다양한 모임이 이루어졌던 제자훈련 목회의 현장은 전술한 바와 같은 신앙적 의미로만 승화시킬 수만 없는 실제적 어려움이 너무도 많았다. 그러나 "한 사람"에게 집중하고, 세워 놓은 목적을 향하여 몰입하는 옥한흠은 지하 예배당을 지어 놓고 제자훈련을 통한 하나님나라 사역에 "굴 파는 인생"이라는 별명을 들을 만큼 전심을 기울였고 귀한 열매를 맺은 것도 사실이었다. 당시의 형편상 어쩔 수 없는 선택이었지만, 지하에다 예배당을 넣어 놓고는 "밤낮 무너질까 봐" 노심초사했던 숱한 세월을 떠올려 보면, 후배 목회자들에게 지하 예배당이야말로 결코 장려할 만한 것이 못 된다고 솔직하게 권면한 적도 있었다.[15]

제자훈련 목회 현장 리포트, 기도행전

사랑의교회의 든든한 기초는 초기부터 시작한 제자훈련으로부터 발휘되는 동력으로 조성되었다. 설립 시기부터 사랑의교회 성도로 신앙생활했던 구자관 장로의 회고에 의하면, 1982년부터 1986년까지 출석 교인의 숫자가 해마다 증가했으며, 교회 대지 매입과 건축 허가와 건축 과정, 그리고 주민들의 반대로 지연되는 우여곡절을 겪으면서도 오히려 교회는 더 성장했고 기쁜 일도 많이 생겼다고 한다. 1982년부터 1985년 1월까지 출석 교인은 600-1,200명이었는데, 1986년에 2,000명이 넘는 수로 증가했다. 본격적인 건축을 시작하며 여러 어려운 고비도 있었지만, 이 와중에 옥한흠 목사는 『평신도를 깨운다』라는 저서를 집필함으로써 사랑의교회뿐만 아니라, 한국 교회를 위한 사역의 기반을 확고하게 마련했다. 또한 건축 중 붕괴 사고가 나서 처리 과정이 수개월 소요되고 시공 회사의 부도로 직접 시공하는 일도 있었다. 예배당을 건축하는 중 교인들은 보통 5-6일은 교회에 출석했고, 늘어나는 교인들로 인하여 순장들은 2-3개의 다락방을 인도해야만 했다. 구 장로는 "지금 생각해 보면 정말 힘든 시기"였음에도 조용하고도 여유 있게 그 당시의 많은 일을 감당해 나갔다고 회상한다. "분명 몹시 힘이 들었는데도 우리는 이때가 가장 행복했다고 말한다. 그것은 바로 사람이 진정 변화함으로써 나오는 제자훈련의 힘"임을 몸소 확인하는 때였다.[16] 사랑의교회 기초는 교회 건축이 아닌, 제자훈련에서 솟아나는 힘으로 다져졌다.

옥한흠은 제자훈련 사역을 하면서 순장들의 훈련과 사역, 그리고 다락방에 역점을 두고 수행했다. "다락방"은 하나님의 말씀을 중심으로 순장들의 인도에 따라 제자훈련이 실제적으로 일어나는 현장이다.[17] 구체적인 훈련이 없이 설교만으로는 평신도 지도자가 만들어지지 않는다. 설교는 마음의 귀를 열어 줄 수는 있으나 열린 마음을 채워 주지는 못한다. 그 마음을 채우는 곳이 다락방이다. 다락방은 순장들의 개성에 따라 그 성격이 각각 다르게 운영된다. 제자훈련을 통해 자기 변화가 강해지고, 자기가 받은 영적 체험의 깊이가 깊어질수록 다른 사람을 위해 사역하고자 하는 의욕과 열정이 강하게 일어났다. 옥한흠은 이런 변화를 경험해야만 순장의 사역이 가능해지고 다른 사람에게 영향력이 나타나게 된다는 사실을 누구보다도 잘 알고 있었다. 심혈을 기울여 훈련한 순장들은 목사와 같은 동역자들로서 "작은 목자"라고 부르기도 했다. 순장들은 목회자의 심정을 이해하고 공유하게 된다. 목회자의 마음으로 순장이 다락방을 돌보면, 다락방이 활성화되고, 이것으로 교회 성장은 촉진된다. 또 다락방은 다시 작은 목자인 순장을 키우는 개척지가 된다. 목회자가 할 수 없는 일을 순장들이 했다. 그들의 희생으로 교회 안의 부족한 부분이 채워졌다. 평신도 한 사람이 주는 영향력은 목사 한 사람이 주는 영향력보다 더 크다는 생각이 들기까지 했다. 옥한흠은 평신도의 잠재력을 믿고 개발하며 훈련시켜 하나님의 일을 함께하는 데 박차를 가했다.

　사랑의교회 제자훈련은 철저하고도 체계적으로 운영되었지만, 초창기 때부터 초중고교 방학도 고려하면서 진행되었다. 왜냐하면 가정생활도 사역이라고 생각하여 가족들을 섬기면서 훈련받는 성도들도 재충전의 기회가 필요했기 때문이다. 그런데 정작 쉬어야 할 옥 목사는 초창기부터 10여 년 동안 하루도 쉴 수 없을 만큼 바쁘게 움직였다. 그에게는 방학이 아예 없었다. "가슴속에 용광로처럼 끓어오르는 성도들을 향한 사랑 때문이었다." 제자훈련 프로그램이 어느 정도 사랑의교회 안에 정착되어 가자, 다른 지역 교회를 위한 제자훈련 교재의 필요성을 절감하고 방학 때마다 교재를 만들고 수정, 보완했다. 그래서 다른 교회 목회자들을 위한 제자훈련 교재 가이드북이 만들어졌다. 훈련 체계는 이제 제자훈련에서 사역훈련으로 이어지고, 여기에 또 필요한 교재를 만들고 가이드북을 만들고 수정하고 보완하는 작업에 열중하다가 옥한흠은 결국 1989년 10월 12일 일본 목회자 세미나를 앞두고 쓰러지고 말았다.[18] 탈진한 상태에서 일단 쉬어야 할 그가 아내의 계속되는 걱정에도 아랑곳하지 않고, 다른 강사 한 사람 없이 혼자서 강행군하다가 완전히 쓰러지고 말았다. 제자훈련에 미친 옥한흠은 자신의 몸에 이상이 왔다는 신호에도 둔감했다.[19]

옥한흠은 낮 훈련에 이어 밤에는 7시 30분부터 남자 성도들을 훈련시켰다. 모임은 10시 30분이 되어야 끝났는데, 그 후 밤 11시부터는 새로 등록한 부부를 심방하곤 했다. 늦은 밤 시간이기 때문에 오랫동안 심방할 수는 없었지만, 그 짧은 시간을 이용해 남자 성도들의 마음을 꿰뚫어 보는 혜안과 적절한 위로와 함께 하나님의 말씀 앞으로 이끌어 갔다. 그 모습을 곁에서 지켜본 강명옥 전도사는 그야말로 "심방예술"이라고까지 표현하고 싶을 정도였다고 한다.[20] 이런 심방의 결과, 남자 성도들은 대부분 열심 있는 성도로 바뀌어 갔고, 얼마 지나지 않아 제자훈련에 들어오곤 했다. 옥한흠 목사를 만나 변화되는 모습에 부인들은 할 수 있으면 자기 남편을 옥 목사와 만나게 하고 싶어

했다. 남자들은 심방을 통해 비전의 사람들로 달라져 갔다. 만남의 축복을 통해서 신앙생활의 행복도 찾게 되었다.

이렇게 제자훈련에 집중하면서도 새 신자 심방을 병행했던 것은 한 사람도 소홀히 해서는 안 된다는 옥한흠의 목회 소신 때문이었다. 이런 열정적이고 효과적인 남자 성도들을 만나고 권면한 심방 때문에 "남자 성도들의 비율이 40퍼센트를 웃돌 정도"로 발전해 갔다. 이후에는 훈련된 남자 순장들에 의해서 남자 성도들을 위한 양육 다락방이 정착될 수 있었다.[21] 사랑의교회의 제자훈련 열매는 하루아침에 이루어진 결과가 아니다. 목숨을 내건 제자훈련 사역과 더불어 한 영혼이라도 주님 앞으로 인도해 내야겠다는 목회자의 헌신적인 자세, 그리고 보이지 않는 부분에서 눈물과 헌신과 남모르는 사랑의 수고를 통해 맺어진 열매였다.

옥한흠이 지친 몸을 이끌고 제자훈련 목회에 전념할 수 있었던 가장 큰 이유는 사람 만드는 진가를 맛보았기 때문이다. 목회의 여러 방법으로 사람들이 변화하는 것은 사실이지만, 제자훈련을 받으면서 십여 명이 오손도손 둘러앉아 말씀 앞에서 함께 울며 함께 웃으며 그리스도 안에서 자라가는 희열은 그 어느 것과도 비교할 수 없다는 것이 그의 경험에서 얻은 발견이요 확신이었다.

그런데 1990년부터 그가 끔찍이 아끼던 이 재미를 빼앗겨 버렸다. 교회가 예상했던 것과는 달리 대형화되어 가면서 업무량이 많아지고 체력이 달려 부득불 백기를 들었다. 게다가 건강 악화로 1년여 기간을 안식년으로 쉬면서 이런 감격을 아예 포기할 수밖에 없었다. 이런 상황 속에서 그는 자신의 안타깝고 솔직한 심정을 이렇게 토로했다.

그렇지만 분명한 것은 나의 기쁨, 나의 보람, 나의 재미를 앗아 갔다는 것은 아무도 부인할 수 없는 사실이다. 내가 얼마나 허탈감에 빠져 아직까지 헤어나지 못하고 있는가를 아무도 이해하지 못할 것이다.… 길다면 긴 세월을 통해 나의 신앙 인격은 훈련생들과 함께 성장해 왔고 나의 목회의 기쁨, 보람, 어떤 때는 고통까지 이 작은 모임 안에서 나누어 왔다. 그러나 지금은 그 모든 것을 가질 수 없는 빈들에 홀로 선 신세가 되어 버린 것이다. 벌써부터 평신도 지도자들의 얼굴을 잘 모르는 외톨이 목회자가 되어 가고 있다 생각하니 답답해지기까지 한다. 모임을 끝내고 삼삼오오 짝을 지어 교회 마당을 나가는 훈련생들의 모습을 창문으로 훔쳐보면서 '그 모르는 얼굴들'이 주는 고독, 슬픔이 결코 가벼운 것이 아님을 자주 느낀다.[22]

옥한흠은 진정으로 제자훈련 목회의 가치를 알았던 목사였고, 그 의미와 재미가 무엇인지를 터득한 진정한 목회자였다. 그는 목회 사역의 "장자권"이 무엇인지를 잘 알고 있었기에 이런 목회의 재미를 "팥죽 한 그릇에 팔아 넘겨 버리는 불행한 목회자"가 결코 될 수 없었다.[23] 사랑의교회가 성장하여 대형화되고, 또 그의 건강이 악화되어 할 수 없이 그의 서재 바로 옆에 있었던 "제자훈련실"에서 벌어졌던 사역훈련과 거리가 멀어질수록 그는 심한 고독을 맛보았고 그리고 외로운 고통을 감내해야 했다. 그런 면에서 옥한흠의 제자훈련 목회의 초점은 사람을 변화시켜 그리스도의 신실한 제자로 만들어 가는 것에 있었지 결코 교회의 성장에 목표를 둔 것은 아니었다. 그러나 그는 날로 커져만 가는 교회와 날로 악화되어 가는 그의 건강 때문에 심각한 고민을 할 수밖에 없었다.

　제자훈련 목회에 전념하는 동안 옥한흠의 마음에 떨쳐 버릴 수 없었던 큰 부담은 시간이 부족하여 자녀들과 함께하지 못하고 온 가족이 함께 가정 예배를 드리지 못하는 안타까움이었다. 사랑하는 아내와 세 아들에게 몇 번이고 가정 예배를 드리자고 약속하고는 두세 번 드리고 언제나 소리 없이 흐지부지되었다. 목사의 가정에서 예배가 지속되지 못한다는 사실이 그의 마음을 무척이나 무겁게 했다. 지친 몸을 이끌고 집에 들어오면 옷도 제대로 벗지 못한 채 침대에 누워 있는 힘없는 아버지의 모습을 보며 세 아들은 아버지가 가정 예배를 드리자고 호언장담했지만 실행하지 못한 것을 납득했다. 그의 장남 성호는 당시의 상황을 이렇게 적었다. "가정 예배에 대한 아버지의 열망, 아니 가정을 돌봐야 한다는 아버지의 간절함과 바쁜 교회 스케줄이 충돌할 때 승자는 항상 교회였습니다."[24]

　한 남편과 아버지로서 목사 옥한흠에게 식구들과 함께 시간을 보내고 가정을 돌보아야 한다는 부담감이 왜 없었겠는가? 그래서 그는 당시 주위 여러 목회자의 가정생활을 유심히 살펴보기도 했다. 그리고 아버지에게 뭔가 모르는 불만을 갖고 있었을 아들들에게 "제대로 목회하는 목사들 중에 집안 식구들 잘 챙기면서 사역하는 것은 거의 목격하지 못했다"면서 "한국만의 특수한 상황" 때문인지도 모른다는 변명 아닌 변명을 아내와 자식들에게 해야 했다. 그는 세 아들에게 이렇게 변명했다. "아빠 시대는 가정 다 챙기면서 도저히 제대로 일을 할 수 없었다. 그게 너희들한테는 항상 미안하지만 그때는 어쩔 수가 없었다." 그에게는 구차한 위로요, 식구들에게는 합당한 변명이었을 것이다.[25] 어쩌면 이 말이 지난 세대의 대부분의 목회자들이 그들의 식구들에게 하고 싶은 간절한 말이었는지도 모른다. 가정도 제대로 돌보지 못한 채 진행되는 옥한흠의 제자훈련 현장에는 끊임없는 기도의 눈물이 뿌려졌다.

옥한흠은 초창기부터 서재에서 기도하는 목회자였다. 제자훈련에 목숨 건 목사라고 해서 가르치고 연구하는 데에만 집중한 사역자가 아니었다. 자신의 연약함 때문에, 그리고 중한 병에 걸린 성도들과 여러 면으로 어려움을 겪고 있는 성도들을 위해 기도하는 목사 부부의 간절한 모습이 자연스럽게 동역자들과 성도들의 눈에 목격되었다. 옥한흠의 기도행전行傳은 초기부터 지속적으로 그의 목회 사역 기간 내내 끊어지지 않았다. 강명옥은 아침 일찍 출근해 보면 서재에서 무릎 꿇고 기도하던 옥한흠을 발견하곤 했다고 한다. 예배당 건물이 지어진 이후에는 옥 목사는 본당에서 기도할 때도 많았다. 강명옥은 "성도들에게 나타나는 말씀의 능력은 보이지 않는 곳에서 눈물로 기도하는 헌신과 성도들을 사랑하는 마음, 주님을 사랑하는 설교자의 영성에서 나온다는 사실"을 새삼 깨닫게 되었다.[26]

> 어떻게 고통 중에 있는 성도들의 이름을 일일이 다 아실까 정말 믿어지지 않았다.… 몇만 명의 성도들 가운데서 고통 중에 있는 성도들의 이름을 기억하고 기도하는 것은 정말이지 탁월한 목회적 감각과 참된 사랑의 마음이 없이는 불가능한 일이라 할 수 있을 것이다. 목사님과 사모님은 언제나 성도들을 가슴에 품고 사시는 분들이란 생각이 들 정도이다.… 목사님은 교역자들이 주님 앞에서 어떻게

목회적 감각을 가지고 사역해야 하는지를 모일 때마다 가르쳐 주셨고, 친히 눈물로 기도하시면서 모범을 보여 주셨다. 모일 때마다 교역자들에게 자신의 "한 사람 철학"을 심어 주셨고, 말씀 앞에서 자신을 돌아보며 채찍질하는 가운데 성령의 사람으로 쓰임 받기 위한 준비를 할 수 있도록 해 주셨다.[27]

또한 옥한흠 부부는 질병으로 고생하는 성도들과 아기를 갖지 못하는 사모들에 대한 사랑과 기도가 각별했다. 사랑의교회에서 부목사를 지냈던 박명배에 의하면, 그의 아내가 결혼 후 수년간 불임 때문에 고생하자 김영순 사모의 권유로 기도를 받은 지 얼마 되지 않아 자녀의 축복을 누리게 되었다. 훗날 옥한흠은 박명배에게 추천서를 써 주면서 그를 "기적의 축복"을 받은 자라고 소개해 주기도 했다.[28] 육체의 연약함 때문에 오랜 기간 고생해 온 옥한흠과 그의 아내는 어느 누구보다도 병자들을 위한 관심과 사랑이 강했고, "병든 성도 한 사람, 어려움을 당한 한 사람 때문에 늘 애통해하시는 분"이었다.[29] 또한 본인뿐만 아니라 부교역자들과 성도들의 질병 치유를 위해 기도했으며, 자신의 건강 때문에 정기적으로 기도받는 것도 마다하지 않았다.

옥한흠의 자기 혼자만의 기도 생활은 은퇴 시기까지 변함없이 계속되었다. 예배당에서 기도하는 목사의 모습은 눈에 잘 띈다. 그러나 보이지 않는 곳에서 평생을 지속적으로 기도하는 것은 쉽지 않다. 오랜 세월이 지난 후, 오정현이 2003년 8월 31일에 공식적으로 후임자로 부임하고 나서, 일주일 만에 아침 일찍 옥한흠의 방을 찾은 적이 있었다. 새벽 가까운 시간이었기에 비서도 없었고 사무실은 어둡고 고요한 적막만 흐르고 있었는데, 책상 뒤편 의자 옆에 무릎을 꿇고 있는 옥한흠의 모습이 보였다. 그는 "그렇게 아무도 볼 수 없는 그 시간 그곳에서 기도"하고 있었던 것이다.[30] 오정현은 당시 옥한흠의 한결같은 기도의 모습을 보고 당시의 소감을 이렇게 적어 놓았다.

> 대형 교회 목회자들은 타인들의 시선 앞에서는 최선의 모습을 보이기 쉽다. 타인의 주목을 받는다는 것은 그만큼의 긴장을 요구하기 때문이다. 하지만 아무도 볼 수 없는, 보이지 않는 곳에서의 모습조차 이처럼 아름다운 사람은 찾아보기 어렵다. 긴장의 크기가 큰 만큼 쉼에 대한 욕구도 큰 법인데, 아무도 보지 않는 자리에서 무릎을 꿇고 기도하는 모습 속에서 나는 그날 아침 영적 거인의 일면을 보았다.[31]

시종여일하게 기도의 사람으로 예수 그리스도를 본받아 온 옥한흠의 모습 속에서 오정현은 "한 아름다운 사람"이자 "영적 거인"을 만나게 되었다. 이러한 기도의 맥이 이어져야만 영적인 스승과 제자를 함께 묶어 줄 수 있는 견고한 영적 고리가 생기는 법이다. 이렇게 기도에 전념하는 스승에 대한 지극한 존경과 열정과 사랑을 공유하지 않고는, 그리고 제자훈련 목회의 본질에 대한 철저한 공감대가 없이는 사역이 이어지는 데 적지 않은 어려움이 야기될 수밖에 없다.

그렇지만 제자훈련 목회에 전념하는 가운데 목사이자 인간이었던 옥한흠에게 위기가 없었던 것은 아니었다. 제자훈련 특성상 여자 성도들과의 만남이 잦은 상황에서 옥한흠 목사도 한 여집사를 편애하여 사모와 여러 장로에게 심각한 걱정거리가 된 적이 있었다. 장로들은 어려운 발걸음으로 찾아가 목사에게 권면했고, 옥 목사가 그것을 진솔하게 받아들여 이 문제는 더 큰 문제로 비화되지 않고 종결될 수 있었다.32 갖가지 스캔들로 쓰러지는 목회자가 하나둘이 아닌 현실에서, 이 일로 "정말 이대로 쓰러지는구나"라는 생각이 들 정도로 휘청거린 적이 한 번 있었다고 옥한흠은 아들에게 솔직히 고백한 적이 있다. 하나님의 은혜를 알았고, 그 은혜에 의지하여 살아왔던 그는 "하고 싶지만 안 하는 것, 할 수 있는 힘이 있지만 안 하는 것, 다름 아닌 바로 십자가 때문에 그런 생각이 마음을 지배하지 못하도록 하는 것"이다. 바로 그 은혜 때문에 그는 가정과 목회를 지켜 낼 수 있었다. 식구들과 많은 시간을 나누지 못했으며, 늘 사역으로 바빠했던 열정적인 제자훈련 목회자 아버지에 대해 그의 장남은 "은혜를 알았던 사람, 은혜의 지배에 민감하고 더 큰 은혜를 갈구하던 사람, 내가 아는 아버지는 바로 그런 사람이었습니다. 남 앞에 과시하고 싶어서가 아니라 은혜 없이는 바로 서서 살 수 없다는 것을 자기 자신이 너무 잘 알았기 때문입니다"라고 주저 없이 말한다.33 그 크신 하나님의 은혜가 옥한흠으로 하여금 "평신도를 깨우는 광인"으로 그리고 "제자훈련의 장인"으로 만들어 갔던 것이다.

제자훈련 교과서, 『평신도를 깨운다』

"제자훈련"이 옥한흠이 전도사 시절부터 추구했던 목회 사역의 성경적 근거이자 신학적 정당성이라고 한다면, 그것을 체계화하고 목회 현장에 적용할 수 있는 신학적 지침서는 『평신도를 깨운다』였다. 옥한흠 목사의 "제자훈련"은 우리에게 "평신도를 깨운다"라는 메아리로 반향되었다. 이 말 속에는 평신도들이 잠을 자고 있다든지, 혼동 속에 있다는 사실을 전제한다. 또한 평신도를 깨워 한국 교회를 깨우겠다는 의미가 담겨 있다. 여기에는 1970년대와 80년대 괄목할 만한 교회 성장 일로에 있었던 한국 교회의 현 상태에 대한 옥한흠의 비판적 인식이 자리 잡고 있다. 그런 면에서 평신도를 깨우는 제자훈련은 교회 성장을 도모하는 프로그램이 아니라, 교회의 개혁과 갱신을 도모하는 운동이다. 그런 면에서 그 당시의 한국 교회를 바라보는 옥한흠의 시각에는 예리함이 배어 있었다.

제자훈련 목회를 시작한 지 5년째 되어 가던 1983년 무렵, 옥한흠 목사는 자신의 목회에 대한 중간 결산을 해야겠다는 생각에, 지금까지 시행해 온 제자훈련 이론과 실제를 정리하고 그런대로 좋은 평가가 나온다면 다른 교회의 목회자들과 나누고 싶은 소박한 마음에서 『평신도를 깨운다』라는 책을 집필하게 되었다. 그의 말대로 "그야말로 어느 날 아침 갑자기 생각한 일이었다."[34] 교회 건물을 건축하고 있었고 제자훈련에 여념이 없었던 그로서, 이런 발상을 하게 된 경위도 결국은 철저하게 자기를 점검하는 성찰의 태도에서 비롯되었다고 볼 수밖에 없다. 그의 성격상 남에게 자신의 것을 알리고 과시하려는 마음이 아니라, 자신의 목회를 꼼꼼하게 되돌아보고 그 방향과 목적을 분명히 하고자 하는 마음에서 저술하게 되었다.

저술 작업은 이렇게 진행되었다. 1984년 벽두부터 유학 시절 모아 두었던 것들을 비롯한 저술에 필요한 자료들을 다시 정리하고, 7주간 집중하여 초고를 완성했다. 경기도 용인에 위치한 벧엘수양관을 오가며, 그야말로 집필에만 전심전력하여 짧은 기간에 원고를 완성하여 그해 6월에 초판이 나왔다. 출판은 했지만, 과연 그 책이 잘 팔릴지, 반응은 어떨지, 걱정이 많았던 것도 사실이었다. 하지만 그와 같은 염려는 곧 기우에 불과했다. 한 달이 채 못 되어 재판을 찍는 예상외의 일이 일어났다. 당시 한국 교회는 새로운 목회를 갈망하는 갈증과 바람이 있었는데, 『평신도를 깨운다』는 바로 그런 기대에 부응하는 대안을 제시했다. 그 책을 읽은 많은 신학생들과 목회자들은 "평신도를 통한 새로운 목회에 대한 구체적인 방향을 제시해 주는 책"이라고 호평했다.35

이런 호응의 배후에는 그 책이 단순한 탁상공론이 아니라, 일선 목회자가 오랜 기간 숙고하고 연구한 결과를 목회 현장에 직접 적용하고 경험한 것이라는 데 그 이유가 있었다. 그 책은 그동안 한국의 목회자들에게 절실히 필요했던 부분을 다루었다. 이 책은 목회 사역을 새롭게 재조정해야 할 시기에 적절하게 터진 적시타와도 같았다. 옥한흠의 선명한 문체, 또 그의 풍부한 언어 구사력과 함께 성경적 근거를 토대로 목회 사역과 사역자의 삶에 적용시켜 현실적 감각과 필요에 적응시키려는 저자의 의지와 경험 등이 결합되었다. 그의 책을 읽다 보면, 목회 사역에서 본질적으로 빠져 있는 부분이 무엇인지를 깨닫게 될 뿐만 아니라, 마음에 제자훈련 사역을 향한 열정이 불타게 되고 하나님을 향한 교회의 모습이 무엇인지를 기도하게 된다. 그 책은 실로 마력을 내재하고 있었다. 이 책에는 영혼을 잠에서 깨우는 힘찬 필치, 성경의 한 구절 한 구절이 가지는 함의를 밝혀 주는 방식으로 성경 본문을 폭넓게 인용하는 인용법, 그리고 탄탄한 신학적 기초 위에 영적 통찰력을 견고하게 접합시키는 등의 특징들이 함께 어우러져 있다.

또한 이 책은 수많은 성도에게 평신도의 위상을 재발견하는 기회를 주었기에 그 반응은 점차적으로 뜨거워져 갔다. 1987년 시카고 인근의 휘튼에서 열린 "한인세계선교대회"에서 옥한흠의 주제 강연에 압도적으로 많은 수강자들이 몰려들었다. 출판된 지 얼마 안 된 시점에서 이미 옥한흠 목사의 제자훈련 사역이나 『평신도를 깨운다』라는 저서가 얼마나 큰 반향을 일으키는지를 본인도 보고 놀랄 뿐이었다. 그만큼 한국 교회가 새로운 목회의 패러다임을 요청하고 있었고, 잠자고 있었던 평신도들의 잠재력을 일깨워 주었기에 그런 반응이 나왔을 것이다.[36]

『평신도를 깨운다』는 옥한흠의 저서들 중에서 지금도 가장 큰 영향력을 발휘하고 있는 책일 것이다. 무엇보다도 이 책에 쓰여 있는 글과 말에는 힘이 서려 있다. 그 책에 담겨 있는 말은 살아 있다. 그 이유는 이 책이 단지 저자의 머리에서 나온 것이 아니라, 마음 깊은 곳에서 우러나온 내용을 담고 있기 때문이다. 그런 면에서 리처드 백스터의 『참된 목자』가 당대에 독자의 반응을 열렬히 받았듯이, 옥한흠의 『평신도를 깨운다』도 "목사로서의 그의 심정을 문자화시킨 책"이라고 할 수 있다.[37] 강명옥도 "옥 목사님이시기에" 이 책을 쓰실 자격이 있었다고 자신 있게 말할 수 있다면서, "제자훈련에 생명을 걸었고 그 책에 기록된 그대로 살아오셨고 지금도 제자의 길을 걸어가고 계시기 때문에 『평신도를 깨운다』는 앞으로도 계속해서 후배 목회자들에게 목회 지침서가 되리라고 믿는다"고 언급했다. 옥한흠 목사가 인도하는 모든 제자훈련에 참석했던 강 전도사이기에 그녀의 증언은 더욱 설득력이 있다. 그 현장은 바로 "말씀 앞에서 자신을 벗고 새롭게 주님이 주시는 옷을 입도록 만드는" 변화와 성숙, 그리고 헌신의 산실이었다.[38]

이 책은 옥한흠이 그리스도의 참된 제자가 되기 위한 필생의 헌신과 노력의 결정체이고, 성경적이고 신학적인 기반을 토대로 저술되었기 때문에, 실제성과 함께 저자의 열정적 사랑과 솔직함과 진지함을 보여 준다. 그리고 이 책은 제자훈련의 목회 현장에 적용할 수 있는 합리적인 본보기로도 전혀 손색이 없다. 또한 이 책은 평신도를 훈련시키는 교재를 넘어서서, 참된 목회자로서 목회의 기반을 통전적으로 구축하고 제자훈련의 현장이 설교와 어떻게 연결되어야 하고, 이 모든 목양의 수고들이 어떻게 바른 교회론의 토대 위에서 전개되어야 할지를 일깨워 준다. 박명수가 적절하게 평가한대로 "옥한흠 목사의 『평신도를 깨운다』와 수많은 기독교 서적들과의 차이점은 이 책이 단지 읽히는 책을 지향하는 것이 아니라, 한국 교회를 갱신하려는 구체적인 목적을 갖고 있다는 점이다."[39] 그런 면에서 이 책은 평신도를 깨울 뿐만 아니라, 목회자도 깨워 교회를 각성시키는 참된 영적 촉매제 역할을 다음 세대에도 훌륭하게 감당할 것은 분명하다.

『평신도를 깨운다』와 웨스트민스터 목회학 박사 학위

『평신도를 깨운다』에 대한 한국 교계의 호응을 보면서, 옥한흠은 이 책이 개인적인 저서로서의 의미만 아니라, "사랑의교회가 이 시대의 교회들을 어떻게 섬길 수 있는지를 보여 주는 책으로 더욱 의미가 있다고 생각하게 되었다."[40] 이 책을 통해서 제자훈련에 꾸준하고도 열정적으로 임해 오던 그에게 웨스트민스터 신학교 유학 시절 미완성인 채로 남겨진 프로젝트를 완성할 수 있는 기회가 주어졌다. 사랑의교회의 제자훈련 목회의 본질을 잘 드러내고 있는 『평신도를 깨운다』는 국내에서뿐만 아니라, 국외에서도 관심의 대상이 되었다.

1990년대 초에 웨스트민스터 신학교 사무엘 로간Samuel T. Logan. Jr. 총장의 한인자문위원회의 일원이었고, 미주 웨스트민스터 한인동문회 회장이었던 황규명의 제안으로 이미 코스워크를 다 마치고 학위 논문만 남겨 놓았던 옥한흠의 학위 수여 문제를 두고 논의가 있었다. 그 후 웨스트민스터 신학교의 실천신학 교수회에서는 옥한흠에게 그의 『평신도를 깨운다』와 제자훈련 교재, 그리고 사역 현장에서의 적용 사례 등을 학문적으로 정리하여 프로젝트로 완성하여 제출할 수 있는 기회를 부여했다.[41] 그렇지 않아도, 책이 나온 지 10년이 지나도록 학문적 평가를 받을 기회가 없었던 차에, 그 책을 예리하고 공정하게 학문으로 평가를 받고 싶었던 것이 옥한흠의 솔직한 마음이었다. 원래 계획대로라면 오래전에 학위 프로젝트를 제출했어야만 했지만, 1978년 개척 교회를 하기로 마음먹고 귀국하면서 포기하겠다는 선언까지 한 마당에 다시 까다롭기로 유명한 웨스트민스터 신학교 목회학 박사 과정을 마무리하기 위해 프로젝트를 완성한다는 것은 부담스러운 일이었다. 하지만 도전해 보고 싶은 과제이기도 했다.[42]

그렇게 해서 옥한흠의 프로젝트는 새롭게 보완되고 개정되고 영문으로도 쓰여 학위 논문으로 제출되었다. 웨스트민스터 신학교의 조지 풀러George Fuller 교수, 간하배Harvie Conn 교수, 마뉴엘 오티즈Manuel Ortiz 교수와 외부 평가자로 트리니티 신학교 교수 한 명이 제출된 자료를 철저히 읽은 후에 매우 긍정적인 평가를 내렸다. 마침내 논문은 통과되었다. 간하배는 실천신학 분야뿐만 아니라 변증학, 그리고 선교학 분야에서도 많은 업적과 사역의 열매가 있는 인물이었고, 오티즈는 도시 선교urban mission와 다민족 목회 사역에 일가견이 있는 전문가였다. 1996년 5월에 옥한흠은 거의 20여 년 동안 유예되었던 목회학 박사 학위를 받게 되는 기쁨을 누렸다. 옥한흠의 3년간의 유학 생활 동안 친정에서 지내며 세 아들을 양육하며 많은 고생을 했던 김영순 사모에게 남편의 박사 학위 취득 소식은 "하나님께 가장 감사했던" 일 중의 하나였다.[43] 물론 남편이 1989년 건강 악화로 쓰러져 안식 기간을 보내고 강단에 섰을 때가 가장 기뻤고 하나님께 감사했던 일이 었지만 말이다.

『평신도를 깨운다』를 신학적으로 좀 더 탄탄하게 개정하고 보완한 옥한흠은 『다시 쓰는 평신도를 깨운다』를 출판함으로써 제자훈련의 저변 확대와 국제화를 위한 초석을 더욱 돈독히 했다. 개정판은 골격은 동일하지만 독자들이 더 쉽게 이해하고 전체 흐름을 잘 파악할 수 있도록 구성되었으며, 제자훈련을 적용하는 실제적 내용은 완전히 새롭게 교체했다. 그 "책의 목적은 제자훈련에 대한 모든 것을 담는 백과사전을 만드는 데 있지 않고, '왜 제자훈련 목회인지?'에 대한 신학적이고 실제적인 대답을 제시"하는 데 두었다. 한국 기독교 출판 역사에서도 유례를 찾기가 어려울 정도로 옥한흠의 저서는 수십 판을 거듭해 가며 목회자, 신학자, 그리고 평신도들의 손에 들려 읽히는 책이 되었다. "평신도를 동반자로 세우는 제자훈련 목회만이 이 시대, 특히 다음 세기에 교회를 교회답게 세우는 유일한 대안이라는 공감대가 세계적으로 퍼져 나가고 있는 시점이라 더욱 그랬다."[44] 그의 설교가 청중에게 잘 "들리게" 하는 데 그 특성이 있듯이, 그의 글 역시 독자들에게 잘 "읽히게" 하는 매력이 있었다. 왜 그럴까? 이것은 제자훈련이라는 도장을 통해 나오는 설교와 글은 현장의 경험과 사람의 마음을 체감하는 깊이와 넓이가 있기에 가능한 일이라고 생각된다.

이 책에 대한 호평이 한국에서만 있었던 것은 아니었다. 영어판을 제외하고는, 세계 여러 나라의 현지 목회자들이나 선교사들의 자발적인 요청에 의해 중국어, 불어, 일어, 독일어, 스페인어, 포르투갈어, 벵골어 등으로 번역되어 출판되었다. 최근에는 러시아와 캄보디아를 비롯한 몇 개의 언어로 번역이 진행되고 있다. 이제 옥한흠의 제자훈련과 『평신도를 깨운다』는 세계 기독교회의 귀한 자산으로 자리매김했다. 또한 이 책은 제자훈련뿐만 아니라, 그리스도의 재림을 준비하는 종말론적 차원에서도 그 의미와 적용이 더욱 강력하게 드러나야 할 것이다. 그러한 하나님의 뜻을 구하는 마음으로, 옥한흠 목사는 날마다 이렇게 기도했다. "이 작은 책이 지난날보다도 더 유용하게 주님의 손에 쓰임 받아 한국과 세계 교회에서 그리스도의 제자들이 벌 떼와 같이 일어나는 날이 속히 오게 하옵소서!"[45] 이것이 제자훈련의 광인狂人이자 장인匠人이었던 옥한흠의 진정한 기도였다.

제자훈련   11장
지도자 CAL 세미나

『평신도를 깨운다』의 후속타, CAL 세미나

『평신도를 깨운다』가 출판되고 나서, 실제로 제자훈련을 할 수 있는 후속 조치에 대한 필요가 제기되었다. "두껍기도 했고 딱딱한 신학적인 내용으로 가득한 이 책이 기대 이상으로 많은 사람에게 읽혔다. 당시에 이 책의 내용은 신선한 충격으로 다가왔던 것 같다. 책을 읽은 독자들이 사랑의교회로 연락하기도 했다. 책의 내용에 공감을 하는데 그렇게 실천하고 있는 교회의 현장을 보고 싶다는 요청이 쇄도했다."[1]

이 무렵 옥한흠 목사는 평신도를 깨우기 위해서는 교역자가 깨어나야 하고, 제자훈련을 배우려는 사람들에게 배움의 기회를 제공해야 할 의무를 느끼기 시작했다. 사랑의교회의 새로운 교회당도 완성된 마당에, 독자들의 요청에 그저 가만히 있어서는 안 되겠다는 마음이 옥한흠에게 들었다. 한 지역 교회를 목회하고 있던 목회자의 입장에서, 그들의 요청에 일일이 답하기가 힘들었던 것도 사실이었다. 하지만 그는 기도 끝에 이러한 요구를 주님의 명령으로 알고 순종하기로 결심했다. 그러자 성령이 주시는 영감이 충만해졌고, 이에 프로그램의 목적과 방향을 정하고 전반적인 내용을 준비하기 시작했다. 준비는 불과 두 달 정도밖에 걸리지 않았다. 이제 바야흐로 제자훈련의 파고가 사랑의교회 문턱을 넘어서 한국 교회 전체로 흘러들어 가는 계기가 된 것이다. 이렇게 해서 탄생한 것이 "제자훈련 지도자 세미나", 즉 "CAL(Called to Awaken the Laity)" 세미나였다. 그 세미나는 한국과 세계 교회를 섬기는 신호탄이었다. CAL은 제자훈련을 배우겠다는 실제적인 요구와 함께 하나님이 베풀어 주신 은혜를 나누어 한국 교회 모두가 건강하기를 바라는 마음과 사랑의교회 제자훈련 목회를 공개하려는 소박한 의도로 시작되었다.

CAL 세미나는 주로 "이론, 현장, 실습"을 세 축으로 해서 구성되었다. 이론은 제자훈련이 목회의 필수불가결한 요소라는 사실을 교회론과 제자도를 통해 확인시키고, 동시에 귀납법적 성경 공부와 소그룹 운영을 이론적으로 체계화하는 데 초점이 맞춰져 있다. 현장은 사랑의교회 다락방과 소그룹 자체를 공개해서 보여 주는 일이다. 그리고 실습은 참석자들 스스로 소그룹 리더가 되어 직접 다락방을 인도하는 것이다. 이 세미나는 신학적 기반을 분명히 하면서도, 효과적으로 적용할 수 있는 방법론을 제시하면서 현장 실습을 통해 각 지역 교회에 확산시킬 수 있는 가능성과 기대감을 제공했다. 특히 "목회 철학 분야에서 광인론을 필두로 교회론, 제자도, 제자훈련의 운영과 실제와 같이 제자훈련의 뼈대를 제공하는 강의로 채워져 있다."[2] CAL 세미나를 통해 목회자들을 깨우는 사역은 국내외 사역자들에게 엄청난 영향력을 발휘하는 계기가 되었고, 그 역사적 의미에 대한 평가는 오랫동안 지속될 것이다.

옥한흠에게는 세미나에 참석하는 목회자들이 교회와 목회의 본질을 회복해야겠다는 "절박함"을 갖고 결단하고 나아오면 성경 속에 감추어진 목회의 보화를 분명히 캘 수 있을 것이라는 확신이 있었다. 그는 제자훈련 목회의 항구성에 대해 자신의 견해를 이렇게 피력했다.

> 제자훈련의 내용은 성경에서 찾아낸 내용이지 사람이 만든 프로그램이 아니거든요. 성경을 덮어 버리지 않는다면 우리는 이 길을 가야 하고 예수님의 명령에 복종해야 하는 것입니다. 제자훈련을 하기 위해서는 목회자가 성경에 복종해야 하고 그러면 세대를 초월해서 이 일은 이어질 것이라고 봅니다.[3]

물론 젊은 세대에 적합한 방향으로, 그리고 현대인들이 원하는 성향에 따라 발전적으로 조금 바뀔 수는 있겠지만, 원리는 언제나 동일하다. 그래서 옥한흠은 한국 교회와 여러 나라의 교회들의 평신도들이 모두 예수님의 제자가 되어 교회가 건강해지고 사회도 바뀌는 놀라운 변화가 일어나길 간절히 염원했다. 그는 소천하기 1년 전에 이런 말을 남겼다. "목사가 유명한 교회는 의미가 없어요. 평신도가 유명해져야 해요. 평신도가 사회에 감동을 주고 변화시키는 모습이 돼야 합니다. 한국 교회 평신도가 모두 그런 사람이 되기를 바랍니다."[4] 제자훈련의 핵심은 바로 목회자가 자신을 내려놓고 평신도를 세우고 그들이 유명해지도록 한 알의 밀알이 되는 희생과 헌신이 없이는 열매를 맺을 수 없다는 자기 부인에 놓여 있다. 옥한흠도 평생 "사랑의교회의 담임 목사"였지, "옥한흠 목사가 시무하는 사랑의교회"를 추구한 것이 아니었다. 어떻게 보면 제자훈련 목회를 하는 목사들은 가장 어려운 십자가를 지고 예수 그리스도를 좇아가는 고난의 길인 예수로^路로 걷는 자들이다. 제자훈련은 "하면 할수록 어려운 것"이고, 한 목회자가 평신도들과 함께 철저하게 자기를 부인하고 솔직하고도 은혜롭게 제자훈련을 인도해 나간다는 것은 "정말 어려운 작업"이 아닐 수 없다.[5]

CAL 세미나의 영향과 확산

옥한흠은 CAL 세미나를 시작하면서 광인론을 토대로, 참석한 목회자들을 향하여 목회자 한 사람 한 사람이 모두 "한국 교회의 소망"이며 "세계 교회의 소망"임을 각인시키고, "제자를 만드는 것이 목회의 본질"임을 깨닫게 했다. 이러한 본질을 확인하고 깨달았다면, 제자훈련에 미치지 않으면, 곧 광인이 되지 않으면 제자훈련을 할 수 없다는 사실을 분명히 인식하게 된다. 1980년대 중반까지만 해도 제자훈련이라는 용어와 개념에 별로 익숙하지 않았던 한국 교회의 상황에서, 옥한흠의 『평신도를 깨운다』와 이에 대한 폭발적인 반응을 통해 "제자훈련에 대한 기대가 상당히 한국 교회 내면에 깔려 있다"는 사실을 확인할 수 있다. 그리고 제자훈련 세미나가 사반세기가 넘도록 한국 교회뿐만 아니라 세계 여러 나라의 목회자들로부터 호평을 듣는 것은 유례를 찾아보기 힘들다. 이제는 제자훈련이 하나의 유행어와 목회의 상식으로 자리매김했다.

제자훈련 목회에 미치려면 미칠 수 있는 근거가 있어야 하고, 또 그것을 발견해야 가능하다. 교회를 살리는 길은 제자훈련 목회밖에 없다는 확실한 인식을 해야 제자훈련에 미칠 수 있다. "미친다는 것은 다른 출구가 없는 사람처럼 적극성, 긴박성과 열정을 가지고 제자훈련을 시작해야 한다."[6] 제자훈련에 대한 분명한 신학적 근거와 성경적 바탕이 있고, 그 가치에 대한 신념과 확신이 있어야 거기에 생명을 걸 수 있는 광인적 기질이 나오게 된다. 이런 상태에 이르러야 가슴에 붙은 불을 아무도 끌 수 없는 미친 사람이 된다. 가슴에 불이 붙은 사람은 말을 하지 않고는 견딜 수 없다. 그래서 "나의 마음이 불붙는 것 같아서 골수에 사무치니 답답하여 견딜 수 없나이다"(렘 20:9)라고 강력하게 외쳤던 예레미야 선지자처럼 입을 열 수밖에 없다. 이것이 미친 사람의 증세다. 목회의 본질을 확신하면 가슴에 불꽃이 튀게 되고, 가슴에 불이 붙은 뜨거운 열정을 가진 사람에게는 비전이 생기게 되어 있다. "절대 양보할 수 없는 근거가 있고, 가슴이 뜨거워지고, 비전이 환히 보입니다. 이런 사람을 두고 저는 미친 사람이라고 말합니다. 제자훈련은 이와 같이 이상한, 자기 나름대로의 내적 혁명을 거치지 못하면 성공할 확률이 낮습니다."[7]

CAL 세미나의 모든 계획이 놀랍게도 술술 풀려 나갔지만, 모든 강의 내용이 옥한흠의 독창적인 아이디어였기에 세미나 강의 전부를 혼자서 해냈고, 이에 따른 체력 부담은 엄청났다. 처음 4년 동안은 한 주 내내 혼자 해야 하는 강행군이었기에 "만만치 않은 노역勞役"이었다.[8] 제자훈련을 향한 열정으로 몸도 돌보지 못한 채 삶과 사역을 불태워 나갔다.

CAL 세미나의 특징은 강의마다 연결고리가 있다는 것이다. 어느 누구도 큰 흐름에서 벗어나는 이야기를 하지 않고 마치 퍼즐 조각처럼 강의마다 제 역할을 할 수 있는 것은 강의의 뼈대를 옥한흠이 잡아 놓았기 때문이다. 후배 사역자들이 그 뼈대를 바탕으로 자신의 경험을 덧붙여 강의를 진행하기 때문에 전체 세미나는 일관성을 유지할 수 있었다.[9]

또한 이 세미나를 이끌어 나가기 위해서 옥한흠에게 엄청난 희생이 요구되었다. 그런데도 가능했던 것은 한국 교회와 세계 교회를 겸허히 섬기려는 사랑의교회 모든 성도의 수고와 땀 때문이었다. 목회 현장을 공개하는 일은 목회자 옥한흠 혼자만의 일이 아니었다. 제자훈련의 핵심이라고 할 수 있는 다락방을 공개하는 데는 순장들의 동의와 협력이 필요했다. 이러한 희생을 누구보다도 잘 알았던 옥한흠은 그 의미를 이렇게 언급했다.

온 교회가 다 동원되는 이런 행사를 자주하는 것은 교회로서 대단한 출혈이며, 영적으로 쉽게 메말라질 수 있기 때문이다. 그렇지만 우리가 형제 교회들을 위해 작은 봉사나마 하는 것은 상당히 의미 있는 일이다. 교파의 벽을 넘어서, 지역이나 국경의 벽을 넘어서 하나님나라를 위해 쓰임 받는 것을 생각하면 참으로 감사할 뿐이다. 피를 말리는 일이지만 희생 없이는 할 수 없는 일이기 때문에 의미가 더 크다고 생각한다.[10]

특별히 "CAL 세미나의 하이라이트"라고 할 수 있는 "다락방"을 인도하는 순장들이야말로 참석한 목회자들에게 실질적인 의미와 재미를 제공한 주인공들이었다. 그래서 옥한흠도 세미나가 끝나는 다음 주 화요일 아침에 모이는 순장반에서 다음과 같이 격려했다.

> CAL 세미나의 주강사는 바로 여러분입니다. 여러분의 수고와 헌신으로 한국 교회의 지도자들이 도전받고 각자가 섬기는 교회로 돌아갔습니다. CAL 세미나에 참석한 목회자 한 분이 변화되면 한 교회가 변화됩니다. 한 교회가 변화되면 도시가 바뀝니다. 이 귀한 사역에 헌신하고 수고를 아끼지 아니한 여러분께 감사를 드립니다.[11]

평신도를 깨우는 제자훈련에 전심전력으로 집중해 왔던 옥한흠의 마음에는 목회자들을 깨우는 제자훈련 지도자 세미나의 주강사는 자신이 아닌, 평신도 지도자들인 "순장들"이었다고 생각했다. 김명호가 언급한 대로 "이런 측면에서 사랑의교회는 목사 혼자 목회한 교회가 아니다. 수천 명의 목사들이 함께 목회하는 교회"라는 표현은 아주 적절하다.[12]

이 세미나를 1986년부터 매년 4-5회씩 열면서 점증하는 지원자들을 엄격히 한정해서 받아야 된다는 점과, 다양한 요구에 따른 다양한 형태의 현장이 필요하다는 것 등 여러 어려운 문제가 발생했다. 사랑의교회에 적용하고 결실이 있는 제자훈련 목회 모델이 보편적으로 시행할 수 있는 것은 아니었다. 특히 농촌 교회나 교포 교회와 같은 특수한 상황에서 시무하는 목회자들의 입장에서 보면, 더욱 그러했다. 이러한 문제들 때문에 세미나를 개최할 수 있는 현장들을 확장하기에 이르렀다. 기성 교회에 성공적으로 제자훈련을 접목시킨 부산 호산나교회, 교포 교회로는 남가주사랑의교회, 그리고 농어촌 모델로는 태안염광교회가 제자훈련 목회의 비전을 공유하며 그 현장을 공개하고 있다. 아직도 그 열기는 식지 않고 계속되고 있다.[13]

　CAL 세미나는 옥한흠 목사가 속한 예장합동은 물론이고 교파와 교단을 초월하여 수많은 목회자가 참여하는 제자훈련 목회의 광장廣場으로 확대되어 나갔다. 기장 측의 이중표 목사도 자신이 목회하는 한신교회의 교역자들을 전부 제자훈련 세미나에 참석하여 배우도록 했고, 침례교단의 이동원 목사도 미국 버지니아 주 워싱턴침례교회에서 목회할 때 옥한흠에게 영향을 받아 "앞으로 목회할 교회는 철저하게 제자훈련하는 교회라야 하겠다는 생각"을 하기도 했다. 이 목사 자신은 선교 단체에서 이미 제자훈련을 경험하기는 했지만, 사랑의교회 제자훈련에 대해서는 이렇게 언급한다. "교회 안에 적용하는 데 어려움을 느꼈던 내게 옥 목사님의 사역은 좋은 모델이 되어 주었다. 이미 성도교회 대학부 사역을 통해 그 가능성을 보았고 사랑의교회라는 열매를 통해 어느 특정한 부서가 아니라 교회 전체가 제자훈련을 기초로 세워지는 것을 보면서 '나도 할 수 있겠다'는 확신을 가졌다." 이러한 사실을 통해서 우리는 제자훈련 목회의 폭이 국내의 여러 교단 교회들뿐만 아니라, 이민 교회와 해외 교회들에서도 적용될 수 있는 모델로 인식되었다는 것을 확인할 수 있다.

　이처럼 CAL 세미나의 열기가 오랫동안 식지 않는 데는 여러 가지 이유가 있다. 먼저 제자훈련을 통해서 교회의 체질이 건강해지고, 부흥하는 현장들이 여기저기에서 생겨나고, 이웃 교회에 큰 도전을 주기 때문일 것이다. 또한 제자훈련이 제대로 자리 잡은 교회에서는 담임 목사 혼자서 훈련을 감당할 수 없기 때문에 부교역자들과 함께 팀 사역Team Ministry을 할 수밖에 없다. 이런 이유로 이제는 참석자들의 거의 절반을 부교역자들이 차지하고 있으며, 한국 교회 목회에 협동할 수 있는 좋은 팀 사역의 전통이 강화되고 저변이 확대되고 있다.

제자훈련은 평신도뿐만 아니라 목회자들도 해야만 하는 과제다. 제자도나 제자훈련은 우리의 삶과 사역을 그리스도께 전적으로 위탁하게 하는 영적 해산의 진통이기 때문이다. 제자훈련이란 "모든 것을 포기하고 예수님만 따르게 하는 제자도에 동의하고 순종하게 하는 해산의 수고다. 비록 만족스럽게 되지 않는다 할지라도 주님을 따라가는 데 필요한 대가를 치르기 위해 최선을 다하는 사람으로 빚어 놓는 작업이다."[14] 성령의 역사하심을 통해 우리의 주권을 그리스도께 위탁함으로써 예수 그리스도의 주 되심Lordship이 우리의 삶 전반을 주장하게 만드는 것이 제자훈련이라고 할 수 있다면, 평신도를 예수님의 제자로 훈련하는 것은 그가 예수님을 자신의 모든 생활 영역에서 고백하고 증언하는 증인이 되게 하는 것을 의미한다. 제자훈련이 건강한지 그렇지 않은지를 진단하는 방법 중 하나는 훈련을 받은 자들이 예수 그리스도를 전하고 싶어 견딜 수 없는 열정이 있는지를 판단하는 것이다. 건강한 제자훈련은 성령이 주시는 내적 충동을 억제하기 어려운 증인들을 만들어 낸다.[15] 이런 의미에서 제자훈련은 선교와 전도 지향적일 수밖에 없고, 당연히 그래야 한다.

그럼에도 불구하고 제자훈련과 사역훈련은 전도를 가르치는 데 결정적 약점을 지니고 있다는 것을 옥한흠도 일찍부터 간과하고 있었다. 평신도에게 아무리 복음을 전할 소명을 받은 제자이며 지상 교회가 존재할 이유가 세상을 구원하기 위해서라는 사실을 강도 높게 가르쳐도, 실제로 전도할 수 있는 기회와 현장을 제공하지 못하여 "자칫하면 탁상공론에 그칠 위험"이 대단히 많았다. 예수님은 친히 제자들을 데리고 다니면서 어떻게 복음을 전해야 할지에 대해 몸소 모범을 보이시고, 제자들에게 전도와 선교에 앞장설 수 있는 기회와 능력을 주셨다. 그런데 옥한흠이 고백했듯이 "사랑의교회 담임 목사는 예수님의 패턴을 모방할 여력을 갖지 못했다. 목사가 거리로 나가지 않는 전도훈련은 사실 의미가 없는 것이다. 이런 약점을 해결하기 위해 도입한 것이 전도폭발 프로그램이었다."[16]

제임스 케네디James Kennedy 목사에 의해 개발되고 널리 확산된 전도폭발운동은 옥한흠 목사뿐만 아니라, 김영순 사모도 수개월간 전도훈련을 받고 영혼 구원에 열정적으로 나서게 한 프로그램이다. 사랑의교회가 개척된 지 얼마 지나지 않아 제자훈련뿐만 아니라 전도폭발 프로그램을 도입했고, 한 영혼을 뜨겁게 사랑하는 구령의 열정으로 목사 부부도 적극적으로 전도에 동참한 것은 영적인 원동력을 활화活火시키는 데 지대한 영향을 미쳤다.[17]

마태복음 28장에 기록되어 있는 "가서 제자 삼으라!"는 우리 주님의 전도 대사명은 선교적 과제와 제자훈련의 당위성을 염두에 둔 지상명령이었다. 전도와 선교적 차원이 강조되어야 제자훈련의 역동성이 유지된다. 그리고 그리스도 안에서 새로운 생명을 낳아 가는 과정이 제자훈련의 중요한 출발점이 되어야 한다. 긍정적 징후는 사랑의교회 제자훈련 프로그램 속에 이러한 특성을 이어 가기 위한 노력이 계속되고 있다는 점이다.

일 년 내내 새생명탄생 축제가 끊어지지 않는 이유는 바로 이 훈련을 받은 평신도 지도자들이 복음을 전하려는 열정을 가지고 뛰고 있기 때문이다. 그들 가운데는 국경을 넘어 여러 나라를 다니며 복음의 폭탄을 터뜨리는 자들도 있다. 이 프로그램은 사람의 입을 열어 주는 강력한 힘을 가지고 있다. 앞으로도 이 훈련을 통해 많은 영혼들이 하나님의 품으로 돌아올 것이다. 그 수는 분명 엄청날 것이다.[18]

그런 면에서, 마가의 다락방에 모여 한마음으로 기도하며 성령의 강림을 통해 세상이 감당할 수 없는 선교 공동체로 거듭나 그리스도의 구속 사역을 전개해 나갔듯이, 사랑의교회 다락방 모임은 기도와 제자훈련, 그리고 전도와 선교의 산실産室이 되어야 할 것이다.

제자훈련, 전도, 문화명령, 그리고 사회적 책임

옥한흠의 제자훈련의 핵심이 예수 그리스도의 전도 대사명에 근거하고 있음은 너무도 자명하다. "하나님의 은혜와 사랑을 맛본 성도라면 전도라는 것은 예외 없이 자연스러운 현상"으로 드러날 수밖에 없다는 것이 옥한흠의 철저한 전도의 동기요 열정의 기반이다. 구원의 감격이 있는 자들에게는 공통적으로 "예수님의 연민의 정"을 품을 수밖에 없다. 그래서 구원받은 감격이 용솟음치는 성도의 마음속에는 전도를 향해 진실로 우러나오는 충동과 열망이 가득 찰 수밖에 없다. 구원받은 하나님의 자녀라면, 그리고 그리스도의 진정한 제자라면 누구나 느끼는 "본능적 충동"이 바로 전도다. 그렇기 때문에 전도는 은사로 국한시켜서는 안 되며, "하나님 앞에서 부름 받은 모든 신자가 그리스도의 증인으로서 한 사람도 예외 없이 기쁜 마음으로 동참해야 될 가장 자연스러운 일"인 것이다.[19]

오순절에 임한 성령 강림으로 교회는 "복음 선포를 중심으로 하는 선지자적 교회"로 변화되었다. 교회는 그리스도의 구속사적 성취를 말하고 전하면서 그리스도의 재림을 준비하는 사명을 갖고 있다.[20] 이런 이유 때문에, 예수 그리스도께서 부활하시고 승천하시기 전에 마태복음 28장 18절의 전도 대사명과 사도행전 1장 8절의 증인된 사명을 성령의 능력으로 감당할 것을 명령하신 것이다. 옥한흠의 제자훈련 목회는 전도 대사명과 문화명령을 수행할 그리스도인의 직무와 밀접한 연관을 맺고 있다. 제자훈련 목회에 미쳤던 옥한흠이었지만, 그는 그 누구보다도 전도의 열정을 소유했고 전도의 사명을 강조했던 목회자였다. 1982년 7월 1-3일에 "현대와 크리스챤의 사명"이라는 주제로 남서울교회에서 개최되었던 강남 지역 연합 신앙 강좌에서 그는 전도의 가치와 중요성을 이렇게 역설했다.

전도는 내 신앙을 바로 자라게 하는 가장 좋은 왕도다. 전도는 나의 인격을 가다듬는 가장 좋은 선생이다. 내가 구원받았다는 것을 가장 확실하게 증명해 주는 내면의 소리를 듣고 싶으면 전도하는 사람이 돼라. 하나님나라의 기쁨이 얼마나 큰가를 한 번 맛보고 싶으면 비록 그것이 천국의 기쁨에 비하면 폭포에서 흩날리는 한 방울의 물처럼 지극히 적은 것이지만, 그것이 얼마나 놀라운 것인가를 체험하고 싶으면 전도를 하라. 잃어버린 영혼을 팔에 끼고 예배 시간에 한 번 나와 보면 얼마나 그 기쁨이 달고 깊은 맛을 주는 것인지 우리가 알 수 있다. 빈혈에 걸려서 비틀거리는 교회를 살리고 싶은가? 전도는 수혈이다. 그 교회는 전도하면 살아난다. 이것은 교회 역사가 증명한다.… 신약의 교회는 증거하는 것이 가장 중요한 것이라고 했다. 마찬가지로 신약의 성도는 신자적인 역할을 감당하는 것이 가장 중요한 역할 중 하나다. 우리 나가서 기쁜 마음으로 전도하자. 뜨거운 마음으로 전도하자.[21]

현재 우리가 처한 이 시대는 어느 때보다도 전도하기 어려운 위기 상황에 놓여 있다. 우리는 반反기독교적인 여러 문화적 압력 속에서 살아가고 있으며, 과거보다 더욱 엄청난 영적 전쟁의 한복판에 놓여 있다. 그러나 제자훈련을 통해 영적 건강을 회복하고, 전도폭발 훈련으로 무장한 사랑의교회 성도들 중에는 예수 그리스도를 전하는 증인이 되고 싶어서 안달인 사람들이 적지 않았다. 최홍준은 제자훈련과 전도와의 관계를 이렇게 표현했다. "제자훈련의 나이테는 진정 예수 그리스도의 제자로 훈련된 한 사람, 한 사람의 삶입니다. 잘 훈련된 제자들의 삶을 보면, 그 안에는 영락없이 '잃어버린 영혼을 향한 안타까움'이 있고, 전도자의 삶이 있습니다."[22]

한 영혼에 대한 뜨거운 사랑과 전도에 대한 열정을 품고 불신자들에게 다가서서 다양한 직업과 자신만의 재능을 통해서 지금도 복음을 전하는 수많은 성도들이 있는 한 사랑의교회의 영적 건강은 지속될 것이다. 제자훈련으로 고양된 영적 에너지는 교회 안의 일꾼으로서만 활용되는 것이 아니라, 세상으로 나가 불쌍한 영혼들을 예수 그리스도께로 인도해 오는 데도 활용되어야 한다. 세상을 변혁시키는 복음의 역군이 많으면 많을수록 우리 사회는 더욱 밝아질 것이다. 한 사람의 철학으로 제자훈련에 올인하여 얻어 낸 결과가 한 영혼을 구원하는 열정으로 이어지는 것은 당연한 귀결이다. 그런데 그 전도의 열매는 교회 안의 신자가 되는 길일 뿐만 아니라, 세상 속의 제자가 되기 위한 길이기도 해야 한다.

옥한흠은 사랑의교회 목회를 하면서 제자훈련의 분명한 지향점을 설정하고 최선을 다해 왔다. 그는 다음과 같이 언급했다. "개척 초창기부터 1995년까지 15년 동안 평신도를 훈련해 온 목적은 하나였습니다. 말씀을 갖고 다른 사람들을 세워 주는 일, 나아가 다락방을 통해 지역 사회의 영혼을 구원하는 일이었습니다." 사람을 세우는 일에 역점을 두다 보니 제자훈련의 초점은 자연스럽게 다락방 순장을 세우는 일에 집중되었고, 1995년 이후에는 사역의 장이 다양하게 열리면서 장애인 사역, 보육원 사역, 청소년 사역 등으로 넓혀졌다. 이런 와중에서도 옥한흠은 순장을 세우는 것을 비롯한 사람을 키우는 일에 우선순위를 두는 목회 철학의 근본적인 특성을 약화시키지 않았다.[23]

우리에게 위임된 전도 사명은 창세기 1장 28절에 기록된 인류를 향하신 하나님의 문화명령과 밀접하게 연관되었다. 성도들은 사랑의교회에서 제자훈련을 받고 사역에 임하면서, 교회 안에서 제자로 살아갈 뿐만 아니라 세상에서 참 제자로 살기를 원하는 거룩한 열망들이 나타났다. 특히 교회 건축이 마무리된 후 교회가 성장하는 중에 대부분의 사역은 교회 내에 국한되고 구제를 비롯한 사회적 관심이 약했다. 옥한흠은 이 점에 늘 무거운 부담감을 느꼈다. 그래서 순장들이 자발적으로 역삼동에 소재한 결핵요양원에 나가 봉사하고 후원하는 일에 앞장서는 일도 있었다. 담임 목사에게 제자훈련의 약점을 직접 언급하면 처음에는 반박하거나 부정적인 입장을 취하다가도, 생각이 바뀌면 그러한 제의를 받아들였고, 때로는 사과하기도 했다.[24] 이러한 과정을 거치면서 사랑의교회 제자훈련 사역의 범주는 점점 넓게 확장되었다. 제자도의 삶은 단지 교회 안에만 맴돌 것이 아니라, 세상으로 뻗어 나가야 했다.

예수 그리스도께서 승천하시기 전에 제자들과 모든 성도에게 위임하신 전도의 대사명은 이미 창세기 1장에 주신 문화명령과 연관시켜 이해하고 수행할 책임이 있다. 다시 말하면 가서 모든 족속으로 제자 삼는 일 속에는 복음 전도와 제자훈련뿐만 아니라, 그들이 사는 사회와 시대 속에서 "빛과 소금"의 역할을 하며, "창조 세계를 돌보는 일"까지 포함해야 한다.[25] 성경은 분명하게 우리가 살아가고 있는 이 땅이 "여호와의 것"이며(시 24:1), "땅은 사람에게 주어졌다"(시 115:16)고 언급한다. 하나님께서 이 땅을 창조하셨고, 인간에게 위임하셨기 때문에 우리는 "자연을 신격화"하는 일도 피해야 하고, "자연을 착취"하는 일도 피해야 한다. 하나님은 인간에게 땅을 "다스리고", "정복하라"고 명령하셨다(창 1:26-28). 이러한 문화명령은 자연에 대한 파괴적인 지배를 의미하는 것이 아니라, "책임 있는 청지기"가 되라는 뜻이다. 그러므로 이러한 인식은 인간과 자연의 올바른 관계가 "하나님과 동역하는 것"에 있다는 사실을 깨닫게 된다. 창조주 하나님께서 피조물인 인간에게 하신 땅을 정복하라는 말씀은 하나님의 선한 뜻을 위하여 "그것을 경작하고 지키라"는 말씀과 동일하다(창 2:15). 그래서 청지기적 자세가 요구된다.[26]

사랑의교회 성도들은 제자를 만들고 성도를 온전케 하라는 말씀은 2천 년 전이나 지금이나 변함없는 주님의 명령이며, "예수님처럼 되고 예수님처럼 살기 위해 애쓰는 과정"이라고 철저하게 인식했다. 그래서 제자 삼는 사역을 통해 주님의 모든 백성이 주님의 손과 발이 되어 세상을 치유하며 주님을 섬기는 부흥의 역사가 온 세상에 가득하게 될 것을 확신하면서 제자훈련 사역에 동참해 왔다. 그렇기 때문에 제자훈련에는 하나님의 말씀을 철저하게 깨닫고 더불어 삶으로 살아내고자 하는 열정이 꿈틀거렸다. 훈련받은 성도들은 "무엇보다도 그 주에 배운 내용은 다음 한 주 동안 제 삶의 안경이 되어 모든 일을 배운 내용에 비추어 볼 수 있게 했습니다"라고 고백했다.[27] 결국 제자훈련의 장場은 삶의 주권을 예수 그리스도께 이양하고 주님을 따르며 닮아 가는 과정이다. 이러한 훈련을 받은 성도들은 한결같이 다음과 같은 고백을 입에 달고 진정한 헌신자의 모습으로 변화되어 갔다. 그중의 한 사람인 정천성은 이렇게 고백했다. "나의 모든 삶의 영역에서 내가 주인이 되어 주장하거나 또 나 자신이 단 위에 설 것이 아니라 주님 앞에 모든 것을 드리고 주님께서 기뻐하시는 도구로 쓰임 받기를 바라야 하며 그 길이 가장 성공하는 길임을 느꼈다."[28]

온 족속으로 제자 삼는 전도의 대사명 속에는 영혼 구원뿐 아니라, 문화명령을 온전하게 이루라는 사명도 포함되어야 한다. 성자 하나님은 창조 사역에 참여하셨다. 그래서 예수 그리스도를 닮아 가는 제자도의 영역과 차원에는 창조 세계를 돌보고 이 사회를 변혁시켜 나감으로써 이 세상을 향하신 하나님의 거룩한 문화명령을 수행할 의무가 있음도 강조되어야 한다. 하나님을 사랑하고 예수 그리스도의 제자라고 하면서, 하나님의 소유인 이 땅과 세상에 대해 청지기적 자세를 견지하지 못한다면, 그가 진정한 제자인지 의심할 수밖에 없다. 인간뿐만 아니라, 하나님께서 창조하신 세계를 돌보고, 이 세상 속에 하나님의 뜻이 편만해지도록 변혁시켜 나가는 일에 적극적으로 나서야 한다.

옥한흠은 1970-80년대의 시대적 상황 속에서 복음에 충실했고 한 사람의 변화가 사회와 구조악을 극복하는 일이라고 확신했다. 그런데 나중에는 생각이 바뀌어 사회는 사회대로 목소리를 내는 것이 필요하다고 인식하고, 적극적으로 사회에 참여했다. 그 당시 옥한흠은 기독교회의 사회적 책임에 대한 이해와 강조가 고조되어 다양한 단체를 통해 사회 문제에 성명서를 발표하거나 다양한 책임 있는 사역을 통해 사회 변혁을 시도했다. 교회가 사회 변혁을 시도하는 데 물론 한계는 분명히 존재한다. 하지만 최선을 다하여 복음 전도의 사명을 감당하면서도, 사회적 책임에 대한 인식을 행동으로 표현해야 함은 분명하다.[29] 옥한흠의 설교와 사상에는 개인적 변화가 이루어지면 자연스럽게 사회적 변혁이 수반된다는 생각이 우세했다.[30] 그러나 시간이 흐르면서, 개인적 차원의 전도 및 제자훈련과 사회적 차원의 개혁이 분리되어서는 안 되지만, 각각 강조되어야 할 필요가 있음을 절감했다.[31]

제자훈련 목회와 대각성 전도집회

제자훈련 목회를 통해 옥한흠은 포괄적으로 균형 잡힌 사역을 전개해 갔다. 어린이 사역, 청소년 사역, 대對 사회를 위한 복지 사역까지 확장했다. 부족했던 전도 사역에도 엄청난 노력을 기울였다. 예배당 입당 전에는 1년에 두 차례, 그 이후에는 한 차례에 걸친 대각성大覺醒 전도 집회를 실시했다. 한 번 열 때마다 보통 4-5개월 전부터 철저히 준비하기 때문에, 대각성 전도집회가 끝나면 보통 1,000명이 넘는 새로운 신자들이 교회에 나왔다. 대각성 전도집회는 주일 저녁에 시작하여 수요일 저녁까지 모두 일곱 번 열렸다. 모든 예배는 마치 한 편의 공연처럼 완벽하게 진행되었다. 집회 기간에 점점 열기가 뜨거워 수요일 저녁쯤이면 빈자리가 없을 정도였다. 일반 교회에서 하루 만에 끝내는 총동원 주일과는 많은 차이가 있었다.

사랑의교회를 개척한 지 만 4년이 되는 1982년에 접어들면서 절실하게 고민했던 문제 중 하나가 "하나님의 사랑을 우리 이웃에게 어떻게 전달하느냐"라는 것이었다. 사랑의교회가 하나님의 사랑이 이웃에게 흘러갈 수 있는 통로가 되기 위해 그들은 건설적인 고민을 했다. 그래서 탄생한 것이 "사랑의 생활화 세미나"였다. 그 세미나는 주일 저녁 예배 시간을 이용하여 8주간 진행되는 영적 각성 세미나다. 옥한흠은 "하나님은 영적 각성을 원하신다", "영적 각성의 요소", "웨슬리의 각성 운동", "모라비안의 대각성 운동", "미국의 대각성 운동", "한국의 대각성 운동" 등의 주제를 갖고 영적 각성 운동이 일어나야 하는 당위성을 강하게 주지시켰다. 옥한흠은 이렇게 교회사적 지식과 통찰력을 통해서 영적인 잠에서 깨어나야 하는 절박성을 선포하면서, 동시에 다락방을 중심으로 전 교인이 이웃에게 하나님의 사랑과 말씀을 전달할 수 있는 구체적인 방법들을 양육시키면서 "대각성 전도집회"를 전개했다.[32]

이렇게 해서 1982년 10월, 제1회 사랑의 생활화 세미나가 개최되었다. 이것은 총동원 전도집회나 일일부흥회가 유행이었던 당시 한국교회의 모습과는 사뭇 다른 집회였다. 물론 1980년과 1981년 9월에 "부흥회"를 열었다. 그런데 옥한흠 목사의 설교에 익숙한 성도들은 전형적인 부흥사들의 설교에 냉담한 반응을 보였다. 그러한 이유로 옥한흠은 부흥회 대신에 외국의 모범적인 전도폭발 프로그램을 연구하고 임상 훈련해서 "사랑의 생활화 세미나"를 열었고, 이 세미나는 나중에 "대각성 전도집회"로 이름이 바뀌어 진행되었다. 부활절 전부터 태신자를 품고 기도하여 전도집회 당일 기존 신자에게는 대각성을, 태신자들에게는 복음을 전하고자 했다. 대각성 전도집회는 2010년까지 총 28회를 거치면서 옥한흠만의 독특한 전도 시스템으로 구축되었고, 제자훈련하는 교회에 전도가 약하다는 인식을 불식시켰다.[33]

어떻게 보면, 대각성 전도집회는 기존의 전통적인 부흥회나 전도방법을 일신한 집회다. 그 후 제자훈련하는 교회에서 "여느 부흥집회나 총동원 주일 식의 행사가 아닌 실제적인 영적 대각성과 전도의 장으로 자리매김이 되었다." 전도집회는 제자훈련을 받은 성도들이 자신의 신앙적 정체성을 간직만 할 것이 아니라, 이웃과 세상을 향하여 역동적으로 표현할 수 있는 사역의 장을 넓혀 준 데 중요한 의미가 있다. "한 가지 축복된 사실은 이렇게 대각성 전도집회를 할 때 교회가 수혈을 받는다는 것이다. 교회가 영적으로 잔치 분위기가 된다. 이렇게 풍성한 영적 체험을 해마다 하게 되므로 대각성 전도집회를 우선순위에 두고 준비"하게 되었다. 매년 대각성 전도집회를 위해 최소한 5개월 전부터 준비 과정에 착수하여 기도로 무장시키고 전도 대상자를 선정하며 다락방에서도 반복적으로 전도를 강조한다. 물론 구체적인 전도 방법에 대해서 교육은 병행한다. 3주 정도 남았을 때부터 옥한흠 목사는 강단에서 대각성 전도를 주제로 말씀을 선포하고, 개최 2주 전부터는 "24시간 연속체인 기도회"가 시작된다. 또한 집회 때마다 간증자들을 잘 선정하여 예수를 믿고자 하는 자들에게 그들의 입장에서 복음을 받아들였던 상황과 처지를 이해하게 함으로써 복음에 조금 더 다가올 수 있는 영적 채널의 역할을 하게 했다. 이렇게 사랑의교회가 제자훈련 사역뿐만 아니라 대각성 전도집회에 우선순위를 두게 된 것은 "아무리 제자훈련을 받고 열심이 있어도 교회가 비대해지면 분위기가 착 가라앉아 안주하는 근성"이 생기기 때문에 이를 제거하려는 데 있었다.[34] 그런 면에서 대각성 전도집회는 사랑의교회가 제자훈련의 목적과 방향인 "복음 전파에 대한 열정"을 회복하고 강화시키기 위한 교회 전체의 "깨움"의 과정이라고 할 수 있다.

당시 "대각성 전도집회"라는 용어는 한국 교회에는 다소 생소할 수도 있었지만, 영적 대각성의 역사와 신학을 이해하는 이들에게 그 집회는 너무도 성경적이고 역사적인 실례가 분명한 명칭이 아닐 수 없었다. 역사상 영적 각성이 없이는 전도와 선교의 열정이 일어나지 않으며, 하나님의 진리의 말씀으로 각성된 성도들은 영혼을 구하기 위해 복음 전파에 나설 수밖에 없다는 것이 교회사적인 교훈이다.

옥한흠은 어느 한국 목회자들보다 훨씬 빠른 시기에 조나단 에드워즈에 대해 지대한 관심을 갖고 18세기 미국의 제1차 영적 대각성 운동에 대한 역사적 이해와 "진노하신 하나님의 손 안에 든 죄인들"을 비롯한 각성 설교들을 통해서 하나님께서 어떻게 역사하셨는지를 잘 인식하고 있었다. 그는 그 당시의 시대적 배경에서, 하나님의 주권적 은혜와 역사하심으로 시작되었던 대각성 운동의 특성에 주목했다. 그래서 옥한흠은 당시 한국 교회에 유행하던 "부흥회"라는 명칭 대신 "대각성 전도집회"를 선호했다. 그 배후에는 성령의 역사하심을 인위적으로 조작하려는 집회 분위기와 차별화하려는 강한 의도가 있었다. 당시 부흥회가 감정적이고 인위적인 분위기로 성도들을 몰아가 마치 은혜받은 것 같은 착각과 환상을 심어 주기도 했는데, 이러한 건전하지 못한 영적 부작용을 미연에 방지하려는 마음에서였다. 그는 감정을 고조시키려고 찬송가를 빨리 그리고 고함을 치듯 부르는 것에 대해 상당한 거부감을 갖고 있었다. "은혜를 받고 부르는 찬송은 미친 듯이 불러도 정상적이지만, 은혜받기 전에 미친 듯이 부르는 찬송은 인위적인 것이다."[35] 찬송에 대한 옥한흠의 이러한 신학적 바른 판단은 미국 기독교의 부흥 신학을 대조적으로 보여 준 조나단 에드워즈와 찰스 피니의 차이를 반영해 주고 있다.

　조나단 에드워즈가 주장했듯이 옥한흠은 사랑의교회를 비롯한 한국 교회가 "진정한 성령의 역사"란 "감정적인 체험이 아니라 성령의 은혜 아래 하나님의 실재를 깊이 인식하는 것이요, 마음의 청결함을 받아 온유한 자로서 선한 생활의 열매를 맺는 것"임을 깨닫기를 간절히 희구했다. 또한 그는 에드워즈가 성령의 사역의 표지들로 언급한 성령의 다섯 가지 역사적 증표를 제시했다. "첫째, 예수 그리스도를 찬양한다. 둘째, 어두움의 권세를 공격한다. 셋째, 성경을 높이다. 넷째, 건전한 교리를 함양하고 증진시킨다. 곧 교리적으로 더 건전해진다는 말이다. 다섯째, 하나님과 사람을 향한 사랑이 넘치게 된다"는 것 등을 강조하면서, "타락한 인간의 본성에는 육신적인 광신을 용납할 수 있는 비옥한 밭"이 있다는 에드워즈의 예리한 지적을 잊어서는 안 된다고 역설했다.[36]

1982년부터 매년 실시되고 있는 대각성 집회는 사랑의교회의 고유하고도 독특한 영적 각성과 전도 프로그램으로서, "성도들의 영적 대각성"과 "잃어버린 영혼 구원"을 목적으로 한다. 이 집회는 한국 교회가 전통적으로 시행해 오던 심령 부흥회와 총동원 주일의 장점을 살리면서도 단점을 최대한 보완하는 실제적인 목적도 있었겠지만,[37] 역사적으로 일어났던 진정한 영적 대각성 운동이 사랑의교회뿐만 아니라 한국 교회에 일어나기를 간절히 바라는 마음에서 시작되었다. "대각성 운동"을 역사적으로 고찰하고 신학적으로 탐구한 결과, 각성된 신앙은 전도와 선교의 열정으로 표출될 수밖에 없음을 간파한 옥한흠은 이 정신을 아주 적절하게 사랑의교회와 한국 교회에 도입하고자 했다.[38]

대각성 전도집회가 전도에 초점을 맞춘 것은 사실이지만, 본질 면에서 본다면 단순히 교회 성장을 위한 방편이 아닌, 전 교인이 복음을 선명하게 이해하고 영적으로 깨어나도록 하는 영적 각성에 더욱 초점이 맞춰져 있다.[39] 전도를 강조하고 영적으로 각성되는 근본적인 초점은 하나님나라를 구하고 찾는 구체적인 성도의 삶이 이 땅에서 구현되게 하기 위함이었다. 사랑의교회는 제자훈련을 지속적으로 시행하는 교회에 대각성 전도집회가 가미되면서 배움과 열정을 균형 있게 배양하여 지역 사회의 영혼들을 구원할 뿐만 아니라, 한국 교회의 새로운 행보行步를 제시하는 귀한 역할을 감당했다.

대각성 전도집회에서 선포된 옥한흠 목사의 설교가 『문 밖에서 기다리시는 하나님』, 『전도프리칭』 등의 설교집으로 출판되었다. 이 전도 설교는 불신자들에게는 그들의 영혼을 깨워 예수 그리스도께 나아오게 하는 중요한 하나님의 은혜의 수단이 되었고, 성도들에게는 자신들의 영혼을 다시 한번 갱신하여 그리스도의 참 제자로 거듭나게 하는 계기가 되었다. 대각성 전도집회를 진행하는 동안 훈련받은 성도들은 스스로 다른 한 영혼을 영적으로 깨우고 그리스도께로 인도하며 양육하는 성숙한 평신도 지도자가 되었다. 성경적인 영적 대각성 운동이라면 이렇게 전도, 훈련, 그리고 양육이 서로 연결되면서 균형 잡힌 제자훈련 목회 현장으로 변해 갈 것이다. 그런 면에서 사랑의교회에서 행한 대각성 전도집회는 한국 교회 역사에 기존의 전도 방식을 새롭게 쇄신하고 영적 균형성과 역동성을 제공한 의미 있는 공헌이라고 평가할 수 있다.

옥한흠도 인식했지만, 제자훈련과 사역훈련은 전도를 가르치는 데 약점을 가지고 있었다.[40] 제자훈련을 강조하면서 전도도 중요시한 것은 옥한흠 목사의 신학적 안목과 균형을 유지할 수 있는 감각에서 비롯되었다. 많은 사람이 개혁 신학적 견해를 받아들이면서, "그것에 기초하여 복음 전도적 설교를 할 줄 아는 경우"가 많지 않음을 직시할 때,[41] 옥한흠의 제자훈련 목회와 전도의 열정을 지닌 복음 선포는 중요한 의미를 지닌다. 하나님의 선택의 기저에 깔려 있는 신적 주권과 복음 전파의 책임감과 의무가 옥한흠의 신학에 자연스럽게 통합되었다. 젊은 시절 제임스 패커James Packer가 저술한 『복음 전도와 하나님의 주권』이라는 저서를 옥한흠이 한국어로 번역하고 한국 교회에 소개한 것을 보면, 그가 일찍부터 전도에 관심이 많았음을 알 수 있다. 옥한흠이 개혁 신학의 전도와 선교 지향적 특성을 제자훈련 목회와 조화를 이루어 그의 사역에 적용한 것은 한국 교회에 신학적이고도 교회사적인 공헌을 한 것이라고 보아도 무방하다.

이동원도 옥한흠의 사역에 대해서 "또 하나 강조되어야 할 부분은 전도이다. 전도에 굉장히 많은 열정이 있었다"고 평가한다. 사실 평양 대부흥 운동에서 발견할 수 있었듯이, 영적 각성과 전도는 늘 함께 일어났고, 이 두 요소는 함께 가야 한다. 물론 사랑의교회에서는 처음에 제자훈련을 통해서 전도가 활발히 일어나지 않음을 보고, 전도폭발운동을 접목시켰다. 그래서 시작된 대각성 전도집회는 그러한 방향으로 불붙었고, 그 결과 복음의 전도자들이 배출되었다.[42] 옥한흠은 "복음을 편만하게 전하였노라"(롬 15:19-21)라는 제목의 로마서 강해 설교 중에 대각성 전도집회의 전도 열매에 대해 이렇게 말했다.

사랑의교회는 거의 매년 대각성 전도집회를 갖습니다. 지금까지의 집회를 통해서 예수를 전하는 우리의 말과 행동에 성령의 능력이 크게 역사했다는 것을 알 수 있습니다. 초창기 5년간의 통계 자료는 정확성이 좀 약해 말씀드리지 않겠습니다. 1986년도에 열린 대각성 전도집회 때 예수 믿은 자는 400명, 1987년도에는 677명, 1988년도에는 607명, 1989년도에는 598명, 그다음 1990년은 제가 안식년을 보내고 있어서 열지 못했습니다. 1991년도에는 615명, 이렇게 합하여 5년 동안에 총 2,897명이 예수 믿고 돌아온 것으로 나타나 있습니다. 미처 확인하지 못한 사람까지 다 합하면 3,000명 이상이 회개하고 돌아왔습니다.[43]

그런 면에서 제자훈련은 본질상 복음 전도와 분리할 수 없는 관계를 맺고 있음을 직시해야 한다. 제자훈련을 통해서 그리스도를 철저하게 닮아 간다. 그러므로 변화되지 않은 사역자들을 통해서는 전도의 열매가 맺어질 수 없다는 것은 너무도 당연한 진리다. 가장 효과적인 복음 선포는 자신이 말한 바를 그대로 구현해 내는 사람들을 통해 이루어진다. 자신의 삶에는 그들이 전하는 메시지가 담겨 있어야 한다. 그리스도인들은 자신이 말하는 그리스도를 철저하게 닮지 않으면, 복음 선포는 엄밀한 의미에서 이루어질 수 없다. 소통하는 것은 사람이지 말이나 개념이 아니기 때문이다. 기본적으로 소통은 진실한 인격으로 가능하다.[44] 이런 맥락에서 옥한흠은 교회 성장의 일환으로 전도를 강조한 것이 아니라, 교회의 본질적 사명으로 복음 전도를 일관되이 강조하고 시행했다. 그가 성도교회 대학부에서 사역하면서도 줄곧 언급했던 말은 "교회 앉을 자리가 없어도 전도는 해야 한다. 교회 자리가 비었다고 전도하는 것이 아니다"라는 것이었다.[45] 이러한 그의 소신은 제자훈련과 함께 대각성 집회를 접목시킨 주된 이유였고, 성경적이고 선교적인 교회론의 일관된 표출이었다.

    김명호가 언급했듯이 "대각성 전도집회는 전도에 초점이 맞춰져 있다. 그러나 그 본질에 있어서는 단순히 교회 성장을 위한 방편으로서의 전도가 아니다. 전 교인이 복음을 선명하게 정리하고 영적으로 깨어나도록 하는 영적 각성에 더 강한 초점이 놓여 있다." 여기서 우리는 제자훈련의 본질적 특성을 재확인하게 된다. 제자훈련은 단순히 그리스도의 제자로 만드는 교육에 역점을 두는 것이 아니라, 제자로서의 삶과 사역이 지향해야 하는 방향과 목적을 제시하려는 것이다. 그런 면에서 사랑의교회에서는 제자훈련과 대각성 전도집회가 서로 상호보완적으로 실시되어 왔다. "훈련을 통해 성도 한 사람이 '세상에서 부름 받은 하나님의 백성'이라는 특권 의식과 '세상에 보냄을 받은 예수 그리스도의 제자'라는 소명 의식으로 철저하게 무장"될 때 비로소 "능동적으로 복음을 증거하는 증인"으로 서게 된다.[46]

옥한흠은 제자훈련 목회와 대각성 전도집회의 관계를 이렇게 설명했다. "이미 믿은 신자들이 영혼을 잉태하고 출산하는 영적 산고를 통해 각성되고, 깜짝 세일식 전도로 그치는 것이 아니라 책임 있는 양육으로 이어지는 지속적인 전도 활동, 즉 대각성 전도집회가 없었다면, 울리는 꽹과리에 불과했을 것이다."[47]

제자도의 정신으로 철저히 체화되지 않고서는 제자훈련이나 복음 전도가 효과적으로 이루어질 수 없다. 삶과 사역을 일관성 있게 전개해 나갈 신앙 인격적이고 목회적인 장인 기품이 갖춰지지 않은 상황에서 제자훈련을 한낱 직분자 훈련 과정과 교회 성장 프로그램으로 여긴다면 제자훈련의 열매는 더욱 요원해질 것이다. 옥한흠 목사처럼 예수에 미친 광인 정신으로 변화된 목회자나 직분자들이 배출되지 않고서는 제자훈련 비전은 적지 않은 한계에 부딪힐 것이다.

옥한흠은 제자훈련 목회가 성령 충만과 연결되어야 함을 다음과 같이 표현했다.

예수님은 3년간 제자훈련을 하시고 나서 성령 충만으로 그 훈련을 완성하셨습니다. 성령 충만은 제자훈련의 마무리 작업이었습니다.… 성령 충만이 없는 제자훈련은 제자훈련이 아니라는 것입니다.… 성령 충만하지 못한 제자훈련은 열매가 없습니다. 노력은 많이 하고 힘은 많이 쓰는데 열매가 별로 없습니다. 때문에 성령 충만한 제자훈련이 되지 않으면 얼마 가지 못해서 목사도 지치고 교인도 지치고 다 탈진해 버립니다.[48]

이런 균형 있는 요소들을 강조하면서 제자훈련 목회에 임했기에 옥한흠 목사는 사랑의교회를 통해 아름다운 결실을 맺을 수 있었다. 그의 제자훈련 목회가 성공할 수 있었던 요인들에 대해서는 이렇게 정리할 수 있다.

첫째, 대학부나 개척 교회같이 비교적 리더의 자율성이 보장되는 곳에서 시작을 했고, 둘째, 유학을 통하여 교회론을 정립하여 신학적으로 제자훈련을 변증하였으며, 셋째, 제자훈련 과정을 통해서 교회의 체질을 바꾸어 조직이 움직이는 교회가 아니라, 사역이 중심이 되는 교회로 만들었고, 넷째, 제자훈련이 갖고 있는 한계를 다른 프로그램(전도폭발, 전도 대각성 집회)을 통하여 보완해 나갔기 때문이라고 말할 수 있다.[49]

4

목사들을 깨운 목사

옥한흠

그가 한국 교회를 깨운 것은
무엇(What)인가?

지도력과 영향력의 확산,
교회 갱신 연합 운동

옥한흠의 지도력과 사랑의교회

12장

지도력 형성과 특성

○ 일관된 개인 기도와 자기 성찰

옥한흠의 지도력의 기반에는 하나님의 주권에 대한 전적인 순복順服과 은혜에 대한 변함없는 감응感應, 그리고 지속적인 자기 성찰이 자리 잡고 있다. 그는 오랫동안 그의 사무실 벽면에 "우리가 일하면 우리가 일하는 것이고, 우리가 기도하면 하나님께서 역사하신다When we work we work, when we pray He works"라는 문구를 붙여 놓음으로써 자신의 삶과 사역의 근거에 무엇이 놓여 있는지를 선명하게 보여 주었다.[1] 하나님의 주권과 은혜에 대한 철저한 인정認定과 갈구渴求는 매일 아침 홀로 무릎을 꿇고 하나님께 눈물지으며 지속적으로 기도하는 자세로 연결되었다. 새벽기도회를 통해 성도들에게 말씀을 전하고 함께 기도하는 사역이 한국 교회의 중요하고도 필수적인 신앙적 특성임에는 분명하지만, 목회자 개인이 아침마다 홀로 진솔하고도 간절한 기도 생활을 평생 지속해 온 것은 바쁜 목회자의 삶 속에서 결코 찾아보기 쉬운 모습은 아니다.

옥한흠은 사랑의교회에서 사역하는 동안 언제나 아침 일찍 출근했다. 그는 아침에 눈을 뜨자마자 교회로 나왔고, 교회 본당이나 그의 사무실 안쪽 작은 기도 방에서 한두 시간씩 혼자만의 기도 시간을 가졌다. 아침마다 드렸던 그 기도는 그가 추구해 왔던 사역의 원천이었다. 가끔 낮 시간에도 지하 본당에 들러 다른 사람들의 눈에 잘 띄지 않는 기둥 뒤쪽에 앉아 기도하곤 했다.[2] 그리고 본당에 들어와 깨어 기도하는 성도들을 보며 흐뭇한 시간을 갖는 것은 그에게 적지 않은 낙(樂)이었다. 간절한 눈물의 기도로 하나님께 드리는 간구는 하나님과 성도들, 그리고 자신을 단단히 묶어 주는 아름다운 영적 고리였다. 그는 이러한 기도 습관을 20년 넘게 지속했는데, 은퇴 후 사무실을 국제제자훈련원 사역 센터로 옮긴 뒤에는 기도 생활의 변화 때문에 힘들어하기도 했다. 은퇴 후에는 두 내외가 가정에서 밤마다 간단한 예배와 함께 기도하는 것으로 기도 습관을 바꾸었다. 옥한흠의 기도 시간에 동참했던 비서 박정은은 "목사님은 자신을 위한 간절한 간구를 하지 않으셨다. 자신의 삶에 대해서는 그저 감사만 하셨다"고 언급했다. 하지만 멀리 떨어져 있는 가족들, 사랑의교회와 선교사들, 특히 고통 중에 있는 성도들과 환자들을 위한 간구는 단 한 번도 빼놓지 않고 사모와 함께 기도했다.[3]

옥한흠은 잘못된 기도, 의식화된 기도를 배격하고, 예수님이 가르치신 기도에 관한 교훈을 실천하려고 부단히 노력했다. 그는 한국 교회 목회의 대명사처럼 되어 버린 새벽기도회를 정기적으로 인도한 목회자는 아니었다. 하지만 그는 아침마다 은밀히 보시는 하나님 아버지께 무릎 꿇은 기도의 종이었다. 그는 하나님과 마음껏 교제할 수 있는 자기만의 골방 기도를 평생 중단하지 않았고, 그 골방에서 영이신 하나님께 자신의 마음을 온전히 집중하며 기도에 전념하는 습관을 들였다.[4] 그는 기도야말로 우리가 만든 방법이 아니라 "하나님께서 만들어 주신 너무나 소중한 은혜의 통로"임을 평생 잊지 않았다. 기도할 때마다 골방에서 만나 주시는 하나님을 체험했다고 고백한다. 그는 기도의 필요성을 이렇게 언급했다.

> 만일 사람만 보고 살면 결국에는 그들과 조금도 다름이 없는 세속인이 되고 맙니다. 하나님을 보아야 합니다. 그분을 만나야 합니다. 그분을 통해 하나님의 놀라운 사랑을 맛보아야 합니다. 그리고 그때 얻는 능력을 가지고 이 세상을 하나님의 자녀답게 사는 것입니다.[5]

옥한흠은 평생 골방 기도를 통해서 하나님의 놀라운 인자하심과 긍휼하심으로 자신도 모르게 변화를 경험했다. 그렇기 때문에 그리스도의 참된 제자로 살아가는 그의 삶에는 일관성이 있었다. 성도들이 아무리 목회자인 자신을 위해 기도해 준다고 해도, 기도를 통해 누리는 하나님이 주시는 행복과 기쁨의 진가가 무언지를 알았기에 자신이 직접 기도의 골방에 들어가기를 멈추지 않았다. 아무리 바빠도, 아무리 어려운 시련이 다가와도, 기도하면서 자신이 변하는 은혜를 체험했기에, 그리고 그 변화가 결국은 예수님처럼 "아버지여, 내 뜻대로 마옵시고 아버지의 뜻대로 하옵소서!"라고 기도하면서 하나님의 뜻을 이루어가는 과정이기에, 그는 매일 아침마다 기도의 지성소로 발걸음을 재촉했다. 그는 자신이 깨달은 기도의 교훈을 "골방 기도는 우리의 영혼을 소생시키는 은혜의 샘입니다. 불가능을 가능케 하는 기적의 현장입니다. 우리의 공허함을 하나님의 충만함으로 채우고, 우리의 연약함을 하나님의 능력으로 대신하며, 우리의 필요를 하나님의 성실하심으로 공급받는 복의 통로입니다"라고 외쳤다.[6] 옥한흠의 골방 기도는 끊임없는 자기 성찰의 과정이었다. 지속적인 기도는 그를 은혜의 사람으로, 예수님을 본받는 참된 제자로, 그리고 제자훈련 목회가 얼마나 본질적이고 중요한지를 깨닫게 하는 영적 도장道場이었으며, 하나님의 주권과 은혜를 철저히 의존하게 만드는 훈련장이었다.

옥한흠은 자기 자신에게는 언제나 엄격하게 대하며 자신을 스스로 채찍질하기를 중단하지 않았다. 사도 바울처럼 자신을 쳐서 복종시킨다는 말을 실제적으로 실천하며 살았다. 이렇게 철저한 자기 부인과 자기 성찰은 그의 목회와 신학 속에는 "한 사람 철학"과 "작은 예수 운동"으로 녹아들었다. 그는 어린 시절부터 성경을 탐독하며, 성경을 그의 생각과 삶의 기반으로 삼는 훈련을 철저히 해 왔다. 그는 "항상 공부하는 사람"이었으며, 끊임없는 자기 점검과 발전을 위한 노력을 게을리하지 않았다.[7] 그는 목회자로서 나름대로 뭔가 이루었을 때에도 그 결과에 만족하는 것이 아니라 "그것이 얼마나 성경적인가?"를 검증하기 위해 애썼는데, 이는 여타 다른 지도자들과 크게 다른 모습이었다.[8] 또한 그는 제자훈련을 비롯해서 다양한 목회 활동을 전개해 나가면서, 역사적인 고찰을 통해 성경적 근거와 선례를 살피는 것도 잊지 않았다. 그의 대표적인 저서인 『평신도를 깨운다』의 서론 부분에서도 이러한 그의 역사적 인식을 발견할 수 있다. 그는 교회 역사 속에서 평신도 운동이 차지하는 의미를 간략히 고찰하면서, 그것은 교회 역사의 생동감을 드러내 주는 맥박과 숨결과도 같다고 진술했다.⁹ 그리스도인의 역사의식은 그 자체로 의미를 지니기보다는, 하나님의 역사 방향에 맞추어 살고자 노력하게 되며, 그 결과 그런 자들은 죽었어도 역사 안에 여전히 살아 있는 사람들로 지속적인 영향을 미치게 된다. 옥한흠의 인식 속에는 분명한 역사의식이 있었으며, 하나님의 역사에 참여하고자 하는 역동성이 존재하고 있었다. 이런 역사의식을 지녔던 옥한흠은 어떤 의미로든 지적이었고, 신학적인 편협함이나 지역적인 편협함에 사로잡혀 있었던 작은 인물이 아니었다. 그는 특정 교단이나 정치적 입장을 뛰어넘는 큰 인물이었다.

옥한흠은 그의 삶과 사역의 기반을 성경에 두고, 예수 그리스도를 배우고 본받으며 닮기를 지향하면서도, 항상 역사적 안목과 흐름에 대한 인식도 겸비하고 있었다. 그의 책상에는 항상 성경과 함께 교회 역사에 관련된 책들이 있었다. 소천하기 "바로 직전에도 필립 샤프의 『교회사 전집』을 줄을 쳐 가며 완독"했고, 알리스터 맥그래스의 『기독교, 그 위험한 사상의 역사』를 읽었을 뿐만 아니라 가까운 지인들에게 책을 사서 선물하기도 했다.¹⁰

옥한흠은 투철한 역사인식과 안목이 있었기에, 현대야말로 평신도 운동의 시대이며 평신도를 깨우는 사역이 없이는 목회가 불가능하다고 판단할 수 있었다. 더 나아가 그가 평신도 운동에 지대한 관심을 갖게 된 것은 단지 시대의 분위기나 역사의식에서 비롯된 것이 아니라, 성경 전체에 배어 있는 하나님의 백성인 성도, 한 영혼에 대한 하나님의 기대가 주요한 원인임을 깨달은 데 있었다. 더구나 지상에서 성경적인 교회상을 일구어 가려면 평신도를 깨워 동역자로 세우는 일이야말로 시급한 과제였다. 그야말로 옥한흠은 역사적 시대 인식에 대한 깨달음으로 더욱 제자훈련 목회에 앞장섰다. 여기서 균형 잡힌 그의 목회적 지도력이 나온 것이다.

○ 인간론과 지도자론

옥한흠은 인간이 전적으로 부패했다는 사실을 누구보다도 먼저 자신에게 적용했던 인물이다. 그는 인간 본성에 대한 긍정적 전망보다는 부정적 안목을 가지고 사역했다. 그리고 그는 인생에 대한 깊은 허무를 느꼈기에, 집요하리만큼 그 공백을 그리스도의 은혜로 채우려고 노력했다. 그렇기 때문에 인간적 성취나 노력의 결과는 하나님의 도우심과 인도하심이 없이는 허사로 돌아갈 수밖에 없다고 생각했다. 이런 자세로 살아왔기에 그는 늘 자기를 돌아보고, 부족한 것을 채우며, 배워야 할 것이 있다면 늘 겸손하게 배우려는 자세를 가졌다. 인간적 측면에서 보면 자신의 능력이 출중했음에도 불구하고, 옥한흠은 하나님과 말씀 앞에서 발견한 자아의식이 있었기에 늘 겸손한 자세를 견지할 수 있었다. 이러한 의식은 그가 성도교회 대학부에서 제자훈련을 시작하면서부터 그의 마음속 깊이 심겨져 있었다. 그가 제자훈련을 시작할 때 했던 말을 들어 보자.

> 나 자신부터 먼저 변해야 했기에 제자훈련을 시작했습니다. 서울대 공대 학생이 도와주고, 때마침 후배들도 데려와 10여 명의 학생이 모였을 때부터 매주 토요일마다 함께 제자훈련을 했습니다. 교재는 네비게이토의 모든 것을 그대로 가지고, 그 공대생을 사사로 모시

고 내가 잘못한 것은 가르쳐 달라고 하면서 제자훈련을 했습니다. 사실 이것은 교역자로서 쉬운 일이 아니었습니다. 그러나 내가 나를 비우고 낮아져야 발전하지, 뻣뻣하게 아는 척하면 나 자신부터 망하게 됩니다.[11]

옥한흠은 제자훈련을 통해 자신이 먼저 변했고, 그 변화의 중심에는 복음과 영혼의 중요성, 그리고 하나님나라의 비전이 있었으며, 그 영향으로 대학생들이 변했고, 후에는 성도들의 변화로 연결되었다. 그리고 이러한 변화는 공동체적으로도 나타나 대학부나 교회의 영적 체질도 바뀌는 것을 그는 실제적으로 체험했다. 제자훈련을 통해 옥한흠 자신부터 시작된 변화는 그의 목회 사역을 참된 변화의 장으로 만들어 나갔다. 이런 면에서 옥한흠은 우리에게, 참 성도이자 제자는 어떻게 살아가며 사역할지에 대한 좋은 모범을 보여 주었다. 한 사람이자 목회자였고 제자훈련에 생애를 다 바친 옥한흠의 인간성은 솔직하고 투명했다. 이러한 면이 주위 사람들에게 감동을 주었으며, 서로 신뢰의 관계가 형성되면 끝까지 교제와 관계를 유지해 나갔다. 그래서 그의 첫 제자들에게 비친 첫인상은 "믿을 만하고 진실한 맏형" 같은 느낌이었다. 옥한흠의 대표적인 특성을 "신실(信實)하다"라고 표현하는 것이 가장 적절할 것이다. 자신을 드러내거나 대접받는 것을 싫어했고, 그 어떤 과시나 허세도 허용하지 않으려고 했다.[12]

옥한흠은 그의 사역 초기나 그 이후에도 인간은 전적으로 부패했고 하나님의 은혜로 살아가는 자라는 인식을 분명히 했으며, 이 사실을 철저히 인식하면 할수록 자신의 권위를 내세우는 것으로부터 멀어져야 함을 실제적으로 보여 주었다. 그는 자식이나 부교역자, 그리고 교인들과의 관계에서 자신이 잘못했다는 사실이 설득되면, "자신의 모자람과 자신이 틀렸다는 것을 기꺼이 인정하고 고치는 사람"이었다.[13] 그가 교회에서 차지하는 입장이나 사회적인 위치를 고려해 본다면, 이러한 자세와 태도는 결코 쉽지 않은 일이다. 그는 사역의 절정기에 이르러서도 자신의 부족함을 솔직하고 담백하게 인정하고, 때로는 "순진하고 천진난만한" 일면을 보여 주었다. 김진경이 표현했듯이 옥한흠은 마음은 넓지만, "현미경으로 죄를 보는 사람"이었다.[14] 옥성호도 "스스로를 항상 부족하다고 생각했던 아버지는 자신이 갖지 못한 그 무엇을 가지고 있는 대상에 대해서 존경을 표현하는 데 전혀 인색함이 없었습니다"라고 언급했다.[15] 그는 특히 선교사들에 대해서는 변함없는 거룩한 부담감과 일종의 "죄 의식"마저 느끼며 살아갔다. 낯선 문화와 환경 속에서 복음을 전하는 선교사들의 삶과 사역의 현장을 보면서, 그는 한없이 작아지는 자신의 모습을 보며 살았다.

옥한흠은 어느 한 교단이나 전통에만 국한되어 있었던 인물이 아니라, 자신의 신앙적 유산을 중시하면서도 타 교단 사람들에게서도 배우고자 했다. 심지어 문제의 소지가 있다 해도 과감하게 배울 부분은 배워서 자신의 부족한 부분을 보완해 가려는 적극적인 모험심을 갖고 있었다. 이런 태도가 때로는 주변 사람들에게 우려의 요인이 되기도 했지만, 그만큼 자기 자신과 사역의 한계를 극복하기 위해 부단히 자신을 돌아보고 다른 사람들의 장점을 받아들이고자 했던 점은 긍정적으로 평가할 만하다.

옥한흠은 2006년 아들 옥성호에게 보낸 편지에서 자신이 어린 시절 고신 교단에서 자라면서 "어려서부터 너무 청교도적인 교훈에 중독"이 되어 자기 자신을 놓고 긍정적으로 생각하는 무엇을 알지 못했고, 자기에게 속한 "모든 것을 부정하는 것이 곧 주님에게 모든 것을 드리는 충성"이라고 믿었다고 회상한 적이 있다. 그래서 그는 그리스도 안에서 발견한 긍정적 자아에 대해서도 "항상 우울증 증세"를 깔고 있었고, "염세주의 냄새를 말끔하게 씻어 내지 못한 자아상"을 숨기고 살아왔다고 실토했다. 이런 성향 때문에 그는 하나님의 일과 교회의 영적 사역에 집착했고, 아이러니하게도 이 세상보다는 저 세상에 대한 이원론적 갈망 등이 그의 생각을 지배해 왔다. 후에 이러한 편향적 시각이 잘못되었다는 것을 인식하고는 지속적으로 신앙의 균형 감각을 유지하고자 애썼다. 그는 그러한 신앙의 후유증이 "가정을 등한시하고 자녀들을 방치하는 잘못"으로 이어졌음을 가슴 아프게 여긴다고 아들에게 고백했다. 그렇기 때문에 조엘 오스틴Joel Osteen의 『긍정의 힘』이 갖고 있는 신학적 문제점을 잘 알면서도, 그는 자신의 부정적인 마음가짐을 균형 있게 유지하고 자신의 사고 습관을 교정하기 위해 그 책을 열심히 읽었다.[16] 어린 시절부터 옥한흠의 뇌리에 박힌 인간의 전적 부패성 때문에 그의 인간관은 부정적이며 어두웠다. 그리고 청교도적 교훈을 지나치게 편파적으로 이해하고 이원론적 세계관을 가짐으로써 오랜 기간 이를 극복하려고 부단히 애써 왔다.

옥한흠이 이처럼 오랫동안 자신의 신앙과 정체성을 칼빈주의적 인간론에 기초하여 갈등하며 형성했기 때문에, 그의 인간 이해의 근저에는 인간은 어딘가 부족함이 있으며 모순된 존재라는 전제가 있다. 그렇다고 해서, 옥한흠이 허무주의적 자세로만 일관한 것은 아니었다.

인간 본성에 대한 부정적 인식과 인생에 대한 허무 의식은 그로 하여금 그리스도의 십자가와 그 능력과 은혜를 전적으로 바라보게 했다. 그렇기 때문에, 옥한흠은 예수의 제자가 된다는 것도 "점진적인 과정"으로 이해하고 있으며, 그는 자신의 모순과 부족함도 무조건 부정하거나 죄악시할 것이 아니라 오히려 "이러한 잠재적 모순 때문에 큰 유익"을 보고 있다고 주장했다. 더 나아가 그러한 인간 이해를 통해서 "겸손"을 배우게 되었으며, "모든 사람들을 긍정적으로 보는 넓은 마음"을 갖게 되었다고 술회했다.[17] 이러한 이유로 그는 아들에게 다른 사람들이나 그들의 글에 대해서 너무 비판적이 되지 말라고 부탁했다. 어떻게 보면, 옥한흠의 인간과 현실에 대한 긍정적 사고가 아닌 비판적 사고가 지금의 제자훈련 사역으로 연결되었다고 볼 수 있다.[18] 그래서 더욱 비판을 위한 비판보다는, 그것을 극복하고 승화시켜 하나님의 뜻을 이루어 가는 과정으로 삼아야 할 것이라고 아들을 훈계했다.

이런 옥한흠이었지만 사역에 임할 때에는 분명히 달랐다. 그는 강직할 뿐만 아니라 일관되고도 철저한 자세로 사역에 임했다. 건강도 돌보지 않고, 주어진 일에 "자신을 쥐어짜는" 가운데 힘들어하면서도, 예수 그리스도의 진정한 제자가 되기 위한 길과 훈련시키는 사역자의 길을 성실히 걸어갔다. 설교도 적당히 하는 적이 없었고, 인간인 목사가 "하나님의 말씀"을 대언한다는 직무가 얼마나 영광스러우면서도 부담스러운 것인지를 절감하며 하루하루 십자가를 지는 자세로 설교를 준비하고 선포했다. 그런 면에서 이동원이 수사적으로 언급했듯이, 옥한흠에게 "고결한 완벽주의자"라는 표현이 적절하다고 할 수 있다. 물론 이런 이야기를 들었을 때, 자신에게 무슨 고결이니, 완벽이니 하는 말이 어울리겠냐고 반문했지만, "그야 완벽하다는 것이 아니라, 완벽 지향적이라는 말"이라는 언급에 그냥 수긍했던 옥한흠이었다.[19] 주님을 향한 온전한 제자가 되기 위한 지속적 노력에도 불구하고 괴리가 생기는 것은 누구나 겪는 실존적 경험이다. 그러나 옥한흠은 포기하지 않고 그 목적을 지속적으로 추구하며 나아갔고, 그래서 눈물이 많았다. 그와 가까이서 혹은 멀리서나마 교제했던 목회자들에게는 옥한흠 목사야말로 "애통하는 목회자"라는 이미지가 강하게 각인되어 있었다.[20] 이렇게 옥한흠의 지도력은 그의 인간 됨, 곧 그의 인간 이해와 직결되고 있다.

그래서 옥한흠은 철저하게 "자기 점검과 절제의 사람"으로 살아갔다. 그는 죄인인 인간이 먼저 자신이 처한 상태를 똑바로 인식하지 않고서는, 하나님과 바른 관계를 맺을 수 없다는 입장을 견지했다. "우리가 하나님의 지식을 조금이라도 얻기 원한다면 자신의 불행을 깊이 인식하는 것부터 시작해야 한다. 더구나 자신의 무지함, 허망함, 한계성, 죄성, 타락성을 인식할 때, 주님만이 진정한 지혜, 견고한 도움, 온전한 선하심, 그리고 흠 없는 의를 보여 주시는 분임을 깨닫고 받아들이게 된다"라는 칼빈의 주장이 바로 옥한흠의 삶, 신앙, 그리고 사역의 핵심이었다.[21] 인간의 생각도 타락의 영향 아래 있으므로 "사람이 중생 받아야 생각도 중생 받는다. 그때야 바른 생각을 할 수 있다"는 것이 "하나님의 법칙"이라고 외쳤다. 마음 바탕이 올바로 되어 있지 않은 사람은 예수 그리스도 앞에서 고침을 받아야 하며, 그 마음이 "거룩한 마음"으로 변화되고 "모든 추한 것들을 하나님 앞에 회개하고 나서 하나님이 주시는 깨끗하고 부드러운 마음을 받아야 생각이 건전해

지는 것"이라고 역설했다.[22]

옥한흠이 평생 자기 점검과 절제를 지속해 온 배후에는 개혁주의적 인간론이 그 근저에 자리하고 있었으며, 그러한 인식은 항상 창조주 하나님을 의식하고 하나님의 뜻에 자신의 생각을 일치시키고자 하는 부단한 의존성으로 드러났다. 그런 면에서, 옥한흠은 "하나님의 주권을 믿는 긍정주의자"이기도 했다. 이러한 깨달음이 자신을 끊임없이 돌아보고 갱신의 과정에 머물도록 잡아 두었다. 그는 "기독교는 사람을 바꾸는 변화의 종교입니다"라고 외치며 "예수를 믿는다는 것은 바뀌는 것입니다. 바뀔 때에야 비로소 바른 생각을 하게 됩니다"라고 하면서 "그리스도 안에 있는 새로운 피조물"의 인지적 변화에 대해 이렇게 강조했다.

건전한 생각은 건전한 믿음에서 생깁니다. 사람이 바뀌면 드디어 믿음의 사람이 됩니다. 믿음은 그리스도인에게는 중요한 것입니다. 우리가 잘 아는 바와 같이 인간은 어디까지나 피조물입니다. 피조물이란 의미는 독립된 사고를 할 수 없는 존재라는 것입니다. 피조물이 창조자를 무시하고 자신이 스스로 옳다고 생각하는 어떤 독립적인 사고를 한다면 그 사람은 분명히 위험한 상태에 와 있습니다. 아담과 하와가 피조물이었기 때문에 하나님을 완전히 무시하고 자기 스스로 독립된 사고와 결단을 내렸을 때 그들은 무서운 과오를 범했고, 다시 돌이킬 수 없는 비극으로 치달았습니다. 모든 인간은 피조물이라는 것을 잊지 말아야 합니다. 이 피조물이라는 단어 안에 모든 기독교인의 진리가 요약되어 있습니다. 피조물이기 때문에 모든 생각을 하나님의 뜻에 일치시키는 예속적인 사고를 해야 합니다. 이때에 비로소 건전한 사고를 하게 되며 이것을 일컬어서 "믿음을 가진 사고思考"라고 합니다. 믿음의 사고는 하나님의 말씀을 통하여 발견할 수 있습니다. 하나님의 말씀은 믿음 없는 자를 믿음 있는 자로 만드는 놀라운 능력이 있습니다. 믿음이 없어서 날마다 방황하는 사람으로 하여금 믿음의 닻을 힘 있게 내려서 건전한 생각을 하게 합니다.[23]

이러한 외침과 특성이 옥한흠으로 하여금 20세기 한국 역사의 격동기에 엄청난 변화들을 경험하면서도 철저한 고민 속에 살아가도록 했고, 평신도를 깨우는 것도 결국은 사람의 생각을 그리스도의 생각으로 바꾸는 것이며, 성경을 바탕으로 한 개혁된 기독교와 갱신된 교회를 통해서라야 가능하다는 분명한 확실성을 발견했다.

개혁주의를 신봉하는 목회자는 무엇보다 철저한 자기 점검의 사람이 되어야 한다. 자신을 정말 철저히 돌아보는 필요성에 대한 약화는 목회자 자신뿐만 아니라 항상 개혁되어야 할 교회의 본질을 변질시키고 만다. 이러한 필요성은 존 칼빈이나 조나단 에드워즈가 깊이 숙고하고 평생 견지한 특성이기도 하다. "이 문제야말로 종교개혁 신학과 영성의 절대 핵심이었다."[24] 사도 바울이 그리스도의 영광의 복음을 질그릇에 가졌다고 고백하는 것(고후 4:7)과 같이, 칼빈이나 에드워즈는 설교자로서 자신들의 연약함을 누구보다도 잘 의식하고 있었기에 철저한 자기 점검을 결코 게을리하지 않았다. 이러한 이유 때문에 개혁주의 목회자들은 설교자로서 "무한한 자부심"을 가져야 하는 동시에 다른 한편으로 "무한한 겸손"을 갖지 않을 수 없는 것이다. 하나님은 인간인 설교자에게 자신을 대리하도록 "위임"하시고, 인간의 말을 자신의 것으로서 "채택"하시는 가운데 설교자를 통해 말씀하신다.[25]

그렇기 때문에 개혁주의 목회자들은 누구보다도 자기 점검과 자기 절제에 심혈을 기울여야 한다. 왜냐하면 목회자에게 "가장 치명적인 문제는 야심과 야망"에 있기 때문이다. 탐욕과 야망이야말로 성직의 모든 부패의 두 근원이며, 그리스도의 종에게 야망과 허영보다 더 참을 수 없는 것은 없으며, 사역자들에게 야망이라는 것보다 더 가공할 전염병은 없다는 것을 칼빈도 반복적으로 경고했다.[26] 종교개혁이나 청교도 운동은 "성경의 재발견이었으며 강단의 회복"이었다. 종교개혁자들이나 청교도들은 "참된 목자상, 곧 성경적인 목사상이자 초대교회적인 목사상"을 세웠는데, 이것이 바로 종교개혁이요 또한 개혁 교회의 핵심이라 할 수 있다.[27] "모든 교회들이 부흥하거나 쇠하는 것은 목회자의 부흥과 쇠함에 달려 있다."[28] 옥한흠도 한국 교회의 진정한 개혁과 회복은 목회자 자신부터 개혁주의 목회자상을 바르게 정립하는 것부터 시작된다고 확신했다.

옥한흠은 지도자에 대한 역사의 냉정한 교훈이 무엇인지 누구보다도 잘 알고 있었다. 그는 예수 그리스도 외에는 "인간의 본질적인 문제를 해결하고 우리의 기대를 충족시킨 지도자는 지금까지 한 사람도 없었고, 앞으로도 없을 것이라는 사실"을 강조했고, "어떤 면에서 지도자에 대한 기대의 역사는 곧 실망의 역사"였음도 터득하고 있었다.[29] 그는 인간의 본성이 어떠한지를 잘 알고 있었기에, 그 어떤 인간 지도자에 대한 기대는 제한적이었고, 심지어 비관적이기까지 하다. 그렇기 때문에 예수 그리스도를 철저히 닮고 따라가는 제자도를 통해서라야만 이 땅에서 그래도 진정한 리더십을 발휘할 수 있다고 믿었다. 하나님이신 예수 그리스도께서 인간의 모습으로 이 땅에 오셔서 인간의 처지로 내려앉아 함께 울고 함께 웃기를 기뻐했던 그런 겸손함과 온유함을 배우려고 부단히 노력했던 참 제자요, 또한 진실한 목회자였다.

○ "한 사람"의 중요성과 "한 사람" 철학

상당히 역설적이긴 하지만, 옥한흠은 자신의 죄성과 부족함에는 지나칠 정도로 민감했지만, 다른 사람에 대한 기대와 소망은 지나치리만큼 확대시키는 경향이 있었다. 옥한흠이 평생을 걸고 추구한 제자훈련 철학이라는 것도 결국 "인간에 대한 이 희망의 깊이와 높이를 확대하는 것"으로 볼 수 있다.[30] 그래서 옥한흠의 평생 사역 속에는 항상 예수 안에서 변화될 수 있는 "한 사람"의 가치와 중요성이 면면히 흐르고 있었다. 죄로 인하여 전적으로 부패한 인간이, 하나님이시지만 인간의 몸을 입고 구속주로 오신 한 사람 곧 예수 그리스도를 통해 변화될 수 있다는 소망과 확신의 확장이 제자훈련 목회의 든든한 기반이 되었다.

옥한흠이 "한 사람"의 중요성과 의미에 대해서 깨닫게 된 계기는 참으로 묘했다. 그가 신학교를 졸업할 무렵 성도교회에 부임했을 때, 주일 학교 전도사로 사역을 시작했지만 얼마 지나지 않아 대학부 사역을 맡게 되었다. 그런데 그 당시 성도교회 주보에 기록된 대학부 출석 인원은 단 한 명뿐이었다. 그때 옥한흠은 그에게 물었다. "너는 왜 떠나지 않았니?" 그 학생은 "저는 대학부 회장입니다!"라고 대답했다.³¹ 이 짧은 질문과 답변 속에서 옥한흠은 많은 것을 생각했다. 성도교회의 대학부가 왜 이렇게 되었을까? 한국의 전통적인 신앙을 강조하는 기성 교회로부터 왜 대학생들이 떠나가고 있는가? 단 한 명 남아 있는 그 학생도 회장이라는 직함만 없었다면 그냥 남아 있었을까? 당시 교회 주보 통계에는 그나마 거품이 없어 단 한 명만 남아 있다는 그 숫자가 옥한흠을 건설적으로 미치게 한 "마법의 숫자", 아니 "은혜의 숫자"가 되었다. 그 한 사람이라는 숫자 속에서 옥한흠은 한국 교회의 위기를 읽어 냈고, 동시에 그 한 사람이 그리스도의 온전한 제자로 변하면 희망이 될 수 있다는 확신을 얻게 되었다. 그런 면에서 "한 사람"은 옥한흠에게 위기의 숫자이자 동시에 소망의 숫자이기도 했다.

옥한흠은 성도교회 대학부 학생들을 제자훈련할 때부터 철저하게 "한 사람"에 대한 지극한 관심과 변화에 주목하며 사역에 임했다. 교회에 대한 부정적 시각을 가지고 있거나, 복음의 본질을 깨닫지 못해 안타까워하고 있거나, 남모르는 자신만의 죄로 애통해하거나, 그 외의 아픔과 갈등으로 아파하는 귀한 영혼 한 사람 한 사람을 기도해 주면서 다가서는 참 목자의 모습을 통해 그들은 옥한흠 앞에서 "모든 방어 기제"를 제거하고 그와 함께하는 시간을 좋아했으며, 그의 한마디면 무조건 따랐다. 그리고 스승이 그렇게 따르고자 애쓰는 그리스도의 제자가 되기로 그들도 자연스럽게 결단했다. 그들의 스승 옥한흠을 통해 자기들도 모르는 사이에 주님을 따르고 싶은 간절함이 그들의 마음속에 자리 잡았다.³²

유학 생활을 마치고 귀국하자마자 소수의 성도로 미미하게 시작한 개척 목회 시절부터 옥한흠은 우리 주님으로부터 한 사람의 중요성을 배우며 평생 변치 않는 관심을 한 사람에게 집중하며 목회 사역을 해 왔다. 오랜 세월이 지나 사랑의교회가 대형 교회로 성장한 이후, 그는 한 사람에게 집중하지 못하는 목회 현실을 매우 안타까워하면서도 그 정신을 지켜 나가기 위해 무척 노력했다. 이러한 사실은 매우 평범한 듯이 보여도, 실상은 한국 교회의 성도들과 목회자들에게 사역의 우선순위가 무엇인지를 깨우치는 실례다.

아홉 명으로 시작된 개척 교회였지만, 그는 숫자의 적음에 주눅 들지 않았다. 한 영혼이 얼마나 소중한지를 깨달은 그는 열매를 맺는 데 매우 오랜 시간이 걸리지만, 사람을 변화시키는 제자훈련 목회에 생명을 거는 모험을 감행했다. 그것은 분명히 모험이었다. 하지만 옥한흠은 예수님이 최종적으로 남기신 것은 열한 명의 제자였음을 정확히 간파하고 있었다. 그분은 설교와 치유 사역에 시간을 사용했고 기도하는 시간도 가지셨지만, 대부분의 시간을 제자들과 나누며 가르치고 양육하는 데 심혈을 기울이셨다. 이것이 예수님의 제자훈련 방법이었다. 옥한흠은 이것이 목회의 본질이라는 것을 알았다. 예수님과 동행하며 교제하는 것이 기독교 신앙의 핵심임을 그의 제자훈련 목회에 실제적으로 적용했다.

자칫 하나님의 일을 하면서 사람이 아닌 일 자체에 더 큰 관심을 둘 때가 비일비재한 것이 우리의 목회 현실이다. 그렇기 때문에 옥한흠이 처음부터 나중까지 사람을 중시하는 목회의 본질, 예수님의 제자훈련 핵심을 유지해 왔다는 것은 귀한 업적이라 할 수 있다. 이런 일관된 자세 때문에 옥한흠이 그의 제자들과 성도들로부터 마음에서 솟아나는 존경의 대상이 되었음은 전혀 이상한 일이 아니다. 박성수도 "내가 내 스승에 대해 지금도 자부심을 갖는 것은 대형 교회가 되었음에도 불구하고 그 본질을 놓치지 않으신다는 것이다"라고 인정한다.[33]

하나님의 형상으로 창조된 인간은 누구나 다 고귀한 존재다. 한 영혼의 무한한 가치를 철저하게 깨달은 옥한흠은 그래서 "한 사람"의 소중함을 목회 사역 내내 고이 간직하려 했다. 교회가 커지면서, 한 사람의 소중함과 중요성이 그의 마음속에서 작아져 갈 때 그는 그것 때문에 속앓이했다. 그래서 그는 가능한 한, 성도 한 사람 사역자 한 사람과 관련된 평범한 일에도 충실히 임하려고 노력했다. 사소하게 보이는 일에도, 잘 알지 못하는 사람들의 편지에 답장하는 것에도, 그리고 시간 낭비라고 느껴지는 업무에도 최선을 다하려는 자세를 잃지 않았다. 옥한흠의 한 사람 철학은 위로자와 격려자로서의 지도자의 삶을 지탱하게 하는 근간이다. 이러한 자세로 일관해 온 그의 목회 지도력은 결국 "한 사람에 대한 배려와 존중"이 빚어낸 결과라고 할 수 있다.

옥한흠의 "한 사람 철학"은 그의 광인론과 밀접하게 연관되어 있다. 제대로 된 한 사람의 제자를 키우기 위해서는 제자훈련에 철저하게 미쳐야 한다는 그의 소신은 본인 스스로가 광인이 되어 모든 것을 소진하고 제자훈련 목회에 전념하는 데 적용했다. 그는 자신에게 임하는 하나님의 은혜가 마르지 않게 하기 위해 "마리아의 마음"으로 주님 앞에서 자신을 철저히 비우고자 했다. 그리고 그 소중한 은혜를 사랑하는 성도들과 부교역자들, 그리고 비서들에게 아낌없이 나눠 주었다. 이러한 하나님의 은혜를 함께 나눈 자들에게 옥한흠은 고마운 스승이요, 영적 아버지였다. 옥한흠은 가장 가까이서 사역을 했던 비서들에게는 물론이고, 사랑하는 성도들에게 "영적 아비로서의 사랑과 책임"을 다했기에, 수많은 성도로부터 아버지라는 고백을 들었다. 그의 비서를 지냈던 임미영은 "많은 분들이 아버지라 고백하는 것을 보면서 '목사님이 꿈꾸셨던 한 사람 철학을 이루셨구나'라는 생각이 든다"고 언급했다. 옥한흠은 가장 가까이에 있던 비서들에게 가장 존경을 받았으니 참 복이 많은 사람임에 틀림없다.[34]

옥한흠이 한 사람에 대해 지대한 관심을 갖게 된 것은 결국 하나님이 최우선으로 여기시는 것이 "사람 키우는 것"인 것처럼, 하나님의 일을 하는 목회자나 교회가 해야 할 가장 근본적 과제도 마찬가지기 때문이다. "사람을 키우는 것이 바로 하나님의 방법이기 때문입니다. 선교도 중요하고 가난한 사람을 돕는 일도 중요하지만 사람을 키우는 일보다 앞설 수는 없습니다."[35] 이것이 옥한흠의 변함없는 지론이었고, 평생 그의 목회도 이러한 원칙을 토대로 이루어졌다. 그는 이렇게 말했다. "사랑의교회를 개척한 이래 지금까지 '평신도 훈련'과 '선교'와 '구제'라는 세 가지 비전을 잊은 적이 없습니다. 이 세 가지 비전 중에서 제가 가장 중요하게 여기는 것은 훈련입니다."[36]

○ 청빈한 삶과 경건, 질병

옥한흠의 기본적인 인생관은 끊임없는 고난과 질병으로 인하여 다소 비관적이었던 것이 사실이다. 그러나 그는 질곡의 심연에서 하나님을 향한 믿음의 위력을 발견하고 그의 인생에 희망의 닻을 달 수 있었던 믿음의 사람이었다. 예고 없이 돌풍이 불어오면 금방 물결이 사나워지는 갈릴리 바다가 예수님이 제자들을 만나고 즐겨 찾던 장소였듯이, 풍랑이 불어닥치는 바다와 같은 인생이었지만 옥한흠은 결코 외면하거나 피하지 않았다. 바닷가에서 힘겨운 삶과 노도 광풍과 싸워야 했던 제자들의 삶과 자신의 삶, 더 나아가 성도의 삶이 그러한 노정路程이었음을 이렇게 고백했다.

> 힘들게 노를 저어야 했던 제자들처럼 인생을 살았고, 지금도 그렇게 살고 있고, 앞으로도 그렇게 살지도 모르겠다는 생각을 하고 있는 것입니다. 저 자신의 과거를 돌아봐도 마찬가지입니다. 8·15 해방 이후 극심한 가난을 겪으며 힘든 시절을 보냈고, 그 후로도 가난으로 인해 계속 괴로움을 겪었으며, 나중에는 이런저런 병을 가지고 남모르게 생과 죽음의 그늘에서 고통스러워했습니다. 또한, 몇 번의 실패를 경험한 후 빈손으로 소수의 사람과 교회를 개척하면서 많은 난관을 극복해야 했습니다. 나중에 수만 명이 모이는 대형 교회가 된 다음에는 사역이 주는 막중한 부담과 스트레스를 짊어지고 씨름해야 했습니다. 인생의 겨울을 맞은 지금은 주변을 돌아볼 때마다 진눈깨비가 내리는 별로 달갑지 않은 으스스한 많은 날들을 보내게 됩니다.[37]

남다른 고난과 질병을 겪었던 옥한흠은 믿음의 중요성과 필요성을 어린 시절부터 절감하며 성장했고, 하나님의 은혜를 경험한 후에는 전적인 헌신의 자세로 이어졌다. 그래서 그는 "비상한 믿음"에 대해 자주 강조했다. "비상한 믿음은 이유를 알 수 없는 슬픔과 고통과 어려움을 당할지라도 예수님 때문에 하나님의 선하심을 신뢰하고 전적으로 수용하는 믿음입니다. 비상한 믿음은 예수 그리스도를 위해서라면 생명이라도 바치겠다고 하는 헌신의 자세를 가리킵니다."[38] 그는 믿음 때문에 핍박을 당하며 인내하는 그리스도인에게 하나님의 은혜를 만나게 해 준다. 인생의 풍랑과 고난의 용광로는 결국 하나님의 은혜를 경험하며 비상한 믿음을 갖게 해 주는 계기가 된다. 옥한흠은 비상한 믿음이 고난의 때에 다듬어진다는 사실을 자신의 인생의 경험을 통해 깊이 통감했다. "그 풍랑이 이는 갈릴리 바다의 고통"을 통해 하나님의 위대하심과 은혜를 경험하게 된다. 그래서 그는 고난을 부정적으로만 보지 않는다. "저는 고난을 예찬하는 것이 아닙니다. 저는 고행자가 아닙니다. 그러나 제 인생만 돌아보아도 어려움은 나를 연단으로 이끌었다는 것을 알 수 있습니다."[39] 거친 파도가 우리를 향해 다가올 때, 비상한 믿음의 날개를 펴서 주님과 함께 날아올라야 할 것을 그는 기나긴 고난의 터널을 빠져나온 믿음의 용장답게 우렁차게 외쳤다.

옥한흠의 평생에 걸친 제자훈련 목회는 고난과 질병의 고통 속에서 펼쳐졌다. 가난한 삶과 병고로 인한 아픔 속에서 만난 하나님의 은혜는 그를 평생 겸손하고 절제 속에서 살아가도록 만든 주요한 동인이었으며, 목회하면서도 청빈한 삶과 경건을 추구하게 한 견인력이었다. 그의 아내도 매사에 절약하는 습성이 배어 있었지만, 옥한흠도 가정이나 교회, 그리고 심지어 안성수양관에서도 전기 낭비하는 것을 그냥 지나가지 않았다. 그가 오랜 세월 친밀한 관계를 유지해 왔던 송길원에게 단 한 번 크게 화를 냈던 일이 있는데, 그것은 주말 집회를 수양관에서 진행하는 중에 밤새 전등을 켜 두었다는 사실을 알고 나서였다. 흔히들 그냥 지나갈 수 있는 사소한 일이었지만, 옥한흠은 그렇지 않았다. 그 이유는 그의 몸에 밴 절약 정신 때문이기도 했지만, 성도들이 낸 헌금의 소중함 때문에 더욱 그랬다. 성도들의 삶의 현장을 누구보다 구체적이고 실제적으로 잘 알고 있었던 그는 그들이 그렇게 헌신하며 드린 헌금을 조그마한 일에도 결코 낭비해서는 안 된다고 생각했기 때문에 그냥 지나가도 되는 일에 격노했다. 송길원도 그 마음을 이해하고 지나가긴 했지만 옥한흠을 기억하면 떠오르는 한 순간이 되었다고 한다. 가정 사역을 하면서 옥한흠의 주변에서, 그리고 사랑의교회 협동 목사로 협력 사역에 동참해 온 송길원이 건강을 위해 골프를 치라고 권면해도, 눈에 밟히는 성도들 때문에 할 수 없다고 한사코 거절했다. 그의 마음에는 힘들게 살아가고 있는 성도들을 배신하지 않으려는 의지가 약화되지 않았고, 그가 골프를 치지 않는다는 것으로 위로받고 있는 성도들이 있다는 사실을 알았다. 성도들을 향한 애틋한 마음이 있었기에, 그리고 그들이 어떻게 살아가며 교회를 위해 헌신하고 헌금하는지를 누구보다도 잘 알았기에, 절제와 청렴은 자연스럽게 그의 삶의 덕목이 되었다. 바로 한 사람에 대한 철저한 관심과 배려가 있었기에, 그는 성도 한 사람이라도 실족하지 않게 하려고 노력했다. 이와 같은 사랑의 배려는 끊임없는 자기 절제로 이어졌다. 그는 늘 엄격한 잣대를 자신에게 들이대며 살았다.[40]

이처럼 옥한흠의 철저한 개혁주의적 인간 이해는 그의 지속적인 자기 부인과 청빈한 삶을 추구하는 것으로 드러났다. 자기를 위해 무언가를 쓰고 즐기는 일에 대해서 극도로 민감했다. 자기 부인과 청빈 자체가 목적이 아니라, 옥한흠은 자신이 집중할 수 있는 모든 노력을 하나님이 원하시는 일에 전적으로 쏟아붓기를 원했다. 1998년 여름 『평신도를 깨운다』 개정판을 작업할 때, 그의 머릿속은 온통 책 생각뿐이었다. 점심식사 시간에는 한 달 내내 습관적으로 설렁탕 집으로만 향했다. 메뉴를 고민할 필요도 없었다. 주문한 음식이 빨리 나오기 때문이었다. 그는 그렇게 한 달 내내 점심식사가 줄곧 설렁탕이었다는 사실도 모른 채 집필에 몰두했다. 그러다가 설렁탕 값이 천 원이 올랐다는 사실을 알고는 한 대형 교회 목사의 입장이 아닌, 서민의 입장에서 한숨 쉬며 걱정하는 모습에서 "한 영혼, 한 영혼을 품고 살아가는 진솔한 마음"이 풍겨 나왔다.[41]

옥한흠은 먹고 마시는 데 별로 신경 쓰지 않았고 시간을 낭비하지 않았다. 그는 "굉장히 소탈"했고, 음식 문제에서도 "하나님 앞에서 늘 두려운 마음"으로 살았다. 하나님 앞에서 혹시나 과분하게 살고 있지 않은지 자신을 점검했다.[42] 그는 교회의 갱신을 외치고 사회의 부패상을 선지자적으로 외치기에 앞서 자신의 삶부터 철저하게 개혁하려고 부단히 애썼다. 마치 초대교회의 크리소스토무스가 콘스탄티노플 감독으로 부임하자마자 교구의 개혁이 필요하고 사회의 도덕적 해이와 윤리적 타락이 만연한 당시의 성직자들과 고위 관리들을 향하여 외쳤듯이, 옥한흠도 한국 교회와 사회를 향하여 말과 삶으로 외쳤다. 4세기 초 기독교가 공인된 이후 초대교회는 날로 부유해져 간 반면, 회개에 이르는 경건 생활과 영적 긴장이 점점 약화되면서 빛과 소금으로 사회를 정화시키는 그리스도의 교훈이 실종되고 있었다. 이러한 상황에서 크리소스토무스는 당시 기승을 부리던 "만찬 문화"에 철퇴를 가하고, 자신은 식사 시간에 외부 인사나 동료 성직자들을 배제하고 혼자서 간단한 식사를 하곤 했다. 단순한 식단으로 식사를 하는 그의 의도는 당시 팽배한 성직자들의 지나친 만찬 문화를 거부하는 측면도 있었지만, 수도사 시절 지나친 금욕적인 고행으로 그의 건강이 많이 훼손되었기 때문이기도 했다. 여러 면에서 개혁을 외치는 하나님의 사람들은 자신의 구체적인 삶부터 개혁하지 않고는 영향력을 발휘할 수가 없다. 그런 면에서 단순한 식사를 해 왔고 교회와 사회의 개혁을 외치며 절제와 함께 올곧게 살아갔다는 면에서, 크리소스토무스와 옥한흠은 닮은 점이 많다.[43]

이러한 삶의 모습과 흔적은 그의 첫 제자들에게도 깊이 각인되었다. 같은 시대를 살아가면서 함께 먹고 마시며 삶을 나누던 그 시절, 옥한흠의 진솔한 삶의 모습은 젊은 대학생 제자들에게 평생에 걸쳐 영향력을 발휘했다. 박성수는 그의 스승으로부터 배운 가장 큰 것은 바로 "자기 부인과 청빈한 삶basic life"이라고 언급했다.[44] 자기 부인이 있어야 자기 것을 버릴 수 있는 용기가 생긴다. 비운 그 마음에 하나님의 뜻을 채우고 그것을 실천하고자 하는 청지기 의식과 사명은 자기 부인에서 싹틀 수 있다. 옥한흠의 자기 절제와 자기희생적 삶의 자세는 그의 가까운 가족과 지인들도 인정하고 있다. 목사의 아들로 아버지를 평생 지켜본 옥성호는 이렇게 말한다. "제가 곁에서 지켜본 아빠는 목회자로서 좀 지나칠 만큼 자기 절제가 주는 뼈를 깎는 고통을 온몸으로 끌어안으며 사신 것 같아요."[45] 그리고 사랑의교회에서 부교역자로 사역했고, 현재는 분당우리교회를 담임하는 이찬수는 「국민일보」와의 인터뷰에서 목회자로 한평생을 살았던 옥한흠에 대해 이렇게 진술했다.

제게 고故 옥 목사님은 "억제력"이 무엇인지를 가르쳐 주신 분입니다. 할 수 있다고 다 해서는 안 된다는, 휘두를 힘이 있다고 마음껏 휘둘러서는 안 된다는 그 억제력을 그분은 삶으로 보여 주셨습니다. 모든 것을 억제하면서 오직 한 사람의 구원을 위해서 광인狂人처럼 사셨던 분이 옥 목사님이셨습니다.[46]

이러한 자세는 결국 자신의 삶과 사역을 통해서 하나님께 영광이 되도록 하기 위함이었다. 옥한흠은 설교 중에 이런 언급을 하기도 했다.

우리의 인생은 길어야 70이요, 강건하면 80입니다(시 90:10). 이 짧은 인생을 의미 있게 살아야 하지 않겠습니까? 우리의 몸을 하나님이 기쁘게 받으시는 제사로 드려야 하지 않겠습니까? 저는 하나님이 리어카를 끌고 살라고 하면 지금 당장이라도 리어카를 끌 자신이 있습니다. 제일 하류의 생활이라 해도 "주님, 내가 이 일을 통해서 주님께 영광 돌리기를 원합니다" 하는 마음으로 리어카를 끌며 장사를 한다면 하나님께서 그와 같은 삶을 축복하지 않겠습니까?[47]

또한 옥한흠은 스스로를 고립시킬 줄 아는 목회자였다. 그의 목회 행동반경은 외부 활동을 지향하지 않고, 늘 사랑의교회를 구심점으로 삼았다. 마음이 괴로울 때면 그의 서재나 예배당에 나가 혼자만의 길고 긴 기도와 말씀 연구에 전념했고, 어느 때건 교회는 그의 사역의 본거지였고, 삶의 근거지였다. 그가 평생 쳐다보고 초점을 맞추었던 것은 그리스도의 참된 제자가 되어 하나님나라를 이 땅에 구현하는 것이었다. 하나님나라가 그에게는 영적 "북극성"이었다. 아무리 상황이 변하고 바쁜 일정 중에도 하나님나라를 향한 그의 시선은 멀어지지 않았다. 그 목적을 향하여 나아가는 중심 무대는 그가 사랑했던 "사랑의교회"였다. 참된 목사요 학자들이라야만 스스로를 고립시키고 고통스럽게 하며, 부족하게 만들며 진정한 학문의 세계를 형성하고 창출하듯이, 옥한흠의 목회 사역 자체는 그야말로 조개가 고통을 기꺼이 견디며 진주를 만들어 내는 과정이었다. 그가 몸에 지니고 다녔던 질병의 고통과 제자훈련 목회를 향한 집념으로 자신을 그토록 엄격하게 채찍질하며 경건의 능력을 배양하지 않았다면, 오늘날 우리에게 알려진 옥한흠 목사와 그가 남긴 목회적 유산이 있으리라는 보장은 없을 것이다.

옥한흠은 돈에 대해서도 철저했다. 그는 성도들에게 대접받기보다는 기회가 되는 대로 먼저 대접하기를 즐겼다. 순장과 함께 성도의 집이나 초신자 집에 심방을 갔다가 점심 식사를 하게 되는 경우에 여자 순장들이 대접하려고 하면 "절대로 사양하시고 이럴 때는 남자가 돈을 내는 거야" 하면서 식사비를 기어이 지불하곤 했다. 또한 감사 헌금을 그에게 드리면 "뜻이 정 그러시면 다음 주일에 교회에 헌금하십시오"라고 말하며 모든 관계에서 질서와 경계를 분명히 알고 실천했다. 참으로 한 목회자로서 돈과 재정 문제에 청지기적 자세를 견지하며, 돈의 유혹에 빠지지 않으려고 부단히 애썼다. 그러기에 "그분은 목회자의 길은 '내가 선택한 고난의 길, 가난의 길'임을 이야기하시며 항상 올곧은 인격의 참 길을 걸으셨다"는 한 권사의 말이 아주 긴 여운

을 남긴다.[48]

옥한흠은 교회에 헌금을 할 때나 남을 도울 때에는 자신이 할 수 있는 최대치를 베풀었지만, 자기가 받아야 할 것은 아무리 적은 것이라도 철저하게 거절하곤 했다. 심지어 자신의 아들들이 결혼할 때에도, 축의금을 전혀 받지 않았다. 성도들은 물론 친척들로부터도 축의금을 받지 않는 "하여튼 그런 면에서 철저한 분"이었다.[49] 옥한흠이 은퇴를 앞둔 시점에서 부교역자들에게 전한 메시지를 통해서 그가 얼마나 철저하게 물질을 다스려 왔는지를 확인할 수 있다. "돈이란 없으면 좀 아쉽긴 해도 돈에 관한 한 일단 초월하는 것이 좋습니다. 제 경우 하나님께서 늘 일용할 양식으로 채워 주셨습니다.… 저도 바듯하지만 책을 통한 인세로 그나마 여유를 갖게 되어 자녀 교육비와 치료비를 충당하곤 합니다. 오히려 그것이 마음 편합니다."[50] 그리고 옥한흠이 어려움을 겪는 목회자들이나 선교사들에게 적지 않은 도움의 손길을 베풀곤 했던 사실은 당사자들을 통해 주변으로 퍼져 나갔다.[51]

○ 신뢰와 위임의 리더십

옥한흠은 예수님의 제자가 되기 위해 본인 스스로 평생 노력했을 뿐만 아니라, 그의 제자들이나 동역자들에게 "위임의 지도력"을 발휘했다. 예수 그리스도께서, 자신을 따라다녔지만 그가 십자가에 달려 돌아가실 때 자신을 부인할 뿐 아니라 저주까지 한 베드로를 비롯한 제자들을 다시 찾아가 새로운 관계를 회복하시고, 승천하시기 전 전도대사명을 위임하시며 성령의 능력을 받기 위해 기도하라고 명령하신 것처럼, 제자도의 핵심에는 "위임"이 있다. 옥한흠은 위임에 강했다. 그의 탁월한 위임의 비결은 "존중"에 있었다. 책임자를 고르고 그의 특징과 능력을 파악한 뒤 적절한 권한을 위임하고 결과를 기다리려면, 그 존중을 유지해야만 가능하다.[52]

옥한흠은 누구보다도 하나님이 자신에게 주신 영적 은사가 무엇인지를 잘 알고 있었다. 교회는 다양한 은사를 가진 성도들의 섬김의 봉사를 통해서 사명을 잘 감당할 수 있기에, 교회에서 덕을 세우는 봉사자가 되려면 자기 자신을 바로 알아야 하며, 무엇을 할 수 있고 무엇을 할 수 없는지, 자기 평가를 정직하게 할 줄 알아야 한다. 자신을 있는 그대로 받아들여야 하고, 자기 은사에 만족할 줄 아는 겸손의 사람이 되어야 한다. 진정한 겸손이란 "내가 할 수 있는 일은 언제든지 '하겠습니다'라고 하는 것이고, 내가 할 수 없는 일은 '못 하겠습니다'라고 정직하게 고백하는 것"이었다. 그는 이 "정직성의 결여"로 교회 안에 많은 갈등과 문제가 발생하는 것을 매우 마음 아파했다.[53]

옥한흠은 자신에 대해 이렇게 평가한다. "가르치는 은사와 훈련하는 은사"는 많이 받은 것 같고, "이만한 교회를 이끌어 가는 것을 보면 리더십도 있는 것" 같다고 하면서도, 그는 "전도하는 은사"나 "상담"에 대해서는 받은 은사가 약하다는 것을 인정했다. 그래서 이 분야의 사역에 은사를 받은 교역자들을 모셔서 함께 사역에 임하고 있다고 밝힌 적도 있었다.[54] 그는 자신을 정확하게 판단했다. 없는 것을 분명하게 인정하고 겸손하게 목회에 임했다. 겸손하게 이런 사실을 인정하면 다양한 은사를 받은 교역자들과 함께 하나님의 교회가 자란다는 사실을 잘 깨닫고 있었기에 위임의 리더십을 발휘할 수 있었다. 그래서 유승관은 옥한흠의 리더십을 이렇게 묘사했다. "옥한흠 목사는 한

번 사람을 믿으면 끝까지 신뢰하는 타입이다. 물론 신뢰의 단계에 이르기까지는 신중하고 시간이 걸리겠지만, 일단 믿은 다음에는 설령 약점과 실수가 발견되더라도 큰마음으로 덮고 전적으로 위임하는 리더십"이다.[55]

지도력과 공동체

○옥한흠과 사랑의교회 성도들
초기 사랑의교회 성도들이 기억하는 옥한흠의 이미지는 목사답지 않은 장발에 입을 크게 벌려 열정적으로 찬양하던 모습이다. 처음에는 전도의 열매로 교회에 나온 성도들도 많았지만, 강남 지역으로 이사 와서 교회에 출석하여 옥한흠의 설교를 들은 뒤 등록하는 성도들도 꽤 있었다. 그들은 마치 자신을 위해 미리 알고 준비한 맞춤 설교인 양 자신에게 적용하고 남모르는 감격과 감동으로 교회에 정착했다. 그리고 그 설교를 통해서 만난 주님 때문에 평생 흘릴 감격의 눈물을 다 흘리고, 마침내 주님이 주시는 세상이 알지 못하는 평안을 누리면서 다락방 모임으로 편입되어 제자훈련의 과정을 밟곤 했다. 당시 사랑의교회에서 실시하던 소그룹으로 모인 제자반은 일반 교회에서는 찾아보기 힘든 생소한 모임이었고, 전에는 접해 보지 못한 특이한 분위기였다. 그런데 어찌된 일인지 그 모임에 참석하면 자연스럽게 삶의 보따리를 하나하나 풀어내게 되었다. 때로는 부끄럽고 자존심이 상했지만, 은혜의 감격 속에서 구원받을 죄인들이 주님을 인격적으로 만나고 교제하면서 세상이 줄 수 없는 평안을 누리며 기뻐했다. 그들은 예수님이 어떤 분이신지, 성도 된 "우리는 어떻게 살아야 하나?" 생각하며, 작은 예수 곧 그리스도의 제자의 길을 걷게 되었다. 이런 과정을 겪으면서, 이와 같이 고백하는 사람들이 많아졌다. "세상의 약자인 내가 주님이 내게 주신 작은 것으로도 예수님의 제자로 쓰임 받을 수 있다는 것은 제자훈련생들에게 과분한 행복이요, 새로운 도전이었다. 이러한 소명감은 제자훈련생들에게 순장의 섬김을 기쁨으로 배우게 했다. 그 섬김을 통해 순장은 자신의 약함을 자랑하며 맡겨진 다락방과 함께 성장해 갔다."[56] 이러한 분위기의 제자훈련의 장이 세대와 세대를 이어 계속되고 있는 것이 옥한흠의 사역과 사랑의교회의 건강함을 대변해 주었다.

옥한흠 목사와 함께 신앙생활을 했던 대부분의 성도들, 특히 초창기 성도들은 한결같이 "우리 정말 행복했었지? 그래 정말 원도 한도 없어"라는 말이 절로 입 밖으로 나오는 나날을 보냈다. 참으로 행복했던 시절을 공유했던 아름다운 사람들이었다.[57] 제자훈련은 성령께서 임하셔서, 참석한 성도들의 마음을 도려내고 치유하는 가운데 인격이 변화되는 과정이었다. 그러한 과정을 마치 외과의사가 예리한 메스를 들고 수술하듯, 옥한흠은 하나님의 말씀이라는 영적 칼을 들고 성도들의 영혼을 드러냈다. 그러자 성령의 도우심과 역사하심으로 변화가 일어났다. "그러다 결국 그 놀라운 말씀 앞에 무릎을 꿇을 수밖에 없었다. 옥 목사님과 함께한 제자훈련은 언제나 그랬다. 내 영혼이 벌거벗겨 드러나는 시간이었다. 그분은 그분 안에 있는 예수 그리스도를 우리에게 주셨다. 분명 성령이 일하셨던 인격 훈련이었다."[58]

옥한흠은 그가 먼저 사랑했고 따랐으며 제자가 되려고 노력한 예수를 전파했기에, 그의 가르침은 듣는 자들의 마음에 공감대를 이루었다. "옥 목사님으로부터 제자훈련을 받은 우리는 예수 그리스도로 미쳐 갔다."[59] 제자훈련만이 아니었다. 설교에서도 그러했다. 자신이 깨달은 진리를 깊이 묵상하고 되새기면서 선포되는 말씀은 모순 없이 듣는 성도들의 심령을 찔렀고 예수 그리스도의 은혜를 드러냈다. 그가 하나님의 말씀을 해석하고 전달하면, "저분은 저렇게까지 생각하는 분이구나"라는 탄성이 자연스럽게 터져 나왔다. 또한 그는 진솔하게 자신의 잘못을 인정하고 사과하는 사람이었다. 그렇게 했다고 해서, 설교자의 권위가 추락하는 것이 아니라, 오히려 더 존경을 받게 되었다. 구자관은 이렇게 증언했다. "그분은 자신의 판단이 잘못되었다는 것을 깨달으면 언제든지 사과하셨다. 그러한 목사님을 보며, 정말 이분과 평생을 가고 싶다고 생각했다."[60]

옥한흠은 초기 목회 사역부터 강해 설교에 전력했다. 그 당시 예배에 참석한 성도들에게 "조직은 참 엉성했지만 말씀과 은혜가 충만한 교회"로 각인되었다. 그는 그러한 신앙의 감격을 제자훈련의 장으로 연결시켰다. 이러한 사역의 파장은 시간이 지나면서 사랑의교회뿐만 아니라 한국 교회의 성도들까지 평신도 제자훈련의 필요성에 공감하게 했으며, 제자훈련을 통해 그들을 동역자로 삼아 그들로 하여금 "작은 목자"라는 사명감을 갖게 한 것은 엄청난 혁신이었고 공헌이었다.[61] 전통적인 목회자상에 익숙한 목사들이나 성도들에게 거부감이나 반발이 있었던 것도 사실이다. 그리고 제자훈련을 통해 성숙한 신앙 인격으로 승화되지 못한 평신도 지도자들 중에는 목회자의 고귀한 소명과 사역을 바로 이해하지 못하고 폄하하는 언행을 무분별하게 했을 수도 있다. 또한 제자훈련을 받은 평신도들 중에는 다른 교회 성도들에 대해 영적인 자부심이나 엘리트 의식을 은연중에 드러냄으로써 다른 교회와 신앙적 연대감을 약화시킨 경우도 있었다. 그럼에도 불구하고 제자훈련 사역이 평신도들을 바르게 깨워 성도를 성도답게 하고, 교회를 교회답게 하는 큰 개혁의 바람을 일으킨 것은 부인할 수 없는 역사적 사실이 되었다.

사랑의교회는 개척된 지 10년이 지나면서 "가르치는 교회로서 참신한 이미지"를 확고하게 한국 교회 안에 자리매김했다. "복음 중심의 교회"로 발돋움하면서 1985년 이전까지만 해도 새신자 비율이 70퍼센트일 정도로 예수 그리스도를 믿고 변화된 성도들의 영적 응집력이 대단히 강했다. 또한 담임 목사의 "신앙적인 심지가 굳고 강력한 리더십"을 통해 교회가 든든히 세워져 갈 수 있는 기반이 조성되었다. 이렇게 복음에 대한 감격과 제자훈련 목회의 결실이 어우러지면서, 아홉 명으로 시작된 사랑의교회는 1988년에 장년 출석 교우가 5,000명이 넘는 교회로 성장했다.[62] 이렇게 옥한흠은 사랑의교회를 통해서 "평신도" 개념을 성경적으로 정립하고, 그것에 근거하여 평신도를 깨우는 제자훈련의 장을 만들었다. 또한 한국 교회의 성직주의나 교권 제도에 매서운 비판을 가하면서 교회 개혁의 필요성을 강조했다. 그는 이렇게 주장했다. "평신도를 깨워서 교회의 체질을 바꾸어 건강한 교회를 만들기 원하면 로마 교회의 비성경적인 성직 우월주의를 오른손으로는 밀어내면서 왼손으로는 슬그머니 받아들이는 이상한 짓을 더 이상 용납하지 말아야 할 것이다."[63]

평신도를 깨워 사역의 동역자로 삼는 데에 그는 매우 혁신적인 입장을 취했다. "그래서 한국 교회에서 목사만의 전유물로 생각되었던 성경 연구와 사역들을 평신도에게 이관"하는 데에 선구적인 역할을 감당했다.[64] 이러한 이유 때문에 목회자 고유의 권위와 역할을 약화시키고 축소했다는 전통적인 목회를 고집하는 목사들의 비판적인 견해가 상존하지만, 한국 교회를 건강하게 갱신시킨 그의 공로는 결코 상쇄되지 않을 것이다. 옥한흠의 자세나 태도는 일반적인 목회자들의 그것과 판이하게 다른 경우가 많았다. 그의 삶의 여정을 함께 걸었던 수많은 성도들과 평신도 지도자들은 교회에서 그리고 수련회나 기도원에서 그의 설교를 들으며 하늘의 은혜를 받고 회개와 성화의 삶을 자극받았다. 그들은 제자훈련의 과정을 통해 한 사람이 변하고 그에 따라 가정과 직장에서 또 다른 변화의 행진이 계속되는 것을 보았으며 "한 사람의 위대한 사상과 사고 체계의 깊이와 넓이가 얼마나 세상을 변화시킬 수 있는지"를 가까이서 목격했다.[65] 그래서 그들은 그들의 목회자를 진정으로 사랑하고 존경했으며, 그와 함께한 신앙 여정에 감사했다.

옥한흠은 그의 생의 마지막 순간을 고통 중에 보내면서도, 성도들을 향한 사랑의 메시지를 전할 만큼 그들을 사랑했다. 그러면서도 성도들이 예수 그리스도의 신실한 제자가 되도록 하기 위해 훈련의 채찍을 끝까지 놓지 않았던 목자였다. 그는 공적으로는 엄격했지만, 사적으로는 부드러운 사람이었다. 특히 가장 아끼는 순장 모임에서 순장들을 자주 혼내곤 했다. 낭비하거나 사치하는 것을 특히 많이 꾸짖었다. 그들 사이에서는 같이 늙어 가고 있는데 그만 야단치셨으면 좋겠다는 푸념이 나올 정도였다. 그런데도 옥한흠은 변함이 없었다. 성도들이 담임 목사에 대해 "믿음과 삶이 일치하는 균형 잡힌 분"이라는 존경의 마음을 갖고 있었기에 큰 문제로 비화되지 않았다. 그는 성경에 대해서도 많이 강조했지만, 그 진리를 실천해야 할 세상에서의 구체적인 삶의 변화에 대해서도 많이 가르치고 훈계했다.[66]

○ 옥한흠과 장로들

옥한흠이 하나님의 은혜의 세계로 발을 들여놓았을 때, 가장 먼저 그를 실족시킨 이들이 바로 장로들이었다. 그때 입은 상처는 수십 년의 세월이 흘렀음에도 불구하고 아직 다 아물지 않았다. 그만큼 상처가 깊었기에, 장로 직분뿐만 아니라 "장로교회 제도"에 대한 인상도 좋지 않았다. 그래서 그는 어린 시절과 전도사 시절에 장로 직분에 합당치 않은 장로들과의 관계 속에서 평생 잊지 못할 상처를 안고 살아가면서도, 그의 상처를 아물게 할 이상적인 장로상, 그리고 이상적인 참 교회를 추구했다.

그런 아픈 기억 때문에 그는 그러한 목회의 방향을 정했는지도 모른다. 물론 과거와 현재 훌륭한 장로들이 귀한 사역을 감당함으로 한국 교회를 일구어 가고 있음을 우리는 여러 교회에서 발견할 수 있다. 그럼에도 불구하고, 옥한흠의 눈에는 "장로들 대부분이 감독자로서 직분에 어울리지 않게 너무 소극적으로 처신하는 일이 의외로 많게 보였다." 그래서 "교회를 보호해야 할 처지에 있으면서 자기 보신에 급급하고 상처 입기를 싫어하고 영적 싸움을 해야 할 자리에서 피하기만 한다. 그러니 악화가 양화를 구축하는 경제 원리처럼 한두 명의 질 나쁜 장로들이 교회를 좌지우지하는 것이다"라고 그 폐단을 지적했다. 이러한 비판적인 평가는 단순히 옥한흠의 마음속에 어릴 때부터 저장되었던 "나쁜 장로의 추억" 때문만은 아닐 것이다. 이것은 대부분의 한국장로교회가 심각하게 숙고해 봐야 할 교회론적 과제다. 그런 면에서 "문제를 일으키는 자들이나 그것을 방관하는 자들이나 둘 다 장로가 될 자격이 없는 사람들"이라는 그의 주장에 수긍할 수밖에 없다.[67]

본의 아니게 장로에 대한 부정적 시각을 가지고 있었던 옥한흠은 사랑의교회를 시작하면서 단호하게 결심했다. 그것은 바로 "나와 더불어 말씀 앞에서 그리스도의 제자가 되기 위하여 제로 점에서부터 함께 진통하는 은혜받은 장로가 아니면 누구하고도 교회 일을 손잡지 않겠다는 각오였다."[68] 이러한 자세는 개척 교회를 하는 목사의 입장에서는 상당히 시행하기 어려운 결정임을 모든 목회자는 공감할 것이다. 타 교회에서 이미 장로직을 받은 자라도 제자훈련을 거치지 않고는 그의 사역의 동역자로 수용하지 않겠다는 결심이었다. 그의 말처럼 모든 것이 아쉽고, 어떤 면에서는 외롭기까지 한 개척 교회 젊은 목사의 처지에서는 너무도 현실을 모르는 처사라고 비판받을 수 있었다. 교회 개척을 막 시작한 옥한흠에게 중요했던 것은 "성급한 교회 성장이 아니라, 진정한 평신도 동역자를 얻는 것이었다." 그에게 "이상적인 장로상"과 "좋은 교회의 꿈"은 항상 분리할 수 없는 교회론적 목표였다.[69] 그런 까닭에 그가 목회하는 동안, "사랑의교회에서 이 꿈을 실현시킬 수 없을까?"라는 이상은 초기부터 가졌던 교회와 성도를 향한 소박하고도 절실한 교회론적 본향本鄕이었다.

남자 제자반을 성공적으로 진행하고 있으면서도 옥한흠은 그들을 향해 "앞으로 장로가 되셔야지요"라는 말을 한 번도 입 밖에 내지 않았다. 그가 믿기로는 교회 성장을 이루거나 직분자가 되는 것이 목표가 아니라, 교회의 본질적 원리에 충실하고 훈련받으면 자연적인 결과로 이루어져야지, 그것 자체가 지향점이 되어 버리면 안 된다는 것이었다. 그것은 성경적인 원리이기도 했다.[70] 이런 가운데 교회가 개척된 지 만 4년 반이 지난 1982년 12월 5일에 이르러서야 남자 제자반을 수료한 사람들 중에서 아홉 명을 장로로 세우게 되었다. 그들은 처음부터 담임 목사와 함께 "장로의 권위가 섬기는 데 있고 모본이 되는 데 있음을 분명히 했다." 그래서 예배당에 장로석을 따로 두지 않기로 했으며, "청중 위에 군림하는 장로가 아니라, 청중 속에서 섬기는 장로의 이미지"를 실현하기 위해 남다른 노력을 경주했다.[71] 그들은 처음부터 목회에 관한 한 담임 목사를 전적으로 따른다는 원칙을 세웠다. 장로는 한 사람도 예외 없이 다락방 순장으로서 가르치고 돌보는 영적인 사역을 책임지도록 했다. 옥한흠도 그랬지만, 장로들도 노회나 총회에서 감투 쓰고 다니면서 정치하는 일은 하지 않겠다는 다짐도 했다.

　　젊은 시절 옥한흠은 외삼촌 이기진 목사의 영향을 지대하게 받았다. 그렇지만 그는 고신 교단의 총회나 노회 일로 분주했던 삼촌의 목회를 바라보면서, 여동생 재선에게 "내가 앞으로 목사가 되면 절대 정치 목사 안 한다"고 다짐도 했다. "목사가 되면 영혼을 위해서 정말 하나님 앞에 목회를 해야지"라고 입버릇처럼 말했다.[72] 그의 작은아버지인 옥치상 목사는 목회하는 조카에게 사무엘상 2장 5-7, 30절을 근거로 하여 "제발 정치하는 목사는 되지 말자"고 당부했다. 이러한 가르침은 옥씨 가문의 목사들에게 가훈처럼 강조되었으며, 기도할 때마다 빼놓지 않았던 제목이었다.[73] 옥한흠 스스로도 교권에 별로 관심이 없었다.

하지만 무엇보다 이러한 파격적인 장로상을 제시하고 추구했던 근본 이유는 "다스림"에 대한 옥한흠의 이해에서 기인한다.

> 다스림이 무엇인가? 섬김을 말한다. 무엇이 다스림인가? 성도를 말씀으로 세워 주고 기도로 밀어주고 사랑으로 품어 주면서 그리스도의 분량에 이르도록 이끌어 주는 것, 이것이 다스림의 본래 의미인 것이다. 이 다스림에는 눈물과 땀 그리고 어떤 경우에는 생명을 희생하는 대가가 지불되지 아니하면 안 된다.[74]

그런 면에서, 제자훈련 과정을 통해 사랑의교회 장로로 세워 가는 과정은 "제자훈련을 통한 장로 제도의 개혁"이라고도 할 수 있다. 제자훈련으로 성경적인 교회론을 배우고, 그러한 틀 속에서 장로의 직분이 무엇인지 장로의 역할과 사명을 바르게 인식하고 공유했다. 사랑의교회의 예는 새로운 장로상을 정립하는 모델이라고 볼 수 있다. 옥한흠은 "비록 완전하지는 못하다 할지라도 제자훈련을 통해 목사와 한 배를 탄 그들을 통해 주님께서 이상적인 장로상이 어떤 것인가를 보여 주실 날이 반드시 올 것이라고 믿는다"[75]고 고백했다. 그렇다고 해서 옥한흠에게 집사나 장로 직분을 받은 사람 모두가 제자훈련이나 신앙 점검의 대상에서 제외된 것은 아니었다. 분명한 신앙 고백과 철저한 성경 지식에 근거한 제자훈련을 통과하지 않고는 바른 직분을 감당할 수 없었기 때문이었다. 초창기 멤버들은 거의 다 이런 혹독한 점검과 훈련의 과정을 거쳐 장로로 부름을 받아 사랑의교회의 기둥이 되었다. 장로로서 사랑의교회를 섬긴 바 있는 오태영, 김차술, 구자관, 정재득, 이관칠, 배순호, 옥인영 등이 다 그런 사람들이다.[76]

이러한 이유로 사랑의교회 당회를 비롯한 "모든 교회 일에는 영적인 사역이 주도했다. 훈련(말씀, 기도, 찬양)이 앞서고(2시간-2시간 30분), 당회(30분)가 뒤따랐다. 세 평 정도의 좁은 방에서 당회원 10여 명이 손을 잡고 기도하다 보면 모든 것에서 자유와 평화를 얻게 되었다. 논쟁도 없었다."[77] 복음의 능력에 사로잡혔던 당회원들은 예수의 제자라는 사명감으로 사역을 감당했다. 제자훈련이 중심에 서면 교회는 능력을 회복하고, 성령의 하나 되게 하심을 몸소 체험하게 된다. 이렇게 하나 된 마음으로 서로의 입장과 견해를 충분히 이해하고 주님의 몸 된 교회를 바르게 세우고, 주님의 제자를 양육하는 데 진력하는 중에, 목회자와 당회원들, 그리고 당회원들 사이에 소통이 원활하게 이루어졌다. 한창 건축 중일 때, CAL 세미나의 필요성을 언급하면서, "교회 건축은 교회 건축이고, 우리는 우리의 할 일을 계속해야 한다"는 말을 옥한흠이 장로들에게 했을 때, 아무도 이의를 제기하는 사람이 없었다. 그리고 목회자들이 찾아오는 다락방 참관과 실습을 대비해서 그 어떤 준비도 없이 그저 있는 그대로 오픈하라는 솔직하고 정직한 모습에서 동역하는 장로들의 마음이 목회자와 더욱 하나로 묶였다. 사랑의교회는 계속적으로 "성도가 서로 사랑하고, 날마다 부흥하며, 그리고 제자훈련 사역을 잘 감당하는 교회"로 자리 잡아 갔다.[78]

하나님 앞에서 정직한 모습으로 교회의 본질을 바로 세우고, 참된 제자를 세우기 위해 진솔하게 노력하는 목회자의 정신에 장로들은 존경을 표하며 따랐다. 하지만 담임 목사 옥한흠을 "상당히 어려워한 것"도 사실이었다.[79] 1986년 제1회 CAL 세미나가 열렸는데 그때 사랑의교회가 공개한 것은 새로운 교회 건축물이 아니라, 눈이 반짝반짝 빛나는 보석 같은 순장들이 주님을 향한 뜨거운 헌신으로 제자의 삶을 또박또박 걸어가는 당찬 모습이었다. 이 길을 초창기부터 걸어왔던 구자관은 이러한 말을 남겼다. "진정한 제자훈련은 제도가 아닌 사람이 변화하는 것이다. 그 한 영혼을 향한 마음을 잊는다면, 교회는 점점 노화의 길을 걷게 된다. 진정한 제자훈련의 길을, 복음에 사로잡힌 그 길을 걷기를 간절히 기도한다."[80] 결국 사랑의교회 당회 운영은 제도적 차원에서 이루어진 것이 아니라, 제자훈련을 통한 참 교회를 회복하고, 참 제자를 양육하기 위한 영적 차원에서 이루어졌기에, 섬기는 리더십의 참모습을 보여 줄 수 있었다.

사랑의교회 당회는 어떤 안건이든지 "만장일치제"를 추구했다. 이는 한 사람이라도 반대하면, 다수가 지지하는 안건에 반대자가 동의하기를 기다리며 설득하는 좋은 전통이었다. 때로는 시간이 너무 걸리기도 하고, 이견이 좁혀지지 않아 장로가 교회를 떠나는 아픔도 있었지만, 대체로 이러한 전통은 옥한흠이 은퇴하기까지 잘 이어져 왔다. 옥한흠도 스스로 고백하듯이, 자신이 허물 많은 인간인 것처럼 장로 역시 허물 많은 인간임에 틀림없다. 그렇기 때문에 사랑의교회도 다른 교회들처럼 여러 번 고비를 넘겨야 했다. 목사의 생각을 잘 읽지 못해 오해가 생기기도 했고, 장로들 사이에 의견 충돌이 일어나기도

했다. 죄인인 인간이기에 "목사든 장로든 어떤 이상적인 표준을 향해 끊임없이 몸부림치기 위해서는 여러 가지 고비를 넘어야 하고 희생을 치러야 한다는 것이다. 이상이 높으면 높을수록 더 무거운 값을 치러야 한다."[81]

참된 제자를 훈련시켜 진정한 직분자로 세우지 않고는 교회라는 신앙 공동체는 갈등에 휩싸이고 넘어지는 일이 다반사다. 그러하기에 옥한흠의 단호하고도 타협 없는 직분자론은 그의 제자훈련과 맞물려 참 교회를 이루려는 목적으로 가는 지름길 역할을 했다. 목사의 소신에 동의하고 묵묵히 훈련에 동참하고 동역의 길을 함께 가는 장로들이 있었기에, 옥한흠은 정상을 정복할 수 있다는 남다른 기대감으로 충만했다.

> 사랑의교회 장로들은 오늘도 변함없이 자기와 씨름하고 있다. 우리에게는 주님이 보여 주신 아름다운 정상이 있기 때문이다. 우리는 그곳을 향해 쉼 없이 달려가기를 소원하고 있다. 그러므로 나는 믿는다. 사랑의교회에서는 목사도 계속 발전할 것이다. 장로도 끊임없이 전진할 것이다. 이 세상 떠날 때까지 우리는 이 경주를 멈추지 않을 것이다.[82]

그럼에도 불구하고, 목회자와 당회원들 간에 갈등이 없었던 것은 아니다. 교인 수가 늘어나고 교회가 대형화되면서 예기치 않은 일들이 많이 생겼다. 옥한흠의 건강이 약해지고, 사역은 점점 가중되어 장로들과의 인간적 접촉이 거의 이루어지지 않아 서로에 대한 오해가 생기고 교제의 깊이가 옅어지기도 했다. 목사와 장로들 간의 이견이 노출되었던 이슈 중 하나는 북방 선교에 관한 것이었다. 1990년대를 전후로 하여 공산주의와 대북 인식에 많은 변화가 생겼다. 1989년에 소련 연방이 해체되고, 1994년에는 김일성 주석이 사망하는 등 굵직한 역사적 사건들을 경험하면서 막연하게 생각했던 북한 선교를 비롯하여 중국과의 관계도 상당한 진전이 이루어졌다. 특히 이러한 상황에서 김진경은 1988년 연변과학기술대학(연변과기대) 설립을 위하여 동분서주하고 있었다. 또한 당시는 아직 한국과 중국이 수교를 맺지 않은 상황이어서 6·25전쟁에서 북한을 도왔던 공산국가 중국에 대한 인식이 매우 부정적이었다. 그런 상황에서 김진경의 연변과학기술대학 프로젝트는 매우 신빙성이 없다는 평가를 받고 있었고, 그에 대한 적지 않은 오해와 반감을 드러내는 사람들이 많이 있었다.[83]

  1990년대 초반, 이러한 상황에서 옥한흠과 김진경의 만남은 사랑의교회의 북방 선교에서 획기적인 일이었다. 이런 시대적 흐름에 따라 대북 인식에도 변화가 생겼고, 북한 선교에 지대한 관심을 갖고 다양한 방법을 강구하는 것은 바람직한 일이었지만, 그러한 과정에서 적지 않은 갈등도 표출되었다. 일부 교계 지도자들은 이웃 사랑과 북한 선교라는 명분하에 북한 공산 체제에 대한 정확한 인식 없이 "무조건 북한을 도와야 한다는 잘못된 인식의 노예"가 된 경우도 있었다. 남한 교회에서 후원받은 상당 액수의 헌금을 연변과학기술대학과 평양과학기술대학, 주체탑 건설과 평양의 병원 설립, 그리고 거짓 종교 선전용 봉수교회와 칠골교회 등에 갖다 바치는 것은 무분별한 행동이라고 비판한 일부 장로들과의 의견 충돌로 갈등이 심화되었다. 특히 대북 인식에 보수적인 성향이 강한 사람들의 입장에서 보면, 그러할 수밖에 없었다. 이러한 갈등 속에서 가장 비판적인 입장을 취했던 장로들은 강안삼과 황의각 등이었다. 강안삼은 이 일로 결국 교회를 떠나고 말았다. 이것이야말로 옥한흠이 그의 목회 생활에서 겪었던 "큰 아픔 중의 하나"였다. 또한 이 일은 옥한흠의 "평생 목회에 장로 한 사람을 치리"한 사건으로 남았으며, 천국 가는 날까지 이 일에 대해 가슴 아파했다. 그 후에도 일부 대형 교회 목회자들이 아리랑 축제를 포함한 각종 공산당 행사에 참석하고, 중국의 삼자교회와 접촉한 것은 비판적으로 인식될 수밖에 없었다.[84] 갈등을 더욱 심화시킨 것은 장로들과의 소통이 원활해지지 않는 가운데, 연변과학기술대학을 후원하는 과정에서 상당히 큰 자금을 목회자와 재정 장로, 회계 장로만이 합의한 가운데 집행한 것은 행정 절차를 무시한 옥한흠의 "전적인 실수"였으며, "목사와 장로들에게 서로 상처가 된 사건"이 되고 말았다.[85]

아무리 제자훈련을 충실하게 받은 장로라도 영적 갈급함과 문제가 생기게 마련인데, 그들의 영적 건강과 발전을 위한 목사의 끊임없는 뒷바라지가 약해진 적도 많았다. 그래서 이런 일로 고민하다 옥한흠은 1997년에 매주 수요일마다 집회를 마친 후 목사와 장로들이 함께 모여 책 한 권을 읽으면서 자유롭게 토론하는 특별 프로그램을 마련하자고 제의했다. 목사가 매 시간 일정 분량을 읽고 요점을 정리해 준 다음에, 그 내용을 중심으로 각자가 자기의 생각을 마음껏 털어놓을 수 있는 대화의 장을 연 것이다. 이러한 만남을 통해서 생각의 교류가 이루어지고, 영적 소통이 원활하게 이루어지다 보니, 옥한흠이 장로들에 대해 우려했던 것들이 기우로 드러나게 되었다. 장로들과의 격의 없는 만남을 통해 얻은 감격을 옥한흠은 이렇게 즐거워했다.

> 우리는 정말 즐거웠다. 그 시간을 통해 내가 발견한 것은 우리 장로들의 영적 상태가 생각보다 건강하다는 것이었다. 제자훈련 받을 당시에 볼 수 있었던 그 순수함과 열정과 꿈이 여전히 남아 있다는 것이었다. 나는 얼마나 속으로 기뻐하고 감사했는지 모른다. 내 몸은 너무 힘들어 쩔쩔매고 있었지만 내 영혼은 위를 향해 힘차게 날고 있었다.[86]

이러한 건설적인 대화는 장로들과 목사가 교회를 위해 유익한 결정을 내리는 데 매우 긴요했다. 격의 없는 대화 속에 예기치 못한 훌륭한 생각들이 많이 표출되었다. 그중 하나가 좀 더 우수하고 젊은 세대들에게 교회 리더십을 발휘할 수 있는 기회를 주자는 제안이었다. 1997년 11월경에 『새들백교회 이야기』라는 책을 가지고 토론하다가 나온 발상이었는데, 토론하는 도중에 소위 "열린 당회"를 만들자는 데 의견의 일치를 모았다. 신중한 고려 끝에 당회에서 결정이 되어 장로 시무직은 7년으로 하고 시무 연령은 63세로 정했다. 또한 온누리교회에서도 이와 같은 제도를 시행하고 있다는 사실에 고무되었다.[87]

이러한 결정은 상당히 파격적인 처사로 쉽게 결정하고 시행할 수 없는 일이었다. 이렇게 해서 1999년 말부터 장로 된 순번에 따라 대여섯 명씩 퇴진하게 되었다. 결과적으로 사랑의교회 당회는 항상 25명 선을 유지하며 치리회로서 효율성을 극대화할 수 있고, 동시에 다양한 세대와 계층을 대표하는 갖추어진 평신도 지도자들이 주기적으로 당회에 들어와 장로로서 교회에 봉사할 수 있는 기회가 더 많이 열리게 되었다. 이러한 결정은 사랑의교회를 훨씬 더 젊고 건강한 체질로 바꾸는 데 크게 기여했다. 그렇다고 해서 물러나는 장로들이 장로직을 상실한 것이 아니라 70세가 되어 은퇴할 때까지 장로로 교회를 섬기게 된다. 시무 장로직에서는 물러났지만 "사역 장로"로서 교회를 위해 더 생산적이고 더 효율적인 역할을 감당할 수 있는 위치에 서는 것이다. 그들은 7년 동안 시무 장로로서 사랑의교회를 샅샅이 들여다보고 알 수 있는 안목을 가지게 될 뿐만 아니라, 목회자의 목회 철학과 교회 비전을 함께 공유함으로써 교회를 위한 가장 효율적인 순기능을 감당할 수 있는 자리에 서 있는 자들이다. 그리고 당회와는 상호 보완적 위치에서 중요한 역할을 할 수 있는 자격을 갖춘 지도자들이기도 하다. 중요한 것은 당회와 사역 장로들이 얼마나 협력해서 교회를 섬길 수 있느냐 하는 것이었다. 사역 장로라는 양질의 리더십을 최대한 활용하면서도 젊은 리더들이 성장하고 활동할 수 있는 장을 열 수 있는 교회의 자세가 이 제도의 성패를 좌우할 것이기 때문이다. 아무리 좋은 제안이라도 옥한흠과 사랑의교회는 1년간 유예 기간을 가지며 신중하게 고려하고 기도하는 중에 결정하여 지금까지 시행해 오고 있다.[88] 이렇게 해서 사랑의교회 당회는 새 옷을 입게 되었고, 이것은 "그만큼 교회가 이 시대에 더 잘 쓰임 받을 수 있도록 갱신되고 있다는 의미가 아닐까?"라는 옥한흠의 생각은 결코 무리는 아닐 것이다.[89]

하지만 사역 장로 제도를 만드는 과정에서 오해와 이견이 아주 없었던 것은 아니다. 일부 장로들이 목회자의 동역자로서의 역할보다는 견제하고 비판하는 일에 앞장서는 일을 목격하면서, 그들의 권한과 사역의 기간을 제한해야겠다는 생각을 가진 것도 부인할 수 없다. 또한 옥한흠과 사랑의교회가 사역 장로 제도를 숙고하게 된 것은 자체적인 대화를 통해서만 이루어진 것은 아니었다. 1990년대 후반 다른 교회에서 사역 장로로서 의미 있게 사역하는 한 장로와의 만남이 옥한흠으로 하여금 그 제도를 긍정적으로 생각하는 계기가 되었다. 장로로 피택이 되면 시무 장로가 되든지, 사역 장로가 되든지 본인이 선택하도록 해서, 선교 사역이나 교회 내에 힘든 일을 자원하여 봉사하며 섬긴다는 것을 들으면서, 옥한흠은 이렇게 생각했다.

"그래 맞아. 우리가 예수님을 따라가는 자세는 바로 이런 자세야! 교회 안에서나 밖에서나 주님이 하나님의 뜻을 이루기 위해 희생하시려고 걸어가신 그 길을 따라가는 거기에 무슨 자아가 있고, 내세울 자존심이 있겠는가? 주님도 저렇게 산산이 깨어지고 십자가에서 모든 사람의 구경거리가 되었는데 내가 무엇이라고 얼굴을 쳐들고 남에게 칭찬을 받겠다고 하겠는가? 사람이 알아주든 말든 나도 묵묵히 하나님의 뜻을 이루기 위하여 나 자신을 드려야겠다"고 생각했습니다. 이것이 바로 영원히 사는 길입니다.[90]

사역 장로 제도는 예수 그리스도를 진심으로 따르려는 자세가 구비되지 않거나 참된 제자가 되려고 자신을 내려놓고 포기할 수 있는 마음이 준비되지 않고는 수용하거나 시행하기 어려운 것이 사실이다. 또한 기존의 제도를 포기하고 새로운 제도를 시행하면, 거기에는 항상 장단점이 따르기 마련이다. 그런 면에서 사역 장로 제도는 사랑의교회가 어떻게 운용해 나가느냐에 따라 그 결과가 다양하게 나타날 것이다. 어찌되었든 당시 사랑의교회 대다수의 장로들이 사역 장로 제도를 수용하긴 했지만, 그중에는 마음이 불편한 장로들도 있었다. 일단 장로 수가 많아지면 당회의 통일된 의견을 도출하기가 힘들고, 목사가 조정하기도 어렵게 된다. 결과적으로 연령상으로는 63세에 은퇴하거나 7년간 장로직을 수행한 자들도 사역 장로가 되어 교단 헌법과 상충되는 일종의 "기형적인 제도"가 생겨나게 되었다.[91]

이것은 장로들의 수가 증가하고 좀 더 원활한 당회 운영을 위해 불가피한 조치였다고 볼 수도 있겠지만, 사랑의교회에서는 원천적으로 20년 이상 시무한 원로 장로 제도가 생길 수 없는 구조가 되었다. 어떻게 보면 이 제도는 장로의 수와 권한을 제한하는 조치가 아닐 수 없다. 이제 사랑의교회에서는 사역 장로 제도를 어떻게 운용하느냐가 적지 않은 고민과 과제가 되었다. 변화하는 새로운 세대에 잘 적응하고 젊은 일꾼들을 수용하여 당회가 젊어지는 것도 중요하지만, 한창 일할 나이에 경륜이 점점 깊어지고 있는 장로들이 사역 장로로 일선에서 후퇴하는 것은 고려할 여지가 많다. 그런 면에서 이 제도에 비판적인 시각을 갖고 있는 황의각 장로가 언급한 "고인물이 깊어지지 흐르는 물은 얕을 수밖에 없다"는 말은 그냥 지나쳐 버릴 말은 아닌 듯하다.[92] 새로운 변화에 효율적으로 대응하면서도 기존의 좋은 전통을 유지하고 발전시켜 나갈 묘안이 없는 개인이나 공동체의 영향력은 약화될 수밖에 없다.

○ 옥한흠과 부교역자들

사랑의교회 부교역자들은 옥한흠 목사에 대해 대체로 다 좋은 추억을 가지고 있다. 한국 교회의 모델이자 제자훈련 사역을 주도해 나가는 사랑의교회에서 사역하는 것 자체가 그들에게는 더없는 자부심이요 긍지였을 것이다. 그는 부교역자에게 한 번 일을 맡길 때 심각한 실수를 하지 않는다면 전적으로 위임했다. 그의 전적 위임과 신뢰는 사역에 더 집중하도록 하는 열매로 나타났다.

　옥한흠 리더십의 특징은 전적으로 위임하여 재량권을 주고, 믿고 기다리는 것이었다. 자신의 연약함과 죄악에도 불구하고 구속해 주신 예수 그리스도의 십자가의 은혜만 생각하면 참지 못할 고통도, 기다려 주지 못할 조급함도 그에게는 없었다. 옥한흠은 중학생 시절에 경험한 아름답고 귀한 하나님의 은혜에 대한 감격과 기억 때문에 그의 생애 내내 떠나지 않았던 병고와 싸우면서도 결코 불평하거나 원망하지 않았다. 그는 고통을 참아 내며, 그의 생애 속에 수용하고 용납하며 그 숱한 고난을 관통해 나갔다. 고통 속에서 경험한 하나님의 은혜와 역사하심으로 그는 전적으로 위임하고 믿고 기다리는 리더십을 발휘하게 되었다. 정말로 구원받을 만한 자격이 없는 그에게 구원을 베푸신 하나님의 은혜만 생각하면 자신에게는 혹독한 채찍질을 가하면서도, 부교역자들에게는 참고 기다리는 위임의 리더십을 보였다. 하나님의 은혜를 체험하고 십자가를 바로 본 그에게는 이런 특징이 평생 지속적으로 삶과 사역 속에 투영되어 나타났다.[93] 그는 어지간하면 참고 기다리면서 부교역자도 성숙해 가는 과정에 있는 한 인간이요 성도이며, 또한 목회 훈련생이라는 사실을 늘 잊지 않았다.

그는 교회 안의 그 어떤 일도 다 하나님의 일이요, 사역자들 모두가 똑같이 하나님 앞에서 쓰임 받고 있음을 강조했다. 그래서 옥한흠 목사는 부교역자나 비서도 다 "나와 함께 일하는 동역자다"라는 의식을 가지고 대했다. 그는 명령조로 말하는 법이 없었고, 늘 동역자에게 부탁하는 태도를 가지고 먼저 열심히 성실하게 사역에 임했기에 그 곁에서 따라 일하다 보면 어느새 "성실한 일꾼이 되어 있었다."[94] 그리고 담임 목사의 사역의 열정이 부교역자들에게도 전염되어 제자훈련 목회에 "다 미친 사람들이 되어 갔다."[95]

그는 가까이에 있는 연약한 사람들을 귀히 여기고 동역자로서 손을 잡아 주는 가르침으로 "우러나오는 충성심"을 이끌어 내는 지도자였다. 임미영은 이렇게 말한다. "한 번도 권위로 다가오지 않으셨고, 비서인 우리를 자신의 동역자로 여기시며 손을 내밀어 잡아 주셨다. 나는 목사님께서 그렇게 잡아 주셨던 손으로 다른 이의 손을 잡아 주는 것을 배웠다. 작은 자를 귀히 여겨 주셨던 목사님의 사랑을 받은 사람으로서, 나 또한 선교지에서 다른 연약한 사람의 손을 잡을 수 있었던 은혜를 나누려 한다."[96] 이렇게 옥한흠은 "연약한 자들의 동역자"였으며, 그의 한 사람 철학은 그의 지도력과 동역자들과의 관계 정립에도 주춧돌 역할을 감당했다. 예수님의 신실한 제자가 되려고 평생을 노력한 그는 마치 예수께서 나병환자에게 찾아가시고 먼저 그들에게 손을 내밀어 상처를 어루만졌듯이, 한 영혼에 대한 지대한 관심과 사랑을 갖고 연약한 자들을 귀히 여기며 그들에게 먼저 손을 내미는 모습 속에서 우리는 참 목자의 따뜻한 품을 연상할 수 있다. 그렇지만 아주 드물게 부교역자로서 심각한 문제가 있을 때는 과감하고도 즉각적으로 처리하는 경우도 있었다. 연말이 되지 않았음에도 퇴임하도록 조치한 것은 너무하지 않느냐며 장로들이 의아해할 때는, 한 교역자의 문제가 교회 전체의 문제로 비화되어서 되겠는가 반문하며 넘어간 사례도 있었다.[97]

매주 화요일 오전에 모이는 교역자 회의에서 옥한흠은 부교역자들에게 칭찬과 격려를 아끼지 않았다. 그렇지만 사역의 본질적인 부분에서 벗어날 때에는 가차 없이 야단치는 엄한 지도자였다. 거의 대부분의 회의에서 강조했던 내용은 사역의 방법이나 결과에 관한 것보다는 본질적인 부분을 권면하고 강조했다. 또한 부교역자들이 성도들의 고난과 역경을 모르고 피상적인 사역 단계에 머물고 있을 때는, 냉정하게 지적하고 눈물이 쏙 빠지도록 질책했다. 옥한흠의 부교역자에 대한 리더십을 비유적으로 표현한다면, 옥한흠은 "울타리를 크게 쳐 놓고 그 안에서 자유를 주는 리더십"의 소유자라고 할 수 있다.[98] 부교역자들은 이러한 리더십의 틀 속에서 "사람이 클 수 있구나"라는 사실을 확인하곤 했다고 한다. 그렇지만 옥한흠의 리더십에는 "포용력과 냉정함"이 함께 어우러져 있었다. 옥한흠 담임 목사에 대한 부교역자들의 전반적인 태도는 거의 "경외"의 차원으로까지 나아갔다. 그래서 그분 곁에서 사사로이 대화하고 교제하기가 어려운 부분이 있었기에 옥한흠이 외롭지 않았겠나 생각해 본다.[99] 오죽했으면 부교역자들에게 "박남규처럼 내 방에 쳐들어와 보라"고 했겠는가![100]

옥한흠은 유능한 교역자면 꼭 소속 교단 출신만 고집하지 않았다. 사랑의교회가 합신 교단에서 합동 교단으로 복귀했을 때, 합동신학교 재학 중 군대에 갔던 교역자들이 교회로 돌아오고자 했을 때에도 그냥 받아들였다. 물론 새로운 교역자를 세울 때에는 총신 출신들을 선택한다는 원칙을 세우긴 했지만 말이다.[101] 옥한흠의 이러한 태도에 부교역자들은 매우 존경하는 자세를 견지했고 호의적이었다. 초창기 부교역자로 오랜 세월 사역했던 최홍준이 자기가 몸담고 있는 동안이나 그 후에도 옥한흠에 대한 부교역자들의 불평이나 험담은 거의 없었다고 증언할 만큼 부교역자들의 담임 목사에 대한 존경심은 마음으로부터 우러나온 것이었다. 그러나 때로는 장로들로부터 "사랑의교회 부목사들 너무 건방져. 자기가 옥한흠인 줄 알아"라는 말이 나오기도 했다.[102]

옥한흠은 부교역자들을 때로 질책하기도 했지만 누구보다도 뜨겁게 사랑했다.[103] 모든 사역자에게 균등한 사랑을 베풀기는 어려웠겠지만, 그의 기본적인 자세는 그러했다. 특별히 초창기부터 만년 부목사를 자처했던 최홍준에 대한 옥한흠의 태도는 남달랐다. 개척 교회 시절부터 오랜 세월 함께 동고동락했고, 제자훈련 목회를 부산의 새중앙교회(현재의 호산나교회)에 성공적으로 접목했던 최홍준은 옥한흠에게 바울이 "나의 동무요 너희를 위한 나의 동역자"(고후 8:23)라고 소개했던 "디도" 같은 존재였다. 옥한흠은 1987년 부산의 대연중앙교회에서 부흥회를 인도하다가 이 "디도"를 보기 위해 마지막 날 금요일 새벽 설교를 과감하게 취소하고 최홍준에게로 달려갔다. 마치 "내가 내 형제 디도를 만나지 못하므로 내 심령이 편치 못하여 저희를 작별

하고 마게도냐로 갔노라"(고후 2:13)고 외친 사도 바울처럼 말이다.[104]

옥한흠은 부교역자를 무척 사랑했으며, 그 부교역자도 담임 목사를 쏙 빼닮았다. 그래서 두 사람을 아는 지인들은 최홍준을 만나면 만날수록 옥한흠이 "신비스러운 존재"처럼 느껴졌다고 전한다.

> 영혼에 대한 사랑과 복음에의 열정, 투명성과 강직함, 심지어 목소리 톤까지도.… 닮고 싶은 사람이 있다는 건 분명 인생의 큰 복이었다. 나도 두 분을 닮아 가고 싶었다. 최 목사님의 강점은 사람을 격려하고 세워 줄 줄 아신다는 점이다. 최 목사님 옆에 있으면 '곱으로' 행복해졌다. 그 뒤에 항상 옥 목사님의 그림자가 있었기 때문이다.[105]

아마도 이러한 동역자 간의, 그리고 담임 목사와 부목사 간의 아름다운 관계는 흔치 않을 것이다. 예수 닮기를 그토록 원했던 옥한흠은 서로가 사랑하고 닮고 싶고, 그리고 예수 그리스도를 통해 하나를 이룰 수 있는 사역자들 간의 관계를 이렇게 우리에게 보여 주었다. 옥한흠은 약 7년 가까이 부교역자 생활을 하면서 많은 것을 깨달았고, 그 깨달음을 자신의 목회 현장과 부교역자들에게 시행했다. 우선 제자훈련 목회에 대한 비전이 분명하면 동역을 결심하고 웬만하면 다 품어 주며 끝까지 함께하려는 자세가 어느 목회자보다도 강했다. 옥한흠도 부목사 시절부터 "동역자 간의 위계질서"가 얼마나 중요한지 절감했고, 팀 사역을 잘하려면 질서가 존중되는 분위기가 필수다. 또한 부목사는 당회장이 되기 위한 예비 과정이 아니라, 그 직분 자체가 하나님이 맡긴 귀한 일이기에 최선을 다해 충성해야 한다는 원칙을 세웠다. 그는 사랑의교회 현장에서 훈련시킬 뿐만 아니라, 그중 여러 명을 선발해서 1-3년 정도 미국의 유수한 신학교에 보내어 유학시키고, 국외뿐 아니라 국내에서 사역을 하면서도 목회학 박사 과정을 이수하도록 선처했다. 사역의 전문성을 제고하는 중요한 수단이라고 생각했기 때문이다. 이러한 배려는 옥한흠의 사람 키우는 정신에서 비롯된 것이기도 하다.

옥한흠의 사람 키우는 정신은 동역자 의식을 강화했고 사랑의교회에서는 팀 목회로 드러났다. 교회가 성장해 감에 따라 팀 사역의 중요성은 더욱 커지고 사역은 전문적으로 세분화될 수밖에 없다. 옥한흠은 탁월한 자질을 지닌 교역자들을 많이 발굴하여 적재적소에서 마음껏 사역할 수 있는 여건을 마련해 주고 동기를 부여하는 것을 자신의 사명으로 알았다. 부교역자로서 그 혜택을 받았던 김명호는 2000년 11월 30일, 「월간조선」과의 인터뷰에서 이렇게 언급한 바 있다.

옥한흠 목사님은 사람을 귀하게 여기는 것이 특징입니다. 제자훈련도 결국 사람이 중요하다는 것 때문에 나온 것이죠. 옥 목사님이 14년 동안 세미나를 통해 다른 목회자를 돕고 계신데 그건 사실상 쉽지 않은 일입니다. 회비를 받고 있지만 실제로 들어가는 비용의 70% 정도밖에 되지 않습니다. 제가 이 교회에서 19년간 일했고 18년간 일한 목회자가 두 분 있습니다. 주변에 오랫동안 함께 일하는 사람이 많습니다. 그것은 사람을 귀하게 여기기 때문입니다. 일할 때 충분한 재량권을 주십니다.[106]

김명호는 자신이 옥한흠을 존경하고 따를 수 있었던 가장 중요한 요인으로 "합리적이며 다른 사람의 말을 듣는 귀" 때문이라는 언급도 잊지 않았다.

> 나이가 들수록 고집이 생길 수 있지만 옥 목사님은 젊고 어린 후배들의 말에 귀를 기울이고 있습니다. 독단과 자신의 의지를 강조하기보다 기도로 하나님의 뜻이 무엇인지 찾기를 원하는, 고뇌하는 목회자입니다. 모든 것을 반드시 긍정적으로만 보지 않는다는 특징도 있습니다. 문제를 날카롭게 파악한 뒤 어떻게 할 것인지 진지하게 고민하죠. 사회 불의나 교회의 아픔을 다 드러내고 같이 아파하면서 고쳐 보려고 몸부림치는 분이죠.[107]

옥한흠은 부교역자들을 동역자로 삼아, 사역자를 키우는 선배요 멘토요 그리고 목자의 심정으로 후배 목회자들을 멘토링하는 데 있어서 귀한 선례를 남겨 주었다. 하지만 이런 옥한흠이 그들로부터 "영적인 도전과 진한 감동"을 받는 경우도 많았다. 하나님께서는 이런 자세로 부교역자들을 섬긴 옥한흠에게 "부교역자의 복"도 허락해 주셨다. 옥한흠은 이렇게 말했다. "나는 행복한 목회자다. 내가 머리를 숙이고 존경해 마지않는 부교역자들이 내 주변에는 아주 많다. 이런 동역자들과 함께 사역하는 한 나는 결코 잘못될 수 없을 것이다. 나는 그들을 사역의 모범으로 생각하고 있기 때문이다."[108]

그럼에도 불구하고, 옥한흠은 건강이 악화되어 쓰러지기 전까지 체력적으로도, 아이디어로도, 목회적 감각, 그리고 지적 능력으로도 부교역자들이 따라갈 수 없을 정도로 탁월했다. 나이가 들면서도 체력적으로 많이 약해졌어도, 더욱 노련한 목회적 감각으로 부교역자들을 압도했다. 무슨 사역이든지 시작하려면 먼저 교역자 회의를 통해 그들의 생각을 바꾸고 설득한 뒤 일을 진행했는데, 부교역자들은 미래를 미리 내다보는 그의 목회 감각에 놀라곤 했다.[109] 때로 옥한흠은 부교역자들에게 엄하게 훈련시킬 때도 많았다. 사랑의교회 순장으로 섬겼던 권수현은 옥한흠이 교역자들과 순장들을 챙기던 모습을 떠올렸다. 그는 "교역자들에게 매우 엄하셨다. 옥 목사님께서 교역자들을 혼내시고 나면 사모님께서 항상 그들을 위로하곤 하셨다"며 "비록 교역자들 앞에서는 엄하셨지만 사모님께 항상 그들의 안부를 물으셨다는 걸 들었다. 마음은 누구보다 따뜻하셨던 분"이라고 회상했다.[110]

옥한흠은 사랑의교회에서 목회 사역에 동참했던 후배 목사들에게 귀한 사표師表가 되었다. 20여 년을 함께 사역해 온 김만형은 "옥 목사님 보면서 나는 담임 목사 못하겠다. 저런 리더십을 갖춰야만이 목회를 할 수 있다"고 생각했다고 한다. 그가 유학을 떠난 이유 중 하나도 주일 학교 교육의 전문가로 평생 동역하기 위해서였다. "저는 유학 떠날 때 부목사로 끝내려고 생각을 했었어요. 내 인생은 부목사다. 나는 부목사다. 사실은 그렇게 다짐했었거든요. 담임 목회를 포기하고 유학을 갔습니다."[111] 그런데 옥한흠의 조기 은퇴를 앞두고 후임자 이야기가 돌면서 본의 아니게 자기 이름이 오르내리자, 김만형은 주저 없이 사임하기로 결정했다. 그는 이렇게 옥한흠에게 말했다. "목사님, 제가 아무래도 안 되겠습니다. 목사님 제가 어느 정도 할 일 다했고, 또 교회로 봐서도 제가 있으면 아무래도 부담만 될 뿐이지 앞으로 제가 어느 정도 할 일 다했으니까 사임하는 것이 좋겠습니다. 저는 여기까지입니다."[112] 여러 번 만류하는 옥한흠의 요청을 뒤로 한 채 김만형은 2001년 말에 사임했다. 그리고 옥한흠의 조기 은퇴를 앞두고 오랫동안 사역해 왔던 부목사들도 그동안 정든 교회를 하나둘 떠나갔다. 그들에게는 무엇보다도 담임 목사처럼 교회를 위하는 마음이 컸다.

옥한흠은 부교역자들에게 "그래, 목사는 저래야 되는구나! 아! 목회자는 저래야 되는구나! 나도 저런 목사가 되고 싶다"는 그런 소망과 따르고 싶은 목회자의 모델을 보여 주었고, 영적 아버지와 같은 존재가 되어 주었다.[113] 사랑의교회와 국제자훈련원에서 사역했던 박순종은 2002년 말 주일 예배 후에 모인 교역자 회의에서 일어난 일을 지금도 잊지 못하고 있다. 그해 사랑의교회 출석 성도들의 수가 2만 명을 넘어서자 부교역자들 모두가 감격과 흥분을 감출 수 없는 상황이었는데, 옥한흠은 오히려 냉담한 가운데 이렇게 말했다고 한다.

이게 축하할 일이냐고 이건 좋아할 일이 아니다. 한국 교회가 특히 작은 개척 교회들이 건강하면 사람들이 왜 우리 교회로 오겠느냐. 우리 교회 오는 사람들 중에 상당수가 그런 작은 개척 교회에서 상처 입고 힘들어서 오는 사람들 아니냐. 이건 결코 좋아해야 할 일이 아니다. 개척 교회 작은 교회들이 건강해야 한다. 그래야 한국 교회가 건강해진다. 우리 교회 숫자 많이 모이는 게 중요한 게 아니다.[114]

그러면서 그 시간에 옥한흠은 모든 교역자와 함께 우리 모두 한국 교회를 위해서, 특히 작은 개척 교회가 건강하도록 같이 기도하자고 해서 그렇게 기도하고 끝났는데, 이러한 상황은 부교역자들에게 "너무나 큰 충격"이었고, 그 사건이 "아, 그래. 이거였는데, 그래 목회자는 이래야 되는데"라는 강한 생각을 각인시켰다.[115] 이렇게 옥한흠은 함께 사역했던 후배 목회자들이 존경할 수밖에 없는 선배 목사였다.

옥한흠을 통해서 배출된 많은 부교역자들이 이제는 한국뿐만 아니라 세계 여러 지역에서 제자훈련의 진정한 의미를 깨닫고 배운 바를 그들의 목회 현장에서 묵묵히 실천하며 많은 열매를 맺고자 노력하고 있다. 분당우리교회의 이찬수는 그런 모델 중 대표적인 예가 될 것이다. 최홍준에 의하면, "이 목사라면 옥 목사님을 위해서는 목숨까지도 내놓을 만큼 의리 있는 동역자"로서 아름다운 사역의 결과가 여러 곳으로 퍼져 가고 있다. 이찬수를 비롯한 사랑의교회 부교역자 출신들은 한결같이 옥한흠의 은혜에 보답할 수 있는 길이 무엇인지 고민하고 있을 것이다. 옥한흠이 원하는 바는 무엇일까? "목회를 지금과 같이 신실하게 잘하는 것이 바로 그 은혜에 보답하는 것이라네!" 이것이 한때 사랑의교회 만년 부목사, 원로 부목사를 꿈꾸었던 최홍준의 대답이다.[116]

옥한흠은 1992년부터 교육 전도사로 부임하여 중고등부 사역에 성실하게 임했던 이찬수를 5-6년 지나면서부터 눈여겨보며 격려하면서, 나이가 점점 들어가는데 어른 사역 좀 배우다가 개척하라고 당부했다. 이찬수는 당시 청소년 사역을 더 하겠다며 사양했지만, 그가 사역하고 있는 "어떤 기능에 관심이 있는 것이 아니고, 사람에게 관심을 갖고 있음을 느끼게 되었다"고 회상했다. 그로부터 3-4년이 지난 후에 다시 불러 분당에 교회를 개척하면 돕겠다는 약속을 했고, 사랑의 교회에 "갈 사람 다 따라가라"고 광고까지 했다. 이러한 배려는 단순히 이찬수에 대한 개인적 관심과 후원의 차원이 아니라, 한 사람의 철학을 철저하게 지니고 있는 또 다른 교회를 독립적으로 개척하여 확산시켜 나가고 픈 의도가 담겨 있었던 것이다. 비록 그 당시 분당우리교회의 창립 멤버로 참여한 성도가 40명이 채 안 되었지만, 옥한흠이 사랑의교회 성도들과 친지들에게 적극적으로 추천해 주어 2002년 작은 출발이었지만 의미 있게 성장해 갈 수 있는 기틀을 마련해 주었다. 옥한흠은 부교역자들을 대할 때 때로는 "사자 새끼를 만들어 내기 위해서 몰아붙이고 야단치고 했지만, 일단 독립하고 나면 훨씬 부드럽게 대해 주었고, 따끔하게 지적할 것은 하면서도 나중에는 공연한 소리했다고 사과도 했던 양면성을 보여 주었다."[117]

옥한흠에게는 부교역자들이 단지 사랑의교회에서만 사역하는 교역자가 아니라, 훗날 한국과 세계 방방곡곡에서 하나님나라 사역을 감당할 또 다른 한 사람의 귀한 목회자이자 동역자라는 인식이 마음 깊이 담겨 있었다. 한국 교회에서 담임 목사와 부교역자의 관계는 참으로 가까우면서도 어려운 관계가 아닐 수 없다. 옥한흠은 정기적인 교역자 모임을 통해서 사역의 본질과 자세에 대해 충심에서 우러나오는 권면을 해 주었고, 사역자들의 철저한 영적인 점검과 자기 관리가 얼마나 중요한지를 자신의 삶을 통해서 가르쳐 주었다. 또한 작은 일에 충성하면서, 하나님 앞에서 사역하는 자세를 일깨워 줌으로 "내가 이 교회의 담임 목사다"라는 의식을 갖고 사역에 임할 수 있도록 격려했다. 적지 않은 교역자들이 서로 지체 의식을 가지고 사역하게 함으로써 그리스도의 몸 된 교회를 세워 나가기 위해 "우리의 사역은 협력이지 경쟁이 아니다"라는 사실도 각인시켰다. 그리고 언제나 열린 마음으로 함께 사역을 공유하고 나누어야 모두가 잘되고 그리스도의 몸인 교회가 잘되는 것임을 강조했다. 그러면서도 폭넓게 책을 읽게 하는 등 사역자의 지적 관리에도 관심을 갖도록 독려했다.[118]

개척을 앞둔 부교역자 출신 후배 목사에게 메일을 보내 격려할 뿐만 아니라, 목회에 대한 실질적인 조언을 진정으로 사랑하고 아끼는 마음에 담아 보내곤 했다.[119] 이처럼 한국 교회에도 부교역자들이 담임 목사와 오래 동역할 수 있는 아름다운 분위기가 정착되어야 한다. 이 문제에 대한 범교회적인 고민과 분석이 시급한 시점에서 옥한흠과 부교역자들 간의 정겨운 관계야말로 한국 교회에 귀한 깨달음을 주는 선례로 남을 것이다.

지도력과 확산

○목사들을 깨운 목사, 옥한흠

옥한흠은 자신이 "사상 최악의 무신론 시대"에 살고 있다고 인식했다. 다시 말하면, 역사상 유례를 찾아 볼 수 없는 반(反)기독교적인 "최초로 세계화된 문화"의 도전에 직면하고 있다고 보았다.[120] 그래서 그는 무엇보다도 교회를 지도하고 있는 지도자들이 초대교회의 "사도들처럼 기도하는 것과 말씀 전하는 일에 전념하는 것은 시대적인 요청이라고 확신"했다.[121] 다시 말하면, 현시대의 목회자들이 초대교회의 사도들의 본질적인 사역으로 회복되지 않으면, 더 심각한 위기에 봉착할 것이라고 우려했다.

옥한흠이 평생 제자훈련을 강조하며 평신도를 깨우는 사역에 최선을 다해 왔지만, 사실 더 많은 노력을 기울여서 깨우려고 했던 대상은 목회자들이었다. 제자훈련이 어느 한 교회와 성도들에게 도입되려면, 프로그램을 그저 소개하고 운영함으로써 가능한 것이 아니라 목회자의 변화가 선행되지 않고는 결코 이루어질 수 없다는 소신으로 그는 목사들을 깨우는 데 심혈을 기울였다. 그는 이렇게 목회자의 변화가 선결 과제임을 역설했다.

> 이런 형편에서 교인들의 마음에 지진을 일으키려고 하면 평범한 리더십, 정상적인 이미지를 가지고는 절대 불가능합니다. 그들을 자극하여 놀람, 혹은 불안, 혹은 기대감을 일으킬 수 있는 목사 자신의 변화된 모습과 메시지만이 굳게 닫힌 교인들의 마음의 옥문을 열 수 있는 것입니다. 그러므로 해결의 열쇠는 목사 자신입니다. 얽히고설킨 타래는 목사 자신에게 있습니다.[122]

옥한흠은 목회자가 제자훈련 사역을 위해 흘린 땀과 눈물은 결코 빈손으로 돌아오는 일이 없다는 사실을 입증했다. 그는 한국 교회 목사들에게 목회의 본질이 무엇인지 깊이 고민하고 해결할 수 있는 대안을 제시했다. 그는 한국 교회의 문제를 다음과 같이 진단한다.

한국 교회는 조직이나 관리에 문제가 있다고 하기보다는 체질에 문제가 있다는 것이 제자훈련을 통해서 속속 드러나고 있습니다. 체질이 바뀌면 교회의 병이 치유를 받습니다. 제자훈련을 통해서 드러난 또 하나의 중요한 발견은 많은 교회가 겪고 있는 영적 침체의 원인은 평신도에게서 찾을 것이 아니라 목회자 자신에게서 찾아야 한다는 준엄한 사실입니다. 제자훈련을 시키다 목회자가 깨어나니까 평신도는 자연스럽게 깨어나는 것을 보고 있습니다.[123]

옥한흠의 제자훈련 목회의 핵심은 한 사람에 대해 관심을 갖고 집중하도록 목회자를 깨우는 것에 있다. 목회자가 깨어나면 평신도가 깨어나고, 그리고 한국 교회와 더 나아가 세계 교회가 깨어나는 연동성에 있다고 할 수 있다. "제자훈련은 자동차로 말하면 목회의 엔진"이라고 할 수 있으며, 엔진이 없는 자동차를 상상할 수 없듯이 각 사람을 그리스도 안에서 온전한 자로 세우는 제자 만드는 사역이 빠진 목회는 상상할 수 없다.[124] 그래서 우리 예수님도 승천하시기 직전에 "가르쳐 지키게 하라"는 전도 대사명이자 제자훈련대사명(마 28장)을 주셨다. 2천 년 전에 주님께서 주신 이 사명은 오늘날에도 여전히 필수 과제다. "평신도를 사역의 동역자로 발굴하여 훈련하는" 사명은 21세기를 감당하기 위해서는 반드시 목회 전략이 바뀌어야 하고 동시에 목회자와 평신도의 주체성이 재정립되어야 한다는 것을 의미한다. 바로 이런 평범하지만 비범한 사실을 목회자들에게 수없이 외쳤고, 그들을 제자훈련 목회로 깨워 갔던 것이다.

옥한흠은 그가 목회하는 교회가 성장해 가고 사회적으로 널리 알려지고 있어도 "한 사람"과 "작은 자를 주목하는 하나님의 눈"으로 살아갔던 참 목사였다. 그는 사랑의교회가 대형 교회가 되자 그것을 매우 부담스럽게 생각했으며, 항상 목회의 초심을 잃지 않았던 목회자였다. 그래서 주변의 많은 목회자가 그를 진심으로 존경하고 따랐던 것이다. 특히 작은 교회 목회자들은 옥한흠의 진심을 피부로 느꼈기에, 제자훈련으로 일구어진 사랑의교회의 외형적 성장보다는 내면적 본질이 무엇인지를 잘 알고 있었다. 옥한흠은 이렇게 생각했고, 실제적으로 그렇게 살아갔다.

> 저는 지나가다가 작은 개척 교회가 상가에 조그마한 십자가를 세워 놓고 있으면 늘 기도합니다. 저는 그 교회가 사람 눈에는 굉장히 초라하고 작아 보이지만 하나님께서 한번 눈여겨보시면 굉장한 일을 할 수 있다고 믿습니다. 저는 늘 그렇게 생각하고 기도합니다. 지나가다가 보면 저도 모르게 기도가 나옵니다. 하나님은 그런 데서 일을 하십니다. 사람들이 멸시하고, 무시하고, 안중에 두지 않던 그런 곳에서 하나님의 큰 역사가 일어납니다. 그것이 지금까지 성경 안에서의 역사요, 기독교 역사에서 증명할 수 있는 일이기 때문입니다. 우리 모두 작은 자를 주목해야 합니다.[125]

이러한 자세를 견지한 옥한흠은 후배 목사들에게 목사의 진정한 리더십은 "작아지고, 사라지고, 그리고 희미해지는 연습"을 통해 형성된다는 것을 몸소 보여 주었다. 이런 모습을 오랜 기간 곁에서 목격한 송태근은 옥한흠이 지향한 것은 "은둔의 리더십"이었지만, 이상하게도 그 영향력은 더 커져 가는 정말 이상한 현상이 벌어졌다고 언급했다.[126]

옥한흠은 그에게 단 한 가지 필요한 것이 있다면 "그것은 바로 하나님의 은혜"라고 주저 없이 말한다. 하나님으로부터 은혜를 받아야 하고, 그 은혜가 무엇인지 알아야 한다는 것이다. 목사도 두 종류가 있는데 "은혜를 아는 목사와 은혜를 모르는 목사"로 나눌 수 있다. 또 은혜를 알아도 깊이 아는 목사와 피상적으로 아는 목사로 나눌 수 있다. 옥한흠에게 "오직 은혜"는 신앙과 삶, 그리고 목사의 사역을 규정하는 가장 중요한 기반이다. 은혜를 깊이 알아야만 설교를 통해 "듣는 사람의 영혼을 때리는 울림"이 생기며 성령의 감동이 수반되는 것이다.[127] 목사에 대한 이 "살아 있는 가르침"은 사랑하는 아들 성호가 목사가 되겠다고 그의 결심을 알린 후 얼마 되지 않은 2009년 12월 5일, 이 땅에서의 마지막 생일에 드려진 가정예배에서 옥한흠이 아들에게 준 권면이다. 그때 옥한흠 내외와 아들 성호, 이렇게 세 사람이 거실에 모였을 때 그는 디모데전서 1장 12-17절을 중심으로 사도 바울의 극적인 변화에 대해 언급하고, 우리 주의 은혜가 그리스도 예수 안에 있는 믿음과 사랑과 함께 넘치도록 풍성함을 알리며, 우리 삶과 사역의 궁극적인 목적은 바로 홀로 하나이신 하나님께 존귀와 영광이 영원무궁하도록 돌리는 데 있음을 선포했다.[128] 두 부자는 디모데전서 1장 17절 말씀이 조나단 에드워즈의 회심에 결정적 역할을 했던 말씀임을 굳이 기억하며 언급하지 않았더라도, 이 말씀을 통해 아들의 목회자적 소명을 회복시키는 귀한 말씀이 되기를 간절하게 소원했을 것이다.

어린 시절에 성경을 읽으며 느꼈던 하나님의 구속의 은혜에 대한 감격과 감동은 옥한흠의 생애를 관통하며 그의 삶과 사역을 지탱해 준 주요한 기둥이었다. 그는 아들에게도 "아빠가 청장년이 되고 바쁘게 사역을 하면서 비록 내 속에 신앙에 대한 회의가 찾아온 적은 단 한 번도 없었지만 어린 시절 느끼던 그 은혜의 감동을 잃은 채 살았었다. 솔직히 그 후 많은 시간이 흘렀지만 어린 시절 느낀 그 깊은 은혜는 내가 교회를 은퇴하는 그 순간까지도 백 퍼센트 회복되지 않았었다"고 고백하며 그 중요성을 일깨워 주었다.[129] 어떻게 보면 목사 옥한흠은 어린 시절에 경험했던 하나님의 은혜를 감정적으로 온전히 회복하지는 못했지만, 그 은혜의 유효성으로 인해, 이 땅에서 마지막 호흡이 이어지는 순간까지 한 목회자로서 "은혜의 발걸음"을 뚜벅뚜벅 걸었다. 그리고 그 은혜의 중요성과 체험의 필요성을 아들에게 이렇게 일러 주었다. "성호야, 너는 은혜를 알아야 한다. 먼저 무슨 일이 있어도 새벽기도에 참석해서 하나님께 은혜를 갈구해라. 그리고 매일 몇 시간이라도 앉아서 성경을 탐독해라. 은혜가 없는 목사, 은혜를 모르는 목사는 성도들에게 독약이 될 뿐이다. 너는 절대로 그런 목사가 되어서는 안 된다."[130]

옥한흠에게 중요한 것은 목사가 되느냐 안 되느냐가 아니라, 자신이 정말로 구원받을 자격이 없는데도 불구하고 하나님께서 구원하셨다는 그 놀라운 은혜에 대한 확실한 인식과 감격이 있는가라는 사실이다. 그리스도의 십자가를 바로 보고, 그 의미를 제대로 깨달았는지의 여부가 더욱 중요한 것이었다. 십자가 앞에서 자신의 모습을 바르게 인식해야 하나님이 그리스도의 십자가를 통해서 베푸신 그 은혜를 올바르게 깨달을 수 있다. 사도 바울처럼 그리스도의 십자가를 통해서 자신이야말로 "죄인 중의 괴수"(딤전 1:15)라는 처절한 각성이 있어야, 그 토대 위에서 "내가 나 된 것은 하나님의 은혜"(고전 15:10)라는 고백이 자연스럽게 도출될 수 있다. 그는 목사로서의 소명과 직분 이전에 이러한 체험과 과정이 분명히 선행되어야 함을 강하게 믿었다.

옥한흠은 중학교 시절에 예수 그리스도의 십자가의 은혜를 체험하며 구원받은 감격을 말로 표현할 수 없어, 찬송으로 드러내었고, 때로는 학생들에게 설교를 통해 전했지만, 그러한 확신과 체험이 목사의 소명으로까지 이어진다고 여기지는 않았다. 십자가를 통해서 발견한 자신의 모습과 그 높고 깊은 하나님의 은혜의 간격은 그 어떤 것으로도 메울 수 없었기에, 그는 하나님께서 강권적으로 부르시기 전까지는 감히 먼저 나서지 못했다. 그러한 겸손함이 그의 생애 내내 지속되었다. 자신의 가장 깊은 밑바닥에서 하나님의 높고 크신 은혜를 체험한 옥한흠은 자신이 어떻게 감히 강단에서 하나님의 진리와 은혜를 외치는 목사가 될 수 있겠느냐고 생각하며 살아왔다. 결국 옥한흠에 의하면 하나님의 놀라운 은혜의 깊이와 넓이를 제대로 아는 자들만이 참된 목사가 될 수 있다는 것이다.

옥한흠이 장성한 그의 아들 성호에게 목회자의 길을 갈 것을 권면하면서 쓴 편지 속에서 우리는 그의 목사관觀의 일면을 읽을 수 있다.

…목회자, 설교자가 가장 힘들어하는 부분이 원리에 충실하면서 현실을 무시하지 않는 적절한 위치를 지키는 일이다. 한 손에 성경을, 다른 손에 신문을 들고 설교를 준비해야 하는 이유도 여기에 있다. 우리는 오늘을 사는 영혼들을 다루기 때문이다.… 네가 말한 대로 완전한 깨달음을 가진 사람은 없다. 내가 존경하고, 미국의 역사가 자랑하는 조나단 에드워즈도 내가 보기에는 목회자로서는 한쪽

이 비어 있었다고 본다. 현실에서 생존의 싸움을 하고 있는 성도를 이해하지 못하고 성경의 잣대를 가지고 나무라고 정죄하는 데 열을 올리는 목회자는 문제가 있다고 보는 것이 아빠의 소신이다.[131]

옥한흠은 이 편지에서 목회자로서 원칙을 세우고 원리에 충실하려는 자세는 높이 사야 하지만, 현실적인 상황을 고려하지 않은 채 자신의 소신대로 몰아붙이고, 입장이 다른 견해를 쉽게 정죄해서는 안 된다고 아들에게 권면하고 있다.

사랑의교회의 상담실을 수십 년간 운영해 오는 이유도, 상담 배경이 반드시 성경적이지 아닐 수 있음을 알면서도 인생 밑바닥에 떨어진 고통을 안고 살아가는 교우들의 이야기를 들어주고, 그곳에 가서 마음껏 울부을 털어놓으며 기도할 수 있는 공간을 마련해 주기 위함이었다. 그래야 목회자 옥한흠의 마음이 편했던 것이다. 그는 로버트 슐러Robert Schuller의 목회 철학에 동의하지 않으면서도 그가 인도하는 세미나에 참석해 옥한흠이 알지 못했던 것을 배움으로써 목회의 균형을 잡는 데 도움을 받으려 했다. 본인이 친히 실천했듯이, 입장이 다르다고 함부로 비판하는 자세를 지양하라고 옥한흠은 사랑하는 아들에게 권면했다.[132] 옥한흠은 목회자의 역할에 대해 이렇게 언급했다.

목회자의 영성, 실력, 인격은 자기 안에 묻어 둘 것이 아니라 평신도라는 토양에서 썩는 밀알이 되어 많은 열매로 증명되어야 한다. 이럴 때 교역자와 평신도는 다 같이 건강한 교회가 될 수 있는 것이다. 교역자는 양들을 위해 죽는 사람이다. "선한 목자는 양들을 위하여 목숨을 버리거니와"(요 10:11). 그는 자기의 살과 피를 양들이 먹도록 내어놓은 사람이다. 등에 업은 새끼들에게 자기 몸을 다 파먹이고 나중에는 빈껍데기만 남기고 죽은 어미 거미처럼 교역자는 평신도를 봉사자와 증인으로 힘차게 뛸 수 있게 하기 위해 자기를 텅 비도록 내어 주는 사람이다.[133]

옥한흠은 한국 교회의 목사들이 교회론의 본질과 목회 사역의 핵심을 인식하게 되면 당당한 목회자로 거듭날 수 있음을 스스로 보여 주었고, 실제로 그러한 목회의 길을 제시했다. 제자훈련 목회의 성경적 바탕과 신학적 근거를 분명하게 확신한 목회자들은 성도의 숫자나 교회의 규모로 목회 사역의 크기를 재고 평가하는 한국 교회의 폐단을 제거할 수 있는 안목도 제공해 주었다. 옥한흠은 평소 그를 따르던 소강석이 예배당 설계도를 갖고 찾아왔을 때 이런 충고를 해 주었다. "너무 목회 성공주의로 가지 마라. 성공신화주의로 가지 마라. 예배당이 크면 어떻고 작으면 어떠냐? 본질에 충실해라. 사람을 키우는 일에 충실해라." 이런 말을 들은 소강석은 처음에는 섭섭했지만, 그 말을 따랐다. 그래서 소강석은 새에덴교회를 신축할 때, "본당보다는 교육관 중심의 예배당을 건축한 것이 사실"이라고 언급했다.[134]

옥한흠은 "진짜 미친 사람은 비교 의식이 없습니다. 남하고 비교할 시간이 없으니, 열등감이 없습니다. 오늘날 젊은 목회자들 중에는 열등감, 비교 의식에 빠져 자신을 망치는 사람들이 있습니다. 그들은 목회가 뭔지 모르고 목회자가 된 사람들입니다"라고 외쳤다.[135] 이렇게 그는 목회자가 본연의 자세에 충실하고 교회의 본질에 충성하는 목회자상을 정립하고 의연함을 부여할 수 있는 평범하지만 비범한 목회의 길을 제시했다.

옥한흠은 제자훈련 목회를 통해 한국 교회의 평신도들을 깨웠을 뿐만 아니라, 목회자들을 깨워 교회의 본질과 사역의 핵심을 자각시키는 데 크게 공헌했다. 교회의 본질을 세우고 개혁해 나가려는 목회자들을 마음에 품고 살면서 그들을 위해 기도하곤 했다. 혹시라도 그들이 어려움에 처해 있다는 소식을 들으면 교단이 달라도, 평소에 친밀하게 교제하지 않고 있었어도 먼저 전화해서 격려했다. 이러한 전화 한 번으로 옥한흠과 김동호의 인연이 아름답게 이루어졌다.[136] 옥한흠은 무엇보다도 평신도들에게는 사역자로서 그들의 잠재력과 다양한 은사들을 발견하도록 도와주었고, 목회자들에게는 그러한 평신도들을 사역의 대상이 아니 동역의 대상으로 볼 수 있는 안목을 제공해 주었다. 옥한흠은 목사들이 평신도 위에 군림하는 지도자가 아니라, "평신도 앞에 항상 마음으로 머리 숙인 목사"가 되어 섬기는 목회자의 겸허한 모습을 심어 놓았다.[137] 이렇게 함으로써, 그는 새로운 목회의 흐름을 한국 교회에 심어 놓은 선구적 역할을 했고, 그러한 사역의 결과는 이 세대뿐만 아니라, 오는 세대에도 변치 않는 영향력을 발휘할 것이다.

○ 목사에게는 설교가 생명

옥한흠은 제자훈련으로 유명한 목사이지만, 누구보다도 설교 준비에 철저했던 설교자였다. 그에게는 설교야말로 목사가 성도들을 위해 베풀 수 있는 최선의 섬김이었다. 하용조 목사의 사모에 의하면,

"내 남편 찾으려면 한 네 번 정도 전화를 걸어야 통화가 되는데, 옥 목사님은 한 번만 전화하면 연결이 된다. 늘 한 곳에 계신다"라고 전했다.[138] 매번 철저하고도 빈틈없이 준비했던 설교였지만 막상 단 위에서 설교가 제대로 풀리지 않으면 찬양을 주로 하고 말씀은 10분만 전하고 내려올 때도 있었다. 옥한흠은 말씀 준비뿐만 아니라, 말씀 선포의 중요성에 대한 강박 때문에 평생 설교에 대한 부담감을 안고 살아갔다.

그렇지만 옥한흠에게 설교와 제자훈련은 그의 사역에 상호 보완적인 역할을 하면서 그 영향력의 시너지 효과를 만들어 냈다. 이 두 가지는 사랑의교회가 지속적으로 성장할 수 있었던 필수 요소들이었다. 옥한흠도 둘 사이의 관계를 이렇게 표현했다. "자녀들 잘 양육하려면 어머니는 자녀들을 끼니때마다 잘 먹여야 하고, 동시에 학교 교육을 철저히 시켜야 하는 것과 같은 이치입니다. 이는 설교라는 영양식과 제자훈련이라는 가르침이 잘 조화가 되어야 한다는 말입니다."[139] 그리고 철두철미한 제자훈련 사역은 옥한흠에게 설교자로서 성도의 관점과 입장에서 설교하고, 청중의 상황에서 "들릴 수 있도록" 도와주었다. 또한 그가 심혈을 기울여 준비하고 선포한 설교는 제자훈련이 움직일 수 있는 엄청난 원동력을 제공한 영적 원전元田이 되었다. 이런 사역의 조화로 인해 옥한흠의 지도력은 강화되었으며, 솟아나는 영적 권위도 얻게 되었다.

전술한 바와 같이, 옥한흠의 설교 속에는 감화력과 적용성이 있다는 사실은 익히 알려진 바다. 그의 설교가 거의 30여 년 이상을 그 어떤 정형이나 특정 주제로 국한되지 않고 끊임없이 발전해 온 배후에는 설교자 옥한흠의 지속적인 "배우려는 자세teachable mind"가 있었다. 물론 그가 많은 선배 목회자들의 설교로부터 깊은 감화를 받고 설교의 중요성을 인식한 것이 사실이지만, 그 스스로가 계속 배우려는 자세를 견지하지 않았다면 그는 설교의 능력을 체험하지 못했을 것이고, 그의 제자훈련 목회도 상당히 위축되었을 것이다. 설교는 하나님의 말씀을 대언하는 거룩한 사명이다. 그렇기 때문에 그는 설교하기 전에 기도할 때마다 "십자가 뒤에 나를 감추어 주옵소서"라는 간구를 잊지 않았다. 이 짤막한 기도 속에는 하나님 앞에서 느끼는 설교자로서의 긴장과 희망이 응축되어 있다.

설교자 스스로도 각고의 노력과 끊임없이 말씀 앞에 엎드리고 배우려는 자세를 겸비해야 한다. 그렇지 않으면, 그 외치는 설교는 공허해질 수밖에 없다. 옥한흠은 "설교는 그 사람만큼 되는 법이야"라는 말을 언급하곤 했다. 하지만 이 말이 설교가 설교자만의 작품이라는 의미는 아닌 것이 분명하다.[140] 옥한흠은 한국 교회의 목회자들을 향하여 설교자의 배우려는 자세가 얼마나 중요한지를, 그리고 목회자가 평생 성장하는 사람이 되는 것이 얼마나 필수적인지를 깨우쳐 주었다. 그래야 그 설교가 듣는 청중에게 신뢰감을 주고, 설득력과 영향력을 확보할 수 있기 때문이었다.

옥한흠은 탁월한 설교자들의 설교를 가끔 들었다. 특히 영국의 유명한 설교자, 알렉산더 맥클라렌Alexander Maclaren의 설교를 많이 들었고, 그의 사도행전 3장의 설교가 너무 은혜로워서 평생 단 한 번 그의 설교를 베껴서 설교한 일이 있었다고 고백하기도 했다. 물론 옥한흠의 "표절 설교는 그것이 처음이고 마지막"이었다. 맥클라렌은 "강해 설교의 왕자"로 불렸으며, 평생 학문을 깊이 연구하고 말씀을 설교하는 일에 전념한 인물로도 유명했다. 외부 강연 등의 초청에 대부분 응하지 않고 연구에 몰두했으며 한 편의 메시지를 전하기 위해 60시간을 준비했다고 전해지는 설교자였다. 또한 옥한흠에게는 설교자로서 귀한 도전과 감동을 준 두 스승이 있었는데, 박윤선 박사와 김성환 목사다. 옥한흠은 그들을 "탁월한 설교가"로 지칭하면서 그들로부터 받은 영향과 감동을 평생 간직하고자 노력했다.[141]

옥한흠은 리처드 백스터가 오래전에 언급했던 말에 공감했을 것이다. "하나님께서는 목사들을 개혁시킬 수 있고 그들의 의무를 열을 내어 신실하게 하도록 만드시고자 한다면, 사람들은 분명 개혁될 것이다." 백스터는 계속해서 이렇게 말한다. "모든 교회들은 목사들이 성장하거나 타락하는 것에 따라 (세상의 부나 세속적인 위엄이 아닌) 성장하고 타락하며, 목사들의 지식에 있어서나 그들의 임무에 대한 열심이나 그 능력에 좌우하右된다."[142] 백스터가 추구하고자 했던 목회자와 목회 사역의 끊임없는 "성장"이야말로 옥한흠이 그의 마음과 사역에 깊이 새겨 둔 목양 좌우명이 되었을 것이다. 그런 이유로 옥한흠은 평생을 통해 자기 성찰을 게을리하지 않았고, 자기 점검과 발전을 위해 부단한 노력을 경주해 왔다. 그러한 결과는 설교를 통해서 성도들에게 전달되었다. 그래서 그의 설교는 새로웠고 신선한 충격을 주기에 충분했다. 그는 주일 예배 설교를 여러 번 하면서도, 각 예배 중간에 기도하며 묵상하는 가운데 설교를 새롭게 고치고 해서 같은 내용의 설교라도 다르게 선포하는 경우가 많았다. 그만큼 각 예배에 참석하는 성도들과 보이지 않는 영적 교감 속에서 자기의 말이 아닌 하나님이 들려

주시는 말씀을 전하려고 부단히 노력했다. 옥한흠이 이처럼 한국 교회에 남긴 귀중한 깨달음은 평범한 것 같지만, 사실 엄청난 교훈을 전달해 주고 있다. "한 사람"의 영혼의 가치가 어떤 상황에서도 결코 사역의 그늘로 몰락되어서는 안 되며, 그 한 영혼을 변화시키기 위한 목회자의 철저한 자기 성찰과 성장을 위한 몸부림이 중지되면, 목회의 생명력이 금세 떠나가고 만다는 분명한 메시지를 던져 주었다.

○ 제자훈련 목회 철학과 지도력의 확산

옥한흠의 지도력과 영향력은 그의 제자훈련 목회 철학의 확산을 통해 널리 파급되었다. 그는 목회 사역 후반기에 쓴 『이것이 목회의 본질이다』에서 그의 제자훈련 목회 철학을 다시 한번 명확하게 진술하면서도 따끔하게 한국 교회 목회자들을 향한 충언(忠言)을 남겼다. 그는 책에서 그와 함께 목회했던 동역자들의 시대 상황 인식과 목회 철학이 잘못되었다는 사실을 공개적으로 지적했다. "근대화와 함께 한국 교회의 부흥을 맛보면서 목회자의 길을 걸어온 나의 세대는 불행하게도 다음 세대에게 모범이 되지 못했다. 부흥의 달콤함에 젖어 타락의 길을 걸어왔다. 그 결과 본을 보이기보다 오히려 더 많은 과제를 남겨놓고 물러가는 추한 뒷모습을 보이고 있다. 지금 한국 교회는 어떤 위치에 있는가?"[143] 옥한흠은 한국 교회 현실을 이렇게 진단했다.

> 대부분의 목회자들이 목회의 본질을 망각한 채 전통적인 목회 방식의 노예로 지내거나 성장과 부흥이라는 신기루를 좇아 갖가지 세미나를 기웃거리고 있을 뿐이다. 그 결과 한국 교회는 병들어 가고,

성도들은 건강을 잃어 가고 있다. 건강한 교회, 건강한 크리스천으로 사회를 선도하기보다는 타락한 세상 문화에 동화되어 지탄의 대상으로 전락했다.[144]

옥한흠은 이러한 짐을 후대 목회자들의 어깨에 남긴 자신을 비롯한 기성세대 목회자들을 질타하면서도, "목회의 본질을 붙들고 한 사람의 변화에 집중할 때, 주님께서는 넘치는 은혜를 부어 주실 것"이라는 소망의 끈을 놓지 않고 있다.[145] 한 사람의 변화에 집중하는 목회 본질은 바로 옥한흠이 평생 매달려 왔던 제자훈련의 정신이요 핵심이었다. 다시 말하면, 예수 그리스도의 진정한 제자 삼는 목회야말로 이러한 척박한 목회 현실을 다시 개간할 수 있는 "유기농법" 목양이라는 것이다. 그러면서도 이러한 작업은 그렇게 녹록하지 않을 것임을 주지시킨다.

교회의 건강을 회복하고 모든 성도들을 그리스도의 장성한 분량까지 성장시키기 위해서는 수많은 난제와 영적 전투를 벌여야 한다. 이 영적 전투에서 이기기 위해서는 주님이 가르쳐 주신 목회 본질과 흔들리지 않는 목회 철학이 있어야 한다.… 목회자의 역할은 영광의 자리에 서는 것이 아니라 평신도가 제자리에 서서 제 역할을 할 수 있게 헌신하는 것이다. 하나님께서는 언제나 한 사람에 주목하고 그를 준비시킨 후 그를 통해 주님의 일을 이루신다. 이것이 지금까지 하나님이 일신 걸음이요, 발자국이다.[146]

제자훈련 목회에 대한 옥한흠의 확고부동한 신념은 한국 교회와 세계 교회에 깊게 각인되었다. 옥한흠은 제자훈련 목회 철학의 다음과 같은 특성들을 목회자들에게 널리 확산시켰다. 먼저, 제자훈련은 목회자가 선택할 수 있는 여러 목회 방법 중 하나가 아니라, 지상 교회의 본질에 일치하는 것이요 예수님이 친히 모범을 보이시고 명령하신 유일한 목회 방법이라는 것이다. 교회의 머리 되신 예수 그리스도의 사역 방법이기에 "궤도 수정"을 하지 말고 시종여일하고 일관성 있게 목회해 나가야 교회가 교회다워질 수 있다. 이처럼 목회자의 일관적이고 지속적인 목회자상에 강렬한 인상을 던지는 지도자가 되기 위해서는 "자기가 시작한 일에 대해 한 치의 흔들림도 보이지 아니하는 자세를 견지해야 한다."[147]

둘째로, 목회자가 그리스도의 목회 방법인 제자훈련을 강도 높게 밀고 나가기 위해서는 자리를 가능한 한 비워서는 안 된다는 것이다. 이것은 모든 목회자가 숙고해야 할 사역의 "집중의 원리"라고 할 수 있다. 목사로서 외부의 설교 청탁이나 여러 대외적 사역에 연관될 수 있는 것은 피할 수 없는 상황이다. 그러나 분명한 원칙을 세워 관리하지 않으면, 제자훈련 목회뿐만 아니라, 자신의 영적 리듬도 잃어버릴 가능성이 높다. 옥한흠의 원칙은 "제자훈련 목회를 변질시키지 않는 범위 안에서, 그리고 그 강도를 떨어뜨리지 않는 범위 안에서 수용해야 한다는 것"이다. "사랑의교회 담임 목사는 집회 요청이 들어오면 열 중 아홉은 정중히 사절하는 것을 하나의 원칙으로 지금까지 지키고 있다. 그래서 '굴 파고 들어앉아 있는 사람'"이라는 별명을 듣기도 했다.[148] 교회가 성장하고 대형 교회가 될수록 교단과 사회적 일에 연관될 수밖에 없고, 더 나아가 교권과 현실 정치계와도 직간접적 관계를 맺게 되는 경우가 허다하다. 이러한 상황에서 옥한흠이 보여 준 목회 집중의 원리는 더욱 빛을 발하고 있다. 목회자는 그야말로 밀알의 정신과 순교적 각오 없이는 할 수 없다는 목회적 교훈을 깊이 되새겨 보아야 할 것이다.

셋째로, 옥한흠의 제자훈련 목회 철학은 한국 교회의 목회자들에게 예수처럼 되고 예수처럼 살려는 노력을 하지 않고서는 목회할 수 없다는 족쇄를 채운 격이 되었다. 그리스도의 구속적 은혜로 말미암아 의인된 성도가 지속적으로 구원의 열매를 맺어야 하듯이, 목사 안수를 받았다고 해서 목회자의 목회 능력과 자질이 주어지는 것은 아니다. 어떻게 보면 "고독한 전사戰士"로서,149 오직 주님 앞에서 땀과 눈물에 젖은 자신을 채찍질하고 달려가야 할 길을 달려가지 않으면, 목회는 그야말로 고통과 부담으로 얼룩진 십자가로 다가올 것이다.

옥한흠은 제자훈련 목회야말로 예수 그리스도의 지상명령에 토대를 두며 성경적 교회론에 근거한 목회 철학이요 방법이라고 확신했다. 그리고 이것이야말로 "목회자가 평생 동안 눈물로 씨를 뿌리는 작업"이라고 인식했다. 그래서 그는 "세상에서 제자훈련처럼 무겁고 지기 힘든 짐이 또 있을까?"라고 말할 만큼 그것이 고되고도 어려운 과제임을 누구보다 잘 알았다. 하지만 "예수처럼 되고 예수처럼 살도록 이끌어 주는 이 일"이야말로 세상에서 가장 귀하고 보람된 일임을 누누이 강조했다.150 목회자가 이러한 가치와 목적을 잘 깨닫고 제자훈련 목회에 대한 확고한 신념을 소유하고, 신학적으로 정립되어 있지 않으면 자그마한 장애를 만나도 무너지게 되어 있다. 목회자가 먼저 깨어 있고, 준비되어 있어야 제자훈련 목회나 모든 사역이 이루어질 수 있다. 그가 평생 외친 내용이다.

그러므로 우리 목회자들은 이론과 방법을 탓하지 말고 교회 탓하지 말고 자기 탓을 할 줄 아는 양심과 겸허가 꼭 필요하다. 실패는 내 탓이다. 바로 이러한 자기 성찰이 있어야 한다. 무작정 손쉽게 남의 방법을 모방하려고 하지 말아야 한다.… 이제 우리는 다시 새로운 해를 맞이했다. 꼭 부탁하고 싶다. 실전에 임하기 전에 우리 자신부터 돌아보고 준비하자. 골리앗을 상대하는 전투에는 다윗처럼 준비된, 죽을 각오가 되어 있는 한 사람이 필요하지, 허세나 피우는 사울 왕이나 그의 군대가 필요한 것이 아니다. 사울의 갑옷을 걸치지 말자. 나의 물맷돌을 골라잡자. 그리고 비장한 각오로 나아가자. 이것이 승리의 비결이다.[151]

넷째로, 옥한흠의 목회 철학 중 하나는 "훈련받지 않으면 사역을 시키지 않는다"는 원칙이다.[152] 옥한흠은 훈련받은 성도들에게만 다락방 순장을 비롯한 직분을 맡기는 것을 고수했다. 목회자의 손에서 훈련되지 않은 평신도는 중요한 사역에 절대로 동참시키지 않는다는 원칙의 토대 위에 사랑의교회의 제자훈련 목회가 세워졌고, 한국 교회와 세계 교회를 섬길 수 있는 기반이 조성되었다. 이렇게 복음의 본질과 그리스도를 줄기차게 닮아 가고자 몸부림친 결과가 누룩과 겨자씨 비유처럼 성숙과 성장의 열매로 드러났다. 이것은 그가 평생 추구했던 "좋은 교회에 대한 꿈"을 추구하며 실현해 갔던 과정이기도 했다.

옥한흠은 한국 교회 목회자들의 제자훈련에 대한 관심이 식지 않고 오히려 고조되고 있는 상황을 "한국 교회를 향한 청신호"로 해석하고, "주님께서 무엇인가 가슴에 품고 계시는 뜻을 펴시려는 성령의 인도하심"이라고 생각했다. 제자훈련을 받았다고 해서 다 그런 것은 아니지만, "제자훈련을 시작한 열 교회 중 한둘은 가히 기적이라 부를 수 있는 갱신과 부흥을 경험하고 있다"는 사실에서 그는 한국 교회의 희망을 확신했다.[153] 사단의 세력이 그 어느 때보다도 악랄하게 발악하는 현대 사회에서 "한 영혼 한 영혼을 놓고 생명을 거는 내실 있는 목회로 방향 전환을 하는 것"이야말로 "교회가 교회다울 수 있고 살아남을 수 있는 가장 확실한 전략"이었다. 이것을 "절감하기 시작하는 목회자가 늘어나는 것은 얼마나 희망적인 일인지 모른다"며 감격해했다. 그의 희망 속에는 "제자를 만들라", "성도를 온전케 하라"는 분부가 2천 년 전이나 지금이나 변함없는 주님의 명령이라는 확신이 자리하고 있다. 하나님나라가 작은 겨자씨처럼 모르는 사이에 큰 나무로 성장하는 비밀이 있듯이, 그는 제자훈련 목회야말로 이 비밀의 열쇠임을 전혀 의심치 않았다.[154]

다섯째로, 옥한흠의 목회 철학이 남긴 귀한 교훈은 그의 철저한 균형 의식에서 비롯되었다. 제자훈련에 몰입하면서도 말씀 선포에 생명을 걸었던 옥한흠, 엄격한 훈련가의 모습으로 평신도들에게 나타났던 그는 고난과 질병으로 신음하는 성도들에게 눈물로 그 고통을 체휼하는 치유자로 사역에 임했다. 때로는 선지자처럼 단호하고 매섭게 말씀을 외치면서도, 제사장처럼 성도와 우리 시대의 아픔을 걸머지고 하나님 앞에 나아가는 그의 모습이 균형 있게 우리에게 다가온다. 그런 그였기에 목회 사역에 있어서 "리듬과 균형을 유지"하는 것이 얼마

나 중요한지를 실제적으로 우리에게 남겨 주었다.[155]

전술했듯이, 옥한흠의 제자훈련 목회 철학에는 본질적인 부분이 강조되면서도, 실제적이고 현장 적용적인 특성이 강하게 내포되어 있다. 이러한 까닭에 그가 남긴 목회적 유산은 단순히 과거의 것으로서 추억할 대상이 아니라, 현재에도 여전히 유용하고, 미래에도 가치 있게 목회를 향도할 수 있는 자산이다. 옥한흠은 사랑의교회 목회와 지도자 제자훈련 세미나, 그리고 수많은 강연과 글을 통해서, 제자훈련 목회의 본질을 견고히 하고 실천하는 것이 한국 교회가 현재 당면한 위기 상황을 극복할 수 있는 단초가 될 수 있음을 강력하게 제시했다. 이런 면에서, 옥한흠은 한국의 평신도를 깨웠을 뿐만 아니라, 한국 교회의 목회 본질을 새롭게 인식하면서 동시에 목회자들도 깨우는 사역을 진행했다. 어떻게 보면 옥한흠의 제자훈련은 "가장 까다로운 한국 교회 '목회자'의 목회 철학과 삶을 바꿨다"고 볼 수 있다.[156]

옥한흠은 한국 교회 역사에서 목사의 직무에 설교자로서만 아니라 가르치는 교사로서의 사명이 얼마나 중요하고 필수적인지를 제자훈련과 목회를 통해서 드러내고 각성시켰다. 에베소서 4장 11절에 언급된 목사와 교사의 직분을 그는 설교와 제자훈련 목회에 철저하게 적용했다. 근본적으로 예수 그리스도의 공생애의 주요한 사역이었던 "선포하고 가르치며 치유하는" 세 가지 직무를 그의 목회 사역에 담아 내려고 최선을 다한 참 제자이자 목회자였다. 이것은 한국 교회의 목사들에게 설교에 치중된 사역의 초점을 가르침에도 관심을 갖도록 하여 균형을 이룰 수 있게 하는 귀감이 되었다.

그런 면에서 옥한흠이 제자훈련을 일반 목회에 적용하기 위하여 성경적이고 신학적인 기반을 구축하고, 그의 사역에서 얻은 실제적 경험과 방법들을 집대성하여 『평신도를 깨운다』에서 정리한 것은 한국 교회 역사뿐만 아니라 세계 교회 역사에도 기억될 업적이라고 평가할 수 있다. 옥한흠의 제자훈련 사역은 평신도를 깨우는 차원뿐만 아니라, 사역훈련 과정을 통해 목회자와 함께 분담 사역을 하는 평신도의 정체성을 분명히 인식하게 한다. 또한 이 사역은 평신도에게 지도자의 목회 철학을 공유할 수 있는 새로운 패러다임을 제공했으며, 저마다 자신의 은사를 발견하여 적절하게 교회 안에서 사역을 확인할 수 있는 자기 점검의 기회를 주었다. 그가 제자훈련 사역을 한국과 이민 목회자들과 세계 여러 나라의 목회자들, 그리고 선교사들과 나눌 수 있는 장을 마련했다는 것은 여전히 그의 제자훈련 정신과 방법의 영향이 현재진행형으로 계속될 수 있는 토대를 조성했다.

○ 지역 교회들과 연합을 도모하는 목회자

옥한흠의 영향은 제자훈련 지도자 세미나를 통해서 한국 교회와 세계 여러 나라의 목회자들 및 선교사들에게도 미치고 있다. 조현삼이 "옥 목사님은 한국 교회의 목사님이었다"고 언급한 것은 결코 과장이 아니다.[157] 옥한흠은 자신이 위대하거나 탁월해서 다른 목회자들을 가르친 것도 아니고, 그럴 의도로 제자훈련 교재를 만들고 세미나를 개최한 것이 아니었다. 목회 초기부터 제자훈련 목회의 기반이 사랑의교회에서 잡혀 갈 즈음에, 그는 다른 지역 교회를 위한 제자훈련 교재를 만들어야 할 필요성을 절감했다. 그래서 방학 때마다 교재를 만들고 수정 보완하여 다른 목회자들을 위해서 제자훈련 교재 가이드북을 쓰기도 했다. 훈련 체계는 제자훈련에서 사역훈련으로 이어지고, 여기에 또 필요한 교재를 만들고 가이드북을 만들고 보완하는 등 분주한 삶을 살면서 밤낮없이 사역하다 1989년 일본 세미나를 강행하던 중 건강이 악화되어 쓰러지고 말았다.158 옥한흠은 자신의 목회에만 전념한 것이 아니라, 다른 목회자들을 염두에 두고 동역하면서 하나님나라의 비전을 더 많이 나누고자 노력하다가 그의 건강마저 잃게 된 것이다. 그는 다른 목회자들을 진정으로 섬기고자 하는 간절한 마음을 가지고 최선을 다해 사랑의교회를 목회했다. 그런 면에서 그가 원하든 그렇지 않든 그의 목회 초기부터 이미 목사들을 위한 목회자로서의 면모를 보여 주었다.

그래서 옥한흠과 사랑의교회는 1980년대 초반에 지역 사회의 여러 교회들과 연합하여 신앙강좌를 개최하는 등 협력 사역에 적극적으로 동참했다. 당시 할렐루야교회를 시무했던 이종윤 목사, 강변교회 김명혁 목사, 영동교회 손봉호 박사, 남서울교회 홍정길 목사 그리고 사랑의교회 옥한흠 목사 등이 뜻을 같이하며 1982년부터 1989년까지 "강남 지역 연합 신앙 강좌"를 12회에 걸쳐 실시했다. 그들은 두 가지의 목적과 소원을 가지고 이를 시작했는데, 첫째는 신앙이 점점 세속화되어 가는 한국 교회 안에 복음주의적인 바른 신앙 운동을 일으키는 것이었고, 둘째는 한국 교회의 지나친 개교회주의적이며 분파주의적인 요소들을 극복하기 위한 일환으로 강남 지역의 몇몇 교회들과 목회자들, 그리고 성도들부터라도 함께 일하고 협력하는 "연합의 불꽃"을 일으키기 위함이었다.159 이들 중 네 명은 미국 웨스트민스터 신학교 출신이었기에 소속 교단은 달랐어도 신앙의 차이는 거의 없었다. 이 연합 강좌는 신선한 신앙적 유익들과 함께 현대 교회와 성도들이 직면하는 이슈들에 성경적인 대안을 제시하는 데에도 크게 기여했다. 후에는 책으로 출판되어 광범위한 영향력을 발휘할 수 있었는데, 신앙강좌 시리즈의 주제들은 다음과 같다.[160]

신앙강좌 시리즈 1: 현대와 크리스챤의 삶 (김명혁 편집)
신앙강좌 시리즈 2: 현대와 크리스챤의 신앙 (손봉호 편집)
신앙강좌 시리즈 3: 현대와 크리스챤의 사명 (홍정길 편집)
신앙강좌 시리즈 4: 한국 교회의 종교개혁 (이종윤 편집)
신앙강좌 시리즈 5: 현대교회와 성령운동 (옥한흠 편집)
신앙강좌 시리즈 6: 현대교회와 결혼문제 (김명혁 편집)
신앙강좌 시리즈 7: 현대교회와 봉사생활 (손봉호 편집)
신앙강좌 시리즈 8: 한국 교회와 제사문제 (이종윤 편집)
신앙강좌 시리즈 9: 바람직한 교회형태 (옥한흠 편집)
신앙강좌 시리즈 10: 현대와 크리스챤의 윤리 (홍정길 편집)
신앙강좌 시리즈 11: 현대국가와 국가 (김명혁 외 3인 지음)
신앙강좌 시리즈 12: 한국 교회와 세계선교 (손봉호 외 4인 지음)

옥한흠은 "한국 교회의 종교개혁"이라는 주제로 모인 제4차 신앙강좌에서, "한국 교회 부흥회, 무엇이 문제인가?"라는 제목으로 강연했다. 그는 부흥의 정의를 미국이 낳은 위대한 칼빈주의 신학자요 사상가이며 부흥사였던 조나단 에드워즈의 말을 인용하면서 이렇게 언급했다. "어떤 교회가 일반적으로 영적 침체에 빠져 있을 때 하나님께서 성령을 부어 주심으로 하나님의 백성을 정상적인 영적 생활로 다시 회복시켜 주는 것이다."161 인간의 죄성은 믿는 성도라 할지라도 형식적인 신앙생활로 끌어가고, 탈선하는 자리에까지 유도하며, 교회도 신앙적으로 침체될 뿐만 아니라, 변질되는 경우가 허다하게 많았다. 이럴 때 강한 성령의 역사를 통해 다시 정상적인 자리로 돌려놓는 하나님의 역사가 바로 부흥이다. 하나님은 교회가 영적으로 연약해지고 타락할 때마다 다시 살리시는 역사를 통해 부흥을 이루어 오셨다.

옥한흠은 부흥이 철저히 하나님 중심적 사건이라고 역설했다. "따라서 진정한 부흥이란 어떤 영웅적인 사람이 나타나서 그 부흥이라는 여건을 만드는 것이 아니라 시대의 요청에 의해 하나님 자신이 응답하는 데서 일어나는 사건이다. 교회의 역사를 보면 항상 시대적인 요청이 있었고 그때마다 그 요구에 부응하는 은혜가 있었다. 우리는 이 은혜의 응답을 통해 시대적인 경륜을 이루시는 것을 역사적으로 많이 본다."162 옥한흠은 부흥의 역사를 고찰한 후, 부흥 운동에는 "은혜받은 소수의 사람을 핵으로 삼아 일어난다는 것"과 "성령의 체험이 많이 강조된다는 점", 그리고 "인격과 생활의 변화에서 나타나는 회개의 증거가 뚜렷해진다는 사실"이 분명하다는 것을 지적한다. 이러한 공통적 특성들은 성경적으로나 역사적으로 볼 때 반드시 수반되는 현상이라는 것이다.

이런 측면에서, 옥한흠은 한국 교회 부흥의 긍정적 결과에 주의를 환기시키면서, 부흥 운동에 대한 주관적이고 일방적인 비판은 피해야 한다고 강조했다. 그동안 한국 교회 역사에서 교회 발전에 지대한 기여를 한 것은 부흥회였음을 거의 모두 수긍할 것이다. 그러나 현재 부홍회가 많은 문제점들을 안고 있다는 것은 부인할 수 없다. 그는 특히 한국 교회 내 적지 않은 부흥사들의 현세적 기복 신앙의 불건전성에 대해 비판적인 입장을 견지하면서, 부흥 만능주의에 빠져 인위적으로 교인들에게 은혜를 끼치려 하다 보니 많은 문제가 양산되는 현실을 매우 안타깝게 생각했다. 그리고 그 문제점들에 공감하면서, 한국 교회의 부흥회가 "축복 성회"와 "은사 집회"적 성격으로 변질되고 있는 것을 예리하게 지적했다.163 이렇게 옥한흠은 여러 목회자와 연합하여 한국 교회가 주목하고 개선해야 할 주요한 여러 주제를 함께 고민하면서, 성경적이고 실제적인 대안들을 제시하는 데에도 앞장섰다.

"강남 지역 연합 신앙 강좌"는 다섯 교회가 연합하여 실시한 강좌였지만, 한국 교회의 주요한 병폐들이라고 할 수 있는 분리주의, 교파주의 그리고 개교회주의를 극복할 수 있는 구체적 방안을 제시한 귀한 실례가 되었다. 그리고 그 강좌에 참석한 목회자들과 평신도들에게 상당한 반향을 불러일으켰고, 목회자들이 연합하여 의미 있는 사역을 전개해 나갈 때 그 파급 효과가 얼마나 큰지를 실감하는 계기가 되었다. 이러한 경험은 옥한흠이 비록 사랑의교회를 중심으로 목회 사역에 전념해 나갔지만, 훗날 교회갱신목회자협의회나 한국목회자협의회를 결성하여 활동하고자 하는 밑그림이 되었다고 볼 수 있다.

○목회 사역의 쉼표: 사진 취미

옥한흠은 목사로서 "목회 사역의 쉼표"가 얼마나 중요한지도 몸소 실천하며 깨우쳐 주었다. 목사가 "취미 생활"을 하는 것이 좀처럼 납득되지 않을 때에, 옥한흠은 그것을 적극적으로 해야 한다는 필요성을 보여 주었다. 결혼 후 옥한흠이 가진 최초의 취미 생활이라면 개척 초기 집에서 앵무새를 키우던 일이었다.[164] 제자훈련 과정에서 쉴 새 없이 말해야 하고, 온 힘을 다 바쳐 준비하면 선포해야 하는 그에게, 지저귀는 앵무새를 바라보면서 말하는 자기 모습을 연상했는지도 모른다. 말하는 새를 보면서 말하는 자기를 생각하며 골몰했던 그는 무슨 생각을 했을까?

옥한흠은 1989년 쓰러지기 전까지 제자훈련 사역과 설교 외에는 관심을 둔 것이 별로 없었다. 집에 와서도 한가롭게 텔레비전을 보면서 시간을 낭비하지 않으려는 그였다. 고작 즐겨 보는 프로그램은 뉴스나 자신이 좋아하는 운동 경기였고, 드라마를 본다 해도 사랑의교회 성도인 텔런트 김자옥이 출연한 것을 가끔 시청한 것이 거의 전부였다.[165] 이처럼 목회에 매진해 온 그가 쓰러져 몸이 몹시 아프다는 소식을 듣고 지인이 소개해 준 한 "도사" 같은 사람을 통해 옥한흠의 인생에 새로운 취미가 생겼다. 그 40대 남자는 돈키호테 같은 삶을 살아 온 기인이었다. 그는 안마 비슷한 요법으로 여러 사람을 치료하는 중에 옥한흠을 만난 것이다. 목사가 도사한테 치료를 받는다고 주변에서 염려한 것도 사실이었지만, 옥한흠은 병 고치는 문제보다 그 전에는 전혀 경험해 보지 못한 한 인간에 대한 호기심으로 체면을 접은 채 약 3개월 동안 교제의 시간을 가졌다. 그의 치료는 옥한흠의 건강 회복에 별로 유익이 되지는 못했다. 그렇지만 옥한흠은 그를 적극적으로 전도했다. 그런데 어느 날, 그 도사가 불현듯 이런 질문을 던졌다. "목사님, 무슨 취미 같은 거 있어요?" 이 물음표가 옥한흠에게 큰 도전으로 다가왔다. 이 질문은 그동안 제자훈련에 미쳐 자신의 가정과 몸을 돌보지 않은 채, 수도원적 경건성에 도취하여 십자군 원정에 나선 수도사들처럼 살아온 자신의 사역의 모습을 되돌아보는 결정적인 계기가 되었다. 주의 일을 하는 사람이 여가를 즐긴다는 것 자체가 용납될 수 없는 게으름이라고 어린 시절부터 배워 온 옥한흠은 그동안 금욕주의적인 자세로 살아왔다. 그것 때문에 그의 건강은 치명타를 입게 되었다. 이러한 "내 생각이 지나쳤구나"라고 깨닫던 참에 그 도사의 말을 듣게 되자, 그의 삶과 사역에 귀한 "쉼표"가 절실히 필요함을 절감했다. 그래서 그는 "목사님, 사진을 한번 해 보시지요"라는 유혹에 결국 넘어가고 말았다.[166]

몸이 매우 아프고 쉼이 필요한 시기에 옥한흠은 사진 찍는 취미를 시작했다. 주로 자연 속에서 혼자만의 시간을 가지면서 예수님과의 데이트를 즐겼다. 그가 좋아했던 사진의 소재는 주로 자연이었다. 그는 처음부터 있는 그대로인 자연을 렌즈에 담아냈다. 그는 화려하지 않은 야생화에서 우리 주님의 미소를 발견하곤 했고, 장엄한 산에서는 하나님의 광대하심을 담아내려고 노력했다. 하지만 렌즈를 통해서 대자연에 내재해 있는 하나님의 섭리와 광대하심을 제대로 잡아낼 수 없음을 매우 아쉬워했다. "무엇을 보아도 주님의 마음, 주님의 음성 듣기에 귀를 기울이셨던 목사님이기에 잠시 쉬면서 사진을 찍을 때에도 그 영혼은 주님께 고정되어 계셨음을 보았다."[167] 쉼을 위해 사진 찍기에 입문했지만, 그 준비는 매우 치밀했다. 외국에서 주문한 사진 전문 잡지들을 읽어 가면서 분석하고 요약하여 철저하게 자기만의 노하우를 터득해 나갔다. 바쁜 시간을 쪼개어 사진과 관련된 특강이나 동호인 모임에 나갈 처지는 못 되는 터라, 사진 찍는 법도 스스로 독학하며 그 세계의 깊이를 섭렵해 나갔다. 이렇게 시작한 사진 찍기를 통해서 자연과 가까워지고 휴식을 누렸지만, 얼마 되지 않아 그의 몸이 약해지면서 카메라나 여러 기구들이 점점 무거워지기 시작했다. 그럼에도 불구하고 꾸준하게 찍은 귀한 사진들을 모아 전시회도 열었고, 네 권이나 되는 사진 수상집을 출판하기도 했다.[168]

옥한흠은 사진을 찍으면서도 설교자의 임무와 연결시켜 고민했다. 카메라의 성능이 아무리 뛰어나도 하나님께서 창조하신 장엄하고 찬란한 자연의 아름다운 모습을 담아내기에 한계가 있듯이, 설교자도 하나님의 끝이 없는 사랑을 표현하기에 아쉬움이 있음을 토로했다.[169] 그는 바쁜 시간을 쪼개어 찍은 소중한 사진들을 선교지의 동역자들에게 나누어 주기도 했다. 그의 사진들은 그만의 독특한 앵글을 통해 하나님의 구원과 사랑을 가까이서 보게 해 주었고, 마치 손을 더듬어 만져 보는 것처럼 말씀을 느끼게 해 주었다. 또한 하나님께서 만드신 아름다운 자연을 보여 주며 나무나 물이 풍요하지 않은 곳에서도 영적으로 아름답고 풍요로운 꿈을 꾸게 해 주었다.[170]

여러 사람의 마음에 목회자 옥한흠에 대한 이미지가 제자훈련 사역에 미친 광인의 모습으로 새겨져 있지만, 사실 그는 예술을 알고 아취雅趣를 즐길 줄 알았던 사람이었다. 사진을 통해 만난 예술의 세계, 자연과의 만남, 그리고 문화와의 접촉은 기독교 신앙을 폭넓게 파급시킬 수 있는 통로가 될 수 있다. 어느 분야의 예술이든, "예술가의 정직성은, 십자가에서 완성된 그리스도의 사역에서 나오는 그 희망을 인류에게 전파할 수 있도록 관문을 제공"하며, "그 정직성은 그에게 주관적인 반향"을 불러일으키기 때문이다.[171]

기독교 신앙은 문화와 예술, 그리고 개인의 취미와도 밀접한 관련성을 맺을 수밖에 없다. 여가 선용의 차원에서 시작했던 옥한흠의 사진 예술이 우리 시대를 이해하고, 이 시대의 자식들을 만나 그리스도와의 접촉점을 제공하며, 그리스도를 잘 전할 수 있는 통로를 마련하는 데까지 나아가기에 그는 지쳤고, 목회자로서의 사역의 짐이 무거웠다. 그 사역의 쉼표를 좀 더 일찍, 그리고 자주 찍어 가며, 그의 가정과 사회, 그리고 문화를 여유롭게 살펴보고 즐기면서 제자훈련 목회라는 터전에서 몸부림쳤더라면 하는 회한이 남는다. 이제는 그에게 영향 받은 적지 않은 목회자들이 카메라를 들고 자연과 인간 역사의 흔적이 남아 있는 유적지를 다니는 모습을 어렵지 않게 발견할 수 있다. 그들이 예술 속에 담겨 있는 한 시대의 문화적 유산과 일반인들의 세계관, 그리고 종교적 의미까지도 찾아내어 복음의 차원이 온 우주와 모든 영역에 연결되고 있음을 확인하며 그리스도를 문화 속에서도 전할 수 있는 접촉점을 마련하기를 바라는 마음이다.

이동원에 따르면, 옥한흠은 사진 찍는 취미를 즐기기보다 "제자훈련 하듯"해서 또 다른 짐이 될 정도로 몰입했다고 한다.[172] 사모와 함께 여행하면서 여유롭게 즐기기보다 소중한 한 장면을 잡기 위해 숨을 죽이고 생명을 걸 듯 촬영하는 그의 치열한 모습 속에 다른 사람의 동행이 부담이 될 정도였다.

그리고 평생 건강 때문에 고생하는 옥한흠을 향하여 주위의 지인들이 여러 차례 골프를 권했지만, 이런 제의를 받을 때마다 그는 "자~ 알들 해라"라는 말로 넘어가곤 했다. 그 이유는 그의 짧은 말로 표현되었다. "나, 성도들 배신 안 할 거야!" 옥한흠의 생각에는 그가 골프를 안 한다는 것만으로 위로받고 있을 성도들이 많을 텐데, 그들의 위로를 그의 건강과 맞바꾸고 싶지 않다는 것이 그의 의도였다. 송길원의 말대로, "제자훈련을 위해 자신의 건강을 내던지신 목사님은 성도들의 위로를 위해서는 자신의 건강 회복마저 포기하신 것이다."[173] 이런 이유 때문에, 자신뿐만 아니라 평생의 동역자들인 4인방이 오래전에 모였을 때 이미 "우리는 골프치지 말자"라고 당부했고, 이 말을 듣던 다른 3인방도 "다 따라서 알겠다"고 응답했다고 한다. 그런데 옥한흠은 은퇴한 후 소천하기 약 5년 전에 모인 자리에서, "야… 미안하다… 니들 골프해라"라고 말했다고 한다.[174] 그래도 자신만은 할 수 없었고 끝내 하지 못했다. 은퇴 후에야, 정신없이 달려온 자신의 삶을 되돌아보는 여유를 갖게 되면서 자신은 하지 못했지만 동역자인 연하의 친구들에게는 건강을 돌보라는 의미에서 그런 말을 했던 것이다. 이동원도 옥한흠 목사 천국환송예배 때에 조사弔辭를 통해 "큰형님, 이제는 천국에 먼저 가셔서 천국 골프 하시고 저희들이 오면 그곳에서 골프 제자훈련이나 해달라"는 언급은, 오해할 말도, 가벼운 언사도 아닌 옥한흠의 철저한 삶과 사역의 모습을 재미있고도 의미 있게 반추하는 것이었다. 그런 언급은 한국 교회 언어의 마술사인 이동원만이 할 수 있는 조사라고 생각한다.

옥한흠의 교회론적 비전: 13장
교회의 순수성과 연합 운동

교회론적 비전

○두 개의 축

한국 교회가 선교 100주년을 맞이하며 축제 분위기 속에서 교회 성장이라는 가시적인 성과를 자랑하고 있었을 때, 옥한흠 목사와 몇몇 목회자들은 강남 지역 연합 신앙 강좌에서 "바람직한 교회 형태"라는 주제로 한국 교회를 되돌아보는 시간을 가졌다. 옥한흠은 이 강좌에서 자신의 교회론적 인식과 비전이 담겨 있는 "교회의 순수성과 연합 운동"이라는 제목으로 발제 강연을 했다. 그 내용은 참석한 사람들뿐만 아니라, 선교 2세기로 진입하려는 한국 교회 목회자들에게도 의미심장한 강연이었다. 이 강연을 통해 우리는 옥한흠의 목회가 시종여일하게 교회론적 기반에 그 근거를 두고 있음을 발견할 수 있다. 그의 강연에는 단지 사랑의교회 목회자로만 아니라, 한국장로교회와 더 나아가 한국 교회 전체를 바라보는 시각이 배어 있다.

옥한흠의 교회론적 비전 중심에는 두 축이 있다. 하나는 "교회의 순수성"이고, 다른 하나는 "교회의 연합"이다. 그는 이 두 개의 축 위에 세워지는 참된 그리스도의 몸을 사랑의교회뿐만 아니라, 한국 교회에 구현하기를 간절히 바랐다. 그런 면에서 옥한흠은 실로 "한국 교회의 '교회론적 개혁자'였을 뿐만 아니라, '교회론적 건축가'이기도 했다."[1] 이런 배후에는 그가 20세 중반까지 고신 교단에 소속한 교회에서 신앙생활을 하며 경험한 것이 중요한 요인으로 작용했다. 물론 그 후에 그가 존경했던 박윤선의 영향도 부인할 수 없다. 옥한흠은 무엇보다도 직분을 제대로 이해하지 못한 자들과 일부 교권주의자들의 횡포로 인한 교회론적 문제들을 심각하게 고민했다. 이런 면에서 동갑내기로서 비슷한 신앙 배경을 가지고 있었던 이만열이 고신 교단의 신앙적 특성에 대해 회고하며 남긴 말은 옥한흠의 교회론을 이해하는 데 도움이 된다. 교회와 신앙의 순수성을 일방적으로 강조하면 연합에 여지가 남고, 또한 연합에 반작용이 있을 수밖에 없다. 이만열에 따르면, 고신파 신앙의 순수성에 대한 열망은 기독교의 연합 운동에 허전함을 잉태했다.

> 기독교인들 중 많은 사람은 내가 속한 교단인 장로교 고신파의 이념(신학과 신앙)을 두고 고리타분하다든지 바리새적이라든지 하면서 비판하곤 한다. 하지만 우리 교단이 주장하는 원래의 그 순수하고 정열적인 이념을 폐쇄적, 기계적으로 운용하려는 일부 교권주의자들의 횡포가 염려스럽지, 나는 오히려 그 이념대로 실천하지 못하는 것이 걱정이고 그 이념이나 엄격한 신앙 훈련 자체가 잘못되었다고는 결코 생각하지 않는다.[2]

급속한 양적 성장 이후, 한국 교회는 이에 따른 후유증을 경험했다. 교회 선택의 다양성 때문에 교회의 순수성에 대한 신뢰도가 추락했고, 다발적인 교회 분열 등이 일어나고 있다. 그렇다면 교회의 순수성을 가늠하는 기준은 무엇인가? 로마 가톨릭교회가 자기 교회 그 자체를 교회의 순수성을 측정하는 절대 표준으로 사용해 왔는데, 개신교 안에서도 이런 일이 벌어지고 있다. 옥한흠은 이렇게 주장했다.

> 개탄스러운 교권주의자들은 그들의 교단을 절대 기준으로 착각하고 있지나 않나 하는 의혹을 자주 불러일으키고 있다. 자기 교단을 떠나면 자유주의자요, 분열주의자라는 정죄를 서슴지 않는 것을 보면 정말 슬픈 일이 아닐 수 없다. 그렇게 하는 것은 그 교단 자체를 다른 교회를 측정하는 표준으로 삼고 있기 때문이다.[3]

이렇게 옥한흠이 교단주의를 혹독하게 비평한 것은 그가 어릴 때부터 자랐던 교회가 소속된 교단의 일부 목사들과 직분자들의 지나친 독선적 태도에 기인하고 있음이 분명하다. 물론 그 교단이 신사참배 반대 운동에 적극적이었고, 광복 이후 한국 교회 안에 회개 운동을 일으키며 교회 개혁 운동의 기치를 높이 든 것은 적극적으로 평가받아야 할 공헌이 분명하다. 그러한 신앙적 전통에서 자라났던 옥한흠은 "나는 이와 같은 불행한 가르침에 깊이 물들었던 사람 중의 하나였다"라고 고백하면서, 지난날의 편협하고 독선적으로 다른 교단을 폄하하고 자기 의에 도취되었던 것을 심각하게 반성했다. 그렇기 때문에 교단주의에 대한 옥한흠의 비판은 매섭다. "아무리 교회나 교단이 흠이 없고 거룩하다고 해도 교회 그 자체가 참 교회 여부를 평가하는 기준이 될 수 없다." 평가의 척도는 오직 "성령의 영감으로 기록된 하나님의 말씀"이다.[4]

교회의 순수성은 교회 그 자체에 있는 것이 아니라, 교회의 터인 하나님의 말씀에 얼마나 견고하게 서 있는지의 여부에 달려 있다. 교회는 "사도들과 선지자들의 터 위에 세우심"을 입었다(엡 2:20). 사도들은 이미 죽었지만, 모든 교회가 사도들이 전해 준 그 말씀을 믿고 고백할 뿐만 아니라, 그 말씀을 그대로 가르치고 선포하고 복종함으로 사도성을 계승한다. 옥한흠은 교회의 순수성을 이렇게 정의했다. "만일 교회가 사도의 가르침을 그대로 받아서 믿고 고백하고 또 그 말씀을 그대로 가르치고 또 가르친 그대로 복종할 수 있다면 그 교회를 일컬어 우리는 순수한 교회, 참 교회라고 말할 수 있는 것이다."[5] 옥한흠이 강조한 교회의 사도성과 순수성은 하나님의 말씀과 사도들의 가르침에 기반을 두고 있으며, 종교개혁자들의 교회론적 전통을 충실하게 계승하고 있다.

옥한흠은 교회의 순수성은 바로 종교개혁자들이 강조한 세 가지의 참된 교회의 표지들과 직결됨을 강조하면서, 먼저 말씀을 옳게 전파하고 가르치는 교회인지, 다음으로 성례를 성경이 교훈한 대로 바로 시행하는 교회인지, 그리고 권징을 바로 하는 교회인지가 순수한 교회임을 드러내는 고귀한 증표들임을 지적한다. 특별히 마태복음 28장 18-20절의 말씀처럼 하나님의 말씀을 가르치고 선포하고 교육해야 하며, 세례를 비롯한 성례를 성경 말씀대로 시행하며, 교인이 말씀대로 살지 못할 때에는 권징해야 한다고 한다. 이러한 표지들이 분명하게 나타나는 교회라면 교파에 관계없이 참된 교회요 순수한 교회가 아닐 수 없다. 물론 교파 간 차이나 교리적 차이를 완전히 배제할 수 있는 것은 아니지만 말이다. 옥한흠은 "십자가와 부활이라는 본질적인 진리에 어긋나지 않는 이상", 우리는 각 교회나 교단 간의 상이성은 긍정해야 한다고 주장한다.[6]

옥한흠에게 지상의 교회가 하나님의 말씀에 근거한 교회의 순수성을 유지하고 계승해 나가도록 하는 것이 매우 필수적 과제이지만, 교회의 분열을 극복하고 교회의 연합을 지향하는 것도 빼놓을 수 없는 중요한 과업이었다. 특히 일제 치하에 태어나 광복의 감격을 누리는 것도 잠시였고, 6·25전쟁이라는 민족적 비극을 경험하는 가운데 분열된 한국장로교회, 그리고 그 이후 엄청난 속도로 성장 가도를 달리면서 어느 나라에서도 발견할 수 없는 수많은 교회 분열의 현장을 목격한 그로서는 분열을 극복하고 연합을 이루어 가는 조국 교회야말로 그의 소망과 희구가 아닐 수 없었다. 그는 교회사 속에 나타난 이단을 거짓 교회를 세워서 신앙의 순수성을 부패하게 하는 것으로, 그리고 "분열이라는 것은 종종 동일한 신앙, 같은 신앙 안에서 성도의 교제의 줄을 끊어 놓는 것"으로 간주했다. 분열에는 근본적으로 신앙이 달라서 나누어지는 유형이 있고, 다른 하나는 신앙이 같으면서도 어떤 이유 때문에 나누지는 두 가지의 유형이 있다고 보았다.[7]

○정당한 교회의 분열

옥한흠이 볼 때, 정당한 교회의 분열은 "사도들이 전해 준 그 복음을 똑같이 받아들이고 믿고 고백하기를 거부하는 사람들이나 교회가 있을 때 일어나는 경우"일 때였다. "이런 사람들이 교회 안에 있을 때는 교회의 순수성을 잃어버릴 위험이 크기 때문에 교회가 순수성을 지키기 위해서는 분열하지 않을 수 없는 운명에 빠지게 된다. 분열이라는 아픈 과정을 통해서라도 교회는 순수성을 방어하지 않으면 안 되는 막바지에 도달하게 되는 것이다."[8] 이러한 인식을 토대로 옥한흠은 한국장로교회 역사에서 일어났던 1952년의 예수교장로회와 기독교장로회의 분열을 "신앙이 동일하지 아니해서 나누어진 예"라고 보고, "그것은 보수주의 신앙과 자유주의 신앙의 분열"이라고 그 정당성을 부여했다. "그렇기 때문에 성경을 근본적으로 뒤집어엎는 사람들이 교회 안에 일어난다면 부득불 나누어질 수밖에 없는 것이다."[9] 그런 면에서 옥한흠은 교회의 순수성을 우선순위에 두면서 에토직 신앙을 토대로 교회 연합 운동을 지향하고 있음이 분명하다. 그는 이렇게 진술한다. "신앙의 동질성은 사랑의 결속의 시작이요, 하나 되는 유일한 규범인데 신앙의 동질성이 깨어져 버리면 분열을 피하지 못하게 된다. 나는 이러한 분열을 '떳떳한 분열'이라고 말하고 싶다."[10]

그러나 대부분의 한국장로교회의 분열은 신앙의 바탕이 같음에도 불구하고, "어떤 이유로 나누어지지 아니할 수 없어 생기는 비극적인 분열"이었다. 옥한흠은 한국장로교회사에 일어났던 분열들을 이렇게 평가한 바가 있다.

> 본인이 판단하기로는 한국장로교회의 분열 가운데서 우리가 긍정적으로 받아들여야 하는 것이 있다면 1952년 보수주의 신학과 자유주의 신학 간의 신앙 논쟁 때문에 야기된 분열밖에 없다. 그 외

의 분열은 어느 것 하나도 합리화시킬 수 없고 정당화시킬 수 없다고 생각한다. 심지어 1959년에 있었던 통합 측과 합동 측의 분열도 사실 20여 년이 지난 오늘 조용히 되돌아보면 WCC라고 하는 단체 때문에 집안이 쪼개지는 비극이었는데, 그런 것은 우리가 어떤 희생을 치르더라도 사전에 막아야만 했다. 그러나 불행하게도 그것을 막지 못했던 것이다.[11]

옥한흠은 평신도 시절에 출석하던 교회의 분열을 가슴 아프게 경험한 바 있다. 동일한 신앙을 고백하면서도 단순히 사소한 감정 문제나 인간적 요소들로 인하여 성경적 근거도 없이 나누어지는 교회 분열을 애석해했다. "이것만큼 가슴 아픈 일이 교회에 또 있겠는가? 성도의 교통을 잔혹하게 끊어 버리는 이런 일은 단 한 번이라도 일어나서는 안 될 사건이다. 그럼에도 불구하고, 우리 주위에는 이런 일이 너무나 많이 발생하고 있다." 그리고 자신이 사역했던 교회에서 일어난 분열을 막지 못한 것에 대해 그의 신앙 경력에서 "가장 부끄러운 수치를 남긴 발자취"라고 고백했다.[12] 그가 언급한 교회 분열의 두 번째 유형에 속하는 역사적 예로 1980년경에 일어났던 합신 교단의 분열에 자신도 가담했던 사실을 "하나님 앞에 본인의 잘못을 회개하지 않을 수 없다"며 회한을 평생 가슴에 품고 살았다. 과거의 역사를 돌이켜 보고, 오늘의 교회 현실을 곰곰이 생각해 보면 그 분열이야말로 한국 교회사에 "또 하나의 분열의 오점"을 남긴 사건이었다.[13]

옥한흠은 한국장로교회가 신앙 노선이 같으면서도 이렇게 "다발적인 분열"을 하게 되는 원인을 크게 두 가지로 보고 있다. 그 첫째는

"도덕적 원인"이라고 할 수 있는데, 교회 안에 만연한 비리와 세속화에 반발해서 일어난 정화 운동이 마침내 분열로 발전하는 경우다. 그는 이러한 분열의 대표적인 예들로, 1951년에 있었던 "고신파의 분열"을 꼽는다. "해방과 함께 출옥한 옥중 성도들은 한국 교회가 진정 회개하지 않는다"는 것을 구실로 내세워 다른 장로교 총회를 만들고 말았다. 그리고 또 하나의 예를 든다면 "1980년도에 있었던 개혁 측 교단의 분열도 비슷한 경우가 아닌가 생각한다." 그러나 1980년도의 분열에 대해서는 "교권주의자들에 의해서 부패해 가는 현실을 묵과하지 못하고 반항하다가 결국 또 하나의 장로교 총회를 만드는 치욕을 감수하지 않으면 안 되었던 것이다"라고 평가한다.[14]

그런데 옥한흠은 교회 안의 부패성을 쇄신해 보겠다고 하는 "교회의 정화 운동이 분열을 정당화할 수 있느냐"는 문제에 대해서는 의문을 제기한다. 칼빈의 견해를 인용하면서 "교회 안에는 흠이라고는 전혀 없어야 되고 성경 말씀대로 철저하게 살지 못하면 그것은 교회가 될 수 없다"는 당시 극단적인 완전주의자(재세례파)들의 입장은 정당하지 못한 것으로 판단하고 있다. "교회 부조리를 대단히 대범하게 파헤치면서 분열을 앞장서서 선동하는 자들에게서 찾아볼 수 있는 명분이 무엇인가? 그것은 그들이 자기들 외의 사람들을 모두 경멸하면서 자기만이 우월하다는 것을 드러내 보이려는 것이다"라고 혹평했다는 사실을 인용하고 있다.[15] 그러면서 그는 자신의 입장을 다음과 같이 피력했다.

재세례파가 교회의 부조리를 지적하고 회개하라고 외치는 것이 잘못되었다는 말이 아니라 그것을 핑계 삼아 주의 몸 된 교회를 나누는 것까지 정당화하려는 교만한 태도를 가지는 데 대해 비판한 것이다. 성경적 입장은 복음에 다소 부합되지 못하는 생활이 교회 안에 만연되고 발견된다고 할지라도 그것이 거짓 교회라든지 순수하지 못한 교회라고 단정할 수 있는 근거가 되지 못한다는 것이다.[16]

옥한흠 자신이 교회 재건 운동과 회개 운동에 앞장섰던 고신 교단 출신이고, 한때는 박윤선과 함께 교회 정화 운동에 적극적으로 참여했었다. 하지만 교회 분열이라는 비극을 경험한 후에는 연합 운동에 대한 열망이 강하게 자리 잡게 되었다. 그런 가운데 그의 입장 변화에 큰 역할을 했던 것은 고린도 교회에 대한 사도 바울의 자세였다. 고린도 교회는 지금의 우리 눈에도 너무나 한심한 교회였다. 도덕적으로 타락했고, 우상 숭배가 만연하고 질서도 없는 교회였으며, 영적으로도 은사 운동 때문에 몹시 저질화된 교회였고, 파벌 때문에 서로 싸우는 교회였다. 그럼에도 불구하고 이런 교회를 사도 바울은 "그리스도 예수 안에서 거룩하여지고 성도라 부르심을 입은 자"(고전 1:2)라고 부른다. 지상 교회에서 말씀 선포와 성찬, 그리고 세례식이 성경대로 시행되고 있는 한, 비록 그 악덕이 다른 면에서 드러나고 있다고 할지라도, 결코 공동체인 교회를 버려서는 안 된다고 하는 것이 옥한흠의 지론이었다.

바른 교회, 바른 생활이라는 개혁의 정신이 성령께서 바라는 것이고 그 불이 꺼지지 않게 하기 위해 생명을 걸어야 하는 것이 우리의 사명이기는 하지만, 그러한 정화 운동의 결과가 동일한 신앙을 고백한 교회 안에서 분열을 유발하는 원인이 된다고 한다면 그 정화 운동의 명분이 분열의 책임을 벗어도 될 만큼 정당화될 수는 절대로 없을 것이다. 이것은 시시비비의 문제가 아니라 신앙 양심의 문제라고 생각한다.[17]

그리고 그는 아우구스티누스의 권면을 예로 들면서 이런 상황에 직면하게 될 때 한국 교회를 향한 자신의 마음을 이렇게 드러냈다.

할 수만 있다면 긍휼을 가지고 훈계하라. 그러나 그것도 할 수 없는 상황에 대해서는 인내로써 삼으라. 사랑으로써 이웃의 잘못을 슬퍼하고 탄식하라. 그러면 마침내는 하나님이 그들을 벌하시며 바로잡으시며 또 그것이 잘 안 되면 추수할 때 가라지를 뽑으시며 쭉정이를 가려내실 때까지 기다려야 한다.[18]

특별히 보수 교단이라고 자처하면서 분열의 행진이 계속되고 있는 상황을 마음 아파하면서 자성적인 고백을 했다.

우리는 아우구스티누스의 말 속에 담겨 있는 겸손과 인내의 정신을 명심해 두어야 할 것이다. 오늘까지 우리 장로교는 이와 같은 위대한 선배들이 가르쳐 준 교훈, 성경으로부터 배울 수 있는 이 진지한 교훈, 관용과 인내와 겸손과 눈물과 참회, 이와 같은 태도를 우리 자신의 것으로 삼지 못하고 남을 비판하기에 바빴고, 내 눈에 있는

들보는 보지 못하고, 남의 눈에 있는 지극히 작은 티 하나를 가지고 지금까지 많은 논란을 거듭했던 사실을 고백하지 않을 수 없다.[19]

옥한흠은 한국장로교회의 다발적 분열의 두 번째로 "정치적 원인"을 꼽는다. 이러한 분열은 한마디로 정치적 분열이고 교권 투쟁으로 빚어지는 현상이다. 옥한흠은 한국장로교회의 분열의 80퍼센트가 정치적 이유 때문에 일어난 것으로 본다. 그가 그러한 요인들에 대해 언급한 내용은 상당히 격하다. "여기에는 저주받을 지방색, 인간적인 이해관계 등이 복잡하게 얽혀서 나중에는 왜 그렇게 갈라졌는지, 왜 그렇게 적대시하고 미워하는지조차도 정확히 그 원인을 알 수 없을 만큼 추악한 모습을 드러내 버리는 꼴이 되었다." 그리고 이러한 이유로 분열하면서도 그 명분을 "교회의 순수성"에다 호소한다는 것이 그의 지적이다. 그러면서 자신들의 입장을 정당화하고 상대방을 질타하기 위해 "일종의 신학적 무기"를 사용한다는 것에 옥한흠은 참을 수 없는 분노를 표출했다.[20]

더욱 가관인 것은 분열의 정당성을 강조하고 자기의 입장이 순수함을 증명하고 변호하기 위해서 한국장로교의 거의 모든 교단이 즐겨 사용하는 "패스포드"가 소위 "칼빈주의 신학", "개혁주의 노선"이라는 것이다. 교권주의자들은 자기만이 개혁주의 신앙을 가진 자인 것처럼 강조하고 자기만이 보수주의이고 칼빈주의라고 강조하면서, 다른 사람들은 "준準칼빈주의자" 혹은 "비非칼빈주의자"로 낙인찍어 버린다. 그리고 이러한 상황이 벌어지면, 평신도들은 어떤 이유로 분열되었든지 간에, "일단 분열되면 양편이 모두 서로 자기 교회가 순수하며 자기 교회만이 진리를 사수한다고 주장한다." 그러면 대부분의 평신도들은 목회자들이 주입한 "우리 교회만이 참 보수"라는 일종의 독선과 아집에 사로잡힌 지도를 받다 보면, 다른 교단에 소속된 교회나 성도에 대한 태도가 상당히 차가워지고, "참으로 뜨겁게 마음을 열고 교제하고 사랑하고자 하는 내적 충동이 전혀 생기지 않는다. 이것은 참으로 비극적인 일이 아닐 수 없다."[21]

이러한 불필요한 비극적 분열의 행진을 계속하고 있는 한국장로교회를 보는 옥한흠의 시선은 애착과 분노의 이중 감정이 교차한다. 더욱이 그가 그토록 한국 교회의 평신도들을 깨워 예수의 진실한 제자로 만들어 그리스도의 몸 된 교회를 든든히 세워 가려고 매진해 왔는데, 그렇지 못한 현실을 바라보면서 참으로 "회개의 심정과 외침"이 없어지고 자기 의를 내세우고 남을 정죄하는 지도자들에게 정말로 견딜 수 없는 분노를 느낀 것이 사실이었다. "얼마나 많은 평신도들이 지도자들의 일방적인 주장에 물이 들어 독선으로 흐르고 있는지 모른다. 한국 교회가 사분오열된 이유로 지도자의 그늘에서 교인들이 겪는 아픔을 어느 누가 과소평가할 수 있겠는가?" 이러한 옥한흠의 외침 배후에는 자신을 비롯한 교회 지도자들의 회개가 선행되어야 할 것을 촉구하는 심정이 가슴에 깊이 서려 있다.

> 본인은 신앙의 바탕이 같으면서도 도덕적 이유, 혹은 정치적 이유 때문에 일어난 분열을 정말 부끄럽게 생각한다. 사실상 사분오열된 장로교 현실 앞에 고개를 들 자가 누가 있겠는가? 순진한 평신도들을 우롱한 책임을 기피할 만큼 깨끗한 지도자들이 어디 있겠는가?

너나 할 것 없이 우리 모두는 이 분열의 상처와 고통 앞에 다 죄인 인 것이다.[22]

그동안 교회 분열의 요인을 교회사적으로 분석하고 주로 교단적인 시각에서 연구하고 인식했던 것이 일상적이었는데, 옥한흠은 한 목회자로서 교회 분열이 평신도들에게 미쳤을 상처와 고통이라는 측면에서 그 책임감을 느끼며 부질없는 분열에 회개를 촉구했다. 그에게 적지 않은 교회론적 영향을 미쳤던 박윤선도 교회의 분열과 투쟁으로 인해 어린 신자들이 실족하는 것을 보았을 때 가장 안타깝게 생각했다.[23] 그런 면에서 옥한흠은 한국장로교회의 지도자들이 "끊임없는 분열에 대한 교회사적 회개"를 선행해야만 교회 연합의 아스라한 길이 비로소 보이기 시작하리라는 전조등을 켠 것이다.

○ 교회 연합의 시급성과 정당성

옥한흠은 그 누구보다도 교회의 순수성에 관심을 지녔던 목회자였지만, 한국장로교회의 심각한 교회 분열을 목도하면서 교회 연합의 과제가 시급함도 절감했다. 그래서 그는 후기 사역에서 분열된 교회를 하나로 묶으려는 지난한 노력을 경주했다. 그는 교리적인 순수성을 상실하지 않고 신앙의 동질성을 가진 교회들끼리 다시 화목하고, "더 나아가서 기구적으로 하나의 틀 안에 다시 묶어 보려는" 연합 운동을 "선교 2세기를 맞은 한국 교회가 앞장서서 기도하고 노력해야 할 지상 과제"라고 인식했다.[24]

이러한 과제를 수행해 나가는 옥한흠은 상당히 진전된 하나 된 교회상을 구상하고 있었다. 그는 신앙의 동질성을 갖고 있는 교회는 반드시 제도상의 하나 됨을 이루어야 하며, 조직적인 일치에 도달해야 함을 강조한다. 교단이 서로 나눠져 있어도 본질적으로는 그리스도의 몸이고 하나일 수 있지 않느냐는 견해와 교회를 제도적으로 통합하려는 시도가 오히려 교회가 지니고 있는 영적인 통일성을 저해할 수 있지 않느냐는 질문에 대하여 그는 이렇게 답한다. "조직의 줄로 얽어 놓았다고 해서 그것이 내적으로 하나가 된다고 말할 수가 없다. 모든 교회를 하나의 교단으로 합친다고 해서 영적 통일성이 유지된다고 장담할 수도 없다. 또한 교회가 연합했으니 교회가 순수하다고 보장할 만한 어떤 절대적인 조건도 없다."[25]

옥한흠은 이러한 사실을 전제하면서, 자신의 교회 연합의 정당성을 개진해 나간다. 그는 먼저 교회 연합 운동이 영적 통일성을 해칠지 모른다는 견해에 동의할 수 없는 몇 가지 이유를 제시했다. 첫째로, 교회가 본질상 이미 하나이므로 교회나 교파가 많이 나누어져 있어도 크게 문제가 되지 않는다는 주장에는 분열을 정당화하려는 겸손하지 못한 의도가 숨어 있다고 지적한다. 그리고 이러한 태도는 성령의 하나 되게 하심을 힘써 지키라고 하시는 주님의 명령을 고의적으로 어기는 것이며(엡 4:3), 교회 분열뿐만 아니라 교회 분열을 회개하지 않는 것 역시 "범죄 행위"에 속한다고 그는 질책했다.

> 이것은 다발적인 분열로 멍이 들대로 든 현실을 앞에 놓고 회개해야 할 입장에 있는 자들이 회개하지 않으려는 또 하나의 죄를 더하는 것밖에 되지 않는다고 본다. 분열이라는 것은 범죄 행위에 속한

다. 지역 교회를 쪼개어 나가든지 교파를 쪼개어 나가든지, 하여튼 똑같은 신앙을 고백하는 교회를 쪼개어 나누는 것은 죄악이다. 그것은 도덕적 이유에서든지 정치적 이유에서든지 간에 그리스도의 몸을 나누고 성도의 교제를 단절시키는 범죄 행위다. 이것은 회개해야 할 죄다. 그 회개는 다시 하나로 되려고 하는 연합 운동에서 표현되어야 한다. 이것은 행동으로 입증되어야 할 회개이지 말로만 해서 넘어갈 회개가 아니다.[26]

둘째로, 분열의 비극을 묵과할 수 없는 중요한 이유 중 하나가 바로 한국 교회가 지나친 사분오열로 인하여 교회의 순수성이 위협을 받게 되었다는 사실을 말한다. 옥한흠은 교회의 순수성과 연합을 별개의 것으로 보지 않고 상호 직결되는 것으로 여긴다. 아무리 사도적인 교회, 성경적인 교회, 그리고 복음적인 교회라고 해도 교회의 분열은 순수성마저도 쉽게 위협받게 되어 있다는 것이다. 이러한 판단의 근거로는 어느 시대든지 교권 쟁탈이 심해지면 교리가 혼란해지는 경우가 허다하기 때문이다. 분열의 요인으로 도덕적이고 정치적인 요소들이 개입되면 교권이 개입되고, "교권의 이해관계에 빠지면 진리라고 하는 것은 이차적인 문제가 될 수밖에 없다"고 그는 판단한다.[27] 그리고 이러한 상태에서는 교회의 순수성이나 교회가 교리적으로 순수한가 하는 것은 관심 밖의 일로 밀려나게 된다. 교권적 차원에서 교회의 문제를 해결하려다 보면 이와 같은 함정에 빠지는 많은 예를 한국 교회 안에서 얼마든지 찾아볼 수 있다.

이와 연관되어 한국 교회의 분열에서 파생하는 심각한 문제로 그는 교리의 순수성을 위협하는 "신학교 난립"과 "신학교의 교수 부재 현상"을 꼽는다. 이러한 배후에는 지난 한 세기 동안 한국 교회가 일꾼을 제대로 키우는 데 성공하지 못했으며, 특히 "훌륭한 신학자들을 키우는 데 투자한 일이 거의 없다"고 지적한다. 한 사람의 영혼에 지대한 관심을 가지고 제자훈련 목회에 정진해 온 옥한흠은 한국 교회의 현실을 돌아볼 때 인재를 키우는 데 너무나 인색했다는 면을 뼈아프게 질타했다. 교회 분열의 여파로 열악한 신학교들이 난립하는 가운데 교수는 부족할 수밖에 없고, 교단 신학교를 비롯해서 신학교 교수로서 인품과 자격이 있는지를 신중하게 검토하지 못한 채 교수들을 임용했으며, 더군다나 교수가 부족한 상황에서 무자격 학생들을 무작정 받아들이는 일도 벌어졌다. "여기에는 진정한 신학 교육의 부재 현상이 일어날 수밖에 없다. 신학 교육의 부조리가 만연하는 곳에서는 결국 교리적으로 혼탁해질 수밖에 없는 것이다. 그러한 일에 날로 많아지고 있는 무자격 목사들이 큰 몫을 감당하는 것이다. 다시 말해 신학적인 방향 감각을 잃어버리는 비극"이 일어나고야 만다.[28]

이런 까닭에 옥한흠은 한국 교회의 심각한 문제의 주요 원인으로 교회 분열로 인한 복음의 순수성이 오염된 것을 꼽는다. 중세교회가 교황의 지상권을 앞세워 성경적 가르침을 무시하고, 복음적 교회의 교리를 함부로 재단했다면, 이 시대에 한국 교회의 교권주의자들이 정책상의 명분하에 신학적인 독선이나 신학적인 타협을 허용한다면 결국 교회의 순수성을 완전히 상실하는 무서운 결과를 피하지 못할 것이다. 바로 이러한 이유 때문에 한국장로교회는 더 이상 연기할 수 없는 교회의 연합이 절실하게 필요한 시점에 이르렀다. 그렇다고 옥한흠이 건전한 교파의 존재를 부정하거나, 교파 운동을 부인하는 것은 아니었다. 신앙적인 동질성을 함께 공유하면서도 명분 없는 분열 상태에 놓여 있는 한국 교회는 그 어떠한 변명을 해도 떳떳할 수 없으며, 그렇기 때문에 "할 수 있는 한 연합 운동을 해야 한다. 연합 운동을 통해서 다시 성도의 교제를 회복해야 한다. 이것이 하나님의 명령이다. 교회의 머리 되신 주님이 간절히 소망하시는 것이다. 여기에 순종하지 못하면 어떻게 우리가 기도할 수 있겠는가?"[29]

한국 교회의 분열 상태를 분석하고 연합의 당위성을 역설하는 옥한흠의 목회자적 심정은 그의 강연과 글을 접하는 신자들의 마음을 울리고도 남았다. 그는 교회 분열에 대한 지적과 연합에 대한 주장을 학술적 차원이나 교회 역사라는 객관적 관점에서 진술하지 않았다. 바로 한 성도의 입장에서, 그러한 교회의 현실을 실제로 경험하면서 가슴 아파했던 목자의 심정으로 글을 썼고, 선지자의 자세로 외쳤다. 특히 베드로전서 3장 7절의 권면처럼, 부부지간에도 기도의 문이 막히지 않도록 갈등이나 불협화음을 해결해야 한다면, 그리스도의 "몸 된 교회 형제들이 뚜렷한 성경적인 명분을 찾을 수 없는 이런저런 이유 때문에 갈라지게 되었다면 어떻게 그들의 기도가 하나님을 기쁘시게 할 수 있겠는가?"라며 한국 교회 전체에 반문했다. "한국 교회가 교회 분열 문제를 해결하지 못하고 하나님께 드리는 기도에 과연 응답이 있겠는가"라는 옥한흠의 질문에서 확실히 그의 깊은 고뇌와 번민이, 그리고 한국 교회를 절실히 사랑하는 진실한 마음이 읽혀진다. 그는 이렇게 자신의 마음을 고백했다. "그런 점에서 본인의 마음에는 항상 고통이 있다. 형제들이 하나 되는 일에 한마음이 되지 못하는 마당에 우리가 '주여, 할렐루야'라고 외친들 그 기도가 정말 하나님의 마음을 움직일 수 있겠는가?"[30]

이러한 인식을 토대로, 옥한흠은 한국 교회 연합 운동의 기본 원리들을 제시했다. 그 원리들은 다음과 같이 요약할 수 있다. 첫째는 "현존하는 교회나 교단을 상호 인정하고 존중하는 풍토"부터 먼저 만들자고 제안했다. 연합에 선행되는 작업은 갈라져 있는 현실을 인정하고, 합하기 전에 서로 인정하고 존중해 주어야 한다는 것이다. 적대적인 대립이나 독선을 고집하면 성령을 거스르는 죄를 범하는 것이니 반드시 피해야 한다. 둘째는 분열의 책임을 각자 자기 책임으로 받아들이는 "자발적인 회개 운동"이 필요하다는 것을 역설했다. 회개 운동을 통한 "마음의 변화가 먼저 선행"되어야 교회 연합 운동이 이루어진다. "우리가 참된 회개를 한다면 분열은 부끄러운 하나의 낙인으로 볼 것이고, 가소롭고 용서할 수 없는 행위로 볼 것이며 하나님의 뜻에 위배되는 일로 볼 것이다. 또 복음에 배타되는 것으로 볼 것이다." 그뿐만 아니라, 교회가 분열할 때 침묵으로 일관하며 분열을 방조함으로 간접적인 동조자였다는 가책을 가지고 회개해야 할 것을 촉구했다. 셋째는 "교회의 하나 되는 표준을 예수 그리스도의 복음에 두어야 한다"는 사실을 상기시키고 있다. "이 복음이야말로 교회와 교회 사이를 한자리에 앉게 할 수 있는 공통의 터전이요, 자기 교회와 다른 교회를 평가할 수 있고 서로가 하나 될 수 있다는 것을 확인할 수 있는 기준이 된다." 넷째는 "하나님이 원하시는 교회상을 이상으로 세우고 그것에 일치하는 교회를 만들려는 간절한 염원이 있어야 한다." 분열된 상태에서의 상처에 머무는 이상, 교회 연합을 위한 발걸음이 내딛어질 수 없다. 분열의 과거와 추억을 과감하게 극복할 수 있는 교회의 비전을 품고 그 갈등의 흔적을 지워 내야 한다. "하나님이 원하시는 이상적인 교회는 그리스도 안에서 하나 된 교회다. 그리스도 안에서 하나된 이상적인 교회의 이미지를 마음에 두고 그러한 교회를 만들기 위하여 겸손하게 최선을 다해 노력해야 할 것이다." 다섯째는 "만남의 광장으로 다 함께 나와야 한다." 어느 한 편이 다른 한 편으로 들어간다는 것은 진정한 교회 연합을 이룰 수 없다. "똑같이 양편에 있는 교회가 한 방향으로 나와야 한다. 쌍방이 모두 함께 만남의 광장으로 나오는 자세가 있을 때 그곳에서 진정한 교회 연합의 운동이 가능하게 된다. 다시 말하면 예수 그리스도 앞에 모든 교회가 나와야 되며, 예수 그리스도 앞에 있는 모든 교회가 나올 때 교회와 교회가 서로 마주 보고 나아가는 은혜스러운 행진이 시작될 수 있다." 분열된 책임은 "쌍방이 공동으로 져야 할 문제이지 너는 오라 나는 여기에 있겠다는 자세는 있을 수 없는 것이다."[31]

    옥한흠은 오랜 세월 고민하며 숙고한 교회다운 교회의 청사진, 그러한 교회상을 이루기 위한 원리들을 한국 교회 100주년을 맞이하는 즈음에 제시했다. 참으로 교회 연합을 위한 성경적이고 신학적인 근거를 분명히 제시하면서도 목회적이고 실제적인 차원에서도 이행 가능한 원리들이다. 이러한 교회론적 비전을 토대로 그의 남은 목회 사역이 사랑의교회를 중심으로 한국 교회 전체를 아우를 수 있는 테두리까지 확장되어 갔다. 그런 면에서, 옥한흠은 사랑의교회라는 대형교회의 기반을 통해서 한국 교회를 섬긴 것이 아니라, 그의 분명한 교회론적 이상을 토대로 그러한 목회 사역의 장을 차근차근 넓혀갔다.

예장합동 교단

○ 옥한흠과 장로교회

옥한흠은 어려서부터 신실한 신앙 안에서 자라온 사람이지만, 훈련되지 못한 직분자들의 행태로 말미암아 평생 씻을 수 없는 상처를 안고 살았다. 그는 "어려서 세상만도 못한 교회"를 보고 자랐고, 전도사 사역을 하면서도 교회의 좋은 모습을 볼 수 없었다. 훈련되지 못한 장로에게 품은 의분은 그 누구보다도 강했다. 특히 그의 젊은 시절 멘토였던 김성환의 이른 죽음도 장로들과의 갈등에서 비롯되었다는 인식은 평신도를 바로 깨우고 세워 좋은 교회를 만드는 것을 평생 사역의 목표로 삼을 만큼 젊은 시절의 옥한흠에게 아픈 상처이자 제자훈련 사역의 동기이기도 했다. 그래서 옥한흠은 개혁 신학을 철저하게 신봉했지만, "장로교"라는 이름을 별로 좋아하지 않았다. "교회의 지도자 몇 사람이 항존직을 받고, 마치 그 사람들을 위해 교회가 존재하는 것 같은 인식을 주기 때문이다. 장로 몇 사람 때문에, 혹은 목사 한 명 때문에 온 교회가 고통을 당해야 하니 말이다. 어쩌면 '장로교'라는 이름이 장로교의 최대의 치부를 드러내는 것일 수도 있다"라고 지적했다.[32]

그래서 옥한흠은 사랑의교회 첫 장로들이 탄생할 무렵 담임 목사와 장로들 간에 묵계默契를 한 적이 있었다. "목사는 교단이나 노회에서 무슨 직책을 맡지 않는 대신 장로는 장로회나 기타 크게 도움이 되지 않는 단체에서 활동하는 것을 자제한다는 것이었다. 왜냐하면 할 수 있는 대로 시간 빼앗기는 일을 피하고 목사와 장로가 성도를 훈련하고 돌보는 일에 진력하고 싶었기 때문"이었다.[33] 이러한 제자훈련의 집중 원리를 통해서만 교회를 젊고 건강하게 만드는 심장 구실을 한다는 것을 누구보다도 절감했기에 교단 안에서의 직책을 평생 맡지 않으려고 노력했지만, 그릇된 장로교 제도에 대한 비판적 입장도 그렇게 결정하는 데 한몫했을 것이다. 이러한 이유 때문에 옥한흠과 사랑의교회는 교단 개념이 희박하고 개교회주의가 강하다는 오해를 받기도 했다.

하지만 옥한흠은 스스로 뼈저리게 경험한 장로 제도의 폐단을 지적하고 탓만 하기보다는, 그러한 제도가 가지고 있는 문제점들을 정확히 인식하고 그것의 대안으로 제자훈련 목회를 한국 교회에 제시했다. 제도적 모순만 거론한 것이 아니라, 장로교 제도가 지향해야 할 참 교회의 이상을 실현하기 위해 몸부림쳐 왔던 것이 그가 목회자로서 평생 유지한 "균형 있는 발자취"였다.[34] 또한 그는 한국 교회의 위기 배후에는 장로교회의 책임이 크다는 사실도 정확히 꼬집었다. "만약 한국의 장로교가 이렇게 역기능을 하지 않았더라면 한국 교회는 완전히 달라졌을 것이다. 한국 교회의 위상이 지금과 같을 수가 없을 것이다. 어쩌면 우리나라가 거의 완전히 복음화되었을지도 모른다"고 말했다.[35]

옥한흠은 누구보다도 합동 교단의 교권주의와 부패상에 대해 마음 아파했던 인물이다. 그래서 교단과 총신이 개혁되기를 몹시 바랐다. 홍정길에 의하면 옥한흠은 항상 "이 땅에 빛과 소금이 되어야 할 주님의 교회에서 오히려 사회에서도 일어나서는 안 될 일들이 계속 발생하다니, 특히 내가 속한 교단이 가장 추악한 일을 자행하다니, 가장 이기적이고 독선적이라니!"라고 탄식하곤 했다고 한다.[36] 이러한 탄식이 교회 갱신 운동을 펼치는 주요한 동기가 되었음은 분명하다. 옥한흠의 장로교 제도에 대한 비판적 인식은 그가 속했던 합동 교단과의 관계를 이해하는 데 매우 필수적이다. 장로교회가 표방하는 신학적 입장이나 본질에 대해서는 철저히 지켜 나가지만, 잘못된 제도나 모순들, 그리고 지나친 교조적이거나 전통주의적인 자세는 지양했다. 그러면서도 그는 교단을 바로 세우고 개혁해 가려는 의지를 지속적으로 가지고 있었다.

그런 면에서 한명수가 적절히 언급한 것처럼 그는 "교단성이 부족한 것이 아니라, 초교단적인 넓은 아량과 한없이 통이 큰 소유자였다"라고 보는 것이 바른 견해일 것이다. 옥한흠은 성도를 사랑하고 아꼈을 뿐만 아니라, 교단을 넘어 한국 교회의 앞날을 걱정하면서 "늘 선지자적 책무와 예언자적 기풍이 가득 차 있는" 삶과 사역을 경주해 왔다.[37] 이러한 옥한흠의 자세를 한명수는 이렇게 평가했다. "그는 보수적 개혁주의자이면서도 폭넓은 연합 정신으로 모든 교단을 한 울타리 안에 감싸안았다. 또한 자신이 속한 교단을 비롯해 여러 교단에서 금권과 교권이 연계되어 왕래할 때 '교회갱신목회자협의회'(교갱협)를 만들어 한국 교회를 바로 세우려고 갖은 애를 다 쓰신 분이기도 하다."[38]

옥한흠은 제자훈련 목회를 효과적으로 실천하려면, 그리고 그것을 통해 아름다운 교회의 모습을 이 땅에 구현해 가려면 교단의 중심부에 서서는 불가능하다는 판단을 했는지도 모른다. 목회적이고 실제적인 관점에서 숙고하고 결정했겠지만, 주변부에 서기를 선호했던 옥한흠의 내재적인 성향이 여기에도 작용했다고 본다. 옥한흠은 교단의 교권주의에 대해서는 부정적 입장을 취했지만, 합동 측이 지향하고 있는 신학적 입장에 대해서는 긍정적인 평가를 내린 적이 있다. 1999

년 3월 10일 「국민일보」와의 인터뷰에서, 옥한흠은 "합동 교단이 21세기 한국 교회를 책임지기 위해서는 과감한 체질 개선을 해야 한다"고 강조했다. 자신이 속한 교단뿐만 아니라 한국 교회의 갱신을 주장하는 그는 "합동 교단에는 30대와 40대 목회자 중 우수한 자질을 가진 인재들이 많다"면서, "교단은 확고한 철학과 비전을 가지고 이들을 인도해야 한다"고 지적했다. 그는 "지난 시절 합동 교단은 보수적인 신앙과 신학을 지키면서 한국 교회를 유지시켜 온 균형추 역할을 했다"고 평가하면서, "이 같은 합동 교단의 공적은 한국 교회가 인정해야 한다"고 언급했다. 합동 교단이 극보수와 극진보 사이에서 균형을 잡아 주었기 때문에 오늘의 한국 교회가 성장, 발전할 수 있었다는 것이 옥한흠의 주장이다.[39] 이러한 입장을 취하면서 옥한흠은 교단 내 공식적인 자리는 별로 맡지 않았지만, 보수적인 합동 측 교단을 대표하는 한국 교계의 "목회자로서 사표師表"가 되어 주었다.[40]

그러나 옥한흠은 합동 교단이 폐쇄적인 자세를 취하면서 미래를 보는 열린 눈을 갖지 못했고 다음 세대를 위한 인재를 키우는 데 부족했던 것은 아쉬움으로 남는다고 지적했다. 특히 그는 합동 교단이 한국 교회의 수많은 분열의 진원지가 됐다는 점은 심각하게 반성해야 한다고 주장했다. 옥한흠은 "합동 교단 내의 지도자들은 스스로를 돌아보며 다음 세대를 건강하게 인도하려는 몸부림을 해야 한다"면서 "교단 내의 모든 사람들이 시야를 넓히면서 열린 자세로 타 교단과의 교류에도 앞장서 나가야 한다"고 설명했다. 특히 교단 내 지도자들은 입을 다물고 침묵을 지키고 있는 다수의 목회자들과 성도들의 마음을 읽어야 하며 그동안 교권주의 속에서 잃어버린 윤리성도 회복해, 뒤

따르는 젊은이들에게 희망의 유산을 물려주어야 한다고 제안했다.

옥한흠의 목회 사역은 철저하게 사랑의교회를 중심축으로 한 제자훈련 목회였기 때문에 교단 내의 주요 활동은 매우 제한적이었다. 대한 예수교장로교 합동 측 내에서 활동한 "옥한흠 목사총회 이력 및 활동"은 다음과 같다.

1. 총회 총대 역임
   - 제80회, 제81회: 교육부
   - 제82회, 제89회, 제90회, 제91회: 신학부
   - 제84회, 제85회, 제86회: 전도부
   - 제87회: 면려부
2. 총회 제비뽑기 선거 제도 도입에 주도적 역할
   - 제84회 동서울노회를 통해 제비뽑기 선거 제도 도입 헌의안 제출함으로 제84회 총회가 총회선거제도개정위원회를 조직하는 데 기여
   - 제85회 진주 총회 시 위원회가 보고한 제비뽑기 선거 제도 안건에 대하여 적극 지지 발언을 하고 동의함으로 통과
3. 이단 박윤식 평강제일교회(구 대성교회) 교단 가입 저지 활동
   - 제89회 총회 회기 중 제82회 총회에서 이단으로 규정된 박윤식 평강제일교회를 서북노회가 가입시키려고 할 때, 당시 교갱협 회원 교회를 중심으로 소위 비상대책위원회를 조직하여 평강제일교회 가입을 획책하는 서북노회와 이를 암묵적으로 지지하고 있던 총회 지도부를 비판하며 대응했고, 총신 교수

단을 통한 박윤식 이단성 규명 보고서를 작성, 제90회 대전 중앙교회 총회 시 채택토록 함에 주도적 역할[41]

옥한흠이 철저하게 교단 내의 주요한 직책을 맡지 않은 이유는 사랑의교회 성도를 향한 지극한 마음 때문이었다. 특히 대한예수교장로회 합동 측 교단의 총회장을 맡지 않은 이유로 "목회자는 성도를 향해 어미의 마음을 가진 자다. 교회가 무엇인지 고민하지 않고 교회 사이즈를 가지고 떠벌리며 교회 밖으로 바쁘게 돌아다니는 목회자는 언젠가 자신도 모르게 양 떼를 버릴 수 있는 사람이 아닐까 싶다"라는 말도 했다.[42] 그는 그만큼 목회에 전심전력했다.

옥한흠 목사가 은퇴한 이후, 한때 총신의 이사들과 교단 내의 지도자들 가운데 그를 총장으로 추대하자는 움직임이 있었다. 그러나 당시에 남편의 건강을 걱정한 김영순 사모의 강력한 반대에 부딪쳐 신학 교육에 대한 나름대로의 비전을 펼쳐 보고자 했던 옥한흠은 그 꿈을 아쉽지만 접어야 했다. 그 전에도 총회나 총신 등의 조직에 들어와서 함께 일하자고 하는 한명수 등의 제안을 받기도 했지만 그는 극구 사양했다.[43] 또한 후에 총신의 재단 이사로 활동하면서 총신 총장에 대한 제의가 있을 때에도 "사랑의교회보다 총신을 더 사랑하지 않기 때문에 못 한다"고 거절했다. 하지만 은퇴 후에는 본인도 상당히 적극적으로 고려했던 것은 사실이었다.[44]

○ 옥한흠, 박윤선, 그리고 합동신학교

옥한흠의 교단 의식 저변에는 박윤선의 영향이 다분히 내재하고 있다. 그런 면에서 박윤선과의 연관성 속에서 옥한흠의 교단성을 고찰해 볼 필요가 있다. 옥한흠은 1979년과 1980년도에 일어났던 합동교단의 분열 상황 속에서 박윤선의 입장을 지지하고 합동신학교(후에 합동신학대학원대학교로 개칭) 설립과 교단 정화 운동에 참여했다.

당시 박윤선은 "한국 교회가 잘못 시행해 온 잘못된 관행들을 성경적으로 점검하여, 주님이 원하시는 교회"를 회복하고, "개혁자들이 지향했던 교회로, 교회의 기둥이요 사도들이 세웠던 본래의 모습의 교회"로 개혁하고 픈 간절한 소망을 품고 있었다. 그렇기 때문에 박윤선은 그의 노년에 교회의 실천적 문제, 곧 한국 교회의 정치적 문제를 심각하게 재검토하게 되었다.[45] 이러한 인식을 하게 된 경위는 단순히 합동 교단의 교권 정치나 몇몇 고질적 문제에만 국한된 것은 아니었다. 이미 1970년대 초반부터 확연해졌던 "교회의 물량주의, 교역자들의 권위주의와 세속주의, 값싼 복음에 흥에 겨운 일반 교인들의 이기적인 삶, 기복주의 사상, 기독교 전반에 걸친 윤리적 무감각 등은 그런 우려를 자아내기에 충분했다."[46] 이러한 스승의 한국 교회에 대한 비판적 인식에 옥한흠이 동감한 것은 자명한 사실이었다. 다시 말하면 옥한흠은 1970년대 이후의 한국 개신교회의 변질에 대한 문제 인식을 공유했다. 박윤선의 아들, 박성은은 다음과 같이 아버지의 견해를 피력했다.

정암[박윤선]의 견해로는, 한국 개신교회의 변질의 가장 주요한 원인은 무엇보다도 "개혁주의 사상의 부재"뿐 아니라 "부실한 신학 교육"에 있었다. 그것은 한국 개신교 퇴락과 힘없는 "평신도들"을 만들었을 뿐 아니라, 결국 무능하고 생기spirit 없는 기독교를 만들어 가고 있다고 보았다. 지금부터 약 사반세기 전, 정암은 자주 이렇게 되뇌었다. "구경꾼 같은 평신도", "중세 가톨릭같이 되어 버린 교회", "말씀을 제대로 배우지 못해 갈한 평신도들"이라는 말로 많이 한탄하시는 것을 필자는 분명히 곁에서 보았다.⁴⁷

당시 "정암은 구원사적인 성경 해석의 관점에서 그리스도의 교회의 머리 되심을 실현함이란 교회의 지체요 몸인 중생한 회중에게 그들의 위상을 자각시키고 그들 고유의 사명을 그들에게 되돌려줌에 있다고 생각했다."⁴⁸ 이러한 정암의 교회 개혁적이고 평신도의 역할과 위치를 자각시키고자 하는 의도와 열정에 옥한흠은 동조했다. 특히 로마 가톨릭교회의 특징들로 언급되는 "교직중심주의sacerdotalism, 제도중심주의institutionalism, 성례중심주의sacramentalism" 등이 한국장로교회 안으로 스며들어 종교개혁 당시의 중세교회로 변질되어 가는 모습을 안타깝게 보고 있었다.⁴⁹ 옥한흠은 평신도들이 깨어나 목회자들의 사역 대상의 위치에서 안주할 것이 아니라, 사역의 동역자로 거듭나야 초대교회의 역동성을 회복하는 것이라고 믿으며, "제2의 종교개혁"이 필요함을 절감하고 있었다. 박윤선도 당시 "'왕 같은 제사장'을 개혁자들은 '만인 제사장설'이라는 구호로 바꿔 주로 구원론에 적용했으나, 이제는 그것을 교회론적으로 또한 사역론적으로 적용할 때"라고 보고 있었다.⁵⁰

박윤선은 대의적으로 권위를 부여받은 장로들의 권한, 곧 당회의 권한도 세례받은 주의 백성이 모인 회중에게서 유래한다고 강조했다. "그리스도의 지체이며, 그리스도의 영, 즉 성령의 감동을 받은 언약 백성들의 민주적 발의를 존중하는 것이 바로 그리스도의 머리 됨을 세우는 것"이라는 주장 때문에 그의 교회 정치사상을 "회중적 장로교"라고 지칭하기도 한다.[51] 사실상 이러한 교회론적 입장은 박윤선의 사상만이 아니라, 개혁자들과 위그노 교회 등 역사적인 여러 개혁 교회가 강조해 오던 견해이며, 이러한 사상에 옥한흠도 큰 영향을 받은 것이 사실이다.

이러한 공감대가 옥한흠이 합동신학교에 참여한 주요한 이유였고, 그가 어린 시절에 신앙적으로 영향을 받았던 고신 교단 교회와, 총신에서 맺은 박윤선과의 인연도 큰 역할을 했다.[52] 그러나 무엇보다도 교권주의에 대한 비판적 입장이 강했던 옥한흠은 1979년 예장합동 교단이 주류와 비주류로 분열될 때에 개혁 측(지금의 합신 교단)에 동참했고, 홍정길 목사가 시무하는 남서울교회에서 한동안 수업을 진행했던 합동신학교에서 실천신학을 가르치며 교단 정화 운동에 참여했다. 당시 그는 설교학뿐만 아니라, 제자훈련과 전도학이라는 과목도 가르쳤는데 학생들에게 선교의 뼈대를 형성하는 데 통찰력을 제공했다.[53]

그러나 옥한흠의 원래 의도는 교단분열이 목적이 아니라, 합동 측에서 분열된 다른 교단들을 모아서 하나의 교단으로 일차 통합한 다음, 합동 측과 원래대로 다시 한번 크게 연합하는 운동을 추진하는 것이었다.[54] 다시 말하면, 옥한흠은 합동신학교의 존재와 교단 정화 운동은 화합을 전제로 한 것이었고, 당시 합동 교단 내의 문제들을 교단 분열을 정당화하는 요인들로 보지는 않았다. 1970년대 말에 합동 교단에서 분열되어 나온 여러 교단들과 합신 측이 연계하여 합동 교단으로 연합하고자 하는 소원을 품고 있었다. 박성은에 의하면 교회 연합에 대한 박윤선의 사상은 다음과 같다.

> 정암은 개교회적으로나 교단적으로 어떤 본질적인 이슈가 아닌 것이라도 (예를 들면 신학 교육에 대한 방법론) 그것이 해소가 되지 않고 계속 싸우게 되면 어떤 일정 기간 동안 비상한 노력을 했으나 길이 열리지 않을 땐 서로 인정하면서 갈 길을 가는 것이 좋다고 역설했다. 서로 동질성을 확보할 수 없는데 계속 같은 곳에 있으면서 반목질시하는 것보다, 일정한 거리를 두고 복음 전파의 걸음을 걸어가는 것이 교회의 평안과 하나님의 영광을 위해 좋다는 것이다. 물론 갈라서기 전에 충분히 검토하고 화해와 타협의 가능성에 대해 여러 각도로 검토하기 위해 당사자들이 만나 대화하는 노력을 최대한 시도해야 하겠고, 서로 그리스도 안에서 형제로 인정하면서 갈라지더라도 언제든지 다시 화해할 문을 열어 놓고 노력하는 것을 전제하고 하는 말이다.[55]

이 당시 옥한흠은 박윤선을 존경하고 있었지만, 교단 분열 이후 흩어졌던 교단들이 연합하고 그 후에 더 큰 연합의 장을 마련하는 것이 필요하다고 생각하고 있었다. 이러한 상황에서 옥한흠은 합동위원회의 한 위원으로 활동했다.[56] 그러나 연합을 위한 시도에 난항이 계속되자 그는 심각한 고민에 빠지게 되었다. 일단 교단을 나온 상태에서 연합을 지향하고 제도적으로 절차를 밟아 가는 것은 그렇게 순탄하지 못했고, 교리적 차이 없이 분열했다는 부담감이 박윤선의 마음에도 자리 잡고 있었다. 그러한 과정에서 의견의 차이와 갈등은 노출되기 시작했다. 급기야 우여곡절 끝에 진리 고수를 위한 단절보다는 연합을 추구하는 것이 더 적절하다는 판단 아래 옥한흠은 잠시 합류했던 합신 교단에서 탈퇴하고, 1985년 다시 합동 교단으로 복귀했다. 이때부터 교단의 정화와 갱신도 중요하지만, 불필요한 분열을 지양止揚하고 교회 연합을 지향志向해야겠다는 강한 의무감이 옥한흠의 마음에서 솟기 시작했다.

주지하는 바와 같이 한국장로교회는 여러 면에서 성장하고 발전해 왔지만, 분열의 온상이었다는 비판을 면할 길이 없다. 이런 배후에는 "한국 개신교 역사상 가장 추악한 분열"이라고 할 수 있는 1959년 통합 측과 합동 측의 분열 이후 교회의 분리나 분립을 예사롭게 보는 교회관과 결코 무관하지 않다.[57] 1959년 9월에 대전중앙교회에서 열린 제44회 한국장로교회 총회 당시, 양 진영의 갈등과 대립이 시작부터 첨예해서 회의 진행이 매우 어려웠다. 당시 총회장이었던 노진현은 총회의 동의를 얻어 증경 총회장들과 논의한 후, "현 총회 정세로는 회무의 원만한 진행이 곤란하므로 11월 24일 화요일까지 정회하고 그 전으로 경기노회 총대는 개선하여 오게 하고 다음 속회는 서울 새문안교회에서 한다"고 선언했다. 그럼에도 불구하고 에큐메니컬 운동을 지지하는 측에서는 정회를 선언한 그날 밤, 미 선교부에서 대절해 준 기차를 타고 상경하여 9월 29일 오전 서울 연동교회에서 자기들끼리 제44회 총회를 속회하여 통합 교단 분리를 먼저 해 버렸다. 분열을 원치 않고 에큐메니컬 운동을 지지한다면서도 교단 분리를 현실화한 것은 교회사적 반성이 반드시 있어야 한다.[58]

1970년대 말과 1980년대 초반에 일어난 합동 교단 내의 분열도 역시 여러 면에서 비판적인 평가를 피할 수 없다. 군부 정권 시대를 지내면서, 한국 사회는 어느 시대보다도 진보와 보수의 양극화된 국론의 분열과 지방색의 결합으로 인한 사회적 갈등과 분열을 경험했다. 특히 영호남의 지방색으로 인한 갈등과 대결 구도는 정치권과 종교계에서 두드러졌다. 합동 교단은 영남과 호남이 주류와 비주류로 나뉘어져 있었고, 교권이 개입되고 자의적인 신학적 정죄가 맞물리면서 교단은 분열의 파고를 넘지 못하고 말았다. 이 분열은 또 다른 분열을 낳게 되어 예장합동 교단은 핵분열의 소용돌이에 빠져들었다. "장자 교단의 명분은 부끄러움이 되었고 교회는 신뢰를 잃고 그 사명을 감당하기가 힘들어지고 말았다. 교회 분열의 원인은 겉으로는 부패와 부정이었지만 속으로는 지방색이요, 교권이었다."[59] 이런 와중에 발생한 합신의 분열이, 의도하지는 않았지만, 교단 분열로 흘러간 것은 애석한 일이었다. 박형용과 홍정길의 신학교 동기이며 박윤선과 합신의 교수들을 사랑하는 서춘웅은 개인적인 견해를 이렇게 피력했다.

　이런 와중에서 총신에서의 합신의 분열이 일어났다. 물론 이 분립은 교권이나 지방색과는 상관이 없었으며 총회의 정치적 간섭에서 신학교의 자유가 그 주요인이었지만 그럼에도 그것은 분열이었으며 개혁의 명분은 좋았으나 교회 안에서가 아닌 밖에서의 개혁은 그 대상을 잃어버린 개혁이 되고 말았다. 그리고 마침내 교단을 창설할 수밖에 없는 한국적인 상황에 부딪치면서 새로운 교단을 낳게 되었다. 물론 필자는 당시 합신의 교수님들이 교단 분열에 목적이 있었다고 생각하지 않는다. 여기서 필자는 박형용 목사님도 한국 교회의 역사에 대한 책임이 있다고 지적하고 싶다.[60]

○ 옥한흠의 합동 교단 복귀

여하튼 옥한흠은 1985년에 합동 교단으로 복귀했고, 이때부터 그는 교단 분열을 극복하며 "교회가 제 몫을 해야 하고, 사회에 희망을 줄 수 있어야 한다"는 생각을 좀 더 심각하게 인식하기 시작했다.[61] 또한 그는 한국 교회 연합 운동의 필요성과 당위성을 본격적으로 자각했다. 교단 정화와 개혁에는 충분히 공감하고 뜻을 같이했지만, 교단을 나오고, 그 이후의 분열된 교단들이 연합되는 것에 대한 생각과 방법의 차이는 이러한 결과로 이어지게 되었다. 그러나 옥한흠이 합동으로 복귀한 후에도 합동신학교와 합신 교단에 대한 그의 생각은 남달랐던 것으로 전해진다. 합신이 합동에서 분열되어 나간 이후, 당시 총신의 주도적인 신학자들이 합동신학교로 이동하고 총신의 신학적 지도력이 약화되면서 옥한흠은 영향력을 발휘하는 신학자를 키워 내는 것이 얼마나 힘든 일인지를 절감하며 안타까워했다.

그 후 옥한흠은 사랑의교회 목회에 집중했고, 무엇보다도 제자훈련 목회의 발전과 확산에 주력하고 있었기에 교단 내에서 공직을 맡을 생각은 추호도 없었다. 그런데 그가 총신의 이사로 활동하게 된 계기는 한 사람과의 만남을 통해 이루어졌다. 1990년대 초반에 「기독신문」(당시는 「기독신보」) 독자투고란에 제자훈련으로 유명한 강남의 사랑의교회 장로 투표가 교단의 원칙과 법대로 이행되지 않았음을 지적하는 내용이 게재되었다. 옥한흠은 이에 박에스더 편집국장에게 항의

하려고 전화를 걸었고, 두 사람의 대화 중에 사랑의교회가 이제는 교단에 관심을 갖고 참여해야 되지 않겠느냐는 박에스더의 간곡한 부탁과 함께 총신을 비롯한 교단의 현황에 대한 언급을 듣고 나자, 옥한흠의 마음이 상당히 움직였다. 그럼에도 옥한흠은 교단 정치에 참여하는 것은 여전히 거부했다. 하지만 총신을 돌보고 후원하는 것에는 관심을 두게 되었다. 이러한 의향이 당시 총신 재단 이사회에 알려졌고, 얼마 후 대부분의 이사들도 긍정적으로 생각하여 옥한흠을 영입했다. 그리고 1992년 가을에는 총신 양지캠퍼스 도서관 건립이 지연되고 있다는 소식을 듣고 사랑의교회 당회에서 4억 원을 기부하기로 결정함으로써 건축비의 반 이상을 부담하여 완공하는 데 크게 기여했다.[62]

1990년대 중반에 이르자, 총신 내부는 새로운 지도자를 세우는 일에 관심이 급증하고 있었다. 이러한 가운데 이미 보수 신학자로 이름을 떨쳤고, 목회자와 설교자로도 탁월했으며, 국제적 감각도 출중한 김의환 박사를 총신의 총장으로 모셔오는 데 누구보다도 옥한흠, 김윤배, 그리고 길자연 등의 역할이 컸다.[63] 당시 한국 사회는 문민정부에 의하여 강조되고 있었던 소위 "세계화"의 구호에 지대한 영향을 받고 있었다. 1960년대 총신에서 교수 생활을 하다가 오랜 기간 미국 LA에서 이민 목회자로 활동하고 있었던 김의환에 대한 교단 인사들의 관심이 급증했다. 옥한흠은 미주 CAL 세미나 일정 중에 그곳을 방문했는데, 그때 자연스럽게 두 사람의 만남이 이루어졌다.[64] 두 사람의 나이 차는 많지 않았지만 사제지간이었고, 더욱이 같은 고신 뿌리를 생각하면 그 관계가 돈독했다. 김의환과 동서지간인 박형용도 누구보다도 옥한흠이 열정적으로 앞장서서 총장으로 모셔 왔다고 회고

했다.[65]

　김의환은 20년간의 미국 이민 목회를 1995년에 마무리하고 총신대학교 총장으로 부임했다. 그는 4년간 임기를 수행하는 동안 다음과 같은 세 가지 목표를 설정하고 시행하기 위하여 노력했다. "첫째, 정통적인 개혁주의 신학의 정체성을 확립하는 일과, 둘째, 국제적인 신학 교류를 통하여 총신대학교를 세계적인 신학대학원으로 육성하는 일, 셋째, 열악한 교육 환경 [개선]을 위하여 종합관을 건립하는 일 등"이었다.[66] 그는 개혁주의 신학의 토대를 분명히 세워 신학 교육과 연구에 박차를 가하고자 노력했고, 교회와 신학의 국제화에 지대한 관심을 갖고 총장직을 수행했다. 그렇지만 총신대학교처럼 규모가 제법 큰 공동체 안에는 갖가지 갈등이 일어날 수 있는 소지가 많았다. 김 총장의 바쁜 일정은 물론 대부분의 이사들의 은사로서 이사들과의 모임과 소통이 원활하지 못한 가운데 그들 간의 갈등과 불화는 점점 더 커져 갔다. 당시 학교 내의 복잡한 사정으로 그의 재임에 반대하는 데도, 옥한흠은 재단 이사회 부이사장으로서 일정한 역할을 한 것으로 알려졌다. 특히 총장의 일에 대한 욕심과 신학적 이슈로 교수들 간의 갈등과 논쟁이 심화되는 상황에서 옥한흠은 비판적인 입장을 취했으며, 김 총장의 재임은 불가하다고 판단했다. 재단 이사장이었던 김윤배의 중재 노력에도 불구하고, 1999년 초 김의환 박사의 총신 총장 재임은 재단 이사회에서 거부되었고, 그 후에도 총신 교수들 간의 내홍은 상당 기간 지속되었다.[67] 그 후 김의환은 자기를 총장으로 청빙할 때 주도적 역할을 했던 옥한흠과 길자연에 대해 "스승으로 한 번 잘 모시겠다고 했으면 끝까지 잘 모셔야지 왜 중간에 저렇게 하냐?"라

는 말을 김경원에게 했다고 한다.[68]

교회갱신목회자협의회(교갱협)

○ 교갱협 태동의 배경과 조직

1990년대 후반은 옥한흠 목사에게 사역의 절정기였다. 그는 그의 사역 후기(1998-2003)에 교회갱신목회자협의회(교갱협)를 비롯한 한국목회자협의회(한목협)와 전국교단장협의회(교단장협) 설립에 깊이 관여하면서, 무엇보다도 한국 교회의 갱신을 통한 연합 운동과 세계선교 활성화를 위해 혼신의 힘을 다했다. 하지만 옥한흠은 이미 1980년대부터 심각하게 분열하여 사회적 영향력을 상실해 가고 있었던 한국 교회에 "복음주의 연합 정신의 구현"이라는 과제를 숙고했었다.[69] 그 당시 그는 김명혁, 이종윤, 손봉호 그리고 홍정길 등과 협력하여 교파와 교단을 초월한 강남 지역 연합 신학 강좌를 개최한 바 있었다. 연합 정신을 소유하고 있었던 옥한흠은 1996년에 예장합동 교단 안에 "교회갱신목회자협의회"를 창립하는 데 기여했고, 이 운동을 다른 교단들과 연계하여 확산시켜 나가려는 마음을 품고 있었다. 옥한흠의 교회론적 비전과 자각이라는 측면에서 보면, 제자훈련 목회의 정향점은 결국 교회 갱신과 연합으로 이어질 수밖에 없었다. 옥한흠이 30여년 간 사랑의교회를 목회해 오면서, 그가 속한 대한예수교장로회 합동 교단의 미래를 전망해 볼 때, 철저한 자기반성과 교회 갱신이 없이는 교회의 미래가 절망적이라는 위기의식이 새로운 과제를 향한 그의 행보를 재촉했다.

옥한흠을 비롯한 복음주의 4인방은 그들이 속한 교단에서 비난받는 경우도 있었다. 그들은 "태생적으로 교권주의자가 아니었고", 교회의 개혁과 순수한 복음에 대한 열정이 강하다 보니 "교갱협" 같은 모임을 만들고 총회장이나 노회장과 같은 직책에 대한 욕심도 없이 주어진 사역에 몰입해 왔다. 아무래도 젊은 시절에 선교 단체나 파라처치에서 활동했거나 영향을 받다 보니, 기성 교단과의 관계가 소원해질 수밖에 없었으며, 1970-80년 사이가 가장 힘들었던 시기이기도 했다. 그러나 옥한흠은 유학을 다녀오고 신학을 더 공부하면서 선교 단체의 장점을 살리면서도, "파라처치주의자에서 벗어나 균형"을 잡으면서 교회와의 관계를 원만하게 유지할 수 있었다.[70] 특히 옥한흠은 고신 교단에서 자라, 주로 합동 교단 교회에서 목회를 해 온 입장에서, 교회 중심적인 사역에서 벗어나지 않았다.

1990년대에 들어서면서, 옥한흠은 그 어느 때보다도 교회 갱신이 필요한 시대임을 깊이 인식하고 있었다. 사랑의교회 성도들을 향해 금식 기도를 강조하면서 1970-80년대에는 한국 교회 성도들의 간절한 기도, 특히 금식 기도를 통해 괄목할 만한 교회 부흥을 이룩했다면, 1990년대는 부흥보다는 갱신이 절실하게 필요함을 역설했다. 옥한흠은 1980년대부터 모라비안 운동, 독일의 경건주의 운동, 그리고 조나단 에드워즈의 영적 각성 운동에 대한 책들을 꾸준히 읽었다.[71] 영적 각성이 어떻게 도덕적 변화로 이어지는지 관심이 많았다. 그러나 옥한흠이 교갱협을 만드는 데 직접적으로 연관되었던 것은 다름 아닌 평신도를 깨워 훈련시켜 목회자의 동역자로 삼겠다는 그의 제자훈련 목회 철학이었다. 교갱협은 합동 교단의 갱신을 촉구하는 모임이었지만, 결국 그의 교회론과 목회 철학이 교갱협을 만들 수밖에 없는 방향으로 이끌었다. 그런 면에서 교갱협은 옥한흠의 "한 사람" 철학을 기반으로 하는 제자훈련 목회의 자연스러운 귀결로 볼 수 있다. 특히 하나님 앞에서 목회자나 평신도나 모두가 동등하고, 한 사람의 변화가 건강한 교회를 일구어 가는 근간이라고 강조해 온 그로서는 교단 내에서 벌어지고 있는 교권적 행태나 여러 부패의 모습들을 묵과할 수 없었다. 이런 면에서 존 스토트의 견해는 시사하는 바가 많다.

바로 하나님 백성 모두가 동등하고 하나라는 배경에서만 교권주의의 진정한 스캔들이 드러나기 때문입니다. 성직자의 손 안에서 힘과 특권이 집중될 때 교권주의는 언제나 하나님 백성의 본질적인 하나 됨을 소극적으로는 애매하게 만들고 적극적으로는 그 의미를 잃어버리게 만듭니다. 극단적인 교권주의 형태는 그리스도께서 새로운 인류의 공동체 안에서 없애 버린 성직이라는 특권 의식을 다시 도입하려고 합니다. 그리스도께서 하나로 만든 것을 교권주의가 다시 둘로 나누려 하는 것입니다. 높은 것과 낮은 것으로, 능동적인 것과 수동적인 것으로, 필수적이고 중요한 것과 부수적이고 중요하지 않은 것으로 말입니다. 교회를 성직 위계 체제나 성직자라는 특권층의 전유물로 해석하는 것은 신약성경이 말하는 교회론을 심각하게 훼손하는 것입니다.[72]

옥한흠이 그의 목회 사역 후기에 교단 개혁에 대해 처음 관심을 갖고 행동에 나선 것은 아니었다. 그가 처음으로 하나님의 은혜를 체험했던 교회들이 고신 교단 소속이었고, 해방 후 "고려파 운동"은 한국 교회의 회개와 개혁을 촉구한 측면이 강했다. 그런 면에서 고려파 운동을 한국 교회 개혁 운동의 일환으로 해석할 필요성도 존재하고, 그러한 특성을 옥한흠도 어느 정도 공유했다고 보아야 한다.[73] 또한 이미 전술한 바 있는 박윤선의 교단 갱신과 개혁 운동에 참여했다가 제대로 수행하지 못한 아쉬움이 다시 교갱협 운동으로 재점화된 것으로 볼 수도 있다. 하지만 옥한흠은 목회 초기에는 주로 사랑의교회를 제자훈련으로 깨우고 훈련시켜 그리스도의 참된 제자들로 양육하고 건강한 교회를 만드는 데 역점을 두었다. 이 시기에 그의 목회 특성은 개교회주의적 요소가 강했다. 제자훈련사역이 갖고 있는 집중성 때문에, 그는 교단적 차원의 개혁 운동의 필요성에 관심을 갖고는 있었지만 구체적인 행동을 할 수는 없었다. 게다가 교단 정치에 비판적인 입장이었기 때문에 의도적으로 일정 거리를 두고 목회 사역에 전념해 온 것도 사실이다. 하지만 사랑의교회에서 제자훈련 받은 부교역자들이 타 교회에 부임하여 목회하면서 교회가 갱신되는 모습이 실제적으로 드러나는 경우도 있었다.[74] 그렇지만 1990년대 후반에 이르면, 옥한흠은 교단적 차원에서의 갱신과 개혁 운동이 일어나지 않고는 심각한 교회의 위기가 해결될 수 없다는 것을 절감했다. 사랑의교회 목회가 제자훈련 사역을 통해 어느 정도 가시적 열매를 맺었고, 또한 영향력을 발휘해야 한다는 일종의 책임감이 발동한 것도 사실이었다. 개교회들이 성장과 함께 성숙해야 하지만, 교단적으로 쇄신되지 않고는 교회의 세속화와 교권에 의한 부작용을 막아 낼 수 없다는 판단이었다.

옥한흠이 사역 후반기에 교회 갱신에 지대한 관심을 갖게 된 배후에는 그의 제자훈련 목회의 지향점인 교회 갱신에 대한 목적이 작용했다. 예수 그리스도의 제자 삼는 사역에 집중하고 신실한 제자가 되려고 노력하다 보면, 결국 세속화된 문화의 시류時流를 거부하고 당당하고 꼿꼿하게 참된 경건을 추구할 수밖에 없다. 이러한 깨달음과 의지는 개혁과 갱신의 깃발을 높이 들게 하며, 우리의 삶과 사역을 개혁 지향적으로 나아가게 한다. 그리고 세속화 된 교회와 사도적 교회의 차이와 대조가 무엇인지를 확연히 알게 한다. 시대마다 개혁을 외쳤던 인물들은 참된 교회, 성경적 교회의 모습을 분명히 보았기 때문에 교권과 온갖 부패로 얼룩진 교회의 일그러진 자화상을 갱신시킬 수 있는 안목을 구비하고 개혁을 외쳤다.[75] 옥한흠의 제자훈련 목회는 교회의 사도성을 토대로 발전한 것이지만, 결국 교회의 여러 속성과 연계될 수밖에 없다. 교회의 사도성은 거룩성과 통일성, 그리고 보편성과 유기적으로 연결되어야 온전한 교회론으로 드러나게 된다.[76] 그런 면에서 옥한흠의 목회 사역은 그의 교회론을 중심으로 전개되었다. 지상에서 완전한 교회를 이룰 수는 없어도, 그러한 교회를 목적으로 지향하고 개혁하는 것은 당연한 교회론적 원리이고 방향이어야 한다.

이은선에 의하면, 옥한흠이 교갱협 창립에 관여하게 된 실제 요인은 두 가지였다. 첫째는 합동 교단 소속 교회들이 내부 개혁에 큰 관심을 보이지 않았다는 점이고, 무엇보다도 총회 선거의 혼탁함이 심각한 지경에 이르렀다는 인식이었다. 교갱협은 "교회 갱신"이라는 이름을 붙이긴 했지만, 총회 선거 제도를 개혁하는 데 초점을 맞추었다. 이러한 총회 풍토를 묵과하고서는 교단의 미래가 밝을 수 없다고 자각했다. 둘째는 통합 측이 교단의 갱신과 개혁 면에서 합동 측을 앞서 가면서 21세기를 준비하고 있다는 상황 인식이었다. 통합 측에서는 이미 1991년에 바른목회실천협의회가 결성되어 "개혁 교회 신앙과 영성, 교회 갱신과 일치, 사회 선교"를 협의회 정신으로 삼고 활발하게 활동하고 있었다.[77]

옥한흠은 교갱협을 조직하면서 "개혁"보다는 "갱신"이라는 용어를 사용했다. 그는 "개혁이란 교리와 신앙의 문제를 바로잡는 것"이고, "갱신은 교리적 문제보다는 교회의 질적 문제를 바로잡는 것"이라고 이해했다. 현재 교회에서 필요한 것은 교회의 세속주의를 극복하는 도덕적 갱신이었다.[78] 옥한흠은 "갱신"이란 용어를 통해 타락한 일부 지도자들이 교단의 교권을 장악하여 지도자 행세를 하고 있는 상황에서, 의식 있는 목회자들을 격려하고 조직화해 나갔다. 또한 그는 갱신 운동이야말로 교회 공동체와 그 구성원의 신행의 불일치, 교회 현실에 안주하여 변화를 거부하는 현상, 변하지 말아야 할 본질과 변화시켜야 할 비본질의 혼돈, 제도와 조직의 권위주의화와 타락 현상, 사회 현실에 대한 교회의 무책임한 태도, 다음 세대를 향한 비용을 지불하지 않으려는 태도 등으로 교회 갱신이 절실하게 필요하다고 역설했다.[79]

이와 같은 배경 하에, 교갱협은 "교회 갱신의 기치 아래" 예장합동 교단 목회자들에 의해 1996년 3월 7일에 조직되었다. 그들은 21세기에 새롭게 도약하고 있는 정보 시대에 "알맞는 관점을 시급히 수립해야 하겠다는 공감대"를 형성했다. 교갱협은 새로운 아시아-태평양 시대를 맞이하여 그에 걸맞은 선교사적 사명을 감당해야 할 책임이 한민족과 한국 교회에게 주어졌으나, 교회 성장은 감소하고 있을 뿐만 아니라 교단 정치가 금권 정치를 통해 부패하고 타락하는 것을 가장 심각한 문제로 인식하면서 교회 갱신을 중요한 출발점으로 삼았다. "갱신의 목표는 은총과 정의가 동시적으로 이행되는 전일적 복음 전도를 기하여 하나님나라를 넓히는 것"에 있었다. 그리고 갱신의 전개 과정과 방향은 문제를 깨달은 목회자 자신으로부터, 곧 내부로부터 출발하여 외부로 확산해 나가는 것으로 설정했다.[80]

옥한흠은 1990년대에 총신 이사로 활동하면서, 교단 내의 부패한 현상들을 직접 목격하고 체험하면서 좀 더 구체적으로 개혁의 필요성을 절감하게 되었다. 이러한 개혁 공감대는 김윤배, 예종탁, 길자연, 김경원 등에게 확산되면서 힘을 얻었고, 젊은 세대의 목회자들에게도 상당한 호의를 얻었다. 이렇게 해서 교갱협이 형성되고 발전하는 데 주요한 기반이 만들어졌고, 교단 내에서 상당한 지지 세력을 확보해 갔다. 그러나 초창기 교갱협의 부회장이었던 길자연이 교단 부총회장 출마를 앞두고 갈등이 생겨 탈퇴하는 어려움도 겪었다. 당시 옥한흠은 "당신이 총회장을 나서지 말든지 나서서 저렇게 될 바에야 교갱협을 떠나는 것이 좋겠다"고 말했고, 결국 길자연이 교갱협을 떠나게 되었다.[81] 교단의 갱신을 내세웠으니 교갱협 주요 지도자들부터 갱신해야 했고, 비판의 여지를 미연에 방지하려는 취지 때문에 초창기에 참여했던 몇몇 인사들과 결별하는 아픔도 겪었다. 이러한 과정에서 교갱협은 교단 내의 교권 정치와 금권 선거를 개혁하기 위해 노력을 경주했고, 「기독신문」의 보도와 공감대도 매우 중요하게 작용했다. 「기독신문」은 교단 내의 개혁의 필요성과 정당성을 보도를 통해서 알렸고, 실제적인 여러 조치들은 교갱협에서 실행해 가면서 적지 않은 긍

정적인 결과들이 도출되었다.[82]

　이러한 상황 인식 속에서 옥한흠과 연결된 인사들은 한명수, 김경원, 김인중 그리고 젊은 세대의 개혁지향적 목회자들이었다. 이 그룹 가운데는 옥한흠의 제자훈련 목회에 동참하는 사람들도 많았다. 이들과의 연결이나 합동 교단 내의 역학 관계와 구도에 대해서는 「기독신문」 편집국장을 지낸 박에스더의 보이지 않는 역할이 있었다.[83] 특히 한명수는 교갱협이 지대한 영향을 미쳤던 합동총회 선거에서 제비뽑기에 의해 선출된 최초의 부총회장이었다. 주목할 것은 그가 제87회 합동 측 총회장이 되기 전 주요 이력 중 하나가 1985년부터 1999년까지 교단지인 「기독신문」 주필을 역임했다는 사실이다.[84]

　옥한흠이 목회에 전념해 오면서 그의 가슴에 큰 아픔을 준 것은 나날이 회사처럼 운영되는 교회의 모습과 물질주의를 비롯한 세속화의 물결에 너무도 힘없이 무너지고 타협하는 교회의 행태였다. 목회자들은 이러한 추세를 극복하기는커녕, 오히려 그들조차도 물질에 매여 있었다. 옥한흠은 이러한 모습을 보면서 각종 비리가 난무하는 선거 풍토를 쇄신하고자 교회 갱신에 깊은 관심을 갖게 되었다. 더군다나 그가 속한 교단이 가장 심각한 형국에 놓여 있다고 판단했다. 그는 합동 교단이 건전한 신학적 입장을 견지하면서 한국 교회의 성장과 발전을 견인해 온 것은 높이 평가했다. 하지만 "지나치게 폐쇄적인 자세를 취하면서 미래를 보는 열린 눈을 가지지 못했고 다음 세대를 위한 인재를 키우는 데 부족"했으며, "한국 교회의 수많은 분열의 진원지"가 된 것을 가슴 아파했다. 그렇기 때문에 합동 교단이 이러한 문제를 해결하고 과감히 교단의 비정상적 체질을 개선하지 않고는 미래가 없다는 우려가 옥한흠의 마음에서 떠나지 않았다. 그는 이제부터라도 "스스로를 돌아보며 다음 세대를 건강하게 인도하려는 몸부림"을 쳐야 하고, "시야를 넓히면서 열린 자세로 타 교단과의 교류에도 앞장서 나가야 한다"는 전향적 자세를 취하게 되었다.[85] 자신부터 이렇게 변하지 않으면 예장합동은 물론이거니와 한국 교회 모두가 공멸할 수도 있다는 절박한 위기의식을 가졌다. 옥한흠이 교단을 떠날 수도 있다는 생각을 하면서도, 교단 안에 남아 갱신 운동을 일으킬 수 있었던 것은 "'이래서는 안 되겠다'는 자각 증세"를 절감하는 적지 않은 동역자들이 주변에 있다는 사실을 알고 있었기 때문이었다. 또한 지상의 교회는 예수 그리스도께서 피로 값 주고 사신 주님의 몸 된 교회이기 때문에 하나님께서 절대로 방치하지 않는다는 확신이 그를 지탱해 주었다.[86]

옥한흠을 중심으로 시작되고 전개된 교갱협의 의미에 대해 이은선은 이렇게 진술했다.

이들은 지향과 목표로서 크리스천 지도자 양성, 교회의 방향 제시, 세계 복음화와 준비, 올바른 교회 정치 구현과 개혁, 신앙 공동체로서의 교회, 복음적 개혁주의 신앙으로 목회하는 교회, 교회 일치 도모, 이단에 대한 분별력, 제반 사회 문제(통일 문제, 농촌 문제, 청소년 문제, 노인 문제, 환경 문제)에 대한 성경적 해답 제시와 실제적 모델 마련, 생명 문화 육성을 제시했다. 교갱협은 크게 보아 새로운 인재 양성과 함께 교단의 갱신과 교회의 일치, 그리고 사회 섬김을 통해 이웃과 하나님 앞에 자신을 헌신하는 것을 사명으로 하는 전

국 목회자들의 협의체라고 볼 수 있다.[87]

○ 교갱협의 활동과 영향

교갱협은 처음부터 차세대 지도자 양성에 지대한 관심을 가지고 출발했다. 옥한흠은 교단 내 30, 40대의 유능하고 기대되는 젊은 목회자들에게 "무언가 좀 숨을 쉴 수 있는 공간"을 만들어 주고, 앞으로 오는 세대를 책임져야 할 지도자인 이들이 정말 뜻을 모으고 연구하고 몸부림치면서 준비할 수 있는 장이 필요하다는 인식에서 교갱협이 시작되었다고 언급했다. 김경원은 교갱협 10년을 회고하면서, 교갱협은 새로운 목회 패러다임을 과감하게 수용하여 급변하는 시대의 변화에 능동적으로 대처하는 목회자 갱신을 통해 한국 교회에 비전을 심어 주는 것과 차세대 지도자들의 양성이라는 두 가지 목적을 가지고 있다고 밝혔다.[88]

교갱협은 교권의 횡포, 금권 타락 선거, 그리고 지방색을 쇄신하지 않고는 교단의 미래가 없으며, "개혁적인 체질을 회복하지 않고서는 새로운 시대에 목회자로서 목회할 수 없다는 문제의식"을 강하게 인식했다. 또한 교갱협은 차세대 지도자 양성과 함께 가장 중요한 목표로 목회자들의 의식 변화를 통한 교회와 교단의 갱신을 추구했다. 이러한 취지가 강했기 때문에 교갱협에서 실시하는 "영성 수련회는 목사 부흥회다. 누구를 갱신해야 한다는 것보다 목회자들이 교회 갱신의 주체가 되어야 한다는 것이다."[89] 하지만 교회 갱신이 목회자의 의식과 태도의 변화를 강조하는 내면적 사역이어서 가시적 성과로 나타나기 어려운 측면이 있었다. 교갱협은 교회 개혁의 정신을 확산시키기 위해 교단지인 「기독신보」에 "21세기 비전"이라는 기획 칼럼에 상당 기간 유료로 회원들의 글을 게재하면서, 교단 내 개혁을 위한 공감대를 넓혀 갔다.⁹⁰ 또한 교갱협은 2007년 5월에 「소리」지를 발간하여 교회 갱신의 소리가 목회 현장에 확산되어 교회의 체질을 바꾸고 미래의 목회자들이 그 정신을 지속 이어 갈 수 있는 소통의 통로를 마련했다. 옥한흠은 창간호에서 "주님의 세미한 음성을 들으면서 우리 자신을 먼저 돌아보는 것과 더불어 조금 더 '소리'를 지르고 꼭 필요한 '소리'에 귀를 기울이기 위해 소통의 장인 「소리」를 발간한다"고 밝혔다.⁹¹

교갱협은 교회 갱신의 목표를 달성하기 위해 학술 포럼과 세미나, 교단 정치 갱신 실천, 영성 수련회, 그리고 타 교단 유사 협의체와의 연대라는 네 가지 활동 방향을 설정했다. 그리고 교회 개혁은 목사 혼자가 감당해서는 안 되기에 장로들도 이 정신을 공유하고 동참할 수 있도록 장로 수련회도 수차례 열었고, 신학생들도 이 정신을 함양할 수 있도록 신대원 안에 교갱협 그룹을 만들었다.⁹² 그리고 여러 실무는 이상화가 맡아 많은 수고를 했다. 옥한흠은 교갱협이 "구체적인 자료와 대안을 제공하는 정책적 대안 단체"로 발전해 나가기를 소망했다. 제일 먼저 "한국장로교의 정치 제도를 본질적으로 재점검하고 미래적 대안을 모색하는 심포지엄"을 준비했다.⁹³ 1997년 4월에 열린 이 포럼의 목적은 목사와 장로의 대립 속에서 교회 기능을 제대로 수행하지 못하는 한국장로교회의 올바른 정치 제도의 수립을 모색하는 것이었다. 교갱협이 두 번째로 개최한 학술 포럼은 1997년 6월에 「기독신문」과 공동으로 "한국 교회 성장 정체 무엇이 문제인가?"라는 주제로 열렸다. 1990년대에 들어서면서, 한국 교회가 정체되고 있는 요인들을 신학적, 사회학적, 그리고 교회사적으로 규명하고자 했다. 교갱협은 계속적으로 한국 교회가 당면한 문제들을 포럼과 세미나를 통해 논의하고 방향을 제시하는 일에 노력을 다했다. 그동안 다루어진 주제들을 보면 교회의 사회봉사와 목회자 윤리 회복, 신학 교육, 목회자의 정체성, 교회 갱신, 그리고 한국 교회의 위기 등이었다.[94]

그다음으로 교갱협이 총력을 기울였던 과제는 교단의 타락한 총회 정치 제도 개선이었다. 교갱협이 조직된 배후에는 옥한흠이 선거 풍토에서 받은 충격과 함께 그러한 선거 풍토를 개선해야 한다는 강한 의지가 작용하고 있었다. 그리고 타 교단 내의 교회 갱신 활동을 직접 목격하면서 자극을 받았기 때문에, 교단 내부의 갱신을 위해서는 무엇보다도 정치 제도의 개혁이 급선무라고 판단했다. 그런 면에서 "교갱협은 이 시대의 상황을 감안해서 평신도보다는 목회자와 체제 개선에 목적"을 두었다고 했다. 그리고 교회 갱신의 최대 장애물을 총회의 부총회장 선거를 둘러싼 지연과 학연과 금권이 결합한 극도의 타락상이라고 규정하면서, "교단의 선거 풍토 쇄신이야말로 교단 갱신의 출발점"이라고 선언했다.[95]

교갱협은 이러한 구체적 방향을 정한 후, 1996년 8월 28일에 영성 수련회를 마치면서 "제81차 총회를 앞둔 우리의 심정을 담은 호소문"을 발표했다. 이 호소문을 통해서, 총회 임원 선거를 앞두고 정치에 몰두하고 있는 총회를 향해 총회의 기능과 역할을 진지하게 연구하기를 요청하고 "실추된 교회 이미지 회복을 위해 마음을 찢는 반성과 회개"를 촉구했다. 11월 3일에는 "목회자의 진정한 권위를 세우는 목회자 윤리 강령"을 제정하여 발표했다. 그리고 1997년 3월 7일에 "총회 선거 풍토 쇄신을 위한 교갱협 활동 방향"을, 3월 19일에 "21세기를 앞둔 총회의 미래를 소망하는 호소문"을, 6월 10일에 "선거 풍토 쇄신을 위한 본 협의회의 입장을 담은 호소문"을, 7월 11일에 "선거 풍토 개혁을 바라는 장로교 4개 교단 목회자협의회 호소문"을, 7월 16일에 "제82회 총회 총대님들께 드리는 호소문"을 연이어 발표했다. 그리고 8월 27일부터 9월 23일까지 부정 선거 고발 창구를 개설하기도 했다. 교갱협은 이러한 호소문과 활동 등을 통해 총회의 선거 풍토를 개선하는 노력을 지속적으로 전개해 나갔다.

교갱협은 선거 풍토 개선을 요청하면서 개선 방안으로 제비뽑기 방식을 제안했다. 이 방법이 금권 선거를 원천적으로 봉쇄할 수 있는 최선의 방안은 될 수 없었고, 타락상을 방지할 수 있는 일종의 고육지책이었다고 볼 수 있다. 교갱협 임원들은 자신들이 속한 노회에서 금권 선거를 타파하기 위해 제비뽑기 방식이 필요함을 역설했고, 다양한 방법으로 설득했다. 2000년 8월 말에 열린 제6차 영성 수련회에서는 "제비뽑기가 이번 총회에서 반드시 시행돼야 한다"고 주장하는 성명서를 발표했다. 예장합동은 개혁 교회의 전통에 따라 헌법에 직선제를 명시하고 있음에도 불구하고, 금권 선거라는 고질병을 막고자 옥한흠을 비롯한 교갱협은 제비뽑기를 주장한 것이다. 이러한 노력의 결과, 교단 임원 선출을 위한 제비뽑기 선거 제도가 2000년 제85차 총회에서 만장일치로 통과되어 2001년 시행을 결정했다. 2001년 제86차 총회에서 영향력이 큰 단체들의 강력한 반대에 직면했지만, 총회 마지막 날에 총 553표 중 찬성 401표, 반대 152표의 표차로 제비뽑기 제도가 가결되었다.⁹⁶ 제비뽑기가 관철된 직후 옥한흠은 2001년 9월 27일 「동아일보」와의 인터뷰에서 당시의 감회를 이렇게 밝혔다.

[19]96년 교갱협 출범 이후 계속 제비뽑기를 주장해 왔어요. 민주 사회에서 자기 의사를 표현하는 투표 방식의 선거를 보류하고 제비뽑기로 선거 제도를 바꾸자고 주장하는 것은 제 살을 깎는 힘든 작업이었습니다. 그럼에도 불구하고 그 방향으로 나가지 않으면 안 되는 절박한 상황에 있었습니다. 이번에 한국 교회에서 처음으로 제비뽑기를 제도화한 것은 우리 교회 지도자들이 교회가 새로워지지 않으면 안 된다는 위기의식에 공감하고 있다는 것으로 받아들입니다.⁹⁷

2001년부터 예장합동 총회 임원 선출에서 제비뽑기 방식이 도입되었고, 노회 임원 선거에도 시행되고 있다. 교갱협은 이러한 제도를 다른 교단으로도 확산시키려고 노력했지만, 아직까지는 성과를 거두지 못하고 있는 실정이다. 수년이 지난 후, 옥한흠을 이어 교갱협의 대표 회장이 된 김경원은 "제비뽑기라는 제도 도입 없이 캠페인만으로는 금권 선거를 막을 수 없었다"며 "제비뽑기는 우리 교단의 자랑이 아니라 수치"였다고 언급한 적이 있다.⁹⁸ 다시 말하면, 제비뽑기 자체가 합동 교단이나 기독교계에 난무한 부패한 금권 선거에 대한 대안이 아니라, 그것을 넘어설 수 있는 제도와 그 제도를 운용할 수 있는 갱신된 자성과 태도를 촉구하는 데 큰 의미가 있었다는 것이다. 제비뽑기를 실시한 지 10년이 지나는 이 시점에 금권 선거에 대한 관리, 감독을 철저하게 강화하면 직선제는 얼마든지 가능하다는 의식의 변화와 제도의 개혁이 합동 측에서 상당히 진전되었다. 2011년 제96회 총회를 앞둔 대한예수교장로회 합동 교단은 금권 선거를 방지하고 성경적인 선출 방식이라는 이유로 제비뽑기 제도를 고수하자는 그룹, 완전 직선제를 요구하는 그룹, 그리고 교갱협을 비롯한 제비뽑기 제도를 개선하여 그 정신을 살려 가자는 그룹 간의 대화와 안건 상정이 벌어졌다.

옥한흠과 교갱협이 이미 인식하고 있었듯이 일단 제비뽑기 제도를 통하여 금권 선거를 방지하는 응급 처치안이 부재하면, 그 부패의 정도는 더 심화될 수밖에 없었다. 그런 면에서 제비뽑기 제도를 총회 결의로 결정되도록 처리하게 하고, 그 개선안을 모색해 가자는 일종의 단계별 개혁 방안이 실효를 거둘 수 있다는 생각이 힘을 얻었다. 현재 교갱협도 어떤 식으로든 제비뽑기 제도 개선이 불가피하다는 사실을 분명히 인정하고 있다. 제비뽑기 제도를 어느 정도 바꾸지 않으면, 그 제도가 민의를 왜곡시킬 여지가 많을 뿐만 아니라, 리더십의 약화로 교단 내외의 영향력마저 감소될 수밖에 없을 것이다. 옥한흠이 소천한 지 얼마 되지 않았지만, 2011년 합동총회에서 돈 안 들이고 제대로 된 일꾼을 뽑아야 한다는 소신에 이견이 거의 없어 어느 정도 정착했고, "그동안 제비뽑기 제도가 돈을 안 쓰는 데는 성공"한 것이 사실이지만, "제대로 된 일꾼을 뽑는 데는 실패"했다는 면도 부인할 수 없다.[99] 제비뽑기 제도가 도입되었다고 해서 교단 갱신이 정착되는 것은 아니다. 좀 더 제도를 보완하고 더 포괄적인 갱신 방안이 나와야 할 것이다. 그럼에도 불구하고 옥한흠은 이러한 정화의 과정에 실제적인 개혁안을 주도적으로 마련하며 행동에 나섰던 이 시대의 교회 개혁자

중 한 사람이었다. 그러나 그런 소신과 투지가 지속적으로 유지되고 후속 조치가 이루어지지 않는다면 교단 내의 갱신 운동은 약화될 소지가 있음을 잊지 말아야 한다.[100]

물론 교갱협도 "참여 속의 개혁으로 방향"을 바꾸고 좀 더 적극적이고 지속적으로 나아가고자 노력하고 있다.[101] 교갱협은 우선 갱신의 대상에 자신들도 포함해 진행해 나갔다. 영성 수련회는 매년 8월 셋째 주에 2박 3일 일정으로 개최됐는데, 회원들 자신들의 갱신을 위해 노력할 뿐만 아니라 교회 갱신 활동의 방향을 제시해 왔다. 거기서는 목회자들의 회개와 영적 각성을 촉구하는 설교들과 목회 갱신을 도모하기 위한 다양한 주제의 특강들과 분과 특강들로 진행되었다.

1996년 8월에 처음으로 열린 교갱협 영성 수련회는 "우리를 다시 살리소서"라는 주제로 개최되었다. 옥한흠은 고린도후서 12장 7-10절을 본문으로 "약한 데서 심히 큰 능력"이라는 제목으로 설교했다. 이 설교에서 자신이 부정적인 사람이어서가 아니라, 교회가 너무나도 중대한 위기에 봉착했기에 갱신을 외칠 수밖에 없었다고 토로했다. 그는 1993년경부터 교단의 부패에 심각한 고통을 느끼기 시작했고, 교단 개혁을 열망하는 후배 목회자들에게 통로를 마련해야겠다는 마음으로 교갱협을 시작했다고 고백했다. 그다음 해에 열린 제2차 영성 수련회에서 옥한흠은 "성령을 주시지 않겠느냐?"(눅 11:13)라는 설교를 통해서, 자신이 경험했던 영적 침체를 언급하면서 성령이 임하므로 부흥의 역사가 일어나도록, 다시 성령이 임하도록 간절히 간구하자고 외쳤다. 제3차 영성 수련회에서는 "영적 권위의 회복"이라는 설교에서 교회 지도자의 권위는 성경으로 돌아가야 생기는데, 제때에 경고할 수 있는 예언자적 권위, 고난당하신 주님같이 현장에서 고난당함으로 생겨나는 권위, 그리고 목표를 바라보는 비전에서 생기는 권위를 회복하자고 역설했다. 그리고 제4차 수련회에서는 "그러나의 은혜"라는 설교를 통해서 은혜를 체험한 목회자와 체험하지 못한 목회자는 분명히 다르다고 언급했다. 진정으로 하나님의 은혜를 알고 체험한 목회자는 죄책감과 열등감에서 자유로운 상태에서 하나님께 충성하면서도 결코 자랑하지 않는다고 밝히면서, 이런 은혜를 체험하여 목회 현장으로 돌아가자고 권면했다. 2000년 8월에 열린 제5차 영성 수련회에서는 "하나님만 바라라"는 제목의 설교에서 시냇물을 찾아 헤매는 사슴처럼 우리의 현실을 목도하면서 집요하게 하나님을 찾고, 하나님 앞에 매달리자고 외쳤다. 옥한흠의 눈에 비친 한국 교회의 현실은 그만큼 심각했다. 그럼에도 불구하고 그다음 해에 열린 제6차 수련회에서는 "소명자는 낙심하지 않는다"라는 제목으로 설교했다. 목회자로 부름 받은 자들은 예수님 앞에서 정직한 목회자, 한 영혼을 소중히 여기는 목회자가 되어야 한다고 부르짖으면서 한국 교회의 갱신을 위해서 누가 참 소명자인지 가려야 하며, 참다운 소명자는 결코 낙심하지 않는다고 목소리를 높였다. 그리고 폐회 예배에서는 "표준을 낮게 잡으면 망한다"라는 설교로 마무리했다.[102]

은퇴 후, 옥한흠의 설교는 한국 교회가 회개해야 한다는 주제로 집약되었다. 2005년 제10차 영성 수련회에서는 "사데 교회가 주는 교훈"이라는 설교를 통해 한국 교회가 이미 회개의 능력을 상실한 위험한 상태에 있다고 경고했다. 참된 회개는 결국 성령의 역사로만 이루어진다고 강조했다. 그런데 하나님이 주목하시는 것은 창조적 소수이니 교갱협 회원들이 그러한 자들이 되자고 격려했다. 이렇게 회개의 필요성을 절감하는 가운데 2007년 7월 "평양대부흥 100주년 기념 예배"에서 옥한흠은 "주여 살려 주옵소서"라는 강력한 회개의 메시지를 한국 교회를 향해 던졌다. 그리고 그 해 8월에 모인 수련회에서 "가라지가 섞인 교회"라는 제목의 설교를 통해서 지상 교회는 불완전하지만, 무엇보다도 교회 지도자가 교회의 가라지가 되는 것을 두려워해야 한다고 경고했다. 지상 교회는 끊임없이 갱신되어야 한다. 옥한흠은 그 갱신이 제자훈련을 통해 가능하다고 역설했다. 그가 소천하기 3년 전에 행한 설교에서 우리는 다시 한번 옥한흠의 삶과 목회 사역의 구심점이 무엇인지를 확인하게 된다. 결국 좋은 교회를 이루고, 참된 그리스도의 제자가 되기 위한 일관된 노력이 그의 평생에 지속되었다. 자신이 먼저 갱신의 선두에 서서 갱신의 길을 제시했다. 이러한 과정에서 옥한흠의 리더십에 도덕성이 담보되지 않았다면 교갱협은 동력을 상실했을 것이다. 김경원은 이렇게 회고했다. "옥한흠에게는 존경받을 수 있는 도덕성이 가장 큰 장점이다. 깨끗하다." 그는 "한국 교회에서 찾아보기 힘든 목회자이며, 리더다."[103]

옥한흠의 리더십을 바탕으로 교갱협은 타교단 갱신 단체와 연대를 도모하면서 운동을 전개해 나갔다. 이러한 운동으로 한국 교회의 현실을 극복하고 교단을 초월한 개혁 신앙의 역동성을 회복하고 구현하고자 노력했다. 또한 분열된 한국 교회에서 새로운 기독교 문화와 윤리를 구현해 가기 위해 장로교 4개 교단 갱신 협의회 모임을 가졌으며, 1997년에는 한국장로교목회자협의회(장목협)을 결성하기도 했다. 그 연대의 폭을 단지 장로교에만 국한하는 것이 아니라, "개혁 신학의 뿌리를 찾는 노력을 하는 한편 감리교, 기성 등의 목회자 개혁 그룹과 세계 개혁 교회 연합 기관과 교류를 갖기로 결정"했다. "이들은 교단을 넘어 연합과 협력을 통해 한국장로교회를 갱신하고, 더 나아가 타 교단과 함께 연합하여 갱신 활동을 추구하고자 했다."[104] 교갱협은 기윤실, 경실련, 그리고 환경운동연대 등 다양한 NGO 단체들과도 협력 관계를 맺고 대사회적 활동에도 책임감을 갖고 동참하고 있다. 이렇게 해서 교단의 갱신 운동은 사회 개혁 운동으로까지 확대되었다. 교회와 목회자들의 갱신을 위한 윤리 강령도 제정할 뿐만 아니라, 정직 운동을 통한 교회, 사회, 그리고 나라의 갱신을 도모하는 방향으로 나아갔다. 여기에서 우리는 옥한흠이라는 한 사람, 그리고 한 목회자의 사상과 삶의 반경이 어떻게 확산되고 영향력을 발휘하는지를 발견하게 된다.

교갱협의 활동 범위가 이처럼 넓혀졌지만, 옥한흠은 합동 교단의 쇄신과 발전을 위한 노력을 게을리하지 않았다. 그는 2004년 합동 교단 총회를 앞두고 "눈물로 기도하는 총회가 되자"고 호소한 적이 있다. 그의 마음속에는 "과연 한국 교회가 우리 사회의 희망의 보루로 다시 설 수 있을까?"라는 물음표가 던져졌고, 영국의 데니스 레인Denis Lane 목사가 말한 "한국 교회는 지금 꼭 100년 전의 영국 교회와 흡사하다"라는 언급이 교차되고 있었다.[105] 지난 한 세기 전만 해도 영국 교회가 부흥한다고 세계에 소문이 났지만, 스스로 자만하고 만족하면서 무엇이 중요한지를 제대로 점검하지 못한 결과, 지금은 세계에서 가장 초라한 교회 중 하나로 전락하고 말았다. 현재 한국 교회도 사회로부터 따돌림을 받고 있으며 "큰 매력이 없는 공동체"로 치부되고 있다. 세인들이 보기에 한국 교회는 서로 싸우고 나누어지는 데 남다른 은사가 있으며, 돈과 권력에 지극히 약한 집단으로 인식되고 있다. 이러한 한국 교회에는 더 이상 흠모하고 따를 만한 사표師表가 없으며, 이 사회에서 지도자적인 입지를 잃어 가고 있다.

모든 교단이 다 그런 것은 물론 아니겠지만, 옥한흠은 부정직과 금전만능주의, 그리고 권력 지향적 행태가 상상을 초월하고 있는 실정을 마음 아프게 바라보고 있었다. 총회 임원 선거와 관련한 금권 타락 선거 시비는 더욱더 그랬다. 특히 각 교단에서 총회는 그 교단의 입법, 사법, 행정의 삼권을 모두 가진 최고의 치리회인데, "이런 총회가 한국 교회 전체와 교단의 발전에 대한 진지한 토의에는 긴 심이 없고, 임원 선거에만 열을 올려 도저히 입에 올리기에도 부끄러운 타락한 선거 풍토 속에 금권 선거를 반복적으로 보여 준다면, 그리고 거룩성과 도덕성은 아예 내팽개쳐 놓고 지방색과 파벌에 따라 어떻게 하든 정치적 주도권을 쥐기 위해 수단과 방법을 가리지 않는다면, 그 총회는 산하 노회(지방회)와 교회, 거기에 소속된 성도들의 자랑이 아니라 오히려 걱정거리와 성숙의 걸림돌이 되고 말 것이다."[106]

한국 교회의 심각한 위기의 요인들을 마음 아프게 지적하면서 때로는 교단 내에서 바른말하고 바르게 행동하고자 하는 자들이 이상한 사람들이고, 어떤 면에서 "시대를 역행하고 사는 멍청이 같은 사람"들로 취급당하는 경우가 많은 현실이다. 그러나 옥한흠은 개의치 않고 교단을 향해 쓴소리를 마다하지 않았다. 그렇다고 그가 비판의 대상에서 자신을 제외하고 이런 지적을 한 것만은 아니었다. 그는 눈물의 선지자 예레미야의 심정으로 함께 기도하는 마음으로 "눈물로 기도하는 총회가 되자"고 외치면서 몇 가지 간절한 기대와 소망을 제시했다.

> 첫째, 최우선적으로 시대적 양심으로 우뚝 설 수 있는 영적 지도자들이 그 대표자를 선출하며, 앞서 섬길 일꾼을 선출하는 선거에서 일체의 타락한 선거 풍토와 금권 선거로부터 온전히 자유하여 순결한 신앙적 양심을 소유하게 되기를 소망한다.…
> 둘째, 지엽적이고 비본질적인 사안과, 무게 있고 본질적인 사안을 예리하게 구분하는 통찰력을 갖고 한국 교회 전체와 우리 사회를 위해 교단 전체와 산하 교회가 나아가야 할 미래적 방향성을 찾는 정책 총회가 되기를 바라는 마음이 간절하다. 이 일을 위해서는 총회를 준비하는 관계자들이 교권을 차지하기 위해 시간과 재정을 불필요하게 소모하는 것으로부터 비켜서는 것이 절대적으로 필요할 것이다.
> 셋째, 총회에 참석하는 모든 총대들이 분쟁으로 얼룩진 세계와 혼돈 속에 있는 국가, 그리고 사회로부터 조롱당하고 있는 한국 교회가 당면한 위기 상황에 대해 같은 마음을 가지고 함께 마음을 찢으며 기도하는 총회가 될 것을 기대한다.…
> 넷째, 새로운 세기에 우리 사회와 특히 젊은이들에게 비전을 제시하는 총회가 되기를 소망한다.[107]

2005년 총회에서는 1979년 합동 교단에서 분리되었던 개혁 측을 영입하는 건 때문에, 합동 교단은 여러 갈등과 내홍에 휩싸이게 되었다. 서기행은 개혁 측과의 합동을 무리하게 추진했고, 그 결과 적지 않은 갈등이 표출되었다. 총회 내에서 "교단합동연구위원회"를 조직하여 이 일을 신중하게 연구하고 진행하기를 기대했지만, 교단 합동을 서둘러 진행하는 과정에서 해결되지 못한 처사로 많은 논쟁과 불화의 요인이 발생했다. 어떻게 보면 교단 내의 갈등이 심화되어 개혁 측과 합동하는 건 때문에 그야말로 합동 교단이 분열될 조짐이 강한 상황이었다. 옥한흠은 총대로서 성령의 하나 되게 하시는 역사하심에 대한 강한 신념과 기대를 총회 석상에서 설명하고, "교단합동후속처리위원회"를 통해 갈등의 요인들을 해결해 나가자고 역설했다. 이러한 그의 제안은 거의 모든 총대들의 열렬한 지지를 받았고, 이 문제를 매듭짓는 데 결정적 역할을 했다. 그동안 교단 정치에는 별로 관여하지도 않았고, 관심도 없었던 옥한흠이 이렇게 복잡한 문제를 현명하게 해결할 수 있는 혜안을 제시했고 어려운 문제를 처리함으로써 그간에 그가 교단 정치에 무관심했다는 생각이 일소되었다. 교회를 세우기 위해 건설적이고 긍정적인 교단 정치가 필요하다는 것을 공감했던 순간이었을 것이다.

교계 안팎으로 큰 관심을 끌었던 제90회 2005년 대한예수교장로회 합동 총회는 평강제일교회와 광성교회가 가입을 취소하면서 마쳤다. 이로써 예장합동은 평강제일교회를 둘러싼 내부 반발을 잠재우는 한편 예장통합 측과의 관계를 개선하는 두 마리 토끼를 잡은 것으로 평가를 받고 있다. 이와 같은 총회 결과 뒤에는 옥한흠, 길자연 목사 등을 중심으로 한 총회비상대책위원회(비대위)의 역할이 컸다. 옥한흠과 길자연 등은 예장합동의 "뜨거운 감자"였던 평강제일교회와 광성교회 가입에 대해 처음부터 반대 입장을 표명하며 비대위를 주도하여 결국 가입 취소 결정을 이끌어 내는 저력을 발휘했다. 그러나 옥한

흠에게 교단에서 필요로 하는 역할이 너무 제한적이었고 짧았다는 사실이 안타까울 따름이다.[108]

한국목회자협의회(한목협)

○ 교회 갱신을 통한 교회 연합

옥한흠의 목회 사역은 제자훈련과 교회 갱신으로 요약할 수 있다. 사실 이 두 사역은 유기적으로 연결되어 있다. 그는 무엇보다도 복음의 능력을 확신했기 때문에, 성도와 목회자가 제자훈련으로 양육되고 성숙한 사역자로 발돋움하면 자연스럽게 교회 갱신의 초석이 되고 교회와 사회의 변화를 주도할 수 있는 주도적 역할을 감당할 수 있다고 보았다. 옥한흠이 추구한 사역은 중세의 탈세상적 수도원의 영성이 아니라, "세상 한복판으로 나아가는 영성"이었다. 옥한흠은 초기 제자훈련을 시작할 때부터 제자훈련의 목적을 세상으로 보냄 받은 그리스도의 제자 만드는 것으로 잡았다. 그는 제자들이 세상으로 나가 복음적 가치와 토대 위에서 세상의 여러 활동에 능동적이고 주도적으로 참여하여 세상을 변혁해야 한다는 소신을 꾸준히 강조해 왔다. "교회 갱신 또한 교회가 먼저 복음으로 갱신되고 그것으로 세상을 변화시키는 토대를 만드는 것"이 옥한흠의 소신이었다.[109] 복음으로 사람을 변화시키고 세상을 바꿀 수 있다는 신념에 불타올랐기 때문에, 예수 그리스도의 십자가 복음만이 이 세상의 유일한 대안이요 모든 문제를 풀 수 있는 열쇠임을 믿으며 그의 몸이 상하기까지 최선을 다해 제자훈련과 교회 갱신의 길을 걸어갔다.

옥한흠이 바라보았던 한국 교회의 희망은 세상에서 그리스도의 제자로 소명을 받아 쓰임을 받는 많은 성도들이었다. 소명을 깨달은 평신도가 교회를 살리며, 이러한 성도들이 있는 한 한국 교회에는 소망이 있다는 것이다.

교회의 주체인 평신도가 소명을 깨닫고 각자의 자리에서 복음의 증인으로서 제대로 사명을 감당해 나아갈 때 한국 교회에 소망이 있고 한국 교회가 살아날 수 있습니다. 교회가 살아나려면 평신도가 깨어나야 합니다. 평신도가 그리스도의 제자의 삶을 살아야 합니다. 우리 한국 교회에 자랑스럽고 아름답고 기대되는 평신도들의 수가 많아지고 있어서 저는 매우 기쁩니다. 주님은 평신토들을 오른손으로 굳게 잡으시고 한국 교회를 새롭게 하실 뿐 아니라 가정과 직장과 사회에 하나님나라를 일으키시고 하나님의 뜻을 완성하시고 영광을 받으실 것을 믿습니다.[110]

1990년대 이후 옥한흠이 한국 교회를 향한 외침 중 가장 중요한 화두는 바로 "교회 갱신을 통한 연합 운동"이었다. 하나님께서 1990년대 말 한국 교회에 들려주시길 원하는 음성은 "교회의 일치와 갱신, 사회를 향한 온전한 섬김"이었다.[111] 그리고 오랫동안 이 사역에 함께했던 김원배도 옥한흠이 한국 교회에 남긴 두 가지 업적을 꼽으라고 한다면, 제자훈련 목회를 통해 평신도를 깨운 것과 함께 한국 교회의 연합을 위해 치열하게 논의하고 행동한 것에 있다고 주장한다.[112]

○ 한목협의 창립

1990년대 한국 교회의 화두는 "갱신"과 "일치"였다. 1991년에 예장통합에 "바른목회실천협의회"가 창립되었고, 1996년에는 기장에 "21세기목회협의회", 예장고신에 "고신정신잇기목회자협의회", 예장합동에 "교회갱신목회자협의회"가 창립되었다. 그리고 1997년에는 예장대신에 "대신사랑협의회"가 생겨나는 등 한국 교회의 갱신과 일치를 표방하는 각 교단 목회자들의 움직임이 매우 활발히 일어났다. 각 교단 목회자들의 개혁을 향한 몸부림에서 비롯된 이러한 자생적 모임들로 인해 목회자들은 자연스럽게 동일한 목적을 가진 다른 교단의 목회자 모임에도 깊은 관심을 갖게 되었다.[113]

한목협이 창립되기 1년 전인 1997년 10월 23일, 사랑의교회 복지관에 옥한흠, 손인웅, 윤희구, 전병금, 조성기 목사 이렇게 다섯 명이 모였다. 이 자리는 한국장로교 4개 교단 목회자협의회가 속한 "한국장로교목회자협의회"(장목협)의 창립을 알리는 기자 간담회 자리였다. 이때 옥한흠은 "우리는 각자 기도하면서 자연스럽게 모인 자생적인 연대의 모임이다. 좋은 방향으로 발전하리라 생각되나 예측은 할 수 없다. 최선을 다하여 힘을 합하다 보면 한국 교회의 새로운 발전에 기여할 수 있도록 하나님께서 사용하실 것"이라고 말문을 열었다. 그는 "한국 교회가 영적, 도덕적, 교회 성장적으로 위험한 고비에 있다. 이제는 갈라지고 싸우고 비판해서는 공멸할 위기다. 이런 공통의 문제의식에서 시작된 우리의 노력에 동참해 달라"는 당부의 말로 장목협의 창립을 알렸다. 그리고 11월 4일 서울교육문화회관에서 장목협의 창립을 정식으로 선포하고, 상임회장에 옥한흠, 공동회장에 손인웅,

윤희구, 전병금, 상임총무에 조성기, 공동총무에 김경원, 김원배, 이성구 목사를 각각 선임했다.[114]

옥한흠은 교단 갱신 활동을 장로교를 넘어 한국 교회 전체로 확산시키기 위해 각 교단에 교단 갱신을 추구하는 모든 조직의 연합 조직을 만들려고 바삐 움직였다. "예언자적 소명과 제자장 사역, 기독교 문화 창조, 기독교 윤리 창출, 온전한 선교의 사명"이라는 네 가지 선교적 과제를 수행하기 위해 장목협은 서로 배우며 격려하는 친교뿐만 아니라, 각 교단의 다양한 경험과 인적 자원을 공동으로 활용하여 참된 그리스도의 교회로 갱신되는 데 필요한 모든 노력을 공동으로 펼쳐 나갔다. 장목협은 1998년 4월 14일 "한국 사회의 위기와 장로교회의 사회 선교적 과제"라는 주제로 제1회 교회 일치를 위한 열린 마당을 개최했다. 그리고 6월 16일에는 두 번째 연합수련회를 가졌다. 장목협은 이날 발표한 "교회 개혁을 위한 선언"을 통해서 한국 교회의 대표적 연합 기관이 KNCC와 한기총으로 나뉘어 있는 데 따른 병폐를 지적하고, 양쪽의 기구적 통합을 촉구했다. 이를 계기로 장목협은 한국 교회의 회개와 영적 각성, 일치와 연합, 절제와 나눔의 운동에 관심을 기울이게 되었고, 이러한 과정을 거쳐 14개 교단이 함께 뜻을 모아 한목협을 창립할 수 있는 기반을 조성했다.[115] 그런 면에서 장목협은 "한목협의 전신"이었다.[116]

한목협이 결성된 시기에 한국 사회는 IMF의 한파로 부실 은행과 재벌이 해체되는 진통을 겪었으며, 구조 조정으로 정리 해고 실업자가 거리에 넘쳐 났다. 아울러 정치권은 대선 후 이른바 총풍 세풍으로 들썩이고 있었다. IMF 사태는 교회에도 영향을 주어 교단과 교회,

연합 기관들이 심각한 재정난에 시달렸다. 신대원 졸업생들도 진로에 많은 어려움이 있었다. IMF는 한국 교회의 선교 운동과 선교 후원에도 적잖은 부담으로 작용했다. 이러한 고통의 시간을 보내던 1998년 11월 26일, 목회자의 자기 반성과 한국 교회의 개혁을 지향하는 토대 위에서 "한국기독교목회자협의회"가 사랑의교회에서 출범했다. 한목협 창립 대회에서 "한국 교회의 현실과 전망"이라는 주제 강연을 한 이원규는 "20세기의 한국 교회가 '성장하는 교회'를 목표로 하여 달려왔다면, 이제 21세기에는 '성숙한 교회'로 거듭나야 할 과제를 안고 있다"고 역설했다. 옥한흠은 "부르짖고 계시는 하나님"이라는 제목으로 전한 설교에서 이렇게 선포했다.

> 하나님은 세상이 악하다고 하여 사자처럼 부르짖지 않습니다. 세상은 원래 악합니다. 그러나 자기 백성이 부패하고 특히 교회 지도자들이 영적으로 도덕적으로 부패하는 것을 보시면 사자처럼 부르짖습니다. 이것이 아모스가 우리에게 던지는 심각한 메시지입니다. 한목협을 왜 만들어야 합니까? 사자처럼 부르짖는 하나님의 음성을 우리부터 듣기 위해서입니다. 그리고 한국 교회가 우리를 통해 그 부르짖음을 듣도록 하기 위해서입니다. 이 부르짖음을 듣지 못하면 일치와 갱신과 책임은 사치스러운 구호에 지나지 않을 것입니다. 그러나 우리가 들으면 일치를 위해 겸손해질 것입니다. 들으면 갱신을 위해 옷을 찢고 무릎을 꿇을 것입니다. 들으면 병든 이 사회를 책임지게 될 것입니다.[117]

옥한흠은 한목협이 추구할 가치로 분열의 역사를 화해의 역사로 바꾸는 일치unity, 세속주의에 심하게 오염된 교회의 갱신renewal, 개교회주의를 넘어선 사회적 책임diakonia등 세 가지를 제시했다. 한목협의 초대 상임회장으로 추대된 옥한흠은 취임 연설에서 자신의 생각을 이렇게 밝혔다.

> 우리는 일종의 NGO입니다. 한국 교회 개혁과 갱신을 위한 자생적 조직이죠. 우리는 현재 한국 교회 상황을 위기로 인식하고 이 위기를 우리 스스로의 책임으로 받아들이며 공동으로 대처해 나갈 것입니다. 한목협이 목표로 하는 것이 교회의 개혁과 갱신이기에 한목협의 활동이 잘 이루어지면 한목협은 자연스럽게 존재 의미를 잃고 사라지게 될 것입니다. 한목협이 그 존재 의미를 잃고 없어질 수 있게 최선을 다하겠습니다.[118]

교갱협과 한목협의 활동은 "갱신을 통한 연합"을 기치로 내세우며, 교단을 넘어서서 확대될 필요를 절감하며 연관성을 가지고 전개되었다. 교갱협과 같은 조직들을 다른 교단에도 세우고, 연계를 통해서 연합을 지향하는 범교단적 운동으로 확산하고 발전시켜 나가고자 했다. 이러한 과정에서 통합 측 손인웅 그리고 기장 측 김원배와의 만남은 매우 중요했다. 어떻게 보면 교갱협을 범교단적으로 확대한다는 개념으로 받아들여도 될 것이다.[119] 옥한흠은 그가 속한 합동 교단 내에서만 아니라, 타 교단에서도 갱신 운동이 일어나기를 간절히 소원했다. 그의 의지를 이동원에게도 전달하여 이동원이 "침례교 미래를 준비하는 모임"을 만들어 한목협의 한 부분으로 결성됨으로써 많은 젊은 목회자들이 호응에 힘입어 지금도 모임과 활동을 전개하고 있다.[120]

한목협에는 합동의 교갱협을 비롯한 13개 교단의 목회자협의회가 참여했다. 창립준비위원회의 조성기는 "이 협의회는 보수와 진보 진영으로 양분된 갈등의 상처를 씻기 위해 그동안 자생적인 교단 내 목사들의 협의체들이 한데 뭉친 범기독교적 연대 기구로 역사적 의의가 있다"고 설명했다.[121] 옥한흠은 상임회장직을 2007년 6월까지 수행하며 한목협을 이끌었다. 그해 6월 18-19일 양일간 사랑의교회 안성수양관에서 "Beyond 2007, 한국 교회의 미래 방향성!"이라는 주제로 열린 한목협 전국 수련회와 정기 총회에서 옥한흠과 함께 "변함없이 같은 정신을 품고 동역해 온 손인웅이 대표회장직을" 맡으면서 "제2기 사역"에 접어들게 되었다.[122] 이러한 과정에서 주목해야 할 것이 있다면, 옥한흠은 이러한 운동을 다른 교단 인사들과의 신뢰 관계를 자연스럽게 맺어 가면서 전개했다는 사실이다. 그들이 비록 교단 연합 운동의 필요성 때문에 만났지만, 인간적으로 서로 존경하고 믿어 주는 관계가 형성되지 않았더라면 그 운동은 단명으로 끝나고 말았을 것이다. 옥한흠과 이중표, 손인웅, 김원배 등이 나눈 우정의 관계는 "형제보다 더 가까운 동지" 관계였다.[123]

○ 옥한흠의 교회론과 한목협

옥한흠은 어릴 때부터 장로교회에서 자랐고, 개혁 신학의 가치와 중요성을 누구보다도 잘 인식하고 있었지만, 교회의 형태를 절대적인 범주에 속하는 진리라고 보지는 않았다. 다시 말해서 "교회가 어떠한 형태를 지니는 것이 좋은가에 대해 성경은 기본적인 원리는 제시하고 있지만 절대불변의 형태를 확정시켜 주고 있지는 않다"는 입장이다.[124] 이러한 전제를 가지고 있었던 옥한흠의 교파 의식 저변에는 개혁과 갱신의 여지가 많을 뿐만 아니라, 그래야 교회의 모습이 더욱 선명해지고 연합될 수 있음을 간파하고 있었다. 1985년 5월 2일부터 4일 동안 사랑의교회에서 개최된 제9회 강남 지역 연합 신앙 강좌에서 발제한 옥한흠의 "교회의 순수성과 연합 운동"은 훗날 그를 통해 전개될 교회 갱신과 연합 운동의 예시로 볼 수 있다. 옥한흠은 목회 초기부터 교단의 벽을 넘어설 수 있는 안목을 지녔고, 교회 형태의 차이를 넘어서서 개혁과 갱신, 그리고 연합을 지향할 수 있는 큰 목회를 구상하고 있었다. 당시 그의 견해에 주목해 보자.

> 이러한 의미에서 어떤 교파의 교회 형태만이 완전한 규범이라고 주장할 수는 없는 것이다. 지상 교회가 착용하고 있는 옷은 항상 더러워지고 낡아질 수 있는 것이어서, 부단히 빨기도 하고 갈아입기도 해야 하는 약점을 지니고 있다. 한국에 복음이 들어온 지 이제 겨우 1세기를 넘기는 시점이지만, 벌써부터 교파마다 전통적인 교회 형태에서 노출되는 여러 가지의 문제점을 안고 씨름을 하고 있는 실정이다. 누구나 통탄해 마지아니하는 다발적인 교회 분열 현상, 눈을 뜨고 볼 수 없는 교권 쟁탈의 추태 등, 이 모든 것이 기존 형태가 지닌 취약점에서 일어나는 병폐들이다. 개혁의 정신은 겸손에서 출발하는 것이 아닌가 한다. 교회의 주인 되신 예수 그리스도의 마음에 들지 아니하는 무엇이 행여나 없는지 부지런히 살피는 겸허함이

우선적으로 요구되는 것이 개혁 정신이다. 그리고 부족한 것이나 잘못된 것이 발견되면 주저하지 않고 바로잡아 보려는 어린아이와 같은 순진함이 따르지 아니하면 성령께서 원하시는 개혁은 일어날 수가 없는 것이다.[125]

옥한흠이 교단의 벽을 넘어서는 교회 갱신을 통한 연합 운동에 매진했던 배후에는 보수 신학과 개혁주의 신학을 운운하면서도 한국장로교 내에서 교권과 지방색으로 가장 많은 분열의 온상이 된 합동 교단에 대한 분노와 실망도 한몫했다. 옥한흠의 눈에 비친 합동 교단 내의 많은 목사들은 교권 쟁탈에 혈안이 되어 있었고 연합 사업에는 미온적인 태도를 보이는 등 교단의 낙후성을 드러냈다. 옥한흠은 이런 형국에 있는 고신과 합동 교단에 비판적인 태도를 가짐으로써 타 교단의 단점보다는 장점을 더 크게 보게 되었고, 이로써 교단의 벽을 넘어설 수 있는 안목과 자세를 갖추게 되었다.

또한 옥한흠이 교파를 초월해서 교회 갱신 운동과 한국 교회 연합 운동을 주도할 수 있었던 배경에는 그의 개인적 안목과 도량이 있었다. 특히 다른 교단 소속의 목사들과의 만남에서 그러한 특징이 더욱 드러났다. 옥한흠은 "첫 만남"에서부터 "신선한 충격"을 주는 경우가 많았다.[126] 그는 무엇보다도 자기 자신의 목회 철학에 대한 소신이 분명했다. 거기서 흘러나오는 대화나 강연은 듣는 사람의 마음에 강렬한 인상을 남겼다. 1991년에야 처음으로 얼굴을 맞대고 옥한흠을 만났던 이중표는 한국기독교장로회 서울남노회 제직회 수련회에서 강연을 듣고 나서 "저렇게 자기 목회 철학에 확신을 가지고 있을 수 있을까? 저토록 집요하게 교인들을 훈련시킬 수 있을까?"라는 놀라운 생각이 들었다고 소감을 밝혔다. "아, 이 사람은 예수님이 제자를 세울 때의 그 정신으로 교인들을 훈련하고 있구나. 내가 그에게 받은 첫 인상은 바로 이러했다."[127] 옥한흠에 대한 이러한 강력한 인상과 강연에서 도전을 받은 이중표는 옥한흠의 제자훈련 정신에 크게 감동받고 목회 생활에도 적지 않은 변화가 생겼다. "옥한흠 목사가 몸짓 하나 말 한마디에 혼신을 다해 쏟아 넣는 그 강인한 훈련에의 의지는 나를 놀라운 충격과 깊은 자기반성으로 몰아넣었다. 그 후로 나는 옥한흠 목사 덕분에 교회에 철저한 계획과 훈련, 그리고 끈기 있고 조직적인 추진력이 있어야 한다는 사실을 비로소 의식하면서 목회를 하게 되었다."[128]

옥한흠은 신학 형성 과정이나 교단 배경이 달라도, "하나님을 향한 열정과 주님을 사랑하는 면"에서 하나가 될 수 있는 도량을 갖추고 있었다. 이중표는 옥한흠과의 관계를 인간적으로는 관계 형성이 어려운 사이였음을 솔직히 고백했다. 둘은 오십이 훌쩍 넘은 나이에 만났음에도 누구보다도 서로 아끼는 친구 관계로 발전했다.

그와 나는 신학 형성의 과정이나 교단 배경이 다르다. 옥한흠 목사와 나는 태생적으로 차이가 많았다. 나는 서해에서 태어났지만 옥 목사는 남해에서 출생했다. 나는 불신 가정에서 태어나 하나님의 은혜로 예수를 믿은 1대 신앙인이지만, 옥 목사는 4대째 예수 믿는 가문에서 태어나 기도의 후원 속에 자랐다. 신학적으로도 차이가 많다. 그는 정통 보수 신학에 뿌리를 두고 있는 반면 나는 진보 자유주의 신학의 풍토 속에서 배웠다. 교단적 배경도 거리가 멀고 우리 사이에는 두꺼운 벽이 가로막고 있었다. 게다가 그는 폭넓게 공부한 유학파이고 나는 순수하게 국내에서만 공부했다. 인간적으로는 관계 형성이 어려운 사이였다. 태생적으로는 이렇게 먼 관계에 있는 우리가 가장 가까운 사이로 발전하게 된 것은 전적으로 하나님의 은혜다. 굳이 그 이유를 찾는다면 우리 두 사람이 하나님을 향한 열정과 주님을 사랑하는 면에서 하나가 되었기 때문이라고 생각한다. 서로가 만날 수 있는 시간이 많지 않았음에도 불구하고 이제는 함께 깊이 사귀고 서로를 아끼는 신비의 관계가 되었다. 이 어찌 하나님의 은혜가 아닌가? 어떻게 보면 동년배이자 인근 지역에서 비슷한 시기에 개척한 목회자로서 서로 경쟁의식도 생길 법 하건만 그와 나는 쉽게 친구가 되었다.… 나는 옥한흠 목사를 예수 안에서 서로 사랑하는 형제로, 그냥 보는 것만으로도 귀하게 느껴지는 목회자로 여긴다. 나는 그를 친구로서 사랑하며, 나의 목회를 새롭게 일깨워 주는 동역자로서 존경한다. 옥한흠 목사와 사랑의교회는 그 존재만으로도 나로 하여금 자신을 돌아보게 하며 나의 목회를 새롭게 한다. 옥 목사 덕분에 나는 현재에 안주하지 않고 날마다 주께로 더욱 가까이 나아가고 있다. 나는 그의 목회자로서의 일생이 내가 그토록 중요하게 여기고 주창해 온 별세 신앙에 대한 생생한 증거라고 생각한다. 옥한흠 목사와 한 하늘 아래에서 한 시대를 함께 호흡하며 살 수 있다는 것은 참으로 하나님의 크신 은혜이다. 그는 우리 동시대 그리스도인 모두의 자랑이다.[129]

두 사람 간에 이처럼 아름다운 교제와 우정이 이어질 수 있었던 것은 누구보다도 예수 그리스도를 사랑하고 닮아 가려는 열정과 순수함 때문이었다. 우리는 한국 교계의 적지 않은 지도자들이 같은 교단 안에서, 그리고 교파를 초월한 연합 운동을 운운하면서 표면적으로는 매우 친한 것 같지만, 내면적으로는 그렇지 않음을 목도한다. 그런 면에서 한국 교회의 연합 운동은 지도자들부터 먼저 예수 그리스도를 진실하고 솔직하게 사랑하고 닮으려는 개인의 변화에서부터 시작해야 진정한 결실을 맺을 수 있다.

옥한흠은 통합 측뿐만 아니라 기장 측 인사들과도 격의 없는 교제와 연합 운동을 벌였다. 이것은 한국 교회에 적지 않은 반향을 일으켰다. 특히 기장 교단은 1990년대에 들어서 민주화 운동의 견인차 역할을 감당힘으로 한국 사회의 민주화에 크게 공헌했다는 성취감에 사로잡힌 나머지 새롭게 변화된 상황에서 선교의 좌표를 설정하지 못하고 있었음을 부인할 수 없다. 이러한 상황에서 김원배는 기장 교단이 "이제는 개교회 활성화를 통한 하나님나라 실현이라는 패러다임으로 선교 방향의 전환을 단행해야 하는 시대를 맞이하고 있다"는 판단하에, 선배 동료 목회자들과 함께 "21세기 목회자협의회"를 창립하기에 이르렀다. 그리고 창립 모임을 하면서 주제 강사로 옥한흠을 초청했다. 김원배는 "기장 교회 어디로"라는 과제를 숙고하면서 지금은 혁명의 시대를 거쳐 개혁의 시대를 맞이하고 있는데 이 시대에는 무엇보다도 개교회가 중요한 의미를 갖는다고 인식했다. 그리고 한국의 대표적인 교회들을 탐방하면서 합동 교단의 사랑의교회와 옥한흠의 제자 훈련 목회에 주목했다. 이로써 김원배와 옥한흠의 목회적 교제가 시작되었고, 그 결과 교단 차원의 모임에 강사로 초빙한 것이다. 그 모임에 강사로 온 옥한흠도 기장 교단을 향하여 하고 싶은 솔직한 말을 기탄없이 토로했다. 그는 "세계교회협의회World Council of Churches/WCC가 평신도를 선교의 주체로 설정한 것은 매우 선구적인 것이었으나, 그들을 의식화만 시키고 제자화를 시키지 못했기 때문에 에큐메니컬 진영에 속한 교회들의 위기가 초래되었다"라는 말로 참석자들의 주목을 끌었다. 또한 이러한 지적은 깊은 공감을 불러일으켰고 진지한 토의로 이어져 장로교목회자협의회를 이끌어 냈고, "한국기독교목회자협의회" 결성으로 발전되었다. 그런 면에서 김원배가 언급하듯이, "한목협은 한국 교회 역사상 처음으로 에큐메니컬 진영에 속한 목회자들과 복음주의 진영에 속한 목회자들의 협의체로 열린 진보와 열린 보수의 만남으로 교계에 신선한 충격"을 주었다. 김원배는 "한국 교회의 일치, 갱신, 섬김을 목표로 결성된 한국기독교목회자협의회"를 통해 옥한흠과 교제하고 동역한 것은 자신의 "생애의 획을 긋는 소중한 경험"이라고 밝혔다.[130]

김원배는 옥한흠의 소천 후에 남긴 신앙 유산을 이어 가기 위한 방안으로 자신의 목회에서 강원용의 목회 패러다임과 옥한흠의 목회 패러다임을 통전하는 목회 모델을 제시하겠다는 포부를 드러냈다. "먼저 제자훈련 목회를 통해서 교인들을 예수 그리스도의 제자로 양육하고, 그다음에 제대로 훈련되고 양육된 그리스도인들을 의식화시키는 과정을 거쳐 세상으로 파송 보내는 방향으로 나아가겠다"는 것이었다. 이러한 비전은 "제자화와 의식화"를 접목시키는 것이기도 하지만, 옥한흠이 실천해 온 "교회 안에 있는 신자들을 예수의 제자로 만들어 세상에 내보내고 그들을 통해 세상 안에 있는 사람을 교회로 인도해서 예수의 제자로 만드는 것"이며 예수 그리스도의 제자는 교회뿐만 아니라 세상 속에서도 그 역할을 감당해야 하는 당위성을 실천하는 것이기도 하다. 이러한 포괄적 사역을 통해 하나님나라가 이 땅에 임하게 되고, 그의 뜻이 이 땅에 이루어질 것이다. 제자훈련 목회의 정신으로 복음주의 진영과 에큐메니컬 진영 사이의 차이가 극복되고, 이들의 상보相補적 역할을 통해 이 땅에 건강한 교회가 세워질 수 있다고 보았다.[131]

김원배는 옥한흠과의 교제와 만남을 통해 기장 교회의 문제점이 "예수 그리스도 안에서 거듭나기도 전에 세상 속으로 나아갔다는 것"을 절감했다. 그는 제자화를 통한 의식화의 방향으로 전환할 것을 촉구하면서 "작지만 강한 교회를 향한 비전"을 선포했다. 그러므로 이제는 다시 출발했던 자리로 돌아가 예수 그리스도의 신실한 제자로 거듭나서 세상으로 나아가는 선교 구조로 재편성해야 된다고 역설했다. 이러한 상황에서 옥한흠이 제시한 "제자훈련을 통한 새 교회의 패러다임"은 새로운 희망의 빛을 던져 주었다고 그 의미를 되새겼다. 김원배는 이와 같은 사역을 통해 예수 그리스도의 복음의 역사와 함께 미래 속에 영속적으로 그 가치를 발휘하는 고귀하고도 살아 있는 유산으로 삼자고 제안했다.[132] 참으로 아름답고 귀한 교제요, 사역의 만남이었다. 그 울림은 교단의 벽을 넘어 예수 그리스도의 참 제자가 되어 교회와 세상 속으로 나아가야 하는 제자도의 길을 확장했다.

김원배가 옥한흠의 제자훈련 목회를 만나 이처럼 새로운 목회 패러다임을 구상하고 적용하게 된 것은 한 목회자나 교단의 차원에서만 아니라, 시대적 차원에서도 역사적 의미가 있다. 사실상 평신도 운동에 대한 관심과 주요한 결정은 로마 가톨릭교회의 제2차 바티칸공의회Vatican II, 1962-1965를 통해서 이루어졌다.[133] 1948년 암스테르담에서 처음으로 모인 세계교회협의회WCC 대회 이후 평신도의 중요성은 심도 있게 논의해 왔지만, 편향된 신학적 경향으로 사회 복음 운동이나 정치적 운동으로 변질되어 왔다. 그러한 면에서 복음의 본질적 내용을 충실하게 시행한 옥한흠의 제자훈련 목회는 복음주의권 교회뿐만 아니라, 진보적인 교회와 심지어 로마 가톨릭교회를 향해서도 의미하는 바가 많다.

옥한흠이 한국 교회의 연합을 지향하고 도모할 수 있었던 배후에는 그가 지닌 "전략적인 복음주의 사상가"라는 면모와 밀접한 연관이 있다. 연합을 외치면서도 그것을 실현시키기 위한 사상적 토대와 제도적 틀을 마련한다는 것은 매우 어렵다. 교회 연합과 갱신을 추구할 수 있는 신학적 비전이 전개되고, 적용되며, 또 투영될 수 있는 플랫폼을 만든다는 것은 여간 어려운 일이 아니다. 더욱이 전적으로 그러한 목적에 헌신된 복음주의적 기관과 제도를 조성한다는 것은 결코 쉽지 않은 작업이다.

차이를 인정하고 극복하기 위한 옥한흠의 지도력이 한국 교회 연합 운동에 견인차 역할을 했다. 참된 연합과 일치는 차이에 대한 솔직한 인정에서 출발해야 한다. 차이를 인정하지 않으면 대화가 이루어질 수 없다. 삶과 봉사의 영역에서는 차이를 드러내지 않고 함께 협력할 수 있는 여지가 많다. 그러나 신앙과 신학이 연관되면 그 차이가 무엇이며, 본질적으로 연합을 저해하는 차이가 존재하는지를 진솔하게 질문하고 숙고해야 한다. 그렇지 않으면 참다운 연합은 요원해질 것이다. 연합과 화합의 현재적 필요성과 시급성 때문에 신학적 본질이나 핵심마저 간과하는 우를 범해서는 안 될 것이다.

○ 한목협의 활동과 전망

옥한흠은 연합 운동이 결실을 맺기 위해서는 교회 분열 및 교단 분열을 반성하는 통절한 회개가 선행되어야 한다고 강조하면서 한목협을 중심으로 이 운동을 펼쳐 갔다. 한목협은 교회 분열의 상처를 치유하고, 민족의 분단 현실을 극복하여 화해하게 하고, 세계의 경제적 양극화의 현실을 더불어 사는 공동체로 변혁하고, 생명을 경시하고 무시하는 인식의 틀을 바꿔서 하나님의 창조 질서를 회복함으로 이 땅에 임하시는 하나님나라를 추구했다. 한목협은 치유, 화해, 생명을 위한 목회자 갱신과 교회 갱신을 추진했다. 21세기가 임박한 1999년 3월에는 "한국 교회 희망의 새천년을 향하여 일치, 갱신, 섬김으로"라는 주제로 한국 교회의 미래를 위한 필수 과제들을 논의했다. 같은 해 9월에는 "하나님과 국민 앞에 우리 자신을 고발합니다"라는 제목으로 목회자들이 다시 한번 죄를 고백하고 자백했다. 그 후에 한목협은 "한국 교회의 화합과 일치"를 위해 노력하면서 2000년 7월에 "한국 기독교 연합을 위한 준비위원회"를 구성케 했고, 2001년 12월에는 "한국 교회 연합을 위한 교단장(23개 교단) 협의회"를 구성했다. 그 이듬해인 2002년에는 "한국 교회를 대표하는 통일된 연합체 구성 헌의안"을 올려 관련된 모든 교단을 인준했다. 이로써 한국 개신교는 "교회의 역사에서 처음으로 교단들의 연합체를 이루는 발판을 마련했다. 일치,

갱신, 섬김을 위한 한목협의 노력은 계속 진행되었고, 지금도 계속 진행되고 있다."[134] 한목협은 창립 이후에 교회 갱신과 일치 사업을 위해 연합 집회 및 수련회, 열린 대화 마당 등의 교파를 초월한 행사를 개최했다. 또한 실직자, 북한 동포, 조선족, 외국인 노동자 등 교회의 도움을 필요로 하는 사람들에게 지속적으로 도움의 손길을 펼치는 한편, 시민 단체와 연대하는 사회봉사 프로그램을 추진하고 교회와 국가 사회의 중요한 이슈에 대안을 제시하는 성명서를 발표하여 그 영향력을 증대시켰다.[135]

한목협은 2004년 6월 21-22일에 안성수양관에서 열린 수련회에 강원용 목사를 초청하여 옥한흠 목사와 특별 대담의 자리를 마련했다. 옥한흠은 교계의 원로를 자신과 대담으로 하면 안 된다고 하면서 주로 강원용의 견해를 듣는 방향으로 진행했다.[136] 나이 차이는 컸지만 두 인물이 보수와 진보 진영에서 차지하는 비중을 고려해 볼 때, 만남 자체가 역사적 의미가 있었다. 대화를 통해서 보수와 진보가 서로 존중하고 연합해야 할 필요성을 강조하면서 연합 운동을 지속적으로 하되 개인 구원과 사회 구원을 별개로 나누지 말고 예수 그리스도의 구원의 역사가 전 우주 속에 나타나도록 해야 한다는 데 공감했다. 이러한 과정을 통해서 옥한흠은 한국 교회를 보는 눈이 넓어지고 스케일도 커졌다.[137]

옥한흠은 그리스도인들이 하나가 되고, 다양한 교회들과 교단들이 갱신되고 연합하려면 "단순한" 그리스도인이 되고 "순전한 기독교"를 지향하지 않고서는 이루어질 수 없음을 잘 알고 있었다. 그는 태생적으로 분파주의와 교회 정치를 혐오하는 성향이 있었으며, 기독교 신앙의 본질적 토대 위에서 한국의 교회들이 서로 연합하는 것을 원했다. 이러한 자세로 목양에 임하며 제자훈련 목회에 전념했기에, 그의 사역의 영향력은 사랑의교회와 한국 교회를 넘어서 세계 여러 지역의 교회 지도자들에게도 전달되었다. 어떻게 보면, C. S. 루이스가 그의 『순전한 기독교』에서 제시한 것처럼, "특별한 방들로 통하는 문이 달려 있는 커다란 홀hall"이 우리 한국 교회의 연합을 위해서 절실하게 필요하다고 보았다. 그리고 연합을 위한 그의 지속적인 노력은 다양한 교단에 소속되어 서로의 교제가 원활하지 못할 뿐만 아니라 분열의 조짐이 심화되고 있는 상황에서, 그 홀로 데려가는 것만 해도 큰 진전이라고 생각했을 것이다. 옥한흠은 "홀은 하나의 대기실, 이 문도 열어 보고 저 문도 열어 보고 할 수 있는 곳이지 들어가 살 수 있는 곳은 아니다"라는 루이스의 견해에 전적으로 동감했을 것이다.[138]

옥한흠은 교회 갱신과 연합 운동을 주도하면서, 신학적인 면에서도 소위 "근본주의적 보수 신학"에 대한 이미지 쇄신에 지대한 공헌을 했다. 에큐메니컬을 지향하는 진보주의적인 인사들 대부분에게 비친 보수주의자들에 대한 인상은 부정적이고 냉소적이었다. 영국의 복음주의 역사학자 데이비드 베빙턴David Bebbington이 주장한 네 가지 복음주의 유형들에 나타난 신학적 영향과 형태가 영국과 미국뿐만 아니라, 한국에도 존재하고 있다.[139] 그중에 공감할 수 있는 신학적 특성들이 있었지만, 한국에서는 대체로 보수와 진보라는 이분법적 구조가 존재해 오면서 갈등과 분열의 주요한 요인을 제공해 왔다. 그런데 옥한흠은 자신의 신학적 입장을 분명히 하면서도 그 신학적 카테고리를 겉으로 드러내지 않은 채, "성경적 복음과 성경적 기독교"에 대한 긍정적 비전을 드러냈고, 그것을 중심으로 교회를 갱신하며 교회가 연합되기를 간절히 희구했다.

신학적 입장에서는 차이가 있었지만, 그리스도의 복음 사업의 증진을 위해 연합했던 존 웨슬리와 조지 휫필드처럼 옥한흠은 복음주의를 지향하는 한국 교회에 그러한 화해의 분위기가 조성되고 그리스도의 몸 된 교회가 하나 되기를 위해서 동분서주했다. 주지하는 바와 같이 웨슬리와 휫필드는 그리스도의 구원 사역의 범위와 인간들의 삶 속에서 은혜의 역사가 어떻게 이루어지는지에 대하여 상이한 입장을 견지하고 있었다. 그럼에도 불구하고, "두 사람은 성경에 나타나 있는 대로, 복음을 전하는 것으로 만족했다. 곧, 한 사람은 '그분이 이루신 화해케 하시는 죽음을 의지하여 살아 계신 그리스도를 전파했고,' 또 한 사람은 '그를 죄인들에게 제시하며, 잃었던 자들을 청하여 그에게로 나와서 생명을 찾으라'고 했다."[140] 옥한흠의 마음에도 한국 교회의 많은 교단들 속에 신학적 특성이나 전통에 있어서 적지 않은 차이와 다양성이 있지만, 더 큰 목적과 지향점을 중심으로 하나 되는 일에 힘써야 한다는 바람이 있었다. 이 일을 위해 그는 외로웠지만 결코 주눅들지 않고 힘차게 외쳤다. 이미 존재하고 있었던 차이점 때문에, 그의 외침은 서로 다른 입장만을 강조하고 멀리서 냉소적 눈초리만 보내는 한국 교계에 서로 눈을 마주치고 한자리에 앉아서 다양성을 인정하고 차이점들을 이해하고 극복하며 그리스도께서 한국 교회를 향하여 명령하신 "보다 나은 의"를 향하여 어려운 걸음마를 걸을 수 있는 계기가 되었다. 옥한흠은 혼신의 힘을 다하여 한국의 복음주의 교회들이 종교개혁을 통하여 시작한 개혁 교회의 모습처럼 그 근본적인 비전에 충실해야 한다고 역설했다.

그러나 옥한흠이 한국 교회를 향하여 연합을 외치고 그것을 위해 노력하는 것에 우려가 전혀 없던 것은 아니다. 그의 연합 운동을 에큐메니컬 운동과 동일시할 수도 없고, 그래서도 안 된다. 대체로 에큐메니컬 운동은 세계교회협의회WCC 안에서 널리 통용되고 있는 "교리는 분열시키고, 사역은 연합시킨다"라는 원리에 깊은 영향을 받고 있다. 교회의 갱신과 연합을 위하여, 중요한 교리적 문제를 의도적으로 회피하거나 교리적인 차이들을 솔직하고 정직하게 직면하지 않는다면, 교회가 시대와 상황을 초월하여 견지해야 할 신학의 순전성과 정통성은 심각하게 훼손될 수밖에 없다. 그러므로 제임스 패커가 주장했듯이, "진정한 연합은 본질적으로 조직에 대한 문제가 아니기 때문에, 복음의 본질에 대한 신학적 전제들이 어느 만큼 공유되고 있음을 보아야 하는 것"을 한국 교회는 망각해서는 안 된다.[141] 그런 면에서 한국 교회 연합의 필요성을 구호적으로만 외칠 것이 아니라, 진정한 연합을 가능케 할 수 있는 신학적이고 교리적인 토대를 선행적으로 마련해야 한다. 이러한 작업을 위해 옥한흠이 어떠한 노력을 기울였으며, 실제적인 영향이 어떻게 나타나고 있는지에 대한 점검이 필요하다.

한 사람과의 만남을 중시하는 옥한흠에게 지도력이 자연스럽게 주어졌고, 그 지도력은 어떤 권위나 이익에 의해 좌우되는 관계가 아니라 그리스도의 의를 위하고 한국 교회의 진정한 필요를 위해 함께 행진할 수 있는 원동력을 제공하는 데 기여했다. 옥한흠에게 가장 중요한 것은 예수 그리스도께 미쳐 그분의 관점에서 교회와 성도의 필요를 보고 달려간다는 것이다. 예수 그리스도를 향한 열정과 사랑을 품는다면, 그리고 그의 진정한 제자가 되려는 헌신이 있다면, 우리는 쉽게 하나가 될 수 있다. 인간적 차이를 넘어서 그리스도의 의를 위해 불필요한 것들을 과감하게 척결할 수 있다. 그런 면에서 옥한흠의 지도력의 핵심에는 예수 그리스도의 복음에 대한 열정과 진정한 제자 됨이라는 기반이 자리 잡고 있다. 그렇기 때문에 그의 지도력 속에는 한국 교회 목회자들을 하나로 묶을 수 있는 잠재력이 내재해 있으며, 더 나아가 세계 교회와의 연계성을 구축할 수 있는 구심력도 존재한다. 그렇기 때문에 손인웅이 다음과 같이 주장한 것은 결코 과찬이 아니다.

> 옥 목사님은 우선은 제자훈련을 통해서 한국 교회에 제자 운동, 평신도 운동을 통해 갱신하는 데 크게 공헌을 했고, 국제적으로도 공헌을 하셨다. 그리고 하나는 한목협을 통해서 하신 것이다. 옥 목사님 개인적으로는 연합 운동 이런 것을 잘 안 하시던 분인데 한목협을 통해서 그 꿈을 실현해 가신 것이다. 그러니까 결국은 옥 목사님과 사랑의교회가 한국 교회에 굉장한 영향을 끼친 것이다. 그래서 한목협 일은 우리가 하지만 대표로 옥 목사님이 계셨기 때문에 한목협하면 옥한흠 목사님, 한국 교회 연합 일치 갱신하면 옥한흠 목사님 하는 브랜드가 붙어 있다. 굉장한 공헌을 하셨다.[142]

옥한흠과 그의 지도력에는 투명함과 진실성이 있기에 그를 만난 사람들은 이중표의 외침에 토를 달 사람이 없을 것이다. "별세의 사람 옥한흠! 그는 세속적 이해로부터 충분히 떠난 사람이다. 예수에 미쳐 예수 안에서 전혀 새로운 세상을 산 사람이다. 그리고 그는 한국 교회를 살리고, 한국 민족을 살리며 세상을 살린 하나님의 사람이다." 옥한흠의 조기 은퇴를 아쉬워하며 "지역 교회에서의 은퇴가 한국 교회를 위한 새로운 취임이 될 것을 기대해 본다"라는 이중표의 소망이 너무 일찍 끝나 버린 것이 너무도 아쉽기만 하다.[143]

하지만 옥한흠이 추구한 교회 갱신을 통한 연합 운동은 결코 실패하지 않았다. 그가 제자훈련 목회에 평생 변함없이 추구해 온 것처럼, 한국 교회의 갱신과 연합을 실현하기 위해 부단히 노력해 온 그의 정신은 살아날 것이다. 이러한 그의 활동에서 가장 중요한 것은 자신의 삶 자체의 끊임없는 갱신이었다. 그리고 이러한 운동의 가장 중요한 목표는 참여하는 목회자들의 의식과 삶의 개혁과 그를 통한 교회와 교단, 더 나아가서는 한국 사회를 갱신하는 것이다. 옥한흠이 제안한 갱신을 통한 교회 개혁 운동은 교단을 넘어 한국 교회의 갱신으로 확대되었다. 그것은 바로 그가 평생 추구해 왔던 참된 교회의 본질을 회복하는 것이었다. 그는 한목협 창립에 중추적인 역할을 감당했고, "갱신, 일치, 봉사"라는 3대 가치를 드높이며 갱신을 통한 교회의 연합을 위해 매진했다. 옥한흠이 한국 교회의 갱신과 연합 운동에 끼친 영향에 대해 이은선은 이렇게 평가했다.

옥한흠 목사의 교회 연합 활동에서 가장 돋보이는 점은 이루고자 하는 분명한 목표와 실천 방안을 가지고 조직된 기관을 통해 지속적으로 추진한다는 점이다. 많은 연합 기관들이 연속성이 없이 표류하는 경우가 많은데, 교갱협, 한목협, 교단장협의회 등이 옥한흠 목사의 영향력 아래서 분명한 방향성을 가지고 지속적인 활동을 하고 있다는 점이다. 교갱협은 교회 갱신에 초점이 맞추어져 있고, 한목협은 열린 보수와 열린 진보의 만남을 통한 한국 교회의 일치 추구에 초점이 맞추어져 있으며, 그러한 연장선상에서 교단장 협의회를 만들어 교회협과 한기총을 기구적인 연합과 함께 유기적인 연합까지 이루고자 한다.[144]

하지만 재고의 여지도 많다. 이러한 조직들의 특성은 자발성, 순수성, 그리고 지속성인데, 과연 이러한 정신이 공적 조직으로 제도화되었을 때에 유지될 수 있을 것인지는 의문이 남는다. 자발적인 모임에서 가능했던 많은 기능과 역할이 공조직으로 전환되었을 때에도 유지될 수 있는지 많은 고민이 따를 수밖에 없다. 또한 그러한 좋은 의도를 갖고 시작된 기관들이 공조직으로 되었을 때 다양한 의견들이 일정하게 조율될 수 있을 정도로 폭이 유지될 수 있는지도 우려된다. 그런 면에서 옥한흠의 영향력이 없는 상황에서 그러한 정신을 살려 내며 이러한 조직들이 더욱 발전할 수 있는지는 다음 세대에게 맡겨진 중요한 과제다.

옥한흠과 제자훈련 목회의 선교지향성   14장

제자훈련 목회의 국내외 확산

옥한흠의 제자훈련 목회의 국내외 확산은 주로 CAL 세미나를 통해 이루어졌다. 이 세미나는 제1기 83명을 시작으로 매년 꾸준히 증가했다. 현재는 CAL 세미나에 참석하려면 적어도 세 달 전에는 예약해야 할 만큼 호응도가 높다. 「디사이플」은 2008년까지 세미나에 참석했던 16,944명을 대상으로 제자훈련과 CAL 세미나에 대해 설문 조사를 실시했다. 조사 결과에 따르면 옥한흠이 소속한 예장합동 수료생이 5,273명으로 가장 많고, 예장통합 2,434명, 예장고신 1,333명, 기감 858명, 그 외에도 예장개혁, 기성, 기장, 기침, 기하성 등 교단을 초월하여 다양한 배경의 목회자들이 세미나에 참석했음이 드러났다. 그리고 2008년 9월 세미나에 참석한 목회자들을 대상으로 설문 조사한 결과, 수료생 중 69.8퍼센트가 제자훈련을 교회에서 실시하고 있는 것으로 나타났고, 응답자 중 48퍼센트는 제자훈련이 교회 내 지도자 양성을 위한 핵심 사역으로 자리 잡았다고 응답했다.[1]

지난 40여 년 동안 한국 교회를 무대로 사역했던 옥한흠의 영향력은 제자훈련 목회의 확산으로 나타났다. 그는 "목사들의 목사", 혹은 "한국 교회의 목사"로 자리매김하기에 조금도 손색이 없었다. 물론 그가 한국 교회의 지도자가 되기 위해, 큰 인물로 추앙받기 위해 의도적인 행동을 하거나 지도력을 발휘한 것은 아니었다. 이러한 자세로 옥한흠은 교단을 초월해서, 그리고 마음에서 우러나오는 존경을 받았다. 옥한흠은 한경직 이후, 한국 개신교계에서 가장 큰 영향력을 발휘한 인물로 평가되었다. 2005년 1월 CBS 기독교 방송이 신학대 교수, 종교 담당 기자, 각 교단 소속 목회자, 평신도 등 500명을 대상으로 한 여론 조사에서, "현재 한국 교회를 대표하는 지도자"로 사랑의교회 원로 목사 옥한흠을 1위로 꼽았다.[2]

옥한흠은 "한 교회"를 살린 목회자이고, 사랑의교회 하나를 개척하고 담임하며 건강하게 성장시켰다. 그는 오직 한 교회만을 섬기고 성실하게 한 영혼 한 영혼을 제자훈련으로 훈련시켜 평신도 사역을 활성화하여 교회의 선교 사역을 이루었다. 그러나 그의 사역은 한국 교회에 새로운 목회 패러다임을 제시했다. 한국 교회는 옥한흠에게서 교회를 살려 내는 귀한 안목과 지도력을 보았다. 그래서 한국 교회 목회자들이 교파를 초월하여 사랑의교회의 제자훈련을 배우기 위해 국제제자훈련원의 CAL 세미나에 참여했다. 이러한 사실은 그가 "한국 교회의 목회자"로서 귀한 모델과 지도력을 발휘했음을 여실히 보여 주고 있다. 세미나에 참석한 목회자들은 이중표의 다음 견해에 동의할 것이다.

그가 세미나에서 쏟아 놓은 "광인론"과 "한 사람" 목회 철학은 수

많은 목회자의 목회관을 변화시켰고 설교와 심방 중심의 단순한 목회를 훈련과 평신도 사역의 종합적 체제로 탈바꿈시켰다. 옥한흠 목사는 교단과 교파를 초월하여 한국 교회에 놀라운 영향을 끼치는 목회자가 되었다. 한국 교회 목회자들과 한국 교회를 살려 놓은 "살림의 사람"이 된 것이다.³

옥한흠은 사랑의교회를 중심으로 활동해 왔지만, 그의 신학적 일관성과 사역의 집중성을 고려해 볼 때, 그리고 그가 평생 올곧은 신앙적 자세를 견지해 왔다는 점에서, 한국 교회와 세계 교회의 목회자들을 깨웠다는 면에서 그 영향력은 앞으로 더욱 증폭될 수 있는 가능성이 있다. 옥한흠의 일관된 제자훈련 사역에의 집중성은 유진 피터슨이 『한 방향으로 기준이 순종하기A Long Obedience in the Same Direction』와 상통한다.⁴ 귀한 깨달음의 길에는 동서양의 차이가 없고, 때의 고금古今의 변화도 있을 수 없다. 옥한흠을 통해 평신도를 깨우고 한국 교회를 일깨우며 성경적인 교회상을 세우려 했던 제자훈련 사역은 이제 한국뿐만 아니라, 아시아의 여러 나라 교회로, 그리고 서양의 교회로까지 그 깨달음의 가치가 공유되고 있다.

이중표는 한국 교회의 현대사에서 가장 큰 영향력을 끼친 인물을 딱 둘만 꼽으라면 주저 없이 조용기와 옥한흠이라고 공개적으로 언급한 적이 있다. 조용기는 성령의 능력에 의지하여 한국 교회에 폭발적인 교회 성장의 계기를 마련했다는 점에서 그 영향력을 부인할 수 없다. 특별히 6·25전쟁 이후 전쟁의 상흔이 아직도 깊게 남아 있고, 가난과 굶주림과 온갖 질병으로 시달리던 1960-70년대에 조용기는

"그 시대 민초들의 마음에 적응된 복음으로 그 민초들이 가난을 극복하게 했으고, 굶주림을 이겨 낼 힘을 주었으며, 몸과 마음이 모든 질병에서 치유받도록 인도"했다. 또한 소위 "삼박자 축복"과 "오중복음의 기쁜 소식"은 수많은 사람들을 교회의 품으로 모이게 했다. 그런 면에서 1970-80년대 한국 교회의 기적적인 성장은 조용기가 "기관차가 되어 견인한 까닭"이라고 이중표는 주장했다.[5]

그는 옥한흠에 대해서는 이렇게 평가했다. "한국 교회의 일방적인 양적 성장의 흐름을 질적 성숙을 아우르는 교회 성장의 흐름으로 전환"시키는 데 크게 기여했고, "성도들의 양적 팽창을 제자훈련과 평신도 사역을 통해 질적 성숙으로 이끌어 내어 건강한 교회 성장의 새로운 전기를 마련"한 인물이라고 말이다. "옥한흠 목사와 사랑의교회의 등장은 한국 교회가 질과 양 양면에서 균형 잡힌 발전을 이루도록 가능하게 한 주춧돌"임에 틀림이 없다. 이중표는 "한국 교회의 역사를 돌아보면서 내가 갖게 되는 변함없는 평가이자 진단이다"라고 단호하게 말했다.[6]

이중표는 옥한흠이야말로 제자훈련 목회 철학과 사역으로 "한국 교회의 영적인 구조 조정을 이룬 인물"이라고 평가하면서, 한국 교회사에서 그 의의와 영향을 네 가지로 언급했다. 첫째로, 한국 교회의 잘못된 성장 신화를 바로잡음으로 한국 교회를 구조 조정했다는 점을 꼽았다. 1960년대 이후 한국 교회는 놀라운 고속 성장을 해 왔지만, 당시에는 5천여 교회와 60만 성도에 지나지 않았다. 그러던 것이 1990년대에는 3만 5천여 교회, 1천만 성도로 기적적인 성장을 이루었다. 이러한 성장의 결과, 한국 사회나 교회는 모두 자본주의 성장 신화의 노예가 되었다. 이러한 문제를 안고 있는 한국 교회를 향하여 이중표는 다음과 같이 정곡을 찌른다.

> 목회자들의 꿈은 오직 대형 교회가 되었습니다. 성도들은 예수님의 피 값으로 산 존재로서 대접받기보다는 교회를 채우는 존재로 전락했습니다. 기업 경영 이론이나, 마케팅 기법이 여과 없이 교회에 도입되었습니다. 예수님은 잃어버린 양 한 마리에 관심이 있었는 데 비해, 현대의 교회는 탐스러운 아흔아홉 마리의 양에 더 관심을 갖게 된 것입니다. 사랑의교회 제자훈련은 한국 교회의 이런 성장 신화에 일침을 놓았습니다. 사랑의교회 제자훈련은 바로 인간에 대한 관심을 촉구한 혁명적 운동이었습니다.7

그렇다고 해서 제자훈련 사역의 결과가 성장과 무관하다는 입장은 아니다. 그는 성장은 제자훈련의 결과이자 사랑이 담긴 나눔의 결과일 뿐이라고 보고 있다.

둘째로, 이중표는 옥한흠의 제자훈련 목회가 근대화와 교회 성장 운동으로 위축되고 수동적 존재로 전락한 "잠자는 평신도"를 깨웠다는 데 큰 의미를 부여했다. 한국의 근대화 과정은 많은 면에서 한국 교회의 성장과 교회 구조에도 지대한 영향을 미쳤다. 근대화를 추구하는 과정에서 급속한 성장을 이루기 위해서는 일사불란한 지휘 체계가 요구되었다. 한국 교회 안에도 이와 비슷한 현상이 일어났다. 권위주의에 사로잡힌 교역자 중심의 지도력에 기초한 교회 성장은 평신도를 수동적 존재로 전락시켰다. 순종만이 미덕이고 이런 체제에 익숙한 평신도들은 스스로 교역자와 자기들을 구분하는 선을 좀 더 선명하게 그리고는 "제자가 마땅히 감당해야 할 사역들은 모두 교역자들의 책임으로 떠넘기고, 자신들은 그 안의 무풍지대에서 편안히 잠을 자고 있는 것"에 안주했다. 결국 교인들은 소명 의식에 대한 자각 없이 수동적 존재로 전락했고, 교회의 내적 동력은 차단되었다. 결국 교회는 활력을 잃어버리고 만다. 이러한 의식과 교회 구조 속에서 평신도들은 교회와 사회 속에서 잠잘 수밖에 없다. 마치 중세교회 말기처럼 개혁이 일어날 수밖에 없었던 비슷한 상태에서 평신도들을 깨어나게 함으로 교회의 새바람을 불어넣은 것은 종교개혁의 전통을 이어 가는 아름다운 모습이라고 할 수 있다.[8] 옥한흠의 제자훈련 목회는 한국의 잠자는 평신도들이 깨어날 수 있는 자명종 역할을 했다. 평신도가 각성하면 교회가 변하는 것은 교회사적 교훈이다. 한국 교회에서 제자훈련이 시작되었다는 말은 곧 교회 개혁 운동이 시작되었다는 것을 의미한다. 제자훈련 목회의 정신과 사역은 잠자는 평신도들을 깨웠을 뿐만 아니라, 목회자와 함께 교회와 세상의 제자로 보냄 받아 "함께 섬기라"는 의식을 깨우쳤다.

셋째로, 이중표는 제자훈련 목회야말로 한국 교회 안에 인격적 성숙을 경험할 수 있는 계기를 마련했다는 면을 긍정적으로 평가하고 있다. 그의 목회 경험에 비추어 볼 때, 백 번의 설교보다는 한 번의 제자훈련이 훨씬 낫다는 결론에 이를 만큼 제자훈련 과정은 목회자와 성도들의 신앙적 성숙을 도모하는 데 필수적 사역임을 인정한다. 왜냐하면 "제자훈련은 말씀을 인격화하는 훈련"이기에 더욱 그렇다. 그동안 한국 교회는 수적 성장에 비해 인격적 성장이 미치지 못하여 교회 안팎으로부터 많은 비판을 받아 왔다. 그 결과, 교회 안에서 말씀을 듣는 데 열중해 왔지만, 말씀을 듣고 실천하는 자로 만드는 데는 소홀히 했다. 이런 점에서 "사랑의교회가 제시한 제자훈련 운동은 한국 교회가 한국 역사에서 빛과 소금의 존재로 나아갈 수 있는 방법을 제시"했다고 의미를 부여하고 있다.[9]

넷째로, 이중표는 제자훈련 목회가 한국 교회에 기여한 바는 "새로운 교회 성장 전략"을 제시했다는 데 있다고 주장했다. 성경과 교회 역사에서 교회의 성장은 바람직한 것으로 간주되었다. 문제는 인격적이고 신앙적인 성숙을 간과한 교회 성장이요, 물량주의적 사고가 배태되어 있는 교회 성장이다. 이런 점에서 사랑의교회 제자훈련 사역은 한국 교회에 건전한 성장 전략을 제시해 주었다. 구호를 외치는 전노 방법이 여전히 필요하지만, 이제는 좀 더 체계적이고 집중적인 전도가 요청되는 상황에 놓여 있다. 세상 사람들은 교회가 세상과 뭔가 다르다는 것을 보기를 학수고대하고 있다. 그런 면에서 사랑의교회 제자훈련은 "한국 교회에 삶으로서의 전도"가 무엇인가를 보여 주었다. 제자훈련은 성장이 목표가 아니고, 예수님의 사역 철학이라는 것을 깨달은 이중표는 "나와 함께 제자훈련 받을 수 있는 사람이 몇 명인가?"가 그의 주된 목회 관심이 되었다고 고백했다. 이러한 목회적 유익을 함께 나누고 널리 확산시켜 나가는 것이 이 시대의 목회자들과 성도들의 중요한 과제가 되었다. "이제는 목회자 한 사람의 힘만으로는 할 수 없습니다. 동역자가 필요합니다. 함께하는 목회는 쉽고, 즐겁습니다"라고 외치며 목회하다 별세한 이중표의 아름다운 자세가 이 땅의 모든 목회자들에게 더 크게 보이기를 간절히 소망해 본다.[10]

옥한흠은 이 시대의 동역자들에게 제자훈련을 제대로 하면 지도자 자신이 영적으로 살아 있을 수 있음을 널리 알려주었고, "제자훈련은 목회자에게 은혜의 채널"이며, "인도자 자신의 영적 용광로와 같은 것"이라는 사실을 각인시켰다. 아무리 고되고 힘들어도 예수님께서 몸소 행하시며 분부하신 제자훈련을 인도하면 우리와 함께하시는 하나님, 임마누엘의 은혜를 실제적으로 경험함으로 "우리도 살고 교회도 살리는 길"임을 그의 생애와 사역을 통해 입증했다.[11] 옥한흠은 제자훈련을 통해 "제일 먼저 깨져야 할 사람은 목사 자신이어야 한다"는 사실을 친히 보여 주었고, 그래야 "열린 리더십"을 가지고 교회를 변화시켜 갈 수 있음을 증명했다.[12] 또한 옥한흠은 우리 시대의 특징들과 필요에 대해서도 민감했다. 그가 제자훈련 목회의 성경적 근거와 신학적 체계라는 틀 속에서 교회의 갱신을 통한 성장과 화합을 지향할 수 있는 터전을 마련했다는 점에서 그의 한국 교회사적 공헌은 지대하다. 그는 다양한 선교지뿐만 아니라 세계 교회에도 그 영향력을 미칠 수 있는 여건을 마련했다.

옥한흠이 그의 삶과 목회 사역을 통해 깨우친 중요한 사실은 진리와 사랑의 균형이 필요한 기독교 진리의 충만한 모습을 위해 헌신하라는 교훈이었다. 그의 삶의 자세 속에는 언제든지 균형 감각이 존재했다. 그는 그 누구도 필적할 수 없는 학자적인 지적 탐구열을 가지고 책과 연구에 전념하면서도, 언제나 자기만의 골방에서 하나님과 대면하며 소리 내어 눈물을 흘릴 줄 알았던 목회자였다. 누구보다도 기독교의 진리를 선명하게 선포하기를 원하면서도, 말씀을 듣는 성도들의 가슴속에 하나님을 뜨겁게 사랑하고, 그리스도의 십자가의 은혜에 감격한 신앙적 감성이 그들의 삶을 움직이도록 외쳤다. 제자훈련 사역에 심혈을 기울이면서도, 그의 영성 속에는 말씀 선포와 기도 속에 침잠할 수 있었던 신앙의 균형추가 평형을 유지하도록 끊임없이 움직이고 있었다.

그런 그에게 비쳐진 한국 교회의 신앙은 그야말로 일그러진 모습이었다. 기독교 신앙은 삶 전체에 관련되어야 하는데, 한국 교회의 자화상은 그렇지 못한 "허약한 기독교"의 모습이었다. 진정한 성도라면 하나님을 알고 사랑하며 예배하고 경배할 뿐만 아니라 그분께 전적으로 순종해야 하는데, 현재 한국 교회는 뭔가 빠져 버린 "부족한 기독교"의 모습이었다. 온전한 기독교, 균형 있는 기독교 신앙을 복원하기 위해서 목회자와 성도가 어떻게 변해야 하는지를, 한 성도로서 그리고 한 목회자로서 그 균형의 길을 몸소 걸으며 동료들과 당대의 성도들에게 제시했다.

옥한흠은 "시작과 끝이 같은 사역자"가 되려고 노력했으며, 동역자들에게도 그렇게 살라고 권면했다.[13] 그는 에베소 교회 사역을 마무리하는 사도 바울을 예로 들면서, 목회자가 항상 주의해야 할 것은 첫사랑, 첫 열심, 그리고 처음의 긴장을 잃지 않는 것이라고 강조했다. 사실 이러한 자세는 연약한 인간으로서 실천하기가 매우 어려운 과제임에 틀림없다. 하지만 이 문제는 우리가 예수 그리스도와 관계를 어떻게 형성하고 있느냐에 따라 달라질 수 있다.

"예수님과 어느 정도의 관계이냐?"가 우리의 태도와 우리가 하는 목회의 차원을 결정한다는 말입니다. 예수님에게 가까이 갈수록 누리는 은혜와 감동이 비례합니다. 예수님과의 관계 체험, 은혜 체험이 영감을 좌우하며 사역의 진실성을 결정합니다. 이런 점에서 우리는 우리 자신을 잘 성찰할 필요가 있습니다.… 바울의 메시지는 이것입니다. "너의 눈에 눈물이 마르는 날 너의 사역이 변질될 것이다. 너의 사역이 변질된다면 하나님께서 너를 통하여 일하시지 않을 것이다." 나의 현주소는 어디입니까? 그저 경험이 많은 노련한 사역자입니까? 나의 욕심을 위해 열심을 내는 사역자는 아닙니까? 아니면 서툴긴 해도 첫사랑, 첫 열심을 잃어버리지 않은 사역자입니까? 직업적인 목사가 되기는 쉬워도 진실한 목사가 되기는 어렵습니다. 열심히 뛸 수는 있지만 진실한 목회를 한다는 것은 쉬운 일이 아닙니다.[14]

제자훈련 목회의 사회적 영향력

○제자들을 통한 사회적 영향력 확산

옥한흠의 사회적 영향력은 자신이 직접 정치, 문화 및 사회 활동에 참여해서 생겨진 것이 아니라, 그가 키운 제자들과 성도들을 통해서 간접적으로 확산되었다고 보는 것이 더 적합할 것이다. 그의 신념 중 하나가 목사는 교권이나 정치권과 멀어져야 한다는 것이었다. 사실 그는 그 신념대로 살고자 노력했다. 옥한흠은 일부 대형 교회 목회자들과 달리 교권과 권력층과 가깝지 않았다. 재력이 상당한 인사가 교회에 출석하고 등록한 지 수년이 흘러도 한 번도 심방을 가지 않아 그 교인이 시험에 든 경우도 있었다. 정권 실세가 교회에 나와도 옥한흠은 거들떠보지 않았고, 다른 성도들과 그 어떤 차이도 나타내 보이지 않았다. "이분은 국회의원이건 장관이건, 총리건 세속 권력에 있어서 관심을 가지거나 자랑스럽게 생각하지 않았다."[15] 또한 그는 누구보다도 교단 내의 교권에 대한 반감이 강했다. 청와대를 비롯한 권력자들과의 만남에 대해서도 큰 의미를 부여하지 않았다. 오히려 그 시간에 책을 한 권 더 보겠다는 목회자의 소박한 자세를 견지했다. 그는 교단 정치나 현실 정치계, 그리고 사회적 활동과는 일정 거리를 둔 목회자였다. 그래서 다른 지도적 목회자들에 비해 사회적 인지도나 영향력이 확산되지 못했다고 보는 이들도 있다.

교계 신문이나 방송에 자주 출연하는 일부 대형 교회 목사들 중에는 은근히 청와대에 디너온 것을 암시하며 자신의 위치를 과시하기도 하고, 설교할 때 자신이 목회하는 교회에 출석하는 교인들 중에 사회 각층의 지도자들이 있음을 자랑스럽게 자주 언급하기도 하지만, 옥한흠은 목사나 교회의 권력화를 비판하는 입장을 취했다. 목사로서 당당함과 꼿꼿함이 그의 자세에 배어 있었다. 목사라는 자부심과 소명감이 충천했기에 복음을 전하는 데 초점이 분명했고 우선순위가 명료했다. 설교가 만담이나 코미디로 흘러갈 정도로 오염된 이 시대에, 우리는 옥한흠이 목사로서의 올곧음을 잃지 않았고, 기독교 복음을 순수하고 있는 그대로 전하려고 애쓰며 죽는 순간까지 몸부림쳤음을 기억할 필요가 있다. 우리 모두는 그나마 이 시대에 옥한흠 같은 목사가 있었음을 자랑스럽게 생각했고 행복해했다.

간혹 대형 교회 목회자들 중에는 집회를 인도하러 가거나 외국을 방문하는 경우에, 여러 명, 때로는 대규모 수행원들을 대동하고 나타나는 경우가 있다. 그러나 옥한흠은 그러한 과시성 행태와는 거리가 너무도 멀었다. 그의 제자 박성수는 이렇게 말했다. "목사님의 덜 알려진 부분 중 또 다른 한 가지는 목사님이 여러 사람 거느리고 폼 잡거나 내가 누구요 하는 식으로 드러내는 것을 좋아하지 않으시고, 감투나 윗자리에 대한 집착도 전혀 없으시다는 점이다. 적어도 지난 30년간 내가 보아 온 목사님의 모습은 그랬다."[16] 옥한흠의 영향력은 자신을 드러내는 것으로가 아니라, 오히려 숨기면서 발휘되었다.

이런 의미에서 옥한흠의 사회적 영향력은 그가 혼신을 다해 훈련시킨 성도들과 제자들을 통해서 파급되었다. 그는 성도들을 교회 속 제자로만 살 것이 아니라, 사회 속 제자로 나아가도록 독려했다. 그러나 다른 한편 옥한흠의 제자훈련 정신과 광인론은 일반 직장이나 사회에서도 통용될 수 있는 지도력의 교훈성을 지니고 있다는 사실을 주목해야 한다. 제자훈련 정신이 일반 직장이나 한국 사회의 다양한 분야에서 적용된 사례는 상당히 많고, 앞으로도 많은 결실을 맺을 것이다. 예수 그리스도의 신실한 제자로 살아가는 성도들의 수는 엄청나게 많을 것이다. 이러한 예를 다 들자면 한 권의 책이 필요할 정도로 그 예는 부지기수다. 그러므로 옥한흠의 제자훈련 목회를 평가하는 것은 아직 시기상조일 수 있다. 이만열도 이렇게 언급했다. "제자훈련과 함께 후진을 양성하여 각 분야에 필요한 인재를 양성하고 적재적소에 배치하는 지도력 같은 것은 뒷날 밝혀질 것으로 기대한다."[17] 이 분야는 나중에 정리되어 옥한흠의 제자훈련 목회의 결실을 기록으로 남겨야 할 것이다. 하지만 옥한흠의 제자훈련을 받고 오랫동안 삶의 현장에서 실천해 온 소수의 인물들을 언급하는 것은 의미 있는 일일 것이다.

옥한흠의 제자훈련 사역에는 처음부터 교회를 위한 평신도 지도자 양성 차원만이 아니라, 세상의 변화와 세상에 복음을 전도한다는 개념이 분명하게 자리 잡고 있었다. 그는 제자들에게 특별히 직업인이 되어 세상을 바꿀 것을 힘주어 강조했다. 이러한 정신으로 제자훈련 목회에 전념해 왔기 때문에, 옥한흠은 교회의 지도자들도 많이 양육했지만, 사회 속의 지도자들도 많이 배출했다. 직업으로 하나님의 뜻을 이 세상에 드러내고 기업이 복음화의 장소요 그리스도인의 성숙의 장소로 사용될 수 있으며, 세상 일터와 하나님의 일터가 일치될 수 있고, 일과 기도가 하나가 될 수 있음을 가르쳐 주었다.[18] 옥한흠은 성도교회 대학부를 사역할 당시부터 직장도 사역지가 된다는 사실을 강조하면서, "직장 사역Business Ministry"이라는 말을 한국 교회에서 처음으로 사용하며 널리 확산시켰다. 특히 직장이라는 미개척 분야에 복음의 씨앗을 뿌리고 직장 안에서 그리스도인의 삶을 일깨우는 데 불철주야 노력하는 직장사역연구소의 방선기야말로 그러한 사역의 대표적인 인물 중 한 사람이다. 방선기는 세상에서 제자로서의 삶의 정신을 다음과 같이 언급했는데, 스승의 제자도의 본질적인 내용을 잘 반영하고 있다.

세상에서 우리가 하는 일은 하나님이 우리에게 만물을 다스리라고 하신 사명을 감당하는 것이다(창 1:28). 죄로 인해 사람들이 하나님의 뜻을 거스르는 일도 하게 되었고, 하나님이 원치 않는 결과가 나타나기도 했다. 그러나 주님이 십자가의 보혈로 만물을 구속하셨기 때문에(골 1:20), 우리 믿는 사람들은 세상에서 하는 일을 다 주님께 하듯 해야 한다(골 3:23). 그래서 우리 주님도 이 땅에 사시면서 목수 일을 하셨고, 사도 바울도 천막을 만드는 일을 했으며, 그 당시 주님을 믿는 노예들을 향해 맡겨진 일을 주께 하듯 하라고 권했던 것이다.[19]

옥한흠은 교회 안에만 하나님이 계신 것으로 생각하던 시대에, 젊은 청년들에게 가정과 직장에 계신 하나님을 보게 함으로 엄청난 변화를 야기한 장본인이다. 그의 제자훈련 목회를 통해서 많은 신앙의 열매가 맺어졌다. 독실한 불교 신자였고 사업의 우여곡절을 겪고 실패의 나락에서 예수 그리스도를 믿고 교회에 나오기 시작한 김광석은 성경 말씀을 단순하고 순수하게 믿는 신앙으로, 특히 말라기 3장 10절의 말씀을 그렇게 믿음으로 수십 년을 살아온 신앙인이다. 그는 비상한 믿음은 불가능을 가능케 함을 보여 주었다. 이 세상을 살아감으로 신앙의 힘과 영향력을 실제적으로 경험했으며, 연변과기대를 물심양면으로 도움으로 북방 선교에 크게 기여했다.[20]

옥한흠의 제자 가운데 의사인 한인권은 내분비 내과를 전공하여 골다공증의 권위자로 알려졌고, 탁월한 의술을 인정받아 언론의 조명을 받고 유명세를 많이 탄 인물이다. 그러나 그는 현재의 편한 자리에 안주하지 않고, 의사로서의 소명을 통해 세상 속에서 은사를 발휘하려고 무던히 애쓰면서 주식회사 마이진을 설립하여 자궁경구암 진단을 위한 DNA칩을 만들어 세계 최초로 상용화에 성공하기도 했다. 그는 예수 그리스도의 제자로서 세상 속에서 해야 할 일이 무엇인지를 계속적으로 물으면서 새로운 도전을 감행하곤 했다. 최근에는 DNA 유전자 연구가 시급하다고 판단하여, 줄기세포 연구에 매진하며 "인간이 가진 생명을 다시 치유하는 데 있어서 인간의 내부적 치유 잠재력과 하나님의 창조 능력을 밝히고 싶다"는 포부를 밝히기도 했다. 그는 "줄기세포 연구가 한 사람을 전도해 제자 삼는 사역만큼 중요한 일이라고 생각한다"고 언급한다. 한인권 역시 자신의 전문 분야에서 제자도의 길을 성실하게 걷고 있는 또 한 사람의 제자다.[21]

한인권이 대학부 시절 전도한 사람 가운데 한정국은 현재 한국 교회를 대표할 만한 선교사 중 한 사람으로 간주될 정도로 그에 대한 신뢰가 두텁다. 한정국은 성도교회 대학부에서 옥한흠에게 제자훈련을 받았을 뿐만 아니라, 스승으로부터 신학을 공부하라는 권유를 받았다. 수년이 지난 후에야 합동신학교에 입학했는데, 유학을 마치고 그 학교에 와서 강의했던 스승을 다시 만나 "제자훈련과 전도학"이라는 과목을 들으면서 그의 "선교의 뼈대"를 형성했다. 그 후 1985년 12월에는 OMF라는 선교 단체로부터 인도네시아 선교사로 파송되어 미전도 족속에게 제자훈련을 적용하여 많은 선교적 열매를 거두었다. 후에는 사랑의교회 선교 목사로도 봉사했고, 다양한 선교 단체에서 행정을 맡아 수고했으며, 1992년에는 한국의 첫 OMF 대표, 합신총회 선교회 총무, 한국세계선교협의회 총무 등을 맡아 수고를 했다. 그는 선교 분야에서 제자훈련을 효과적으로 수행했다. "선교는 희생이 아니라 기쁨이다"라는 전제를 그의 삶과 사역을 통해 한국 교회에 각인시킨 롤모델 중 하나다.[22] 그는 앞으로도 선교 분야에서 한 사람, 한 사람 소명자들을 발굴하여 그리스도의 제자라면 누구나 선교에 동참할 수 있다는 소신을 가슴에 품고서 선교적 소명을 확산시키며, 그들을 키우려는 사명을 천직으로 알고 이 시대를 사는 선교사다.

옥한흠이 평생의 목회 사역을 통해 강조했던 삶을 통한 작은 예수 운동은 한국 사회 안에서 적지 않은 파장이 일고 있다. 대학 시절부터 각자 은사대로 꿈과 비전을 가지고 그대로 사는 것이 작은 예수로 사는 지름길이라는 가르침에 큰 도전을 받았던 김병재는 잘 나가던 법관직을 그만두고, 1990년부터 변호사로 개업하여 억울한 사람들을 변호해 주며, 작은 예수로서의 삶을 실천하는 기쁨을 누리며 살고 있다. 2005년 5월에는 그와 함께 30년 전 사법고시에 합격했던 동기들이 노무현 전 대통령의 초청으로 청와대에 모여 저녁 만찬을 갖기도 했는데, 그때 김병재는 대통령으로부터 하나님께 기도해 달라는 부탁을 받고 참석자 모두가 고개 숙여 기도하며 평화와 기쁨이 그 자리에 넘쳐흘렀다고 언급했다. 젊은 시절부터 김병재는 친구들 사이에 예수 잘 믿는 동료로 깊이 각인되었었기에 이런 의외의 부탁을 받은 것이다. 그런 그가 법관으로서 사회적 지위와 명예를 지니면서 자신만을 위해 살 수도 있었지만, 작은 예수로서 실천적인 사랑과 공의를 펼치고 싶어 삶의 방향을 바꾸었다. 그의 신앙과 좀 더 병합할 수 있는 법조인의 길을 찾고자 고심했던 그의 생각을 엿볼 수 있다. 김병재는 장로로서 교회를 섬기면서 기독교 법조인 조찬기도회인 "애중회"에도 열심히 참석하고 있다. 그는 "법을 통한 선교, 법률 상담을 통한 전인격적 치유, 법 실천을 통한 정의 사회 구현" 등을 비전으로 1996년에 "사랑의교회 법조선교회"를 창립하여 지금까지 활동해 오고 있다. 현재 그는 국내 최대 규모 중의 하나인 법무법인 광장의 대표로서 사회적 영향력을 여러 가지 면에서 발휘하고 있다. 또한 그는 형제적 사랑의 훈련에도 관심을 가지고, 다일 공동체 이사로서 우리 사회에서 소외되고 불우한 자들을 돕고 권익을 세우는 데도 많은 노력을 기울이고 있다.[23]

대학 시절 철저한 제자훈련을 받은 거의 대부분의 제자들은 "지금도 세상에서 영향력을 미치며 살아가고 있음을 목격"할 수 있다. 박승빈과 김성숙 부부는 "믿음이라고 하는 것은 교회라는 안정적 울타리를 벗어나서도 바로 설 수 있는지가 건강도를 확인할 수 있는 잣대"라고 믿는다. 부부는 "옥 목사로부터 받은 제자훈련의 축복이야말로 어디를 가도 중심을 바로 잡고 설 수 있는 든든한 믿음을 만든 원동력이었다"고 감사의 마음을 진심으로 표현했다. 그뿐만 아니라, "어디에 있든지 그 자리에서 일인자가 되어 하나님께 영광 돌리는 사람이 되라"는 스승의 말을 되새김질하며 오늘도 사회에서 제자도의 중요성을 인식하며 살아가고 있다. "왕 같은 제사장"의 삶은 경계나 테두리가 한정된 것은 아니라는 사실을 깊이 각인시켰기에 가능한 일이다.[24]

성도교회 대학부 시절 수련회에서 옥한흠의 "사람의 헌신"이라는 설교에 큰 도전을 받고, 에베소 강해 설교를 통해서 삶의 방향 전환을 맞이한 김재석과 김정숙 부부는 한때 선교사로 헌신하려고 했던 제자들이었다. 그러나 "자신의 은사에 따라 섬기는 평신도 선교"를 강조한 스승의 권유로, 후에는 가르치는 은사를 통해 남편은 대학 교수로 아내는 전도사로 그리스도의 제자의 삶을 살아가는 아름다운 사람들이다. "전도하고 양육하는 부부로 유명"한 그들은 자신들에게 주신 가르치는 은사를 발휘하여 "사람 키우는 사역"의 재미를 톡톡히 알고 실천하는 사람들이다. 그리스도 안에서 발견한 하나님나라의 비전을 청년들에게 가르침의 은사를 통해 효과적으로 전달하는 헌신을 통해서 사람을 세우고 키우는 사역이 확대 재생산되고 있다. 그들은 자신들의 직업에서뿐만 아니라, 섬기는 교회에서 청년들 사역, 미주 코스타 강사 등의 사역을 부지런히 담당함으로써 가는 곳마다 청년들을 세우며, "이것이 제자훈련의 힘!"이라는 사실을 체험하고 있다. 아울러 그들은 젊은 시절에 품었던 선교적 비전을 포기하지 않고, 몽골에 세운 대학에서 강의하며 청년들에게 전도하면서 그 나라를 복음화하는 일에 앞장서고 있다. 그들이 20대에 품었던 비전과 제자훈련 정신 때문에 평생을 젊고 왕성하게 살아가는 한 부부의 귀한 사역이 시간을 초월하여 귀한 열매를 맺기를 희구한다.[25]

대학 시절 간호학을 전공했고, 옥한흠에게 그리스도의 제자는 자신을 위해 사는 것이 아니라 다른 사람과 세상을 위해 복음의 빚진 자로서 어떻게 살 것인가를 고민하며 살아야 한다는 교훈을 받았던 최화숙은 이화여대 임상보건과학대학원 교수로 재직하면서 호스피스 사역에 개척자 역할을 감당했다. 최 교수는 호스피스 실무를 하면서 호스피스 연구로 박사 학위를 받은 첫 번째 사람인데, 호스피스 사례집인 『아름다운 죽음을 위한 안내서』를 출판하여 화제가 되기도 했다. "호스피스는 솔직히 힘든 일이며 육체적으로 소진되기도 쉬운 일이지만, 그로 인한 의미도 있고 되돌아오는 보람도 말할 수 없이 크다." 최화숙은 오늘도 "자신의 인생이 자신의 것이 아니며 하나님의 것"이라고 젊은 시절에 가르쳐 주었던 영적 아버지의 교훈대로 살아가려고

애쓰는 제자다.[26]

1978년 연세대 IVF 정기 모임에 설교자로 초청되어 온 옥한흠의 설교에 큰 감동을 받고 1980년 1월부터 사랑의교회(당시는 강남은평교회)를 출석하기 시작한 한기수는 훗날 모교에서 교수로 가르치면서 교회에서도 주일 학교 교사와 다양한 선교 사역에 동참하고 있다. 이러한 과정을 통해 그는 "다음 세대의 교육의 중요성과 세계 선교에 대한 관심, 그리고 세계 선교에 대한 한국 교회의 비전 및 전략에 대한 안목"을 갖게 되었다고 술회한다. 한기수는 캠퍼스 사역에 대한 비전과 오랫동안 교수로서 사역한 경험을 토대로 사랑의교회에 "교수 선교회"를 창립하는 데 크게 기여했다. 교수 선교회는 다음과 같은 비전을 갖고 시작되었다.

첫째, 교회 안의 많은 기독교인 교수들의 사역이 교회 안의 순장을 통한 봉사에 주로 치중되었는데, 그들이 캠퍼스에 보내심을 받은 자들로 그들의 대학에서 다음 세대를 책임질 학생 사역을 잘 감당하게 된다면 한국 대학을 영적으로 크게 변화시킬 수 있을 것이고, 둘째, 교회 안의 대입 수험생들과 대학생들의 졸업 후 진로를 상담해 주며, 한국 사회의 많은 이슈들에 대해 올바른 성경적 관점을 제시해 준다면 사랑의교회 성도들을 잘 섬길 뿐 아니라, 한국 사회에 큰 기독교적 영향력을 발휘할 수 있을 것이며, 셋째, 많은 선교사들이 선교지에 대학을 설립하면서 교수 요원의 부족으로 어려움을 겪고 있는 바, 교수 선교회가 교수 요원의 공급처로서의 역할을 할 수 있을 것이기 때문이다.[27]

이렇게 옥한흠이라는 한 목회자의 철학과 제자훈련 정신은 캠퍼스 사역의 비전과 소명에 대한 확신을 갖게 해 주어 평신도들로 하여금 다양한 분야에서 활동하고 귀한 결실을 맺도록 동기를 부여했다. 옥한흠은 이러한 평신도 지도자들을 평생 동지로 대했다.

옥한흠의 제자훈련 목회의 결실은 사랑의교회에서 훈련된 성도들을 통해서 사회의 다양한 분야로 확산되었다. 1981년부터 사랑의교회에 출석하기 시작해서 장로로 그리고 대학 교수로 활동했던 황의각은 미국에서 안식년을 보낼 때 자비량 선교사로 파송을 받기도 했다. 그의 저술에는 성경적 신앙을 그의 전문적 지식 분야와 연결시키고자 하는 학자적 고민이 스며 있다. 황 교수의 영문 저술인 『통일 한국의 모색The Search for a United Korea: Political and Economic Implications』의 각장 서두는 연관된 성경 구절들을 예시하는 것으로 시작된다.[28] 신학 서적이 아닌, 일반 정치 및 경제 전문 분야의 저술에서 이러한 현상을 발견하기란 쉽지 않다. 옥한흠의 제자훈련 사역의 결실은 교회 안에서의 제자로서 양육할 뿐만 아니라, 전문 지식의 분야에도 "모든 생각을 사로잡아 그리스도에게 복종하게"(고후 10:5) 하는 방향으로 드러나고 있다. 이런 결과를 통해 우리는 옥한흠이 젊은 시절 대학부 사역 때부터 생각의 중심을 "나"에게서 "예수"에게로 바꾸어, 변화된 삶을 살도록 한 제자훈련의 정신이 얼마나 일관되고 포괄적으로 이루어졌는지를 단적으로 확인할 수 있다.

유승관은 사랑의교회 개척 초기에 옥한흠의 설교에 큰 영향을 받고 출석하기 시작하여 집사로서 청년부와 고등부 교사로 수고했다. 1987년 초에는 포스코 마닐라 주재원으로 발령받았는데, 출국할 때에 "사랑의교회 최초의 자비량(평신도 전문인) 선교사"로 파송되었다. 1980년대만 해도 자비량 선교사나 평신도 전문인 선교사라는 용어조차 생소했다. 옥한흠은 제자훈련을 통해 전통적 패러다임을 바꾸었다. 유승관은 제자훈련을 받은 후 제자훈련 목적에 대해 이렇게 언급했다.

제자훈련의 목적은 "세상으로부터 부름 받은 하나님의 백성이자 또한 세상으로 보냄 받은 예수 그리스도의 제자들"인 성도가 자신이 서 있는 곳을 땅끝으로 여기고, 언제 어디에서 무엇을 하든지 복음의 증인으로서 주님이 남겨 주신 미완성 과업을 위해 실천적 삶으로 헌신하게 하는 것이다. 그렇다면 이와 같은 소명을 깨닫고 회사(일터)에서 예수 그리스도의 복음을 전하고 사랑을 실천하는 일이 야말로 주님의 지상명령(선교)을 위해 마땅히 행해야 할 사명이라고 생각한 것이다.[29]

이것을 깨달은 유승관은 직장 선교에 헌신했고, 1981년 12월 종교교회에서 출범한 "기독교 서울 지역 직장선교협의회" 태동에 기여했으며, 초대 총무를 맡아 직장 복음화를 위해 열심히 노력했다. 그 후 이 모임은 "한국기독교직장선교협의회"로 발전했다. 유승관은 나중에 신학을 공부하여 선교 담당 목사로서 사랑의교회 선교 사역을 펼쳐 나가는 데 중요한 역할을 감당했다. 옥한흠은 자신의 제자요 교회의 성도이자 동역자였던 유승관을 통해 "포항성시화 운동"을 전개해 나가는 데 적지 않은 도움과 후원을 아끼지 않았다. 이러한 운동은 남미의 여러 나라에 "도시 변혁 운동"으로 확산되었다.[30] 이러한 사역은 옥한흠이 주도한 제자훈련을 통해 평신도 지도자를 세워 여러 분야에서 "세상 속으로 흩어진 교회"의 사명과 "세상으로 보냄 받은 예수 그리스도의 제자"로서의 삶을 살아야 한다는 가르침의 결실이었음을 잊지 말아야 한다. 사랑의교회를 통해 배출된 많은 평신도 전문인 선교사들의 삶과 사역은 제자훈련의 열매가 교회 안에서만 아니라, 교회 밖인 사회 속에서도 맺어졌음을 의미한다. 옥한흠의 제자훈련의 신학적 토대는 선교적 교회론에 두고 있으므로, 수많은 훈련받은 성도들은 "자기가 서 있는 일터를 땅끝으로 알고, 그곳에서 선교적 삶을 산다는 것은 너무도 중요한 일"이며, 그것이야말로 "진정한 제자훈련의 정신이며 궁극 목표"임을 잘 인식하고 있다.[31]

옥한흠의 사회적 영향은 한국 교회 역사가들에게도 귀중한 유익으로 다가왔다. 한국 교회 역사 연구에서 이만열과 "한국기독교사연구소"는 주요한 공헌을 해 왔다. 그러나 그 태동기에 연구소 건물을 구하고 건물 임대뿐만 아니라, 연구소를 재단법인으로 만드는 일에 옥한흠의 관심과 후원이 큰 힘이 되었다. 이만열에 의하면, 옥한흠은 "한국 교회(사회)의 필요를 공감, 선견先見하는 지도자적 혜안과 그 필요에 대비하여 많은 인력을 준비해 가는 자세를 갖춘 분"이었다. 옥한흠이 그 많은 일들을 일일이 다 할 수는 없었지만 각 분야에서 그 일을 할 수 있도록 필요한 준비를 했으며, 지도자로서 "자기 분신"을 만들어 각 방면의 많은 역군들을 배출했다. 옥한흠은 이렇게 교회가 교회의 이름으로 직접 관여할 수 없는 수많은 필요에 부응하여 교회의 시대적 사명을 수행하는 데 최선을 다했다.[32]

불가능을 가능케 하는 비상한 믿음을 소유한 "한 사람"들을 통해서 오늘도 하나님께서는 세상을 변화시키시기를 원하신다. 옥한흠은 이렇게 외친다. "진정으로 사회를 치유하고 하나님의 뜻에 맞게 변화시키는 예수 그리스도의 제자가 되고자 하는 열정만 가지면 이 세상을 변화시킬 수 있습니다. 우리에게 비상한 믿음이 없기 때문에 기적이 일어나지 않을 때가 많다는 것을 인정해야 합니다."33 "한 사람"의 목회 철학은 이처럼 옥한흠뿐만 아니라, 복음주의 4인방에게도 공유되었던 소신이다. 하용조는 이렇게 반응했다. "기독교는 팡파르를 울리면서 시끄럽게 전도하는 조직이 아닙니다. 본질상 소리 없이 누룩처럼 스며들어서 세상을 뒤집어엎는 것이 기독교입니다.… 유명해지거나 소문이 나는 것은 중요한 일이 아닙니다. 예수 그리스도를 사랑하는 것이 중요합니다. 한 사람 한 사람을 제자화하여 세상에 내보내는 것이 중요합니다. 그들이 세상을 뒤엎을 것입니다."34

결국 세상을 변화시키는 장본인들은 "믿음을 붙든 거룩한 바보"들이다. 예수님의 제자들이 그러한 사람들이었고, 옥한흠이 제자훈련에 몰두하며 이 세상의 변혁을 위해 그토록 양육하고 세상으로 보내려고 했던 제자들이 그런 사람들이었다. 이러한 비상한 믿음이 없이는 가정과 직장에서, 그리고 우리 사회의 구석구석에서 죄의 오염을 말끔히 씻어 내고 그리스도의 향내로 가득한 사회로 변화시킬 수 없다. 또한 비상한 믿음이 없이는 한국 교회의 회복과 세계 복음화는 요원하다. "대저 물이 바다 덮음같이 여호와의 영광을 인정하는 것이 세상에 가득하리라"(합 2:14)는 말씀처럼, 하나님을 아는 지식을 온 땅에 충만하게 채우는 거룩한 바보들의 믿음의 행진이 전개되어야 한다. 제자훈련 목회의 열매는 가장 작아 보이는 자가 천을 이루고 가장 약해 보이는 자가 강국을 이루는 이사야의 환상(사 60:22)이 우리 삶과 사역이 사회의 모든 영역과 지구촌 곳곳에 실현될 때 풍성하게 맺어질 것이다. 그것이 옥한흠이 기대하고 바라보았던 제자훈련 목회의 환상이다. 그러한 환상이 이 땅에 이루어지도록 그리스도의 제자들이 "고난 속에서도 비상한 믿음으로 날아오르게 하소서"라는 간절한 기도는 그의 평생 소원이었다.[35]

사회 속의 제자를 만들고 돕고자 하는 옥한흠의 마음은 변함이 없었다. 단순히 그로부터 제자훈련을 받은 제자들에게만 국한된 것은 아니었다. 그는 비록 개인적으로 잘 알지 못했어도 한국 사회에서 의미 있는 사역을 하는 자들에게 남다른 관심을 갖고 후원에 앞장섰다. "밥퍼 목사"로 한국 사회에 널리 알려진 최일도, 이단에 빠졌다가 나와 한국 교회를 향해 이단에 대한 경각심을 불러일으키며 재판 과정에서 어려움을 겪었던 정동섭 등을 옥한흠은 남모르게 후원했다. 가정 회복 운동을 한국 교회와 사회에 펼치며 의미 있는 활동을 해 가는 송길원의 "하이패밀리" 사역을 위해서 교회적으로도 후원했지만, 개인적 차원에서도 도움을 베풀었다.[36] 옥한흠의 눈에 한 사역자의 고귀한 사역이 포착되면 그는 지체하지 않고 도왔다. 한 사람을 변화시키고 한 사람의 사역을 통해 교회와 사회가 하나님나라의 비전으로 변혁되는 꿈과 비전이 있었기에 한 사람을 주목했다. 하지만 그의 시선 속에는 그 한 사람이 사회를 변화시켜 나가는 가장 작은 겨자씨와 보이지 않는 누룩의 왕성함이라는 하나님나라의 비전이 담겨 있었다. 옥한흠은 한 사람을 통해 변혁된 교회와 사회, 그리고 하나님나라의 비전을 담아낼 수 있었던 "영적 사진작가"였다.

주님께서 항상 그러하셨듯이, 옥한흠의 마음에는 이 세상을 변화시키고 이 세상을 구원하기 위해서는 예수 그리스도의 제자를 삼는 일 외에는 소망이 없다는 인식이 있었다. 그래서 그는 시종여일하게 제자훈련 목회를 추구해 왔다. 그의 사역 후반에 요한복음을 강해 설교하면서도 이렇게 외쳤다.

여기서 우리는 꼭 한 가지를 짚고 넘어가야 합니다. 예수님이 원하시는 사람은 예수님을 위해서라면 자기 목숨이라도 걸고 헌신하려는 바로 이런 용기 있는 사람들이라는 것입니다. 주님은 이런 사람을 일컬어 "제자"라고 말씀하십니다. 주님은 자신을 만난 사람에게 "생명을 걸고서 나를 따르라"고 말씀하십니다. 주님이 왜 이런 사람들을 원하셨을까요? 이 세상을 변화시키고 이 세상을 구원하기 위해서는 다른 길이 없다는 사실을 분명히 아셨기 때문입니다. 세상을 변화시키고 세상을 구원하는 것은 방법론의 문제가 아니라 사람의 문제입니다. 인간은 방법론을 구하지만 하나님은 사람을 구하십니다. 용기 있게 자기를 주님 앞에 헌신하는 제자를 원하시는 것입니다. 그래서 주님은 세상을 떠나가시면서도 "너희는 가서 모든 족속으로 제자를 삼으라"고 명령하셨습니다.[37]

○ 복음을 통한 민족사랑과 사회참여

옥한흠의 민족 사랑은 철저하게 복음과 교회를 통해 이루어졌다. 이중표의 말대로 "결과적으로 옥한흠 목사는 한국 민족을 살려 놓은 목회자가 되고 있다. 한국 교회가 살면 한국 민족이 살기 때문이다."[38]

옥한흠은 평생 한 교회만을 개척하고 목회했지만, 제자훈련과 평신도 사역의 모델을 확립하고 국제제자훈련원을 통해 그것을 한국 교회에 확산시키는 방식으로 한국 교회를 깨어나게 하고, 그것을 통해 한국 민족을 살리려고 노력했다. 교단과 교파의 분열로 얼룩진 한국 교회의 부끄러운 역사를 고쳐 쓰기 위하여 "교회갱신목회자협의회"를 조직하여 교회의 갱신과 일치에 한몫했다. "그가 주도하는 새로운 교회 일치와 연합 운동은 열린 보수와 열린 진보를 아우르는 에큐메니컬 운동의 신기원을 이루고 있다. 민족을 살리는 그의 살림의 역사는 일본으로 중국으로 그 지평을 넓혀 나가고 있다.… 옥한흠 목사의 목회 사역을 통해 보수 신앙이 그동안 미처 눈 돌리지 못했던 사회 선교 사역 분야의 문이 새롭게 열리고 있다. 옥 목사는 한국 교회 갱신을 통해 한국 민족을 세계적 차원에서 살려 내는 '살림의 사람'이 되고 있는 것이다."[39]

옥한흠의 민족 사랑은 한국 사회와 민족을 위한 중보 기도로 표현되었다. 그는 평생 통일을 위해 기도했고, 북한 선교에 남다른 열정과 수고를 아끼지 않았다. 그는 초창기 북한이나 중국 선교를 드러내 놓고 하기 힘든 시기부터 멀리 내다보며 복음 선교와 민족 사랑을 펼쳐 북한 선교에 매진해 왔다. 그런 면에서 옥한흠은 교회나 성도들에게만 영향을 미친 인물이 아니다. 그는 진정으로 "이 민족을 사랑하신 분"이자 "이 시대의 스승"이었다. 하용조는 이런 글을 남겼다. "옥한흠 목사님은 이 민족을 사랑하신 분이십니다. 민족의 아픔을 나의 아픔으로 알고 통일을 위해 매일 중보 기도하신 분이었습니다. 그는 흥분하거나 겉으로 드러나는 말을 하거나 표정을 내보이지 않으셨습니다. 그분을

만나보면 얼마나 나라 걱정을 하시는지 눈물이 날 정도입니다."⁴⁰

옥한흠은 제자훈련 목회에 전념하면서, 사회적 활동을 자제했던 것은 사실이다. "평신도의 정치 참여"라는 주제로 강남 지역 연합 신앙 강좌에서 강연했던 그는 이 주제가 예민한 분야에 해당되며, 어떤 의미에서 공개 석상에서는 언급하기가 꺼려지는 내용임을 실토했다.⁴¹ 그가 무엇을 두려워해서 그렇게 말했던 것은 물론 아니다. 그는 이 분야에 대해서 신학적으로 정립되지 못했음을 솔직하게 인정했다. 그리고 지난 기독교 역사를 통해서도 이 문제를 시원하게 해결하지 못한 것이 우리의 실제 모습이자 현실이기도 했다. 옥한흠은 그날 한국의 기독교인들이 1970년대 이후부터 의식적이든 무의식적이든 "민주주의의 회복과 인권 탄압에서 자유, 부정부패의 일소"라는 세 가지 영역과 관련된 정치적 이슈들에 비상한 관심을 갖게 되었다고 주장했다.⁴²

옥한흠은 민주주의 정치 형태가 절대적이고 이상적인 것은 아니지만, 국민 자신이 자기의 정치적 지도자를 직접 선출할 수 있는 형태이며, 어느 정치 풍토에서보다도 하나님의 사랑을 더 인식하고 감사할 수 있는 장점이 있다고 보았다. 민주주의는 인간의 존엄성을 진지하게 받아들이는 제도다. 인간은 존엄하기에 사람들의 동의 없이는 아무도 그들을 다스리지 못하게 하는 정신이 그 안에 깃들어 있다. 권력이 한 개인이나 소수에게 독점되는 것을 허락하지 않는 기질이 민주주의 정신이며, 이는 성경적이다. 그리고 타락한 인간은 누구나 부패할 수 있기 때문에 권력 독점을 막으려는 장치가 정치 형태에는 분명히 있어야 한다. 그의 말대로, 민주주의 정신이 흐려지는 곳에는 인권이 유린당하고 부정부패가 만연할 수밖에 없다. 그래서 "민주주의에 대한 관심은 부정부패에 대한 관심이요, 인권에 대한 관심"일 수밖에 없다.[43] 민주주의나 당시 중요했던 시대적 가치들이 어떤 대가를 치르고서라도 반드시 찾아야 할 소중한 자산임에는 틀림없지만, 우리의 현실은 사회의 복합적이고 다양한 요인들 때문에 그러한 행동이 유보될 수 있음을 솔직히 인정했다. 옥한흠은 "쥐와 독의 비유"를 들면서 "쥐를 잡자니 독을 깨겠고, 독을 원형대로 두자니 쥐를 잡을 수 없는 농부의 딜레마를 우리가 놓여 있는 상황"이라고 하면서 그의 고민을 드러냈다.[44]

이러한 주제들은 어느 특정 시대에 매우 중요한 이슈로 부각되고, 사회의 모든 구성원이 지대한 관심을 가지고, 때로는 어느 특정한 행동에 전폭적으로 나서는 경우가 허다하다. 그러나 성도들이 인식해야 할 것은, 어느 한 가지 행동 때문에 예기치 못한 가치를 상실하는 경우를 미연에 방지할 수 있는 예지와 안목을 갖추어야 한다는 사실이다. 예를 들면, "민주주의"라는 가치가 중요한 것은 사실이지만, 그것이 "절대적이고 이상적인 정치 형태"의 전부는 아니고, 실현 가능한 다양한 정치 형태의 하나일 뿐이라는 사실이다. 옥한흠도 칼빈과 아브라함 카이퍼의 견해를 인용하면서, 여러 다양한 정치 형태가 가지고 있는 상대적 가치를 인정해야 하며, 각 나라마다 발전 과정이 정치적으로 차이가 날 수 있고, 국가마다 정치 형태를 다양하게 취할 가능성이 충분히 있음을 강조했다. 그는 이러한 견해를 개진하면서 조심스럽게 자신의 입장을 다음과 같이 표명했다. "솔직히 말해서 군사정권이 실권을 휘두르고 있는 '유사 민주주의 형태'가 꼭 우리 모두가 생명을 걸고 대항해야 할 정치악이냐고 말을 한다면 관점에 따라서

다르게 이야기할 소지가 충분한 것입니다."⁴⁵

옥한흠이 군사정권 시절의 정치 상황을 인식하고, 그 시대를 향해 선지자적 직무를 적극적으로 감당하지 못한 부분에 대해서는 대부분의 한국 복음주의권 지도자들과 함께 비판의 대상에서 제외될 수 없다. 그 당시의 정치 형태를 "유사 민주주의"라고 인식하면서 거의 모든 일반 국민이 비판적으로 이해하고 있는 상황에서 군부독재 정치를 안이하게 바라본 것은 아닌지 아쉬운 점이 많다. 특히 1987년 박종철 사건 등으로 한국 사회가 민주화 열망을 강력하게 표출했던 상황에서 성도들이 신뢰할 만한 성경적 원리를 제시하면서 "신학적 가이드"를 제대로 제시하지 못했다는 점을 그는 솔직하게 인정했다. 이러한 이유로 옥한흠은 사랑의교회 일부 교인들로부터 실제로 비판을 받았다.⁴⁶

사실 옥한흠이 당시 정치계를 강하게 비판하지 못한 주된 이유 중 하나는 "교회가 세상의 정치 영역보다 더 심각한 문제를 많이 안고 있다는 소위 '자각 의식'" 때문이었다. 그의 눈에 비친 한국 교회는 오히려 정부보다 더 심각한 권력 집착증의 횡포가 난무하고 있었으며, 교권을 장악하기 위해서는 세상 정치 무대에서도 벌어지지 않는 추악한 일들이 벌어져 개혁과 갱신이 필요한 매우 심각한 상태였다. 더 나아가 그의 마음속에는 현실의 정치 문제가 교회와 성도가 바르게 서지 못하고, 제 역할을 하지 못한 결과였다는 자책이 강하게 자리 잡고 있었다. 그는 역사에서 기독교가 제 역할을 감당하지 못하고 부패함으로 빚어졌던 많은 사례들을 지목하면서, 한국 교회의 일그러진 자화상을 안타까운 심정으로 바라보았다. 과연 교회에 정치계와 사회를 향하여 준엄하게 경고할 수 있는 권위가 있었는지를 자신을 포함한

한국 교회 지도자들을 향해 질문하고 있다.⁴⁷

옥한흠은 교회의 정치 참여라는 차원보다는 평신도의 정치 참여라는 측면에서 그의 입장을 피력했다. "평신도"란 "교회에 소속된 개개인을 의미한다"고 언급하면서, "정치 참여"에 대한 그의 견해를 이렇게 진술했다.

> 평신도의 정치 참여라는 말은 평범한 시민적 책임을 논하는 것도 아니고 직업적 정치가가 되어야 한다는 말도 아닙니다. 또 구제나 자선만 하는 일반적 사회봉사도 아닙니다. 이 모든 것을 다 포함시킬 수도 있으나 그리스도인이 개인의 자격으로나 아니면 단체의 자격으로 정치적 개혁과 정책 개발에 관계하는 모든 활동을 포함한 말로 이해를 해야 합니다. 좀 더 깊이 생각하면 국민의 기본권을 위협하고 법치 국가 질서를 파괴하는 정치 형태나 구조악에 직간접으로 도전하는 정치 활동까지를 포함한 것도 정치 참여라고 할 수 있습니다.⁴⁸

옥한흠은 평신도의 정치 참여에 비판적인 고려를 충분히 한 후에, 구체적으로 어떻게 참여하여 영향력을 발휘할 수 있는지를 솔직히 토로했다. 먼저 그는 부정적 측면에서 평신도의 정치 참여를 충분히 고찰한 후, 긍정적 측면에서 당위성을 세 가지로 주장했다. 첫째로, 복음은 본질상 정치와 무관할 수 없기에 참여할 수밖에 없다는 것이다. 예수님과 그의 사도들은 직접적으로 정치 활동을 하지는 않았지만, 그들의 가르침에는 다분히 정치적 함의가 있었다. 예수 그리스도의 교훈과 태도에는 그 당시를 살았던 사람들에게 바른 사회 개혁을 일으키고, 정치적 노력을 유도할 수 있는 충분한 동인이 있었다. 이와 같은 예는 기독교 선교 역사에 비일비재하다. 가난한 자와 여성의 권익이 보장되고, 노예가 해방되며, 문맹이 퇴치되는 놀라운 개혁이 일어났다. "이것은 복음의 본질로 인한 하나의 피할 수 없는 결과"다. "구속"을 강조하는 기독교 복음은 결국 하나님과 사람의 관계를 올바르게 맺어 주며, 변화된 개인들이 "사회의 수평적 충격파"를 형성하여 변화를 창출함으로써 사회 개혁에 참여하게 된다는 것이다. 옥한흠은 "복음으로 태어난 지상 교회는 천국에 가기 위해 있는 승객들의 대합실이 아닙니다"라고 언급하면서, "정치에 있어서도 가장 효과적인 개혁의 원천이 복음"임을 다시금 강조했다.[49]

둘째로, 그리스도인의 신분과 기능 그 자체는 정치적 문제와 별개로 분리될 수 없다는 점이다. 복음 전파와 정치 활동은 동전의 양면처럼 별개로 떨어질 수 없는 상황이 우리의 현실이다. 복음이 확산되면 변화된 사람들로 인하여 "방부제 환경"이 조성됨으로 그 영향력이 사회적으로 나타날 수밖에 없으며, 이와 같은 현상은 정치 분야에서도 예외가 될 수 없다. "그러므로 복음을 전한다는 자체가 정치 참여의 일면을 나타내고 있는 것"은 자명하다. 그리스도인이 빛과 소금의 역할을 피할 수 없다면 정치 참여도 피할 수 없다.[50]

세 번째로, 그리스도인, 곧 평신도는 국민의 한 사람이라는 측면에서 정치 참여를 긍정적으로 보아야 한다. 한국의 지난 역사가 그랬듯이 국운이 위태로울 때, 우리 선조들은 구국기도회를 열었으며, 개화와 독립에 앞장섰고, 금주, 금연 운동을 일으키며 경제적 속박과 그릇된 습관을 개혁하는 데 주도적 역할을 감당했다. 옥한흠은 일제강점기에서도 정도의 차이는 있었지만 여러 이유로 정치 참여가 교회와 성도를 통해 일어났다는 사실을 상기시키면서, 평신도의 정치 참여를 긍정적 차원에서 고려해야 한다고 역설했다.[51]

옥한흠은 이렇게 평신도의 정치 참여의 당위성을 논한 후에, 일곱 가지의 구체적 방법과 원칙들을 제시했다. 요약적으로 정리하면 다음과 같다.

1. 평신도는 교회의 지도를 따라 정치 문제에 관여하는 것이 바람직하다.
2. 교회가 적절한 지도를 하지 못할 경우에는 평신도는 자기 양심과 시민의 권익을 위해서 독자적으로 가능한 방법으로 정치에 관여하는 것이 좋다.
3. 교회가 정치적 문제에서 잘못 지도하고 있다든지 오도하고 있다고 판단이 되면 평신도들은 자기 양심을 위해서 개인의 자격으로나 아니면 의견을 같이 하는 그룹을 통해서 교회에 대해 주의를 환기시키는 것이 바람직하고 또 적절한 지도를 요청할 수 있어야 한다.
4. 정치 현안에 대해서 견해가 동일하다고 해도 참여의 방법까지 동일할 수 없다는 것을 인정해야 한다.
5. 개인과 교회를 구별할 수 있어야 한다. 교회를 정치의 도구로 이용하려고 해서는 안 되고, 교회는 교회여야 한다. 그리고 교회는 정책이 아닌, 원리를 논하는 곳임을 잊지 말아야 하며, 목사는

교회를 대표하는 공인이기에 정치적 참여나 행동을 하려면 교회에 사표를 내고 하는 것이 교회를 위하는 것이 될 것이다.
6. 악을 악으로 갚는 행위에 동조해서는 안 된다.
7. 정치적 문제에서 하나님의 주권을 인정하는 믿음을 가져야 한다. 역사의 주인은 하나님이고, 정치 문제에서도 하나님이 주권자이시다.[52]

옥한흠에게 기독교인들을 통한 사회 변혁과 정치 참여에서 중요한 역할을 하는 사람은 결국 목회자다. "목사의 사회 참여는 어떤 면에서 간접적 참여"인 셈이다. 주일 예배에 참석하는 성도들을 하나님의 말씀으로 바로 세워서 사회에서 사회인답게 또 그리스도인답게 살 수 있도록 하는 것은 그에게 "가장 부서운 짐"이자 반드시 수행해야만 하는 의무다.[53] 목사가 먼저 깨어나고, 성도를 바르게 깨워야 사회도 깨워지고 변한다는 논리다. 그럼에도, 옥한흠은 교회와 성도에게 사회 참여와 변혁에 분명한 의무가 있지만, 결국 우리의 궁극적 관심은 하나님나라에 두어야 함을 강조했다. 우리의 사회적 상황 때문에 사회 참여, 지상 국가 과제에 지나치게 관심을 갖다 보면, 세상 나라의 가치로 하나님나라의 가치를 대치하는 우(愚)를 범하게 된다는 것이다. "주께서 이스라엘 나라를 회복하심이 이때이니까"(행 1:6)라고 제자들이 질문했을 때, 예수님은 "때와 기한은 … 너희의 알바가 아니요"(행 1:7)라고 대답하셨던 것을 기억할 필요가 있다. 그러면서 옥한흠은 자신의 속내를 이렇게 표현했다. "저는 양심적으로 세상 국가에 대해 기대를 하지 않습니다. 예수님을 믿는 사람의 궁극적 기대는 하늘나라이지 세상 나라가 아닙니다."⁵⁴ 그러면서 다음과 같이 결론을 내렸다.

> 교회와 국가에 대해서 할 수 있는 것은 이 사회에 의로운 충격을 가할 수 있는 하나님의 백성을 많이 배출하는 것이라고 생각합니다. 비록 수는 적지만 예수 그리스도로 말미암아 변화 받은 자녀들이 사회 각 분야에 들어가서 겨자씨의 음모를 꾸밀 수 있습니다. 겨자씨의 음모는 겨자씨가 너무 작아서 남의 시선을 늘 끌지 못하는 작은 존재이지만 얼마 지나면 전부를 장악해 버리는 Power를 얘기합니다. 그리스도인들이 처음에 사회에 참여할 때는 겨자씨같이 작은 자일지라도 조금 지나면 사회에 영향을 주는, 충격을 주는 빛과 소금의 역할을 할 수 있다는 것입니다. 바로 이와 같은 일들을 평신도들이 할 수 있도록 영적으로 바로 세워 주는 것이 교회의 일입니다.⁵⁵

이것은 옥한흠을 비롯한 "복음주의 4인방"의 대체적인 입장이었다. 그들은 물론 사회 참여나 독재 정권 아래서의 민주화에 대한 시대적 요청을 심각하게 고민했지만 그들은 무엇보다도 "복음에 미친 '복음파'"들이었으며, "독재 시대에도 이 민족을 위해서는 민주화보다 복음화가 더 중요하다고 생각하며 미친 듯이 복음을 전했다." 홍정길도 그의 대사회 분야에서 활동을 이렇게 진술한다. "저는 교회 울타리를 뛰어넘는 다양한 활동을 했지만 한 번도 사회 운동을 한다고 생각한 적이 없습니다. 오직 성경이 말한 그대로만 했을 뿐입니다. 끊임없이 하나님의 기분을 살피면서 그분이 좋아하는 일을 했습니다. 대북 운동도 주께서 기뻐하시는 일이기 때문에 전개했을 뿐, 어떤 민족적 비전을 갖고 해 본 적이 없습니다. 오직 하늘의 뜻이 이 땅에 임하게 하는 데 헌신했습니다."[56]

그럼에도 이들의 파장은 교계만 아니라 한국 사회에서도 결코 작지 않았다. 물론 옥한흠도 격변기 속의 한국 사회에서 복음화와 제자훈련 목회에 매진해 왔지만, 사랑의교회의 영향력이 강해지면서 그런 영향력에 버금가는 사회적 책임감도 느꼈다. 1990년대 후반에 들어 한국인의 경제생활은 점점 윤택해졌고 한국 사회가 쾌락 문화에 젖어 드는 정도도 강해졌다. 무엇보다도 그릇된 성 문화로 가정이 파괴되는 것이 큰 문제였다. 성매매 시장의 규모가 상상할 수 없을 정도로 비대해져 가는 즈음에 성(性)매수를 반대하는 서명 운동이 필요하다는 사실을 절감하고 옥한흠은 김자옥, 송길원 등과 함께 서울 거리로 나서 캠페인을 벌인 적도 있다. "행동하는 목회자"도시의 모습은 KDS 9시 뉴스에도 보도되었다. 이 운동은 널리 공감대를 형성하여 사회적 여론을 조성했고 국회에서 성매매 방지법이 통과되는 데 촉매제 역할을 감당했다.[57] 옥한흠은 사랑의교회라는 동굴에만 머문 것은 결코 아니었다. 깨울 것이 있다면, 아주 드문 경우이긴 했지만, 사회 속으로 그리고 민중 속으로 들어가 용기 있게 외치고 행동했다.

그리고 옥한흠은 그의 사역 후기에 이르러, 평생 처음으로 정치인 후원회에 참석하여 격려하는 연설도 했다. 은퇴를 앞두고 그는 부교역자들에게 김덕룡 의원을 위한 후원회에 참여하도록 이런 편지를 써서 독려한 적이 있다.

김덕룡 위(의)원은 사랑의교회 교인이다. 지난 몇 년 동안 특별한 사유가 없으면 1부 예배에 빠지지 아니한다. 학습[세례]도 받았다. 정치인으로서 그는 건전하다. 권력의 중심에 있었던 때도 있었지만, 이렇다 할 스캔들에 말리지 아니한 참신함을 지니고 있다. 철새처럼 옮겨 다니지 아니했다. 보수와 진보의 중간 노선에 서서 양쪽을 다 아우를 수 있는 넓고 균형 잡힌 정치 철학을 가지고 있다. 무엇보다 사랑의교회를 끔찍이 사랑하고 어디를 가나 자랑한다. 이만하면 한나라당 대표에 출마하여 호남에서 태어났다는 죄(?)로 약간 고전하고 있는 그를 격려할 만하지 않는가? 우리는 여당 야당 가리지 말고 믿음 좋은 정치인을 많이 밀어야 한다. 기독교 정당을 만들 수는 없지만, 하나님을 두려워하고 권력의 주인이 하나님이심을 아는 여야 정치인을 많이 배출하면 싸워도 기도하면서 싸우지 않겠는가? 지금보다는 백성이 훨씬 안심할 수 있지 않을까?[58]

제자훈련 목회의 선교적 적용

○ 제자훈련과 선교적 교회론, "흩어지는 교회"

주지하는 바와 같이, 사랑의교회는 1978년 "평신도 훈련, 젊은이 선교, 그리고 북방 선교"라는 창립 비전을 가지고 출발했다. 옥한흠은 제자훈련을 바탕으로 흩어지는 교회로서의 사명을 다하는 데 역점을 두어 왔다. 그가 초기부터 제자훈련 목회와 "선교적 교회론"과의 연계성을 가지고 사역을 전개해 왔다는 측면을 간과해서는 안 된다. 오랫동안 사랑의교회 세계 선교부는 "제자훈련으로 뿌린 씨, 세계 선교로 꽃

피우자"라는 슬로건을 내걸고 다양한 선교 사역을 펼쳐 왔다. "옥한흠 목사의 제자훈련 목회의 씨가 그의 성경적 교회론으로부터 발아된 것이라고 한다면, 그 열매는 선교적 교회론이 실현되는 것"으로 나타나야 한다. 옥한흠 목사야말로 "선교적 교회론을 누구보다 잘 실천한 목회자"라는 사실은 널리 알려져 있지만,[59] 앞으로 제자훈련의 방향과 열매는 청년들과 북방, 그리고 세계 여러 나라로 확산되어 갈 수 있도록 국제화되고, 제자훈련 사역에서 선교적 차원이 더 강화되어야 한다. 사도행전의 초대교회처럼 성경적 교회론에 충실한 교회라면 선교적 교회론과 분리될 수 없다는 사실은 너무도 자명하기 때문이다.

1998년 10월, 옥한흠은 그가 처음으로 유학했던 칼빈 신학교에서 2년에 한 번씩 유명 강사들을 모시고 개최하는 특별 세미나에 초청되었다. 직전에는 영국의 존 스토트가 강사로 와서 강의를 했고, 그 다음으로 옥한흠이 초청되었다. 8일과 9일, 이틀 동안 전교생과 교수들이 모인 자리에서 그는 "사랑의교회와 제자훈련"이라는 주제로 평신도의 중요성과 제자훈련의 위력을 어떻게 발견하고 적용했는지를 소상히 밝히면서 목회 패러다임의 변화가 어떤 결과를 초래했는지를 강연했다. 주된 내용은 그의 교회론과 광인론의 본질적 부분이었으며, 고성삼의 통역을 통해 효과적으로 전달되었다. 칼빈 신학교 유학 시절 그의 질문은 바로 "지상 교회가 무엇인가?"라는 명제였다. 당시 그는 그것에 대한 답변을 교수들에게서 만족스럽게 듣지는 못했지만, 수많은 양서를 벗 삼아 자신의 신학적 질문들에 답변을 추구해 갔다고 말했다. 그가 결론적으로 얻어 낸 교회론적 해답은 지상 교회란 "세상으로부터 부름 받은 하나님의 백성이요, 동시에 세상으로 보냄 받은 그리스도의 제자"라는 것과 특권이 있으면 소명이 있다는 사실이었다고 전했다.

　이 강연에서 옥한흠은 오순절 성령 강림을 통해서 교회가 시작된 사실을 주지시키면서, 성령이 임하자마자 교회의 입을 여셔서 세상을 향한 소명, 즉 교회의 증거하는 사명을 수행하게 하셨다는 구속사적 진리를 강조했다. 이러한 교회론에 입각해서 제자훈련 사역의 당위성과 교회는 선교적 교회여야 함을 해리 보어Harry Boer의『오순절과 선교Pentecost and Mission』라는 책을 인용하면서 역설했다. 그리고 마지막 날 강의에서는 사람을 키우고 만드는 사역의 중요성과 "제자"라는 말과 개념에 대한 성경적 정의를 설명하고 제자도의 중요성을 반복적으로 강조하면서 제자훈련 목회의 전략에 대해서도 언급했다. 그는 마태복음 28장 20절, 에베소서 4장 11-12절, 디모데후서 3장 16-17절, 골로새서 1장 28-29절 등을 인용하면서 제자훈련 목회야말로 성경에 가장 근접한 목회 방법이라고 주장했다. 결국 제자훈련 목회는 사도 바울이 가르쳐 준 위대한 목회 모델이며, 한 사람 안에 내재되어 있는 잠재력을 키우는 사역이요, 작은 겨자씨를 통해 커다란 하나님 나라의 비전이라는 나무를 이루어 가는 목회임을 이사야 60장 21-22절을 통해 효과적으로 설명했다. 실제적이고 열정적인 옥한흠의 강의가 끝나자, 많은 학생들의 질문들이 쏟아졌고, 그의 답변도 매끄럽게 이어졌다. 이윽고 특별 세미나가 끝나자 참석한 청중이 기립박수를 치면서 마무리되었다. 옥한흠은 자신이 고민하며 추구해 왔던 제자훈련 목회 철학이 세계적으로 유수한 신학교에서 인정되고 신학생들에 의해 화답되는 감동적인 장면에 매우 고무되었다.[60] 그리고 제자훈련 목회가 여러 나라로 확산되어야 할 필요성도 절감했다.

이러한 차원에서 제자훈련이 교회 안에서만 꽃필 것이 아니라, 직장과 세상에서도 동시에 더 많은 열매를 맺어야 할 것이다. 제자훈련의 영향력이 이제는 교회 밖으로, 세상 속으로, 그리고 여러 나라의 선교지로도 그 열매가 확산되어야 한다. 제자훈련 사역이 "흩어지는 교회"로서의 차원을 균형 있게 적용해야 할 필요성이 분명히 있다. 이러한 과제가 이미 옥한흠의 제자훈련 정신 속에 배어 있었지만, 그 과제의 적용과 또 다른 확산은 이제 그의 제자들과 다음 세대가 계승해야 할 필연적 과업이 되었다. 그리고 국제제자훈련원은 교회와 더불어 직장과 선교지에서도 제자훈련을 효과적으로 할 수 있는 동기 부여와 전략을 제시해 주어야 할 것이다. "교회로 데리고 와서 제자 삼는 것 못지않게 세상, 곧 직장에 가서 제자 삼는 사역도 중요하다는 것이다", "제자훈련의 장을 예배당 안으로만 제한하지 말고, 세상 속에서도 예수의 야생마를 만들어야 한다는 것이다."⁶¹ 물론 옥한흠과 제자훈련 목회가 이러한 측면을 놓친 것은 아니었지만, 앞으로 더욱 강화되어야 한다.

옥한흠의 제자훈련 목회의 국내외 확산과 선교적 비전은 그의 구속사적 전개 과정에 대한 이해와 기독교 신앙의 본질을 바르게 인식한 것에 기인한다. 그는 이렇게 언급했다. "오늘 세계 종교를 볼 때 세계적인 종교는 기독교라고 말할 수밖에 없다.… 기독교 외의 종교들은 대부분 국부적인 어떤 인종이나 특수한 환경에 제한되어서 파급되는 종교이지, 국경이나 인종을 완전히 초월한 종교는 기독교밖에 없다. 예수님은 살아 계시기 때문에 오늘도 이와 같이 역사를 지배하신다. 그의 제자들을 통해서 오늘도 역사하신다."[62] 그의 제자훈련 사역의 범주는 단지 사랑의교회나 국내에만 국한된 것은 아니었다. 그는 국경과 민족을 초월하여 퍼져 갈 것을 내다보았다. 기독교의 본질과 참 제자 됨은 어떤 환경이나 상황으로 제한받지 않기 때문이다.

"그 작은 자가 천을 이루겠고, 그 약한 자가 강국을 이룰 것이라. 때가 되면 나 여호와가 속히 이루리라"(사 60:22)라는 말씀처럼, 제자훈련 사역은 사랑의교회뿐만 아니라, 국내외로 퍼져 나갔다. 이민 교회 목회자들도 "옥한흠 목사의 제자훈련 목회를 알게 된 것을 축복"으로 간주하며 열악한 상황에 적용해 가며 보람된 사역을 전개해 가고 있다.[63] 특히 사람을 키우지 않고서는 이민 교회의 미래가 밝을 수 없다는 사실을 깨닫고 제자훈련 목회에 전념하는 1.5세 목회자들이 꾸준하게 증가하고 있다. 미국 LA 지역에서 제자훈련을 통해 건실하게 목회하고 있는 목회자 중 한 사람이 김한요 목사라고 할 수 있다. 그는 전통적 목회 스타일로 굳어진 세리토스장로교회에 부임하여 제자훈련과 탁월한 설교를 통해 부흥시켜 옥한흠 목사에게 이민 교회에서 제자훈련이 꽃피울 수 있다는 희망을 안겨 주기도 했다.[64] 그 외에도 적지 않은 1.5세 목회자들이 제자훈련 목회에 지대한 관심을 가지고 미주와 여러 지역에서 사역을 전개해 나가고 있다. 이민 교회와 선교지에서 적용되고 확산되고 있는 제자훈련 사역과 목회에 대해서는 별도의 연구가 필요할 만큼 중요한 의미가 있다.

1989년 6월에 열린 CAL 세미나에 대만에서 사역하는 중국인 목회자들 120명이 참석했다. 그들 중에는 현역 국회의원도 있었고, 대만 기독교의 각 교단 총회장들과 신학교 신학원장들이 대거 참여하여 국외에서도 제자훈련 목회에 대한 관심이 지대함을 보여 주었다. 그리고 이 세미나를 통해서 "세계 교회 목회자들을 위한 '목회자 훈련'의 국제화 시대를" 연 것으로 평가할 수 있다.65

이렇게 국내뿐만 아니라 세계 각국에서 제자훈련을 배우러 오는 나라 중에서 특별히 큰 성과를 올리는 곳은 일본이었다. 옥한흠이 목회 사역을 마감하기 6-7년경 전에 아시아 교회들(특히 일본과 중국 등)에서 제자훈련 목회가 확산될 수 있는 기초가 놓였다. 1998년 당시 일본의 7,600개 교회 가운데 400여 개의 교회가 제자훈련에 근거한 복음주의 평신도 운동을 실천하고 있었고, 700여 개 교회가 제자훈련에 관심을 보였다.66 일본 교회 목사들은 하나같이 소그룹 제자훈련이 일본의 국민성에 적합하다는 말을 했다. 제자훈련을 통해 급성장한 일본 센나이 라브리 교회는 일본 내에서도 화제가 되는 교회다. 그러나 옥한흠은 제자훈련을 하는 교회의 수가 늘어나고, 교세가 증가하는 것에 역점을 둔 것은 아니었다.

옥한흠은 CAL 세미나를 할 때마다, 방법론보다 목회자 의식을 바꾸는 데 초점을 맞추었다. 제자훈련의 성과를 평가해 달라는 부탁을 받았을 때 그는 이렇게 말했다.

성과라는 것은 생각해 본 적이 없습니다. 목사에게 성과라는 말은 해당이 안 되죠. 그저 하나님이 나에게 주신 사명이라고 생각합니다. 내가 막상 제자훈련에 눈을 뜨고 깨닫고 실제로 30년 동안 비전을 갖고 목회를 하면서 보니까 이것이 성경에서 말하는 목회와 가장 본질적으로 가깝다는 확신이 들었습니다. 이것을 오늘 한국 교회 목회자들에게 자꾸 강조하여 보여 주고 받은 은혜를 나누어야 할 소명이 있는 것 같습니다. 나와 똑같은 깨달음을 갖고 다시 목회를 새 출발하는 목회자를 보면 반드시 교회가 건강해지고 부흥해요. 그런 사례를 몇 십 개라도 들 수 있어요. 초창기에 세미나에 참석한 사람들은 사랑의교회에 한 번 가 보자는 생각에서 온 분들이 많았어요. 하지만 이제는 달라졌어요, 세미나에 다녀온 목회자의 교회가 달라지는 것을 보고 충격을 받아 등록한 사람들이 대부분입니다.[67]

옥한흠의 일본 영혼들을 향한 선교 열정은 일본 목회자들의 제자훈련 요구를 통해 타오르기 시작했다.[68] 그는 어린 시절, 짧은 기간이었지만 일본에 거주한 적도 있었고, 일제 치하를 경험하기도 했었지만, 그러한 쓰라린 과거의 역사와 기억을 일본 선교로 승화시켰다. 그가 20년 이상을 일본 목회자들을 위한 제자훈련과 선교적 사역을 지속했다는 사실은 그가 얼마나 일본 선교에 큰 비중을 두었는지를 알 수 있다. 옥한흠이 일본 선교에 지대한 관심을 갖게 된 것은 "다른 곳은 몰라도 우상의 나라 일본만큼은 몸이 부서지는 한이 있어도 복음을 전해야 한다는 신념" 때문이었다. 그는 주변 사람들이 강력히 만류하고 본인의 건강이 정상이 아닌데도 불구하고 일본 세미나를 강행했다. 그런데 그러한 선교적 열정은 지난 20년간 사랑의교회 제자훈련 일본 전진 기지의 총사령관으로 사역했던 선교사의 윤리적 타락으로 심각한 위기에 봉착했다. 1989년, 옥한흠이 쓰러지게 된 직접적 계기도 결국은 그의 건강에 아랑곳하지 않고 일본 제자훈련 세미나를 무리하게 밀어붙인 결과였다. 그런데 또다시 그의 마음과 육체를 강타한 사건이 안타깝게도 일본 선교와 관련해서 일어났다. 그가 하나님의 부르심을 받기 전인 2010년 7월 병상에서 소위 "일본 사건"에 대해 비보를 접하면서 육체의 고통 속에서 눈물을 흘릴 수밖에 없는 충격을 경험했다.[69] 아버지 옥한흠의 눈물은 그의 아들 옥성호도 좀처럼 목격하지 못했던 일이었다. 아들의 눈에 비쳐진 옥한흠의 모습은 강했고 자신의 약한 감정을 겉으로 잘 드러내지 않는 사람이었다. 그러나 옥성호가 아버지 옥한흠의 눈물을 처음으로 본 것은 좌초된 일본 제자훈련을 얘기하던 2010년 3월의 어느 날이었다.[70] 그만큼 일본 선교에 대한 애착이 컸던 옥한흠에게 그 기반이 송두리째 날아간 것은 그 무엇으로도 위로할 수 없었던 충격이요 슬픔이었다. 아마도 그의 어린 시절, 일본에 거주할 때 변기통에 빠져 죽을 뻔한 아찔했던 그 순간보다 더 큰 악몽이었다.

일제강점기 후반에 경남 거제에 태어난 옥한흠은 누구보다도 일본 사람에게 부정적 감정을 가지고 살았다. 그럼에도 불구하고, 그는 하나님께서 일본도 사랑하시고 그들의 영혼도 불쌍히 여기신다는 사실을 깨닫고, 그러한 감정을 누그러뜨리려고 부단히 노력했다. 그는 일본에서 열리는 컨벤션에 참석하기 위해 가긴 갔지만, "아리가도 고자이마스" 외에는 의도적으로 일본 말을 배우지 않았다. 그는 10년이 넘게 일본을 방문하면서도 그리고 마음만 먹고 배웠으면 꽤 진척이 있었을 텐데도 그렇게 하지 않은 것은 마음으로 사랑이 가지 않았기 때문이었다고 솔직히 토로했다. 하지만 하나님 아버지의 사랑이 어떠한지를 안다고 한다면, 그리고 그 사실을 알면서도 본받으려고 하지 않는다면 그것은 엄청난 모순임을 알았기에, 그는 온전하신 하나님처럼 온전하게 되고자 몸부림쳤다.⁷¹ 옥한흠은 그런 마음과 자세로 일본 선교와 제자훈련에 혼신을 다했다.

옥한흠이 일본에 대해 품었던 선교적 노력은 참으로 가슴 아프게 막을 내렸다. 그는 오랫동안 심혈을 기울이며 변재창을 통해 일본 소목자 훈련원과 사랑의교회가 긴밀한 관계를 맺으며 사역해 왔지만, 오랜 숙고 끝에 그 관계를 정리했다.⁷² 물론 이러한 배경에는 그의 후임자로 부임한 오정현의 견해를 존중하는 차원도 있었다. 변재창과 관련된 문제를 오랜 기간 생각하고 다양한 채널을 통해 문제의 본질을 파악한 후에, 옥한흠은 다음과 같은 말을 하면서 매듭을 지었다.

이제 내가 은퇴하고 오 목사가 오면 그는 북한과 중국 선교에 특별한 비전을 가지고 있다. 나도 더 이상 중국을 등한히 할 수 없어 그곳 제자훈련 사역을 위해 구체적인 준비를 하고 있는 중이다. 그렇게 되면 사랑의교회와 소목자 훈련원의 관계를 정리할 수밖에 없다는 결론을 얻게 되었다. 변 목사는 자기 나름대로 사역을 펼쳐야 할 것이다.⁷³

1990년대 후반에 들어, "제자훈련의 세계화" 추세가 뚜렷하게 나타났다. CAL 세미나 제66기부터 91기까지 참석한 해외 교회 및 선교 단체 지도자들의 숫자가 증가했다. 이 기간에 참석한 해외 지도자들의 숫자를 일괄해 보면 말레이시아(109명)를 필두로 호주(74명), 싱가포르(45명), 영국(10명), 도미니카공화국(9명), 인도네시아(9명), 독일(9명) 등 참석 국가의 수가 27개국에 이르고 있으며, 총 참석 인원이

322명이었다.[74]

특히 2000년대에 들어서면 남미와 유럽으로까지 제자훈련 세미나의 지경이 현저하게 확대되었다. 2006년에 열린 제72기를 보면 17개국에서 53명의 선교사와 현지 목회자들이 참석해 영어와 스페인어로 동시통역을 하면서 진행할 만큼 국제적으로도 확산되고 있는 실정이다.[75] 그뿐만 아니라, 브라질 장로교단의 총회장과 목회자들이 참석하여 진지하게 제자훈련을 연구하고, 그 결과 2006년에는 브라질 현지에서 CAL 세미나를 개최했고, 프랑스 파리에서 옥한흠 목사의 『평신도를 깨운다』를 프랑스어로 출간하고, 같은 해에 아르헨티나의 수도 부에노스아이레스에서 스페인어판도 출판되는 등 제자훈련의 국제화가 급진전되고 있다. 사랑의교회 세계 선교부가 2010년에 작성한 "제자훈련 세계화 사역 관련 자료"에 따르면, 『평신도를 깨운다』가 영어, 일어, 중국어, 불어, 포르투갈어, 그리고 스페인어로 번역 출판되었고, 러시아어, 에스토니아어, 독일어, 화란어 등으로 번역 진행 중에 있으며, 제자훈련 교재는 영어, 일어, 중국어로 번역이 완료되었고, 불어와 포르투갈어로 번역이 진행되고 있으며, 다른 언어들로 번역을 검토 중에 있다.[76]

CAL 세미나가 브라질에서 개최된 경위는 이렇다. 3,500개 교회로 구성된 브라질의 장로교 교단 총회장이자 역사신학을 가르치며 교단 산하 8개의 신학교를 총괄하는 책임자인 호베르토 브라실레이로 실바와 함께한 그룹의 목회자들이 2005년 CAL 세미나에 참석했다. 호베르토 실바는 요즘 브라질 교회에 가장 필요한 것이 삶의 현장에서 성도들의 실천력이라고 강조하면서, "이번 세미나를 통해 교회의 사도성을 구체적으로 깨닫고 그 결실의 현장인 한국 교회를 탐방할 수 있었던 것은 값진 경험이었다"고 언급했다. 이어서 그는 "한 영혼을 천하보다 귀하게 여기는 한국 목회자들의 헌신과 열정에 큰 감명을 받았다"고 말했다. 호베르토 실바는 이번에 배운 교역자 및 제자훈련 지도자를 양성하는 노하우를 브라질 목회자들에게 전할 예정이라며, 특히 사랑의교회 소그룹을 중심으로 이루어지는 제자훈련 및 사역 모델을 현지 교회에 이전시킬 수 있는 방안을 브라질 교회 지도자들과 함께 구체적으로 모색할 것이라고 밝혔다. 그는 "남미의 목회 및 선교 환경에 제자훈련 과정은 매우 적합하다"면서 "한국 교회와 협력을 더욱 강화시켜 나가면 남미 지역 교회의 미래가 보다 밝아질 것"이라고 전망했다.[77]

브라질 교회 지도자들은 세미나 내내 진지하게 경청했다. 세미나가 끝나자 그들은 "브라질 교회를 다시 일으킬 수 있는 성경적 해답이 제자훈련에 있다고 확신했다."[78] 그리고 2006년에 호베르토 총회장의 초청으로 브라질 현지에서 CAL 세미나가 개최되었다. 그리고 세미나와 동시에 옥한흠의 『평신도를 깨운다』와 제자훈련 교재가 포르투갈어로 출간되었다. 현재 남미에서 개신교 신앙의 확산이 파급되고 있는 상황에서 이러한 변화는 차후의 세계 기독교 역사에서도 주목해야 할 사건이다. 제자훈련은 목회와 선교의 방법론이 아닌, 본질을 강조하고 적용하는 사역이기 때문에 목회와 선교를 위한 가장 성경적 모델 중 하나로 간주될 수 있다.[79] 그래서 본질을 붙잡은 CAL 세미나가 최근 들어 100기까지 열리면서 국내외로 널리 확산될 수 있었다.

○ 제자훈련 목회의 신학적 공인

옥한흠이 사역 후반기에 관심을 지대하게 가졌던 부분은 제자훈련 목회의 국내외 확산이었다. 특히 아시아 여러 국가에서 호응하고 있었고, 많은 선교지에서도 제자훈련 목회를 적용하려고 시도했다. 이러한 시점에서 그가 웨스트민스터 신학교에서 받은 목회학 박사 학위는 이런 추세를 가속화하는 데 큰 힘이 되었다. 이미 전술했지만, 그의 학위 취득은 자신이 20여 년 간 적용해 온 제자훈련 목회에 대한 신학적 공인이었고, 그것을 바탕으로 해서 더욱 국내외로 확산해 나갈 수 있는 자신감을 갖게 되었다. 그는 학위 받는 소감을 이렇게 피력했다.

> 하나님의 은혜라고 생각합니다. 온 교회와 동역자들이 함께 받는 학위입니다. 사실 저에게 학위는 중요하지 않습니다. 저는 그저 교인들을 제자답게 키우기 위해 힘써 왔고, 확신을 가지고 이 사역을 계속해 왔기 때문입니다. 그러나 18년에 걸친 저의 사역과 여러 동역자들의 수고가 해외에서도 학적으로 공인받게 되었다는 데 큰 의미가 있지 않나 생각해 봅니다. 이번 학위 취득이 앞으로의 제자훈련 사역에 더욱 박차를 가하는 동력이 될 수 있기를 기대합니다. 도와주신 모든 동역자 여러분에게 감사를 드립니다.[80]

그리고 학위를 받는 딱 한 가지 목적을 이렇게 이어갔다.

> 제가 가르치고 있는 내용이 얼마나 신학적으로, 성경적으로 건전한 것인가 하는 것에 대해 학문적 검증을 받았으면 좋겠다는 것이었지

요. 유수한 교수들이 다 검토한 후에 목회학 박사 학위를 수여했으니, 옥 목사가 『다시 쓰는 평신도를 깨운다』에서 이야기한 것들이 개인의 생각에만 그치는 것이 아니라 신학적으로도 충분히 검증된 이론이라는 것을 사람들에게 알리고 싶었습니다.[81]

그 뒤에 웨스트민스터 신학교는 2001년 5월 26일에 한국인으로는 박윤선 다음으로 옥한흠에게 명예 신학박사 학위를 수여했다. 이렇게 명예 신학박사 학위를 수여하게 된 배경은 "제자훈련을 통한 한국 교회의 변화와 갱신은 물론 일본, 대만 그리고 전 세계 이민 교회에 끼친 영향과 공헌을 오랜 전통을 지닌 대표적인 신학교가 인정한 것"이라고 볼 수 있다. "이런 결과가 나오기까지는 사랑의교회라는 살아 있는 목회 현장과 49기가 흐르는 동안 배출된 7,000여 명의 제자훈련 동역자들의 역할이 매우 컸다. 교회 중심의 제자훈련을 뿌리내리는 데 헌신한 우리 모든 동역자가 이번 박사 학위의 주인공들"이라고 밝히면서 명예 신학박사 학위를 받는 의미에 대해서 이렇게 언급했다.

제자훈련 목회가 앞으로도 상당히 중요하다는 것을 하나님이 깨우쳐 주시는 하나의 신호라고 생각했습니다. 웨스트민스터 신학교에서 앞으로 한국 교회와 이민 교회 그리고 하나님이 길을 열어 주시면 세계 교회를 위해서 제자훈련 사역을 더 힘 있게 펼칠 수 있도록 뒷받침해 주었다고 봅니다. 이런 면에서 이 학위가 앞으로 제자훈련에 동참하는 목회자 전체에게 자랑이 되고, 은혜가 될 수 있기를 바랍니다.[82]

이러한 평가와 결과는 옥한흠의 제자훈련이 사랑의교회와 한국 교회뿐만 아니라 세계 교회에서도 적용될 수 있다는 학문적 검증이기도 했다. 또한 옥한흠의 제자훈련 목회의 기반이 개혁주의 신학에 있으며, 그것을 토대로 발전시켜 나갈 수 있는 신학적 공인이자 격려였다.[83] 옥한흠은 이 일에 대해 다음과 같이 소감을 밝혔다.

> 아무리 생각해도 과분한 평가임에 틀림없지만, 내가 확신하는 제자훈련 철학과 사역이 유수한 신학교를 통해서 긍정적으로 평가되었다는 것은 큰 기쁨이 아닐 수 없었다. 이처럼 제자훈련은 이중으로 검증된 사역이기 때문에 앞으로 국내외 많은 동역자들과 좀 더 적극적으로 나눌 수 있게 되기를 간절히 기도하고 있다.[84]

사무엘 로간 총장도 옥한흠 목사야말로 "전 세계 교회들 가운데 주도적인 교회를 이끌어 가는 사람들 중의 하나"라고 언급하면서 "주님께서는 그를 등대와 같은 역할을 하는 교회를 세우는 데 있어 주목할 만한 놀라운 방법으로 사용해 오셨다. 세계의 모든 교회 가운데, 제자훈련과 그리스도의 비전을 세웠다"고 치하했다.[85] 로간 총장은 명예 신학박사 학위를 옥한흠에게 수여하는 목적들을 열거하면서, 무엇보다도 새로운 세대의 신학생들이 가장 모델로 삼고 있는 교회가 사랑의교회이며, 제자훈련 목회를 깨우는 세미나를 교파를 초월해서 시행해 왔다. 그러한 영향력은 이제 한국을 넘어 미주 한인교회와 세계 여러 나라의 교회로 퍼지고 있는 현상에 대해 주목했다. 또한 교회 갱신운동에 앞장서고 있으며, 교회 성장뿐만 아니라 교회가 건실하게 성숙해 갈 수 있는 터전을 제자훈련 목회를 통해 시행해 온 것에 대해 높이 치하했다. 옥한흠 목사야말로 "복음 중심적인 사역Gospel oriented ministry과 개혁 신학Reformed theology에 근거하여 다음 세대를 이끌고 가는 진정한 지도자 중 한 사람"이라고 평가했다.[86] 이렇게 해서 옥한흠은 신학적으로 국제적인 인정을 받았고, 그가 저술한 제자훈련 교재, 특히 『평신도를 깨운다』라는 저서가 다양한 언어로 번역 및 출판되면서 옥한흠 사역의 파장은 여러 나라의 교회와 목회자들, 그리고 세계 각국에서 사역하고 있는 선교사들에게도 그 영향력을 발휘할 수 있는 기본적인 골격과 기반이 조성되었다.

○ 옥한흠과 사랑의교회의 선교적 비전

옥한흠과 사랑의교회는 초기부터 북방 선교와 젊은이 선교에 비전을 두었으며, 제자훈련 사역에 매진하면서도 다양한 선교 사역에 동참해 왔다. 1985년 7월에는 사랑의교회 최초로 타문화권 선교사를 파송한 바 있으며, 1988년에는 북방 선교 위원회와 국외 선교 위원회를 출범시켜 해외 선교에 본격적으로 나서기 시작했다. 1989년에 연변과학기술대학 사역을 개시했고, 그해 10월부터 일본 목회자 세미나를 시작함으로 일본 선교에도 깊은 관심을 드러냈다. 그리고 한국 오엠 선교회를 비롯하여, 빈민 구제, 대북 지원, 청년 학생 운동, 장애인 사역 등 여러 다양한 분야에서 국내외적으로 활발하게 전개해 왔으며, 2000년 11월에는 북방, 해외, 국내 선교부를 "세계 선교부"로 통합하여 운영했다.[87] 2012년 5월 13일 세계 선교부 통계에 의하면, 사랑의교회에서 파송한 타문화권(국외) 동역 선교사들이 총 51개국 163개

가정에 이르고 있으며 선교사 숫자는 288명(자녀 포함 시 517명)이다. 그리고 국내외 92개의 선교 기관이나 단체들과 동역하고 있다.[88]

옥한흠과 사랑의교회의 선교적 비전은 제자훈련 목회라는 큰 이미지 때문에 선교에 대한 기여가 부각되지 못한 것이 사실이다. 옥한흠은 그리스도인의 전도와 선교는 하나님의 사랑과 은혜를 경험한 하나님의 자녀들에게는 예외 없이 "자연스러운 현상"이라는 입장을 견지했다. "예수께서 무리를 보시고 민망히 여기시니 이는 저희가 목자 없는 양같이 고생하며 유리함이라"(마 9:36)는 말씀처럼, 무리를 보시고 민망히 여기는 것은 예수님의 자연스러운 마음이며, 그리스도로 말미암아 하나님의 자녀가 된 성도들의 당연한 의무라는 것이다. 다시 말하면 "구원받은 하나님의 자녀라면 누구나 느끼는 본능적인 충동"이 그리스도인의 전도와 선교의 근본적 동기가 된다. 선교는 "하나님의 사랑을 맛본 자에게는 자연스럽게 찾아오는 자원하는 심정인 것이다."[89] 그렇기 때문에 전도를 은사로 국한시켜 언급하는 것은 신자들에게 주어진 전도의 소명과 책임을 회피하는 구실에 불과하다. 전도는 하나님의 부름 받은 모든 신자가 예외 없이 그리스도인의 증인으로서 기쁜 마음으로 선교에 동참해야 할 가장 자연스러운 일이다.

옥한흠의 선교적 비전은 주님의 제자가 되고자 하는 소망에서 비롯되었다. 주님을 닮고 주님을 따르고 싶어 하는 그의 간절한 소망에서 선교에 대한 열망이 타오를 수밖에 없었다. 옥한흠은 20세기 말과 21세기에 들어선 한국 교회를 향한 하나님의 시대적 사명이 세계 선교라는 소명 의식을 갖고 살았다. 그는 그동안 세계 선교에서 주도적 역할을 감당해 왔던 서구 교회를 선교 분야에서 "꺼져 가는 횃불"에 비유하면서, 한국 교회는 "타오르는 횃불"이라고 역설했다. 세계의 중심뿐만 아니라, 선교의 중심도 아시아로, 그리고 한국으로 이동할 것이라고 전망하면서 이 시대에 한국 교회가 세계 선교에 예민하게 반응하기 시작한 것은 매우 시의적절한 일이라고 보았다.[90] 옥한흠은 한국 교회가 교세는 엄청나게 성장했어도, 그에 상응하는 선교사 파송 숫자나 비율은 서구 교회에 비해 자랑할 바가 없다고 지적했다. 그는 특히 대부분의 교회들이 내부의 갈등이나 교권이나 이권 등의 다툼에 눈이 어두워 이와 같은 시대적 과제를 감당하지 못하는 것을 일깨우면서 선교의 사명을 수행하자고 권했다.

또한 옥한흠은 한국 교회가 일종의 "선교 감상주의"에 들떠 실제적 선교에 큰 결실이 없음을 직시해야 하며, 선교를 위해 치열하게 연구하고 효과적인 전략을 확립해야 한다고 강조했다. 명확한 선교 신학의 정립도 없이 선교사를 파송하고 파송된 상당수의 선교사들이 선교지 현지에서 사역하기보다는, 손쉬운 교포 교회 목회로 전환해 버린다거나 선교지를 이탈하는 상황을 소상히 파악하고 있었다. 그는 이런 상황을 안타깝게 생각하면서 한국 교회가 치밀한 선교 전략을 확립해야 한다고 누구보다도 강조했다. 명확한 선교 신학이 정립되지 않은 가운데 경험 빈곤, 자료 빈곤, 그리고 전문 인력 빈곤이라는 심각한 상황을 극복하지 않고 선교사 숫자만 늘려 간다고 해도, 그것이 진정한 선교이고, 하나님이 합당하게 여기시는 선교가 될지에 대해 한국 교회는 심각하게 자문해야 할 것이다. 한국 교회의 성장의 허수와 허상에 대한 환상에서 벗어나라고 힐문했던 옥한흠은 이번에는 선교의 물거품을 빼내야 할 것을 촉구했다. 그런 면에서 수백 년의 선교 전통을 가지고 있는 서구 교회 선배들로부터 좀 더 겸손하게 배우고 도움을 받는 것이야말로 이러한 문제를 극복할 수 있는 적절한 길임을 제시했다.[91]

옥한흠은 선교사를 발굴하고 훈련하는 문제에서도 본질적인 것부터 다시 점검해야 할 것을 제안한다. 신중하고도 인내심을 갖고 선교사의 소명을 철저하게 확인해야 하며, 그리고 선교적 소명을 받아들이고 선교사가 되겠다고 결단하면, 그다음부터는 적절하고도 효과적인 훈련이 따라야 한다. 그의 제자요 OMF 소속의 한정국 선교사의 언급대로 적어도 선교사는 5년 이상 훈련을 받아야 선교사의 역할을 충실히 감당할 수 있다. 질이 높은 선교사 훈련을 실시할 수 있는 인적 자원과 제반 사항들을 제대로 갖추지 못한다면, 한국 교회의 선교 열성과 선교사 파송은 수많은 시행착오를 겪을 수밖에 없다. 옥한흠의 선교적 충고는 매우 적절하다. "세계 선교를 하나님의 소명으로 알고 있는 한국 교회가 이제는 몇 명의 선교사를 보냈느냐는 자랑보다는 선교사를 훈련할 수 있는 내실을 기하는 문제에 대해서 정책적으로 후원하고 연구해야 할 때입니다."[92]

무엇보다도 옥한흠은 세계 정세를 감안해 볼 때, 주님의 재림이 멀지 않았다는 인식을 하면서 세계 선교의 당위성을 힘주어 강조했다. "그렇지만 오늘 지구촌에서 일어나고 있는 국제적인 기류를 보거나 주님이 재림하실 때가 임박하고 있다는 위기감을 감안해 볼 때, 세계 선교를 하면서 손쉬운 한두 가지 방법에만 매달려 있는 것은 지혜롭지 못하다고 생각합니다. 할 수만 있다면 선교 현장의 여건에 따라서 다양화시키는 것이 바람직합니다."[93]

한국 교회가 선교적 사명을 감당하는 데 있어, 옥한흠은 평신도들에게도 선교 훈련을 철두철미하게 할 필요가 있음을 기회가 있을 때마다 강조했다. 선교사라는 직함을 가지고 선교할 수 있는 영역이 전체의 20퍼센트이고 나머지 80퍼센트는 전문적 선교사가 아닌 평신도들이 해야 할 영역이라는 1983년도의 미국 초교파해외선교협의회 보고를 매우 진지하게 받아들였다. 그가 평신도들을 사역의 동역자로 깨우고 세우는 제자훈련 사역자이었기에, 선교적 차원의 평신도 교육에 남다른 관심과 열정을 가지고 시행해 나갔다. 그는 한국 교회의 세계 선교 비전을 이루기 위해 다음과 같이 주장했다.

> 막강한 교세를 가지고 있는 한국 교회 모든 평신도의 가슴속에 세계를 품게 하고, 그들이 이제 앞으로 국제적으로 어디로 가든지 그리스도의 복음을 전할 수 있는 소정의 준비를 갖출 수만 있다면 하나님께서 한국 교회를 크게 사용하시리라 봅니다. 경제 발전, 교회 성장, 국제적 지위 향상이라는 호재를 가지고 있는 오늘 우리가 이 모든 것을 선교를 위해서 올바로 투자한다면 하나님께서 지금까지 서구 교회 선교사들이 정복하지 못하고 남겨 놓은 난공불락의 고지들을 한국의 선교사들의 손으로 정복하게 하실 것을 믿습니다.[94]

옥한흠에게 전도와 선교의 사명은 그의 교회론과 구속사적 인식과 밀접한 연관성이 있다. 그는 신약의 교회야말로 말세의 교회이며 추수기에 들어 있는 교회이며, 성령이 오순절에 강림하심과 동시에 시작되었다고 본다. 오순절에 임하신 성령은 그 기간에 시작된 교회로 하여금 완전히 새로운 성격의 교회로 바꾸어 놓았다. 구약의 교회는 제사가 중심이 되는 교회였으며, 그래서 성전이 중요했고 제단과 제사장, 그리고 제물이 매우 중요했다. 그러나 성령이 오셔서 시작된 신약의 교회는 "복음 선포를 중심으로 하는 선지자적 교회"로 탈바꿈했다. 옥한흠에 의하면, "선지자직을 감당하는 교회가 바로 말세에 처한 신약 교회다." 사도행전 1장 8절의 말씀도 이러한 사실을 강조한다. 교회를 능력 있는 증인으로 준비시키는 일이 말세에 오신 성령의 중요한 일이다. 그런 이유로 신약의 교회는 복음을 전파하는 것이 주된 임무라고 할 수 있다.[95] 이러한 관점에서 옥한흠은 성령론을 말세의 교회가 그리스도의 구속 사역을 계승해 나가는 선교의 사명과 직결시켜 이해한다. 그는 요한복음 15장 26절의 "내가 아버지께로서 너희에게 보낼 보혜사 곧 아버지께로서 나오시는 진리의 성령이 오실 때에 그가 나를 증거하실 것이요"라는 말씀을 핵심 구절로 꼽는다. 성령은 예수 그리스도를 증거하기 위해 오셨다. 그러므로 예수 그리스도의 전도 대사명으로 주신 마태복음 28장 18절의 말씀도 결국은 증언하는 것이 신약의 교회가 지닌 가장 중요한 임무임을 명확하게 선포한다.

　성령이 교회에 임하시고 성령을 통해서 교회가 능력을 체험하면 자연스럽게 예수 그리스도의 증인이 된다. 그러므로 성령이 거하는 교회는 예수를 증언하고자 하는 본능적 충동을 항상 소유하게 된다. 성령이 누구에게, 어느 교회에 임하게 되든지, 일단 성령이 역사하면 그 사람은 자동적으로 하나님의 증인이 된다. 그런 면에서 방언으로 말하게 하신 하나님의 역사하심도 "교회는 하나님의 큰일을 말하는 집단으로 변해 버렸다"(행 2:11)는 사실을 드러내 주는 증거요 증표인 것이다.⁹⁶ 다시 말하면, 옥한흠의 전도와 선교 인식은 그의 교회론과 성령론을 연결시켜 이해하지 않으면 안 된다. "성령이 임하셔서 교회의 생명을 주관하고 있는 신약의 교회에는 전도가 명령이 아니라 교회의 본질이며 누구에게나 일어나는 자연적인 충동이요 소원이라는 것"은 자명한 이치가 아닐 수 없다. 그렇기 때문에 초대교회의 "예수 믿는 모든 사람이 예외 없이 전도자였고 선교사였다는 점이다. 그리고 교회는 예외 없이 다 선교 센터였다"는 사실을 오늘날의 교회도 명심해야 한다.⁹⁷ 이 지상의 교회가 전도와 선교의 사명에 최선을 다하는 것은 하나님의 가장 기뻐하시는 뜻을 이루어 가는 수단이요, 종말론적인 하나님의 의도를 성취하는 필수적 과정이다. 하나님의 이 뜻이 성취되면 세상의 마지막이 도래할 것이다(마 24:14). 하나님의 뜻과 이 세계 역사는 일치되는 것이다.⁹⁸

○사랑의교회의 다양한 선교 사역

옥한흠은 1989년 1월, 「우리」에 기고한 신년사에서 선교적 비전을 다음과 같이 제시했다.

> 새해에는 사랑의교회 목회가 상당히 도전적 성격을 띠게 될 것입니다. 궤도에 오른 평신도 훈련을 밑천으로 삼고 지금까지 기도 제목에 지나지 않던 젊은이 선교와 공산권 선교를 구체적으로 추진하려고 합니다. 이 두 사역은 상당한 능력과 희생이 뒤따르지 아니하면 가볍게 손을 댈 수 없는 영역입니다. 그래서 새해에는 우선 교회의 질을 높이고 다지는 데에 최선을 다할 생각입니다. 정기 예배는 물

론 평신도 훈련 프로그램을 좀 더 보강해서 교우들이 영적으로 약화되지 않게 하려고 합니다. 만일 수양관이 준비되면 영성훈련을 위한 새로운 계획도 세우고 있습니다.[99]

1980년대 후반부터 옥한흠과 사랑의교회는 젊은이 선교 사역에 적극적으로 후원하고 참여했는데, 대표적인 사역 중 하나가 북미주와 유럽에서 유학하는 한인 유학생들에 대한 선교적 관심이었다. 옥한흠뿐만 아니라, 그의 친구들이 이 사역에 특별한 관심을 갖고 주도적으로 이끌어 갔다. 옥한흠도 바쁜 목회 일정 중에도 "코스타Korean Students in America/KOSTA"와 "코스테Korean Students in Europe/KOSTE" 수련회의 주강사로 말씀을 증거하며 젊은이들을 주께 인도하는 데 많은 노력을 기울였고, 그들을 위한 기도와 후원에도 앞장섰다.[100] 1986년 5월에 처음으로 시작된 미국에서 공부하고 있었던 유학생들을 위한 집회가 북미주 전역으로 퍼져 나갔고, 그 후에는 유럽과 일본, 러시아 등으로 확산되었다. 코스타의 태동과 발전에는 이동원과 홍정길의 역할이 매우 컸으며 옥한흠과 하용조도 꾸준하게 협력했다. 옥한흠은 젊은이 선교, 특히 젊은이들을 복음으로 깨우는 일에 깊은 관심을 가지고 사역해 왔다.

옥한흠은 선교 기관이나 단체의 장을 맡은 적이 별로 없었지만 오엠선교회에는 특별한 관심을 보였다. 1957년 설립된 국제오엠선교회는 "복음의 기동대Operation Mobilization"라고 불리며 세계 복음화를 위해 사람들을 도전하여 동원하며 훈련시켜 선교사로 파송하며 현지 사역을 감당하게 하는 초교파적이고 국제적인 선교 단체다. 오엠은 지역 교회와 협력하여 세계 선교에 관심을 가진 목회자, 교사, 청년과 대학생 등 다양한 계층의 사역자들을 단기 혹은 장기 선교 사역에 동참하게 하고 현장 실습을 통하여 전인적인 선교 훈련과 사역을 돕고 있다. 특히 한국 오엠은 국제복음선교선인 로고스호의 수차례에 걸친 한국 방문을 계기로 관심이 증대되어 1989년 8월에 국제오엠선교회의 한국 지부가 결성되었다.[101]

이 선교회에 사랑의교회와 남가주사랑의교회가 적극적으로 참여하여 한국 오엠선교가 조직되는 데 크게 기여했다. 옥한흠은 1990년 1월에 창립된 한국 오엠의 초대 이사장직을 맡아 15년 동안 많은 수고와 후원을 아끼지 않았다.[102] 옥한흠과 조지 버워George Verwer는 만나자마자 동역자가 되었다. 버워는 옥한흠에 대한 첫인상을 이렇게 언급했다. "우선 신실한 동역자라는 것, 세계 선교에 큰 부담을 가지고 계신 분이라는 것, 그리고 평신도 훈련에 큰 관심을 가지고 계신다는 것 등이었습니다.… [만난 지] 단 1분 만에 목사님과 저는 가장 가까운 친구가 될 수 있었습니다."[103]

오엠선교회 소속 선교사, 최종상도 오엠선교회와 옥한흠과의 밀접한 관계에 대해서 이렇게 말했다. "첫째는 조지 버워와 친구인 것이 중요하고, [둘째는] 목사님이 젊은이 선교를 부르짖었어요. 처음부터 오엠이 젊은이 선교, 평신도 사역을 부르짖는 데 오엠이 평신도 선교를 하는 세계에서 대표적 기관이 되고, 오엠이 검소한 삶을 살면서 복음의 열정을 가진 그런 선교 단체인 것을 알게 되신 후에 오엠을 많이 미신 거죠."[104] 현재 국제오엠선교회는 110여 개 국에 6,500여 명의 선교사가 사역하고 있으며 본부는 영국에 있다. 한국 오엠도 여러 지역에 지부를 두고 지난 25년 동안 3,000여 명의 선교사를 배출했으며, 현재 약 150명의 장단기 선교사들이 60여 개 지역에서 사역하고 있다. 초기부터 사랑의교회는 오엠선교회에 지대한 관심과 후원을 해왔다. 한국 오엠은 다음과 같은 선교 사역을 감당해 왔다.

> 여러 선교 대회를 통해 부르심과 헌신을 다짐한 많은 젊은이들에게 국제 수준의 선교 훈련을 받을 수 있는 기회를 열어 주었고 타문화권 선교를 위한 헌신의 장을 마련해 주었다. 오엠의 각종 단장기 선교 훈련 프로그램과 둘로스 선교선 사역 등을 통해 선교 헌신자에게 생소한 타문화권 훈련과 언어 훈련 또한 여러 나라 사람들과의 협력 사역의 소중한 훈련 모판을 제공해 주었다.[105]

또한 사랑의교회와 옥한흠은 개척 초기부터 북방 선교에 대한 목적과 비전을 분명히 갖고 있었다. 옥한흠의 "한 영혼", "한 사람"에 대한 지극한 사랑과 변화에 대한 집념은 북방 선교의 기반이 되었다. 하지만 본격적인 세계 선교에 대한 사역은 1991년부터 전개되었다. 처음에는 박남규가 그 후에는 유승관이 주도적으로 세계 선교부를 맡아 수고했다. 사랑의교회 선교 사역은 주로 국내, 해외, 그리고 북방(공산권 지역) 선교 위원회로 삼원화되어 있었고, 세 명의 장로가 위원장을 맡고 위원회 별로 담당 교역자가 배치되어 선교 후원과 선교사를 위한 기도회를 주관해 왔다. 그러나 옥한흠은 이러한 선교 사역을 "세계 선교부"로 명명하고 선교부의 사역 비전을 "제자훈련의 세계화", "전문인 선교의 활성화", 그리고 "총체적 선교의 실천화"에 두고 전개했다.[106]

특히 공산권 선교에 관심이 많았던 옥한흠은 연변과학기술대학의 설립과 발전을 위하여 많은 관심을 보였고 지원을 아끼지 않았다. 1989년에 연변과기대의 산파역을 맡은 김진경은 지인의 주선으로 옥한흠을 만나게 되었는데, 이 만남이야말로 학교 설립에 중요한 계기가 되었다. 옥한흠은 겸손함과 정성 어린 대접으로 김진경을 맞았으며, 어려운 가운데 공산권 선교에 진력하고 있었던 그에게 큰 용기를 주었다. 또한 옥한흠의 주선으로 소망교회 곽선희를 만나게 되었는데, 이 두 사람의 관심과 후원으로 연변과기대를 설립하는 데 큰 진전이 있었다. 곽선희의 제안으로 연변과기대 후원회를 결성했고, 학계, 종교계 인사들을 중심으로 첫 연변과기대 후원회를 구성했다.[107] 이렇게 해서 설립된 연변과기대는 동북3성에 거주하는 2백만 조선족을 구심점으로 동북아시아 경제 협력의 최고 인재를 배출한다는 기치 하에 설립된 지 얼마 되지 않아 희망의 산실로 자리 잡게 되었다. 이러한 교육 과정을 운용하면서, 은밀하게 복음을 선포하고 기독교 정신을 근거로 훌륭한 인재를 배출하는 일에 심혈을 기울였다. 옥한흠과 사랑의교회가 연변과기대를 전폭적으로 후원하는 배후에는 "일제의 탄압과 가난에 쫓겨 중국과 소련 땅으로 이주한 이후 지금까지 고집스럽게 우리 것을 지키며 살아온 동포들"에 대한 애틋한 사랑과 함께, 한국 교회가 반드시 "갚아야 할 복음의 빚"이라는 책임 의식이 크게 작용했다. 그리고 사랑의교회는 공산권 선교의 이상적 선교 모델이라 할 수 있는 연변과기대 영구 재단 이사 교회로 이 학교를 후원하기로 결의했다.[108] 또한 옥한흠은 북한 복음화의 궁극적 목적을 이루고 의료 선교의 지름길이라고 확신하여, 1998년 8월에 북한 나진시에 제약 공장 설립을 지원하기 위해 출범한 민간단체 연합인 기독교북한의 료지원본부 대표 회장을 맡아 수고하기도 했다.[109]

1990년대 이후에 들어서면, 옥한흠과 사랑의교회의 선교적 관심이 다양한 분야에서 부쩍 강화되었다. 특히 장애인 사역을 위해서 김해용, 환우들을 위한 신유 및 은사 집회를 위해서 박남규를 비롯한 많은 부교역자들에게 사역을 위임했고, 금요철야기도회나 환자들을 위한 기도회도 활성화했다. 옥한흠은 장애인들과 환우들을 "오래도록 사랑해야 할 사람들"로 대했다. 1992년 3월 1일에 사랑의교회 주일학교 내에 발달 장애인 중심으로 "사랑부"를 개설하여 많은 열매가 맺어졌으며, 그 후에는 장애인 선교로 독립했다. 이렇게 장애인 선교가 시작된 배경도 "연약한 자, 특히 장애인의 그 연약함 속에 감춰진 신비가 있다. 연약함을 통해서 우리 모두가 깨달아야 될 진리가 있다"는 옥한흠의 소신과 밀접한 관련이 있다. 또한 사랑의교회는 지역 사회에서도 빛과 소금의 역할을 바로 감당해야 한다는 소명 의식과 교회관이 장애인 사역을 활발하게 전개할 수 있는 바탕이 되었다. 옥한흠은 이 사역을 장애인 자녀를 둔 김해용에게 위임하여 마음껏 헌신하도록 세심한 배려와 적극적 후원을 아끼지 않았으며, 시간이 지나면서 사랑의 복지관으로 발전되어 갔다. 이와 함께 장애인들이 일할 수 있는 자립의 공간이자, 성도들의 장애인에 대한 인식을 개선시킬 수 있는 카페를 본관 입구에 개설하기도 했다.[110] 옥한흠은 「장애인 선교」 창간호 격려사에서 "장애인障碍人을 장애인長愛人으로 이해하자"며 이런 글을 남겼다.

장애 사랑은 실로 우리 모두가 해야 할 일이다. 하나님께서 장애인을 일부러 우리 가운데 두셨다면 문제로 볼 것이 아니라 의미로 보아야 하며 그 이유를 찾아야 할 것이다. 내가 본 장애인은 정말로 순수하며 비장애인인 자신에게 많은 것을 깨닫게 해 주었다. 이런 의미에서 그들은 나에게 유익한 존재요, 경쟁과 대립으로 치닫는 우리 사회에 순수함의 교훈을 위해서라도 꼭 있어야 할 존재인 것이다.[111]

장애인과 환우들에 대한 관심이 증대되면서 1994년 1월 경기도 안성에 사랑의교회 수양관을 건립하는 계획도 수립되었다. 어떻게 보면 제자훈련 목회와 더불어 기도와 영성 집회에 대한 관심도 함께 진전되어 갔다. 옥한흠은 연약한 자들을 위한 기도 운동이 활화되기를 원했다. 이러한 과정에서 다양한 분야에서의 협력 사역이 좀 더 강화되었다. 옥한흠은 자신의 건강 악화로 인해 약한 자들에 대한 뼈저린 고통의 체휼을 경험했고 신유 기도에 대한 관심도 높아진 것이 사실이었다. 이런 상황에서 "은사"에 대한 문제로 교역자들 가운데 논쟁도 생기고 다양한 의견이 표출되기도 했고, 갈등의 요인도 될 수 있었다. 2000년대 초반 경기도 가평에 소재한 광성교회의 수양관에서 1박 2일 동안 열린 교역자 수련회에서 이 문제로 논의하던 중에 옥한흠은 앞으로 나가 무릎을 꿇고 부교역자들에게 자신을 위해 기도해 달라고 부탁했다. 차마 담임 목사의 머리에 손을 놓고 기도하기를 머뭇거리는데, 그는 덥석 박남규의 손을 잡아 머리에 안수하며 기도하도록 했다. 옥한흠은 성령의 은사를 잘못 이해하는 자들이나 교단들의 입장에는 동조하지 않았지만, 기도하면 병을 고쳐 주실 수 있는 하나님의 뜻에 자신을 맡기는 심정으로 무릎을 꿇고 안수 기도를 부탁했던 것이다. 그리고 그 주말 이후 옥한흠은 조용기를 찾아가서 안수 기도를 부탁했다고 한다. 옥한흠은 병고로 오랜 기간 고생해 왔고, 설교 준비에 잠 못 이룬 밤을 보내고 나서는 누구보다도 동역자들의 중보 기도에 의지하곤 했다. 그가 간절한 마음을 가지고 "본당의 강대상 속에 들어가 기도하는 모습"도 자주 눈에 띄었다.[112]

또한 사랑의교회는 교회가 위치한 서초동 일대의 유흥가를 전도하려는 목적으로 1990년 1월에 "우물가 선교회"를 창설하여 유흥 업계에 종사하는 사람들만이 아니라 복음을 듣지 못하고 방황하는 젊은이들에게 "생수가 되시는 예수 그리스도를 전하는 선교 단체"다. "지역사회의 빛이 되어야 할 교회 바로 앞에 이처럼 어둠의 대명사나 다름없는 홍등가가 흥왕하고 있다는 것은 굉장한 부담감이 아닐 수 없었다."[113] 일종의 사회 선교 기관인 우물가 선교회는 드라마를 통한 복음 전파에 헌신해 왔고, 서초1번가 드라마 노방 집회를 열어 유흥가 선교에 새로운 도전을 주기도 했다. 예수 그리스도를 소개하는 「목마르거든」이라는 순수 복음지를 통해 문서 사역에도 많은 노력을 기울였다. 또한 1996년에는 "세상과 교회를 잇는 다리"로서 "아름다운 땅"이라는 드라마를 할 수 있는 무대를 겸비한 커피숍도 열기도 했다.[114] 하나님은 변하시지 않는 분이지만, 인간은 변하는 존재이기 때문에 복음을 전하는 방법은 전도 대상자에 따라 얼마든지 달라질 수 있다는 전제 하에 여러 해 동안 영혼을 구원하는 데 사용되었던 1백여 편의 전도집회와 열린 예배에 사용되었던 대본을 『네겐 내가 있지 않느냐』라는 책으로 출간하기도 했다.¹¹⁵ 우물가 선교회는 드라마를 통해 기독교 문화 창출과 불신자 전도집회의 새로운 모델을 제시했다는 평을 받았다. 옥한흠과 사랑의교회는 지역 사회의 특성을 감안한 전도의 책임과 그것을 효과적으로 감당하고자 많은 수고를 해 왔다.

이렇게 옥한흠은 복음의 대사회적 책임을 교회의 중요한 과제로 삼고 우물가 선교회, 장애인복지센터, 그리고 서초사회복지관 등의 설립과 운영에 참여하면서 한국 교회뿐만 아니라, 우리 사회를 깨우는 일에도 앞장섰다. 사랑의교회는 창립 20주년 이후, 지역 사회에서의 교회가 맡아야 할 책임을 다하기 위해 서초사회복지관을 운영해 왔고, 2000년 이후에도 꾸준하게 교회의 주요 사역으로 삼고 있다. 왜냐하면 사회 복지는 사랑을 실천하는 데 최적의 방법이라고 확신했기 때문이다.

○ 옥한흠의 "행동하는 경건"

옥한흠은 강남 지역에서 평생 목회하면서도 "겉으로 보기에는 부촌 같은데 지하나 반지하, 후미진 곳에 세 들어 사는 사람이 얼마나 많은지"를 잘 알고 있었다. 그는 "가난한 자를 생각하시는 하나님"을 결코 잊지 않았고, 가난한 자, 병든 자, 그리고 고통당하는 자들을 마음에 품고 목회에 임했다. 그에게 구제는 "행동하는 경건"이었다.¹¹⁶ 그러나 구제는 세상 사람들도 인정하는 최고의 선이기 때문에 자칫하면 "외식하기 쉬운 함정"에 빠지게 한다는 사실 때문에, 예수님의 말씀처럼 "은밀하게 구제하라"는 원칙으로 일관했다. 그는 구제의 필요성을 교회론에 입각하여 이렇게 강조했다.

지구상에 세워져 있는 모든 교회는 예수님의 몸입니다. 교회는 세상 사람 앞에서 작은 예수의 모습으로 보여야 합니다. 교회에 출석하는 성도라면 가난한 자요, 가난한 자의 편에 서 있는 자요, 사랑을 실천하는 자의 모습을 지녀야 합니다. 따라서 구제는 대단히 중요한 의미를 갖습니다.[117]

옥한흠은 개인적으로도 수많은 불우한 자들에게 구제의 손길을 내밀었지만, 은밀하게 하려고 부단히 애를 썼다. 개척 초기부터 그의 눈길은 항상 가난하고 소외된 자들에게 향하고 있었고, 목회하는 교회가 아무리 커져도 자신이 도와야 할 자들에 대해서는 개인적으로 아무도 알지 못하게 구제하는 경우가 많았다. 그는 누구보다도 "외식은 불결한 성선이요, 하나님께서 얼굴을 놀리시는 경건"임을 잘 알았기 때문이다.[118] 그는 자신뿐만 아니라, 사랑의교회 성도들을 향해서도 구제의 두 가지 원칙을 강조했는데, "첫째는 구제의 동기가 깨끗해야 한다는 것"이고, "둘째는 구제는 하고 난 후 잊어버려야 한다는 것"이었다. 제자훈련 사역을 중시하는 교회에서, 우리가 작은 예수로서 이 세상 앞에 빛과 소금이 되려면, 구제를 등한시해서는 안 되며, 드려진 헌금의 상당한 분량이 가난한 사람들을 돕는 데 사용해야 함을 역설했다.[119]

구제는 돈에서 시작하는 것이 아니라 마음에서 시작하는 것이기 때문에, 옥한흠은 사랑의교회 개척 초기부터 구제를 은밀하게 시행해 왔다. 가난한 자들에게 초점을 맞출 때 교회는 늘 새로워질 수 있음을 누구보다도 잘 터득하고 있었다. 그는 "그러므로 가난한 자들은 교회가 떠맡아야 할 부담이 아니라, 복의 통로입니다. 가난한 자들로 인해서 교회가 교회답게 될 뿐만 아니라, 하나님으로부터 오는 복까지 누리게 되기 때문입니다"라고 외쳤다. 목회자 자신부터 그들을 위해 기도하고, 그들을 품고 목회에 임했다.[120] 실제적으로 옥한흠은 구제도 많이 했지만, 많은 선교사들이 어려움에 처했다는 소식을 들으면 개인적으로 상당한 선교 헌금을 보내기도 했다.[121]

사랑의교회가 다양한 구제 사역에 참여의 폭을 넓혀 갔지만, 목회자인 옥한흠도 그의 목회 사역의 테두리를 확대시켜 나갔다. 구체적으로 그는 자연 보호야말로 "우리 모두의 생사가 달린 문제이자 자손의 건강과 행복과 직결되는 과제요, 세계의 평화와 번영을 좌우할 21세기 최대의 이슈"라고 인식하고 있었다. 그렇기 때문에 교회가 어떻게 하면 자연 보호 운동에 적극적으로 참여할 수 있을지에 대한 많은 고심을 해 왔다. 그는 설교를 통해서 환경에 대한 그릇된 사고와 태도를 바로잡아 줄 수 있지만, 설교만으로는 부족하다고 생각했다. 그러던 중에 보다 조직적 참여가 필요하다는 판단하에 "기독교환경운동연대"라는 한 시민 단체에 이사로 발을 들여놓고, 교회가 시민 단체와 연계해서 환경을 보호하는 일에 좀 더 적극적으로 나서야 할 것을 힘주어 강조했다. "'금수강산'이라고 자랑하던 이 나라 자연이 왜 이렇게 심각하게 파괴되었을까요? 그 이유가 다른 데 있다고 보지 않습니다. 자연 파괴는 우리의 눈먼 탐욕과 무절제한 낭비가 불러들인 인재人災입니다. 우리가 탐욕을 자제하지 못한 탓에 이 나라 산하가 황무지로 변해 가는 것입니다."[122] 그는 말로만 설교한 것이 아니라, 행동으로 실천하는 신앙인이기도 했다. 탐욕을 막아 내고 절제하지 않으면 우리 사회가 인재로 재앙을 맞이할 수밖에 없으며, 영적으로도 교회가 척박한 황무지로 변할 수밖에 없음을 예견했다. 탐욕에 눈이 먼 인간들은 어느 분야에서든지 심각한 문제를 야기할 수밖에 없기 때문이다. 탐욕은 우상 숭배이기에 더욱 그러한 일을 막아야만 했다.

성도교회의 대학부 청년들을 제자훈련을 통하여 평신도 지도자로 다양한 분야에서 선교적 사명을 감당케 했던 옥한흠의 선교 정신은 사랑의교회를 목회하면서도 유지되었다. 그는 전문 선교사들을 파송하고 후원하는 일에도 매진했지만, 평신도들이 사업이나 교육, 그리고 공무로 해외에서 일정 기간 지내게 될 경우에도 "자비량 선교사"로 임명하여 선교적 의무를 다하도록 독려했다.[123] 한마디로 옥한흠의 제자훈련 목회의 기저에는 사역 내내 선교적 열정이 타올랐다. 2010년 7월에 열린 "제5차 세계선교전략회의NCOWE V" 보고서에서 소위 "한국형 선교 모델", 곧 한국 교회가 선교적으로 기여할 수 있는 모델들을 여러 가지 제시한 바 있다. 이 보고서는 새벽기도, 제자훈련, 성령 운동, 가나안 농군학교, 성시화 운동, 그리고 아버지 학교 등을 지목했다.[124] 제자훈련 목회는 단순히 교회 내의 사역자를 길러 내고 교회 성장을 도모하는 프로그램이 아니라, 선교적 교회론을 지상에 구현하는 목회의 본질임을 옥한흠의 삶과 사랑의교회 목회에서 여실히 드러났다.

5

그리스도의 참 제자

옥한흠

그의 삶의 궁극적 목적과
방향은 어디(Where)로
향하고 있었나?

좋은 교회,
참 제자를 향한
마지막 발걸음

15장 은퇴 전후의 옥한흠

참 제자의 길

○ 그래도 초심으로 돌아가야

옥한흠의 삶의 여정은 예수 그리스도를 바라보면서 시작되고 진행되었다. 그는 좁은 문으로 들어선 제자도의 길에서 벗어나지 않으려고 몸부림쳤던 그리스도의 참 제자였다. 그의 생애는 찰스 토마스 스터드C. T. Studd 선교사가 남긴 "예수 그리스도가 나의 하나님이시며 나를 위해 죽으셨다면 그분을 위한 나의 어떠한 희생도 결코 크다고 할 수 없다"는 말을 마음에 깊이 새기며 살아왔다.[1] 그래서 옥한흠은 많은 성도들과 목사들에게 "옥 목사님을 따라가다 보면 예수님을 닮아 갈 수 있을 것 같다"는 생각을 심어 주었다. 우리가 너무 부족하지만, 그래서 예수님을 따르기에 힘들지만, "그나마 목사님이 걸어가셨던 길을 좇아가다 보면, 그 길의 끝에서 예수님을 만날 수 있을 것이란 기대"와 소망을 갖게 해 주었다.[2]

옥한흠은 말년에 자신의 사역과 삶을 회고하면서, 과연 그 길을 잘 걸어왔는지 번민과 숙고를 거듭했다. 참 제자가 되기 위한 자신의 삶과 사역, 하나님의 부름 받은 성도들을 그리스도의 제자로 훈련시켜 세상으로 보내기 위해 안간힘을 써 왔던 그의 사역의 결과들을 보면서 긴 침묵의 시간을 갖곤 했다. 은퇴한 이후에도 그는 건강이 허락하는 한 언제나 사역의 목표요 가장 본질적인 사역이라고 생각해 왔던 제자훈련 지도자 세미나를 중심으로 활동했다. 은퇴한 후 대부분의 직함들을 다 내려놓았어도, 국제제자훈련원 원장이나 한국 오엠선교회 이사장 직함은 그대로 유지했다.[3] 그리고 옥한흠은 "복음은 십자가인데, 우리의 십자가가 어디냐? 북한이다. 공산권 나라다"라고 말하면서 북방 선교에 대해서도 끝까지 관심을 갖고 있었다.[4]

2007년 12월 16일 옥한흠은 "적은 누룩과 하나님나라"라는 제목으로 설교했다. 그는 설교에서 자신의 지난 목회 생활을 되돌아보면서 그야말로 "'한 사람'과 '작은 자', 그리고 '약한 자'에 대한 지극한 관심을 변함없이 지속시켜 왔는가?"라는 질문을 자신과 성도들에게 던졌다. 한 사람도 은혜의 사각지대가 없도록 하기 위해 부단히 노력해 왔던 그였지만, 그렇지 못해 왔음을 반성하면서 이 위기 상황을 결단코 간과해서는 안 된다고 외쳤다. 그는 사랑의교회가 영적 비대증에 걸려 있음을 분명히 알아야 하고, 제자훈련 목회의 진정한 정신과 철학을 약화시키지 말라고 강력하게 선포했다. 건강 때문에 외부 활동을 자제해 왔지만, 그는 2010년 3월 25일 사랑의교회 안성수양관에서 열린 제자훈련 세미나에서 한 사람 한 사람에게 집중하는 제자훈련의 중요성을 다시 역설했다.[5] 이것은 "목회자가 목회하면서 먼저 제자가 되어야 한다"는 원리였다.

교회의 본질이 위기에 처한 현시점에서, 가장 시급하게 붙잡아야 할 우리의 사명은 바로 예수 그리스도의 명령에 따라 제자를 삼는 것이다. 이것이 바로 옥한흠이 평생 추구했던 제자훈련 사역의 목적이었고, 은퇴 후에도 변함없이 사랑의교회와 한국 교회, 그리고 세계 교회의 과제라고 확신하고 있었다. 존 스토트도 참 그리스도인이 살아야 할 귀감이 되는 삶을 살았고, 제자도에 대한 책을 집필하고 출판함으로써 그의 생애 마지막 과제를 마무리했다.6 현대사의 가장 영향력 있는 인물로 인정받는 스토트가 왜 제자도에 관한 글로 그의 인생의 사역을 마감하려고 했을까? 그것은 참된 제자도로 기독교가 쇄신되지 않고서는 세속화의 물결을 이겨 낼 수 없다고 판단했기 때문일 것이다. 옥한흠도 세속화의 오염이 한국 교회에 더욱 심각하게 나타나고 있는 오늘의 현실을 보면서, 이 시대의 자기중심적으로 변질된 현대 기독교 교회에서 진정으로 변화되고 회복되는 길이 바로 제자도이며, 동시에 이것은 시대적 요청임을 절감했을 것이다.

　은퇴한 후 옥한흠의 시각視覺에는 심각하게 세속화된 한국 교회의 모습이 더욱 크게 보였다. 그래서 "한국 교회의 가장 부정적인 면은 세속화"라고 단정하고, "한국 교회는 요한계시록 3장의 사데 교회와 같이 실상은 죽은 모습"이라는 비판을 서슴지 않았다. 2005년 5월 23일에 열린 교회갱신목회자협의회 정기 총회에서 그는 "한국 교회 목회자들이 문둥병에 걸렸다"고까지 말하면서 그 심각한 상태를 지적했다. "살았다 하는 이름을 가졌으나 실상은 죽은 자로다"하신 하나님의 말씀이 한국 교회에 적용되어야 한다고 강조했다. 또한 그는 사데 교회의 현상을 검토하면서 발견한 놀라운 사실은 주님이 책망하신 다섯 교회 중, 양적인 문제나 교회의 규모를 놓고 지적한 것은 하나도 없었다는 사실을 상기시키면서, 많은 수數와 양量에 지대한 관심을 가지고 있는 한국 교회의 시각에 대해 일갈一喝했다. 한 사람과 질質에 지극한 애정을 가지고 사역에 전념해야 교회가 세상을 닮아 가지 않고 변혁할 수 있음을 역설했다.[7] 다시 말하면, 한 사람의 철학에 집중하는 제자훈련 목회를 통해서라야 세속화의 물결을 도도히 거스르면서 교회의 본질적인 사명을 다할 수 있다는 것이다. 한국 교회는 세속화의 길에서 나와, 예수 그리스도를 신실하게 따라가는 제자도의 길로 들어서야 한다는 강력한 메시지였다.

그래서 진정한 제자도는 "전심을 다하는wholehearted" 제자도이어야 한다. 그런 의미에서 스토트는 "급진적인radical" 제자도라는 용어를 사용했다.[8] 대부분의 그리스도인들은 선택적인 태도를 취하면서 철저한 제자도를 회피하는 경우가 너무도 많다. 그러나 예수님은 우리의 주님Lord이시고, 우리에게는 복종할 영역들을 취사선택할 권리가 없다. 그런 면에서 작금의 혼탁한 영적 상태를 직시해 본다면, 옥한흠의 "광인 정신"과, 스토트의 "급진적 제자도"가 없이는, 이 시대의 도전을 막아 낼 수 있는 대안을 찾기는 매우 어려울 것이다.

○ "한 사람"을 소중히 여기고 제자 삼는 교회

옥한흠은 이 땅을 떠나기 전 마지막으로 한 교계 신문사인 「뉴스파워」와 인터뷰한 적이 있다.[9] 이 인터뷰에서 그는 평생 "한 사람을 예수의 제자로 세우기 위해 제자훈련에 미쳐야 한다"는 것과 목회자의 의식 변화를 강조했다. "목회자가 목회하면서 먼저 예수의 제자가 되어야 한다"며 "제자를 만드는 것은 목회의 궁극적 목적"이라고 말했다.

"25년 동안 외로웠다. 그러나 지금은 저와 같이 이야기하는 사람이 많다는 사실을 알게 돼 기쁘다"고 말한 옥한흠은 사람 수만 많으면 성공했다고 보는 목회 현실에 안타까움을 토로했다. 그는 C. S. 루이스가 언급한 "교회는 사람들을 그리스도께 이끌어 작은 그리스도를 만들기 위해 존재한다. 이 일을 하지 않으면 건물, 교역자, 설교, 선교, 심지어 성경까지도 시간 낭비에 지나지 않을 것이다"라는 말을 인용하면서 제자훈련의 중요성을 강조했다. 특히 "한국 교회가 세속화되고, 불교와 천주교보다 신뢰도가 떨어진 것은 우리가 무엇을 지향해야 하는지 목표를 잃어버렸기 때문"이라고 주장하고, "우리는 아버지 되신 하나님이 무엇을 원하시는지 마음에 깊이 생각해야 한다. 제자훈련은 하나의 프로그램이 아니라 우리 목회의 궁극적인 목적이 되어야 한다"고 말했다. 그는 이어 "목회자는 목사이면서 교사나. 한국 교회는 교사로서 가르치는 것보다는 위로하고 돌보고, 설교하고 은혜를 끼치고, 축복을 빌어 주는 목자의 역할에 치중해 왔다. 그런데 다른 한쪽을 등한히 한 것"이라며, 그간 한국 교회가 제자훈련을 등한시해 온 것을 지적했다. 옥한흠은 "성경은 반복 교육을 강조한다. 예수 닮을 때까지 가르치고 지키게 해야 한다. 그렇게 살 수 있도록 반복적으로 체질화될 수 있도록 하는 게 교사의 역할이다. 그런데 이것을 안 한다"고 안타까움을 나타냈다.[10]

옥한흠은 이어 "예수님과 같은 천재적인 교육자도 병을 고치고, 위로하시고 복음을 전하고 수만 명을 대상으로 사역을 했지만, 진짜 가르치는 일은 소수만 했다. 바울도 그렇게 했다"며 한국 교회 목회자들이 한 사람에게 집중하는 제자훈련을 해야 한다고 말했다. 그는 제자훈련에 집중하기 위해 외부 집회는 거의 다니지 않았다고 밝혔다. "100건 요청하면 한 건 정도 허락하는 정도"였다고 했다. 그는 "7-8명 앉혀 놓고 제자훈련하면서, 목사, 집사, 권사가 말씀 앞에서 있는 그대로 내놓고 교훈과 책망과 바르게 하는 은혜를 나눌 때 그렇게 행복했다. 목회의 노른자위였다"며 회고하면서, "제자훈련은 교역자가 시켜야 한다"고 강조했다. 그래서 그는 "사역의 우선순위는 제자훈련이 최우선 순위가 되어야 한다"고 변함없이 말했다. "사람 만드는 일에 투자하고, 한 사람 한 사람 예수님의 제자 닮는 자로, 주님처럼 살고 싶어 하는 소명을 가진 자를 세우기 위해 우선순위를 가지고 투자해야 한다"는 것이다. 그러고 나서 훈련받은 제자들에게 일을 맡겨야 한다고 강조했다.[11]

옥한흠은 사랑의교회의 성장에 대해서도 언급했다. "사랑의교회가 4만 명 모인다. 그런데 교회를 그렇게 키우고 싶다고 크는 게 어디 있나. 큰 교회 하고 싶다고 큰 교회 되나. 하나님이 주시는 대로 교회가 모인다"며, "작은 것도, 큰 것도 주님의 교회"임을 상기시켰다. 그래서 옥한흠은 교회 성장에만 초점을 두는 것을 경계했다. "교회 성장에 우선순위를 두면 망한다. 이는 성경의 원칙과 위배된다." 주님이 교회를 평가할 때 교인이 적으냐, 크냐는 것은 문제가 되지 않는다는 것이다. 교회 사이즈는 주님의 관심 밖의 문제다. 옥한흠은 "훈련된 20%가 나머지 80%를 책임지게 한다. 영적 20:80법칙으로, 예수님처럼 우선순위를 두고 헌신하고 투자하면 역사가 일어난다"고 도전했다. 그는 제자훈련으로 탄탄한 목회를 하고 있는 평택 대광교회, 목포 빛과소금 교회 등을 소개하면서 "다 적은 소수의 사람을 예수의 제자로 훈련시

켜 기초가 되어 오늘의 교회를 만들었다. 그러니 우선순위만 바로 하면 된다"고 역설했다.[12]

"사람을 바로 만들면 일을 시킬 수 있고, 안심할 수 있다"며 제자훈련 후 일을 맡길 것을 제시한 옥한흠은 "사랑의교회 3,000명의 순장을 세웠다. (은퇴 후) 6년이 지나고 보니 얼마나 행복했는지 아는가. 순장들과 매주 화요일 10시에 모여서 지난 25년간 눈물로 땀을 흘리면서 예수의 제자로 살려고 섬기고, 사랑방을 살리려고 헌신했던 것이 감사하다"고 고백했다. 그는 분당우리교회 이찬수의 제자훈련에 쏟는 열정을 소개하며 격려했다. "이찬수 목사는 9명 순장을 위해 집회를 포기했다. 나는 화요일 집회를 위해 수천 명 집회를 포기했는데, 제자훈련 받은 순장과 순원들이 큰 박스에 카드를 잔뜩 넣어서 감사와 사랑 고백을 담은 선물을 주더라"고 소개하고 "사람 키우는 목회만큼 보람 있는 목회가 어디 있나"라며 거듭 제자훈련에 최우선 순위를 둘 것을 강조했다. 옥한흠은 "왜 우리가 가톨릭, 불교에 뒤지나. 독립운동 할 때 가톨릭이 몇 명이었냐. 오늘날 이 나라의 근대화 주역이 교회다. 한국 교회가 봉사는 훨씬 많이 하면서 왜 이렇게 욕을 얻어먹냐"라며 안타까움을 나타냈다. "우선순위 바꾸지 마라. 사람이 먼저다. 그다음이 일이다. 그다음이 교회 부흥"이라고 역설했다. "교회가 커지면서 우리와 다른 사람이 모이니 견딜 수 없었다"는 옥한흠은 "내가 진짜 목사였더라면 따로 교회를 했을 것이다. 하지만 그만큼 성자가 아니었다"고 고백했다.[13]

초기부터 옥한흠과 함께 제자훈련을 받고 순장으로 활동했던 성도들의 말을 종합해 보면, 교인 수가 3,000명 정도에 이를 때까지만 해도 옥한흠은 교인들의 형편에 관한 소리를 다 듣고 그들의 사정을 다 파악하면서 목회에 임했다고 한다. 순장들과 교구장들을 통해 교인들의 삶의 소리를 경청했던 그도 교인의 수가 점점 증가하자 더 이상 그렇게 할 수가 없었다. 그 후부터 옥한흠은 사랑의교회가 성장하는 것이 기쁨이자 또한 부담으로 다가왔고 끊임없는 고민 속에서 목회를 했다. 결국 2006년 폐암 발병으로 입원하기 직전, 기침으로 고생하던 그를 찾았던 초기 순장들에게 교회를 분립하여 제자훈련 목회를 좀 더 널리 확산하지 못한 것을 후회한다고 언급했다.[14] 너무 커져 버린 교회, 최선을 다했지만 제자훈련의 정신이 약화된 교회의 모습을 보면서 육체의 고통과 함께 회한悔恨의 소리가 나왔다. 사랑의교회가 대형 교회화 되면서 그는 제자훈련 정신이 맞부딪히면서 내는 파열음을 마음으로 들으면서, 그리고 몸의 질병이 커져 가면서 결국 엇박자의 아픔이 얼마나 큰지를 고통 중에 경험했다.

 이러한 회한은 홍정길에게서도 반추되고 있다. 2012년 1월 31일에 은퇴하는 홍정길을 인터뷰했던 「국민일보」의 이태형은 그에게 먼저 "당신은 진짜 목사였습니까?"라는 도전적인 질문을 던졌다. 이러한 질문에 홍정길은 답변하면서 옥한흠과 거의 똑같은 고민을 하고 있었음을 내비쳤다. "한국대학생선교회CCC 간사를 포함해 46년간 사역했습니다. 평생 목회했지만 진짜 목사로 지낼 때는 75년부터 78년까지 3년간이었다고 생각합니다. 당시 남서울교회를 개척한 이후 하루도 빼놓지 않고 모든 성도들의 이름을 일일이 불러 가며 기도했습니다. 새벽기도 마치고 6시부터 시작한 기도는 늘 9시가 넘어서 끝났습니다. 그러나 교인 수가 2,000명이 넘어서니 물리적으로 불가능했습니다.

진짜 목자는 양을 알고, 양은 목자의 음성을 들어야 합니다. 그렇지 않으면 목회가 아니라 교회 경영입니다."[15] 그런 면에서 오랜 지기인 옥한흠과 홍정길은 교회가 커져 감에 만족한 목회자들이 아니라, 목회의 본질에 충실하려고 심각하게 고민했던 이 시대의 예수 그리스도의 참 제자요, 진정한 목사들이었다.

교회를 위한 선택, 조기 은퇴

○ 조기 은퇴의 씨앗

옥한흠은 그의 목회가 절정기에 있을 때, 사역을 마감하고 물러나야 할 시기가 언제인지 모색하고 있었다. 그는 1995년 10월 1일 주일 예배에서 요한복음 강해 설교를 하면서, 목회를 마감해야 할 때 과감하게 그럴 수 있기를 소망한다고 자연스럽게 언급했다. 옥한흠은 세례 요한을 "영적 거인"으로 추앙하면서, 그 근거 중 하나로 "예수 그리스도는 흥하여야 하겠고 자신은 망하여야 하리라"는 자세를 꼽았다. 요한은 그러한 태도를 견지했기 때문에 오실 메시아가 나타나셨을 때 과감하게 자신의 자리뿐만 아니라 그의 제자들마저도 예수께로 보내드렸다는 것이다. 그러한 요한의 모습에 목회자인 자신의 모습을 투영해 보았다. 그때부터 그가 물러날 때를 가늠하는 가장 중요한 요소는 그리스도와 그리스도의 몸 된 교회를 위하여 자신이 물러가야 할 때가 되면, 단호하게 행동하겠다고 강하게 암시했다. "지금 같아서는 잘 물러날 것 같지만 나이가 들면 또 무슨 짓을 할지 모를 일입니다.

그래서 자주 이런 다짐을 하곤 합니다. '그래, 나도 세례 요한처럼 해야 된다. 물러날 때는 깨끗하게 물러나자.'"[16] 이것이 바로 조기 은퇴에 대한 최초의 공식적 언급이라고 간주할 수 있다.

그런데 실제로 옥한흠이 사랑의교회 목회 사역을 조기 은퇴하고자 본격적으로 결심하게 된 경위는 1997년경, "복음주의 4인방"이 모여 대화하는 중에서였다. 네 명이 이야기를 나누던 중 자연스럽게 이 문제가 튀어나왔다. 이동원이 이민 목회를 마치고, 한국에 다시 와서 개척한 지 4년 쯤 되었을 때였다. 이동원이 미국 생활 후에 새롭게 보이는 것이 있다면서, "일찍 은퇴하는 게 어때요?"라고 언급했다고 한다. 대학 교수들도 대부분 65세에 은퇴하고, 교사들도 50대 후반에, 그리고 일반 회사원들도 55세가 지나면 거의 그만두는데, 목사만 70세까지 사역한다는 것이 "너무 욕심이 많은 것 같다"는 부연설명도 하면서 말이다. 그런데 그때 이동원의 제안을 듣고 정작 화를 내었던 사람은 옥한흠이었다. "네가 내 나이가 안 되서 그렇지 그따위 소리 내 앞에서 다시 해 봤단 봐라"라고 호통을 쳤고, 그 모임은 그렇게 끝났다. 그후 한 달 쯤 지나서 옥한흠이 새벽 6시쯤에 이동원에게 전화해서 "야 이 목사! 당신 말한 것 내가 생각해 보았는데 그 말이 옳다, 나 65세에 그만두어야겠다. 너 오정현 어떻게 생각하냐?"라고 응답하며 의견을 물어 왔다고 한다. 이러한 느닷없는 전화에 오정현에 대해서도 잘 알고 있었던 이동원은 그의 장점과 약점을 전부 언급했고, 옥한흠은 이렇게 대꾸했다고 한다. "내가 없는 것 갖고 있잖아. 그리고 글로벌 시대에는 그런 사람이 필요하지… 야 얘기 잘해 줘라."[17] 그리고 당시 오정현은 남가주사랑의교회를 개척하여 제자훈련 목회를 나름대로 적용하면서 성장시키고 있었다.

  이것이 옥한흠이 조기 은퇴를 심각하게 고민하고, 오정현을 목회 사역의 후임자로 생각한 최초의 동기였다고 알려지고 있다. 처음에 옥한흠은 조기 은퇴에 강하게 반대했지만, 자신과 사역, 그리고 사랑의교회의 미래를 곰곰 숙고하고 나서는 그것을 수용했다. 그러면서도 자신의 목회의 약점을 보완해 줄 수 있는 그런 사역자, 그리고 미래를 향하여 제자훈련 사역을 이끌고 나갈 뿐만 아니라, 국제적 사역으로 테두리를 넓혀 갈 그럴 인물을 마음에 두고 있었다. 그리고 옥한흠은 사랑의교회 지도자들과 성도들을 대상으로 은근하고도 지속적으로 교회의 젊음을 유지하며 미래로 향도할 수 있는 후임자에 대한 구상을 조심스럽게 내놓았고 그러한 방향으로 인도해 나갔다.

  이처럼 오래전부터 자신이 후임자 문제를 구체적으로 논의하기 시작했지만, 조기 은퇴에 대한 옥한흠의 심각한 고려는 사실상 자신을 늘 점검하고, 하나님 앞에서 교회를 걱정하는 진솔한 목회적 고민에서 비롯되었다고 보아야 한다. 다른 그 어떤 요소들보다 "사랑의교회"의 유익을 우선순위에 두고 이 문제를 생각하고 있었다. 그는 무엇보다도 자신의 내면에서 주님과 교회를 향한 열정이 식어 가고 있는 모습을 직시하게 되었다. 그는 부교역자들에게 이렇게 말한 적이 있다.

  사역자로서 항상 조심해야 될 두 가지가 있습니다. 겉은 뜨거운데 내적으로 식는 것입니다. 차가운 신앙이란 있을 수 없습니다. 주님과 형제들을 향한 뜨거운 열정이 끓어올라야 정상입니다. 제가 65세에 은퇴하는 이유도 이와 무관하지 않습니다. 나이가 들수록 열정이 식어지기 때문입니다.… 나이가 들면 머리는 지혜로울지 몰라도 가슴은 식기 마련입니다. 따라서 나이 든 지도자가 교회를 오랫동안 담임하다 보면 교회도 노화되고 열정도 식습니다. 그 결과 기도도, 전도도, 예배도 형식이 좌우하게 되고, 주님을 향한 사랑도 미지근하게 됩니다.[18]

○ 조기 은퇴의 이유들

1990년대 중반 이후, 옥한흠은 무엇보다도 한국 교회의 위기를 심각하게 인식하고 있었다. 그는 지도자들의 의식이 바뀌어야 현세대를 보는 패러다임에 변화가 일어날 것이며 체질 개선으로 이루어질 수 있다고 확신했다. 이 때문에 그는 교회 갱신을 위한 모임과 교회 갱신을 위한 목회자들의 연합 모임을 위해 동분서주하기 시작했다. 사랑의교회 제자훈련을 위해 전력투구해 왔던 그가 이 시기에 이렇게 "교회갱신목회자협의회"(교갱협)와 "한국기독교목회자협의회"(한목협) 사역에 지대한 관심을 가지고 전면에 나섰던 것은 그만큼 사랑의교회를 포함한 한국 교회의 영적 상태가 마침 "심장병"을 앓고 있는 것과 마찬가지인 상태로 매우 위급하다고 진단했기 때문이다. 그는 당시 그의 마음을 이렇게 표현했다.

그러므로 한국 교회가 21세기에 제 몫을 감당하려면, 좀 더 고약한 말을 써서 생존하기를 원한다면, 나이와 선후배에 관계없이 하나님이 세우시는 새로운 의식과 패러다임을 가진 새로운 세대가 우리 교단과 한국 교회를 책임질 수 있어야 합니다. 이 일을 위해서 교회

갱신을 위한 협의회가 문을 연 것입니다.[19]

이러한 고민을 심각하게 하고 있었기 때문에, 옥한흠은 자신과 사랑의교회를 면밀하게 점검했고, 새로운 세대의 지도자가 출현해야 할 시급성과 21세기의 세계화 시대를 향도해 나갈 수 있는 새로운 리더십을 겸비한 후배 목회자들에 주목했다. 60세를 바라보는 그는, 한국 교회의 갱신과 미래를 열기 위해서는 "솔직히 50대 중반 이후의 목회자는 소망이 없습니다"라고까지 언급했다.[20] 또한 옥한흠이 조기 은퇴를 심각하게 고려하게 되었던 동기는 당시 교계에서 후계 문제로 비난 받는 일들이 일어나던 무렵이라, 지쳐 쇠락해 가며 은퇴하는 것이 아니라, 모두가 아쉬워할 때 떠남을 준비하려는 평소 옥한흠다운 소신의 발로이기도 했다. 당시 그의 마음에 와닿은 사건 중 하나가 국제오엠선교회의 설립자이자 총재인 조지 버워의 아름다운 조기 퇴장이었다. 아직 힘이 넘치는 그였지만 멋지게도 후임을 미리 준비하고 아무 주저함 없이 사역을 계승시키고 떠나가는 모습이 옥한흠에게 "좋은 본보기"가 되었다.[21] 그리고 한국 교회의 갱신을 위해 나선 자신부터 모범을 보여야겠다는 일종의 책임 의식도 있었다.

그러나 무엇보다도 옥한흠의 마음을 움직였던 것은 "푯대를 향해 나아가는 자의 태도"가 자신의 마음에서 약화되었다는 사실이다. 구원의 감격과 성령의 감동을 받기 위해서는 바울처럼 푯대를 향해 전진하는 자세가 필요하다는 것은 너무도 자명하다. 이런 푯대를 향해 나아가는 태도가 어느 때보다 중요한 시기에 자신을 돌아볼 때 "내 나이에 어떤 변화를 계속 추구하면서 교회를 끌고 갈 자신이 없었다"고 솔직하게 고백했다. "오래 뛸 수 있는 리더가 와야 한다. 그래야 21세기에 맞는 목회 사역을 할 수 있다. 나로선 역부족이다"라는 생각은 점점 커져 갔다.²² 이러한 고백에서 우리는 한 목회자가 진실한 자세로 교회를 섬기고 사랑하는 마음을 느낄 수 있다. 이런 마음은 자신보다 교회를 더 사랑하고 아끼는 자세에서 비롯된다. 교회가 목사와 함께 늙으면 안 된다는 생각을 본격적으로 하면서, 그의 마음에 떠나지 않았던 부담 중 하나가 바로 "섬기고 본이 되어야 따른다", "비워야 채워진다"라는 그의 평소 신념이었다. 그는 그것을 직접 본을 보여 줌으로 실행했다.²³ 이런 면에서 본다면, 조기 은퇴도 제자훈련 사역의 본질에 충실하려는 그의 충정과 사랑의교회를 진정으로 사랑하고 아끼는 마음에서 우러나온 것임을 어렵지 않게 발견할 수 있다.

하지만 그의 아들 옥성호에 의하면, 아버지 옥한흠이 조기 은퇴를 본격적으로 고려하고 결단한 진짜 이유는 1989년에 잃은 건강이 주는 육체적 고통과 더불어 매주 피 말리는 설교 준비로 인한 영적 중압감을 더 이상 버티기가 힘든 상황에 놓였기 때문이었다고 한다. "아버지에게 설교는 십자가이고 하나님 앞에서 자신의 영적 양심을 놓고 셈해야 할 몫이기도 했습니다."²⁴ 옥한흠도 설교의 가치와 중요성에 대해 누구보다도 깊이 인식하며 평생 설교하는 목사의 영광스러운 직무에 감사하면서도, 솔직하게 말해서 "설교가 나에게 보람은 안겨 주었을지 모르지만, 행복을 느끼게 하는 일은 그리 많지 않았다. 설교의 부담감 때문이었다. 설교에 실망하고 돌아가는 숨은 군중들을 생각하면 두 번 다시 강대상에 서고 싶지 않을 때가 없지 않았다"고 언급하기까지 했다.²⁵

옥한흠은 매주 다가오는 설교에 중압감을 철저하게 하나님의 은혜에 의지하고 갈망하면서 대처해 나갔다. 옥한흠의 사역의 기반은 두 개의 기둥으로 구성되어 있는데, 하나가 그의 교회론이라면, 다른 하나는 끊임없는 하나님의 "은혜에 대한 갈망"이었다. 그런데 그의 육신의 약함이 더해질수록 이 두 기둥을 함께 지탱하며 사랑의교회를 든든하게 세워 나갈 새로운 지도자가 필요함을 절감했다. 무엇보다도 어린 시절에 경험했던 그 은혜의 경지에 도달하지 못했다는 안타까움, 받은 은혜의 질이 목회의 질을 결정한다는 생각 속에 더 큰 은혜를 끊임없이 갈구함이 옥한흠의 평생 그의 마음에 존재해 왔다. 목회자로서 받은 은혜의 깊이가 성도들의 신앙의 깊이를 결정한다는 생각은 매우 무겁고 거룩한 짐으로 그리고 "영적인 고문"으로 그에게 다가오곤 했다.

더구나 목사의 설교에 은혜를 받지 못하고 돌아갈 성도들을 생각하면 두렵고 떨리기까지 한 옥한흠이었다. 그는 사랑의교회 그의 사무실 창문 밖으로 성도들을 볼 때마다 그들이 두렵다고 되뇌곤 했다. 때로는 자신에게 우울증 증세가 있다고 말할 만큼 이 문제를 놓고 심각하게 고민했다.[26] 결과적으로 은혜에 대한 갈망이 간절한 만큼 설교는 그에게 더 큰 무게로 다가올 수밖에 없었다. "매주 설교를 놓고 그가 치르는 영적 전투는 피 말리는 치열함 그 자체"였다. 이처럼 설교 한 편을 하려고 고민하고 하나님의 은혜를 구했기에 수많은 성도들은 큰 은혜를 받았다. 그러나 정작 설교자 옥한흠은 "어쩌면 단 한 번도 그 위대하신 하나님의 영광을 설교를 통해 성도들에게 전달한 적이 없다"고 생각하며 성도들에게 미안해하고, 하나님께는 송구해했다.[27]

조기 은퇴를 심각하게 고려하고 시행했던 배경에는 그의 건강 상태와 평생 설교와 씨름해 왔던 긴장의 연속, 그리고 새로운 세대에 감응할 수 있는 목회자가 사랑의교회의 신앙을 역동적으로 이끌어 가기를 바란다는 판단이 자리 잡고 있었다.

한마디로 그는 지쳐 있었다. 교회를 지극히 사랑했고, 설교를 위해서 평생을 달려 왔던 그가 60대 중반에 이르렀을 때에는 건강이 그를 든든하게 받쳐 주지 못하고 있었다. 그가 마음 놓고 쉬고 안식을 취했던 날은 모든 설교를 마치고 집으로 돌아온 주일 저녁 시간뿐이었다. 그것도 잠깐이고 날이 밝으면, 월요일 오전부터 설교를 위한 치열한 결전에 돌입하곤 했다. 주일에 두 번 설교하고 나면 그의 체력은 고갈되고 말았다. 몇몇 장로들은 설교 횟수를 줄이도록 권유했지만, 옥한흠은 자기가 할 수 있는 최대한의 헌신을 설교를 통해서 하고자 했다. 그의 건강은 목회를 본격적으로 시작한 지 20년이 지나고 여러 면으로 쉼이 필요해졌다. 이러한 그의 상황이 조기 은퇴를 심각하게 고려하게 했고, 설교 중압감을 벗어나고자 자신의 솔직한 심정을 확인하면서, 그리고 교회를 향한 열정이 식어지고 있음을 안타까워하면서 무언가 결단해야겠다는 생각을 하게 되었다.

은퇴한 지 얼마 지나지 않아, 옥한흠은 자신의 조기 은퇴와 동시에 목회 사역을 내려놓기보다는 설교의 부담을 서서히 줄이고 5년 간 더 목회하면서 후임자 선정에 보다 신중했더라면 하는 후회도 했다고 전해진다.[28] 옥성호도 이렇게 그의 견해를 언급했다. "대안은 진짜 후보가 나올 때까지 기다리는 거예요. 시간을 두고 더 찾는 거예요. 그거 이상 대안이 없어요. 아버지가 설교가 그렇게 힘드시다면 한 달에 한

번을 하더라도 기다리시면 되는데, 아버지도 마지막에 그런 쪽으로 생각이 있으셨던 것 같아요."[29]

옥한흠은 교회를 위한 숙고 끝에 젊은 세대의 목회자에게 목회를 이양하고, 자신은 제자훈련 사역에 전념하고자 결단했다. 많은 아쉬움이 남는 조기 은퇴 결정이었지만, 옥한흠은 교회를 위해 과감하게 시행했다. 그는 당시의 각오를 「평신도를 깨운다」라는 잡지사와 인터뷰 하면서 이렇게 밝힌 바 있다. "목회 일선에서 물러서면 70세까지는 사역 목사로서 일하려고 해요. 특별히 국제제자훈련원을 중심으로 다른 교회를 섬기는 일에 헌신하고 싶습니다. 한국 교회가 함께 성장하고 건강해질 수만 있다면 하나님나라와 저 자신에게 의미 있는 후반기 사역이 되지 않을까 생각합니다."[30]

"사람은 늙어도, 담임 목사는 늙어도, 결코 교회는 늙어서는 안 된다"는 생각이 옥한흠의 마음에 깊이 새겨져 있었다. 옥한흠은 대부분의 교회가 대략 30년을 주기로 전성기를 맞이하고 대부분 갱년기로 접어드는 현상을 너무나도 잘 알고 있었다. 그래서 그는 어떻게 하면 사랑의교회가 이러한 주기를 넘어서 지속적으로 늙지 않고 건강하게 주님께 영광을 돌리는 역동적인 교회가 될 수 있을지 고민했다. 그 대답은 지도자의 교체라고 확신하고 조기 은퇴하기로 마음먹게 되었다. 그는 "교회가 목사를 위해 존재하는 것이 아니라, 목사가 교회를 위해 존재하는 것"이라는 분명한 소신을 갖고 그러한 결정을 했다.[31]

오정현의 부임과 그 이후

○ 옥한흠과 오정현의 만남

옥한흠과 오정현의 만남은 1975년으로 거슬러 올라간다. 당시 옥한흠은 성도교회 대학부 사역자였고, 오정현은 내수동교회 청년부에 몸담고 있었다. 그해 봄에 옥한흠이 내수동교회의 중고등부 헌신 예배에 설교자로 초청되어 선포했던 메시지와 그의 모습이 오정현의 마음에 깊이 각인되었다. 오정현은 내수동교회를 다니면서도 성도교회 대학부 5기 제자훈련에 참석했다. 그는 토요일마다 제자훈련을 받고 내수동교회 대학부를 변화시키는 리더의 역할을 감당했다. 두 사람의 짧은 만남은 옥한흠의 유학으로 끊어진 듯했지만, 그래도 그 인연의 끈은 지속되었다.[32]

옥한흠은 유학을 마치고 귀국하자마자, 1978년 7월에 내수동교회 대학부 송추수양회 강사로 초빙되어, 대학부 간사였던 오정현과 다시 만나게 되었다. 그야말로 은혜의 도가니였던 송추수양회는 두 사람을 다시 연결해 주었다. 오정현은 옥한흠의 영적 핵심과 감각, 비전에 공감했다. 그 후에도 1981년까지 오정현은 옥한흠을 대학부 수련회 강사로 다섯 번이나 더 모셨다.[33] 두 사람의 공통된 관심은 복음의 열정으로 청년들을 깨우는 제자훈련이었다. 오정현도 목회자 집안에서 태어나 전통적인 신앙생활에 익숙했지만, 젊은 시절에 네비게이토를 비롯한 선교 단체의 장점을 배우려는 관심이 많았다. 그러던 중 옥한흠과 교제하며 받은 영향은 오정현에게 교회 안에서도 제자훈련을 할 수 있다는 기대와 확신을 갖게 해 주었다.[34] 그 이후 두 사람은 영적 멘토와 제자의 관계를 맺으며 오랜 세월을 각별한 사랑과 관심 속에서 인연이 이어졌다. 설교나 가르치는 데에 있어서 전체 내용에 대한 통찰력을 통해서 흘러나오는 핵심을 관통하는 옥한흠의 혜안과 예지는 젊은 오정현에게 평생 잊을 수 없는 감동과 도전을 심어 주었다.

오정현은 송추수양회 때 하나님의 말씀이 뼈와 골수를 찔러 쪼갠다는 사실을 직접 체험하기는 처음이었다고 회고했다. 그 이후 만날 때마다 "제자훈련에 미친 사람처럼" 논쟁을 벌여 가며 오정현은 나름대로 자신의 교회론을 정립해 나갔고, 예수님의 작은 제자로서 참으로 예수님을 닮는다는 것이 무엇인지에 대해서 눈을 떠 갔다. 이 일을 계기로 오정현은 그의 기존의 생각의 틀이 깨어지고 새로워져서 대학부 사역의 틀이 잡혀 갔다. 제자훈련을 도입한 내수동교회의 대학부 사역은 나날이 발전해 갔다.[35] 이렇게 대학부의 제자훈련 사역이 성도교회에서 내수동교회로 이어지면서, 제자훈련 사역의 본격적인 확산의 첫 열매가 되었다. 오정현에게 옥한흠은 영적 멘토로서 오랫동안 그 관계가 유지되었다. 오정현은 자신에게 끼친 옥한흠의 영향력을 이렇게 언급했다.

옥 목사님은 내게 있어서 멘토로서 나를 담금질하신 분이다. 목사님은 내게 사역이 무엇인지를 실제적으로 가르쳐 주신 분이다. 내가 제자훈련이라는 한 우물을 팔 수 있었던 것도, 목회의 큰 비전을 가지고 지금까지 달려올 수 있었던 것도 목사님의 영향이 결정적이었다. 작은 것 하나부터 큰 문제에 이르기까지 옥 목사님은 나의 영적 교관이요 조련사였다.[36]

또한 그때부터 옥한흠은 오정현으로 하여금 "한 우물만 파는 성격"
이 무엇인지를 몸소 보여 주었고, 사역자로서 철저한 자기 준비와 엄
격한 자기 관리가 얼마나 중요한지를 가르쳐 주었다. "평범한 사역자
는 지력의 뒷받침 없이는 영성 유지가 안 된다. 말씀을 더 깊이 연구
할 때 영력이 유지되는 것을 느껴 보라. 곧, 영력을 위해서 지력이 제
역할을 할 수 있도록 눈을 뜨라. 자신의 지력을 체크하지 않는 사람은
영력이 떨어진 자다."37 옥한흠과 오정현이 제자훈련 목회라는 고리로
연결될 수 있었던 배후에는 내수동교회 담임 목사였던 박희천의 역할
이 컸다. 박희천은 성도교회 대학부를 탐방한 이후, 적극적으로 제자
훈련 정신을 청년부에 도입하도록 추천하고 후원했다. 그 결과 오정
현은 옥한흠의 제자훈련 정신을 내수동교회 사역에 적용하여 실제로
결실을 맺었다.

이렇게 옥한흠의 "삶 속에 뛰어든 사역"의 열매를 직접 목격한 후,
오정현은 결혼하자마자 미국으로 이주했다. 그는 거기서 학업과 목
회를 병행하며 여러 이민 교회에서 사역했다. 옥한흠은 유학을 마치
고 한국에서 목회에 전념하다 1985년 김의환 목사가 시무하고 있었
던 나성한인교회 집회 인도 차 미국을 방문한 적이 있었다. 사흘 동안
의 집회를 마친 옥한흠은 당시 탈봇 신학교Talbot Theological Seminary 3
학년에 재학 중인 오정현을 만났다. 그는 오정현에게 나중에 한국 교
회에 와서 사역하려면 교단 신학과 맞는 신학교에서 공부해야 좋으니
칼빈 신학교Calvin Theological Seminary에 가서 제자훈련에 대한 연구를
하라고 권면했다고 한다. 신학 공부를 마친 후, 오정현은 여러 이민 교
회에서 사역하면서 제자훈련 목회라는 원칙을 지켜 가고자 했다. 아

마도 이러한 모습을 주의 깊게 보고 있었던 옥한흠에게 오정현이야말로 마음속에 깊이 들어오는 제자들 중 하나였을 것이다. 옥한흠은 척박한 이민 교회 상황에서 제자훈련 목회의 기치를 걸고 남가주사랑의교회가 크게 성장해 가는 모습에 남다른 관심을 가졌을 것이다. 그리고 오정현은 1987년 사랑의교회 창립 9주년을 기념으로 6개월 동안 협동 목사로 사역한 적도 있었다. 그때 그는 사랑의교회 대각성 전도 집회에 대한 계획도 세웠고, 옥한흠의 목회를 배우는 기회를 가졌다.[38] 1988년에 오정현은 미국 남캘리포니아 오렌지 카운티와 놀웍, 세리토스 지역을 중심으로 남가주사랑의교회를 개척했다. 당시 사랑의교회 「우리」지는 그 사실을 교인들에게 다음과 같이 알렸다.

> 오 목사는 "잠자는 평신도를 깨워 그리스도의 제자로 만든다"는 본 교회와 동일한 목회 방침 하에 "평신도를 깨우는 교회, 이민 2세를 책임지는 교회, 이민 가정을 치료하는 교회, 선교 명령을 순종하는 교회"라는 비전을 제시하고 이미 40여 명과 제자훈련을 시작했고 개척 교우 25명을 중심으로 4월 16일 창립 예배를 드리게 된다.[39]

오정현이 옥한흠에게 크게 인정받게 된 결정적 계기는 제자훈련 목회를 통해서 남가주사랑의교회라는 이민 교회를 일구어 냈다는 사실이었다. 그리고 1994년부터 남가주사랑의교회에서 개최한 미주 CAL 세미나는 이민 교회에서는 불가능하다고 생각했던 제자훈련이 가능함을 일깨워 주었다. 유학시절 이민 교회에서 목회했던 옥한흠의 눈에는 오정현의 이민 목회가 크게 부각될 수밖에 없었다. 그리고 오정현은 거의 30여 년의 세월이 흐르는 동안 옥한흠과의 멘토링의 관계를 꾸준히 유지하려고 부단히 노력했다. 그는 이러한 관계를 "삶의 온전함을 추구하며 달려가는 인생" 길에 만난 동반자라고 언급하기도 했다.⁴⁰ 결국 오랜 기간 동안 두 사람은 "서로 밀쳐 낼 수 없는 관계"가 된 것이다.⁴¹ 이러한 상황과 이유 때문에 최홍준이 이찬수를 강력하게 추천했어도, 옥한흠은 개척 목회를 막 시작한 이찬수를 아직은 "성인 목회 그리고 제자훈련 목회 영역에서 아직 검증된 사람이 아니었다"고 인식했다.⁴²

○ 목회 사역의 이양移讓

옥한흠은 21세기라는 새로운 시대의 변화가 어떠할지를 깊이 고민했던 목회자였다. 그래서 "한국 교회도 세계 속의 교회"가 되어야 하고, 한국 교회에 "새로운 리더십이 시급하게 요청"되고 있는 현실을 직시하면서, 목회 사역을 이에 맞는 사람에게 이양하고 자신은 한국 교회에 필요한 사역에 전념하기를 바랐다. 그는 "참으로 같은 고민과 고통, 같은 꿈을 안고 있는 하나님의 종들이 한마음이 되어 한국 교회와 세계 교회를 책임져 보자고 하는 팀 리더십을 오늘 이 시대가 요청하고 있다"고 굳게 믿었고, 자신과 사랑의교회에 그것을 먼저 적용하고자 했다.⁴³ 한마디로 옥한흠은 열린 목회자였다. 자기가 아니면 안 된다는 닫힌 사고思考에 매몰된 자가 아니었다. 열린 리더십을 추구하기 위해 옥한흠과 사랑의교회는 수고와 희생을 감수해 왔다.

옥한흠은 자신의 목회는 아날로그 시대에서 이루어졌고, 다음 세대는 디지털 시대라고 판단하고 그 시대에 적합한 인물이 오정현 같은 젊은 목회자라고 생각했다. 오정현이 자기와는 너무 다르기에, 그동안 사랑의교회가 부족했던 부분을 보완할 뿐만 아니라, 새로운 세대를 포용할 수 있으려면, 과감한 혁신이 필요하다는 사실을 진작부터 인정하고 후계자 선정을 숙고해 왔다. 옥한흠은 글로벌 시대로 진입한 한국 교회와 사회도 새로운 지도력을 요구하고 있다는 것을 누구보다도 잘 직시하고 있었다. 또한 그는 아날로그 시대의 장점도 물론 있지만, 이미 그 시대는 지나가고 있었고 디지털 시대에 적합한 지도자와 목회의 형태가 필요하다고 판단했다. 옥성호에 의하면, 다소 "축소지향적인 성향"이 있었던 아버지 옥한흠은 "확장지향적인 성격"이 강한 오정현이 "참 그래도 이 사람이다 했던 것은 뭐냐 하면 경계는 하지만 이 사람이 내가 가지지 않은 중요한 것이 있다. 뻗어 나가려고 하는 것, 그게 반드시 옳은 것은 아니지만 필요한 거다"라고 생각했다고 한다.⁴⁴ 두 사람의 스타일을 너무 잘 알고 있었던 홍정길도 오정현이 후임으로 적당하지 않은 사람이 아니냐는 언급도 했지만, 다음 시대에는 오정현과 같은 사람이 정답이라는 옥한흠의 소신에는 변함이 없었다.⁴⁵

옥한흠이 목회 사역을 마감하기 6-7년경 전에 아시아권 교회들(특히 일본과 중국 등)에 제자훈련 목회가 확산되어질 수 있는 기초가 놓아졌다. 이런 상황에서 제자훈련을 국제화하기에 적합한 사람이 그의 후임자가 되어야 한다고 생각했다. 이에 대해 이동원은 그의 견해를 이렇게 밝혔다. "앞으로 오정현 목사와 사랑의교회가 직면한 과업은 교회가 글로벌라이즈되어야 한다는 것이다. 사실 옥 목사님이 이 부분 때문에 오정현 목사를 선택한 것이다. 본인은 한계를 느낀다고 하셨다. 그래서 다음 세대 사람이 글로벌라이즈하고 더 그 시대에 맞는 글로벌 디사이플십global discipleship이 나와야 할 것으로 본다."⁴⁶

하지만 많은 지인들과 동역자들 중에는 그와 같은 옥한흠의 견해에 이견異見을 가지고 있는 자들이 많았다. 평신도를 동역자로 삼는 그의 사역 정신에 비추어 보아도 후임자 선정 과정에 그의 영향력이 과도하게 행사된 것에는 비판의 여지가 있다. 평신도 지도자들을 동역자로 삼고자 평생을 목회해 온 옥한흠이 어떻게 보면 가장 중요한 결정을 앞두고 누구보다도 많이 고민하고 기도했겠지만, 자신의 일방적인 견해를 중심으로 이미 정해 놓고 성도들을 설득해 나가는 모습은 제자훈련 목회자의 이미지와는 상반되는 측면이 강했다. 또한 오정현을 자신의 목회를 계승해 나갈 후임자로 결정한 배후에는 결코 짧지 않은 기간 교제해 온 끈끈한 정과 인연도 한몫했겠지만, 남가주사랑의교회라는 목회의 결과가 오정현을 더 크게 보게 된 요인이었음을 부인할 수 없다. 어떻게 보면 제자훈련 목회를 계승할 후임 목사로서 더욱 신중하게 검증했어야 할 절차를 생략하고, 이미 검증을 끝낸 목회자로 오정현을 바라보았다. 어찌되었든지 옥한흠이 오정현을 후임자로 내정한 과정은 위로부터 아래로 흘러갔다. 옥성호는 이럴 수밖에 없었던 배후에는 두 가지 이유가 있었다고 주장했다. "옥한흠 목사가 사랑의교회에서 가진 가히 '절대적'인 권위"가 그 첫 번째 이유이고, 두 번째는 "아버지가 오정현 목사에 대해 가진 믿음" 때문이었다는 것이다.⁴⁷

새로운 세대의 목회자라야 새로운 세대와 소통할 수 있다는 평소 옥한흠의 지론도 그의 조기 은퇴와 사역자 선정에 지대한 영향력을 발휘했다. 옥한흠은 청중에게 들리는 설교를 매우 중요하게 인식했고, 평생 청중과 소통할 수 있는 설교를 준비하고 선포하는 데 최선을 다해 왔다. 그가 60세가 넘자, 교회의 미래를 걱정하고 차세대가 말하는 소리를 들으며, 그들과 참된 의사소통을 계속하려면 그가 배워야 할 언어와 감각은 멀게만 느껴지기 시작했다. 설교에 대한 부담과 건강의 악화 등이 주요한 요인들이긴 했지만 젊은 세대에게 "들려지는 설교"를 선포해야 한다는 옥한흠의 강박 관념이 오정현을 선택하는 또 다른 요소로 작용했다고 보는 것은 결코 무리가 아닐 것이다.

또한 오정현을 사역의 후임자로 결정한 배경에는 옥한흠의 "차이에 대한 존중"의 정신이 자리 잡고 있다. 송길원이 지적했듯이 옥한흠의 광인론에는 "자기희생"과 "균형 감각"이 조화를 이루고 있다.[48] 옥한흠은 한 쪽 방향을 향해 진력길주하면서도, 또 다른 방향에 대한 여백도 항상 그의 마음에 남겨 두었다. 옥한흠은 그의 가정생활을 통해서 그러한 행복을 만끽했다. "완전히 다른 부부"이면서도 "완벽한 조화"를 이루어 내는 지고한 기쁨을 그는 알고 있었다.[49] 부부가 서로 다르기 때문에 그 다른 부분들로 인하여 때로는 화음이 깨질 때도 있는 것이 사실이다. 그러나 그러한 과정을 거치면서 완전한 화음을 내는 삶이야말로, 같은 것이라고는 하나도 없는 부부였지만, 오히려 다른 것이 하나님의 은혜요 축복임을 철저하게 깨달았던 옥한흠은 자기와 전혀 다른 후임자를 세워 그러한 은혜가 사랑의교회에 넘치기를 간절히 희구했다. 이상적이긴 했지만, 이러한 선택은 전체를 관망할 수 있는 안목 없이는 내리기 힘든 결단이었고, 나와 다른 남을 인정하고 존중하는 자세의 결과였다.

옥한흠은 개척해서 25년 가까이 자기의 생명처럼 사랑하며 섬기던 교회, 등록 교인이 5만 명을 넘어 한 번도 성장세가 멈춘 일이 없는 건강한 교회에서, "5년이나 앞당겨 은퇴하기로 용단을 내리는 일은 '나를 쳐서 복종시키는' 자기 절제 없이는 어려운 일이었다"고 고백했다.[50] 마음을 비우고 내려놓는다는 것은 그의 말처럼 쉬운 일이 결코 아니었다. 옥한흠은 자신도 믿을 수 없어서 은퇴하기 벌써 3년 전부터 65세가 되면 교회의 미래를 위해 물러나겠다는 말을 고의로 흘리고 다녔다. 그 이유는 나중에 자기의 마음이 바뀔까 봐 자신의 입으로 자신을 옭아매려는 의도에서였다. 그가 조기 은퇴를 작심하게 된 이유는 간단했다. "교회가 목사와 함께 늙으면 안 된다는 소박한 확신 때문이었다."[51]

아무리 아니라고 부인해도, 나이가 60이 넘어가면, 모든 면에서 노화 현상이 가속화되고, 젊은 지도자에게서 볼 수 있는 박력, 신선함, 도전 의식, 그리고 비전 등을 유지하기가 어려워지는 것이 자연의 이치다. 그리고 지금처럼 세대 간의 차이가 너무 빠르고도 짧게 일어나는 세대에는 더욱 그러한 현상이 순식간에 일어나고 있음을 우리는 너무도 확실하게 체험하고 있다. 옥한흠은 60대 문턱을 넘어서면서 세대 차이에서 오는 스트레스를 심하게 받고 있었다. 세월의 흐름 때문에 교회의 미래와 꿈을 이야기하는 재미보다는, 손자손녀 자랑을 늘어놓기 좋아하는 한 할아버지로 변모해 가고 있는 자신의 모습에 점점 익숙해져 갔다.

옥한흠은 자신이 굳이 5년이나 먼저 은퇴해야 할 이유나 명분이 뚜렷하게 있었던 것도 아닌데, 괜히 유난을 떤다고 생각하기도 했다.

그의 마음에는 여러 상념이 떠오를 때마다, "더 늙기 전에 떠나자. 그래야 교회가 산다"라는 말을 되뇌며 자신만이 아는 유혹을 내려놓기 위해 부단히 노력했다. 이것은 교회를 위한 철저한 희생이자 공고한 결단이었다. 그리고 갑자기 폭탄선언을 하듯이 은퇴를 교회에 알리기보다는 시간을 두고 서서히 알리고 마음을 준비시키는 일종의 "가랑비 작전"을 썼는데, 그것은 옥한흠의 예상대로 적중했다. 그리고 조기 은퇴를 통해 사랑의교회가 노쇠하지 않게 하는 것이 자신의 마지막으로 해 줄 수 있는 "최선의 헌신"이라는 장문의 편지를 썼다. 결국 성도들은 큰 동요 없이 그의 결단을 받아들이고, 새로운 리더십을 수용할 수 있었다.[52] 옥한흠이 조기 은퇴를 결정하고 이행한 시기의 사랑의교회는 그야말로 모든 면에서 전성기를 구가하고 있었다. 그의 은퇴는 그의 목회 생활에 있어서도 가장 완숙한 단계로 접어들었을 때 이루어졌다. 이러한 시기에 어려운 결정을 내릴 수 있었던 것은 "주님의 마음에 들기 위해 마음을 비우는 데 나의 영성의 목표를 두기로" 한 옥한흠의 남다른 결단과 교회를 위한 배려에서였다. 무엇보다도 "주님을 기쁘시게 하는 제자 되기에 최선"을 다하다 보면, 결국 모든 것이 합력하여 선을 이루시는 하나님의 역사役事가 일어남을 믿음으로 보았기 때문이었다.[53]

그러나 옥한흠의 깊은 마음에는 또 다른 중요한 이유가 있었다. 사랑의교회가 성장하면 할수록 그의 고민도 더해만 갔다. 그것은 그가 주창해 오고 평생에 걸쳐 시행해 온 제자훈련 목회 철학과 대형 교회화 되어 가는 현상과 조화될 수 없는 괴리를 뼈저리게 느끼고 있었다. 겉으로 보기에는 아무 문제가 없는 것처럼 보였지만, 그의 교회론과 그가 심혈을 기울여 목회했던 사랑의교회는 서로 상충되고 있었다. 여기에 옥한흠의 숨길 수 없는 고뇌가 있었고, 그만이 괴로워할 수 있는 고민 때문에 마음 아파했다. 그래서 그의 아들 옥성호가 언급했듯이, "아버지의 사랑의교회 목회 내내 이런 고민 속에서 그가 하나의 돌파구로 붙잡은 길은 그냥 표현으로서가 아니라, '실제로' 목숨을 건 설교 준비"였다. "아버지에게 나날이 늘어 가는 성도가 주는 내적 고민을 해결할 수 있는 길, 그나마 많은 성도들을 제대로 섬길 수 있는 유일한 길은 설교였기 때문"이었다. 옥한흠은 1989년에 육체적 고통과 더불어 매주 피 말리는 설교 준비로 인해 영적 중압감을 더 이상 버텨 내기 힘들었다. 그에게 "설교는 십자가이고, 하나님 앞에서 자신의 영적 양심을 놓고 셈해야 할 몫"이었다.[54] 그렇다고 해서 옥한흠이 설교를 벗어 버려야 할 짐이나 부담으로만 생각한 것은 아니었다. 그는 설교에 대한 가치와 의미가 얼마나 중요한지를 누구보다도 잘 알고 있었던 목회자였다. 은퇴 후 옥한흠은 설교에 대한 그리움을 결코 떨쳐 버리지 못했다.

옥한흠은 그동안 생명을 바쳐 왔던 목회 사역을 사랑의교회를 위해 내려놓으려고 오랫동안 생각하고 마음을 굳게 먹었다. 그러나 그에게 또 다른 사역인 국제제자훈련원을 통해 제자훈련 목회를 발전시키고 확산시키고자 하는 의도가 있었기에, 사랑의교회 목회를 오정현에게 이양하기가 훨씬 수월했다. 아마도 이 사역이 없었다면 조기 은퇴를 쉽게 결정할 수 없었을 것이다. 김영순 사모에 의하면, 남편이 그나마 훈련원 사역이 있었기에 조기 은퇴를 결심하고 실행할 수 있었다고 한다. 옥한흠이 은퇴한 지 5년이 지난 2008년경에 국제제자훈련원 원장을 오정현에게 맡으라고 권한 적이 있었다. 건강도 악화되고 있었고, 시간도 어느 정도 경과했기 때문이다. 오정현은 이러한 옥한흠의 제안을 받아들여 원장 취임 예배까지 준비하고 있었다. 그런데 얼마 후 옥한흠의 입장이 달라졌다. 옥한흠은 원장직을 내어놓으려는 자신을 한 번도 만류하지 않은 채, 원장직을 수락한 오정현에게 전화하여 어떻게 그럴 수 있느냐고 섭섭함을 토로했다고 한다. 옥한흠은 결국 소천할 때까지 원장직을 넘기지 않았다. 이러한 사실은 옥한흠이 얼마나 국제제자훈련원 사역에 지극한 관심과 열정을 품고 있었으며, 그리고 결코 포기할 수 없는 미련을 갖고 있었는지를 단적으로 보여 준 예다.[55]

옥한흠은 평생을 바친 국제제자훈련원 사역에 애착을 가지고 끊을 수 없는 고리를 이어 가며 남은 생을 살았다. 무엇보다도 그는 "지금까지 당신이 제대로 돕지 못하고 또 방문하지 못했던 제자훈련하는 작은 지역 교회들을 찾아다닐 꿈에 부풀어 있었다."[56] 그리고 그는 2003년 은퇴하면서 훈련원 사역에 집중하겠다고 하면서 5430비전을 세웠다. 그 구체적인 내용은 5만여 한국 교회 가운데 십분의 일인 5,000여 교회와 4,000여 이민 교회 가운데 십분의 일인 400개 교회를 건강한 제자훈련 모델 교회로, 전 세계 30여 개국의 선교지에 제자훈련의 모델 교회를 세운다는 것이다. 그는 이 비전이 실현되는 것을 보지 못하고 이 땅을 떠났지만, 그가 마지막 순간까지도 평신도를 깨우는 제자훈련 사역을 한국 교회와 세계 교회의 희망으로 믿었음을 단적으로 보여 준다. 소천하기 1년 전에 옥한흠은 이렇게 말했다.

예수님이 원하시는 목회는 예수님의 제자를 만드는 것인데, 이 본질에서 벗어나는 일을 해서는 안 됩니다. 가변적인 것을 너무 지나치게 강조하고, 또 그것을 사람들에게 과시하다 보니 본질을 잃어버리는 실수를 저지르게 됩니다. 그래서 막상 교회 안에 가 보면 잔칫상은 요란한데 사람이 없습니다. 저는 제자훈련에 입각한 교회론을 제대로만 회복할 수 있는 목회자만 나온다면 한국 교회가 지금의 위기를 잘 극복할 수 있다고 생각합니다.[57]

옥한흠이 오정현을 후임자로 선정하고 실행하는 과정은 순탄했던 것만은 아니었다. 옥한흠이 자신의 후임자로 오정현을 생각하고 있다는 것에 대해 많은 지인들이 부정적 입장을 직간접적으로 전달했음에도 불구하고 그는 흔들리지 않았다. 그런 면에서 평소 옥한흠의 인간관계에 대한 소신을 살펴볼 필요가 있다. 그의 주변에는 많은 부교역자들과 이런저런 사역이나 인간관계를 통해 맺어진 사람들이 많았다. 그러한 관계 속에서 주변의 말 때문에, 옥한흠이 아마도 가장 힘들었던 관계에 있었던 사람들로 변재창과 김진경 등을 꼽을 수 있다. 그는 그럼에도 불구하고 이 두 사람과의 관계를 지속해 왔다. 그 이유를 아래의 언급에서 짐작해 볼 수 있다.

가끔 보면 하나님은 사람들이 이해할 수 없는 별난 기질과 개성을 가진 자들을 신나게 사용하신다는 것을 알고 있기 때문이다. 변[재창] 목사 외에도 가장 좋은 예가 연변과기대 김[진경] 총장이다. 지난 10년 동안 그분에 대해 내가 들은 부정적인 이야기를 다 모으면 책을 한 권 쓸 정도다. 그러나 지금은 아무도 무슨 소리를 하지 않는다. 김진경 박사가 아니면 아무도 할 수 없는 일을 하고 있다는 사실을 부인할 수 없기 때문이다. 나는 변 목사에 대해서도 비슷한 생각을 가지고 있다. 변 목사의 성격이나 리더십을 나는 좋아하지 않는다. 물론 동의하지 않는다. 그러나 하나님이 그를 사용하고 계신다는 점에 대해서는 조금도 의심하지 않는다. 그렇다면 내가 협력하는 것이 주님의 뜻이라고 믿게 되었다. 그를 통해 사랑의교회가 일본 교회를 알게 되었고, 10년이 넘도록 제자훈련을 일본 교회에 소개할 수 있는 채널을 유지할 수 있었기 때문이다. 심지어 나는 일본 세미나 때문에 89년에 쓰러졌고 그 후 혹독한 값을 치루어야 했다.[58]

목회 사역을 하는 데 있어서, 옥한흠의 최대 위기가 일본 세미나 건과 맞물려 일어났지만, 그렇다고 개인적 차원에서 변재창과의 관계를 청산하거나, 주위의 비판 여론 때문에 주저하지 않았다. 옥한흠은 그래도 "주님이 그를 사용하고 계신다는 엄연한 확신 때문에 그렇게 하는 것이다"라고 그 이유를 밝혔다. "남을 나보다 낫게 여기라는 한 구절의 교훈을 실천에 옮기는 것이 쉽지 않다는 것을 잘 알고 있을 것이다. 그러나 순종하는 자가 이기는 자다"라는 자세를 가지고 살았고, 그런 태도를 지인들에게도 강조했다.[59] 이것이 그의 입장이었고 자세였기에, 오정현에 대한 여러 부정적 견해를 들었어도 개의치 않았다. 하지만 옥한흠은 후임자 문제를 두고 남모르게 많은 고민을 했다. 그런 상황에서 그는 비유적으로 표현한다면, "돈 빌려주고 떼이느니, 한 번

안 빌려주고 욕먹을까"라는 생각도 스쳐 지나갔을 것이다.

○ 오정현의 부임

옥한흠은 은퇴하기 약 3년 전인 2001년에 자신의 의도를 오정현에게 넌지시 언급했다.⁶⁰ 그리고 2002년 5월, 제자훈련 세미나 때문에 미국 LA를 방문 중인 옥한흠은 남가주사랑의교회 당회를 열어 달라고 부탁하고, 사랑의교회에서 오정현을 후임 목사로 청빙된 사실을 알리고 협조를 구했다. 옥한흠이 수년간 교회를 생각하면서 하나님께 기도하면서 후임자로 결정한 것을 통보받은 오정현 내외는 처음에는 무척 당황했다.⁶¹ 하지만 오정현은 자신이 개척한 교회이지만 이민 교회는 1.5세대나 그 후 세대가 이끌어 나가야 한다는 생각을 했고, 목회를 오래 하다 보면 "세월이 주는 허물"로 인해 초래된 불편한 상황이 그의 마음을 한국 목회로 향하게 했다.⁶² 오정현 내외는 떠나기까지 수개월 동안 성도들의 마음을 추스르고, 2003년 7월 27일에 남가주사랑의교회에서 이임 예배를 드리게 되었으며, 8월 15일에는 20여 년이 넘는 이민 생활과 목회를 정리하고 고국으로 귀국했다.⁶³

사랑의교회 2대 목사로의 청빙 결정은 오정현의 입장에서 엄청난 부담으로 다가왔다. 그러기에 옥한흠은 여러 우려와 함께 기대감을 가지고 오정현에게 다음과 같은 편지를 보냈다.

이럴 때 내가 물러난다는 것은 나에게는 큰 감사지만 오 목사에게는 큰 부담이 될 수 있을 것이다. 왜냐하면 많은 부분에서 오 목사가 나보다 반드시 탁월해야 살아남을 수 있는 목회 현장이라는 것을 의미하기 때문이다. 오 목사 혼자서는 분명히 한계가 있을 것이다. 적어도 3, 4년은 그럴 것이다. 그러므로 우리 둘이서 얼마 동안 일심 단결하여 힘을 모으지 않으면 안 될 것이라고 생각한다. 오 목사에게는 나에게 없는 여러 가지 은사와 능력이 있다. 이 점을 나는 굉장히 자랑스럽게 여기고 있다. 그리고 큰 기대를 하고 있다. 내가 채우지 못한 빈자리들을 오 목사가 충분히 채워 줄 수 있을 것이다. 사랑의교회에는 다시 한번 은혜의 봄바람이 불게 될 것이다. 그 봄바람 앞에서 나의 영혼의 가지에도 꽃망울이 터지게 될 것이다. 사랑의교회가 또 한 번의 20년을 은혜의 황금기로 보낼 수 있으리라는 것이 나의 굳은 확신이다.[64]

그러면서도 편지 말미에 설교에 대한 권면으로 그의 글을 마무리했다. 결국 사역의 계승이 아름답게 이어지고 귀한 열매를 맺기 위해서는 목사의 생명인 설교가 가장 중요한 사역이고 그것을 강조하는 은퇴하는 선배 목사에게서 후임 목사를 향한 따뜻한 배려를 읽을 수 있다.

내가 오 목사의 설교에 대해 바라기는 오 목사가 가진 열정과 영성에 나의 설교가 지닌 강점이 잘 배합되면 말씀의 상승효과를 더 높일 수 있을 것이다. 그렇게만 되면 오 목사에게 강단을 맡긴 다음 나는 마음 놓고 나의 일에 전념할 것이다. 따라서 오 목사는 싫든 좋든 나의 설교를 연구할 의무가 있다고 생각한다. 수십 년 동안 내가 전하는 말씀에 익어 버린 양 떼를 이해하기 위해서라도 이 일은 불가피하다고 본다.[65]

이러한 권면은 시의적절했고, 그의 평생 스승이자 "한국 최고의 설교가"로 존경해 마지않았던 옥한흠으로부터 이런 편지를 받았던 오정현은 남다른 각오와 함께 설교에 대한 건설적인 부담을 느꼈을 것이다. 평생 설교를 생명 걸고 준비해 왔던 옥한흠은 그 십자가를 내려놓는 기쁨이 있었겠지만, 그 십자가를 짊어지는 오정현에게는 무거운 책임감으로 다가왔다. 설교를 절대로 적당히 할 수 없었던 옥한흠의 입장에서 은퇴 이후에 무엇이 제일 좋으냐는 이동원의 질문에 그는 "야, 설교 준비 안하는 것이 좋지"라고 대답했었다. 하지만 오정현에게는 자신만의 설교 스타일을 사랑의교회 성도들을 고려하면서 재조정해야 할 필요성도 있었다. 오정현은 "사역의 순위를 설교에 두겠다"는 결심을 하면서도 쉽지 않은 일임을 인식하고 있었다. 그래서 그는 자신의 각오를 다음과 같이 밝혔다.

솔직히 40대 후반인 제가 이것을 실천한다는 것은 쉽지 않을 것입니다. 하지만 한 가지 가능성은 언젠가 목사님이 제게 말씀하신 적이 있습니다. 목사님도 1985년 사랑의교회 건축 이후 그전까지의 설교 스타일을 포기하시고 새롭게 방향을 잡으셨다고.… 그때 목사님의 연세가 바로 지금의 제 나이입니다. 그때의 목사님의 마음가짐을 지금 저도 한번 가져 보겠습니다. 잘 가르쳐 주십시오. 저의 새로운 사역을 위해 하나님이 주신 기회라고 믿고 따라가 보겠습니다. 얼마나 잘될지는 미지수이지만 사랑의교회 성도들을 아끼고 불쌍히 여기시는 하나님의 인도하심을 믿고 저도 제게 맞는 설교의 새 옷을 입어 보겠습니다.[66]

새로운 설교 사역에 대한 각오와 함께 오정현은 새로운 설교의 역사
役事를 위한 기도의 제목을 알려 드림으로써 자신의 편지를 맺고 있다.
이제 그의 어깨에는 제자훈련 목회와 함께 설교에 있어서도 결코 가
볍지 않은 사역의 계승이 넘겨진 것이었다. 두 사람의 은사가 다르고,
여러 면에서 다른 점이 많을지라도, 이제는 다른 은사들이 "동시에 발
휘되어서 한 방향으로 나아가야 '세대교체'라는 시대적 소명을 완수
할 수 있을 것"으로 오정현은 파악하고 있었다. 지난 28년 동안 스승
을 통해 얻은 "배움과 깨우침이 절묘한 조화를 이루어 은혜의 상승 작
용을 일으키기를 기도"하는 모습 속에서 전개될 사역을 기대하게 했
다.[67]

○ 교계와 사회의 반응

옥한흠의 조기 은퇴의 배후에는 사랑의교회를 지극히 사랑하고, 새로
운 미래를 향하여 좀 더 진취적으로 발전하기를 원하는 마음이 있었
다. 그러나 엄연한 사실은 이것과 더불어 옥한흠 자신의 내면에서 거
부할 수 없는 실존적 고민 때문에, 5년 일찍 목회의 짐을 내려놓았다
는 것이다. 옥한흠의 건강이 좋았더라면, 그가 조기 은퇴하려는 생각
을 그렇게 심각하게 고려하지 않았을 수도 있다. 사랑의교회의 입장
에서 본다면, 교회가 젊어지고 새로운 리더십에 빨리 적응하고 새로
운 시대를 준비할 수 있는 계기도 되겠지만, 한국 교회 전체로 볼 때
는 상당히 아쉬움이 많은 조기 퇴장이었다. 옥한흠은 1990년대에 이
르러서야 한국 교회를 향한 지도력을 본격적으로 발휘하기 시작했다.
한 교회만을 목회하던 입장에서 한국 교회의 목회자로 교회와 민족

을 살려 가고 있었던 그가 은퇴를 발표했을 때, 마치 도중에 하차하는 것 같은 인상도 풍겼음을 부인할 수 없었다. 이중표는 이렇게 그의 심정을 토로했다. "계속 미친듯이 뛰고 달리다가 주님이 부르실 때까지 한 영혼을 살리고, 한 교회를 살리며, 한국 교회와 한국 민족을 살려야 할 소중한 이가 너무 일찍 퇴역한다는 것이 나의 솔직한 심정이다. 본인은 사랑의교회를 위한 결단이라고 말하지만 한국 교회를 위해 너무 아쉬운 생각이 드는 것이다."[68]

옥한흠 자신도 아쉬움이 많이 남았지만, 물러나기로 결단했다.

그리고 사랑의교회가 좀 더 예수님의 제자다운 교회답게, 성도들을 좀 더 제대로 갖추어 놓고 물러나 앉았으면 좋았을 텐데 하는 마음은 어쩔 수 없다. 이렇게 많은 사람들이 제대로 깨어 있으면 한국 교회와 한국 사회를 뒤집어 놓고도 모자람이 없어야 하는데 그렇지 못했다. 물론 긍정적인 부분도 크다. 사랑의교회의 제자훈련을 통해서 건강하게 성장하고 행복하게 신앙생활하는 교인들을 보면 나름대로 소명을 다했구나 하는 생각도 한다. 하지만 여전히 부족한 어두운 영역을 보면 답답하다. 내가 속한 교단, 그 교단에 순기능 역할을 못하고 물러나게 되었을 때 무력함을 느낀 적도 있다.[69]

하지만 이러한 일이 있자, 일부 대형 교회의 세습 문제를 곱지 않은 시선으로 교회를 바라보았던 한국 사회의 각계각층에서는 상당한 관심과 호의를 가지고 보도했다. "교회승계 새 모델 제시, 사랑의교회 옥한흠-오정현 목사"라는 제하에 「동아일보」, 2003년 9월 5일자 신문에서는 두 사람의 관계를 "아름다운 만남, 멋진 커플"로 묘사하면서, "그동안 대형 교회 목사들이 후임 목사 선정 과정에서 '세습'과 '편법' 으로 말썽을 빚었던 것에 비하면, 오랜 준비 기간을 거쳐 평화적 '정권 교체'를 이룬 사랑의교회는 교계의 화제가 되고도 남음이 있다"고 보도했다. 옥한흠은 "행복하다. 새 목사 부임으로 교회 전체가 꿈을 꾸게 됐고, 그만큼 젊어지고 박력 있어진 것을 하나님께 감사드린다"고 말했다. 그는 한때 "한 3년만 더하면 어떻겠나" 하는 인간적 바람이 있었다고 털어놓았다. "하지만 그땐 오 목사가 50대가 된다. 40대와 50대의 느낌은 하늘과 땅 차이다. 가장 좋은 시기에 물러나는 게 옳다고 봤다."[70]

오정현은 당시 소감을 이렇게 밝혔다. "처음 옥 목사님의 얘기를 들었을 때 감사하기도 했지만 부담이 많았다. 한국 교회를 대표하고 교인들의 존경을 한 몸에 받고 있는 목회자의 교회를 물려받는 것은 십자가를 지는 일이었다. 그러나 옥 목사님이 자신의 유익이 아니라 교회의 유익을 구하는 것에 감동을 받아 그의 요청을 받아들였다." 오정현은 부임 직후, 2003년 9월 2일 사랑의교회 순장(지역별 대표) 2,000여 명과 상견례 모임을 가졌다. 그는 "강단에 올랐는데 '은혜의 물결'이 출렁거리는 것을 느낄 수 있었다. 전임 목사가 보통 교회 시스템을 물려주는 것에 그치는 데 비해 옥 목사는 영성과 소명, 비전 그리고 잘 훈련된 신자들까지 물려줬구나 싶었다"고 말했다. 보통 대형 교회에는 전임 목사의 카리스마가 강하기 때문에 후임 목사가 잘 적응하지 못하는 경우가 많다. 옥한흠은 이에 대해 단호하게 말했다. "3년 전부터 내 생각이 무엇인지 교인들에게 알려 주기 위해 노력했다.

한마디로 목사가 늙으면서 교회도 늙어서는 안 된다는 것이었다. 다행히 교인들이 이해했다. 12월까지 공동 목회를 하지만 철저하게 오 목사 편에서 뒷바라지를 하는 게 내 역할이다." 이에 오정현도 패기 있게 말을 받았다. "세상에서 교회에 대한 이미지가 별로 좋지 않다. 교회만이 보여 줄 수 있는 섬김의 자세를 사회에 보여 주도록 노력하겠다. 몸을 낮추면 세상이 아름답게 보인다."[71]

이렇게 사역을 계승한 오정현은 자신의 리더십을 발휘하고 새로운 시대의 문화에 적응하도록 노력하겠지만, 그렇다고 과거의 귀한 신앙적 유산을 계승해 나가는 데 결코 소홀히 하지 않겠다는 결의가 분명해 보였다. 어떻게 보면 아날로그 시대의 장점을 살리면서도, 디지털 시대의 혁신과 단절되지 않은 채 연속성을 유지해야만 더 큰 시너지 효과가 일어남을 직시했을 그였다. 이렇게 해서 사랑의교회의 아름다운 사역 교체와 계승은 두 시대를 이어 가는 "디지로그 시대"[72]의 리더십으로 발전해 나갈 수 있는 돈독한 토대가 마련되었다. 후임 목사에게 사역을 넘겨주기 위해 2003년 8월 31일 주일 예배를 시작으로 옥한흠과 오정현의 동사 목회가 시작되었고, 2004년 1월 14일에 오정현은 사랑의교회 위임 목사로 취임했다. 이렇게 해서 목회 사역의 계승이 아름답게 매듭지어졌다. 본격적인 후임자 고려는 비교적 짧은 시기에 결정된 것처럼 보여도, 그의 목회 철학을 계승할 젊은 목회자에 대한 옥한흠의 관심과 생각은 벌써 오래전부터 마음에 있었다. 아름다운 목회의 세대 계승으로 인하여 사랑의교회의 위상은 더 높아졌고, 한국 교회와 사회에 좋은 소문이 널리 퍼졌다. 오정현도 이 일로 "옥 목사님이 한국 교회 앞에 가장 존경받는 목사님으로 본격적으로

클로즈업 된 게 2003년부터 2007년까지입니다"라고 언급했다.[73]

○ 오정현의 부임 이후

오정현의 부임 이후, 사랑의교회는 여러 면에서 활기차 보였다. 오정현은 부산을 떠나 서울에 올라와 내수동교회에 출석하면서부터 새벽기도에 나가기 시작할 정도로 기도에 열정적이었다. 또한 그는 젊은 시절에 대천덕Reuben Archer Torray III 신부를 만나 성령 운동에 대한 관심도 많았다.[74] 그는 제자훈련과 더불어 성령 운동을 두 축으로 해서 사역을 전개해 나갔다. 특별새벽기도회 운동도 그러한 배경이 작용한 결과였다. 전임자 옥한흠과 후임자 오정현 사이에는 분명한 차이가 있었다. 오정현은 보다 열정적인 방향으로 목회를 이끌고 나갔고 호응도 있었다. 박용규는 이렇게 주장했다.

> 옥한흠이 제자훈련 목회와 그 저변 확대에 생명을 걸었다면, 오정현은 좀 더 넓은 지평을 가지고 역사의 부름에 답하려고 노력했다. 그는 제자훈련 목회를 중시했지만 성령 운동의 필요성을 깊이 인식하며 성령의 인도하심과 충만에 더 많은 관심을 갖고 교회를 이끌어 나갔다. "열정의 비전 메이커"만큼 오정현을 잘 드러내는 표현도 드물 것이다.[75]

그러나 오정현이 사랑의교회 담임 목사로서 뿌리를 내리는 데에는 적지 않은 갈등도 있었다. 옥한흠의 전적인 신뢰와 후원이 든든한 힘이 된 것은 사실이었지만, 오정현이 스스로 넘어야 할 고개들이 있었다.

옥한흠에게는 후임 목사와 사랑의교회를 위해서라면 언제라도 자신을 기꺼이 내어 줄 준비가 되어 있었다. 그리고 그는 오정현을 진심으로 사랑했다. 하지만 설교나 목회 방향에 대한 거침없고 기탄없는 옥한흠의 충고는 오정현에게 큰 부담으로 다가왔다. 이러한 과정을 오정현은 때로 힘겨워했다. 그것을 잘 수용하면서도 당시의 심정을 이렇게 토로했다.

예를 들면 설교에 있어서는 긴장과 치열함이 서려 있었다. 내가 주일 예배에서 말씀을 전한 후에 옥 목사님은 때로는 즉각적으로, 혹은 다음날 전화를 걸어 당신의 생각을 가감 없이 표현하시곤 하셨다. 비록 애정 어린 조언이라고 해도 사실 수십 년 동안 자신의 스타일을 가지고 설교한 목회자가 자신의 설교에 대해 직접적인 충고를 듣는 것은 결코 쉬운 일이 아니다. 그러나 사랑의교회에 부임한 후로 지금까지 설교에 대한 옥 목사님의 견해에 마음을 열고 깊이 되새김질한 것은 하나님의 말씀인 성경에 대한 목사님의 불꽃같은 사랑, 개인과 교회의 모든 문제의 근원적인 답으로 말씀에 대한 절대적 믿음, 말씀을 추호라도 사사로이 풀지 않는 칼날 같은 엄격한 태도, 그리고 나에 대한 아낌없는 그 깊은 사랑을 알았기 때문이다.[76]

우선 사랑의교회의 사역 계승은 한국 교계뿐만 아니라, 일반 사회에서도 지대한 관심과 주목의 대상이 되었다. 그러나 오정현에게 이어진 사역의 계승은 그 사역의 밑받침이 되었던 신학적 바탕과 제자훈런 목회의 본질이 함께 계승되지 않고는 효과적으로 수행할 수 없는 것은 자명한 사실이었다. 시간이 지나가면서 적지 않은 갈등과 차이가 표출되었고, 전임자와 후임자 간의 관계에 어려움이 생기기도 했다. 오정현은 사랑의교회로 부임하기 전, 남가주사랑의교회에서 사역할 때 제자훈련 목회의 한계를 나름대로 극복할 대안을 찾았다. 그러한 대안의 하나로서 김삼환이 시무하는 명성교회에서 시행하는 특별새벽기도회에서 아이디어를 얻어, "거기는 새벽기도회라면 우리는 부흥회를 왜 새벽에 할 수 없느냐"라고 생각하면서 이민 교회 상황에 적용하여 많은 유익도 목격했다. 새벽기도와 부흥회를 독특한 방식으로 결합한 "특별새벽부흥회"는 이민 교회 성도들로 하여금 문화와 세대의 차이를 넘어서 하나 됨을 이루게 했다. 오정현은 부임한 지 얼마 안 된 2003년 0월 밀경부터 사랑의교회 새벽기도회가 너무 약하다고 생각되어 40일간 특별새벽부흥회를 본당에서 실시하기로 했다.[77] 오정현도 제자훈련 목회에 전념해 왔지만, 성령 운동과 기도 운동을 통해 제자훈련 목회를 쇄신시켜 보고자 하는 의도를 가지고 있었다. 이러한 과정에서 오정현이 전임자의 목회 정신을 계승해 나가면서도, 자신의 목회적 영향력을 확보해 나가려는 의도가 있었다는 오해를 받기도 했다.[78]

오정현이 시행한 특별새벽부흥회는 "특새"라는 새로운 언어로 한국 교계에 널리 회자되고 영적 갈급함이 심했던 수많은 성도들에게 호소력을 가지면서, 사랑의교회로 몰려드는 수평 이동 성도의 수는 점점 늘어만 갔다. 당시의 상황에 대해 오정현은 이렇게 언급했다.

부임하자마자 특새의 바람이 불고 우리 교회가 가진 그동안의 제자훈련 말씀의 장작들 위에 성령의 기름 부으심이 부어 버리니까 이게 폭발적으로 부흥했다고요. 이건 아무도 예상치 않았던 거예요. 이것을 목회적 시각과 교회사적 시각으로 봐야 되는데 500명 모일 때 지은 이 건물을 가지고 주일 날 모이고, 애를 써도 이만 명 이상 출석할 수 없는 이런 극단적인 환경을 가지고 주일 날 삼만 명이 넘어서고 아이들까지 합쳐서 사만오천, 오만 명이 되는 이런 역사가 일어났단 말이에요.[79]

한 사람, 한 사람에게 초점을 두었던 사랑의교회 제자훈련 목회에 많은 변화가 생기기 시작했다. 급속도로 많은 사람이 열광하며 환호하는 분위기가 고조되었다. 사랑의교회 성도들은 새로운 변화를 긍정적으로 기대하면서도 "사상가적인 성향"이 강했던 옥한흠의 목회와 지도력에서, "운동가적인 기질"이 강한 오정현의 목회적 방향으로 적응해야만 하는 입장에 놓이게 되었다.[80] 설교의 내용과 스타일은 물론이고 신학 사상의 성향도 다름이 드러났다. 이러한 변화 속에서 사랑의교회의 가장 중요한 목회적 방향이 사람을 변화시키는 것에서, 다른 방향으로 변화되기 시작했다. 짧은 기간에 교인들의 숫자가 급증함에 따라 예배당이 예전보다 더욱 협소하게 느껴졌다. 교회의 주요 관심사는 점차적으로 예배당 신축 문제로 전이되었다. 의도하지 않았다 할지라도, 이러한 변화의 양상은 사랑의교회 역사에 있어서 깊이 숙고했어야 할 과제였다. 그리고 일단 신축 예배당 문제로 초점이 옮겨지자, 제자훈련 목회의 본질은 여러 면에서 후유증을 겪게 되었다.

오정현이 부임한 지 2년도 채 되지 않아, 제자훈련 목회의 본질에 대한 의구심이 드러나기 시작했다. 그를 후임으로 세운 옥한흠의 마음도 무거워졌다. 2005년 1월 26일, 옥한흠은 담임 목사와 훈련 담당 부목사들에게 당부하는 말에서 후임 목사가 부임한 후의 변화에 대한 자신의 속내를 솔직하게 드러냈다.

여러분이 알고 있지만 나는 목회를 잘못해서 쫓겨난 목사도 아니고 또 나이가 꽉 차도록 그저 자리를 지키다가 밀려난 사람도 아니고 내 나름대로 내가 판단해서 교회를 위해서 가장 최선의 선택을 해야 된다 하는 이런 입장에서 하나님이 인도하시는 대로 내가 처신을 했고, 그런 의미에서 일반 교회 원로 목사처럼 그저 손 털고 뒤에 앉아서 할 말이 있어도 인 하고, 그서 항상 스마일로 등허리나 두들겨 주는 이런 입장에 내가 있다고 여러분이 생각하시면 곤란해요. 오 목사님과 나의 관계도 그렇게 격식을 차리고 서로 인사를 차려야 되는 어색한 관계도 아니고요. 그러기 때문에 사랑의교회를 위해서라면 난 할 말을 할 거고요. 또 오 목사님에 대해서도 내가 중요한 부분에 대해서는 내가 듣기 싫은 소리도 해야 된다고 나는 생각하고 있는 사람이에요. 이런 면에서 내가 오늘 이런 시간을 갖는 거에 대해서 여러분이 뭐 원로가 되어 가지고 좀 지나치다 하는 이런 생각을 여러분이 마음속으로 할 수 있을지도 몰라요. 그러나 오 목사님하고 나하고는 공동 운명이에요. 여러분이 삼만 명이 넘는 우리 교인들이 오 목사님을 거의 100%로 영입을 하고 모시게 된 이유는 옥 목사 말을 신뢰했기 때문에 그렇게 한 거지 오 목사를 시시콜콜 알아서 모신 거 아니잖아요. 그러니까 오 목사님이 조금이라도 잘못된다든지, 또 교인들에게 만족을 주지 못하고 계속 어떤 갈등을 일으키려 한다든지 하면 그것은 내가 책임을 져야 되는 거예요. 후임을 잘못 들여서 교회가 기울어지고 피폐해지는 것은 시간 문제예요.[81]

옥한흠은 오정현이 부임한 지 얼마 안 되어 심상치 않은 변화들을 목격하면서 하기 힘든 말을 교역자들에게 할 수밖에 없었다. 사랑의교회를 지극히 사랑하는 마음으로, 그리고 제자훈련 목회가 변함없이 지속되기를 바라는 간절한 심정으로 자신의 생각을 단호하고도 분명하게 전달했다. 아무리 탄탄한 제자훈련 목회의 기반을 심혈을 기울여 마련했다고는 하지만 무너지는 것은 한순간임을 그는 너무도 잘 알고 있었다. 그는 말을 계속 이어 갔다.

사랑의교회도 마찬가지입니다. 잘못되면 기울어지는 건 시간문제예요. 이런 면에서 오 목사님과 저는 공동 운명이에요. 내가 지금 사랑의교회에 대해서 목회에 관해서 관심을 갖는 건 딱 두 가지입니다. 다른 것은 일체 관계 안 해요. 강단 설교하고 그다음에 제자훈련이에요. 이 두 가지에 대해서만은 내가 이것은 공동 운명이라는 생각을 갖고 있기 때문에 철저하게 기도하고 나 자신이 또 오 목사님을 도울 수 있는 일은 최대한 돕고 어떤 때는 듣기 싫은 말이라도 내가 해야 될 때는 하고 앞으로도 그럴 거예요. 이 두 가지는 이 교회의 생명이에요. 저는 오 목사님의 설교를 놓고 참 기도를 많이

하는 사람이에요.[82]

이러한 말을 하면서도 옥한흠은 오정현의 설교에는 자신이 따라갈 수 없는 강점이 있고, 가능성이 있었기에 점점 좋아질 것이라는 희망을 버리지 않았다. 그리고 찬양을 통해 성도들이 은혜 받고, 특히 40대 50대 남성들이 찬양을 하며 감격하는 모습에 고무되기도 했다. 그래서 매 주일 여섯 번 드리는 예배 중에서 한두 번은 전통적인 예배 형식으로 드리는 것이 좋지 않을까 생각한 것도 접어 버렸다. 하지만 제자훈련의 정신이 이완된 것에 대해서는 심각한 위기의식을 느끼면서 상당히 무겁게 질책했다.

오정현이 부임한 지 1년 반이 지나가는 즈음에 옥한흠은 자신과 함께 개척 초기부터 제자훈련 사역에 동참해 온 초기 순장들의 모임인 "일소회"와의 만남을 통해 제자훈련에 대한 문제의식을 재확인하게 되었다. 아무 연락도 없이 지냈던 옥한흠과 그들이었지만, 아무래도 제자훈련에 대한 위기를 극복하지 않고서는 안 되겠다는 직감과 공감이 맞부딪히면서 "뭔가 스피릿이 사라진 형식적인 제자훈련"을 극복해야 할 심각성에 대해 지적할 수밖에 없었음을 피력했다. 또한 옥한흠은 아무리 제자훈련 목회 철학을 공유하는 후임자가 왔다 해도 개성이 다를 수밖에 없고, 그 개성이 교회의 목회 문화를 형성하는 데 상당한 영향을 미치는 것을 충분히 인지하고 있었다. 하지만 부임한 지 2년도 되지 않아 사랑의교회의 분위기가 전임자의 "훈련 목회 문화"가 후임자의 "축제 목회 문화"로 급속도로 바뀌고 있는 변화는 결코 긍정적으로 간주될 수 없었다. 이러한 변화를 옥한흠도 전혀 예측하지 못한 것은 아니었다. 후임자의 원활한 목회 사역을 위하여 옥한흠은 기둥 역할을 해 왔던 교역자들의 자리 이동을 감행했고, 또 새로운 교역자들이 들어오는 상황에서 제자훈련의 분위기가 흔들리는 것은 일어날 수 있는 현상이고, 옥한흠도 "제자훈련에 대한 좋지 못한 이미지는 일시적인 현상"이라고 에둘러 그 의미를 축소했다.[83]

그러면서도 아무리 목회에 있어서 제자훈련을 잘 했어도 실패하는 경우들이 종종 발생하는데, 그것은 첫째로 "우선 설교에 교인들이 만족하지 못할 때", 이 현상이 일어나는 것에 경종을 울리며 설교에 심혈을 기울여야 한다고 역설했다. "교인들이 제자훈련을 통해서 은혜받고 영적으로 굉장한 수준인데, 그 수준에 맞는 메시지가 전달이 되어서 만족을 주지 못할 때 점점 영적으로 고갈 상태와 갈증을 느끼게 되고 그것이 나중에 불만 요인으로 터져 나오는 그런 일들이 교회 안에 자주 일어납니다." 그다음으로, 제자훈련을 통해 교회가 안정이 되고 목회자가 자신감을 갖게 되면서 "그때부터 관심이 밖으로 돌기 시작하고 목회자가 밖으로 돌기 시작"하는 데서 교인들의 불만이 시작된다고 지적했다. 구심점이 흐려지고 목사가 유명해지면서 교회 밖으로 돌기 시작하면 담임 목사뿐만 아니라 부교역자들도 사역의 중심이 흐려질 수밖에 없는 것이다. 물론 목회 사역을 부교역자들과 함께 해야 하는 것은 당연한 이치이지만, 담임 목사는 그들의 사역의 중심을 잡아 주어야 할 책임이 있음을 강조했다. "담임 목사가 중심을 잡아 주는 방법 중 하나가 목사는 밖을 돌지 않는 거예요." 그러면 이러한 담임 목사가 직접 제자훈련을 하지 못해도 교회를 지키고 그들을 감독하는 가운데 제자훈련의 정신이 바르게 확산되어 갈 수 있음을 상기시켰다. 옥한흠은 자신이 제자훈련 목회를 그래도 잘했다고 생각했던 것은 그의 목회 사역 기간 중 거의 집회 요청의 95%는 거절하고 사랑의교회 밖으로 돌지 않았다는 것을 주지시켰다. 제자훈련 목회를 담당하는 교역자들의 지속적인 절제와 긴장감 없이는 쉽게 매너리즘에 빠지게 되고 형식적인 제자훈련에 임할 수밖에 없는 현실을 그는 누구보다도 예리하게 직시하면서 당시의 문제점을 낱낱이 드러냈다. 그는 앞으로 드러날 문제점들도 어느 정도는 예감하고 있었다.[84]

이 자리에서 옥한흠은 그가 평생 매달려 온 제자훈련 목회의 본질을 분명하게 언급했다.

> 한 사람의 변화와 성숙이죠. 그리고 변화와 성숙을 통한 한 사람의 소명 의식과 헌신이죠. 그래서 제자훈련을 받았다 하면 영적으로 변화되고 성숙되었다고 하는 것은 기본이고 그 영적 변화와 성숙을 통해서 그 사람이 그리스도의 제자로서 소명감을 가지고 헌신하는 자리까지 가도록 하는 것이 제자훈련이에요. 제자훈련, 사역훈련이죠. 그렇죠?[85]

그런데 이런 제자훈련과 사역훈련에 임하다 보면, 자신도 모르게 매너리즘에 빠지는 경우가 비일비재한데, 그것으로부터 벗어나는 길은 고린도전서 15장 31절의 말씀처럼 "나는 날마다 죽노라"라는 자세를 견지하는 것이다. 이중표의 별세 신학에서 강조하고 있듯이, 제자훈련 목회의 정신도 "자기가 죽는 거예요. 제자훈련을 살리는 유일한 길입니다"라고 그는 외쳤다.[86] 한 알의 밀알이 썩는 곳에 생명이 움트고 많은 열매가 맺어지듯, 내가 죽지 않으면 나를 통해 그리스도의 능력이 나타날 수 없다. 옥한흠은 사역자들에게 지금까지 견지해 온 자신의 목회 자세를 상기시켰다.

> 제자훈련이 정말 생명력을 나타내는, 정말로 사람을 살리고, 세우고, 헌신하게 만드는 이런 엄청난 일들이 일어나려면 목회자가 죽어야 돼요. 제자훈련을 시키는 사람이 죽음을 각오하는 자세를 가지고 임해야만 이러한 결과가 가능해요. 이 점에서 여러분 자신들을 한 번 돌아보세요. 저는 감히 이런 말을 할 수 있어요. 지난 35년 동안 제자훈련을 대학생들과 시작하던 그때부터 지금까지의 사역을 한마디로 요약하면 죽을 각오를 한 사역이었어요. 나는 솔직히 나 자신을 아끼지 않았어요. 심지어 가정까지도 포기를 한 마음 자세를 가지고 사역을 했어요. 내가 죽을 각오를 하고 사역을 하는 것에 하나님의 역사가 일어나는 거예요. 그리고 거기에 생명의 역사가 나타나는 거예요.[87]

옥한흠은 제자훈련 사역이야말로 성경적 교회론에 비추어 볼 때 반드시 수행해야 할 필수적인 과제이고 소명이라고 확신한 순간부터 순교적 각오를 가지고 목회 전 기간을 변함없이 그 정신으로 달려왔다. 옥한흠이라는 "한 사람", "한 제자", 그리고 "한 밀알"이 죽어 많은 결실을 맺는 길을 그는 이렇게 정의했다. "내가 죽는 방법은 강단 설교를 위해서 혼신의 힘을 다 기울이는 것이고, 내가 죽는 방법은 제자훈련을 시키기 위해서 필요한 자료들을 시장에서 구입할 수 없으면 내가 만들어야 된다는 집착을 가지고 지금까지 다락방 교재고 뭐고 전부 다 내 손으로 만들고 그래서 눈병 나고 두통 나고 뭐 이러면서까지 쉴 사이 없이 달려 온 것이 나의 목회 길이에요. 죽음을 각오하는 희생이 없는 곳에 절대 성령은 역사하지 않습니다."[88] 그는 사역훈련뿐만 아니라, 말씀을 전하고 가르치는 매 순간마다 생명을 걸고 항상 새롭게 도전한다는 자세로 임했다. 그리고 성도 한 사람 한 사람을 위해 기도하는 것도 매우 구체적이고 실제적인 내용으로 정해 놓고 몇 명씩 돌아가면서 기도했다. 진심으로 어머니가 자녀를 젖 먹여 키우듯이, 그렇게 간절하게 그들을 위해 간구했다. 기도의 제물이 되기 위해 자신을 기꺼이 던지지 않고는 제자훈련 목회의 생명력은 점점 약화되어 갈 것이다.

또한 그는 자신이 가르치는 내용과 그의 삶의 내용 사이의 간극間隙을 좁히기 위해 부단히 노력했다. 그를 개인적으로 만나든지, 아니면 공적으로 만나든지 빈틈을 보이지 않고 일치된 삶을 살기 위해 자신을 쳐 복종시키며 날마다 죽는 삶을 기꺼이 살았다. 그런 자세를 가지고 그는 끊임없이 책을 읽고 또 읽었다. 한 생명을 살리는 보람이 무엇인지 알았던 그는 자기가 죽지 않고는 다른 생명을 구해 낼 수 없음을 알았다. 그의 목회 전반에 그러한 정신과 자세가 철저하게 배어 있었다. 목회자로서 죽는 방법을 구체적으로 알고 행했던 옥한흠은 아무리 그가 제자훈련 목회의 "광인"이고 "장인"이라는 별명을 들었어도, 그가 알고 있었던 내용과 방법을 "그냥 반복하는 사람이 아니라 계속 발전하기 위해서 씨름"을 멈추지 않았다.[89]

오정현이 부임하여 그만의 목회 전략을 세우고, 그러면서도 옥한흠의 충고가 이어지는 상황에서 사랑의교회 성도들의 숫자는 늘어만 갔다. 물론 달라진 교회 분위기 때문에 사랑의교회를 떠나는 교인들도 꽤 있었지만 크게 부각되지는 않았다. 떠나지 말아야 할 사람들이 떠나갔지만, 떠나는 사람들보다는 더 많은 새로운 사람들이 찾아왔기 때문이다. 이러한 상황에서 오정현은 지속적으로 새로운 예배당 건축을 위한 부지를 마련하는 데 큰 관심을 가지고 동분서주하고 있었다. 2005년 5월 오정현이 (서초)고등학교 운영을 비전으로 내걸고 새로운 행보를 걷고자 했을 때, 옥한흠은 이런 편지를 그에게 보낸 적이 있다.

그날 도심 속에 남아 있는 확 트인 공간에 매료되어 정말 손에 넣었으면 좋겠다는 생각에 빠져 있었다. 우리 교회를 향하신 하나님의 뜻이 드러나는 것 같았다. 그러나 돌아와서 나는 계속 갈등과 번민 속에 시간을 보내어야 했다. 기도 시간 내내 그 문제를 끌어안고 씨름을 해야 했다. 눈으로 보기에 좋았던 소돔 땅을 선택한 롯이 자꾸 생각나는 이유가 무엇일까? 만일 이 계획을 그대로 감행한다면 향후 10년 가까이 재정 압박과 함께 교회의 전반적인 사역에 지장을 초래하게 될 것이다. 동시에 사학 재단이라는 호랑이 꼬리를 잡고 끌려가야 하는 무거운 짐을 지게 될 것이다. 교회의 청년기가 영원히 계속되는 것이 아님을 너도 알고 있지 않니? 그렇다고 그것이 온 교회가 목숨을 걸어야 할 일이라면 모르지만 아무도 그렇다고 동의하지 않을 것이다.[90]

옥한흠의 판단은 예리했고, 그리고 현실적이었으며 또한 영적으로도 깊은 의미를 담고 있었다. 예배당 건축보다는 예배와 목회의 본질에 우선순위를 두라는 권면이었다. 이러한 가운데 오정현이 자신을 그렇게도 위하고, 교회 본질을 위한 목회의 방향이 무엇인지를 분명하게 제시해 주는 옥한흠 같은 멘토와 선임자를 두고서도, 사랑의교회 목회를 제대로 이끌고 나가지 못한다면, 개인적으로도 그렇거니와 한국 교회 역사의 측면에서 볼 때도 애석한 처사가 아닐 수 없다. 옥한흠의 이 편지와 함께 교회와 후임 목회자를 위한 진심 어린 격려를 받아들이지 못한 오정현은 결국 옥한흠과 갈등의 길을 걸어갈 수밖에 없었다. 이것은 사랑의교회뿐만 아니라, 한국 교회 전체로 보아서도 안타까운 일이었다. 만약에 옥한흠이 은퇴 후, 후임자의 목회에 대해 깊은 관심을 갖고 후원하며 권면하지 않았다면, 그 결과는 힘으로 더 어려운 형국으로 치달았을 것이다.

옥한흠의
한국 교회를 향한 외침

16장

한국 교회를 향한 절규

○은퇴 이후의 옥한흠의 설교

2004년 4월 11일, 상암월드컵경기장에서 열린 부활절 연합예배 강사로 옥한흠 목사가 내정되었다. 이 예배는 한기총과 KNCC가 교파와 교단을 초월하여 연합으로 드리기로 했다. 이렇게 연합으로 예배를 드릴 수 있었던 것은 그동안 한국 교회의 갱신과 연합을 위해 노력해 온 한목협의 노력이 중요한 역할을 했다. 또한 목회 사역을 다음 세대에게 이양하고 한국 교회에 모범을 보인 사랑의교회와 옥한흠에 대한 예우와 배려이기도 했다. 이날 옥한흠은 마태복음 28장 18-20절을 본문으로 "한국 교회여 다시 일어나라"는 주제로 감동적인 설교를 선포했다. 당시 교계와 사회에 만연해 있는 위기를 딛고 일어나 새로운 각성을 촉구하고 새로운 도약을 격려하는 메시지였다. 위기 속에서도 한국 교회는 복음을 힘 있게 증거해야 하고, 예수 그리스도의 말씀을 배우고 순종하는 제자가 되어야 하며, 부활하신 예수님의 약속을 믿고 선한 싸움을 싸워 이 나라가 하나님이 다스리는 나라가 되도록 하자고 외쳤다. "한국 교회여 다시 일어나서 이 나라를 복음화시킵시다. 한국 교회여 다시 일어나서 우리 모두 작은 예수가 됩시다. 한국 교회여 다시 일어나서 용기를 가지고 예수를 거부하는 어둠의 권세들을 대적합시다. 그래서 부활의 주님이 다스리시는 거룩하고 아름다운 나라를 만들어 갑시다."[1]

옥한흠은 사실 은퇴 이후에도 많은 설교들을 선포했고, 설교집도 출판했다. 특히 2007년에 출판된 『안아주심』이라는 설교집은 2년 만에 60쇄를 발행할 만큼 많은 이들에게 위로와 소망을 불러일으켰다. 1997년 한국경제는 IMF 구제 금융을 받아야 할 만큼 위기를 경험했다. 그 이후 어느 정도 극복했다 싶었는데, 다시 미국발 금융 위기로 한국 사회는 경제적 파탄과 위기를 또 한 차례 겪으며 사회적 문제들이 많이 발생했다. 이러한 상황에서 옥한흠의 『안아주심』은 적지 않은 파장을 일으키며 영향력을 발휘했다.[2] 은퇴 후에도 옥한흠은 교계의 주요 행사에 초청받아 설교하기도 했고, 가끔씩 사랑의교회 주일 예배에서 설교하면서 정든 성도들과 하나님의 은혜를 나누었다. 그리고 이 기간에 그가 역점을 두었던 사역은 가장 본질적인 과제라고 간주했던 제자훈련 지도자 세미나를 중심으로 사역했다.

그러나 한국 교회가 세속화되는 것을 심각하게 우려하고 경고한 옥한흠의 설교는 아마도 그의 생애 마지막에, 특별히 암 투병을 하면서 깊이 숙고하며 한국 교회를 향해 외친 메시지일 것이다. 2008년 1월 초에 한복협 조찬기도회에 참석해서 옥한흠은 이렇게 설교했다.

교회 안에는 현재 세속주의라는 "세균"이 퍼져 죄를 죄라고 말 못하는 기막힌 상황이 벌어지고 있다. 심지어 죄를 말하는 목사는 부정적인 말만 하는 목사로 내몰아 목회자들이 교인들 앞에서 쉬쉬하고 있는 상황이다. 이것은 마치 버릇없는 어린아이가 음식 먹기를 거부하면 먹이지 않는 무책임한 부모의 모습과 같다. 결과는 영양실조일 뿐이다. 한국 교회가 부흥을 위한 각종 행사를 열었지만 행사로 끝났을 뿐 아무런 일도 일어나지 않았다. 포스트모더니즘 사회에서 적절한 타협과 조화를 미덕인 양 가르치는 한국 교회 목회자들은 각성하고 성도들이 예수의 가르침대로 품위 있게 살도록 지도해야 한다.[3]

○옥한흠 목사의 기념비적 설교, 2007년 7월 8일
평생 설교자로 살았던 옥한흠의 역사적인 설교는 2007년 7월 8일, 상암월드컵경기장에서 열린 평양대부흥 운동 100주년 기념 대회에서의 설교일 것이다. 이 기념 예배는 한국 교회가 교단과 교파를 초월해 연합과 일치의 정신으로 치른 대형 집회라는 점에서 의미가 있었다. 옥한흠은 대부흥 운동 100주년 기념 예배 설교를 부탁받았을 때, 건강 악화로 몇 번이고 거절했지만, 주최 측에서는 한경직 이후 한국 개신교 지도자로 추앙받는 그를 설득하여 결국 설교하도록 했다. 하지만 옥한흠이 고심 끝에 설교를 승낙한 이유는 그의 목회 후반기에 한국기독교목회자협의회를 설립하고 대표 회장을 맡아 가장 심혈을 기울인 것이 교회 연합 운동이었기 때문이었다. 그동안 병고와 싸우면서도 한국 교회의 일치를 위해 씨름해 왔는데, 교단과 교파를 초월해 열리는 연합 집회에 설교자로 부탁받았을 때 그의 건강을 고려해

보면 쉽지 않은 일이었지만, 그는 "하나님의 뜻이구나"라는 확신을 하게 되었고 결국 수락했다.[4]

옥한흠이 2007년 개신교계 최대 행사인 평양대부흥 운동 100주년 기념 대회에서 행한 "교회를 겨누고, 목회자를 겨냥한 설교는 그 자체가 처절한 '회개'였다." 그의 설교, 아니 그의 회개에 깃든 보석 같은 '눈물'을 다시 캐고 싶은 기자가 그를 찾았을 때, 옥한흠은 이렇게 자신의 마음을 전했다고 한다. "내 얘길 해선 안 되지 않나. 하나님이 주시는 말씀을 전해야 했다. 하나님의 메시지는 '교회의 회개'였다. 그걸 하나님이 주셨다는 확신에는 변함이 없다. 그런데 전하기가 너무 어려운 말씀이었다." 그는 말을 이어 갔다. "100주년은 기념 페스티벌 아닌가. 그런 말씀을 어떻게 전할 수 있겠나. 예수님이라면 얼마든지 할 수 있는 이야기다. 그러나 나는 다르다. 나도 한국의 목회자, 똑같은 입장이 아닌가. 차라리 목회자의 한 사람으로 '잘못했다'는 간증을 하라면 쉽다. 혹은 '나는 깨끗하다. 너희는 왜 그런가'라고 정죄하는 것도 쉽다. 그러나 간증도, 정죄도 아닌 설교의 자리였다. 그래서 밤낮 없이 기도했다. 설교는 20분, 준비에는 20일이 걸렸다." 옥한흠은 "회개를 통한 깨끗해짐이다. 교회가 세상과 구별되는 것은 성결聖潔, 곧 거룩함이다. 그 성결은 형식을 통해선 닿을 수 없다. 진실한 회개를 통해서만 닿을 수 있다"는 메시지를 한국 교회와 성도들에게 눈물로 전했다.[5]

요한계시록 3장 1-3절을 본문으로 "주여 살려 주옵소서!"라는 외침은 한국 교회가 이름만 있고 행함이 죽은 사데 교회와 다를 바 없다는 사실을 지적하며 한국 교회의 가장 큰 병폐는 복음을 변질시키고 값싼 은혜만을 강조한 한국 교회 지도자인 목회자에 있다고 가슴을 치며 외쳤다. "주여, 이놈이 죄인입니다. 제가 입만 살고 행위는 죽은 교회를 만든 장본인입니다. 주여, 저희를 불쌍히 여기고 성령을 부어 주옵소서, 한국 교회를 깨끗하게 하여 주옵소서. 한국 교회를 살려 주옵소서."[6] 이 설교에서도 옥한흠은 청중이 듣기 좋아하는 설교가 아닌, 청중이 듣기 싫어해도 반드시 들어야 할 하나님의 음성을 전하기를 원했고, 자신의 죄를 고백적으로 진술하며 청중과 일체감 속에서 선포하고 함께 들었다.

그날 설교는 1907년 평양대부흥 운동을 기념하는 예배였기에 말씀을 선포하는 설교자나 말씀을 듣는 참석자 모두가 각별한 자세로 임했다. 그 당시 옥한흠의 설교 원고를 읽고 교정도 하고 코멘트를 했던 이동원은 당시의 느낌을 필자에게 이렇게 전해 주었다. 당일 그는 그 집회에는 참석은 못하고 텔레비전 중계를 통해 예배 실황을 보고 있었는데, 설교 원고도 훌륭했지만 현장에서 마음으로 느끼면서 통회하는 마음으로 "주여 살려 주시옵소서!"라는 그 설교를 들었다. "정말 역사적 설교"라고 생각하며, 아마 그 후의 집회 순서가 없었다면 "마치 평양대부흥 운동 당시와 같은 역사役事가 일어났을지도 몰랐을 감동의 도가니"였다. "나는 딱 보고 이때 집회를 중단하고 계속 기도했으면 좋겠다는 생각을 했었다. 그러나 그렇게 하지 못한 것이 안타까웠다. 대부흥이 일어날 것 같은 숨 막히는 도전을 느꼈다. 내가 설교 원고를 알고 텔레비전을 통해서 보면서도 그랬다. 그날 현장이 중요하다. [조나단] 에드워즈의 설교도 그러한 점에서 맥락을 같이한다."[7] 온누리교회의 하용조도 "옥 목사님의 설교대로 한국 교회가 실천하면

부흥이 일어납니다. 그분 말씀대로 하면 됩니다"라고 말했고, 한국대학생선교회의 대표 박성민도 "옥 목사님의 설교 때문에 이번 대회의 참 의미가 드러날 수 있었다. 폐부를 찌르는 명설교였다"라고 언급했다.[8] 아마도 이 설교를 들은 모든 이는 거의 옥한흠의 이날 설교야말로 한국 교회 역사에 길이 기억될 매우 감동적인 설교라는 것에 동감했을 것이다.

이때, 외친 옥한흠의 메시지는 지난 100년 전에 일어났던 평양대부흥 운동을 추억하면서, 반드시 곱씹어야 할 회개의 말씀이었다. 그는 혼신의 힘을 다해 외쳤다. 아니 죽어 가면서 외쳤다고 말하는 것이 더 정확할지도 모른다. 오랜 병고로 신음해 왔던 그는 한국 교회 전체를 향해 외칠 수 있는 설교의 기회가 이번이 마지막이라는 절박한 심정으로 소리쳤다. 그런데 그런 그의 메시지는 한국 교회 역사에 길이 남을 기념비적 설교였지만, 참석했던 교계 지도자들의 입에서 설교에 대한 뒷소리가 나오기 시작했다. "회개는 자기 혼자 집에서 하지 이 많은 사람 모아 놓고 한국 교회 회개하라고 소리 지르니 세상 사람들이 들으면 어떻게 되겠냐"는 등 별의별 소리가 많았다.[9]

대부흥 100주년을 기념하는 역사적인 집회에서 옥한흠이 한국 교회의 "미래에 대한 밝은 청사진을 제시해 주었어야 하지 않았나"라는 지적도 있었다. 옥한흠의 설교는 당시 집회 분위기와는 맞지 않았다는 것이다. 그들의 눈에 비친 옥한흠의 설교나 회개를 촉구하는 것은 잔칫집의 분위기를 깨는 것처럼 인식되었다. 옥한흠의 설교와 기념행사 사이에 "엇박자"가 생겼다는 것이다. 회개로 시작된 1907년 대부흥 운동을 기리는 100년 후의 부활절 연합예배가 옥한흠의 회개 설교를 곱지 않은 시선을 바라보는 한국 교계 인사들의 자세를 통해 역사의 아이러니를 발견하게 된다. 세속화의 때로 오염된 상태에서 들려오는 그의 애절한 외침은 상당수의 소위 지도자들에겐 "대연합예배"라는 축제 분위기에 마치 찬물을 끼얹는 것으로 간주되었다. 그것은 그만큼 한국 교회가 병들었다는 징후이기도 했다.

그럼에도 불구하고, 자신의 설교를 듣고 어떤 반응이 나올지 뻔히 아는 옥한흠은 그저 성령의 이끌림에 의해 지친 몸을 이끌고, 생명력이 점점 꺼져 가는 아픔을 체휼하면서도 자신 안에 역사役事하시는 하나님의 소리를 거부하지 않고 그대로 내뿜었다. 옥한흠은 그날 강단 위로 오르는 순간까지 진통을 겪으면서 두 가지를 생각하며 나아갔다. 먼저는 "내 의견이 아니라 하나님의 말씀이 전달되어야 한다는 점"이었고, 또한 "성령이 청중의 마음을 움직여 제 입에서 나오는 말씀을 하나님의 말씀으로 받아들여야 한다"는 생각이었다. 그래서 구절 하나하나를 놓고 신경을 썼고, 할 수 있는 모든 노력을 다하고 "결과는 하나님 손에 있는 것"이라는 마음 자세로 말씀을 선포했다.[10]

그날, 옥한흠은 그가 평생 사랑하고 따르려고 애썼던 예수님의 심정으로 회개의 메시지를 외쳤다. 자신부터 회개하면서 한국 교회로 하여금 회개의 잠에서 깨어날 것을 촉구했다. "제가 입만 살고 행위는 죽은 교회를 만든 장본인입니다. 주여, 저희를 불쌍히 여기고 성령을 부어 주옵소서. 한국 교회를 깨끗하게 하여 주옵소서. 한국 교회를 살려 주옵소서!", "이 놈이 죄인입니다"라는 고백과 함께 드려지는 그의 참회 기도는 자신의 처절한 회개이자, 또한 "한국 교회의 참회록"이었다. 무엇보다도 사랑의교회를 좀 더 성경적이고 영적으로 건강한 교회로 이끌어 오지 못한 것에 대한 회한의 표출이기도 했다.

그날 잔치는 끝났지만 긴 여운으로 남아 있다. 그의 진술한 고백과 회개의 외침이 울림이 되어 "부흥과 성장"을 외치는 한국 교회를 깨우고 있다. "한 사람"이 진정으로 회개하고 참 그리스도의 제자가 되는 일이 선행되지 않고서는, 그냥 "많은 사람"이 모인 행사를 통해 회개의 역사가 일어나지 않는다는 사실이다. 100여 년 전 대부흥 운동이 일어날 때에도 로버트 하디R. A. Hardie라는 한 선교사의 진실 된 회개의 기도로 시작되었던 그 역사적 사실을 한국 교회는 잊고 있었다. "나부터" 그 "한 사람"이 되지 않고는 아무리 부흥을 외치고 원해도 그것은 요원할 것이다.

그날 메시지의 핵심은 "진정한 부흥은 회개에서 시작된다"는 것이었다. 옥한흠은 한국 교회는 "성장보다 거룩함을 추구해야 한다고 강조했다." 교회 성장을 향하여 물불 가리지 않고 달려온 한국 교회의 자화상이 고통스럽게 옥한흠의 마음에 떠올랐다. "목회자나 성도나 모두 눈 감고 기도할 때는 회개하지만, 눈을 뜨면 세상 유혹을 쫓아 살며 자기 밥그릇을 위해 싸웁니다. 하나님이 지금 한국 교회를 보시고 원하시는 것은 교회 성장이 아닙니다. 거룩함을 회복하는 것입니다. 이런 마음들이 제가 사데 교회를 본문으로 택할 수밖에 없게 만들었습니다." 그리고 그는 한국의 크리스천들이 "두 날개 부흥"을 꿈꿔야 한다고 언급했는데, 부흥의 한 쪽 날개는 "대각성"이고, 다른 날개는 "성장"이라는 것이다. 회개를 통해 교회가 거룩함을 회복하고 치유되면 성장은 그 결과로 자연스레 찾아온다는 것이 그의 지론이었다.[11]

이날 외친 회개의 메시지는 그의 목회 사역 내내, 그리고 설교 전반에 걸쳐 지속되었던 주제 중 하나였다는 것을 인식해야 한다. 옥한흠은 1980년대 초반부터 한국 교회가 성장을 향하여 정신없이 질주하고 있을 때에도, 회개의 필요성을 역설한 적이 많았다. "주님의 눈에 비친 말세 교회는 가장 중요한 것이 회개"이며, 요한계시록 일곱 교회 중 다섯 교회를 향하여 회개하라고 외치신 주님의 음성을 들으라고 촉구했다. 한국 교회의 성장만능주의, 현세 기복적 신앙, 하나님 중심주의, 곧 신본주의가 아닌 인본주의의 팽배, 세속화로 오염된 한국 교회의 신앙 등, 옥한흠의 눈에 비친 한국 교회는 회개의 필연성을 피해 갈 그 어떤 이유와 변명도 없었다. 그래서 그의 사역 초기부터 일관되게 회개의 필연성과 중요성을 사랑의교회 강단에서, 그리고 다양한 강연과 집회에서 힘주어 강조해 왔다. 그것은 그의 제자도의 길에서 주님의 외침인 "회개하라 천국이 가까웠느니라"는 선포를 지속적으로 추구했던 메시지의 주제이자 그의 삶이기도 했다.

"우리 주님께서 이 시대에 우리에게 나타나신다면 무엇을 요구하실까?"라는 질문은 옥한흠의 뇌리에서 지워질 수 없는 한국 교회를 향한 명제요 과제였다. "오늘날 이 시대에 나타나신 성령께서 정말 우리 마음 가장 깊은 곳을 들여다보실 때 무엇을 생각하실까? '회개하라, 회개하라'일 것이다."[12] 그렇다고 해서 옥한흠 목사가 자신만이 정결하기 때문에, 이런 말을 할 수 있는 자격이 있어서 한다는 일종의 영적 엘리트 의식에서 비롯된 것은 아니었다. 회개의 메시지를 전하지 않고는 견딜 수 없는 그 충동은 바로 그가 그토록 꿈꾸어 왔던 "좋은 교회"가 우리 한국 강산 곳곳에 구름 떼처럼 일어나기를 원하는 마음에서였다. 그는 외친다.

왜? 교회를 위해서, 우리 자신을 위해서이다. 그렇지 않으면 우리 모두가 같이 망하고 만다. 한국 교회가 제정 러시아 때의 정교회와 같이 되지 않는다고 누가 장담할 수 있는가? 오늘날과 같은 이런 상황이라면 아무도 장담하지 못한다.… 진정 하나님이 사용하시는 주의 종들이 많이 일어나서 오늘 잠자고 있는 교회, 병들어 있는 교회, 세속화된 교회, 이단 앞에서 벌벌 떨고 있는 이 무력한 교회를 다시 힘 있게 깨어나게 하고 일으키는 능력의 역사가 이 한국에 많이 일어나기를 우리 모두 기도하자.[13]

이렇게 외치면서 지난 한 세대 동안 제자훈련 목회와 사랑의교회, 그리고 한국 교회를 위해 달려왔는데, 변한 것은 거의 없는 것 같았고, 오히려 그때보다 상황이 더 악화된 한국 교회의 실상이 그의 눈에 들어왔다. 그래서 옥한흠은 자괴감과 절박함에 떨 수밖에 없었다. 그래서 그는 죽을힘을 다하여, 소진해 가는 하나의 촛농처럼 한국 교회를 살려 달라고 하나님에게 매달렸고, 한국 교회를 향한 회개의 메시지를 혼신의 힘을 다해 외쳤던 것이다. 그러나 대부분의 한국 교회 목사들과 성도들에게 "회개"라는 말은 어느덧 기피 단어가 되고 말았다. "한국 교회의 가장 큰 문제는 진정한 회개의 부재"인데도 말이다.[14]

그날은 아마도 설교자 옥한흠에게 외로움이 짙게 다가온 날이었을 것이다. 그런데 그 외로움은 개인적 차원 이상의 것이었다. 그날, 단상에서 외톨이 신세가 되어 있던 그에게는 평생 은혜의 발걸음으로 인도하셨던 예수님이 그 어느 때보다도 그리웠을 것이고, 그런 예수님을 본받고자 애쓰는 진실한 그리스도의 제자들을 간절히 만나고 싶었을 것이다. 그렇게 해서 그날은 그렇게 지나가고 말았다. 2007년 7월 8일은 옥한흠에게 가장 외로웠던 날 중 두고두고 잊지 못할 날이었다. 그날은 그리스도의 참 제자가 믿는 군중, 특히 교계 지도자들 속에서 인간적인 고독을 맛보았던 날이었다. 그러나 그날, 옥한흠은 외롭지 않았을 것이다. 마치 무화과나무 아래서 자기에게 다가오시는 예수님을 만났던 나다니엘처럼, 옥한흠은 그곳에서 "거룩한 고독"을 즐겼을 것이기 때문이다.15

그날의 한껏 들뜬 예배 분위기와 전혀 맞지 않았던 옥한흠 목사의 설교와 그것에 대한 반응을 보면서, 필자에게는 일제의 오도된 신사참배와 황실의 이데올로기로 민족 수탈과 함께 정신적 능욕을 겪으며 옥중에서 교회와 민족을 향하여 점점 타 없어져 가는 진리의 촛불로 꺼져 갔던 주기철 목사가 생각났다. 특별히 죽음의 그림자가 더욱 가까이 다가옴을 느끼며 주 목사는 이렇게 마음속으로 다짐했다. "내 하나님 앞에 가면 조선 교회를 위해 기도하오리다."16 제자훈련을 통해 한국 교회의 갱신과 세속화를 막으려 몸부림 쳐 왔던 옥한흠은 한국 교회를 향하여 어떤 생각을 하며 암과 힘겹게 투병하며 외쳤을까? 아마도 자신의 몸 안에 있는 암세포로 인한 고통보다는, 한국 교회 내의 암적인 요소들이 그의 마음을 더욱 아프게 했으리라. 처절한 고통 중에도 옥한흠은 그러한 현상에 대해 지적하고 탓만 하기보다는, 자신의 아픔과 고통으로 체휼하면서도 한국 교회를 향해, "내 하나님 앞에 가면 사랑의교회와 한국 교회를 위해 기도하오리다"라고 호소했을 것이다.

어떻게 보면, 이날 옥한흠의 설교는 예수 그리스도께서 외친 "회개하라 천국이 가까웠느니라"는 선포를 자신의 고통과 아픔에 담아 외친 절규였다. 그것은 한국 교회를 향한 뜨거운 사랑과 함께 무거운 부담을 안고 외친 선지자적 선포였다. 그런데도 이 설교 후에 회개의 물결이 널리 확산되지 못한 작금의 한국 교회 현실을 보면서, 진정한 부흥은 설교자의 능력과 메시지로 나타나는 것이 아니라, 하나님의 주권적인 섭리의 역사役事하심이라는 교회사적 교훈을 다시 한번 확인하게 된다. 그렇게도 수없이 외쳤던 "Again 1907!"이라는 구호가 무색하리만큼 한국 교회의 영적 준비나 하나님의 역사는 요원하게 느껴졌다. 그래서 그날은 참으로 아쉬웠던 날이었지만, 그 말씀이 마음에 뿌려진 하나님의 사람들에 의해 언젠가 회개와 부흥의 역사로 활화되어 갈 것을 믿음으로 바라본다.

사랑의교회 설립 30주년

2008년 10월 5일, 사랑의교회 모든 성도는 잠실실내체육관에서 창립 30주년 기념 예배를 드렸다. 이날 세 차례(9시, 13시, 16시)에 걸쳐 드린 감사 예배에는 평소 부족한 공간 문제로 한자리에서 예배를 드리지 못했던 사랑의교회 7만여 명의 성도들이 함께 모였다. 성도들은 지난 30년을 돌아보며, 새로운 30년 민족과 시대를 섬기는 생명의 공동체가 될 것을 다짐하는 시간을 가졌다. 1, 2부에서는 60인조 오케스트라단과 450명의 연합 찬양대가, 3부에서는 1천여 명의 청년 대학부 연합 찬양대가 찬양을 드렸다. 이날 기념 예배에서 빌립보서 3

장 12-14절 말씀을 본문으로 설교에 나선 옥한흠 원로 목사와 오정현 담임 목사는 "푯대를 향해 달려갑시다"라는 제목을 가지고 차례로 나와 총 30분으로 예정된 시간에 공동 메시지를 선포했다. "지나간 것"에 대한 말씀을 전한 옥한흠 목사는 "30년간 사랑의교회에 베풀어 주신 하나님의 은혜는 말로 다할 수 없다"면서 "그동안 교회를 위해 땀과 눈물을 흘리며 수고한 분들에게 너무나 큰 사랑의 빚을 지고 있다"고 말했다.[17] 그리고 옥한흠은 이런 재미있는 말도 했다. "제대로 하려면 사랑의교회에서 25년간 사역한 내가 25분을 얘기하고, 5년 있었던 오 목사가 5분을 얘기해야 한다."[18]

지난 30년의 역사를 되돌아보면서, 옥한흠은 결코 자신이 "타고난 설교자가 아니었다"고 고백하면서 모든 것이 전부 하나님의 은혜였다고 회고했다. 고된 과정이었지만 설교를 생명을 다해 준비하다가 스스로 깨닫고, 그리고 깨달은 내용을 설교를 통해 나누면서 하나님의 은혜를 함께 경험했을 뿐이라고 진술했다.[19] 옥한흠은 변함없이 한 영혼을 깨우기 위해 설교 하나하나에 전심으로 정성을 기울였고, 그런 자세를 통해서 하나님은 사랑의교회에 엄청난 은혜를 부어 주셨다고 설명했다. 옥한흠은 역사의식이 분명했던 목회자였다. 과거가 없이 오늘이 있을 수 없듯이, 그리고 오늘이 없이는 내일이 없듯이, 과거의 역사는 기억되고 반추되면서 미래로 나아갈 수 있는 틀을 형성하는 것이다. 그는 본문에서 우리가 주목해야 할 것 중 하나가 "뒤엣것" 혹은 "지나간 것"이라고 강조하면서, 사랑의교회가 잊어서는 안 될 두 가지가 있는데, 그 하나는 그동안 사랑의교회에 베풀어 주신 하나님의 크신 은혜요, 또 다른 하나는 교회를 위하여 땀과 눈물의 헌신과 봉사를 아끼지 아니한 많은 형제자매들에게 은혜의 빚을 지고 있다는 사실이다. 과거를 회상하면서, 그는 교회를 개척하기 위해 동분서주했던 배기주 목사의 사모 신웅열, 불우한 환경에서 태어나 가정부로 살아가면서도 모아 놓은 예금 통장을 남기고 세상을 떠난 이수정이라는 한 여인의 헌신, 교회의 기반을 조성하기 위해 몸부림쳤던 오태형 장로 등을 또렷하게 기억했다. 이러한 은혜에 대한 기억을 망각해서는 안 될 것이지만, 궁극적으로는 "앞엣것"을 향해 달려가야 한다고 역설했다. 그 달려갈 푯대가 바로 예수 그리스도이며 그 과정은 결코 이 세상에서 완성될 수 없는 현재 진행형의 과정이라는 사실을 주지시켰다. 그것은 또한 종말론적 과제이기도 하다. 그의 삶과 사역의 방향은 언제나 그리스도에게 맞춰져 있었고, 그리스도의 참 제자가 되기 위한 끝단 없는 여성이었나. 설교에 그러한 체취가 물씬 풍겨 나왔다. 옥한흠은 "죽어 가는 영혼을 살리고 제자를 삼는 교회의 존재 목적을 잊어서는 안 된다"면서 "뒤에 있는 것을 과감히 끊어 버리고 푯대를 향해 전진하는 교회가 되어야 한다"고 강조했다.

"달려갈 것"에 대한 말씀을 전한 오정현은 "뒤의 것을 끊어 버린다는 것은 용서의 능력으로 말미암아 과거로부터 자유로워진다는 것을 의미한다"면서 "한국은 좌우, 세대, 계층 간의 갈등과 상처가 많은데, 이를 치유하고 회복시키는 거룩한 중보자로 비상할 수 있길 바란다"고 말했다. 오정현은 또 "교회의 양적 팽창이 중요한 것이 아니며, 대형 교회지만 개척 교회의 심정을 가지고 한 영혼 한 영혼을 사랑으로 돌봐야 한다"면서 "제자훈련의 국제화와 한국 교회 영성의 세계화를 이루는 것이 우리의 할 일"이라고 강조했다.[20]

이날 사랑의교회 교역자 및 평신도 지도자 2천여 명은 제자훈련의 핵심 말씀인 "로마서 8장"을 암송하며 제자로서의 삶을 살겠다고 결단하는 시간을 가졌다. 특히 이날 예배에 참석한 전교인은 5대 사역 비전 서약서를 작성하고 이를 종이비행기로 접어 날리며 독수리가 비전을 품고 비상하는 모습을 상징하는 장면을 연출했다. 사랑의교회가 이날 제시한 "예수님의 심장과 목자의 심정 H.E.A.R.T으로 시대를 품는 5대 사역 비전"은 "민족을 치유하는 섬김 공동체, 제자를 재생산하는 훈련 공동체, 세계 선교를 책임지는 연합 공동체, 다음 세대를 책임지는 비전 공동체, 사회를 변혁하는 정감(정직, 감사)공동체"라고 선포했다. 이날 예배에서는 조용기 목사, 이동원 목사, 박종순 목사, 릭 워렌 목사 등이 축하 영상 메시지를 전했으며, 고봉 목사(중국기독교협회 회장), 헨리 홀리 목사(미국 빌리그래함전도협회 아시아 디렉터), 조나단 스테판 총장(영국 웨일즈 복음주의 신학대학)은 예배에 참석해 직접 축하 메시지를 전했다.[21]

30주년 기념 감사 예배를 위해 옥한흠 목사와 오정현 목사를 비롯한 교역자들과 평신도들은 떡, 도넛, 과일, 음료, 화분 등을 기증함으로 나눔의 정신을 실천했다. 이번 행사 비용의 일부와 헌금은 중증장애인센터 건립과 불우이웃 돕기에 전액 사용되었다. 한편 체육관 주변에서 펼쳐진 비전 축제 마당에서는 5대 비전 사역 박람회를 비롯해 사랑의카페, 먹거리 장터, 은사 배치, 페이스페인팅, 포토존, 비누 만들기, 키즈랜드 등의 부스가 설치됐으며, 헌혈과 장기 기증 서약도 함께 진행됐다. 옥한흠 목사도 이때 장기 기증을 서약했다.[22] 이렇게 들뜬 분위기 속에서 사랑의교회 창립 30주년 기념 예배는 끝났다.

○교회당 신축에 따른 번민

옥한흠은 은퇴 이후, 후임자 오정현의 목회 행로를 바라보면서 제자훈련 목회의 본질이 약화되는 것에 우려가 많았다. 오정현이 부임하고 사랑의교회는 특별새벽부흥회를 교회 안팎으로 성황리에 시행했고, 잘 준비된 대각성 전도집회도 열어 성도들의 수가 갑자기 수천 명씩 늘어나는 일이 벌어졌다. 이러한 상황에서 "교회에서는 별관 건물인 소망관 지하 목욕탕을 인수하여 1,000석 이상의 예배실을 확보했다. 4개월 여의 공사 기간을 거쳐 지하 목욕탕은 '은혜 채플'이란 너무나도 근사한 예배당으로 태어났다. 모든 성도가 기뻐했고 새로운 공간에서 예배를 드릴 수 있다는 사실에 들떠 있었다."[23] 좁은 공간 때문에 고생해 온 사랑의교회 목회자와 성도들로서는 기쁜 일이 아닐 수 없었다. 은혜 채플 개관 예배를 드리면서 옥한흠은 축사를 했다. 그는 "어두컴컴한 지하 목욕탕을 뛰어난 감각으로 완전히 바꾸어 최상의 좋은 시설을 갖춘 예배당으로 탈바꿈"시킨 오정현의 수고를 치하하고, 함께 수고한 모든 사람들에 대한 감사의 말을 잊지 않았다. 하지만 옥한흠의 진짜 속내는 그 이후의 언급에서 분명하게 드러났다. 그 자리에 있었던 김대조는 옥한흠의 말을 이렇게 기억하고 있다.

> 성도 여러분, 교회는 건물보다 사람입니다. 사랑의교회는 건물보다 사람을 더 중요시해야 합니다. 제자훈련이지요.… 건물만 남은 기독교, 유럽의 텅 빈 해골의 모습을 기억해야 합니다. 교회는 사람입니다. 저는 건물도 중요하지만 알찬 성도들의 모습이 자랑스럽습니다.[24]

이러한 옥한흠의 축사 내용은 축제 분위기 속에 들떠 있는 참석자들에게는 마치 찬물을 끼얹은 듯한 발언이었다. 장내는 조용해졌고 다시 한번 교회의 본질을 깊이 마음에 되새기는 기회가 되었다. 옥한흠은 "일용할 양식을 주시듯 공급하시는 사역의 장소, 하나님의 방식대로 주심"을 강조했고, "성도 수에 비해 상대적으로 열악한 장소에 대한 긍지를 잊지 말 것"도 신신 당부했다. 옥한흠은 교회 공간의 부족을 너무나도 잘 알고 있었고, 성도들이 불편함을 느끼는 것도 너무나도 잘 인식하고 있었다. 이러한 상황을 목격한 부목사 김대조는 당시의 감격을 이렇게 적어 놓았다.

> 항상 중심을 잡으시고, 본질이 무엇인지를 성도들에게 먼저 말씀하시는 목사님의 목회 철학이 그대로 묻어나는 사건이었다. 좋은 일이 있을 때 항상 더 돌아보고 추스르고, 힘들 때 주님을 바라보며 하나님의 때를 기다리는 자세, 불편하더라도 먼저 제자가 되고, 먼저 주님의 뜻을 온전히 받들고자 하시는 모습은 감동적이었다. 그러나 목사님이 공간에 대한 언급을 하실 때 매 주일 불편한 성도들을 향한 미안함과 고마움의 뜨거운 애정이 묻어 있음은 아는 사람만 안다. 사랑과 더불어 본질을 붙잡으시려는 깊은 마음을.[25]

교회는 건물보다 사람이고, 교회 건축도 하나님의 때를 기다리며 하나님의 방식대로 해야 한다는 옥한흠의 소신은 언제나 일관되었다. 교회 공간의 부족을 불편으로 받아들일 것이 아니라, 교회의 본질과 중심을 붙잡기 위한 긍지여야 함을 힘주어 강조했다. 옥한흠은 목회하면서 성도 수에 비해 상대적으로 열악한 장소에 긍지를 가지고 사역했으며, 그러한 마음을 성도들과 공유하려고 무진 애를 썼다.

그러나 현실적인 문제가 있었다. 오정현이 부임한 지 얼마 되지 않아 교인 수가 많이 늘어났고, 본당에서 예배를 드리기 위해 긴 줄을 서야 했다. 그래서 교회의 근본적인 고민거리는 "한 사람"의 훈련과 변화에 목을 매는 제자훈련 목회의 본질보다, "많은 사람"이 예배를 드리고 교육과 훈련을 시행할 수 있는 장소의 문제, 곧 "교회 건축"이 보다 우선시되는 방향으로 흘러갔다. 주일마다 "본당"에서 예배드리는 것이 "천당"에 들어가는 것보다 더 힘들다는 말이 희극적으로 회자될 만큼 예배 공간이 더욱 비좁게만 느껴졌다. 그러자 그동안 옥한흠이 추구해 왔던 교회론적 본질에 대한 관심에서 현재 당면하고 있는 실제적 문제들을 해결하고자 하는 방향으로 전이되었다. 물론 협소한 교회당이 문제가 된 것은 이미 옥한흠이 목회하면서 고민은 했지만 해결하지 못한 사랑의교회의 대형 교회화에서 비롯된 것은 부인할 수 없는 사실이었다.

2005년 5월에 오정현은 영재고등학교를 세워 운영하면서 예배당으로도 사용한다는 제안을 놓고 옥한흠과 논의한 적이 있었다. 그 외에도 역삼동의 상록회관과 양재동의 횃불회관 등도 건축의 대상으로 한동안 거론되었다.[26] 오정현이 그러한 제안을 해 올 때마다, 옥한흠은 한편으로 후임자를 밀어주고 싶은 생각도 해 보았지만, 결국 교회의 본질이 무엇인가에 대한 깊은 고민과 숙고를 내려놓을 수 없었다. 그래서 옥한흠은 교회 건축 문제에 대한 자신의 견해를 밝히는 이메일을 오정현에게 보냈다. 그 이유는 당회에서 옥한흠의 입장을 알고 싶어 하는 장로들에게 정확하게 전달할 수 있는 근거를 제공하는 측면도 있었고, 후임자에게는 더욱 신중하게 생각할 수 있는 기회를 주기 위함이었다. 교회 건축을 위해서만도 수천억이 넘는 예산이 들어가야 하고, 또한 교육의 질을 높이기 위해 추후로 투자해야 할 자금을 생각하면, 현재 개정 형편을 고려해 볼 때도 더욱 신중을 기해야 할 사안이 아닐 수 없다는 충언을 후임자에게 했다. 교회 건축 계획은 옥한흠의 입장에서 보면, "무모한 시설 투자"임에 틀림없었다. 교회의 청년기가 영원히 계속되는 것도 아니고, 그러한 일에 온 교회가 목숨을 걸어야 할 만큼 중요한 사안이 될 수 없기에 그러했다. 자신의 입장을 쉽게 포기하지 않는 후임자를 향해 옥한흠은 자신의 분명한 입장을 전달했다.

나는 사랑의교회가 대단히 중요한 기로에 서 있다고 본다. 대형 교회로서의 이미지를 가지고는 더 이상 감동을 주지 못한다고 본다. 3만 명이 모이든 10만 명이 모이든 대형 교회가 주는 이미지는 똑같다. 다시 말하면, 교회의 사이즈를 더 키우는 데 욕심을 내는 지도자를 놓고 사람들은 영웅주의 물량주의라고 생각하지 더 고상한 의미를 부여하지 않는 것이 오늘의 현실이라는 말이다. 나는 출석 만 명이 넘어가면서 항상 양심의 가책과 아픔에서 벗어나지 못하고 살았다. 교회가 커서 목회자로서 양 떼를 돌보고 섬기는 본질에 충실할 수 없다는 사실 때문이었다. 밑바닥에서 고생하는 성도들의 신음 소리를 들을 수 없었다. 우는 자들과 함께 우는 목회자가 될 수 없었다. 나도 모르게 무대의 스타가 되어 연기하기만 급급했다. 나는 이런 자신이 미웠다. 삯군과 무엇이 다른가? 결국 이 고민이 내가 목회에서 빨리 물러나고 싶었던 여러 이유 가운데 하나가 되었다. 너도 양들을 위해 목숨을 버리는 선한 목자가 되기 위해 네가 지금 서 있는 자리가 괜찮은지 주님 앞에 물어야 할 것이다. 교회가 커질수록 우리는 스타가 될 수는 있어도 선한 목자가 되는 것과는 거리가 멀어진다는 사실을 항상 염두에 두어야 한다.

사랑의교회는 교회 사이즈를 더 키우는 데서 자유해야 한다고 본다. 다시 말하면, 예배 공간을 확보하기 위해 지나친 출혈을 하는 어리석은 짓을 피해야 한다는 말이다. 교회의 본질은 사람이지 건물이 아니라는 말을 너도 자주 하지 않았니? 영재고등학교를 위한 비전보다 예수님이 항상 마음을 두고 가까이 하셨던 보통 이하의 서민들을 찾아가는 비전을 가지는 것이 사랑의교회답고 또 이 시대에 작은 예수의 모습을 보여 주는 교회가 될 수 있다고 확신한다.

서초구청이 내놓은 복지관 프로젝트를 좀 더 진지하게 검토해 보았으면 좋겠다. 거기에는 사오백 억이 들어도 지나치다고 생각하는 사람은 없을 것이다. 헌금하는 성도들도 긍지와 소명을 가지고 할 수 있을 것이다. 최소한의 예배 공간을 확보할 수 있고 복지라는 보람된 일에 힘을 쏟을 수 있으니 일거양득이 아닐 수 없다고 본다. 그것이 완성되면 사랑관과 함께 4만 명 수용은 가능할 것이다. 그 이상은 주님의 처분에 맡겨야 할 것이다. 한 교회를 비대하게 키울 필요가 어디에 있는가? 더 생산적인 전략을 강구할 수 있어야 할 것이다. 교회의 머리 되신 주님께서 주도권을 가지고 간섭하시고 인도해 주시기를 기도한다. 늘 너를 위해 기도하고 있다. 샬롬.[27]

이 편지 내용 속에 당시 사랑의교회가 겪고 있는 비좁은 공간의 문제를 해결하고, 교회의 본질에 충실하면서도 더욱 전진하고 발전할 수 있는 방안이 이미 제시된 셈이었다. 이 편지야말로 사랑의교회가 기로에 놓여 있는 상황에서 옥한흠의 교회론이 성경적 의미를 담고 있는지를 잘 보여 주는 귀한 문서가 아닐 수 없다. 또한 이 글에는 옥한흠이 가진 사랑의교회와 후임자를 향한 애틋한 마음이 얼마나 간절한지 잘 반영되어 있다. 하지만 오정현은 제자훈련의 국제화와 새로운 세대를 포용하기 위하여 예배당 신축에 더 주목하고 있었다. 이러한 목회 본질의 차이는 결국 갈등이 야기될 수밖에 없는 방향으로 흘러갔고, 어느 누구도 그 흐름을 막을 수 없었다.

옥한흠은 2007년 12월 16일 사랑의교회 주일 예배 설교에서 대형 교회를 추구하는 목회자들이 장애물로 여기는 두 가지를 지적했다. 그가 지적한 두 가지는 "큰 교회당을 지어야 수가 늘어난다는 것"과 "제자훈련 같은 골치 아픈 프로그램은 가급적 피해야 하는 것"이라고 밝혔다. 그러나 자신은 "이와는 반대로 실천했고, 대형 교회가 되는 것을 원치 않았기 때문에 나는 대형 교회주의자가 아니다"라고 항변했다.[28] 물론 그가 목회하면서 사랑의교회가 대형 교회가 된 것은 사실이지만, 그만큼 제자훈련 목회의 본질에 충실해 왔다는 주장이었다. 옥한흠의 이날 설교는 최근 사랑의교회가 급속하게 성장하고 있는 중에 나온 것으로, 탄탄한 제자훈련으로 다져진 사랑의교회의 정체성을 분명히 하기 위한 도전으로 해석된다. 옥한흠은 교회론적 고민을 끊임없이 했고, 사랑의교회의 정체성을 분명히 해야 함을 강조했다.

○갈등이 고조되는 2008년

2008년을 맞이하는 옥한흠의 마음은 어느 때보다도 무거웠다. 그의 건강도 좋지 못해 많은 고생을 했지만, 무엇보다도 후임자 오정현을 바라볼 때 더욱 그러했다. 2008년 1월 3일에 황의각 장로에게 보낸 이메일에서 자신의 심경을 이렇게 표현했다.

> 얼마 전에 사역 장로님들과 식사를 같이 했습니다. 황 장로님이 빠져서 섭섭했습니다. 오정현 목사님이 온 지 5년이 가까워지고 있는데, 그가 교인들에게 심은 이미지가 기대보다 좋지 않은 것 같습니다. 당회를 운영하는 일에도 실수를 자주 범하고 중요한 사안에 대해서도 충분한 토의와 합법적 절차를 무시하고 먼저 터트려 놓고 수습하려는 태도를 장로님들이 걱정스러운 눈으로 지켜보았기 때문에 어떻게 하는 것이 오 목사의 약점을 최소화하고 사랑의교회의 정신을 살려 나갈 수 있을 것인가가 중요한 이야깃거리였습니다. 결국 사역 장로회를 대표할 수 있는 임원진을 구성해서 몇 가지를 정식으로 오 목사에게 요청하고 시무 장로들과도 함께 연대해서 중요한 교회 사건들을 협의하기로 하였습니다. 이달 중으로 임원진이 구성될 것으로 보입니다. 제가 생각해도 지난 4년 동안 오 목사의 장단점이 분명하게 드러났기 때문에 그에게 도움이 될 수 있는 제도적 견제 장치가 필요하다고 생각합니다. 비록 외각에 있어도 사역 장로들이 제 역할만 해 준다면 오 목사를 보면서 불안해하는 부분들을 많이 해소할 수 있을 것입니다. 장로님도 이 문제를 위해 기도해 주시기 바랍니다.[29]

오정현이 부임한 이후 사랑의교회는 많은 변화를 맞이해야 했고, 적지 않은 혼돈과 힘든 시기를 보낼 수밖에 없었다. 먼저 두 목회자 간의 설교와 사역의 스타일에 차이가 있었고, 성격도 매우 달랐다. 고성삼에 의하면, "옥한흠 목사는 외유내강이고, 오정현 목사는 외강내유이다. 또한 옥 목사는 이지적이고 직관적인 반면에, 오 목사는 감성적이고 즉흥적이라고 본다." 그런 면에서 오정현은 21세기에 잘 맞을 수 있는 성향을 지니고 있고, 부흥회적인 스타일을 갖고 있어서 대중적인 호소력을 갖고 있음으로 나름대로 장점이 있으며, 또한 사교적이고 친화력은 있지만 지속성은 별로 없는 것이 흠이라고도 언급했다.[30] 두 사람 간의 차이는 생각보다 컸다. 그렇지만 설교는 그동안의 관계 속에서 얼마든지 충고하고 권면하는 가운데 개선될 수 있는 여지가 있다고 해도, 본질적인 목회 철학과 목회의 주요한 방향 설정이나 리더십의 차이는 심각한 갈등의 요인이 되었다.

이런 와중에, 두 목사 사이에 교회 건축 문제로 인한 의견 차이가 두드러지게 나타나기 시작했다. 옥한흠은 건축 자체를 반대하는 것은 아니었지만 신중하게 추진하자는 입장이었고, 건축 과정에 문제가 발생하거나 무리가 없이 진행되어야 함을 강조했다. 이러한 이유 때문에, 옥한흠은 사실상 오정현의 교회당 신축에 관련된 여러 제안을 반대했다. 그 과정에 무리가 되는 것들이 있었기 때문이었다.[31] 반면에 오정현은 건축을 지속적으로 밀고 나가고 있었다. 이때 옥한흠은 사역 장로가 당회에 다시 들어가 오정현을 견제하고 조정해야 한다는 취지로 사역 장로들만 따로 모아 언급한 적이 있었다. 사랑의교회에서 실시한 장로 시무 연한 축소로 인하여 합동 교단 내에서 반발이 심했지만, 개인적으로 사표를 내게 함으로써 그 문제를 피해 갔었던 사랑의교회였다. 그러나 그들은 시무 장로는 아니었지만, 사역 장로로서 교회 내 여러 분야에서 봉사하고 있었다. 오정현의 일방적 처사를 시무 장로들이 제대로 관리하지 못하고 있다고 해서, 일단 시무 장로직 사표를 낸 사역 장로들에게 당회에 들어가라는 것은 용납될 수 없는 요구였다. 이때 한인권은 자리에서 일어나 "옥 목사님! 이건 잘못하신 겁니다. 교회를 깨라는 얘긴데, 이건 틀림없이 깨집니다. 안 됩니다!"라고 간곡하게 진언했다고 한다. 한인권의 회상에 의하면, 이때가 사랑의교회의 "가장 큰 위기"였다고 한다. 이후 옥한흠은 교회 건축에 대한 자신의 비판적 견해를 말하기는 했지만, 그대로 진행시키지는 않았다.[32] 옥한흠의 건강은 악화되고 있었고, 오정현이 부임하자마자 이미 "인사권, 재정권, 행정권" 등 모든 권한이 후임자에게 넘겨진 상태였다.[33] 무엇보다도 "교회가 분열될 수 있다"는 말은 옥한흠에게는 대항하기 힘든 상대방의 "아주 강력한 무기"였다.[34]

2008년 12월 27일에 옥한흠이 사역 장로회를 제도화하고 조직화하여 오정현을 견제하고 제동을 걸도록 독려했지만, 일은 순탄치 않았다. 자신이 목회할 때는 장로들의 시무 연한을 줄이고 새로운 세대의 젊은 장로들에게 일할 수 있는 기회를 주기 위해 사역 장로 제도를 만들었지만, 이제는 후임 목사의 목회 방향에 대해 견제하도록 사역 장로들을 당회에 들어가 시무 장로들(사랑의교회에서는 운영장로들)과 같이 참여하라고 한 것은 자가당착적 모순이었고, 사역 장로 제도의 기형성이 노출되고 만 것이었다.[35] 이러한 갈등의 과정에서 담임 목사인 오정현이나 장로들은 "옥 목사님의 뜻"이 무엇인지 매우 궁금해했다. 이런 소식을 들을 때마다 옥한흠은 사랑의교회를 향하여 "하나님이 원하시는 것이 무엇인가?"를 발견하기 위해 고민하며 기도해야 되지 않겠냐는 입장만을 고수할 뿐이었다.[36] 옥한흠이 이 와중에 오정현과 장로들에게 훈계한 것은 사실이었다. 하지만 그는 과연 하나님의 뜻이 무엇일까를 깊이 생각하며 이 갈등의 순간을 넘어가고자 했다.

오정현이 목회를 계승한 이후 초기 수년간, 교회 밖으로 크게 드러나지는 않았지만 적지 않은 갈등이 존재해 왔다. 옥한흠은 자신을 평생의 멘토로 생각하는 후임 목사의 설교의 발전을 위해 때로는 날카로운 지적도 과감하게 해 주었다. 설교를 통해 성도들이 은혜를 받지 않고서는 제자훈련 목회가 제대로 진행될 수 없다는 판단에서였다. 그리고 두 사람 간의 오래된 관계를 고려하면, 설교에 대한 멘토링은 쉬운 것은 아니었지만 그렇다고 못할 것도 없었다. 그래서 옥한흠은 후임자의 설교 원고를 같이 보고 수정하고 보완해 주는 일도 마다하지 않았다. 얼마 동안 오정현이 찾아와 응했으며, 옥한흠은 오정현의 설교에 변화가 있을 것이라는 기대를 저버리지 않고 마지막까지 나름대로 노력을 아끼지 않았다. 이런 설교에 대한 멘토링은 오정현에게만 한 것은 아니었다. 오정현의 절친, 송태근이 강남교회에 부임한다고 인사차 찾아왔을 때, 옥한흠은 그에게 두 가지를 부탁했다. "첫째는 주보의 글자 하나, 의자 줄 하나 바꾸지 말고 일 년 동안은 아무것도 바꾸지 마라. 그리고 둘째는 무지막지하게 기도하고, 목숨 걸고 설교해라"였다. 이 두 가지 권면이 송태근을 살렸다고 한다.[37]

2008년 6월 1일에 옥한흠은 오정현에게 "우리가 정말 한 배를 타고 있는가?"라는 제목의 긴 편지를 보낸 적이 있다.[38] 6월 3일 만날 약속을 앞두고 미리 편지를 보낸 것이다.[39] 옥한흠은 오정현을 사랑의교회 제2대 담임 목사로 초빙할 때 주변의 동역자들이 부정적인 견해를 피력했음에도 불구하고 마음이 평안했던 것은 다음과 같은 확신이 있었기 때문이라고 언급했다.

> 오 목사는 제자훈련 목회 철학으로 무장한 지도자다. 그러므로 한 사람을 천하보다 귀하게 여기는 주님의 심정을 가지고 있을 것이다. 그리고 230명의 양 떼를 위해 달동네에서 평생을 헌신한 존경스러운 부친의 등을 바라보면서 자란 사람이기 때문에 내 후임이 되어도 절대 자기의 인간적 야심을 비전이라는 화려한 포장지로 싸서 대형 교회의 힘을 남용하거나 오용하지 아니하는 양심적인 지도자가 될 것이나. 그리고 강해 설교가 좀 약한 편이지만 사랑의교회 강단을 지키기 시작하면 놀라운 잠재력을 발휘하여 나를 능가하는 탁월한 설교자가 될 것이다. 3년만 지나면 사랑의교회는 세상이 대적하지 못할 말씀과 성령의 큰 능력으로 무장한 제자의 공동체가 될 것이다.[40]

이 편지를 보낼 수밖에 없었던 것은 나이가 지긋한 인지도가 높은 모 목사가 옥한흠에게 편지를 보내 오정현이 마음껏 비전을 펼칠 수 있도록 발목을 풀어 주라고 요구했기 때문이다. 원로로서 후임자를 아끼고 사랑의교회를 염려하여 멘토로서 권면한 것을 원로 목사의 고질적 간섭으로 매도된 것이다. 또한 오정현이 「국민일보」에 기고한 "대운하와 문명사적 소통"이라는 칼럼에서 주장한 "대운하가 국력 결집과 우리 민족의 정신사적 소통을 이루는 생명의 물길로 자리 잡기를 원한다"는 글 때문에 당사자인 오정현을 헐뜯고 사랑의교회를 비판하며, 옥한흠을 의심하는 눈초리가 커져 가는 것을 그냥 묵과할 수 없었다.[41] 특히 그가 생명보다 아끼는 사랑의교회의 미래를 위해 결코 가볍게 넘길 수 없다고 생각되었기 때문이었다. 그래서 옥한흠은 오정현의 진심이 과연 어디에 있는지 다시 한번 확인해야겠다는 마음으로 이 편지를 쓴 것이다. 옥한흠은 자신이 생존하는 한 오정현과 한 배를 타야 한다고 생각했다. 그 이유는 그가 평생 생명처럼 사랑한 양 떼와 교회를 위함임을 강조했다. 무엇보다도 교회가 돌을 맞아서는 안 되었다. 더욱 중요한 것은 "목회가 본질을 벗어나면 절대로 안 된다"고 권고했어야 했다. 그리고 오정현의 "양심적인 결단"을 위해 일곱 가지 내용을 질문했다. 자신과 후임자가 잘못한 것이 있다면 잘못을 인정하고 교회를 바로 세우기 위해 이런 요구를 했다. 질문들만 추리면 다음과 같다.

1. 권력과 밀착하려고 하는 성향이 없지 않은데 그 이유가 무엇인가?
2. 글로벌 시대의 교회 비전을 가끔 이야기하는데 구체적으로 어떤 것을 말하는 것인가? 지금 사랑의교회는 글로벌 시대에 어울리는 비전을 가지고 있지 않다고 보는가?
3. 하나의 지역 교회가 할 수 있는 사역은 한계가 있기 때문에 몇 가지에 집중하는 것이 성패를 좌우할 수 있다고 생각한다. 사랑의교회는 지금 하고 있는 일들만 해도 감당하기가 쉽지 않다고

본다. 그런데 계속 사역을 확장해야 한다고 생각하는가?

4. 세계적인 경제 위기와 함께 국내 서민층의 고통이 가중되고 있는 때에 그들의 정서에 역행하고 부자 교회의 허세를 드러내는 이벤트들을 계획하는 이유가 무엇인가?

5. 교리 설교의 스타일과 내용을 수정할 용의가 없는가?

6. 「Christianity Today」 한국판 발행과 함께 신학적으로 예민한 칼럼들을 어떤 기준으로 선택할 것인가? 그리고 논쟁이나 비판이 일어날 때 누가 책임지고 대처할 생각인가?

7. 그동안 오 목사가 알게 모르게 심은 이미지로 인해 더 많은 저항이 일어날지 모른다. 교회 안에서만 인터넷 인구가 2만 명이 넘는다고 본다. 모든 정보가 삽시간에 퍼지고 있다. 「뉴스앤조이」도 마찬가지다. 목회지기 재임 두려워해아 힐 때싱은 일민서 침묵하고 있는 다수다. 이런 잠재적 위기 혹은 도전을 어떻게 대비할 생각인가?[42]

이 편지를 옥한흠은 다음과 같이 마무리했다.

나는 우리 둘이서 만날 때마다 기쁘고 소망스러운 그리고 서로를 자랑스럽게 여기면서 대화 나누기를 얼마나 소원하는지 모른다. 물론 원로와 후임자의 사이는 생태적으로 고부간과 같아 쉬운 일이 아닌 줄 알지만 노력하면 특히 그리스도의 사랑으로 서로를 품으면 조금도 어려운 일이 아니라고 믿는다. 이번과 같은 긴장된 대화가 다시는 없길 바란다. 그래서 날마다 너를 위해 기도하고 있다. 물론

나를 위해서도 기도한다.⁴³

이 편지에서 우리는 옥한흠의 고뇌를 읽을 수 있고, 사랑의교회와 오정현을 향한 사랑도 감지할 수 있다. 후임자 오정현도 참으로 쉽지 않은 입장이었다. 목회의 본질과 설교에 대한 원로 목사의 훈계는 교회를 위하고, 후임자를 배려하는 것이었지만, 오정현이 그것을 수용하기에는 두 사람의 입장이 달랐다. 한국 교회의 설교 대가로 인정받고 있으며, 또한 평생 설교에 생명을 걸고 준비하고 선포했던 옥한흠이 앉아 있는 예배당에서 후임이나 후배 목사가 설교한다는 것은 엄청난 스트레스를 느낄 수밖에 없는 일이다. 오정현도 설교가로서 나름대로 뛰어난 능력을 소유한 자였지만, 그의 전임자가 탁월한 설교자였을 뿐만 아니라, 한국 교회를 깨우는 지도자였기에 그의 그늘에서 벗어나는 것은 매우 힘들고 어려운 일이었다.

 주일 첫 설교인 1부 예배에서는 은혜롭게 설교하던 오정현도 원로 목사가 참석하곤 하는 2부 예배에서 주눅이 들어 버리는 경우가 종종 있었던 것 같다. 어느 주일인가 오정현은 2부 예배에서도 설교가 너무 잘되어 이상하다는 느낌이 들었다고 한다. 예배 후에 성도들과 인사를 하는 중에 옥 목사 사모하고만 마주치게 되었는데, 그는 곧 옥 목사가 그날 예배에 참석하지 않은 것을 알게 되면서 웃은 일이 있었다고 전해진다.⁴⁴ 이것은 그만큼 큰 지도자를 모시고 목회하는 후임자의 스트레스를 단면적으로 보여 주는 예다. 그렇지만 그 두 사람의 관계는 수십 년 지속되어 온 영적 사제지간이자 부자지간과 같은 관계였으며, 무엇보다도 제자훈련에 대한 열정을 공유한 지도자들이었기에 갈등과 차이를 극복해 나가는 데 있어서도 한국 교회에 귀한 모범을 보여 줄 수 있다는 기대감이 교인들에게 있었다.

교회당 신축에 대해서도 옥한흠은 비판적 입장을 취했었지만, 사랑의교회가 대형 교회로 변모한 것은 이미 그의 목회 기간에 일어난 일이었다. 예배당의 협소함과 교육 시설의 열악함, 주차 공간의 어려움 등은 현실적 문제가 되어 버렸고, 그럼에도 불구하고 몰려드는 성도들을 감당할 수 없는 형편에 이른 것은 누가 보아도 자명한 일이었다. 그런데 중요한 것은 이런 일을 해결해 나가려는 담임 목사 오정현에게만 그 책임을 돌리기보다는, 옥한흠은 자신에게도 그 화살을 돌렸다. 그렇기 때문에 옥한흠은 영상 메시지를 통해서 자신이 목회할 때 했어야 할 과제를 후임자에게 넘긴 것 같다며 자신의 책임으로 돌리면서, 비좁은 예배당에서 예배드리고 신앙생활하는 교인들이 안타깝다는 논지로 자신의 생각을 피력했다. 마치 그 모든 문제를 자신이 끌어안고 장렬하게 전사하는 것 같은 용장의 모습으로 말이다. 이 일로 교계 및 일반 신문에서는 옥한흠에 대한 실망감과 비판을 쏟아 내기도 했다. 어떻게 보면, 옥한흠은 자신의 잘못으로 돌리면서 교회의 안녕과 평화를 위해 스스로를 희생시킨 것이라고 볼 수 있다.[45] 하지만 옥한흠이 말년에 그의 건강이 좋았다면 많은 비판 속에서 진행된 교회당 신축은 결코 실현되기 어려웠을 것이다.

교회당 신축 문제는 옥한흠에게 그의 교회론을 심각하게 재평가하게 만들었다. 그래서 그는 2009년 11월 「디사이플」지와의 인터뷰에서, "제자훈련과 교회론 사이에 엇박자"가 생긴 것 같다는 뼈아픈 지적을 스스로 했다.[46] 이러한 언급은 사실 오정현보다는 자신에게 던지는 자아비판이었다. 그리고 이미 사랑의교회의 주요한 지도권은 오정현에게 넘겨진 상태에서, 반대와 비판을 공개적으로 할 수도 없었다. 사랑의교회를 살리시는 하나님의 뜻이 나타나기를 간절히 바라는 마음으로 접어야 했던 것이 옥한흠의 솔직한 입장이었다. 새 천년을 맞이한 시점에서 원로 목사와 담임 목사 간에 일어났던 갈등의 요소들은 어떻게 보면, 사랑의교회가 추구해 왔던 목회의 본질과 직결되는 문제였기에 상당한 여파가 있을 수도 있었다. 그러나 두 사람 사이의 오랜 기간 쌓아 온 신뢰의 관계와 제자훈련을 향한 강한 열정을 공감한다는 면에서 해결될 수 있었지, 그렇지 않았으면 그 후유증은 매우 컸을 것이다.

비록 옥한흠이 교회 신축 계획을 결국에는 지지하고 찬성하긴 했지만, 사랑의교회라는 제국을 건설하라는 것이 아니라, 예수 그리스도의 참 제자들의 신앙 공동체를 지속적으로 이루어 갈 것을 당부한 것이다. 이제 제자훈련의 정신을 새로운 시대와 환경에 걸 맞는 "틀"을 새로이 건설하도록 동의하긴 했지만, 그 새로운 틀 속에도 여전히 변치 않는 순전한 제자도의 정신을 세워 나가고, 충만한 믿음의 씨앗을 뿌리며 후대에 귀한 결실을 맺어 가길 간절히 소원했을 것이다. 새로운 건물을 신축해야 할 필요성에 대해 옥한흠이 어렵게 공감했지만, 그 방법과 절차가 법적으로 하자가 없다 해도, 신앙 양심과 윤리성에 비추어 비판의 여지가 없도록 진행해 나가기를 원했다. 그러나 예기치 않은 심각한 문제가 발생한다든지, 특히 하나님의 뜻이 아니라면, 언제라도 중단해야 한다는 입장이었다.[47] 그렇지만 그는 교회당 신축 문제로 빚어진 논란과 갈등, 교계 신문에 보도되는 내용들을 목도하

면서 심각하게 고뇌하고 있었다. 이 일 때문에 그의 몸과 마음은 몹시도 지쳐 가고 있었다.[48]

고뇌와 병고

옥한흠 생애의 말기는 사랑의교회의 상황 때문에 심각한 고뇌와 침묵으로 이어지고 있었고, 그에 따른 병고의 악화로 많은 시련을 겪었다. 겉으로는 웃어야 했지만, 속으로는 울어야만 했던 "거룩한 절망"의 나날들이었다. 그가 그토록 사랑했던 사랑의교회를, 그리고 그렇게 믿었던 오정현에게 목회 사역을 이양하고 제자훈련 목회의 본질을 다음 세대로 잘 계승해 주기를 희구했던 옥한흠의 마음에는 말로 표현할 수 없는 큰 고통이 남아 있었다. 좋은 교회, 건강한 교회를 세우기 위해 평생 달려왔던 옥한흠은 그의 말년에 벌어진 사랑의교회 건축 문제로 더 이상 한국 교회를 향해 어떤 이야기도 할 수 없는 상황에 처했다.[49] 그는 후임자를 향한 실망, 사랑의교회 성도들을 향한 죄책감, 그리고 말로 형용할 수 없는 절망감 때문에 애통의 눈물을 흘렸다.[50] 옥한흠은 모든 책임을 후임자가 아닌 자신에게 돌렸다. 그만큼 옥한흠은 후임자 오정현을 마음에 품었고 아꼈으며, 궁극적으로 사랑의교회를 살리고, 제자훈련 목회의 본질을 회복하고 발전시켜 나가기를 간절하게 원했다.

옥한흠이 교회에 대한 번민을 하면 할수록 그의 몸은 더욱 쇠약해 갔다. 2006년 6월에 폐암 수술을 받은 후, 그의 건강은 매우 약해져 있었다. 그리고 오랫동안 위염과 전립선염으로 고생해 온 그였기에, 말년에 교회당 신축 문제로 벌어진 갈등 국면은 육체적으로 견뎌 내기 힘들게 했고 불면증세가 더 악화되었고, 2008년 6월 14일에는 대상 포진이 발병하여 심한 고통으로 아파했다.[51] 그리고 이런 상황 속에서 시간이 흐르면 흐를수록 그는 점점 다가오는 죽음을 준비해야겠다는 생각을 가지게 되었다. 그래서 옥한흠이 그의 습관에 따라 붉은색 연필로 줄을 그어 가며 마지막으로 읽었던 책이 헨리 나우웬이 지은 『죽음 가장 큰 선물』이라는 저서였다. 그리고 그는 세상을 떠나가는 지도자들의 죽음의 광경도 큰 관심을 가지고 바라보았다. 2009년 2월 16일, 김수환 추기경의 선종善終 소식을 듣고서는 "참 부럽다. 모든 것이…"라는 메모를 남겼다. 그해 5월 30일에 노무현 전 대통령의 국민장 장례위원 1,400명에 자신이 포함된 사실을 언급하며, "조문 열기가 상상을 초월하는 것이 무슨 메시지일까?"라며 국가 지도자의 비극적인 죽음에 대해 깊이 생각하기도 했다. 이런 와중에 9월 29일에는 김준곤 목사의 소천 위로 예배에 오정현과 함께 참석하여 유가족을 위로하고 조문했다.[52]

옥한흠은 그의 말년을 고뇌하고 죽음만을 생각한 것은 아니었다. 2009년 2월에 한국을 방문한 미국 뉴욕 베이사이드장로교회의 담임 목사 이종식을 만나 식사하면서 스페인어를 사용하는 중남미권에서의 제자훈련 목회의 활성화를 위해 대화를 나누었다.[53] 어린 시절 파라과이로 부모와 함께 이민 갔던 이종식은 웨스트민스터 신학교를 졸업하고 1991년 뉴욕에서 개척을 시작하면서 철저하게 제자훈련 목회에 매진해 왔다. 2003년 10월 10-12일, 그 교회에 와서 부흥회를 인도한 옥한흠은 후배 목사 이종식의 사무실에서 다 닳아 버린 제자훈련 교재를 발견하고는 눈시울을 붉힌 적이 있었다.[54] 또한 추운 겨울이었지만 2월 20일에는 아내와 양영자 등과 함께 영화 「워낭소리」를 함께 관람하기도 했다. 몸이 불편한 가운데서도 2010년 3월 22-26일에 열린 CAL 세미나에 참석했다. 그리고 그가 마지막으로 2010년 6월 6일에 보낸 이메일은 박희정이라는 성도가 『평신도를 깨운다』라는 책에 대해 질문한 것에 대한 답변이었다. 사랑의교회 성도들에게 마지막으로 선포한 설교는 2009년 12월 31일 송구영신예배에서 전한 "네 짐을 여호와께 맡기라"(시 55:22)는 메시지였다.[55]

○ 제자훈련과 교회 성장은 엇박자?

옥한흠은 교회가 성장하면, 교회의 성숙을 걱정하고, 감당하지 못할 자신의 능력을 성찰했던 정말 이상한 목사였다. 사랑의교회가 5,000명을 넘어서자 왜 이렇게 많은 사람들을 교회로 보내 주시는지, 과연 하나님의 뜻이 무엇인지를 더욱 심각하고 진지하게 고민하기 시작했다. 그는 예배 후 차를 타는 대신 집까지 천천히 걸어오면서 곰곰이 생각했다. "하나님께서 왜 이렇게 하시는지, 나 같은 사람이 도저히 감당할 수 없는 정도로까지 이렇게 쏟아 주시는 그 뜻을 도통 알 수가 없어"라고 중얼거리며 의아해했다. 좋아해야 할 일을 놓고 좋아하는 대신 고민하고 당황하는 아버지의 모습에 아들조차 이상하고 의아하게 생각할 정도였다.[56] 그리고 평소에도 장로들에게 "대형 교회 하고 싶지 않았어"라는 말을 하면서 솔직한 고민의 일면을 드러냈다. 그 이후 이십여 년이 훌쩍 지났지만 그의 죽음을 앞둔 시점까지도 옥한흠의 그 당혹함은 사라지지 않았고 그 "자신의 목회 전반에 대한 깊은 고민의 씨앗"이 되었다. 그것은 바로 그가 지향하고 붙잡은 자신의 교회론과 구름처럼 사람들이 몰려오는 교회의 현실이 서로 충돌했기 때문이었다.[57]

옥한흠이 목회하면서 심각하게 고민했던 것 중 하나가 사람 하나에 생명을 거는 제자훈련을 해 가면서 교회가 꾸준히 성장하여 대형교회로 변모해 가는 사랑의교회로 인한 번민이었다. 그의 제자훈련 철학에는 항상 이런 전제가 있었다. "그러므로 예수를 주로 고백한 사람은 제자가 되기 위해 훈련을 받는 것이 아니고, 제자이기 때문에 훈련을 받는 것이다. 그러나 '제자가 된다'는 말은 이 세상에 사는 동안 미완성으로 남게 되는 문제다. 완전무결하게 예수를 닮았다고 주장할 수 있는 사람은 아무도 없기 때문이다. 제자도의 완성에는 항상 무엇인가 부족하다."[58]

평신도나 목회자나 모든 그리스도인은 다 그리스도의 제자이고, 제자가 되어야 한다. "절대 부인할 수 없는 사실은 제자가 된다는 것이 예수 그리스도를 닮는 과정을 의미한다는 것이다." 그런데 그 과정에는 "아직 이루지 못한 것으로 인한 긴장"이 늘 수반될 수밖에 없음을 옥한흠도 잘 인식하고 있었다. "이것은 조금도 이상한 일이 아니다. 본질적으로 제자 됨이란 현세의 삶에서 흠이 없는 완전함을 성취하는 것이 아니기 때문이다."[59] 이러한 긴장은 그리스도의 제자인 개개인 성도에게도 나타나지만, 그리스도의 몸 된 교회에도 예외 없이 나타나는 현상이다. 더군다나 그가 그렇게 심혈을 기울여 목양했던 사랑의교회를 바라볼 때는, 아직 이루지 못한 부분에 대한 애석함이 더욱 크게 다가올 수밖에 없었다. 옥한흠은 사랑의교회가 점점 더 성장하여, 대형 교회의 특성이 더욱 강하게 드러나게 되며, 제자훈련의 정신이 약해지는 것처럼 생각되자, "그 긴장"을 이해하고 잘 알면서도 견딜 수 없는 고통이 그의 마음속으로 엄습해 온 것이다. 그래서 그는 제자훈련과 교회 성장의 관계를 "엇박자"라고 불렀다. 그렇다고 해서 제자훈련과 교회 성장, 더 나아가 대형 교회와 배타적인 관계에 있다는 말은 아니었다.

늘 이러한 교회론적 고민을 해 온 그였기에, 1907년 평양대부흥운동 100주년을 맞이한 기념 예배에서도 하나님께서 허락해 주신 부흥의 역사를 기억하며 감사와 찬양 대신 하나님 앞에 회개의 통곡을 할 수밖에 없었다. 그리고 그는 교회의 회개를 촉구하는 설교를 외칠 수밖에 없었다. 그것은 바로 그만이 가지고 있었던 이 오랜 고민 때문이었다. "목사로서 교회는 커졌고 사람들은 많아졌을지 몰라도 자신이 믿고 붙잡고 가던 '교회론'에 걸맞은 결과를 교회 속에서 이루지 못했다는 자책감" 때문에 그럴 수밖에 없었다.[60] 교회의 주체가 평신도여야 하는데, 동원의 대상으로 전락해 버린 한국 교회와 행사장을 바라볼 때, 그가 평생 추구해 왔던 교회론의 영향이 사라진 것 같은 위기의식을 느꼈을 것이다. 한국 강산 여기저기에서 부름 받고 훈련받은 구름 떼와 같은 평신도들이 일어나 하나님의 손에 쓰임 받는 주체이자 목회자의 동역의 대상이 되어야 할 성도들의 영광스러운 신분과 소명이 뚜렷하게 보이질 않았다. 교인의 숫자는 많고, 많은 교회가 대형 교회로 성장했지만, 그가 추구했던 교회의 모습은 점점 작아진 것 같았다.

옥한흠이 은퇴할 당시 사랑의교회는 주일 출석 장년 교인 수가 23,000명이었고, 전체 등록 교인 수는 50,000명을 넘어섰다. 그의 눈에 비친 교회의 규모는 여러 면에서 너무 커져 버렸다. 그리고 그의 교회론적 입장에서 본다면, 사랑의교회는 "어찌 보면 상당히 위험한 상황"에 놓여 있었다. 사랑의교회는 제자훈련의 선두 주자였지만, 그 정신을 잃어버릴 확률이 높아졌으며, "또 교회론의 본질에서도 위선자적인 입장에 빠질 수 있어 고민"이 될 수밖에 없다고 토로했다. 우리는 그의 모습 속에서 한국 교회의 일그러진 자화상을 보게 된다. 교회가 커질수록, 한 영혼에 대해 최선을 다할 수 없다는 사실이 그의 마음을 무겁게 눌러 왔고, "한 영혼에 최선을 다해 집중했는데도 불구하고 교회가 과연 이렇게 클 수 있었을까? 아니, 결론적으로 이렇게 커진 상태에서 이제 더 이상 한 사람 철학을 바탕으로 한 나의 교회론 자체가 가능이나 한 얘기일까?"라는 질문이 그를 끊임없이 괴롭혔다.[61] 그래서 옥한흠은 괴로워했다고, 김진경은 이렇게 애석해했다. "대형 교회 목사들 다 영광을 누리고 기쁨을 누려요. 목회의 기쁨을 누리는데 이분은 목회의 기쁨을 누리지 못한 목회자야. 하늘에 소망과 하늘나라에 가서 하나님께 칭찬받고 하나님나라의 보상을 받는 그것에 자부심을 가졌지만, 세상에서의 기쁨을 가지지 못한 것이지요. 인간적으로 보면 불쌍하지."[62]

"옥한흠이라는 제자훈련 광인"의 곁에서 30년을 보낸 김명호도 그의 스승이 한국 교회에 남긴 그 숭고한 "뜻"을 이어야 한다는 결의를 『나는 잇는다』라는 그의 저서에 담았다.[63] 그는 그 책을 마무리하면서, 옥한흠의 탄식 어린 고백 "내 목회는 실패한 것인가?"라는 의미심장한 질문을 던지고 있다. 긴 세월을 늘 곁에서 지켜보면서 동행했던 김명호의 눈에 비치고 그의 뇌리에 길게 남는 옥한흠의 목회 철학은 "한 사람"과 "진국 설렁탕", 그리고 "낡은 구두 한 켤레"의 모습이었지만, 자꾸만 그러한 이미지가 퇴색되고 있으며, 단지 깊은 여운만 남기는 것이 못내 아쉬울 따름이다.

양적으로 너무 비대해져 버린 사랑의교회를 바라보는 옥한흠의 마음에는 일종의 자괴감이 자리 잡고 있었다. 그의 회한의 중심에는 만약 그의 교회론으로 충실하게 목회했다면, 사랑의교회라는 개교회의 발전과 성장이라는 열매보다는 "하나님나라가 성장하도록 좀 더 구체적으로 실천하는 목회"의 영향력이 한국 교회 전체로 좀 더 파급되지 않았겠는가 하는 아쉬움이었다. 그는 구체적으로 그런 목회의 형태와 양상이 무엇인지 언급하지는 않았지만, 사랑의교회와 제자훈련 철학을 공유하는 모든 교회와 목회자들이 계승하고 실현해 나가야 할 중차대한 과제를 남겼다고 본다. "한국 교회 전체를 통한 하나님나라가 커 가도록 하기 위해 구체적으로 할 수 있는 것이 과연 무엇인지를 진지하게 고민하는 것"은 이제 우리 모두의 관심이 되어야 한다. 그가 그토록 고민하고 애썼듯이 지금 교회는 침체가 문제가 아니라 교회의 본질이 세속주의로 오염되고 파괴되는 위기 속에 속수무책으로 놓여 있음을 하루빨리 극복해 나가야 할 것이다.[64]

그리스도의 제자의 길을 걷는 자들은 모두 노상路上에 있는 자들이다. 아직 흠과 티가 없는 완전의 경지에 이르지 못하고 있다. 그리고 그리스도의 몸 된 교회라 할지라도 거룩하고 온전한 하나님의 뜻을 이루기 위한 부단한 과정 속에 놓여 있다. 종말론적 긴장이 제자훈련의 본질과 과정 속에 내재해 있음을 부인할 수 없다. 이러한 도중에서, 그리고 이러한 과정 속에서 아직도 이루지 못한 것 때문에 오는 긴장과 고통은 항상 수반된다. 옥한흠의 메시지는 바로 이것이다. "세상에서 부름 받은 제자는 땅에서부터 예수님을 닮는 것을 목표로 삼아 열심히 오르는 자가 되어야 한다."[65] 그가 원했던 것은 엇박자 때문에 불협화음이 생겼다고 해서 포기하고 좌절할 것이 아니라, 제자훈련과 교회 성장이 아름다운 화음을 낼 수 있도록 모든 노력을 경주해야 한다는 독려였다.

○ 제자훈련 전당의 신축 이전

옥한흠의 제자훈련 목회는 한국 및 세계 교회가 주목할 만한 성숙과 성장을 이룩해 놓았다. 이제 제자훈련의 선교지에서의 적용과 세계 여러 나라로 확산을 위한 세계화가 절실하게 필요한 시점에 도달했다. 새로운 리더십을 발휘하고 있는 오정현의 새로운 과제 중 하나가 바로 제자훈련 목회의 국제화일 것이다. 이러한 발전을 위한 여러 가지 노력이 그동안 사랑의교회를 통해 이루어져 왔다. 사랑의교회가 제자훈련으로 널리 알려지다 보니, 선교나 사회 복지에 대한 수고와 헌신은 다소 드러나지 못한 것이 사실이다. 그런데 이미 대형 교회로 성장해 버린 사랑의교회가 일반 교회가 상상하지도 못할 거대한 규모의 건물 신축 계획을 발표했을 때, 교계 및 사회 일각에서 많은 비판이 쏟아져 나왔다. 그러한 거액의 예산을 어려운 처지에 있는 불우한 이웃들과 보다 공적인 목적에 사용되는 것이 바람직하지 않느냐는 반응에서 나온 의견 표출이었다.

객관적으로 볼 때, 사랑의교회가 "선교도, 사회 복지도 할 만큼 열심히 했다"는 사실은 분명하다. 그리고 한국 교회에서 모범적으로 제자훈련 사역을 감당해 온 사랑의교회는 이제 새로운 단계로 나아가야 할 입장에 놓여 있는 것도 사실이다. 그런 면에서 사랑의교회 사역의 소프트웨어를 보다 효과적으로 꾸준히 수행하기 위해서는 하드웨어가 필요한 것도 부인할 수 없다. 그러나 한국 교회가 "사랑의교회"에 기대하는 바가 높았기 때문에 건축 문제는 사랑의교회만의 문제가 아닌 교계 전체의 초미의 관심사가 되었다.

이미 전술한 바와 같이 옥한흠은 그의 교회론에 걸맞게 좀 더 제대로 목회했더라면 결코 더 큰 건물을 지어야 할 필요는 없었을 것이라고 생각했었다. 그러나 이미 비대해진 현 상황에서 사랑의교회가 더 큰 교회 건물을 절실히 지을 수밖에 없는 이유는 바로 자신의 "탓"이라고 인식했다. 그러면서도 불편한 환경에서 예배를 드리는 성도들을 보며 그는 가슴 아파했다. 동시에 많은 성도들이 사랑의교회로 모여드는 것에는 하나님의 분명한 섭리가 있다고 확신했다. 그렇기 때문에 이 문제로 교회가 분열되고 갈등 속에 빠지기보다는 전체 성도들이 교회당 신축을 찬성한다면 그것은 하나님의 뜻이라고 확신하면서 자신의 입장을 정리하고 사랑의교회 성도들의 판단에 맡기기로 했다. 그의 마음이 매우 무거웠던 것은 물론 사실이었다. 그렇다고 현실을 무시할 수도 없는 처지였다.

이러한 상황에서 교회의 현실을 감안하여 교회당 신축으로 이끌고 나가는 후임자에 대한 회한도 분명하게 있었다. 옥한흠은 이상과 원칙을 존중한 목회자이면서도 동시에 현실과 상황을 중시한 실제적인 지도자의 특성도 견지하고 있었다. 그러기에 자신의 목회에 "엇박자"가 생겼다고 아쉬워했지만, 하나님께서는 그가 마음 아파하는 "엇박자"를 통해 하나님만이 만드실 수 있는 기막힌 "화음"을 사랑의교회를 통해 창조해 나가시기를 기대했다.66 하지만 사랑의교회 예배당을 신축한 것에 대한 많은 비판이 오정현에게 빗발쳤지만, 옥한흠에게도 향하고 있다. 박영돈은 한국 교회의 미래를 위한 마음을 품고 옥한흠을 아래와 같이 가혹하게 비판했다.

> 그러나 그는 결정적인 순간에 그동안 취해 온 개혁적 목사라는 제스처를 접고 몇 천억 원짜리 교회 건물 건축을 교인들에게 독려하는 일에 참여하는 이율배반적인 행동을 보임으로써 한국 교회를 크게 실망시켰다. "교인들에게 호소한 옥 목사의 영상 메시지가 편집된 것이다" 혹은 "그것은 교회의 분란을 막기 위해 어쩔 수 없는 행보였다" 여러 구설이 떠도는 것이 사실이다. 그러나 옥 목사의 괴로웠을 심경을 충분히 이해하면서도 그가 이에 대한 책임에서 온전히 자유로울 수 없음은 부인할 수 없다. 옥 목사가 교회론적인 확신을 결행하지 못한 우유부단함이 결국 무한 대형화의 비극을 낳는 밑거름을 제공한 셈이다.67

그럼에도 불구하고, 사랑의교회는 교회 건축의 역사가 어떻게 변천해 왔는지를 주목하면서 개척 초기 카타콤 지하 예배당의 정신을 살려 나가는 데 전력을 다했다. 프랑스의 한 건축가는 역사상 교회의 건축 양식을 동굴, 요새, 그리고 장막으로 분류할 수 있다고 했다. 오순절 성령 강림을 통해 탄생된 초대교회는 약 3세기 동안 동굴형을 취했다. 많은 사람들의 이목을 끌지 않는 가정교회와 카타콤 식의 형태가 일반적이었다. 그러나 기독교가 공인되고 집단적인 개종과 사회 전반으로 확산되고, 시간이 흐르면서 유럽의 수많은 지역에 거대한 요새 형의 교회가 건축되었다. 그러한 교회들은 주변 풍경을 지배하면서 그 지역의 중심이자 지성소의 역할을 했고, 때로는 야만인들의 침입으로부터 보호해 주는 산성이기도 했으며, 교회가 그 주변의 모든 것을 규정하고 지배한다는 선언 그 자체였다고 볼 수 있다. 그러나 "성경에 나오는 첫 교회 건물은 장막, 즉 광야의 성막이었다." 결국 그 건축가는 교회는 장막 교회를 지어야 함을 강조하면서, "동네를 압도하지 않고 오히려 그 안에 들어가는 소박한 교회, 동네 안에서 이웃이 되는 교회"를 지향하는 것이 바람직한 교회의 모습이자 형태라고 역설했다.[68]

대부분의 대형 교회들이 거대한 건물을 짓고 수많은 사람들이 편리하게 머물 수 있는 공간 확보에 역점을 두는 상황에서, 그동안 사랑의교회를 향한 한국 교회의 기대와 소망은 그래도 웅장하고 주변의 모든 것을 장악해 가는 모습보다는, 겸손하고 동네와 잘 어울리는 그런 모습으로 남아 주길 바라고 있었다. 서초동 사랑의교회 지하 예배당이 교인 수가 많아져 수용하기 어려워진 것은 사실이지만, 그래도 『나니아 연대기』의 한 대사처럼 "그 안은 밖보다도 더 넓다"라고 묘사한 사람들이 그동안 많지 않았던가![69]

고대 문명의 흔적은 건물을 비롯한 유적이 남아 있지만, 예수 그리스도의 사역의 흔적은 달랐다. 그리스도의 사역이 남긴 유산은 건물이 아닌 사람이었다. 그리스도는 제자들을 만났고, 그들과 시간을 보냈으며, 그들의 변화를 통해 다른 사람들을 변화시켰다. 그러자 복음이 편만해지는 역사가 일어났고, 하나님나라의 주권이 널리 확장되어 나갔다. 이렇게 사람들을 통한 복음의 흔적과 제자 됨의 살아 있는 역사가 새로운 시대에도 변함없이 사랑의교회의 끊임없는 자기 혁신을 통해 우리 조국뿐만 아니라, 온 누리로 퍼져 나가기를 소망한다. 사랑의교회는 목회자 개인보다는 교회의 특성, 곧 제자훈련이라는 본질적인 사역의 특성이 훨씬 강하게 부각되었다. 그런 면에서 사랑의교회는 "그런 제자훈련을 지역 교회 목회 현장에 과감하게 도입한 옥한흠의 영향력도 무시할 수 없지만, 교회의 이름에서 사역의 내용을 먼저 떠올릴 수 있는 흔치 않은 교회인 것만은 분명하다."[70] 이런 교회에서 사역을 계승하는 것은 목회자에게 과도하게 집중된 교회에서보다 훨씬 용이하다고 할 수 있다. 단 그 사역의 본질적 연속성을 유지하는 조건에서 말이다.

17장

옥한흠의 마지막 투병과 소천

이제는 그 모든 짐을 내려놓아야 할 때

○ 옥한흠의 마지막 투병

옥한흠은 평생을 병고와 싸워 왔다. 하지만 마지막 순간 항암 치료를 받았던 그때의 아픔은 이전에 경험해 보지 못했던 극심한 고통이었다. 그가 비록 『고통에는 뜻이 있다』는 책을 출판한 적이 있었지만, 과연 "그때 무슨 고통의 의미를 알았다고 그런 책을 냈었을까?"라며 자조自嘲적인 말을 할 만큼 고통 중에 있었다. 그런 아픔을 겪어 보니 그의 마음에는 아직도 남모르는 슬픔과 고난을 이겨 내며 살아가고 있는 성도들이 떠올랐다. 그들에게 좀 더 따뜻하고 가슴에 와닿는 메시지와 돌봄을 충분히 해 주지 못한 아쉬움에 대한 자학自虐이 그의 마음에 생기는 것을 막을 수 없었다. 그는 그의 극한 고통 속에서 하나님께 자신을 살려 달라고 기도도 할 수 없었다. 지난 70년이 넘는 그의 생애 동안 넘치는 하나님의 은혜와 축복으로 살아온 여정을 되돌아보면, "지금 이 세상에서 좀 더 살고 싶다고 하나님께 기도하는 것이 너무도 염치없기 때문"이었다. 그리고 그 와중에서 하나님의 주권을 생각하며 그의 극한 고통과 남아 있는 사역을 되돌아보았다. 그의 고통을 안타깝게 바라보는 가족들에게도 "하나님께서 자신에게 좀 더 시키실 일이 남아 있으면 분명 자신의 생명을 연장시키실 것이고, 그게 아니면 가장 좋은 시간에 자신을 데려가실 것"이라고 말하곤 했다. 이런 자세는 그가 평생 외치고 강조했던 "하나님은 이용해야 할 대상이 아니라 사랑하는 대상이기 때문"이었다. 하나님을 사랑하는 것이 모든 문제의 답이고 인생의 본질이며, 성도의 마땅한 자세여야 했다.[1]

폐암이 발병한 이후, 옥한흠은 "평생을 영원한 생명을 선포한 목사가 육신적 죽음 앞에서 초라해지면 안 된다", "자신에게 맡겨진 사명이 끝났으면 빨리 떠나야 하는 것이 순리 아니냐?"라는 말을 부쩍 자주했다. 마치 남의 이야기하듯 되뇌는 이 말은 듣는 사람들의 마음을 무척이나 무겁게 했다. 병상에서 찬송가 96장, "예수님은 누구신가 우는 자의 위로와 없는 자의 풍성이며 전한 자의 높음과 잡힌 자의 놓임되고 우리 기쁨되시네"를 부르자며 고통 중에서도 위로를 받았다.[2] 병고에 지친 옥한흠에게 깊게 드리운 죽음의 그림자는 결코 그를 죽음의 공포 속으로 몰고 갈 수 없었다. 평생 그리스도의 참 제자로 살기 위해 달려온 그의 마음에는 예수 그리스도의 부활의 능력과 소망을 확실하게 믿는 강한 믿음이 자리 잡고 있었기 때문이다.

옥한흠은 죽음과 관련하여 성도에게 이렇게 설교한 적이 있다. "육신의 죽음이 주님 보시기에 진정한 죽음이 아니라고 한다면, 우리는 죽음이 없어진 사람들입니다. 죽음에서 벗어난 사람들입니다. 예수 그리스도가 부활이요, 생명이기 때문입니다. 아직 세상에 살고 있는 성도는 죽음을 기다리는 자들이 아닙니다. 믿는 자에게 있어 죽음은 잠자는 것일 뿐입니다."³ 그렇다! 옥한흠은 "죽음이 없어진 사람", 그리고 "죽음에서 벗어난 사람"이었다. 그는 그 지독한 죽음의 고통 중에도 그저 주님 품에서 잠자고 싶은 간절한 마음뿐이었다. 그는 "이미 부활이요 생명 되시는 주님의 손에 붙들린 자유인"이었다.⁴

2010년 8월 24일, 「국민일보」는 옥한흠 목사의 장남인 옥성호가 당일 병원에서 전한 내용을 보도했다. "병원에서는 의학적으로 매우 위중한 상태라고 밝히고 있다. 사실상 하나님의 기적 외에 현재 아버지가 일어날 가능성은 없어 보인다"라고 말이다. 한국기독교목회자협의회 손인웅 대표 회장도 "옥 목사의 상태가 위중하다"고 말했다. 또한 사랑의교회 초기부터 제자훈련에 참여해 왔던 강명옥 전도사는 "목사님은 자신에게 맡겨진 세상의 짐을 마지막까지 최선을 다해 지셨다고 생각한나"며 "처음엔 너무 충격을 받고 자다가도 깨어서 울었지만 이제는 목사님이 그 모든 짐을 내려놓아야 할 때가 된 것 같다"고 심경을 밝혔다. 그의 쾌유를 위해 기도하던 수많은 목회자들과 성도들의 안타까운 마음이 더해지고 있다. 한 네티즌은 "아! 하나님! 하나님! 사랑하는 당신의 종에게 은혜를 주십시오. 히스기야처럼 생명을 연장시켜 주십시오. 그러나 그리 아니하실지라도 옥 목사님으로 인해 한국 교회가 행복했습니다!"라는 글을 남겨 놓았다.⁵

서울대학교병원 중환자실에 입원한 옥한흠의 상태가 위급하다고 알려지자, 많은 동역자들과 성도들이 그 소식에 너무도 안타까워했다. 하용조는 "옥한흠 목사님은 이 시대의 스승"이며, "이 땅의 교회를 죽을 만큼 사랑하신 분"이라고 트위터에 언급하면서 쾌유를 간절히 소망했다. 그는 이어 "[옥 목사님은] 십자가에서 피 흘려 죽으신 것처럼 모든 한국 교회의 약점과 부족한 점을 감싸신 분이십니다. 약한 사람을 격려하고 부족한 사람에게 용기를 주었습니다. 그는 한국 교회가 하나 되기를 원하셨고 한국 사회의 견인차가 되기를 원하셨습니다"라고 옥한흠의 사역에 거듭 존경과 사랑의 마음을 표현했다.[6] 옥한흠을 맏형으로 홍정길 그리고 하용조, 이동원은 지난 40년간 삶과 사역을 허심탄회하게 나눌 수 있는 든든한 동역과 우정의 관계를 마지막 순간까지 이어 왔다. 사랑의교회는 매일 오전과 저녁, 원로 목사 옥한흠의 회복을 위한 기도회를 열었다. 또한 국내외 교계 지도자들도 회복을 바라는 성원을 보냈다. 이동원은 트위터에 올린 글에서 "옥한흠 목사님께서 중환자실에서 투병하고 계시다고 합니다. 사사기에 보면 한 사람의 하나님이 쓰시는 사람이 존재한다는 사실만으로 시대가 평안했습니다. 옥 목사님의 회복은 한국 교회의 희망이고 우리 시대의 위로입니다. 우리 모두 특별한 중보의 무릎을!"이라는 글을 올려 옥한흠의 회복을 간절히 기원했다.

한편 브라질장로교 150주년 총회 주강사로 초청받아 출국 중이었던 오정현도 급히 귀국해 곧바로 서울대학교병원을 찾아 간호 중인 김영순 사모를 비롯한 가족들과 사랑의교회 장로들, 그리고 부교역자들과 함께 회복을 기원하는 예배와 기도를 드렸다. 오정현은 기도회를 인도한 후 "하나님이 지금까지 사랑의교회를 불쌍히 여기사 남다른 은혜를 부어 주시는 이유는 점점 더 타락해 가는 이 세대를 위해 우리 모두가 능력 있는 그리스도의 제자가 되어 무엇인가 해야 할 사역이 기다리고 있기 때문이라고 확신하고 있다"고 말하고, "아직 그 일이 남아 있기에 아직 그 일을 이루기 위해 분명 옥 목사님께서 자리에서 일어나 우리와 함께 그 일을 이루어 나가실 것이다. 옥 목사님은 한국 교회와 한국 사회에 신앙의 지표와 삶의 방향을 일깨워 주시는 영적 거목이시며 나침반이시기 때문이다"라고 말했다.[7] 그러나 오정현의 기대와는 달리 옥한흠의 병세는 더 악화되었다.

옥한흠은 의식이 살아 있는 마지막 주인 2010년 7월 말경 병상을 찾아온 오정현에게 안수 기도를 부탁했다고 한다. 한사코 반대하는 오정현을 설득해 기도를 받은 후, 자신도 후임자 오정현에게 안수 기도를 해 주었다.[8] 아마도 제자 옥한흠은 예수님께서 십자가에 달려 돌아가시기 전에 제자들의 발을 씻겨 주신 일을 기억했을 것이다. 그는 마지막 순간까지 후임자 오정현을 마음에 품었고 그의 목회 일정을 수첩에 적어 놓고 그를 위해 기도하기를 게을리하지 않았다. 옥한흠의 2010년 개인 수첩 마지막 부분에 필체가 흐터진 가운데 적혀 있는 내용은 오정현에 관한 것이었다.[9] 그만큼 옥한흠은 오정현이 하나님의 뜻대로 사랑의교회를 잘 이끌어 나가 주기를 간절히 소원했다.

○ 옥한흠의 임종

2010년 9월 2일, 태풍 곤파스가 한반도를 격렬하게 강타하는 가운데 서울대학교병원의 중환자실에서 육체의 고통과 힘겹게 싸우던 옥한흠의 호흡도 점점 더 가빠지고 있었다. 이 땅에서의 마지막 순간을 보내는 그의 병상은 김영순 사모와 성호와 승훈 두 아들, 손인웅 목사, 그리고 박남규 목사가 지키고 있었다. 옥 목사가 평소에 즐겨 부르곤 했던 "나 같은 죄인 살리신 주 은혜 놀라워…" 찬송을 부르고, 박남규가 시편 23편의 말씀을 암송해서 들려주었으며, 사모가 주기도문을 외우면서 마지막 가는 길에 하나님의 말씀과 찬송으로 그의 천국 길을 배웅하고 있었다. 아무래도 임종이 가까이 온 것이라고 직감하고 손인웅 목사의 사회로 예배를 드리는 중에, 그의 기도가 끝나자 은보 옥한흠의 숨결도 멈추고 말았다. 소속 교단은 달랐지만, 은보와 함께 한국 교회의 갱신과 화합을 위한 동지로서 달려왔던 손인웅 목사의 간절한 기도와 함께 옥한흠의 이 땅에서의 삶은 마감되었다. 그의 모습은 너무나 편한 어린 아기처럼 눈을 감고 하나님의 품에 안겼다. 그런 모습을 보는 이들에게 "참으로 아름다운 임종"임을 실감케 했고, "이제 더 이상 고생 안 하시겠다"라는 안도의 한숨이 나왔다. 병원 밖에서는 곤파스의 광풍이 몰아치고 천둥소리와 함께 번개가 번쩍이고, 서울대학교병원에서는 잠시나마 정전 사태가 나기도 했지만, 그런 풍경과는 참으로 대조적인 모습으로 옥한흠은 이 땅을 그렇게 떠났다.[10]

옥한흠은 병상에서도 "말 없는 설교"를 성도들에게 남겼다. 1989년 그가 쓰러져 병원에 입원해 있을 때도, 어떤 강단 설교보다도 진한 감동을 자아낸 "진실한 한편의 설교"를 들려주었다. 그 당시에 그를 찾았던 한 성도의 눈에 비친 "볼품없는 환자" 옥한흠은 결코 나약한 한 사람이 아니었다. "그는 초라하지도, 왜소하지도 않은 영적 거인이었다. 자기의 약한 모습을 누구에게나 드러내기를 꺼려 하지 않는 솔직한 태도에서 평신도를 깨우는 그의 목회 철학을 읽을 수 있었다."[11] 20여 년이 지난 2010년에도 옥한흠은 서울대학교병원 중환자실에서 두 번째 "말 없는 설교"를 소리 없이 외쳤다.

옥한흠이 병고로 극한 고통 중에 사랑의교회와 한국 교회 성도들에게 마지막으로 남기고 싶었던 말들은 무엇이었을까? 아마도 그 중상이 심각한 "한국 교회의 세속화 현상"에 대한 경고의 외침이었으리라. 그의 목회 사역 후기에는 이 문제를 가지고 씨름하고 갱신을 외친 그의 모습을 떠올리면 당연한 처사가 아닐 수 없다. 이미 교회와 세속 문화의 경계선은 다 무너져 버리고, 어디서부터 기독교 신앙의 정체성과 교회의 독특한 영역을 회복해 나갈 수 있을지 치열한 고민과 몸부림이 없이는 한국 교회에 드리워진 영적 침체와 사회로부터의 따가운 시선을 피할 길이 없다. 옥한흠은 병상에서 교회 갱신이 없이는 참 교회는 이 땅에서 이루어질 수 없다는 메시지를 남겼다.

○ 조화가 없는 조촐한 장례식장과 조문 행렬

옥한흠이 이 세상을 떠나간 마지막 자리에도 그의 소신이 짙게 묻어 니있다. 대통령을 비롯한 사회 각계각층의 저명인사뿐만 아니라, 교계 인사들의 장례식에 수많은 조화와 끊임없이 쇄도하는 조의금의 행렬을 어렵지 않게 목격할 수 있다. 물론 이명박 전 대통령 내외도 조용하게 조문하고 장례식장을 떠났다. 옥한흠의 장례식장에는 애도하는 사람들의 행렬은 있어도, 조화나 조의금은 일절 사절했다. 필자도 고인의 소신에 따른 것이라는 짤막한 안내만 들었을 뿐이다. 그러나 잘 알려지지 않은 옥한흠의 특성 중 하나가 평소 대접받기를 좋아하지 않았고, 무가치한 일에 낭비하는 것을 매우 싫어했다는 것이다. 스승의 날, 그를 찾아간 제자들에게도 먼저 대접하기를 원했지, 대접받기를 극구 사양했던 그였다. 또한 선물이나 꽃다발을 받게 되면 내심 고마워하면서도, 그것을 사느라 낸 돈을 아까워하는 모습이 역력했다고 한다. 이러한 특성은 두 내외에게 공통적이었다. 생일에 양복을 선물

받아도 "비싼 걸 안 입으면 아깝잖아. 하나라도 파는 게 낫지"라고 하면서 의류업을 하는 제자 박성수에게 되돌려 보내는 부부였다.[12] 이렇게 두 내외의 삶에 깊이 뿌리박힌 검약 정신은 장례식장에도 고스란히 재연되었다. 이런 면에서 옥한흠의 삶의 여정에는 일관성이 집요하리만큼 철저하게 나타난다. 이것이 여느 목회자와 크게 다른 점이다.

그러나 옥한흠의 이른 죽음을 생각하면, 유진 피터슨의 멘토 중 한 분이었던 알렉산더 화이트Alexander Whyte가 젊은 목사에게 말해 준 재미있는 충고가 떠오른다. "가능한 자주 화장실에 가고, 휴가를 길게 가십시오."[13] 평생 육체의 병고와 제자훈련 목회를 향한 전적인 헌신으로 드려진 옥한흠에게는 이런 말조차 사치스럽게 들릴 것이다. 그러나 한국 교회 목회자들은 또 다른 동역자였던 하용조의 이른 죽음을 맞이하면서, 화이트의 충고를 더 이상 웃어 넘겨서는 안 될 것이다. 물론 그들은 끊임없는 병고와 지칠 줄 모르는 하나님나라를 위한 헌신을 통해 세상이 줄 수 없는 하나님의 임재와 은혜를 체험했겠지만 말이다.

옥한흠은 그의 인생 후반기에 들어서서, 특히 투병하면서 아내와 함께 「나 같은 죄인 살리신」 찬송을 부르는 일이 많아졌다. 그의 인생 전반기에는 "나 같은 죄인 살리신 주 은혜 놀라워 잃었던 생명 찾았고 광명을 얻었네. 큰 죄악에서 건지신 주 은혜 고마워 나 처음 믿은 그 시간 귀하고 귀하다"라는 1절과 2절의 가사가 그의 입가에서 떠나지 않았다. 그러나 건강이 악화되면서 그의 삶의 여정이 얼마 남지 않았다는 사실을 직감해서인지, 말년에는 "이제껏 내가 산 것도 주님의 은혜라. 또 나를 장차 본향에 인도해 주시리. 거기서 우리 영원히 주님의 은혜로 해처럼 밝게 살면서 주 찬양하리라"는 3절과 4절의 찬송을 부르면서 아내를 힐끔 쳐다보던 그의 눈망울이야말로 종말론적 소망을 머금은 시선이 아닐 수 없었다.[14]

음악을 무척 좋아했던 옥한흠은 찬송하는 삶과 함께 그의 인생과 사역이 펼쳐졌다. 예수 그리스도를 통한 구원의 감격을 맛본 후에는 그는 누구보다도 「주 달려 죽은 십자가」를 부르면서 그리스도의 제자가 되기 위해 노력했고, 그리고 목회 사역에 성실하게 임했다. 그리고 그가 제자훈련 목회에 전념할 때는 그 어떤 찬송보다도 "주 예수보다도 귀한 것은 없네"라는 찬송 곡조와 가사를 입에 달고 살았고, 젊은 시절 성도교회 대학부 청년들과 함께 부르고 또 부르고 그리고 또 불렀다.

그러나 그의 인생 말년에는 「나 같은 죄인 살리신」이라는 찬송이 그의 마음을 사로잡았다. 이 세 찬송이야말로 옥한흠의 신앙과 삶을 붙들어 주고 십자가에 달려 돌아가신 예수님을 생각하면서 이 땅에서의 그의 생애를 그리스도의 참 제자가 되기 위해 혼신의 힘을 다해 달려가도록 도왔다. 이러한 찬송의 은혜와 능력이 그의 삶을 관통했기에 그는 찬송을 부르면서 "믿음의 주요 또 온전하게 하시는 이인 예수"를 바라보며 깊이 생각하면서 주님을 따르고 그의 인생의 길을 달려갔다. 은보의 마지막 생애를 보내면서 스스로 부르기를 원했던 찬송가는 "지금까지 지내 온 것, 주의 크신 은혜라…"였다고 한다. 이 찬송은 말년에 그가 자주 방문해서 지내곤 했던 안성수양관에 모인 사랑의교회 포에버 모임에 초청을 받아 사랑하는 성도들과 사랑의교회를 향하는 안타까운 마음을 전하면서 함께 부르기를 원했던 찬송가였다. 과거를 돌아보아도 그렇고, 현재의 고통도 그리고 미래를 바라보아도 하나님의 크신 은혜가 아니고서는 설명할 수 없고, 소망을 둘 수도 없는 것이 그의 솔직한 심정이었다. 이 찬송으로 마무리하고 총총히 강단을 벗어나는 그의 발걸음이 그렇게 가벼워 보이지는 않았다.[15]

○ 달려갈 길을 다 마치고

1938년에 태어난 옥한흠의 삶은 새천년을 맞이한 21세기 초반 막바지에 이르렀다. 그는 말로 다할 수 없는 고통을 체휼하면서, 사랑의교회와 한국 교회를 향하여 어떤 생각을 품으며 생애 마지막을 보냈을까? 지난 40여 년 동안 그토록 미쳐 왔던 제자훈련과 교회 갱신을 향한 그의 비전을 자신은 어떻게 평가했을까? 1907년 평양대부흥 운동 100주년을 맞이했던 2007년 7월 8일 한국 교회 부활절 연합예배에서 옥한흠이 외쳤던 회개와 각성의 촉구에 대한 반응은 어떻게 나타나고 있는가? 신사참배를 가결했던 그해에 태어나 제자훈련에 미쳐 참된 교회를 지향했던 그의 생애와 사역의 초점은 바로 한국 교회의 평신도를 깨우고, 목회자들을 각성시켜 하나님이 원하시는 성도와 교회로 거듭나게 하는 것이었다. 지난 한 세대가 흘러가는 동안 이 땅에 옥한흠 목사를 보내셔서 사역하게 했던 하나님의 섭리는 한국 교회의 성도들과 목회자들이 참된 제자들로 훈련되어 초대교회처럼 갱신되게 하는 바로미터로 사용하셨다. 지난 한 세대 동안 그의 삶과 사역의 족적은 한국 교회로 하여금 영적 갱신을 도모하게 하는 지표로서의 역할을 다했는지도 모른다. 이제 남은 것은 우리의 몫이다. 그의 몸이 부서져 가는 고통 속에서 뿜어낸 제자훈련과 교회 갱신을 향한 외침은 그 누구도 거부할 수 없는 한국 교회의 지향점이 되었다.

한 평생 건강 때문에 고생한 적은 많았지만, 제자훈련 목회에 전념해 온 옥한흠은 자신의 약한 모습을 되도록이면 의사에게조차 보이고 싶어 하지 않았다. 그야말로 항암 치료로 인해 머리가 다 빠진 자신의 모습을 보이는 것을 싫어할 만큼 그는 목사로서, 그리고 한 인간으로서 남다른 자존심이 있었던 사람이었다. 거의 20여 년 전에 쓰러져 사경을 헤매며 쉬고 있을 때에도 그는 그런 마음이었다.

> 죽으면 죽으리라는 각오를 하고 시작한 사역이 이처럼 놀라운 열매를 얻게 하는 것이라면, 나는 더 이상 나의 약함을 불평하지 말아야 할 것이다. 바울처럼 약한 것을 놓고 정말 기뻐할 수 있어야 할 것이다. 그러나 아무리 은혜가 나의 약함을 통해 넘친다 할지라도 나는 연약한 인간에 지나지 않는다. 그래서 그런지 약한 것도 싫고 아픈 것도 싫다. 하나님이 내 마음을 좀 알아주셨으면 좋겠다.[16]

연약한 인간의 한계를 누구보다도 잘 아는 옥한흠이었기에, 그러한 자신의 약함과 병고의 아픔이 무엇인지를 누구보다 더 처절하게 체휼했다. 아무리 평생을 절제와 균형 감각을 유지하고 자신의 몸을 돌보면서, 제자훈련 목회에 미쳐 그 사역을 평생의 사역으로 간주했지만, 되돌아보면 그래도 약한 것도 싫고 아픈 것도 싫다고 하는 그의 모습에서 아주 진솔한 한 인간의 진면목을 읽게 된다. 그래서 그러한 그가 우리에게 더 가까이 다가올 수 있다. 지극히 인간적이면서도, 하나님을 향한 비전을 품고 그리스도의 진정한 제자가 되기 위해 고민하고 고통하며 달려온 그의 삶이기에 더 진한 감동을 뿜어낸다. 권위를 만들어 내지 않고, 솔직하게 자신의 마음을 드러내고 불평하고 싶으면 하고, 때로는 원망도 할 수 있는 그런 인간적인 한 목회자의 모습에서 겟세마네 동산에서 기도하시던 예수님이 불현듯 떠오른다. 옥한흠이 평생 닮기를 원했던 예수의 제자 됨은 성령의 능력으로 말씀을 전함으로 수천 명씩 그리스도께 돌아오게 하고 "영광의 면류관"을 향해 돌진하는 것이 아니라, 십자가 앞에서 자신의 나약함을 토로하고 하염없이 눈물 흘리며 "고난의 십자가"를 짊어지시는 모습이 포함되어 있었다.

옥한흠은 중학교 시절 구원의 감격을 느낄 때마다 "주 달려 죽은 십자가 우리가 생각할 때에… 놀라운 사랑 받은 나 몸으로 제물 삼겠네"를 부르곤 했다. 그는 마지막 생애를 병상에서 보내면서도 예수님을 바라보았고, 그 십자가를 마음에 품었다. 옥한흠은 어린 시절 이 찬송을 불렀던 한부선Bruce F. Hunt 선교사 가족의 모습을 오랜 세월이 지난 후에도 잊지 않고 있었다. 그는 십자가를 마음에 두고 한평생을 올곧게 살아갔던 한부선과 같은 "너무도 아름다운 존재"를 영적 거울 삼아 자신을 비교하며 달려왔기에 병상에서도 고난의 십자가가 주는 귀한 은혜를 누렸다.[17] 아마도 그의 생애 말기에 예수님의 모습이 그에게 더 크게 보였으리라. 그래서 우리는 옥한흠이 좋았고, 옥한흠이 있었던 사랑의교회와 한국 교회가 너무도 좋았다.

병상에서의 고통을 체험하면서도 옥한흠은 마치 예정된 목적지에 도착한 느낌을 갖게 되었다. 병상에서 맞이하는 생애 마지막 순간을 그저 고통스럽게 피할 운명으로 거부한 것이 아니라, 자신의 삶을 향하신 하나님의 섭리의 손길을 느끼면서 마지막을 마무리했다. 그가 임종하기 전까지 병상에서 보여 준 죽음에 대한 자세는 우리로 하여금 많은 것을 생각하고 깨닫게 했다. 먼저 우리는 우리의 구원과 관련하여 죽음과 생명을 다시금 깊이 숙고해야 한다. 하나님의 은사가 영생이며(롬 6:23), 아들이 있는 자에게 생명이 있다(요일 5:12)고 성경은 선포한다. 또한 이 생명의 독특한 특징은 그 영원성이 아니라 새 시대의 생명이라는 특성임이 분명하고 그 영생은 하나님과의 사귐 가운데 사는 삶이다(요 17:3). 그런데 이 생명으로 들어가는 유일한 길은 죽음이다. 그 이유는 분명하다. 하나님과의 사귐을 막는 장벽이 죄이며, "죄의 삯은 사망"(롬 6:23)이기 때문이다. 그래서 예수 그리스도께서 우리에게 오셨고, 그분이 죄인인 우리가 죽어야 할 그 십자가에서 대신 대속의 죽음을 당하셨다. 예수 그리스도를 믿음으로, 그리고 그의 대속적 사역이 우리의 구원을 위함이었다는 사실을 고백하며 세례를 받고 하나님의 백성이 됨으로써 우리는 그리스도와 연합하게 된다. 그러므로 이제 우리는 "죄에 대하여는 죽은 자요, 그리스도 예수 안에서 하나님께 대하여는 살아 있는 자로 여겨야" 한다(롬 6:11). "그리스도와 하나가 됨으로써 그분이 죽음으로 이루신 일이 우리의 것이 되었다는 사실을 인식하고 기억하는 것이다. 우리는 하나님께 대하여 살아 있는 자, 그분의 죽음을 통하여 살아 있는 자다."[18]

옥한흠은 "죽음을 통한 생명의 원리"를 지극한 고통의 병상에서 우리에게 보여 주었다. 이 원리야말로 그가 전도사 시절부터 "밀알회"를 조직하며 제자훈련을 시작했던 정신과도 상통한다. 그리스도를 닮고 따라가기 위해서는 "자기를 부인하고 자기 십자가를 지고 그리스도를 따라야 하며, 누구든지 자기 목숨을 구원하고자 하면 잃을 것이요, 누구든지 나와 복음을 위하여 자기 목숨을 잃으면 구원하리라"(막 8:34-35)의 제자도의 핵심과도 일치한다. 어떻게 보면 그리스도의 제자가 된다는 것은 그리스도 때문에 그에게 미치고, 그를 위해 죽어야 함을 의미한다. 옥한흠은 이러한 "죽음을 통한 생명의 원리"를 그의 제자훈련 목회에, 그리고 그의 삶 전반에 걸쳐 철저하게 적용하며 살았던 인물이다. 옥한흠은 이러한 철저한 정신과 원리가 우리의 삶과 사역에 그리고 제자도와 선교를 비롯한 모든 영역에 작동(作動)되지 않고는 한국 교회의 갱신과 부흥은 요원하다는 메시지를 그의 삶과 마지막 병상에서 우리를 향해 던지고 이 땅을 떠나갔다.[19]

암과 투쟁하면서도 자신의 삶을 하나님의 은혜에 의지하여 그 고통을 그만 이기지 못하고 이 땅을 떠나갔지만, 옥한흠은 참으로 많은 것을 한국 교회에 남기고 갔다. 그러나 무엇보다도 우리에게 남겨진 가장 소중한 것은 평생 그리스도의 참 제자로 살아가려고 심혈을 기울여 온 바로 "옥한흠 그 자신"을 남겨 주고 떠났다는 사실이다. 마치 프란시스 쉐퍼가 소천했을 때, 그의 제자이자 가까운 동료였던 오스 기니스가 추도 예식에서 "프란시스 쉐퍼가 가장 위대한 점은, 프란시스 쉐퍼 자신이었다"고 말했듯이 말이다.[20]

그리고 옥한흠이 남긴 것이 또 있다. 그는 병상에서 말로 형언할 수 없는 육체적 고통을 느끼면서도, 그의 평생 모든 삶과 사역의 장(場)이었던 "사랑의교회가 교회의 머리는 그리스도이심을 분명히 하며 모든 사역을 통해 하나님께 영광을 올려 드리며, 그의 가족들은 무슨 일을 하든지 하나님의 뜻을 따라 살기를 간절하게 소망"하며 이 땅에서의 삶을 마감했다는 사실이다.[21] 그리고 2010년 9월 2일, 옥한흠의 이른 죽음도 결국은 "가장 복된 타이밍"에 이 세상에서의 삶을 마감한 것이 아니겠는가![22]

옥한흠의 영정 사진은 어떻게 보면 희미하게나마 웃는 모습이 연상되고, 또 다르게 보면 울음을 참고 있는 듯한 슬픈 표정을 담고 있다. 기막히고 멋있는 순간을 포착하기 위해 여러 시간의 수고를 아끼지 않고 사진에 담았던 옥한흠은 그가 찍은 수많은 사진 중에서 완전하게 만족했던 사진은 없었던 것 같다. 하지만 그의 영정 사진을 찍은 카메라 렌즈는 옥한흠 목사의 삶의 본질을 모두 담고 있는 모습을 포착한 듯하다. 하나님의 은혜가 없었다면 울 수밖에 없는 우리 인생의 자화상을 반영하고 있는 모습이다. 또한 세속주의에 물든 한국 교회의 모습을 애통해하는 선지자적 슬픔이 그 사진에 배어 있다. 그래서 그의 아들 옥성호가 그것을 영정 사진으로 선택하고, 그 의미를 부여했다. 그 사진에는 옥한흠 목사의 "웃으면서 또한 동시에 울고 있는" 표정이 담겨 있다. 그 사진은 하나님의 은혜가 아니고서는 울고 살았어야 할 인생을 웃으며 살아왔던 그 여정을 기가 막히게 담아 냈다. 그런데 이 영정 사진 앞에서 옥한흠의 마지막 가족사진이 찍히는 모습이야말로 우리로 하여금 많은 생각을 하게 했다.

옥한흠이 제자훈련에 미치지 않았다면, 오늘날과 같은 사랑의교회나 국내외로 영향력을 발휘하고 있는 제자훈련이 가능했을까 싶다. 하이패밀리 대표인 송길원은 이렇게 언급했다. "하지만 한 곳에 미친 만큼 그분에게는 놓친 것도 있었다. 그것은 가족과 애틋함을 나누는 정겨운 시간들이었다. 자식이 커 가는 즐거움을 함께하지 못했던 아버지이자 또한 남편으로서의 옥 목사님은 가족들로부터 적잖은 서운함의 소리를 들어야 했다. 그런 모습을 보면서 나 같은 후배 목사들은 그분의 아픔이 단지 개인의 아픔이 아니라 기독교사에 있어 시대적인 헌신이었음을 확신하고 있다."23

옥한흠의 제자훈련 철학의 밑바탕에는 철저한 밀알 정신이 자리 잡고 있다. 철저히 썩어지고 희생되지 않으면 새로운 생명의 싹이 나올 수 없음을 그 자신부터 인식하고 있었다. 그러한 희생과 헌신을 각오하지 않고서는 한 교회를 살리는 것은 불가능한 일이었음을 누구보다도 절감한 그였다. 더욱이 1970-80년대 한국 교회의 성장일변도의 거대한 흐름 속에서 "제자훈련 목회"를 외치고 시도한다는 것은 그야말로 승산이 없는 목회적 모험이었다. 그러나 옥한흠은 시도했고, 열매를 맺었으며, 한국 교회 목회자들과 성도들을 기어코 깨웠다. 이 일을 위해 그는 그의 가족과 건강을 제자훈련과 과감하게 맞바꾸었다. 다시 말하면 그의 제자훈련 목회는 철저하고도 일관성 있는 자기희생의 결과였다. 그럼에도 불구하고, 남편과 아버지의 관 앞에 그의 영정 사진과 함께 남은 가족들이 이제야 의미 있는 "옥한흠 가족사진"을 찍는 모습은 두고두고 잊지 못할 한 장면이었다. 차남 승훈의 제안으로 장례식에서 찍은 가족사진이야말로 아주 드문 가족의 의미를 되새기는 장면이 되었다.

옥한흠 목사는 이 시대를 살고 있는 한국의 신학생들이 가장 닮고 싶은 목회자였다. 선생은 있어도 스승은 없고, 학생은 있지만 제자는 없는 그런 시대를 우리는 살고 있다. 그런데 제자훈련 목회로 한국 교회를 깨운 옥한흠은 새로운 세대의 목회자들에게 가만히 있어도 삶의 인표人表가 되고, 마음에서 우러나 그 뒤를 따르고 싶은 사표師表가 되었다. 한국인의 평균 수명도 살지 못하고 이른 죽음을 맞이한 옥한흠이기에 그에 대한 인간적 아쉬움과 안타까움이 짙게 생길 수밖에 없다. 그래서 그가 생애 마지막 기간에 병고와 씨름하고 있을 때 그를 아는 사람이나 개인적으로 알지 못한 수많은 이들이 그의 건강 회복을 위해 기도했다. 그의 맏아들 옥성호의 언급처럼 하나님은 그의 몸은 살려 주지 않으셨지만, 정신을 살려 주셔서 우리의 기도에 응답하셨다는 사실에 큰 위로를 받는다.

옥한흠이 태어났던 경남 지역의 선구적인 선교사 중 한 사람이었던 아담슨A. Adamson이 그의 첫 수제자를 잃고 했던 "우리의 잃음은 하나님의 얻음이라Our loss is His gain"는 위로의 말이야말로 우리에게 큰 격터가 된다. 호수 선교부 선교사로서 경남 지역에서 선교 활동을 했던 아담슨은 1894년 5월 말 부산에 도착하여 그의 사역을 개시했다. 그런 그에게 세례를 받은 사람들 중 심상현은 원래 선교사들의 어학 선생이었으나 유학에 조예가 깊었고 자부심이 강해 기독교 신앙을 받아들이는 데 상당히 주저했지만, 이후에 회심을 경험하고 예수 그리스도를 믿는 분명한 신앙 고백을 한 이후에는 그리스도인의 성숙한 인격을 겸비한 훌륭한 평신도 지도자가 되었다. 그런데 심상현이 세례를 받은 지 6개월 만에 갑자기 하나님의 부르심을 받고 이 세상을 떠나자, 그의 죽음은 선교부나 한국 성도들에게 크나큰 손실이었다. 실로 심상현의 이른 죽음은 그의 가족들과 주위의 여러 성도에게 깊은 감명을 주었고 복음의 진보에 귀한 일조를 감당했다.24 이러한 격려와 위로는 옥한흠의 이른 죽음에도 적용될 수 있다. 한국 교회는 이 땅에서 옥한흠을 잃었지만, 하나님의 얻음으로 인해 우리 모두에게 더 큰 열매 맺기를 간절히 소원해 본다.

이 시점에 우리는 새로운 과제가 무엇인지 깨닫게 되었다. 한인권은 그의 결심을 이렇게 진술했다. "칼빈이나 루터와 같이 그들이 살아 있을 당시보다 죽은 후에 그들의 정신과 철학이 더욱 번성하게 되어 세계를 변화시킨 것처럼, 옥 목사님의 죽음 이후에 많은 그의 제자들과 그를 사랑하는 성도들과 함께 옥한흠 목사님의 목회 철학과 정신을 이어 가는 일을 하려 한다."25 무엇보다 옥한흠의 소천은 그의 아들들에게도 아버지의 삶과 사역의 가치가 무엇인지를 깨닫게 해 주는 귀한 계기가 되었다. 옥한흠을 알고 지냈던 사람들만이 아니라, 개인적으로 알지 못했던 수많은 조문객들이 끊임없이 밀려드는 행렬을 보면서, 옥성호는 무엇이 저들에게 이토록 큰 슬픔을 안기고 떠났는지를 숙연하게 고민하며 아버지를 다시 보게 되는 기회가 되었다. 옥성호는 이런 말을 남겼다.

아빠, 저는 이번 장례식을 치르면서 아빠가 살았던 삶의 무게가 제게 너무도 크고 무겁게 다가왔어요. 무엇보다 조막만한 자식들의 손을 잡고 영정 앞에서 흐느끼는 수많은 가족들의 조문을 받으면서 아빠가 살았던 그 인생이, 자신을 억제하며 살았던 그 소명 받은 인생이 얼마나 영광스러운지를 제 눈으로 확인할 수 있었어요. 그리고 전에는 제 속에 없어서 다행으로만 느껴지던 그 소명이 내게도 있으면 얼마나 좋을까 하는 생각까지 하게 되었지요.26

옥성호는 그의 부친이 평생을 바쳐 일군 제자훈련이 무엇이기에 한 인간의 삶이 수많은 사람들에게 저토록 지대한 영향을 미칠 수 있었는지를 진지하게 고민하면서 "사람을 바꾸는 그 방법"을 공부하고 옥한흠이 미처 생각하지 못했던 경지로까지 제자훈련 목회 철학을 발전시키고 확장시켜야겠다고 결심까지 했다. 옥성호는 이미 한국 교회의 각성을 촉구하는 여러 권의 책을 출판함으로써 교계의 관심과 주목을 받았다. 그는 책을 출판한 뒤, 각종 비난들도 들었지만, 이런저런 곳에서 칭찬을 듣기도 했다. 그런 가운데 옥성호가 제일 기뻐했던 칭찬은 바로 "그 아버지에 그 아들이다"라는 말이었다.[27] 성장하고 신앙적으로 성숙한 자녀들에게 아버지를 새롭게 인식하고 아버지가 생명 바쳐 달려온 목회자의 길을 아들로부터 인정받는 것은 목사의 기쁨이요 보람이 아닐 수 없다. 옥성호를 비롯한 아들들에게도 천부 하나님의 뜻을 이어 가는 시온의 대로가 열리기를 기대한다.

옥한흠의 소천 이후, 오정현은 그에게 영적 멘토요 스승의 "부재의 고통"으로 가슴앓이를 겪는 중에도 다시금 제자훈련 목회를 든든하게 계승하겠다고 몇 번이고 마음을 다짐하곤 했다. 30여 년이 넘는 관계와 인연 속에서 그에게 각인된 옥한흠의 이미지는 "한결같음"이었다. 또한 사랑의교회가 지금처럼 제자훈련 사역의 토대 위에서 든든히 세워진 것도 "목사님께서 25년 목회 사역의 지난至難함 속에서도 상황과 타협하지 않고 모든 희생과 대가를 치르면서도, 변함없이 처음의 순수하고 올곧은 제자훈련의 정도를 한결같이 고수했기 때문이다. 목사님의 정도목회正道牧會와 제자훈련에서 보여 준 한결같음은 사랑의교회의 혈관을 타고 그대로 흐르고 있다"고 언급했다.[28]

곁에서 든든한 버팀목이 되어 주었던 스승이 비록 이 땅에서는 존재하지 않지만, 그의 정신이 면면히 흐르고 있는 사랑의교회에서 목회하는 오정현에게는 그와 함께 나누었던 수많은 대화와 교제의 추억이 제자훈련 목회의 길을 계속 걷게 하는 주요한 요인이 되었을 것이다. 특히 목회의 어려움이 생길 때마다 그에게 힘이 되는 것이 있는데, 그것은 사랑의교회 30주년 예배에서 옥한흠과 함께 찍은 사진이다. 두 목회자가 같은 방향을 향해 시선을 두고 있는 모습은 아무리 어려워도 사랑의교회가 걸어가야 할 사역의 땅을 바라보며 목회의 비전을 다듬고 교정하며 거듭나게 하는 원형原型이 되었다. 오정현은 이렇게 다짐했다.

> 소천하신 옥 목사님을 생각하는 지금 나의 마음에는 영적인 온고지신溫故知新과 수선대후守先待後의 진한 울림이 있다. 이전 것을 익히고 그것을 통해 새 것을 아는 것이 온고지신이다. 선대의 강점을 지키고 후대를 일으키는 것이 수선대후이다. 옥 목사님을 보내 드리며 내가 더욱 각오한 것은 옥 목사님의 제자훈련에 대한 목회 철학을 온고지신하여 수선대후로 이끄는 것이다. 영적인 수선대후는 과거에 신앙의 선배들이 쌓은 은혜의 터 위에 복음으로 건강한 미래를 세우는 복음의 세대 계승이라고 할 수 있다.[29]

오정현은 제자훈련 목회의 사역 계승을 수직적으로는 이전 세대로부터 이어받아 미래 세대로 건전하게 계승시켜 나가야 할 책임과 더불어 수평적으로는 온 세상의 교회와 성도들에게 작은 예수 운동을 적극적으로 확산시키는 제자훈련의 국제화라는 과제가 주어졌음을 인식하고 있다. "세대 계승의 핵심은 과거의 아름다운 전통을 인정하고 그 바탕 위에 갱신과 창조의 포자로 미래를 세워 나가는 것"이고, "제자훈련의 국제화는 하나님의 섭리 속에 이미 그 터가 닦여 있다. 세계 178개국에 흩어져 있는 한인 디아스포라의 2세대, 3세대들이 뿌리를 내리고 있고, 언어의 장벽을 돌파한 이들은 제자훈련을 국제화시키는 데 결정적으로 기여할 것이다."[30] 오정현은 옥한흠의 제자훈련 목회철학이라는 토대 위에서 세대 계승과 국제화라는 두 가지 책임을 성실하게 완수함으로 자신에게 부여된 사명을 이루어 나가야 할 것이다.

옥한흠 없는 사랑의교회와 한국 교회

옥한흠의 죽음은 한국 교회와 사회에도 적지 않은 파장을 일으켰다. 2010년 9월 2일, 옥한흠의 소천 소식을 접한 한국 교회 언론회는 "제자훈련, 교회 갱신, 복음주의로 한국 교회 섬김이 역할"이라는 제하에 다음과 같이 논평했다.

> 은보恩步 옥한흠 목사, 하나님의 부르심에 즈음하여
> 사랑의교회 원로 옥한흠 목사가 9월 2일 오전 8시 43분 하나님의 부르심을 받았다. 그의 72세의 삶은 하나님 말씀 안에서 제자훈련으로 수천 명의 평신도 리더를 세워 건강한 교회를 일구는 데 노력했고, 교회의 갱신과 일치, 성숙을 위해 헌신된 삶을 살았다.

고 옥한흠 목사는 1978년 서초동에 사랑의교회를 개척하여 2003년 오정현 목사를 후임자로 세울 때까지 25년간, 한국 교회의 영적 멘토이자, 제자훈련 목회의 개척자요 산 증인으로 살아왔다. 이를 통하여 옥 목사는 한국 교회에 끊임없는 도전과 성숙의 견인차 역할을 해 왔다.

옥 목사는 교회가 건강하기를 늘 염원하였는데, 교회갱신목회자협의회(교갱협)를 통하여 교회와 목회자가 늘 새로워지기를 격려하고, 종교의 정치 권력화를 경계했으며, 한국기독교목회자협의회를 통하여는 한국 교회의 일치와 협력을 위해 애썼으며, 그리고 목회 현장에서는 조기 은퇴와 함께 별 잡음 없는 후임 인계로 인하여 성공적인 사역 계승의 모범을 보인 목회자이기도 하다.

고 옥한흠 목사가 선언하고 지향하였던 목회 철학과 삶은 한국 교회의 지도자들에게 예수 제자 됨의 아름다운 전형으로, 또 다른 '옥한흠 목사'가 많이 일어나게 되기를 기대한다.

한국 교회는 훌륭한 지도자 한 분을 잃은 슬픔을 만났다. 그렇지만 존경할 수 있는 지도자의 뒤를 따라서, 오직 복음이 지적하는 정신과 삶으로, 추락한 한국 기독교의 위상을 높이고, 시대의 참 소망으로 인정받는 교회를 이루어 가야 할 것이다. 그리하여 하나님의 거룩하신 뜻이 이 땅에서도 이루어지기를 힘써야 한다.

고 옥한흠玉漢欽 목사를 하나님께 먼저 떠나보내는 사랑의교회 성도들과, 무엇보다 유족들에게 하나님의 크신 위로하심과 평강이 깃들기를 기원한다.[31]

옥한흠의 병고와 소천 소식은 교계뿐만 아니라, 일반 사회에서도 깊은 관심을 표명한 사건이었다. 그의 이른 죽음을 아쉬워한 사람들은 국외에서도 있었다. 심지어 유럽과 북미 여러 나라의 교계 지도자들의 애도의 글이 쇄도했고, 어느 동남아 국가의 목회자들은 애도의 의미로 조의금을 보내려고 하기도 했다고 전해진다. 그는 개신교 보수와 진보 진영 모두로부터 존경받던 목회자였다. 국내의 교계와 사회로부터 진심 어린 애도의 물결이 넘쳐 났다. 그가 남긴 사역의 유산은 과거로 끝난 것이 아니라, 아직도 현재진행형이며, 미래에도 그 시제가 결코 끝날 수 없는 값진 보화寶華임을 부인할 수 없다. 그리고 공간적으로도 한국에만 국한될 수 없는 방향성을 지니고 있음도 또한 그러하다. 그만큼 한국 교회의 신앙적 축적이 세계를 향하고 있음이 옥한흠의 제자훈련 사역을 통해 확인되었고, 그러한 책임과 의무가 사랑의 교회를 비롯한 그의 목회적 유산을 계승해 나가는 자들에게 주어졌음을 깨닫게 된다. 옥한흠이 남긴 목회적 보배는 한국 교회와 세계 교회를 위한 "오래된 미래"로 그 가치를 우리의 역사 속에 고이 남겼다.

   한국 교회의 양적 성장은 1990년대에 이미 한계점에 도달해 있었다. 개신교의 위기는 사실 어제오늘의 일이 아니다. 개신교를 포함한 한국의 종교는 과거와 같은 성장을 기대해서는 안 될 것이다. 유럽에서는 종교가 날로 쇠퇴하고 있고, 미국에선 정체 상황으로 이어지고 있다. 소득이 늘어나고 경제가 여유로울수록 종교를 필요로 하지 않는 사람들이 늘어나는 것이 사실이다. 한국 역시 비슷한 길을 갈 가능성이 높다. 이러한 상황 속에서 한국 교회의 자정 능력을 의심하고 우려하는 목소리가 교회 안과 밖으로 늘어만 가고 있다.

1910년 경술국치를 맞이할 당시 국가적 상황은 식민지로 전락해 갔고, 국운은 그 끝을 모르고 하강하고 있었지만, 교회는 전국적으로 확산되었고 교회와 민족 앞에 희망의 등대로 자리매김을 하는 중이었다. 그 후로 한 세기가 지난 2025년 현재 대한민국의 국운은 유사 이래 가장 강력한 융성함을 자랑하고 있는데, 반대로 한국 교회는 영적 침체와 더불어 사회로부터 신뢰받지 못한 채, 그 바닥이 어딘지 모를 만큼 계속 추락하고 있는 실정이다. 이러한 상황에서 이 땅을 떠나간 옥한흠의 죽음은 우리에게 많은 것을 시사하고 있다.

　　옥한흠이 소천한 지 얼마 되지 않아 한국 개신교회는 그 어느 때보다도 심한 갈등과 분열의 조짐이 도를 넘고 있다. 여전히 계속되고 있는 대형 교회들의 문제는 우리 한국 교회의 여명이 밝기까지는 아직도 해결되어야 할 과제들이 산적되어 있다는 사실을 재확인해 줄 뿐이다. 21세기에 들어선 지 얼마 되지 않은 시점에서 일어난 이런 일들은 한국 개신교회로 하여금 많은 것을 생각하게 한다. 개신교 쇄신과 위기 극복이라는 절대절명의 시대적 과제가 우리 앞에 놓여 있으며, 그러한 과제를 효과적으로 수행할 수 있는 시발점이 좀 더 앞당겨져야 할 것이다.

　　옥한흠은 잔뜩 때가 낀 한국 교회의 일그러진 모습을 영원한 하나님의 말씀이라는 거울에 비춰 보면서 깨달은 바를 묵묵히 실천해 갔던 "교회론적 개혁자"였다. 영적 불순물이 가득 찬 샘은 더 이상 생명을 부추기는 생수를 뿜어낼 수 없다. 한국 교회의 강단은 교회 성장이라는 신기루를 좇아 복음의 본질이 상당히 훼손되었을 뿐만 아니라, 한국 사회를 향한 거울의 역할을 제대로 할 수 없게 되었다. 거울은 표면이 흐려지면 사물 비추기를 거부한다. 그런 거울은 이미 거울이 아니다. 부지런히 닦고 깨끗해지지 않으면, 거울의 기능은 마비되고 만다. 한국 교회에 더 이상 창연蒼然한 예수 그리스도의 모습이 보이지 않으면, 교회로서의 의미는 무색해진다.

이런 아픔을 체휼하면서 옥한흠은 그가 그토록 집중했던 예수의 한 영혼을 사랑하며 사역했던 그 원리들을 그의 사역 속에 그리고 한국 교회 속에 심어 놓으려고 제 몸을 삭혀 가면서까지 그 일에 매진했다. 옥한흠은 철두철미하게 자신이 "녹슨 가마"(겔 24:6)가 되지 않으려고 부단히 노력했던 한 성도요, 한 교회의 목사요, 그리고 한 사람의 신실한 제자였다. 자신을 쳐 복종시키는 처절한 영적 싸움을 생략하고서는 제자훈련 목회는 제대로 수행될 수 없으며, 그리스도의 신실한 세사로서의 삶은 점점 요원해질 것이다. 옥한흠은 깨끗하고 청결한 가마가 닳아 없어질 때까지 자신을 송두리째 제자훈련 목회에 헌신함으로써 당대에 하나님의 뜻을 따라 섬기다가 생을 마감했다. 이제 우리는 그의 삶과 사역을 통해 몸부림쳤던 그 예수 그리스도를 똑바로 바라보아야 한다. 그래야 한국 교회의 살 길이 보일 것이다.

옥한흠은 한국 교회 역사에서 목회 사역의 전환점이 필요한 시기에 새로운 목회적 방향을 제시했던 인물이었다. 이러한 목회적 방향 설정과 사역의 내용은 자신의 경험에만 의존하는 형태가 아닌 성경적 근거와 역사적이고 신학적인 고찰을 통해 이루어 낸 노고의 결과였다. 1970년대의 한국 교회는 교회의 양적 성장에 치우치고 있었고, 신학적 특성은 매우 약화되고 실리적 목적을 향하여 수단과 방법을 가리지 않고 치닫고 있었던 상황이었다. 이런 가운데 옥한흠은 역사적이고 신학적 고찰과 반성이 갖는 영적이고 목회 사역적인 중요성을 강조하면서 제자훈련 목회의 장을 한국 교회를 위해 열어 놓았다. 이러한 과정에서 옥한흠은 "신학하기"와 "목회하기"의 간격을 철저하게 줄이며 사역에 임했다. 그리고 그는 자신이 목회하고 있었던 사랑의교회와 그가 소속해 있는 합동 교단의 교회 갱신과 부흥에 전념하면서 그 결과가 한국 교회 전체로 파급되어 나가기를 소원했다. 그가 교제하는 인물이나 제휴하고자 했던 교단이나 단체는 상당히 폭넓게 퍼져 나갔다. 그는 이런 과정에서 주목할 만한 결과가 그의 사역과 노력에서 표출되었지만, 그에게서는 많은 교계 지도자들에게서 발견되는 전형적인 자기 과시의 경향이 좀처럼 나타나지 않았다. 그는 자신의 이름이나 명성이 그리스도를 가리지 않게 하려고 부단히 애써 왔다. 옥한흠은 한국 교회에 그가 치열하게 배우고 깨달은 바를 "하나의 소리"로 울려 퍼지게 함으로 그 메아리가 그리스도께 향하게 하기 위해 자신을 감추고 비우며 가리고자 했다. 참된 신앙이 방전放電된 한국 교회는 하루속히 재충전再充電되어 영적 활력을 회복해야 한다. 이러한 시기에 옥한흠이 그토록 외쳤던 참 제자도의 길을 전심으로 걸어가고, 제자훈련 목회와 교회 갱신으로 새로워지지 않는다면, 한국 교회의 희망은 더욱 희미해지고 말 것이다.

근대화와 경제 개발 붐으로 인해 한국 사회는 그 어느 시기보다도 "성장"에 편중하는 추세가 강해졌으며, 교회도 물량주의의 제물이 되어 대형 교회 지향적인 목회로 치중하면서 교회는 세상을 구원하고 변화시킬 능력을 잃기 시작했다. 성장일변도에 있던 한국 교회는 무엇보다도 교회당을 크게 지어야 많은 성도를 끌어모을 수 있기에 억지로라도 많은 헌금을 거두어야 한다는 강박에 시달리게 되었고, 교회의 크기로 목사의 인격과 능력이 결정되는 "기막힌 현실을 아주 당연하게 생각하는 병든 교회 문화가 자리 잡게 되었다." 그래서 주일 예배에 몇 명이 모이느냐가 초미의 관심사가 되었고, "자연히 사람들을 끌기 위한 전천후 수단은 설교"라는 생각이 만연했다. 다시 말해서, "설교를 평신도의 영적 성장을 위한 절대적 수단으로 과신했다"는 것이다. 이 결과 대부분의 목회자들은 설교만 잘하면 평신도들의 영적 요구를 만족시켜 주고 교인들이 증가할 것이라는 망상에 사로잡히게 되었다. 그래서 "설교가 평신도를 무력한 군중으로 변질시키는 심각한 원인 제공자가 되어 버린 뜻밖의 사태가 발생한 것이다."[32]

지난 한 세대 한국 교회에는 옥한흠이 있어 정말 좋았다. 1970년대에 불어닥친 근대화와 경제 개발이라는 국가적 과제 속에서, 한국 교회에는 "제자훈련"이라는 귀한 자랑거리가 있었다. 대부분의 목회자들이 교회 성장을 지상 목적으로 추구하고 있었을 때, 그래도 옥한흠은 성장보다는 훈련에, 건물보다는 사람에, 그리고 양적 크기보다는 질적 의미를 추구했다. 옥한흠은 경제 개발로 인한 사회적 문제들에 대해서도 침묵하지 않았다. "빈자처럼, 부자처럼"이라는 설교에서, 그는 우리가 가진 모든 재물의 원소유주가 하나님이심을 강조하고, 우리의 재물은 하나님께서 우리에게 잠시 맡기신 것일 뿐, 우리의 것이 아님을 언급하면서 신앙과 유리된 기독교인 사주(社主)의 기업 윤리를 적나라하게 고발했다. 근로자들을 가혹하게 대하면서 근로법이 정한 최저 수준에도 미치지 못한 임금을 주고 과도한 노동을 요구하며, 공장 내 여러 곳에 감시 카메라를 설치해 놓고 근로자들을 감시하는 작태를 설교 속에서 고발했다. 그리고 더욱 분개할 만한 일은 매일 아침 예배를 드리면서 "범사에 감사하고 항상 열심히 일하라"는 반복적인 설교를 하되, 근로자들의 영적 생활보다는 "일종의 정신 교육"에 초점을 맞춰 예배를 자신의 사리사욕을 채우기 위한 도구로 삼는 행위를 비판했다.[33]

옥한흠은 시대적 양심을 가슴에 품고 1980년대 이후에 한국 사회가 당면했던 여러 사회적 문제들을 선지자의 자세로 고발하고 성경적 대안을 모색하며 제시하려 했다. 소위 "가진 자들", 특히 기업의 사주들은 기독교 신앙으로 가면을 쓴 채, 자신들의 이기심을 충족하기 위해 신앙을 악용하지 말고 위선의 가면을 벗고, 더 이상 재물을 하나님처럼 섬기지 말라고 촉구했다. 이 시대는 그야말로 근대화와 경제 개발의 효과를 보았고, 강남 지역에 사는 교인들은 대한민국의 어느 지역 주민들보다도 상대적으로 더 많은 부의 향락을 누렸다. 옥한흠은 이런 자들을 향해 돈이라는 우상을 과감히 버려야 한다고 외쳤다. "돈의 위력"에 함몰되어 물질주의에 빠져 변질된 신앙으로 허덕이는 한국 교회를 향하여 진정한 변화와 신앙을 촉구한 사회 개혁자적 모습이 확연하게 드러났다. 옥한흠은 종종 사회적 문제에 대해 설교하면서, 그 어느 때보다도 더 강하게, 열정을 분출하며 설교했다.[34]

1970년대에 경제 개발이 본격적으로 시작되었고, 1980년대부터는 근대화와 경제 성장 정책이 성과를 거두면서 한국 사회에는 가난의 그늘에서 벗어나서 경제적 번영을 경험하는 변화가 가시화되었다. 또한 이 시기에 한국 교회는 그 유례를 찾아보기 힘들 만큼 부흥의 전성기를 맞이했다. 그러나 이 시대의 한국 교회 성장과 부흥에 대한 옥한흠의 견해는 비판적인 긍정론을 취한다. 곧 "부흥보다 교회의 건강을 먼저 체크해야 한다"는 입장이었다. 목표를 달성하기 위해서라면 과정상의 윤리는 큰 문제를 삼지 않는 태도로 인하여, 한국 교회는 여러 면에서 영적 중병을 앓을 수밖에 없었다고 진단한다. 옥한흠은 부흥 혹은 성장이라는 개념을 지나치게 양적 개념으로만 인식한다든지, 목회 윤리마저 쉽게 파기되는가 하면, 세상적인 마케팅 전략을 비판 없이 교회 안으로 도입하고, 심지어 무속적 요소마저 유입되는 지경에 이르렀음을 지적한다. 이러한 차원에서 옥한흠은 한국 교회야말로 기독교의 본질에서 벗어나고 있다는 사실을 자각해야 하고, 진정한 교회 부흥을 도모하기 위해 교회 지도자부터 회개하는 특단의 조치가 없이는 영적 혼란을 극복할 수 없다고 그의 견해를 피력한 바 있고, 그러한 입상이 그의 목회 사역과 설교에 반영되었다고 볼 수 있다.[35] 그러한 옥한흠의 총체적 이미지는 "제자훈련"이라는 한 단어로 축약되어, 도도하게 한국 교회 안에 선명하고도 의미 있는 자리를 차지하고 있었다. 그래서 제자훈련을 배우고 실시하는 교회든지 아니든지 상관없이, 한국 교회 목회자들과 교인들은 옥한흠의 존재와 "사랑의교회" 때문에 일종의 "정체성이 모호한 자부심"을 느껴 온 것이 사실이다. 뿐만 아니라, 예수 그리스도의 참된 제자가 되고자 하는 열정이 솟아올랐고, 옥한흠과 사랑의교회를 보면 그래도 좋은 교회 그리고 건강한 교회를 이 땅에 실현할 수 있다는 소망과 확신을 가질 수 있었다.

옥한흠은 1970-80년대의 한국 교회가 더 커지고 더 많이 모이는 교회 성장과 대형 교회를 추구하는 시대 속에서 "모든 것을 억제하면서 오직 한 사람의 구원을 위한 광인狂人처럼" 살아갔다. 그런 면에서 옥한흠은 자신에게 늘 억제력으로 작동했던 사람이라고 주장한 이찬수의 언급은 매우 설득력이 있는 견해가 아닐 수 없다. 이찬수는 "더 영향력을 미치고 싶고, 더 커지고 싶은 인간적 욕망이 존재하는 자신에게 옥 목사님은 그 욕망을 절제하도록 만든 분"이었다고 회고하면서, "한 사람에게 집중하라. 그 한 사람을 위해서 미친 듯이 사역하라. 마치 내일이 없는 것처럼 오늘 최선을 다하라. 오늘 사역을 마치고 쓰러질 정도로 최선을 다하라. 바로 그 메시지였다"고 그 가르침을 그의 마음에 되새기고 있다.36

거의 대부분의 한국 교회 목회자들이 "많은 사람"을 향하여 올인하고 있을 때, "한 사람"에 대한 시선과 관심을 놓치지 않으려고 부단히 노력했던 옥한흠이었다. 그의 "광인론" 속에 자리 잡고 있는 가장 중요한 핵심은 하나님의 부름을 받은 사람들은 직업이나 직분에 관계없이 어느 곳에서든지 주신 사명을 완수하기 위하여 미친 듯이 살아야 한다는 것이다. 그렇게 말할 뿐만 아니라, 옥한흠은 수만 명의 성도를 목회하기 위해서 사역한 것이 아니라 그냥 한 명, 한 명을 대상으로, 마치 그것을 하다 죽을 것처럼 미친 듯이 목회한 것이다. 그런 면에서 옥한흠은 한국 교회의 "올바른 방향을 짚어 줄 어른"이었다.

옥한흠이 가장 염려하고 아쉬워했던 한국 교회의 모습은 세속주의에 오염되고 물들어 버린 상태였다. 그는 한국 교회를 이렇게 진단했다. "[한국]교회가 처한 가장 심각한 상황을 한마디로 요약하면 세속주의다. 세상적 가치를 거의 다 수용하고 있다는 것이다. 교회 입장에서 수용을 하되, 성경적으로 적당히 포장해서 수용하기 때문에, 자기도 모르는 사이에 세상 사람들이 다 좋다고 말하는 사람이 되어 버린다."37 옥한흠은 세속주의에 물든 한국 교회의 치부를 지적하고 비판하면서도, 누구보다도 그런 한국 교회를 사랑했다. 그가 중환자실에 누워 극심한 고통과 싸워 가면서도 잊을 수 없던 소망은 바로 한국 교회가 지금은 영적 중병에 걸려 있음에도 그 아픔을 느끼지 못하는 상태에 놓여 있지만, 결국 치유할 수 있는 유일한 치료약은 "평신도가 예수 그리스도를 닮은 온전한 제자로 자라나고 목회자는 한 명의 평신도를 위해 죽을 수 있는 한 사람 철학으로 거듭나는 것밖에 없다"는 사실을 유언으로 외치고 싶었을 것이다.38

옥한흠은 병상 중에서도 한국 교회가 세속주의로부터 벗어나는 유일한 길은 제자훈련 목회의 철학을 분명히 인식하고 실행하는 것이 급선무라고 수없이 외쳤을 것이다. 그의 외침의 소리가 더 크게 울려 퍼지도록 해야 할 것이다. 그가 그 고통 속에서도 자신을 위해 신음하지 않고, 남아 있는 가족들과 성도들, 그리고 한국 교회를 향해 그의 메시지를 전하고자 했던 그 소리를 들어야 한다. 병상에서 몸부림치며 자신의 고통을 면하게 해 달라고, 그리고 생명을 연장해 달라고 차마 기도하지 못했던 그의 마음을 읽어야 한다. 그런 상황에서 간절하게 내뿜고 싶어 했던 그의 간절한 메시지, 하루속히 한국 교회가 세속주의에서 벗어나 참 제자의 길로, 올바른 교회의 모습을 회복해야 한다는 그 무언無言의 외침을 들어야 한다.

마지막 순간 그의 병실을 지켜보았고, 그의 의학적인 상황을 아는 사람들은 이 땅에서 생명이 붙어 있는 최후의 순간까지 옥한흠을 초인적으로 며칠 간 붙들었던 이유를 알 것이다. 그 마지막 병상에서 그토록 질기게 "생명의 끈"을 붙잡으며, 고통의 숨을 힘겹게 내쉬면서 생명의 신비를 이어 갔던 그 까닭을 말이다.[39] 이것은 바로 그가 이 땅에서 마지막으로 우리에게 외쳤던 병상에서의 무언 설교였다. 의식이 없는 상태에서 병상에 누워서도 전하고 싶고 외치고 싶은 메시지가 무엇인지 한국 교회는 들어야 한다. "한국 교회와 성도여! 세속주의로부터 벗어나라!"

소명자는 낙심하지 않는다.[40]

한국 교회의 영적 침체와 세속화의 확연한 모습이 말년의 옥한흠에게 엄청난 고통을 준 것은 사실이었다. 그는 자신의 능력과 부족함에 비해 풍성한 은혜를 베풀어 주신 하나님을 생각할 때마다 막대한 빚진 자의 무거운 부담감을 떨쳐 버리지 못했다. 그래서 1990년대 이후, 그는 한국 교회의 갱신과 부흥을 위해 나름대로 큰 관심과 노력을 다해 경주해 왔다. 그러나 그러면 그럴수록 한국 교회의 타락과 침체는 그의 상상을 훨씬 넘어서는 아주 심각한 상태였음을 절감했다. 세속화의 큰 물결을 소수의 힘만으로는 결코 막아 낼 수 없다는 것도 그는 잘 알고 있었다.

어떻게 보면 옥한흠의 영정 사진의 슬픈 기색을 띤 모습은 오늘날의 교회의 일그러진 자화상에 가슴 찢는 그의 마음을 잘 표현해 준다.[41] 그러나 사진 속의 옥한흠은 울고만 있지 않고, 엷은 미소를 머금은 모습이 숨겨져 있다. 교회 안의 사역으로만 국한되고 있으며, 밖으로부터 밀려들어 오는 세속화의 물결에 별다른 거부도 못한 채 조금씩 조금씩 오염되어 가다 보니 이제는 참 교회의 본래 모습을 확인하기조차 힘들 정도로 물들어 버렸다. 그럼에도 불구하고 옥한흠은 이런 한국 교회의 모습에 실망만 하는 것이 아니다. 그와 제자훈련 목회에 뜻을 같이하는 수많은 동역자들, 그리고 한국 강산 이곳저곳에서 주신 하나님의 사역을 최선을 다해 섬기고 있는 목회자들과 평신도 동역자들을 생각할 때에 결코 실망의 늪에서 허우적거리고 있지 않았다. 그가 여러 번 강조했듯이, "소명자는 실망할지는 몰라도 결코 절망하지 않는다"는 말처럼 한국 교회의 희망의 씨앗을 결코 상실하지 않았다.

옥한흠은 기도를 통해 사랑의교회와 한국 교회의 미래를 내다보았다. 그리고 좋은 교회와 참된 그리스도의 제자들이 넘쳐 나는 그런 모습을 기도하며 바라보면서 그 꿈을 포기하지 않았다. 옥한흠의 중보기도도 변함없이 "한 사람"을 소중하게 여기는 그의 자세와 맞물려 있었다. 옥한흠은 동역자들을 위해 지속적으로 기도했을 뿐만 아니라, 자기 자신을 위해서도 겸손하게 마음의 무릎을 꿇었으며, 많은 사람들에게도 열심히 기도를 요청했던 진정한 기도의 사람이었다.

또한 옥한흠의 기도의 네트워크는 제자훈련 목회가 한국뿐만 아니라, 세계 여러 나라의 지도자들과 연결되면서, 사도 바울처럼 다국적 범위의 기도 망網을 형성해 갔다. 역사 속의 기도의 사람들처럼, 옥한흠도 "만약 기도를 사탄에게 대항하는 효과적인 무기요, 그리스도의 나라를 세우는 강력한 도구로 여기지 않았다면, 그렇게 많은 시간 기도하고 기도를 요청하고, 기도를 권면하지 못했을 것이다."[42] 그 역시

기도의 능력이 있음을 절대적으로 확신했다. 그는 기도하면서 하나님은 기도하는 자들을 청하사 하나님의 뜻을 실행하는 데 동참시키신다는 것을 기도 학교에서 배운 기도 제자였다. 그의 기도는 하나님이 요구하셔서 기도하는 것이 아니었다. 그에게 간구할 제목들이 있어서 하나님 앞에서 울부짖는 것도 아니다. 하나님의 하나님 되심을 몸소 깨닫게 되면 그 감격이 기도와 찬양으로 자연스럽게 하나님께 드려질 뿐만 아니라, 하나님께 대한 시각이 점점 분명해짐을 깨닫는 기도였다. 그에게 하나님과 그의 나라에 대한 확고부동한 시각이 있었고, 하나님의 말씀에 대한 분명한 확신이 그의 마음에 타오르고 있었기에, 옥한흠은 진정한 영적 세계, 하나님의 세계에 대한 고정된 관점을 상실하지 않고 올곧은 제자의 삶을 살아오면서 제자훈련 목회의 길을 일관되게 걸어올 수 있었다. 그에게 기도는 순례 길의 필수적인 나침반이었다. 이 나침반 때문에 그는 험난한 시대와 삶을 살아오면서도, 오직 주 예수 그리스도께만 초점을 맞추고 시선을 흩트리지 않는 데 큰 도움을 받았다.

옥한흠의 기도의 자세와 습관은 짧은 순간에 획득되어지거나, 간헐적인 기도 생활의 연장으로 이루어진 것이 아니라, 평생을 통해 이루어진 지속적인 습관이었다. 그의 기도와 기도를 제정하신 하나님에 대한 그의 풍성한 지식은 그의 계속적이고 규칙적인 기도 습관과 직결되고 있음을 간과해서는 안 될 것이다. 기도에서 발견하고 체험한 예수 그리스도의 은혜와 능력은 그가 "성공하는 종이 아닌 순종하는 종"으로 살게 한 동인動因이었다. 그는 기도를 통해서 십자가를 지시고 구속 사역을 순종으로 완성하시는 위대한 사랑의 도를 보았다. 그런 예수의 신실한 제자가 되는 것이야말로 자신을 살리고, 한국 교회의 영적 생명을 활화(活火)시키는 지름길임을 누구보다 더 강하게 체득했다. 그래서 옥한흠의 제자훈련 목회의 기반에는 철저하고도 농축된 그만의 지속적인 기도 시간이 있었다. 어떻게 보면 옥한흠의 기도는 사랑의교회라는 조개 속에서 만들어진 값진 진주와도 같았다.[43]

옥한흠은 예전처럼 기도의 제목을 기억하며 하나님께 아뢰었지만, 2003년 이후에는 자신보다는 담임 목사로 부임한 오정현을 위한 기도를 최우선에 두었다. 오정현이 부임한 지 5개월이 지났을 무렵에 옥한흠은 사랑의교회 성도들에게 보낸 "담임 목사 그는 기도해 줘야 할 사람입니다"라는 제목의 편지에서 기도를 부탁했다.

이제 우리 모두는 사랑의교회 담임 목사를 위해 중요한 결단을 해야겠습니다. 지금 주님께서 사랑의교회에 남다른 은혜를 부어 주시는 이유는 점점 더 타락해 가는 이 세대를 위해 우리 모두가 능력 있는 그리스도의 제자가 되어 무엇인가 해야 할 사역이 기다리고 있기 때문입니다. 그렇다면 우리는 담임 목사의 무거운 짐을 나누어 져야 합니다. 어떻게 말입니까? 저는 며칠 전부터 개인 기도를 할 때마다 적어도 하루 한 번은 저 자신을 위한 기도보다 오 목사를 위한 기도에 최우선을 두기로 결심했습니다. 그가 살아야 우리 모두가 살고 그가 승리해야 우리가 함께 승리할 수 있습니다. 저와 같이 담임 목사를 위해 우선적으로, 더 적극적으로 중보하는 일에 즐겁게 동참해 주시지 않겠습니까? 좋은 교회는 우리 모두의 행복을 보장하는 절대 조건입니다. 그 절대 조건을 좌우할 수 있는 막중한 자리에 있는 분이 담임 목사입니다. 너무 긴 말을 했지요? 성도 여러분, 진심으로 사랑합니다.

— 너무나 빚을 많이 진 옥한흠 목사 드림[44]

기도의 종이었던 옥한흠은 수많은 성도들과 동역자들, 그리고 선교지와 다양한 기도 제목을 놓고 매일 하나님께 간구했던 신실한 목회자였다. 그러나 그가 병으로 쓰러져 투병할 때나 그의 목회를 위해 보이지 않는 수많은 성도들의 기도가 있었다. 특히 그가 병상에서 암과 싸우고 있을 때 아버지를 위해 기도했던 그의 아들의 기도는 우리의 마음을 뭉클하게 한다. 그런 간절한 기도마저 응답되지 않고 하나님의 부르심을 받은 후, 이렇게 응답되지 않은 기도에 대한 소감을 밝혔다.

우리는 아버지의 육신을 살려 달라고 기도했지만 우리에게 더 필요한 것을 아시는 하나님은 우리의 그 기도를 통해 아버지의 육체가 아닌 아버지의 정신을 살리기 원하셨습니다. 무엇보다 "작은 예수가 되라"는 아버지의 그 정신이 작게는 나 자신에게, 크게는 한국교회 속에서 활활 되살아나기 원하셨습니다. 그리고 그의 육신에게 하나님은 영원한 쉼을 주셨습니다. 그것이 아버지에게 가장 좋은 것이었기 때문입니다. "내가 할 일이 있다면 하나님께서 나를 일으키실 것이다"라고 확신했던 아버지에게 하나님은 그를 데려가시며 우리에게 이렇게 말씀하십니다. "그 일은 이제 옥한흠이 아니라 여기에 남은 너희들이 해야 한다." 그렇기에 옥한흠 목사를 살려 달라는 우리의 기도가 지금 끝나서는 안 됩니다. 그 기도는 여전히 진행형이어야 합니다. 그리고 그 기도에 대해 하나님께서 오늘보다는 내일 더 분명하게 응답하실 것입니다."[45]

2010년 4월 부활절을 앞두고 병이 깊어만 갔던 옥한흠을 만났던 한 기자는 이렇게 전했다. 옥한흠은 "나는 '참 행복한 사람'이라고 느낀다. 지금도 고난 주간 특별 새벽기도회에서 많은 분들이 저를 위해 기도해 준다"며 "우리 모두는 '기도의 빚'을 지고 사는 사람들"이라고 말했다고 한다.[46] 어떻게 보면, 당시 중한 병고의 고통도, 죽음의 그림자가 점점 더 다가오는 그 순간에도 옥한흠은 사랑하는 성도들이 기도해 주고 있다는 사실 때문에 "기도의 빚"과 함께 "기도의 힘"으로 그 힘든 시기를 이겨 낼 수 있었다. 옥한흠은 성도들을 위해 평생 기도해 온 기노사였으며, 동시에 그가 그토록 사랑했던 성도들에게 기도의 빚을 한없이 진 "기도 채무자"이기도 했다. 기도의 끈이 하나님과 그를, 그리고 그와 성도들 간을 묶어 주면서 말로 형용할 수 없는 고통의 순간을 이겨 나갔다.

병상에 누워 있었던 옥한흠은 누가 가장 보고 싶으냐는 질문에 아들의 손바닥에 "사랑의교회 성도들"이라고 적었다. 그리고 병실에 있는 자신을 위하여 바쁘게 움직이는 "간호원들의 발자국마다 사랑의교회 성도들의 헌금이 밟히는 것 같아 마음이 아프다"는 말을 아내에게 했다. 그래서 김영순 사모는 남은 돈을 사랑의교회 건축 헌금과 옥한흠 장학회에 흔쾌히 헌금한 후 남편에게 이렇게 속삭였다. "병원비보다 더 많이 헌금했으니까 편안히 생각하고 빨리 일어나세요."[47] 이렇게 마지막 순간까지 성도들을 사랑했고, 성도들의 기도와 헌신에 감사했던 옥한흠은 2010년 9월 2일 그들의 곁을 훌쩍 떠났다. 그는 이 시대의 진정한 목회자였고, 예수 그리스도의 참 제자였다.

주

1장 옥한흠의 출생과 성장

1. 옥한흠, 『제자훈련 열정 40년』(서울: 국제제자훈련원, 2009), 16.
2. 옥치상 목사와 필자와의 면담, 2012년 6월 1일. 옥치상은 옥한흠의 막내 작은아버지이고, 1968년 부산 성동교회에 부임하여 33년간 목회하다가 2000년 12월에 은퇴했다.
3. 김자림, "내게 있는 모든 것을: 사랑의교회 옥한흠 목사 어머니 이희순 권사", 「크리스챤 타임스」(1988. 11.), 44.
4. 옥성호 본부장, 조상용 실장과 필자와의 면담, 2012년 6월 20일. 옥성호는 옥한흠의 장남으로 국제제자훈련원 출판본부장으로, 조상용은 은보기록실 실장으로 활동했다.
5. 이상규, "한국에서 교회사를 가르친 첫 번교시 뗑켈(G. Engel, 王吉志)", Korea Mission Quarterly I:2(2001. 겨울), 115.
6. 옥성호, 『진영』(서울: 국제제자훈련원, 2012), 134.
7. 김자림, "내게 있는 모든 것을: 사랑의교회 옥한흠 목사 어머니 이희순 권사": 44.
8. 옥한흠, "어머니 눈물 속에 투영된 십자가", 「월간 현대종교」(1987. 5.), 164.
9. 옥한흠, "애통하는 자의 복", 『산상수훈설교』(서울: 국제제자훈련원, 2001), 54. 2000년 2월 27일 주일 설교 중에 언급.
10. 이상규, 『부산지방 기독교 전래사』(부산: 글마당, 2001), 363; "호주(빅토리아) 장로교회의 부산, 경남지방 선교활동", 「기독교사상연구」 5(1998.), 63-84. 참조, Sang Gyoo Lee, "Joseph Henry Davies, the First Australian Missionary in Korea", 「고려신학보」 19(1990), 22-38.
11. 이만열, 『한 시골뜨기가 눈떠가는 이야기』(서울: 두레시대, 1996), 17.
12. 이상규, 『부산지방 기독교 전래사』, 199; 이상규, "호주 장로교회의 신학", 「역사신학논총」 5(2003), 131-158.
13. 이상규, "윌리엄 베어드의 부산에서의 활동", 유영식, 이상규, 존 브라운, 탁지일 공저, 『부산의 첫 선교사들』(서울: 한국장로교출판사, 2007), 264.
14. 정병준, 『호주 장로회 선교사들의 신학사상과 한국선교, 1889-1942』(서울: 한국기독교역사연구소, 2007), 56-57.
15. 이정호, 『신사참배와 맞섬의 신앙: 경남 지역의 신앙수호 운동사』(서울: 누름돌, 2010), 118.

16 이상규,『부산지방 기독교 전래사』, 231-359.
17 Sang Gyoo Lee, "To Korea with Love: A Study of Australian Presbyterian Mission Work in Korea, 1889-1941"(Australian College of Theology, Th.D. dissertation, 1994), 156-157.
18 이상규, "호주(빅토리아) 장로교회의 부산, 경남지방 선교활동", 78.
19 이상규, "윌리엄 베어드의 부산에서의 활동", 280.
20 정병준,『호주 장로회 선교사들의 신학사상과 한국선교, 1889-1942』, 426.
21 네비우스 선교방법은 존 네비우스(John L. Nevius) 선교사가 중국에서의 선교 사역 경험과 선교에 대한 성경적 교훈을 결합하여 고안한 것인데, 헨리 벤(Henry Venn)과 루프스 앤더슨(Rufus Anderson)에 의해 주창한 원리에 철저한 성경관과 전도 열정을 가미하여 재정립한 선교 원리라 할 수 있다. 이 방법은 성경 중심적 신앙의 바탕 위에서 체계적 성경 공부 제도를 강조하면서 선교지 교회의 자립, 자치, 자전을 추구한다. 1890년 존 네비우스 선교사의 내한을 계기로 한국 교회에 소개되었으며, 재한 선교사들에 의해 채택되어 한국 교회의 성장에 지대한 영향을 발휘했다. 박응규,『가장 한국적인 미국 선교사, 한부선 평전』(서울: 도서출판 그리심, 2006), 123-131.
22 정병준,『호주 장로회 선교사들의 신학사상과 한국선교, 1889-1942』, 428-431.
23 옥한흠,『제자훈련 열정 40년』, 209.
24 이정호,『신사참배와 맞섬의 신앙』, 116.
25 같은 책, 79-84, 140-154.
26 옥치상 목사와 필자와의 면담, 2012년 6월 1일. 이런 수난을 겪었던 삼거리교회는 다섯 번이나 장소를 옮겨 신축했고, 최근에는 "저높은교회"라고 개명했다.
27 정병준,『호주 장로회 선교사들의 신학사상과 한국선교, 1889-1942』, 337, 351.
28 이상규, "믿음의 순교자 최상림 목사",「생명나무」(2009. 6.), 54-57.
29 당시의 신사참배 거부자들에게 민족의식이 분명히 있었음이 발견된다. 그들의 신사참배 거부는 "진실화해를위한과거사정리위원회"에서도 "신앙을 지키고자 한 행위임과 동시에 일제의 체제에 거부한 항일 운동이라 할 수 있다"고 평가받았다. 신사참배 거부자들은 단순히 내세 중심의 신앙인들이 아니라 현실 정치의 모순을 바로잡고자 했던 민족운동가들이었다는 것이다.
30 이상규, "부산 경남지방에서 신사참배가 강하게 일어난 이유, 호주 장로교회의 한국선교 산고(93)",「크리스챤리뷰」118(1999. 10.), 27.
31 경남 함안 군북에 살았던 이만열의 부친은 경제적 사정이 악화되자 식구들의 생계를 책임지기 위해 "돈벌이"를 위해 일본으로 건너가 제철소에서 일했다. 그 당시 이러한 사정을 타개하기 위해 가장(家長) 홀로, 때로는 가족 전체가 일정 기간 일본에 거주하는 일이 적지 않았다. 이만열,『한 시골뜨기가 눈떠가는 이야기』, 206.
32 옥치상 목사와 필자와의 면담, 2012년 6월 1일. 옥약백의 장남이 옥성석이다.
33 옥한흠,『고통에는 뜻이 있다』(서울: 국제제자훈련원, 2008, 개정판 3쇄), 140.
34 옥한흠, "어머니 눈물 속에 투영된 십자가", 164.

35 강만길, 『역사가의 시간: 강만길 자서전』(파주: 창비, 2010), 31-32. 강만길은 경남 마산에서 1933년에 태어났으며, 역사가로서 살아온 자신의 삶에 대한 그의 자서전적 고백을 통해 일제 강점기의 마지막 시대상을 어느 정도 파악할 수 있다.
36 김영순 사모와 필자와의 면담, 2012년 4월 4일; 옥성석 목사와 필자와의 면담, 2012년 5월 8일.
37 김영순 사모와 필자와의 면담, 2012년 4월 4일.
38 옥한흠, "정직한 바보들의 비상한 믿음이 승리한다", 『일어나 빛을 발하라』(서울: 두란노, 2006), 91.
39 옥한흠, "어머니 눈물 속에 투영된 십자가", 165; 옥한흠, 『요한이 전한 복음 2』(서울: 국제제자훈련원, 2004), 312.
40 박은배, 『하나님의 거처: 한국기독교 국내유적 답사기 2』(서울: 새로운사람들, 2009), 213, 217.
41 김종화 장로와 필자와의 면담, 2012년 6월 1일. 김종화는 옥한흠의 어린 시절 친구 중의 한 사람이다.
42 김영순 사모와 필자와의 면담, 2012년 4월 4일; 4월 13일.
43 옥한흠, "주여! 기도를 가르쳐 주옵소서", 누가복음 11장 1-4절에 근거한 설교(1989. 1. 8.).
44 "세계사의 결정적인 순간들-흥남철수작전", 『월간조선』(2005. 7.). 흥남철수작전은 당시 통역관으로 활약했던 현봉학 박사가 에드워드 알몬드(Edward Almond) 장군에게 피란민의 수송을 선의했으나 군인들과 장비를 철수하는 것이 우선이라 피란민을 태울 여력이 없다며 이를 거절했다. 그런데 미 10군단 참모부장 겸 탐재참모였던 미 해병대 에드워드 포니(Edward S. Forney) 대령은 현봉학의 간절한 부탁에 못 이겨 함정 탐재의 기술적 대안을 제시하여 결국 알몬드 장군을 설득했다. 결국 현봉학의 바람대로 피란민들을 수송하게 되었다.
45 옥한흠, 『요한이 전한 복음 1』(서울: 국제제자훈련원, 2000), 550-551.
46 옥한흠, "어머니 눈물 속에 투영된 십자가", 165.
47 옥한흠, 『제자훈련 열정 40년』, 207.
48 옥한흠, "어머니 눈물 속에 투영된 십자가", 165.
49 옥한흠, 『빈마음 가득한 행복: 산상수훈 강해 설교 1』(서울: 국제제자훈련원, 2001), 155.
50 옥치상 목사와 필자와의 면담, 2012년 6월 1일.
51 반석진 장로와 필자와의 면담, 2012년 5월 10일. 반석진은 옥한흠의 어린 시절 친구 중 한 사람으로 초중고등학교를 같이 다녔다.
52 옥한흠, 『요한이 전한 복음 3』(서울: 국제제자훈련원, 2000), 164.
53 옥치상 목사와 필자와의 면담, 2012년 6월 1일.
54 옥재선 권사와 필자와의 면담, 2012년 5월 31일. 옥재선은 옥한흠의 여동생이다.
55 이주묵 장로와 필자와의 면담, 2012년 5월 31일. 이주묵은 옥한흠의 고향 교회 후배이며, 『지세포교회 80년사, 1918-1998』(거제: 대한예수교장로회 지세포교회, 2002)를 집필하는 데 기여했다.

56 옥한흠,『제자훈련 열정 40년』, 207; 김영순 사모와 필자와의 면담, 2012년 4월 4일.
57 같은 면담.
58 정민,『미쳐야 미친다』(서울: 푸른역사, 2004), 74.
59 옥재선, "평생 사랑했던 여동생의 눈에 비친 옥한흠", 디사이플 편집부 엮음,『광인』(서울: 국제제자훈련원, 2010), 171. 참조, 같은 내용이「디사이플」(2010. 10.), 38-43에도 실렸다.
60 옥한흠, "어머니 눈물 속에 투영된 십자가", 167.
61 옥재선, "평생 사랑했던 여동생의 눈에 비친 옥한흠", 171-172.

2장 옥한흠의 신앙 형성

1   옥한흠,『제자훈련 열정 40년』, 16.
2   옥한흠, "어머니 눈물 속에 투영된 십자가", 166.
3   옥성호,『아버지, 옥한흠』(서울: 국제제자훈련원, 2011), 83.
4   옥한흠,『요한이 전한 복음 1』(서울: 국제제자훈련원, 2000), 315.
5   김종화 장로와 필자와의 면담, 2012년 6월 1일.
6   김상복 목사와 필자와의 면담, 2013년 8월 14일. 김상복은 옥한흠의 친구이며 SFC 운동에 함께 참여했다. 그는 미국 볼티모어 벧엘교회를 담임했고, 할렐루야교회 원로 목사이며, 횃불트리니티신학대학원대학교 총장으로 재직한 바 있다.
7   박응규,『가장 한국적인 미국 선교사, 한부선 평전』, 456.
8   남영환,『한국기독교단사』(서울: 도서출판 영문, 1995), 359-360.
9   옥성호가 필자에게 전달한 메일, "SFC. hwp", 2012년 4월 24일. 이 메일은 이효성이 옥성호에게 보낸 메일이다.
10 옥성석 목사와 필자와의 면담, 2012년 5월 8일; 반석진 장로와 필자와의 면담, 2012년 5월 10일.
11 옥한흠,『제자훈련 열정 40년』, 16-17.
12 옥한흠, "성도의 휴거" 1987년 1월 28일 사랑의교회 수요 예배 설교. 이 설교를 통해서 옥한흠은 세대주의적 전천년설에 근거한 종말론적 메시지로 적지 않은 고민을 했다고 고백했다. 그의 20년 이후의 설교를 참고하라. 옥한흠, "바다를 주목하자"(눅 21:25-28, 34-36), 2007년 9월 2일 사랑의교회 설교.
13 찬송가 149장,「주 달려 죽은 십자가」
14 옥재선, "평생 사랑했던 여동생의 눈에 비친 옥한흠", 170.
15 반석진 장로와 필자와의 면담, 2012년 5월 10일.
16 옥재선, "평생 사랑했던 여동생의 눈에 비친 옥한흠", 182.
17 같은 글, 182.
18 같은 글, 182.

19 옥재선, "평생 사랑했던 여동생의 눈에 비친 옥한흠", 173.
20 옥한흠,『제자훈련 열정 40년』, 303.
21 같은 책, 304-305.
22 김상홍,『아버지 다산』(파주: 글항아리, 2010), 41.
23 사랑의교회 편,『개척 10년, 나누고 싶은 이야기들』(개정판 2쇄, 서울: 국제제자훈련원, 2004), 159.
24 김영순 사모와 필자와의 면담, 2012년 4월 4일. 물론 어릴 때부터 옥한흠은 자신에 대해 늘 부족하고 타고난 재능이 별로 없다고 느꼈지만, 후에 제자훈련 목회에 돌입하면서 그의 성격이 많이 바뀌었다고 한다.
25 옥한흠, "교회의 순수성과 연합 운동", 옥한흠 편,『바람직한 교회형태』(서울: 도서출판 엠마오, 1985), 35-36.
26 이만열,『한 시골뜨기가 눈떠가는 이야기』, 6. 이만열은 어린 시절 고신 교단에서 자라면서 신앙적인 자부심을 가지고 엄격한 신앙 훈련이 주는 장점들이 있었음에도 불구하고, 소위 "고신파 신앙"의 배타성은 부정적인 여파가 적지 않았다고 진술했다. 그러나 훗날 패쇄적인 신앙관과 인생관을 극복해 나가면서 "고신파 신앙의 순수성과 기독교의 에큐메니즘을 접목시키는 계기"가 되었음을 인정하고 있다. 비슷한 신앙의 행로가 옥한흠에게도 일어났다는 사실이 흥미롭다.
27 옥한흠,『로마서 1: 내가 얻은 황홀한 구원』(서울: 국제제자훈련원, 1992), 279.
28 옥재선, "평생 사랑했던 여동생의 눈에 비친 옥한흠", 171.
29 같은 글, 172.
30 김종화 장로와 필자와의 면담, 2012년 6월 1일.
31 옥재선, "평생 사랑했던 여동생의 눈에 비친 옥한흠", 177.
32 같은 글, 176-177.
33 옥한흠,『제자훈련 열정 40년』, 19.
34 옥재선, "평생 사랑했던 여동생의 눈에 비친 옥한흠", 175. 그런데 이때부터 옥한흠에게 가르쳐졌던 "깨어 있어야 한다"는 종말론적 각성의 메시지는 자신을 깨우고 또한 평신도들을 깨울 뿐만 아니라, 한국 교회와 목회자를 갱신시키고 각성시켜야 한다는 사명의 씨앗으로 발아되고 있었다고 볼 수 있다. 옥한흠, "성도의 휴거", 1987년 1월 28일 사랑의교회 수요 예배 설교를 참고하라.
35 지세포교회,『지세포교회 80년사』.
36 옥한흠,『제자훈련 열정 40년』, 19.
37 옥성호가 필자에게 보낸 메일, 2012년 4월 24일.
38 옥한흠, "사랑의교회 이야기", 미출간 원고, 7.
39 "생애와 사역",「디사이플」(2010. 10.), 5.
40 김종화 장로와 필자와의 면담, 2012년 6월 1일.
41 옥성석 목사와 필자와의 면담, 2012년 5월 8일. 옥한흠의 사촌 동생, 옥성석도 당시 주

일 학교 학생으로 그 설교를 들었던 학생들 중 한 사람이었다.
42 옥재선 권사와 필자와의 면담, 2012년 6월 1일.
43 옥성호, 『아버지, 옥한흠』, 71. 목회자의 길이 어려운 고난의 길임을 평생 경험하며 살아온 그였지만, 훗날 그의 사역 말기에 장남 옥성호에게 목사가 되기를 간절한 마음을 표현함으로 "자식을 향해 아버지만이 가질 수 있는 어떤 욕심"같은 것이 그에게도 있었다.
44 옥한흠, "사랑의교회 이야기", 8.
45 같은 글, 8-9.
46 옥한흠, 『제자훈련 열정 40년』, 22.
47 같은 책, 22.
48 옥한흠, 『소명자는 낙심하지 않는다』, 171. 옥한흠은 다른 글에서는 그의 나이 21세 때에 목사가 되겠다고 결단했다고 언급했다. 어쨌든 그는 20대 초반에 목사가 되기로 결심했다. 옥한흠, "한국 교회의 선교전략", 손봉호 외 4인 지음, 『한국 교회와 세계선교』(서울: 도서출판 엠마오, 1990), 75.
49 옥성호, "옥성호, 최초로 아버지 옥한흠을 말하다", 「국민일보」(2010. 8. 17.).

3장 옥한흠의 청년 시절과 결혼

1 "옥한흠, 고려신학교(칼빈대학) 학적기록", 재학년도: 1959-1960년(4학기), 학과: 종교학과.
2 윤종호 목사와 필자와의 면담, 2012년 6월 22일. 윤종호는 나이는 많았지만 옥한흠과 함께 칼빈대학에 재학했고, 고신 교단 출신으로 미국으로 이주하여 필라델피아 성산교회를 비롯한 여러 이민 교회에서 목회하다 은퇴했으며, 미주총회장도 역임했다.
3 같은 면담.
4 옥한흠, 『제자훈련 열정 40년』, 18, 23. 옥한흠은 고신 교단에 소속되었던 고향 교회에 열심히 출석하며 신앙적인 감화도 많이 받았지만, 성속을 철저히 나누는 이원론적 성향과 율법주의적 신앙, 그리고 교권주의적 태도에 대한 강한 비판 의식이 그에게 자리 잡게 되었다.
5 윤종호 목사와 필자와의 면담, 2012년 6월 22일.
6 김영순 사모와 필자와의 면담, 2012년 4월 4일.
7 옥한흠, "사랑의교회 이야기", 10.
8 영적 거인들에게는 "한 우물만 파는 사람"으로서 지향하는 것에 선택적 집중이 공통적으로 나타난다. 다음의 책을 참조하라. 라일 도싯 지음, 오현미 옮김, 『C. S. 루이스의 영성』(서울: 도서출판 진흥, 2006), 24.
9 옥한흠, 『제자훈련 열정 40년』, 24.
10 옥한흠, "사랑의교회 이야기", 11.
11 옥치상 목사와 필자와의 면담, 2012년 6월 1일.

12 김영순 사모와 필자와의 면담, 2012년 4월 4일.
13 옥한흠, 『제자훈련 열정 40년』, 25.
14 옥한흠, "사랑의교회 이야기", 12.
15 옥한흠, 『요한이 전한 복음 3』, 394.
16 김영순 사모와 필자와의 면담, 2012년 4월 4일.
17 옥한흠, "사랑의교회 이야기", 14.
18 이중표, "별세의 사람 옥한흠", 『8인이 말하는 옥한흠』(서울: 국제제자훈련원, 2003), 81-82.
19 송용걸 목사와 필자와의 면담, 2012년 3월 20일.
20 같은 면담.
21 젊은 시절 이런 자세로 성경을 읽고 묵상했던 옥한흠은 훗날 목회자가 되어서도 변함없는 말씀에 대한 진지하고도 진실한 태도로 성경을 읽고 설교자로서 말씀을 선포했다. 옥한흠, 『빈마음 가득한 행복: 산상수훈 강해 설교 1』, 16을 참조하라.
22 유진 피터슨 지음, 양혜원 옮김, 『이 책을 먹으라』(서울: 한국기독학생회출판부, 2006), 20-21, 186.
23 찰스 스윈돌 지음, 유정희 옮김, 『교회의 각성』(서울: 두란노, 2012), 156.
24 유진 피터슨, 『이 책을 먹으라』, 130-137.
25 송용걸 목사와 필자와의 면담, 2012년 3월 20일.
26 같은 면담.
27 사랑의교회 편, 『개척 10년, 나누고 싶은 이야기들』, 63-64.
28 옥한흠, 『제자훈련 열정 40년』, 25.
29 같은 책, 25.
30 옥재선, "평생 사랑했던 여동생의 눈에 비친 옥한흠", 178.
31 같은 글, 179-180.
32 김영순, "제자훈련에 미친 사람과 사는 재미 이젠 제대로 느낍니다", 「빛과소금」 10(1998), 77.
33 옥한흠, "어느 부자의 생각"(눅 12:16-21). 2001년 9월 9일 사랑의교회 주일 설교. 이 설교는 장모가 소천한 직후의 주일 예배를 맞이하여 설교 중에 그의 장모에 대하여 비교적 길게 언급했는데, 옥한흠 목사가 설교에서 자신의 집안에 대해 언급한 것은 이례적인 경우였다.
34 옥성호, 『진영』, 104-105.
35 옥재선, "평생 사랑했던 여동생의 눈에 비친 옥한흠", 181.
36 김영순 사모와 필자와의 면담, 2012년 4월 4일.
37 옥재선, "평생 사랑했던 여동생의 눈에 비친 옥한흠", 181.
38 송용걸 목사와 필자와의 면담, 2012년 3월 20일. 결혼 패물은 주로 장모께서 해 주신 것이고, 그중에 비취 목걸이를 헌금으로 드리기로 두 부부는 결정했다. 김영순 사모와 필

자와의 면담, 2012년 4월 4일.
39 같은 면담. 그 후에도 옥한흠 목사가 제자훈련 목회에 전념하면서 외부 집회를 전혀 나가지 않으니 교회에서 받는 사례금 외에는 수입이 없기에 "무조건 아끼는 것밖에 도리가 없었다"고 술회했다. 당시 두 부부에게 아주 중요했던 결혼 패물마저 하나님께 드리는 물질에 대한 다스림의 훈련이 없이는 제자훈련 목회는 여러 가지 면에서 어려웠을 것이다.
40 송용걸 목사와 필자와의 면담, 2012년 3월 20일.
41 김영순, "제자훈련에 미친 사람과 사는 재미 이젠 제대로 느낍니다", 77.
42 오정현, "나의 평생의 멘토", 「목회와 신학」(1998. 11.), 122-123.
43 옥한흠, 『제자훈련 열정 40년』, 167.
44 옥성호, 『아버지와 아들』(서울: 부흥과개혁사, 2008), 170; 옥성호, 『진영』, 88, 93.
45 "생애와 사역", 「디사이플」(2010. 10.), 6.
46 옥성호, 『진영』, 96.
47 옥한흠, 『제자훈련 열정 40년』, 212.
48 김영순, "제자훈련에 미친 사람과 사는 재미 이젠 제대로 느낍니다", 77.
49 박승빈, 김성숙, "사막에서도 살아남을 수 있는 뿌리 깊은 신앙을 갖게 됐다", 「디사이플」(2006. 2.), 48.
50 한인권 장로와 필자와의 면담, 2010년 4월 23일.
51 김영순, "제자훈련에 미친 사람과 사는 재미 이젠 제대로 느낍니다", 78.
52 같은 글, 77.

4장 신학생 옥한흠의 목회 사역 준비

1 김영순 사모와 필자와의 면담, 2012년 4월 4일.
2 홍정길, "나의 소박한 친구 박형용 목사", 성산 박형용 박사 은퇴기념논총 출판위원회 편, 『주는 영이시라』(수원: 합신대학원출판부, 2008), 723.
3 서춘웅, "한국 교회를 사랑하는 신학자 박형용", 성산 박형용 박사 은퇴기념논총 출판위원회 편, 『주는 영이시라』, 730.
4 홍정길, "옥한흠 목사의 사역과 삶", 홍정길, 이동원 외, 『8인이 말하는 옥한흠』(서울: 국제제자훈련원, 2003), 11.
5 총신대학교 기독교교육과 교수직을 은퇴한 정정숙 교수는 2011년 1월부터 12월까지 「기독신보」인물산책, "삶의 길목에서 만난 사람들"이라는 기고문들을 통해 총신 시절의 은사들에 대한 감회를 의미 있게 남겼다. 이 글들은 당시의 교수들의 신학적 특성과 영향이 신학생들에게 어떻게 미쳤는지를 가늠하게 해 준다.
6 옥한흠, 『제자훈련 열정 40년』, 26.
7 "생애와 사역", 「디사이플」(2010. 10.), 6.

8 1960년대와 1970년대 초반의 총신대학과 신대원에 대한 역사적 상황에 대해서는 다음을 참고하라. 100년사편찬위원회, 『총신대학교백년사』(서울: 총신대학교, 2003), 610-714.
9 홍정길, "옥한흠 목사의 사역과 삶", 『8인이 말하는 옥한흠』, 12.
10 옥한흠, "사랑의교회 이야기", 18; 홍정길, "옥한흠 목사의 사역과 삶", 12.
11 옥한흠, 임문희 편집, 『옥한흠 목사가 목사에게』(수원: 도서출판 은보, 2013), 354.
12 옥치상 목사와 필자와의 면담, 2012년 6월 1일; 한인권, "주님이 주신 은사로 현재에 안주하지 말고 세상에서 빛을 내자", 『디사이플』(2005. 11.), 57.
13 홍정길, "나의 소박한 친구 박형용 목사", 724.
14 같은 글, 724-725.
15 정성구, 『내가 만난 100명의 개혁주의 학자들』(서울: 킹덤북스, 2011), 290-291.
16 박형용 박사와 필자와의 면담, 2013년 8월 12일. 총신을 졸업한 수년 후에 웨스트민스터신학교에 유학 간 박 박사는 신학적으로 전혀 이질감을 느끼지 않았다고 진술했다. 참조, 오광만, 『그의 시간 속에: 은석 김의환 박사의 삶과 신학』(서울: 도서출판 토라, 2012), 24-25.
17 강명옥, "옥한흠 목사와 함께한 24년", 『8인이 말하는 옥한흠』, 131.
18 옥성호, 『드디어 스승을 만났다』(서울: 부흥과개혁사, 2008), 69. 이러한 아버지의 독서 열정은 아들에게도 이어져 책을 통해 귀한 스승을 만날 수 있고, 스승을 통해 바른 책 읽기 방법을 터득하여 『드디어 스승을 만났다』라는 저서를 출간했다.
19 옥한흠, "사랑의교회 이야기", 16-17; 옥한흠, 『제자훈련 열정 40년』, 26.
20 Cornelius Van Til, "The Protestant Doctrine of Scripture", 옥한흠 옮김, 「신학지남」 3:1(1971. 봄), 28-36; Klaas Runia, "칼 바르트의 성경관 비판", 옥한흠 옮김, 「신학지남」 38:1(1971. 봄), 37-51; 옥한흠 서평, "프란시스 A. 쉐퍼, 'The God Who is There'(살아계신 하나님)", 「신학지남」 39:2(1972. 여름), 114-126. 그리고 옥한흠은 당시 출판된 지 얼마 안 된 외국 서적이나 번역서를 「신학지남」에 소개했다. Eric Sauer, 『세계구속의 여명(黎明)』(서울: 생명의말씀사, 1972), 「신학지남」 39:4(1972. 겨울), 128-132; 김남식, 『기독교에서 본 문화』(서울: 개혁주의신행협회, 1972), 「신학지남」 39:4(1972. 겨울), 132-133; 골든 스파이크먼 지음, 김남식 옮김, 『신앙의 핵심』(서울: 생명의말씀사, 1973), 「신학지남」 40:2(1973. 여름), 95-97; 에릭 사우어 지음, 권혁봉 옮김, 『영원에서 영원까지』(서울: 생명의말씀사, 1973), 「신학지남」 40:3(1973. 가을), 92-94; 폴 토우르니에 지음, 마경일 옮김, 『성서와 의학』(서울: 현대사상사, 1973), 「신학지남」 40:4(1973. 겨울), 100-101; 월터 트로비쉬 지음, 양은순 옮김, 『나는 너와 결혼했다』(서울: 생명의말씀사, 1973), 「신학지남」 41:1(1974. 봄), 99-101; 웨인 오트 지음, 김득룡 옮김, 『기독교 목회학』(서울: 생명의말씀사, 1974), 「신학지남」 41:1(1975. 봄), 120-122.
21 강명옥 전도사와 필자와의 면담, 2012년 3월 28일.
22 옥한흠 평, 프란시스 A. 쉐퍼, 『살아계시는 하나님』(The God Who is There), 「신학지남」 39:2(1972. 여름), 114.

23 옥한흠 편, 프란시스 A. 쉐퍼, 『살아계시는 하나님』, 123.
24 같은 책, 124.
25 같은 책, 124.
26 같은 책, 126.
27 옥한흠 편, 에릭 사우어 지음, 권혁봉 옮김, 『세계구속의 여명』(서울: 생명의 말씀사, 1972), 「신학지남」 39:4(1972. 겨울), 130.
28 옥한흠 편, 에릭 사우어 지음, 권혁봉 옮김, 『영원에서 영원까지』(서울: 생명의 말씀사, 1973), 92-93.
29 같은 책, 94.
30 옥한흠 편, 김남식, 『기독교에서 본 문화』, 「신학지남」 39:4(1972. 겨울), 132.
31 옥한흠 편, 김남식, 『기독교에서 본 문화』, 133.
32 옥한흠 편, 폴 토우르니에 지음, 마경일 옮김, 『성서와 의학』(서울: 현대사상사, 1973), 「신학지남」 40:4(1973. 겨울), 100.
33 같은 책, 100-101.
34 같은 책, 101.
35 옥한흠 편, 월터 트로비쉬 지음, 양은순 옮김, 『나는 너와 결혼했다』, 「신학지남」 41:1(1974. 봄), 99-100.
36 옥한흠 편, 월터 트로비쉬 지음, 양은순 옮김, 『나는 너와 결혼했다』, 99.
37 옥한흠 편, 웨인 오트 지음, 김득룡 옮김, 『기독교 목회학』(서울: 생명의 말씀사, 1974), 「신학지남」 41:1(1975. 봄), 120-121.
38 옥한흠 편, 웨인 오트 지음, 김득룡 옮김, 『기독교 목회학』, 121.
39 같은 책, 121.
40 같은 책, 122.
41 박성수, "내 인생을 바꾼 사건", 『8인이 말하는 옥한흠』, 106.
42 홍정길, "옥한흠 목사의 사역과 삶", 13.
43 같은 글, 13.
44 라일 도싯, 『C. S. 루이스의 영성』, 24.
45 옥한흠, 『로마서 3』(서울: 국제제자훈련원, 1994), 323.
46 옥한흠, 『제자훈련 열정 40년』, 27.

5장 옥한흠의 성도교회 대학부 사역

1 옥한흠, "사랑의교회 이야기", 21-22.
2 같은 글, 22.
3 김영순 사모와 필자와의 면담, 2012년 4월 4일.

4   한명수, "선지자적 기품이 가득 차 있었다", 「크리스채너티투데이 코리아」(2010. 10.), 38. 옥한흠은 윗사람에게나 아랫사람에게 변함없는 정과 의리, 지속적인 관계 유지, 그리고 대인 관계의 섬세함을 유지했다. 이러한 관계를 통해서 훗날 강남은평교회(후의 사랑의교회)가 태동되고, 한국 교회를 위해 동역할 수 있는 계기가 오래전부터 형성되었다.
5   옥한흠, 『제자훈련 열정 40년』, 31.
6   옥한흠, "사랑의교회 이야기", 23.
7   옥한흠, 『제자훈련 열정 40년』, 32, 36.
8   같은 책, 32.
9   사랑의교회 편, 『개척 10년, 나누고 싶은 이야기들』, 29-30.
10 이근미, "큰 교회 큰 목사 이야기: 사랑의교회 편", 「월간조선」(2005.), 79-80.
11 방선기 목사와 필자와의 면담, 2012년, 3월 16일.
12 옥한흠, "나의 목회 간증", 총신신대원 집회, 2006년 3월 7일; 한인권 장로와 필자와의 면담, 2010년 4월 23일; "생애와 사역", 「디사이플」(2010. 10.), 7; 한인권, "교회 안의 하나님을 가정과 직장에서도 만나게 하셨던 분", 『광인』, 103.
13 김영순 사모와 필자와의 면담, 2012년 4월 4일.
14 옥한흠, "사랑의교회 이야기", 24.
15 같은 글, 24-25.
16 방설기, "크루세이드 넘버(Crusade No.) 1번의 영광", 『광인』, 85.
17 같은 책, 86.
18 옥한흠, "사랑의교회 이야기", 28.
19 김병재, "3M의 소명을 주시다", 「디사이플」(2010. 10.), 133.
20 박성남 전도사와 필자와의 면담, 2010년 5월 27일.
21 방선기, "직장과 세상에서 제자 삼는 사역이 일어나야 한다", 「디사이플」(2005. 7.), 47.
22 방선기, "크루세이드 넘버 1번의 영광", 86.
23 "방선기의 추모글", 『옥한흠: 은혜의 발걸음』, 130; 방선기 목사와 필자와의 면담, 2012년 3월 16일.
24 방선기, "크루세이드 넘버 1번의 영광", 86-87.
25 "방선기의 추모글", 『옥한흠: 은혜의 발걸음』, 130-131; 방선기 목사와 필자와의 면담, 2012년 3월 16일.
26 "방선기의 추모글", 131.
27 방선기, "직장과 세상에서 제자 삼는 사역이 일어나야 한다", 「디사이플」(2005. 7.), 47.
28 옥한흠, "사랑의교회 이야기", 26.
29 같은 글, 27.
30 같은 글, 27.
31 같은 글, 27-28.
32 같은 글, 28.

33 옥한흠, "사랑의교회 이야기", 28.
34 김영순 사모와 필자와의 면담, 2012년 4월 13일.
35 박승빈, 김성숙, "사막에서도 살아남을 수 있는 뿌리 깊은 신앙을 갖게 됐다",「디사이플」(2006. 2.), 47.
36 김재석, 김정숙, "제자훈련의 힘은 세대를 이어가며 사람을 세우는 것",「디사이플」(2006. 3.), 56-57.
37 방선기, "크루세이드 넘버 1번의 영광", 87; 김대일, "문화 속에 하나님의 살아계심을 증거하고 싶다", 옥한흠 목사의 제자행전 11「디사이플」(2006. 7/8.), 57.
38 박성남, "내 삶의 화두는 사회에 영향력을 미치는 기독교의 모습이다",「디사이플」(2006. 4.), 49.
39 최화숙, "내 인생은 내 것이 아니며 주님의 것입니다",「디사이플」(2006. 5.), 53.
40 옥한흠,『평신도를 깨운다』, 121-122. 방선기는 옥한흠 목사가 자기를 네비게이토 선교단체에 파송하여 배우도록 한 것이 아니라, 이미 시행하고 있었던 신앙 훈련을 도입한 것이라고 회고했다. 방선기 목사와 필자와의 면담, 2012년 3월 16일.
41 옥한흠,『제자훈련 열정 40년』, 38.
42 한인권 장로와 필자와의 면담, 2010년 4월 23일.
43 김영순 사모와 필자와의 면담, 2012년 4월 4일.
44 김병재, "삶의 모범을 보이신 스승을 보며 믿음을 지켜 나갑니다",「디사이플」(2006. 1.), 52-53.
45 박성남 전도사와 필자와의 면담, 2010년 5월 27일.
46 김대일, "문화 속에 하나님의 살아계심을 증거하고 싶다", 57; 주혜경, "나의 소명은 국제 사회에 예수의 제자들을 배출하는 것",「디사이플」(2006. 10.), 57-58.
47 김병재, "삶의 모범을 보이신 스승을 보며 믿음을 지켜 나갑니다", 51.
48 정세열, "스승처럼 다른 사람에게 의미 주는 삶을 살고 싶다",「디사이플」(2006. 6.), 97-98.
49 손봉호 박사와 필자와의 면담, 2012년 12월 28일.
50 방선기 목사와 필자와의 면담, 2012년 3월 16일; 황태연, "1년 제자훈련이 평생 살아갈 신앙 컬러를 만들어줬다",「디사이플」(2006. 9.), 66.
51 옥한흠,『제자훈련 열정 40년』, 33.
52 같은 책, 33-34.
53 유진 피터슨 지음, 양혜원 옮김,『유진 피터슨』(서울: IVP, 2011), 168.
54 옥한흠, "사랑의교회 이야기", 32.
55 김영순 사모와 필자와의 면담, 2012년 11월 16일.
56 김대일, "문화 속에 하나님의 살아계심을 증거하고 싶다", 옥한흠 목사의 제자행전 11「디사이플」(2006. 7/8.), 57. 다음의 홈페이지를 참고하라. http://kdaeil.com
57 Charles H. Dunahoo, *Making Kingdom Disciples*(Phillipsburg: P&R, 2005), 11.

58 박성수, "교회보다 사회의 지도자가 되라", 「빛과소금」(1998. 10.), 74; 박성수, "내 인생을 바꾼 사건", 122.
59 방선기, "크루세이드 넘버 1번의 영광", 87-88.
60 같은 글, 88.
61 이중표, "별세의 사람 옥한흠", 『8인이 말하는 옥한흠』, 86-87.
62 박성남, "박 전도사, 잘 지내지?", 『광인』, 91.
63 알버트 월터스, 마이클 고힌 지음, 양성만, 홍병룡 옮김, 『창조 타락 구속』(서울: IVP, 2007), 23-24.
64 옥한흠, "광인론", 『광인』, 72.
65 알버트 월터스, 마이클 고힌, 『창조 타락 구속』, 28.
66 같은 책, 38.
67 옥한흠, "크리스챤의 직업관", 김명혁 편집, 『현대와 크리스챤의 삶』(서울: 성광문화사, 1982), 97-98.
68 옥한흠, "크리스챤의 직업관", 107.
69 황규명 교수와 필자와의 면담, 2010년 9월 17일. 당시 성도교회 중등부 전도사였던 황규명은 상당수의 대학생들이 자신이 사역하던 중등부 교사로 활동했다고 언급했다.
70 박성남 전도사와 필자와의 면담, 2010년 5월 27일
71 주혜경, "나의 소명은 국제사회에 예수의 제자들을 배출하는 것", 58.
72 옥성호, 『진영』, 20-21.
73 옥한흠, 『빈마음 가득한 행복: 산상수훈 강해 설교 1』, 44-45.
74 박승빈, 김성숙, "사막에서도 살아남을 수 있는 뿌리 깊은 신앙을 갖게 됐다", 「디사이플」(2006. 2.), 48.
75 방선기 목사와 필자와의 면담, 2012년 3월 16일.
76 "생애와 사역", 『광인』, 25.
77 옥한흠, "기독교의 독신관", 김명혁 편집, 『현대교회와 결혼문제』, 50, 55.
78 방선기, "크루세이드 넘버 1번의 영광", 88.
79 같은 글, 88-89.
80 박성수, "내 인생을 바꾼 사건", 121.
81 "생애와 사역", 『광인』, 26-27.
82 옥한흠, "광인론", 『광인』, 74.
83 옥한흠, "My New IVP", 2004년 사랑의교회 대학부 전체 수련회 마지막 날 설교 시 언급. IVP는 Identity, Vision 그리고 Paradigm을 의미하는 준말이다.
84 한인권, "주님이 주신 은사로 현재에 안주하지 말고 세상에서 빛을 내자", 「디사이플」(2005. 11.), 57. 이러한 자세에서 우리는 먼 훗날 옥한흠의 조기 은퇴의 전조를 발견할 수 있다.
85 안명준 교수와 필자와의 면담, 2014년 5월 31일.

86　박영선 목사와 필자와의 면담, 2012년 11월 2일.
87　황태연, "1년 제자훈련이 평생 살아갈 신앙 컬러를 만들어줬다", 「디사이플」(2006. 9.), 66. 지도자의 특성이나 강조점의 차이는 제자훈련 목회의 향방에 엄청난 변화를 야기함을 전조적으로 언급했다.
88　옥한흠, 『제자훈련 열정 40년』, 43.
89　정민, 『미쳐야 미친다: 조선 지식인의 내면 읽기』(서울: 푸른역사, 2004), 5.
90　콜린 듀리에즈 지음, 홍병룡 옮김, 『프랜시스 쉐퍼』(서울: 복있는사람, 2009), 311.
91　이중표, "별세의 사람 옥한흠", 『8인이 말하는 옥한흠』, 88.
92　존 스토트 지음, 김명희 옮김, 『제자도』(서울: IVP, 2010), 55.
93　같은 책, 57.
94　옥한흠, "사랑의교회 이야기", 33.
95　옥한흠, 『제자훈련 열정 40년』, 43-44.
96　같은 책, 44-45.
97　옥한흠, "사랑의교회 이야기", 35.
98　같은 글, 38.
99　박영선 목사와 필자와의 면담, 2012년 11월 2일.
100　김성환, 『평신도를 위한 칼빈주의 해설』(서울: 정음출판사, 1975), 3.
101　주혜경, "나의 소명은 국제사회에 예수의 제자들을 배출하는 것", 57.
102　정성구 박사와 필자와의 면담, 2013년 8월 30일.
103　옥한흠, 『로마서 3』(서울: 국제제자훈련원, 1994), 222-223. 옥한흠은 로마서 15장 1-13절을 본문으로 "연약한 자의 약점을 담당하라"라는 제목으로 설교하면서, 20여 년 전의 일에 대해 후회하면서 그러한 갈등의 요인을 담임 목사나 선임 부목사에게 돌리지 않고, "지금 돌이켜 생각해 볼 때 제가 로마서 15장 1, 2절 말씀을 실천했더라면 결코 그런 부끄러운 일은 일어나지 않았을 것이라고 생각합니다. 신학교 나와도 별 수 없더군요"라고 자신의 잘못으로 돌리고 성도들 앞에 부끄러운 과거의 일도 가감 없이 언급했다.
104　황규명 교수와 필자와의 면담, 2010년 9월 17일.
105　옥한흠 목사와 필자와의 면담, 2009년 11월 3일; 옥한흠, 『제자훈련 열정 40년』, 35.
106　옥한흠, 『제자훈련 열정 40년』, 305.
107　옥한흠 목사와 필자와의 면담, 2009년 11월 3일.
108　한인권 장로와 필자와의 면담, 2010년 4월 23일.
109　홍치모 교수와 필자와의 면담, 2009년 11월 2일.
110　박성남 전도사와 필자와의 면담, 2010년 5월 27일.
111　옥한흠, 『제자훈련 열정 40년』, 305.
112　옥한흠, 『옥한흠 목사가 목사에게』, 167.
113　옥한흠 목사와 필자와의 면담, 2009년 11월 3일.
114　옥한흠, "사랑의교회 이야기", 37.

115 옥성호 본부장과 필자와의 면담, 2011년 12월 6일.
116 옥한흠 목사와 필자와의 면담, 2009년 11월 3일; 옥한흠, 『제자훈련 열정 40년』, 34.
117 옥한흠, "사랑의교회 이야기", 38; 옥한흠, 『제자훈련 열정 40년』, 35.
118 옥한흠, "사랑의교회 이야기", 38.
119 옥한흠, 『제자훈련 열정 40년』, 36.
120 참조, 전상인, "6.25전쟁의 사회사: 서울시민의 6.25전쟁", 유영익, 이채진 편, 『한국과 6.25전쟁』(서울: 연세대학교출판부, 2002), 206-207, 220; 김흥수, 『6.25전쟁과 기복신앙확산연구』(서울: 한국기독교역사연구소, 1999).
121 이동원 목사와 필자와의 면담, 2010년 9월 9일.
122 이동원, "순전한 열정의 사람", 『8인이 말하는 옥한흠』, 32.
123 한정국, "선교는 희생이 아니라 기쁨이다", 「디사이플」(2005. 7.), 51.
124 방선기, "직장과 세상에서 제자 삼는 사역이 일어나야 한다", 「디사이플」(2005. 7.), 49.
125 김영순 사모와 필자와의 면담, 2012년 4월 4일. 옥한흠은 선교 단체 출신이 아니었지만, 제자훈련 목회에 눈을 뜬 후부터는 끝까지 그 목회 방법을 평생 고수했다.
126 박성은, "정암의 교회 정치론 회고", 「신학정론」 11(2008.), 47.
127 이동원 목사와 필자와의 면담, 2010년 9월 9일. 필자에게 옥한흠 목사의 신학적 입장을 실천적 개혁주의 혹은 칼빈주의로 언급한 사람은 빌싱남 선교사였다. 박성남 전도사와 필자와의 면담, 2010년 5월 27일.
128 송인규, "제자도와 제자훈련 커리큘럼", 『주는 영이시라』, 416.
129 홍정길, "교회 외 각 선교 단체운동의 장단점", 옥한흠 편, 『바람직한 교회형태』(서울: 도서출판 엠마오, 1985), 112.
130 홍정길, "교회 외 각 선교 단체운동의 장단점", 117.
131 문성모, 『하용조 목사 이야기』(서울: 두란노, 2010), 259.
132 하용조, 『사도행전적 교회를 꿈꾼다』(서울: 두란노, 2007). 75; 문성모, 『하용조 목사 이야기』, 28-30.
133 송인규, "제자도와 제자훈련 커리큘럼", 417.
134 문성모, 『하용조 목사 이야기』, 47-49. 하용조 목사의 공헌 중의 하나가 한국 교회 내에서 큐티 사역을 시작했다는 것이다. 큐티라는 낯선 단어를 과감하게 사용했고, 두란노를 통해 「빛과소금」이라는 월간지를 창간하면서 큐티를 위한 「생명의 삶」을 발행했다. 그리고 "백만큐티운동본부"를 발족시켰다가 2003년부터는 "천만큐티운동본부"라는 이름으로 확대하여 큐티를 생활화하고 확대하는 데 중요한 역할을 감당했다.
135 가르치는 자로서의 자신감과 능력에 대한 확신은 지도자로서 매우 중요한 덕목이 아닐 수 없다. 이와 비슷한 특징은 여러 지도자에게 공통적으로 나타난다. 다음을 참고하라. 알리스터 맥그래스 지음, 신재구 옮김, 『제임스 패커의 생애』(서울: CLC, 2004), 70-71.
136 이경준, "제자훈련은 내 삶의 전부이며, 오늘을 사는 의미이다", 「디사이플」(2006. 11.), 59.

137 박성남 전도사와 필자와의 면담, 2010년 5월 27일.

138 박성수, "내 인생을 바꾼 사건", 홍정길, 이동원 외, 『8인이 말하는 옥한흠』, 107.

6장 제자훈련 신학화를 위한 미국 유학

1 옥한흠, "사랑의교회 이야기", 38.

2 같은 글, 38-39.

3 한인권 장로와 필자와의 면담, 2010년 4월 23일.

4 옥성호, 『아버지와 아들』, 151; 김영순 사모와 필자와의 면담, 2012년 4월 4일. 당시 옥한흠이 받은 토플 점수는 552점이었다.

5 이철우 장로와 필자와의 면담, 2012년 6월 27일. 이철우 장로는 서울대학교에서 사회사업을 전공하여 제1회로 졸업하고, 화란 기독개혁교단에서 한국에 설립한 개혁선교부에서 구제 선교 등을 위한 사회 사업을 하다가 1974년 미국 그랜드래피즈 지역으로 이주했다. 그 이듬해인 1975년에 칼빈 신학교로 유학 온 옥한흠 목사를 만나 그랜드래피즈한인장로교회를 설립한 개척 교인 중 한 명이었다. 옥한흠이 칼빈 신학교로 유학 오게 된 배후에는 김의환, 김성환 그리고 개혁선교부의 추천이 중요했다고 진술했다. 그리고 김성환의 로마서 강해 설교는 이철우뿐만 아니라, 성도교회 부교역자였던 옥한흠의 기억에도 깊이 각인되어 훗날 병고를 치른 후 사랑의교회에서 복음의 감격을 회복하는 로마서 강해 설교를 하게 된 계기가 되었을 것이다. 김성환과 김의환, 그리고 옥한흠과의 관계는 알려진 것보다 훨씬 더 돈독했음을 이철우의 증언을 통해 확인할 수 있다.

6 100년사편찬위원회, 『총신대학교백년사: 제1권, 역사편』(서울: 총신대학교, 2003), 639.

7 옥한흠, 『제자훈련 열정 40년』, 168; 김영순 사모와 필자와의 면담, 2012년 4월 13일.

8 옥치상 목사와 필자와의 면담, 2012년 6월 1일.

9 옥한흠, 『제자훈련 열정 40년』, 47-48.

10 제리 후리맨 목사는 고성삼 목사와 함께, 오랜 시간이 지난 후 옥한흠 목사의 저서 『평신도를 깨운다』를 영어로 번역하는 데 크게 기여했다. John H. Oak, *Called To Awaken The Laity*(Ross-shire: Christian Focus Publications, 2003, revised in 2006, reprinted in 2009).

11 존 볼트 교수와 필자와의 면담, 2012년 6월 26일; 박응규, "은보(恩步) 옥한흠 목사의 선교적 교회론과 제자훈련 목회", 「성경과 신학」 65(2013): 121-123.

12 김영순 사모와 필자와의 면담, 2012년 4월 4일.

13 옥성호 본부장과 필자와의 면담, 2011년 12월 6일; 옥성호, 『진영』, 134-135.

14 은보 옥한흠 목사 소천 후 1주기 생신 모임 시 옥성호의 증언, 2011년 12월 5일.

15 이철우 장로와 필자와의 면담, 2012년 6월 27일.

16 윤영숙 권사와 필자와의 면담, 2012년 6월 27일.

17 그랜드래피즈한인교회25년사편찬위원회, 『그랜드래피즈한인교회25년사』(서울: 문연,

2000), 44-45, 293.
18 이철우 장로와 필자와의 면담, 2012년 6월 27일.
19 같은 면담.
20 그랜드래피즈한인교회25년사편찬위원회,『그랜드래피즈한인교회25년사』, 21-22.
21 이철우 장로와 필자와의 면담, 2012년 6월 27일.
22 최재율 목사와 필자와의 면담, 2010년 10월 15일. 이 교회의 이름은 세기노 소망교회로 알려졌고 영어명칭은 So-mang Presbyterian Church of Mid-Michigan이었다. 최재율은 총신대와 신대원을 졸업하고 칼빈 신학교에서 신학석사(Th.M.) 학위를 공부하면서 옥한흠이 목회했던 소망교회에서 1998년부터 2000년까지 담임 목회를 했다. 20년이 훨씬 지난 후였지만, 옥한흠의 제자훈련에 대한 열정과 기억이 아직도 성도들에게 남아 있음을 발견했다고 언급했다.
23 김대조,『광인 옥한흠, 나는 죽고 교회는 살아야 한다』(서울: 두란노, 2012), 245.
24 옥한흠,『제자훈련 열정 40년』, 49.
25 같은 책, 49.
26 이철우 장로와 필자와의 면담, 2012년 6월 27일.
27 옥한흠,『옥한흠 목사가 목사에게』, 353.
28 김대조,『광인 옥한흠, 나는 죽고 교회는 살아야 한다』, 244-245. 이 이야기는 옥한흠 목사가 65세의 나이로 은퇴하면서 마지막으로 부교역자들에게 전한 메시지 중에서 언급한 내용이다.
29 송용걸 목사와 필자와의 면담, 2012년 3월 20일. 송용걸 목사는 당시 김영순 사모의 이러한 반응은 쉽지 않은 일이었고, 그러한 사모가 있었기에 오늘날의 사랑의교회와 옥한흠이 존재할 수 있었다고 언급했다. 만약에 옥한흠이 청빙이 있었던 시카고에서 이민 목회를 했더라면 옥한흠의 역사적 의미는 숨겨졌을 수도 있었다고 회고했다.
30 옥한흠,『제자훈련 열정 40년』, 49-50.
31 옥성호,『진영』, 22.
32 같은 책, 14, 18.
33 같은 책, 186-188.
34 박성남 전도사와 필자와의 면담, 2010년 5월 27일.
35 옥성호,『드디어 스승을 만났다』, 11.
36 옥성호,『아버지와 아들』, 151.
37 같은 책, 14.
38 옥성호,『진영』, 101, 204.
39 같은 책, 148-149.
40 같은 책, 157-159.
41 Hans Küng, *Die Kirche*(Verlag Herder KG Freiburg im Breisgau, 1967). 영문판은 다음과 같다. Hans Küng, *The Church*, trans. R. and R. Ockenden(New York: Sheed &

Ward, 1968; London: Search Press, 1969). 옥한흠이 웨스트민스터 신학교 구내서점에서 접한 한스 큉의 책은 영문으로 출간된 책이었다.

42 옥한흠,『제자훈련 열정 40년』, 50-51.
43 정지련, "한스 큉의 교회론", 한국조직신학회 엮음,『교회론』(서울: 대한기독교서회, 2009), 282.
44 같은 책, 96.
45 정지련, "한스 큉의 교회론", 284. 참조, 존 칼빈, 김종흡 신복윤 이종성 한철하 공역,『기독교강요 하』(서울: 생명의말씀사, 1986), IV,2,4. 주지하는 바와 같이 칼빈은 "교회의 기초는 하나님의 말씀"임을 매우 강조한다. 하나님의 말씀보다 높아진 교회는 그리스도의 참된 교회로서의 지위를 상실한다는 것이 종교개혁자들의 견해였다. 하나님의 말씀이 있는 곳에 참된 신앙이 있으며, 참된 신앙이 있는 곳에 참된 교회가 있는 것이다.
46 한스 큉,『교회』, 98.
47 같은 책, 177-179.
48 옥한흠,『평신도를 깨운다』, 92.
49 정지련, "한스 큉의 교회론", 288-289.
50 같은 글, 292.
51 에드먼드 클라우니 지음, 황영철 옮김,『교회』(서울: IVP, 1998), 84.
52 정지련, "한스 큉의 교회론", 293.
53 옥한흠,『평신도를 깨운다』, 93-95.
54 "생애와 사역",『광인』, 29.
55 같은 책, 75, 76.
56 같은 책, 76.
57 한스 큉,『교회』, 508-509.
58 참조, 로버트 L. 레이몬드 지음, 나용화, 손주철, 안명준, 조영천 공역,『최신 조직신학』(서울: 기독교문서선교회, 2004), 1061-1090; G. C. Berkouwer, *The Church*(Grand Rapids: Eerdmans, 1976), 201-309.
59 존 칼빈,『기독교강요 하』, IV, 3, 6.
60 제자훈련에 대한 신학적 토대와 실제적 경험을 바탕으로 옥한흠은 1984년『평신도를 깨운다: 제자훈련의 원리와 실제』라는 책을 한국 교회 앞에 내놓는다. 이 책은 초판 발행 이후 2009년까지 개정2판 95쇄에 이르도록 출판되어 한국 교회 성도들과 목회자들에게 필수적인 애독서가 되었다. 그리고 2009년도에는 완전개정판을 출간했다.
61 웨스트민스터 신학교와 신학이 한국 교회에 미친 영향과 박형룡, 박윤선, 그리고 한부선에 대해서는 다음의 저서들을 참조하라. 웨스트민스터 신학대학원 한국총동문회 편,『웨스트민스터 역사와 신학』(서울: 필그림출판사, 2010); 서영일 지음, 장동민 옮김,『박윤선의 개혁신학연구』(서울: 한국기독교역사연구소, 2000); 장동민,『박형룡의 신학연구』(서울: 한국기독교역사연구소, 1998); 박응규,『가장 한국적인 미국 선교사, 한부선 평전』.

62 이종윤, "웨스트민스터 신학과 한국 교회", 『웨스트민스터 역사와 신학』, 36.
63 오덕교, "한국 교회에 미친 웨스트민스터 신학교의 영향", 『웨스트민스터 역사와 신학』, 75.
64 William S. Barker and W. Robert Godfrey, eds., *Theonomy: A Reformed Critique*(Grand Rapids: Zondervan Publishing House, 1990), 10.
65 옥한흠, 『제자훈련 열정 40년』, 137.
66 고성삼 목사와 필자와의 면담, 2010년 11월 12일.
67 옥한흠, 『제자훈련 열정 40년』, 52. 옥한흠은 일단 1978년 웨스트민스터 신학교에서의 목회학 박사 학위 과정을 접고 귀국한 것으로 알려졌으나, 그의 성적증명서에 보면 1981년까지 방학마다 개설되는 과정을 이수한 것으로 나와 있다. 유학을 계획했던 3년 기간이 지나서 일단 떠날 수밖에 없었지만 한국에서 목회하면서도 이수해야 할 과정을 다 마치고 논문만 쓰면 되는 단계까지 마무리했다.
68 "생애와 사역", 『광인』, 30.
69 옥한흠, 『제자훈련 열정 40년』, 53.
70 빌리 행크스 박사와 필자와의 면담, 2013년 8월 13, 15일. 행크스 박사와 필자는 2013년 8월 12일부터 16일까지 인도네시아 자카르타 'Seminari Alkitab Asia Tenggara'(SAAT)에서 열린 아시아신학협의회(Asia Theological Association) 총회 시에 만나 면담했으며, 옥한흠 목사의 소천 소식을 나중에야 듣고서 35년 진 저틈으로 반났던 감회를 필자에게 선해 주었다. 또한 옥한흠 목사의 제자훈련 교재와 목회의 열매는 미국 사우스웨스턴 신학교(South Western Theological Seminary)에서도 널리 소개되고 영향을 미쳤다고 언급했다. 참조. 마이클 윌슨(W. Michael Wilson) 교수와 필자와의 면담, 2013년 8월 15일.
71 옥한흠, "정직한 바보들의 비상한 믿음이 승리한다", 88-89.
72 같은 글, 90.
73 옥성호, 『진영』, 200-201.
74 송용걸 목사와 필자와의 면담, 2012년 3월 20일.
75 옥성호, 『진영』, 198-199.
76 김영순 사모와 필자와의 면담, 2012년 4월 4일.
77 한인권 장로와 필자와의 면담, 2010년 4월 23일.
78 옥치상 목사와 필자와의 면담, 2012년 6월 1일.

7장 가장 행복한 결정

1 김영순 사모와 필자와의 면담, 2012년 4월 4일.
2 홍치모 교수와 필자와의 면담, 2011년 2월 18일. 목회자로서 한평생을 제자훈련 목회에 전념해 왔지만, 옥한흠 목사는 황의각 장로에게 가끔 교수직과 교수가 부럽다고 언급했다. 황의각은 1981년부터 사랑의교회에 출석하면서 시무 장로로 활동했다. 그는 고려대

학교 경제학 교수를 역임했고 지금은 명예교수로 있다. 그의 눈에 비친 옥한흠은 "학자적 기질이 농후한 목사"였다. 황의각 장로와 필자와의 면담, 2012년 4월 18일.

3 김영순 사모와 필자와의 면담, 2012년 4월 13일.
4 옥한흠 목사와 이상화 편집인과의 인터뷰, "교회침체가 아니라 교회본질이 파괴되는 문제다", 「크리스채너티투데이 코리아」(2010. 1.), 25.
5 옥한흠, "교회침체가 아니라 교회본질이 파괴되는 문제다", 26.
6 옥성호, 『진영』, 201.
7 옥한흠, 『제자훈련 열정 40년』, 57-58.
8 박성수, "내 인생을 바꾼 사건", 118.
9 옥한흠, 『제자훈련 열정 40년』, 59.
10 김영순 사모와 필자와의 면담, 2012년 4월 4일.
11 사랑의교회 편, 『개척 10년, 나누고 싶은 이야기들』, 58.
12 김영순 사모와 필자와의 면담, 2012년 4월 4일.
13 옥한흠, 『평신도를 깨운다』, 8.
14 옥한흠, "광인론", 『광인』, 76.
15 "교회침체가 아니라 교회본질 파괴가 문제다", 25-26.
16 옥한흠, 『제자훈련 열정 40년』, 60-61. 우리는 이 기도문 속에서 옥한흠의 교회론적 단면도를 읽을 수 있다.
17 오정현, "내 평생의 스승", 『8인이 말하는 옥한흠』, 189.
18 옥한흠, 『제자훈련 열정 40년』, 61-62. 분명한 목회 철학과 소신을 갖고 있었기에, 성도교회 대학부를 사역할 때부터, 옥한흠은 기존의 관습이나 관례에 얽매이지 않을 수 있는 안목과 용기가 있었다. 사실 청교도 목회자들도 자신의 안수 예배 시에 자기가 설교하는 경우도 있었다. 조나단 에드워즈도 자신의 안수 예배 때 설교했는데, 설교 내용은 그의 사역에 관한 중요한 단서를 제공해 준다. 더글러스 스위니 지음, 김철규 옮김, 『조나단 에드워즈의 말씀사역』(서울: 복있는사람, 2011), 69.
19 옥한흠, 『제자훈련 열정 40년』, 62.
20 같은 책, 62.
21 옥한흠, 『그리스도인의 자존심』(서울: 국제제자훈련원, 1997), 41.
22 옥한흠, 『제자훈련 열정 40년』, 64.
23 사랑의교회 편, 『개척 10년, 나누고 싶은 이야기들』, 17.
24 "9명으로 목회 시작 / 마당이 넓고 아담한 건물", 「월간조선」(2000. 11.).
25 옥한흠, "우리는 작은 예수입니다", Christianity Today(October. 2010.): 28. 이 설교는 1998년 12월 13일 사랑의교회 주일 예배에서 선포했다.
26 홍찬식, "조용기 이후의 한국 교회", 「조선일보」(2011. 5. 3.).
27 이관칠 장로와 필자와의 면담, 2012년 4월 16일.
28 "연세대 부총장 한기수 장로, 옥한흠 목사를 만나다", 「기독신문」(2012. 7. 9.).

29 사랑의교회 편, 『개척 10년, 나누고 싶은 이야기들』, 23.
30 같은 책, 42.
31 옥한흠, 『로마서 1: 내가 얻은 황홀한 구원』, 300.
32 사랑의교회 편, 『개척 10년, 나누고 싶은 이야기들』, 59.
33 같은 책, 56-57.
34 유승관, 『두 광인 이야기』(서울: 생명의말씀사, 2013), 17.
35 김영인, 임징자, 신경옥, 신현옥, 최정아, 한미자 권사들과 필자와의 면담, 2014년 4월 2일.
36 옥한흠, "감사의 제사"(시 100), 1979년 11월 18일, 창립 1주년 기념 예배 시 설교.
37 옥한흠 목사의 워싱톤중앙장로교회에서의 부흥회 설교, 2003년 10월 2일.
38 사랑의교회 편, 『개척 10년, 나누고 싶은 이야기들』, 85.
39 같은 책, 116.
40 김용노 목사와 필자와의 면담, 2011년 2월 11일.
41 유진 피터슨, 『유진 피터슨』, 202.
42 Harry R. Boer, *Pentecost and Missions*(Grand Rapids: Eerdmans, 1961). 이 책은 유학 시절 옥한흠이 오순절 이해와 교회론을 정립하는 데 긴요하게 읽었던 교재 중 하나였다. 그가 1998년 칼빈 신학교에서 특강할 때에도 이 책을 인용한 바 있다.
43 옥한흠 목사의 사도행전 강해 설교는 2012년 류고 실교집으로 출판되어 한국 교회의 귀한 자산으로 남게 되었다. 옥한흠, 『교회는 이긴다: 옥한흠 목사의 육성이 담긴 사도행전 강해』(서울: 국제제자훈련원, 2012).
44 사랑의교회 편, 『개척 10년, 나누고 싶은 이야기들』, 117.
45 강남은평교회 1980년도 교회 소개지.
46 같은 글.
47 정경자 권사와 필자와의 면담, 2012년 4월 20일; 황의각 장로와 필자와의 면담, 2012년 4월 18일.
48 정경자 권사와 필자와의 면담, 2012년 4월 20일.
49 옥한흠, 『길』(서울: 국제제자훈련원, 2003), 40.
50 같은 책, 40.
51 같은 책, 41.
52 같은 책, 42.
53 옥한흠, 『옥한흠 목사가 목사에게』, 336.

8장 예수의 제자 됨과 제자훈련 목회

1 최홍준, "곁에서 본 옥한흠 목사", 「목회와신학」(1998. 11.), 120.

2   옥한흠, 『평신도를 깨운다』, 35.
3   옥한흠, 『그리스도인의 자존심』, 43-45.
4   존 스토트, *One People*, 11. 옥한흠, 『평신도를 깨운다』, 35에서 재인용. *One People*은 정지영 옮김, 『한 백성』(서울: 아바서원, 2012)으로 출간되었다.
5   옥한흠, 『이것이 목회의 본질이다』, 71.
6   같은 책, 85.
7   옥한흠, "성령 충만한 제자훈련을 해야 합니다", 『평신도를 깨운다』(1999. 7-8.), 5.
8   옥한흠, 『평신도를 깨운다』, 99.
9   같은 책, 100-101. 오순절과 교회, 그리고 선교에 대한 신학적 입장에 대해서 다음의 저서를 참고하라. Harry R. Boer, *Pentecost and Missions*(London: Lutterworth, 1961).
10 옥한흠, 『평신도를 깨운다』, 102.
11 같은 책, 102.
12 같은 책, 17.
13 같은 책, 17. 필자는 옥한흠 목사의 교회론과 제자훈련 목회와의 연관성에 관해 다음의 논문에서 진술했다. 박응규, "은보 옥한흠 목사의 선교적 교회론과 제자훈련 목회", 『성경과 신학』 65(2013), 103-152.
14 옥한흠, 『평신도를 깨운다』, 48-49.
15 같은 책, 50.
16 같은 책, 51.
17 같은 책, 58.
18 같은 책, 72.
19 옥한흠, "건강한 교회의 비전 1"(2003. 10. 10.), 뉴욕 베이사이드장로교회 부흥회 첫째 날 설교.
20 옥한흠, 『평신도를 깨운다』, 73.
21 같은 책, 73.
22 같은 책, 73-74.
23 다음의 논문을 참고하라. 박응규, "칼빈의 경건개념과 교회개혁", 『개혁논총』 12(2009.), 371-416.
24 John Murray, *Redemption Accomplished and Applied*(Grand Rapids: Eerdmans, 1955, reprint, 1988).
25 옥한흠, 『평신도를 깨운다』, 75.
26 같은 책, 76.
27 같은 책, 78.
28 박영돈, 『성령 충만, 실패한 이들을 위한 은혜』(서울: SFC, 2008), 62.
29 Harry R. Boer, *Pentecost and Mission*, 99.
30 박영돈, 『성령 충만, 실패한 이들을 위한 은혜』, 65-66, 141.

31 박영돈, 『성령 충만, 실패한 이들을 위한 은혜』, 59; 박용규, 『평양대부흥 운동』(서울: 생명의말씀사, 2000).
32 옥한흠, 『평신도를 깨운다』, 285.
33 같은 책, 286.
34 같은 책, 288-289.
35 같은 책, 25.
36 같은 책, 25-29.
37 같은 책, 33.
38 같은 책, 49.
39 같은 책, 290.
40 박용규, 『사랑의교회 이야기』(서울: 생명의말씀사, 2012), 154.
41 옥한흠, 『평신도를 깨운다』, 124, 133.
42 같은 책, 124.
43 이상훈, "공존의 틀을 벗어나는 엘리트 의식", 유경재 외 『한국 교회 16인의 설교를 말한다』(서울: 대한기독교서회, 2004), 90.
44 옥한흠, 『빈 마음 가득한 행복: 산상수훈 강해 설교 1』(서울: 국제제자훈련원, 2001), 4.

9장 제자훈련 목회에 함께 미쳤던 동역자들

1 옥한흠, 『제자훈련 열정 40년』, 65.
2 같은 책, 65-66.
3 같은 책, 66.
4 옥한흠, 『길』(서울: 국제제자훈련원, 2003), 94.
5 사랑의교회 편, 『개척 10년, 나누고 싶은 이야기들』, 37.
6 최홍준, "목회자이며 신학자인 옥한흠 목사", 홍정길, 이동원 외, 『8인이 말하는 옥한흠』, 47.
7 같은 책, 46, 48.
8 김명호, 『나는 잇는다』(서울: 국제제자훈련원, 2011), 42-43; 김영순 사모와 필자와의 면담, 2012년 4월 13일.
9 최홍준, "목회자이며 신학자인 옥한흠 목사", 48-49.
10 같은 글, 51.
11 같은 글, 52.
12 같은 글, 52-54.
13 "이찬수의 추모글", 『옥한흠, 은혜의 발걸음』, 220.
14 "생애와 사역", 『광인』, 33.

15 "전도부인들"(Bible Women)은 초기 한국 교회에서 여성들을 대상으로 활발한 전도의 임무를 맡은 실질적인 첫 여성 지도자들이었다. 당시 한국 사회에서는 남성과 여성이 함께 이야기하는 것조차 상상할 수 없는 상황이었기에, 전도부인은 여성들을 향한 유일한 복음 전도의 통로였다. 그들은 자기가 속한 지역의 가정들을 찾아다닐 뿐 아니라, 복음이 전해지지 않은 미전도 지역을 중심으로 복음을 전했고, 중생한 이들을 다시금 심방하여 성경을 가르치고 재차 복음을 전해 양육하고 훈련시키는 역할을 감당했다. 그들은 한국 여성들의 개화를 도왔고, 애국 운동과 사회 활동 등에도 관여했다.

16 더글라스 스위니 지음, 김철규 옮김, 『조나단 에드워즈의 말씀사역』(서울: 복있는사람, 2011), 126.

17 사랑의교회 편, 『개척 10년, 나누고 싶은 이야기들』, 85.

18 같은 책, 88-89.

19 같은 책, 85-86; 김영순 사모와 필자와의 면담, 2012년 4월 4일.

20 사랑의교회 편, 『개척 10년, 나누고 싶은 이야기들』, 87.

21 유진 피터슨, 『유진 피터슨』, 39.

22 사랑의교회 편, 『개척 10년, 나누고 싶은 이야기들』, 87.

23 유진 피터슨, 『유진 피터슨』, 154.

24 옥성호, 『진영』, 100.

25 강명옥, "그는 제자훈련에 미쳐서 살았다!", 『광인』, 155.

26 목사의 자녀들을 흔히 "PK"라고 부르며, 그것은 Pastor's Kids의 약자다. 그런데 그들은 자신들을 Problem Kids라고 부르기도 한다. 그만큼 목사의 자녀로 살아간다는 것은 쉽지 않은 삶의 여정이다. 옥성호 본부장과 필자와의 면담, 2012년 6월 20일.

27 옥한흠, 『제자훈련 열정 40년』, 177-178.

28 강명옥, "옥한흠 목사와 함께한 24년", 151.

29 민지영, "얼굴-김영순 사모, 국화꽃 향기처럼", 「우리」 14(1988. 12. 18.), 3.

30 최홍준, "목회자이며 신학자인 옥한흠 목사", 61.

31 같은 글, 62.

32 정경자 권사와 필자와의 면담, 2012년 4월 20일.

33 박성남 전도사와 필자와의 면담, 2010년 5월 27일.

34 옥한흠, 『열정 40년』, 114.

35 같은 책, 116-117.

36 같은 책, 120.

37 옥한흠, 『옥한흠 목사가 목사에게』, 308-309.

38 옥한흠, 『열정 40년』, 123.

39 같은 책, 125.

40 옥한흠, 『열정 40년』, 126.

41 박응규, "조나단 에드워즈의 인디안 선교와 개혁신앙", 「한국개혁신학」 17(2005. 4.),

74-78.
42 사랑의교회 편, 『개척 10년, 나누고 싶은 이야기들』, 93-94.
43 같은 책, 94.
44 같은 책, 94-95.
45 같은 책, 95.
46 같은 책, 73.
47 같은 책, 95, 99.
48 최홍준, "곁에서 본 옥한흠 목사", 120.
49 정경자 권사와 필자와의 면담, 2012년 4월 20일.
50 사랑의교회 편, 『개척 10년, 나누고 싶은 이야기들』, 97.
51 "고직한의 추모의 글", 『옥한흠, 은혜의 발걸음』, 24.
52 사랑의교회 편, 『개척 10년, 나누고 싶은 이야기들』, 105.
53 같은 책, 105.
54 옥한흠, 『제자훈련 열정 40년』, 308-309.
55 "나누고 싶은 이야기—초대 시무 장로를 세우기까지", 「우리」(1992. 10. 18.), 2; "사랑의교회 개척 이야기", 「목회와 신학」(1998. 11.), 59.
56 "사랑의교회 개척 이야기", 「목회와 신학」(1998. 11.), 59.
57 성경자 권사와 필자와의 면담, 2012년 4월 20일.
58 김영순 사모와 필자와의 면담, 2012년 4월 4일.
59 사랑의교회 편, 『개척 10년, 나누고 싶은 이야기들』, 109; 옥한흠, 『제자훈련 열정 40년』, 72.
60 "권서"(Colporteur, 매서인)들이란 "마을마다 성경을 짊어지고 들어가 복음의 씨를 뿌린 전도의 선구자들로, 이들의 노력이 선교사가 들어오기 전인 1880년대 초에 만주와 한반도에 여러 공동체들의 설립"에 지대한 공헌을 한 자들이다. 한국기독교사연구회, 『한국기독교의 역사 I』(서울: 기독교문사, 1989), 152.
61 옥한흠, 『제자훈련 열정 40년』, 78.
62 같은 책, 87.
63 같은 책, 87-88.
64 같은 책, 94.
65 같은 책, 95.
66 옥한흠, 『길』, 99.
67 옥한흠, 『이것이 목회의 본질이다』, 90; 옥한흠, 『길』, 70-89.

10장 제자훈련 목회의 터전들

1 옥한흠, 『제자훈련 열정 40년』, 99-101.

2　옥한흠, 『제자훈련 열정 40년』, 108-109.
3　강명옥 전도사와 필자와의 면담, 2012년 3월 28일.
4　옥한흠, 『제자훈련 열정 40년』, 110.
5　같은 책, 111.
6　홍정길, "옥한흠 목사의 사역과 삶", 『8인이 말하는 옥한흠』, 9, 13.
7　이동원, "순전한 열정의 사람, 옥한흠", 『8인이 말하는 옥한흠』, 39.
8　필자가 옥한흠을 "제자훈련 목회의 불도저"라고 명명한 것은, 제임스 패커에 붙여진 "지적 불도저"(intellectual bulldozer)라는 별명에 착안했다. 다음을 참조하라. 알리스터 맥그래스 지음, 신재구 옮김, 『제임스 패커의 생애』(서울: 기독교문서선교회, 2004), 109.
9　"'땅위의 하늘나라' 농군되어… 교회 갱신에", 『조선일보』(1999. 3. 12.).
10　이관칠 장로와 필자와의 면담, 2012년 4월 16일.
11　옥한흠, 『제자훈련 열정 40년』, 113.
12　유진 피터슨, 『유진 피터슨』, 177, 181.
13　옥한흠, 『길』, 78-79.
14　같은 책, 86.
15　이동원 목사와 필자와의 면담, 2010년 9월 9일.
16　구자관, "그분 안에 있는 예수를 우리에게 주셨다", 『광인』, 116-117.
17　옥한흠, 『평신도를 깨운다』, 366.
18　강명옥, "옥한흠 목사와 함께한 24년", 136.
19　김영순 사모와 필자와의 면담, 2012년 4월 4일.
20　강명옥, "옥한흠 목사와 함께한 24년", 137.
21　같은 글, 137.
22　옥한흠, "이렇게 아쉬울 수가!", 『평신도를 깨운다』(1992. 4.), 3.
23　같은 글, 3.
24　옥성호, 『아버지, 옥한흠』, 56.
25　같은 책, 65.
26　강명옥, "옥한흠 목사와 함께한 24년", 145-146.
27　같은 글, 142.
28　박명배 목사와 필자와의 면담, 2010년 2월 26일.
29　"이찬수의 추모글", 『옥한흠, 은혜의 발걸음』, 220.
30　오정현, "내 평생의 스승", 197.
31　같은 글, 197.
32　구자관 장로와 필자와의 면담, 2012년 4월 6일.
33　옥성호, 『아버지, 옥한흠』, 103-105.
34　옥한흠, 『제자훈련 열정 40년』, 132.

35 옥한흠, 『제자훈련 열정 40년』, 134.
36 같은 책, 134-135.
37 J. I. 패커, "서론", 리처드 백스터 지음, 지상우 옮김, 『참된 목자』(The Reformed Pastor, 일산: 크리스챤다이제스트, 1988), 29.
38 강명옥, "옥한흠 목사와 함께한 24년", 134.
39 박명수, "한국 교회 갱신에 목적을 둔 책이다", 『디사이플』(2006. 6.), 38.
40 옥한흠, 『제자훈련 열정 40년』, 135-136.
41 황규명 교수와 필자와의 면담, 2010년 9월 17일. 황규명은 그 후 웨스트민스터 신학교의 한인 프로그램 담당 및 실천신학 교수로 재직하다가 귀국하여 총신대학교의 상담학 교수로 사역했고 2012년에 은퇴했다.
42 옥한흠, 『제자훈련 열정 40년』, 136-137.
43 김영순, "제자훈련에 미친 사람과 사는 재미 이젠 제대로 느낍니다", 79.
44 옥한흠, 『제자훈련 열정 40년』, 138.
45 같은 책, 141.

11장 제자훈련 지도자(CAL) 세미나

1 김명호, "목회자를 깨운 CAL 세미나", 『디사이플』 140(2010. 10.), 63.
2 같은 글, 64.
3 사랑의교회 원로 옥한흠 목사 인터뷰, "평신도를 예수님의 제자로 훈련시키십시오", 『목회와신학』(2009. 5.), 99.
4 사랑의교회 원로 옥한흠 목사 인터뷰, "평신도를 예수님의 제자로 훈련시키십시오", 99.
5 옥한흠, "성공적인 제자훈련을 위한 10가지 계명, 『평신도를 깨운다』(2000.), 9-10, 2.
6 옥한흠, "광인론", 『광인』, 60.
7 같은 책, 63.
8 옥한흠, 『제자훈련 열정 40년』, 143.
9 김명호, "목회자를 깨운 CAL 세미나", 64.
10 옥한흠, 『제자훈련 열정 40년』, 148-149.
11 김명호, "목회자를 깨운 CAL 세미나", 65.
12 같은 글, 65.
13 옥한흠, 『제자훈련 열정 40년』, 149-150.
14 옥한흠, 『평신도를 깨운다』, 151.
15 옥한흠, 『평신도를 깨운다』, 160, 192.
16 같은 책, 310.

17 전도폭발훈련을 받고 전도에 열심을 내는 아내에 대하여 옥한흠은 2001년 9월 19일 여의도순복음교회에 초청되어 설교하는 중에 언급했다.
18 옥한흠, 『평신도를 깨운다』, 310.
19 옥한흠, "그리스도인의 전도", 홍정길 편집, 『현대와 크리스챤의 사명』(서울: 도서출판 엠마오, 1986), 103, 106.
20 옥한흠, "그리스도인의 전도", 107.
21 같은 글, 117-118.
22 최흥준, "추천사", 조운파, 정형복, 박희옥, 전선애, 정혜자, 문인기, 이재명, 『일곱집사 전도행전』(서울: 생명의말씀사, 2003), 11. 제자훈련과 더불어 한 사람의 철학으로 무장된 성도들이 전도하는 과정과 결과에 대한 이야기가 이 책에 수록되어 있다. 그리스도 때문에 사람의 변화가 지속적으로 이어지는 전도행전이다.
23 옥한흠, 『옥한흠 목사가 목사에게』, 177.
24 정경자 권사와 필자와의 면담, 2012년 4월 20일. 특히 영락교회에서 신앙이 성장한 정경자 권사는 신앙생활하면서 사랑의교회나 합동 측 교회들이 사회적 봉사 부문에서 약함을 느꼈다고 언급했다. 참조, 한숭홍, 『한경직: 예수를 닮은 인간, 그리스도를 보여 준 교부』(서울: 북코리아, 2007), 173.
25 존 스토트, 『제자도』, 64-65.
26 같은 책, 66.
27 정천성, 『아프지도 말고 죽지도 말자』(서울: 국제제자훈련원, 2000), 6.
28 같은 책, 23.
29 이동원 목사와 필자와의 면담, 2010년 9월 9일.
30 김병재 장로와 필자와의 면담, 2010년 4월 29일.
31 이동원 목사와 필자와의 면담, 2010년 9월 9일.
32 김명호, "구령의 활화산 사랑의교회 대각성 전도집회", 『목회와신학』 4(1994), 92.
33 "생애와 사역", 『광인』, 36-37.
34 김명호, "구령의 활화산 사랑의교회 대각성 전도집회", 92-94.
35 옥한흠, "한국 교회 부흥회, 무엇이 문제인가?", 99.
36 같은 글, 101-102.
37 박성철, "사랑의교회 사역을 말한다: 대각성 전도집회", 『목회와신학』(1998. 11.), 106.
38 대각성 운동의 특성들과 선교와 전도와의 연관성에 대해서 다음의 저서를 참고하라. Mark Shaw, "A Vision for Renewal: Jonathan Edwards's Theology of Revival" in *10 Great Ideas from Church History*(Downers Grove: IVP, 1997), 111-134. 이런 면에서도, 옥한흠의 영적 대각성 운동과 전도와 선교의 열정에 대한 강조는 조나단 에드워즈의 청교도 신앙과 부흥 신학에 대한 관심으로 이어졌다.
39 김명호, "구령의 활화산 사랑의교회 대각성 전도집회", 『목회와신학』(1994. 4.), 91.
40 옥한흠, 『평신도를 깨운다』, 309.

41   알리스터 맥그래스, 『제임스 패커의 생애』, 157.
42   이동원 목사와 필자와의 면담, 2010년 9월 9일.
43   옥한흠, 『로마서 3』, 275.
44   존 스토트, 『제자도』, 44.
45   박성남 전도사와 필자와의 면담, 2010년 5월 27일.
46   김명호, "구령의 활화산 사랑의교회 대각성 전도집회", 「목회와신학」 4(1994), 91.
47   옥한흠, 『전도프리칭』(서울: 국제제자훈련원, 2002), 7.
48   옥한흠, "성령 충만한 제자훈련을 해야 합니다", 「평신도를 깨운다」(1999. 7-8.), 5.
49   박성원, "옥한흠 목사의 설교연구", 총신대학교 목회신학전문대학원 신학석사 학위(Th. M.) 논문(2005), 13.

12장 옥한흠의 지도력과 사랑의교회

1   임미영, "미영아, 힘들면 언제든지 돌아와라", 『광인』, 184.
2   옥한흠, 『빈마음 가득한 행복: 산상수훈 강해 설교 1』, 296.
3   박정은, "비서는 나와 함께 일하는 동역자다", 『광인』, 195-196.
4   옥한흠, 『하늘행복으로 살아가는 작은 예수: 산상수훈 강해 설교 2』, 110-125.
5   같은 책, 118.
6   같은 책, 125.
7   옥한흠, "장로교의 체질 개선을 위하여", 2007년 11월 16일 열린 교갱협 모임에서 장로들 앞에서 특강하면서 언급한 내용이다.
8   김명호 목사와 필자와의 면담. 2009년 11월 3일.
9   옥한흠, 『평신도를 깨운다』(개정판, 2009), 36.
10   김명호, "옥한흠 목사님 따라 하기", 「디사이플」(2010. 10.), 164.
11   옥한흠, "광인론", 『광인』, 70-71.
12   김병재, "믿을 만한 진실한 맏형", 『광인』, 94.
13   옥성호, 『아버지, 옥한흠』, 42.
14   김진경 박사는 연변과학기술대학 사역을 오랫동안 곽선희 목사와 옥한흠 목사와 동역해 왔다. 김진경은 두 사람에 대해 이런 말을 남겼다. "곽선희 목사는 죄를 망원경으로 봐요. 옥한흠 목사는 죄를 현미경으로 봐요." 김진경 박사와 필자와의 면담, 2013년 1월 15일.
15   옥성호, 『아버지, 옥한흠』, 88-89.
16   같은 책, 195.
17   옥성호, 『아버지, 옥한흠』, 200.
18   같은 책, 203.

19 이동원 목사와 필자와의 면담, 2010년 9월 9일.
20 한규철 목사와 필자와의 면담, 2010년 9월 19일. 이러한 사실을 옥한흠 목사와 부교역자들과 교제를 나누었던 목회자들은 동감할 것이다. 한규철 목사는 제자훈련 지도자 세미나에 참석했고, 성광교회를 1986년에 개척하여 지금까지 시무하고 있다.
21 존 칼빈, 『기독교강요』, I.1.1; 로버트 갓프리 지음, 김석원 옮김, 『칼빈: 순례자와 목회자』 (서울: 부흥과개혁사, 2009), 24-25.
22 옥한흠, 『고통에는 뜻이 있다』, 195.
23 같은 책, 196-197.
24 로버트 갓프리, 『칼빈: 순례자와 목회자』, 24.
25 최승락, "칼빈과 설교", 전광식 엮음 『칼빈과 21세기』 (서울: 부흥과개혁사, 2009), 74-75.
26 정성구, "칼빈의 성직이해: 칼빈의 목회 철학을 중심으로", 요한 칼빈 탄생 500주년 기념사업회, 『칼빈의 목회와 윤리, 사회참여』 (서울: SFC, 2013), 23.
27 같은 글, 28, 29.
28 J. I. 패커, "소개의 글", 리처드 백스터 지음, 고성대 옮김, 『참된 목자』, 27.
29 옥한흠, 『요한이 전한 복음 2』, 292.
30 옥성호, 『아버지, 옥한흠』, 132.
31 옥한흠, "광인론", 『광인』, 67.
32 박성남, "박 전도사, 잘 지내지?", 『광인』, 91.
33 박성수, "내 인생을 바꾼 사건", 104.
34 임미영, "미영아, 힘들면 언제든지 돌아와라", 186-188.
35 옥한흠, 『희망은 있습니다』, 88.
36 같은 책, 90.
37 옥한흠, "풍랑이 이는 그곳에 예수님이 계신다", 『일어나 빛을 발하라』, 73.
38 같은 책, 81.
39 같은 책, 85.
40 송길원 목사와 필자와의 면담, 2012년 5월 14일.
41 정호선 집사와 필자와의 면담, 2013년 11월 22일. 정호선 집사는 1993년부터 2001년까지 옥한흠 목사의 비서로 봉사했다.
42 윤채경 권사와 필자와의 면담, 2013년 11월 22일. 윤채경 권사는 1988년부터 1990년까지 옥한흠 목사의 비서로 봉사했다.
43 박응규, "존 크리소스톰의 설교세계: 성경해석학과 설교, 그리고 사회개혁", 『ACTS 신학과 선교』 12(2011), 194-195.
44 박성수, "영향력 있는 직업인으로 세상을 바꾸어라", 『광인』, 100.
45 옥성호, "나의 아빠처럼 살고 싶지 않았어요", 『광인』, 161.
46 이찬수의 『국민일보』 인터뷰, 옥성호, "나의 아빠처럼 살고 싶지 않았어요", 162에서 재인용.

47 옥한흠, 『그리스도인의 자존심』, 67-68.
48 정경자, "'작은 목자'라는 사명감을 주셨다", 『광인』, 120.
49 옥선애 권사와 필자와의 면담, 2012년 6월 2일.
50 옥한흠, 『옥한흠 목사가 목사에게』, 73.
51 송태근 목사와 필자와의 면담, 2012년 10월 19일.
52 박성수, "내 인생을 바꾼 사건", 『8인이 말하는 옥한흠』, 113.
53 옥한흠, 『로마서 3』, 40-41.
54 같은 책, 43-44.
55 유승관, 『두 광인 이야기』, 72.
56 김숙원, "'흙으로 사람을 지으사' 찬양하시던 모습이 그립습니다", 『광인』, 112-113.
57 김영인, 임징자, 신경옥, 신현옥, 최정아, 한미자 권사들과 필자와의 면담, 2014년 4월 2일.
58 구자관, "그분 안에 있는 예수를 우리에게 주셨다", 115.
59 김영인, 임징자, 신경옥, 신현옥, 최정아, 한미자 권사들과 필자와의 면담, 2014년 4월 2일.
60 구자관, "그분 안에 있는 예수를 우리에게 주셨다", 116.
61 정경자, "'작은 목자'라는 사명감을 주셨다", 118.
62 "사랑의교회 어제 오늘 내일", 「우리」(1989. 1. 15.), 2.
63 옥한흠, 『평신도를 깨운다』, 43.
64 한인권, "교회 안의 하나님을 가정과 직장에서도 만나게 하셨던 분", 『광인』, 102.
65 정경자, "'작은 목자'라는 사명감을 주셨다", 123.
66 김영인, 임징자, 신경옥, 신현옥, 최정아, 한미자 권사들과 필자와의 면담, 2014년 4월 2일.
67 옥한흠, 『제자훈련 열정 40년』, 306.
68 같은 책, 306-307.
69 같은 책, 307.
70 같은 책, 308.
71 같은 책, 309-310.
72 옥재선 권사와 필자와의 면담, 2012년 5월 31일.
73 옥치상 목사와 필자와의 면담, 2012년 6월 1일.
74 옥한흠, 『제자훈련 열정 40년』, 310-311.
75 같은 책, 311.
76 사랑의교회 편, 『개척 10년, 나누고 싶은 이야기들』, 103-104.
77 구자관, "그 분 안에 있는 예수를 우리에게 주셨다", 117.
78 이관칠 장로와 필자와의 면담, 2012년 4월 16일.

79 김만형 목사와 필자와의 면담, 2013년 1월 24일.
80 구자관, "그 분 안에 있는 예수를 우리에게 주셨다", 117.
81 옥한흠, 『제자훈련 열정 40년』, 313.
82 같은 책, 313.
83 김진경의 삶과 사역에 대해서 다음의 책을 참고하라. 허련순, 『사랑주의: 옌볜과기대, 평양과기대 설립총장 김진경이 국경과 이념을 넘어 가고자 하는 나라』(서울: 홍성사, 2012), 149-150.
84 김진경 박사와 필자와의 면담, 2013년 1월 15일; 황의각 장로와 필자와의 면담, 2012년 4월 18일. 참조, 황의각, "탈북난민 구출과 한국 교회의 사명", 『미래한국』 418(2012. 4. 9-22.), 20-21.
85 정경자 권사와 필자와의 면담, 2012년 4월 20일.
86 옥한흠, 『제자훈련 열정 40년』, 315-316.
87 이관칠 장로와 필자와의 면담, 2012년 4월 16일.
88 옥한흠, 『제자훈련 열정 40년』, 316-318.
89 같은 책, 318.
90 옥한흠, 『요한이 전한 복음 3』, 54.
91 황의각 장로와 필자와의 면담, 2012년 4월 18일; 정경자 권사와 필자와의 면담, 2012년 4월 20일.
92 황의각 장로와 필자와의 면담, 2012년 4월 18일.
93 옥재선, "평생 사랑했던 여동생의 눈에 비친 옥한흠", 173.
94 박정은, "비서는 나와 함께 일하는 동역자다", 194.
95 정경자 권사와 필자와의 면담, 2012년 4월 20일.
96 임미영, "미영아, 힘들면 언제든지 돌아와라", 190.
97 이관칠 장로와 필자와의 면담, 2012년 4월 16일.
98 이상화 목사와 필자와의 면담, 2010년 2월 26일. 오랜 세월 교회갱신목회자협의회와 한국목회자협의회의 실제적인 사역을 담당했던 이상화는 복음주의 4인방의 리더십을 이렇게 표현했다. 홍정길은 "야생에서 생명력을 기르도록 하는 정글의 리더십", 하용조는 "난초를 키우듯 섬세하게 컨트롤하는 리더십", 이동원은 "세 인물의 리더십의 종합형"이라고 언급했다.
99 이찬수 목사와 필자와의 면담, 2012년 4월 25일.
100 박남규 목사와 필자와의 면담, 2012년 4월 27일.
101 "생애와 사역", 『광인』, 38.
102 옥성호, 『아버지와 아들』, 203.
103 김영순 사모와 필자와의 면담, 2012년 11월 16일.
104 옥한흠 목사의 일명 "부흥강사 도주사건"은 당시 대연중앙교회 협동 목사로 사역했던 송길원 목사에 의해 널리 알려졌다. 송길원, "영적 거장의 광인론에 매료되어", 169-

171.
105 같은 글, 173.
106 "사람을 귀하게 여긴다/복음주의의 성공사례", 「월간조선」(2000. 11. 30.).
107 같은 기사.
108 옥한흠, 『제자훈련 열정 40년』, 328.
109 강명옥, "그는 제자훈련에 미쳐 살았다!" 149.
110 "홀로 광야에 있는 기분… 목자를 잃었다", 「크리스천투데이」(2010. 9. 2.).
111 김만형 목사와 필자와의 면담, 2013년 1월 24일.
112 같은 면담.
113 박순종 목사와 필자와의 면담, 2012년 1월 20일.
114 같은 면담.
115 같은 면담.
116 최홍준, "목회자이며 신학자인 옥한흠 목사", 69.
117 이찬수 목사와 필자와의 면담, 2012년 4월 25일.
118 강명옥, "옥한흠 목사와 함께한 24년", 148-150.
119 옥한흠이 김현수에게 보낸 메일, 2003년 6월 21일.
120 옥한흠, 『소명자는 낙심하지 않는다』, 179.
121 옥한흠, 『요한이 전한 복음 3』, 100.
122 옥한흠, "소박하지만 간절한 기대", 「코이노니아」 15(1995. 2.), 1.
123 옥한흠, "'97년을 열며…" 「평깨」(1997. 2.).
124 같은 글.
125 옥한흠, 『소명자는 낙심하지 않는다』, 27.
126 송태근 목사와 필자와의 면담, 2012년 10월 19일.
127 옥성호, 『아버지, 옥한흠』, 82.
128 같은 책, 81-82.
129 같은 책, 83.
130 같은 책, 84.
131 같은 책, 49-50.
132 같은 책, 51-52.
133 옥한흠, 『다시 쓰는 평신도를 깨운다』(서울: 국제제자훈련원, 2004), 197.
134 소강석 목사와 필자와의 면담, 2013년 3월 15일.
135 옥한흠, "광인론", 『광인』, 64.
136 박정은 비서와 필자와의 면담, 2013년 11월 22일.
137 옥한흠, "광인론", 79.
138 한인권 장로와 필자와의 면담, 2010년 4월 23일.

139 옥한흠 목사와 박정근 목사의 대담, "제자훈련과 설교, 한 영혼을 생각하며 쉽게 하려는 유혹을 물리치라"(2006. 10. 12.), 미출판원고, 1.
140 박성수, "내 인생을 바꾼 사건", 105.
141 옥한흠 목사와 박정근 목사의 대담, "제자훈련과 설교, 한 영혼을 생각하며 쉽게 하려는 유혹을 물리치라"(2000. 10. 12.), 미출판원고, 8.
142 J. I. 패커, "서론", 리처드 백스터, 『참된 목자』, 26. 이 책의 원제인 *The Reformed Pastor*에서 "개혁된"(Reformed)이라는 단어가 의미하는 바는 교리상의 칼빈주의를 말하고 있는 것이 아니라, 목회의 실제에 있어서 새로워지는 것을 뜻하는 것이다.
143 옥한흠, 『이것이 목회의 본질이다』(서울: 국제제자훈련원, 2004), 15.
144 같은 책, 4-5.
145 같은 책, 5.
146 같은 책, 6.
147 옥한흠, 『평신도를 깨운다』(개정판, 2009), 293.
148 같은 책, 296.
149 같은 책, 298.
150 옥한흠, "실패에는 반드시 이유 있다", 「평깨」(1992. 1.), 2.
151 같은 글, 3.
152 옥한흠, 『평신도를 깨운다』, 299.
153 옥한흠, "한국 교회를 위한 청신호", 「평깨」(1993. 4.), 1.
154 옥한흠, "뿌리 내리는 제자훈련", 「평신도를 깨운다」(1995. 6.), 1.
155 옥한흠, 『평신도를 깨운다』, 301.
156 방선기, "직장과 세상에서 제자 삼는 사역이 일어나야 한다", 「디사이플」(2005. 7.), 49.
157 조현삼, "좋은 것을 너무 일찍 보지 마라", 「디사이플」(2010. 10.), 143.
158 강명옥, "그는 제자훈련에 미쳐서 살았다!" 148.
159 김명혁, "복음주의 연합 운동의 필요성", 손봉호 외 4명, 『한국 교회와 세계선교』, 93.
160 박용규, 『한국 교회를 깨운 복음주의 운동』(서울: 두란노, 1998), 194-197.
161 옥한흠, "한국 교회 부흥회, 무엇이 문제인가?", 이종윤 편, 『한국 교회의 종교개혁』, 84. 제4회 강남지역 연합신앙강좌는 1982년 10월 28일부터 30일까지 할렐루야교회에서 열렸다.
162 옥한흠, "한국 교회 부흥회, 무엇이 문제인가?", 85.
163 같은 글, 90-102.
164 황의각 장로와 필자와의 면담, 2012년 4월 18일.
165 김영순 사모와 필자와의 면담, 2012년 4월 13일.
166 옥한흠, 『제자훈련 열정 40년』, 221-222.
167 강명옥, "그는 제자훈련에 미쳐 살았다!" 154.
168 옥한흠, 『아름다움과 쉼이 있는 곳』(서울: 국제제자훈련원, 1997); 『하나님의 정원에서 행

복을 이야기하다』(서울: 국제제자훈련원, 2006);『자연과 하나님의 사랑』(서울: 국제제자훈련원, 2006);『자연 & 동심의 행복』(서울: 국제제자훈련원, 2010).
169 옥한흠,『요한이 전한 복음 1』, 186-187.
170 임미영, "미영아, 힘들면 언제든지 돌아와라", 189.
171 콜린 듀리에즈,『프랜시스 쉐퍼』, 209.
172 이동원 목사와 필자와의 면담, 2010년 9월 9일.
173 송길원, "영적 거장의 광인론에 매료되어", 172.
174 이동원 목사와 필자와의 면담, 2010년 9월 9일.

13장 옥한흠의 교회론적 비전: 교회의 순수성과 연합 운동

1 옥한흠의 신앙생활과 사역의 중심에는 참된 교회를 향한 추구와 구현이 자리 잡고 있었다. 그의 일관되는 교회론적 관심은 그리스도의 참된 제자들을 양성함으로 한국 교회의 교회다운 모습을 회복해 가는 과제에 앞장설 뿐만 아니라, 그 토대 위에서 하나 되어 가는 그리스도의 교회를 이 땅에 구현해 가기를 혼신을 다해 희구했다. 그런 면에서 필자는 이러한 옥한흠 목사의 교회론적 수고를 "한국 교회를 위한 교회론적 개혁자뿐만 아니라 교회론적 건축가"라고 명명하고자 한다. 그의 목회는 철저하게 교회론적 바탕에 그 뿌리를 두고 수행되어 왔다. 옥한흠 목사가 한국 교회에 미친 탁사직 공헌 중 하나가 바로 "성도다운 성도", "목사다운 목사", 그리고 "교회다운 교회"를 구현하려고 평생 올곧은 길을 걸어왔다는 사실이다.
2 이만열,『한 시골뜨기가 눈떠가는 이야기』, 65. 이만열은 고신 교단에서 성장한 후, 대학 시절에 역사 연구에 전념하고 다양한 사상에 접하면서 배타적 신앙에서 벗어났다. 그러면서 "고신파 신앙의 순수성과 기독교의 에큐메니즘을 접목시키는 계기가 되었다"고 고백한 바 있다. 앞의 책, 6-7.
3 옥한흠, "교회의 순수성과 연합 운동", 옥한흠 편,『바람직한 교회형태』(서울: 도서출판 엠마오, 1985), 35.
4 같은 책, 35.
5 같은 책, 37.
6 같은 책, 38.
7 같은 책, 39.
8 같은 책, 39-40.
9 같은 책, 40-41.
10 같은 책, 41.
11 같은 책, 42-43.
12 같은 책, 41-42.
13 같은 책, 42.

14 옥한흠, "교회의 순수성과 연합 운동", 43.
15 같은 책, 44.
16 같은 책, 44.
17 같은 책, 46.
18 같은 책, 46.
19 같은 책, 46-47.
20 같은 책, 47.
21 같은 책, 48.
22 같은 책, 50.
23 박성은, "정암의 교회 정치론 회고", 42.
24 옥한흠, "교회의 순수성과 연합 운동", 50.
25 같은 책, 51.
26 같은 책, 52-53.
27 같은 책, 54.
28 같은 책, 55.
29 같은 책, 56.
30 같은 책, 56-57.
31 옥한흠의 연합 운동에 있어서의 기본 원리들은 그의 논문, "교회의 순수성과 연합 운동", 57-60에 진술했다.
32 옥한흠, 『이것이 목회의 본질이다』, 18.
33 옥한흠, 『평신도를 깨운다』(개정판), 297.
34 옥한흠 목회 사역의 두 가지 주제어는 "균형과 상식"이라고 할 수 있다. 고성삼 목사와 필자와의 면담, 2010년 11월 12일.
35 옥한흠, 『이것이 목회의 본질이다』, 18.
36 홍정길, "그의 영혼, 영광의 개선식을 누리니", 『크리스채너티투데이 코리아』(2010. 10.), 22. 이 글은 홍정길 목사의 2010년 9월 6일 "고 은보 옥한흠 목사 천국환송예배" 설교문이다.
37 한명수, "선지자적 기품이 가득 차 있었다", 『크리스채너티투데이 코리아』(2010. 10.), 39.
38 같은 기사, 38.
39 "사랑의교회 옥한흠 목사와의 인터뷰", 『국민일보』(1999. 3. 10.).
40 송용걸 목사와 필자와의 면담, 2012년 3월 20일.
41 황윤도 목사가 필자에게 보낸 메일, 2012년 4월 10일. "박응규 교수님! 옥한흠 목사님께서 적극적으로 총회 활동에 깊이 참여하시지 않은 관계로, 상비부서 직책 관련 기록 외에 활동 내역과 관련한 문서로 남아 있는 부분이 거의 없습니다. 위 2항의 경우 영상 자료가 있겠으나 비디오테이프로 보관되어 있어서 디지털 파일화 작업이 별도로 필요한

상태입니다. 따라서 제가 기억하고 있는 대로 정리하여 말씀드리오니 참고하시기 바랍니다." 총회 사무행정 부장 - 황윤도 목사 드림.

42 "한국 복음주의 교회의 큰 나무, 故 옥한흠", 「조선일보」(2010. 9. 2.).
43 한명수, "선지자적 기품이 가득 차 있었다", 38.
44 김영순 사모와 필자와의 면담, 2012년 4월 4일; 옥성호 본부장과 필자와의 면담, 2012년 4월 27일.
45 박성은, "정암의 교회 정치론 회고", 「신학정론」 26: 2(2008), 13-14.
46 같은 글, 15.
47 같은 글, 15.
48 같은 글, 49.
49 같은 글, 15.
50 같은 글, 25.
51 같은 글, 42-43.
52 홍정길 목사는 옥한흠 목사의 장례 예배 설교에서 고인이 평소 흠모했던 인물들을 거명하면서 박윤선 목사도 언급했다.
53 당시 옥한흠 목사는 개척을 시작한 지 불과 몇 년도 지나지 않은 상황이었고, 사랑의교회나 제자훈련 목회가 많이 알려져 있거나 목회의 결과에 주목할 만한 입장이 아니었다. 그런 그에게 설교학을 맡긴 것은 박윤선 목사와 다른 교수들의 옥한흠에 대한 각별한 배려가 아닐 수 없었다. 그는 주로 설교학, 제자훈련과 전도학 등을 강의했고, 설교 실습 시간에 학생들의 설교를 듣고 평가할 때는 박윤선 목사와 함께했다고 한다. 이것은 박윤선의 겸손의 모습이며, 제자의 강의에 동참하여 학생들의 설교에 일일이 평가하는 모습은 아름다웠다. 학생 중에는 성도교회 대학부 시절의 제자였던 한정국도 있었는데, 그는 옥한흠의 "제자훈련과 전도학"이라는 과목을 들으면서 선교학의 깊은 토대를 마련하고 후에는 선교사로 헌신했다. 이런 사실은 합신 초기에 목회학 석사 과정에 재학했던 아신대학교(구 아세아연합신학대학교)의 장해경 교수의 증언을 통해서 알게 되었다. 장해경 교수와 필자와의 면담, 2011년 8월 9일.
54 "생애와 사역", 『광인』, 38.
55 박성은, "정암의 교회 정치론 회고", 45.
56 박형용 박사와 필자와의 면담, 2010년 12월 9일.
57 서영일, 『박윤선의 개혁신학 연구』(서울: 한국기독교역사연구소, 2000), 286-287; 김영재, "한국 개혁주의 교회의 역사적 고찰", 「개혁논총」 1(2003.), 97.
58 자세한 분열의 배경과 과정에 대해서 다음의 논문을 참고하라. 박응규, "1959년 한국 장로교회 분열에 대한 재조명", 「長老敎會와 神學」 8(2011.), 149-182.
59 서춘웅, "한국 교회를 사랑하는 신학자 박형용", 『주는 영이시라』, 733.
60 같은 책, 733.
61 박성남 전도사와 필자와의 면담, 2010년 5월 27일.

62 박에스더 대표와 필자와의 면담, 2012년 5월 11일. 현재 박에스더는 「아름다운 동행」이라는 신문사의 대표로 활동하고 있다.
63 김경원 목사와 필자와의 면담, 2010년 6월 29일.
64 고성삼 목사와 필자와의 면담, 2010년 11월 12일. 김의환 박사에 대해서는 다음을 참고하라. 오광만, 『그의 시간 속에: 은석 김의환 박사의 삶과 신학』; 정정숙, "개혁신학의 지평을 넓힌 은석 김의환 박사", 「기독신보」(2011. 11. 12.).
65 박형용 박사와 필자와의 면담, 2010년 12월 9일.
66 오광만, 『그의 시간 속에: 은석 김의환 박사의 삶과 신학』, 38.
67 김명호 목사와 필자와의 면담, 2010년 10월 14일; 고성삼 목사와 필자와의 면담, 2010년 11월 12일.
68 김경원 목사와 필자와의 면담, 2010년 6월 29일.
69 이은선, "옥한흠 목사의 교회일치연합 운동", 「사랑의교회 30년 평가와 전망: 한국기독교사연구소 학술심포지움 자료집」(2009. 11, 27.), 57-58.
70 이동원 목사와 필자와의 면담, 2010년 9월 9일.
71 이상화 목사와 필자와의 면담, 2010년 2월 26일.
72 존 스토트 지음, 정지영 옮김, 『한 백성』(서울: 아바서원, 2012), 32-33.
73 필자는 고려파 운동에 초기부터 참여한 한부선(Bruce F. Hunt) 선교사의 해방 후 선교사역을 한국 교회의 개혁 운동 차원에서 고찰하고 평가한 바 있다. 박응규, 『가장 한국적인 미국 선교사, 한부선 평전』, 337-480.
74 박성남 전도사와 필자와의 면담, 2010년 5월 27일.
75 Jaroslav Pelikan, *Divine Rhetoric: The Sermon on the Mount as Message and as Model in Augustine, Chrysostom and Luther*(Crestwood: St. Vladimir's Seminary Press, 2000), 68. 참조. 박영돈, 『일그러진 한국 교회의 얼굴』(서울: IVP, 2013).
76 로버트 L. 레이몬드 지음, 나용화, 손주철, 안명준, 조영천 옮김, 『최신 조직신학』(서울: CLC, 2004), 1061-1072.
77 이은선, "옥한흠 목사의 교회일치연합 운동", 58.
78 옥한흠, 『소명자는 낙심하지 않는다』, 46.
79 옥한흠, "갱신을 향한 인식 전환"(1997. 5. 3.); "교회 갱신은 계속되어야 합니다"(2007. 12. 20.).
80 참조. "교갱협 창립선언문"(1996. 3. 7.).
81 김경원 목사와 필자와의 면담, 2010년 6월 29일.
82 박에스더 대표와 필자와의 면담, 2012년 5월 11일. 참조. "길자연 목사 '교갱협, 목갱협으로 이름 바꿔야,'" 「크리스천투데이」(2013. 8. 21.).
83 김은홍 기자와 필자와의 면담, 2012년 3월 30일.
84 "한명수 목사(제 87회 총회장) 소천", 「RN 리폼드뉴스」(2012. 3. 26.); "예장합동 전 총회장 한명수 목사 소천", 「뉴스앤조이」(2012. 3. 26.).

85　"사랑의교회 옥한흠 목사와의 인터뷰", 「국민일보」(1999. 3. 10.).
86　옥한흠, 『소명자는 낙심하지 않는다』, 15-16.
87　이은선, "옥한흠 목사의 교회일치연합 운동", 58.
88　김경원 목사와 필자와의 면담, 2010년 6월 29일.
89　같은 면담. 2010년 6월 29일.
90　「기독신보」는 후에 「기독신문」으로 개명되었다. 교갱협 칼럼 모음집이 『굵은 베로 허리를 동이라』(서울: 규장, 1999)는 제목의 책으로 출간되었다.
91　옥한흠, "소리를 발간하며"(2007. 5. 1.).
92　김경원 목사와 필자와의 면담, 2010년 6월 29일.
93　옥한흠, "새 시대를 준비하는 지도자"(1996. 11. 2.).
94　이은선, "옥한흠 목사의 교회일치연합 운동", 60.
95　옥한흠, "갱신의 역사적 요청과 그 방향"(1996. 10. 2.); "갱신의 우선순위"(1997. 7. 3.).
96　이은선, "옥한흠 목사의 교회일치연합 운동", 61.
97　같은 글, 61에서 재인용. 참조. 「동아일보」(2001. 9. 27.).
98　"예장합동, 제비뽑기 제도 바뀌나?", 「국민일보」(2011. 9. 8.).
99　같은 기사.
100　박에스더 대표와 필자와의 면담, 2012년 5월 11일.
101　김성원 목사와 필자와의 면담, 2010년 6월 29일.
102　이은선, "옥한흠 목사의 교회일치연합 운동", 62-63.
103　김경원 목사와 필자와의 면담, 2010년 6월 29일.
104　이은선, "옥한흠 목사의 교회일치연합 운동", 64.
105　옥한흠, "눈물로 기도하는 총회가 되자", 「목회와 신학」 183(2004. 9.), 130.
106　같은 글, 131-132.
107　같은 글, 132.
108　박에스더 대표와 필자와의 면담, 2012년 5월 11일.
109　오정현, "복음만이 세상을 바꿀 수 있다", 「광인」, 137.
110　조용기, 옥한흠, 최봉오, 『일어나 빛을 발하라』, 68.
111　한국기독교목회자협의회, 『10년의 여정: 일치, 갱신, 섬김』(서울: KACP, 2008), 4.
112　김원배 목사와 필자와의 면담, 2010년 9월 13일.
113　한국기독교목회자협의회, 『10년의 여정: 일치, 갱신, 섬김』, 14.
114　같은 책, 14-17.
115　같은 책, 24-25.
116　손인웅 목사와 필자와의 면담, 2010년 7월 30일.
117　한국기독교목회자협의회, 『10년의 여정: 일치, 갱신, 섬김』, 25.
118　같은 책, 26.

119 김은홍 기자와 필자와의 면담, 2012년 3월 30일.
120 이동원 목사와 필자와의 면담, 2010년 9월 9일.
121 이은선, "옥한흠 목사의 교회일치연합 운동", 66.
122 한국기독교목회자협의회, 『10년의 여정: 일치, 갱신, 섬김』, 136.
123 손인웅 목사와 필자와의 면담, 2010년 7월 30일.
124 옥한흠, "머리말", 옥한흠 편, 『바람직한 교회형태』(서울: 도서출판 엠마오, 1985), 4.
125 같은 책, 4.
126 이중표, "별세의 사람 옥한흠", 『8인이 말하는 옥한흠』, 73.
127 같은 책, 73-74.
128 같은 책, 74.
129 같은 책, 74-76. 별세(別世)신앙이란 마치 출애굽이 "떠남"과 "들어감"이라는 양면적 의미의 복합적 개념인 것처럼, 예수님의 구원 사역에도 "십자가에서의 죽음"과 "부활"이라고 하는 양면의 복합적 의미가 있음을 전제하는 신앙이다. 예수님의 십자가 죽음은 이 세상(世)과의 이별(別)로서의 별세(別世)요, 예수님의 부활은 이생의 세계와 구별되는 (別) 새로운 세계(世)의 시작이라는 점에서 별세(別世)이다. 성경을 한마디로 요약한다면 그 핵심은 "예수 그리스도의 별세"이고, 성경이 독자들에게 요구하는 신앙은 별세신앙이다. 결국 예수를 믿는 신앙은 예수 그리스도의 십자가와 부활을 믿는 신앙이라고 할 수 있다.
130 김원배, "기장이여, 교회의 새 지평을 열어라", 기장교회 제 1회 개척 교회 아카데미에서 발표한 미출판 원고, 5-7.
131 같은 글, 7.
132 같은 글, 10.
133 David J. Bosch, *Transforming Mission: Paradigm Shifts in Theology of Mission*(Maryknoll, N.Y.: Orbis Books, 1991), 471-472.
134 임희국, "분열된 한국 교회의 화해와 일치를 위한 제언", 『한국장로교신학회 제16회 학술발표회 논문집』(2010. 10. 2.), 114-115.
135 한목협의 활동상에 대한 구체적인 내용은 다음의 논문을 참고하라. 이은선, "옥한흠 목사의 교회일치연합 운동", 66-75.
136 김원배 목사와 필자와의 면담, 2010년 9월 13일.
137 손인웅 목사와 필자와의 면담, 2010년 7월 30일; "'강원용-옥한흠 목사 특별대담' 보수-진보 서로 존중하고 연합해야", 「국민일보」(2004. 6. 24.); "개신교단 진보-보수 뜻깊은 만남… 강원용-옥한흠 목사 대담", 「동아일보」(2004. 6. 24.).
138 라일 도싯, 『C. S. 루이스의 영성』, 96-97.
139 복음주의의 특성과 유형에 대해서는 다음의 저서를 참고하라. 알리스터 맥그래스, 『제임스 패커의 생애』, 186-187.
140 같은 책, 160.

141 알리스터 맥그래스, 『제임스 패커의 생애』, 190.
142 손인웅 목사와 필자와의 면담, 2010년 7월 30일.
143 이중표, "별세의 사람 옥한흠", 98.
144 이은선, "옥한흠 목사의 교회일치연합 운동", 76.

14장 옥한흠과 제자훈련 목회의 선교지향성

1 「디사이플」(2008. 11.); "평신도를 깨워라", 「뉴스앤조이」(2010. 9. 20.).
2 "CBS 기독교방송 여론조사", 「조선일보」(2005. 2. 3.).
3 이중표, "별세의 사람 옥한흠", 『8인이 말하는 옥한흠』, 92.
4 유진 피터슨, 『유진 피터슨』, 390-392.
5 이중표, "별세의 사람 옥한흠", 93-94.
6 같은 책, 94.
7 이중표, "제자훈련으로 한국 교회의 구조조정을", 「평깨」(1999. 1-2.), 10.
8 같은 글, 10-11.
9 같은 글, 11.
10 같은 글, 11.
11 옥한흠, "제자훈련 사역자들에게", 「평깨」(1999. 3-4.), 4.
12 옥한흠, "제자훈련의 성공을 위하여 열린 리더십을 개발하라", 「평깨」(2001. 5-6.), 1-2.
13 옥한흠, "시작과 끝이 같은 사역자가 됩시다", 「평깨」(2000. 1-2.), 1-2.
14 같은 글, 2.
15 한인권 장로와 필자와의 면담, 2010년 4월 23일.
16 박성수, "내 인생을 바꾼 사건", 『8인이 말하는 옥한흠』, 124-125.
17 이만열, "역사를 앞서 준비한 선견자였다", 「크리스채너티투데이 코리아」(2010. 10.), 37.
18 박성수, "영향력 있는 직업인으로 세상을 바꾸어라", 「광인」, 101.
19 방선기, "세상에 필요한 일, 주께 하듯 하라", 「기독신문」(2010. 5. 26.), 16.
20 옥한흠, "정직한 바보들의 비상한 믿음이 승리한다", 『일어나 빛을 발하라』, 93-95.
21 한인권, "주님이 주신 은사로 현재에 안주하지 말고 세상에서 빛을 내자", 「디사이플」(2005. 11.), 58-59.
22 한정국, "선교는 희생이 아니라 기쁨이다", 「디사이플」(2005. 12.), 52-53.
23 김병재, "삶의 모범을 보이신 스승을 보며 믿음을 지켜 나갑니다", 「디사이플」(2006. 1.), 52-53.
24 박승빈, 김성숙, "사막에서도 살아남을 수 있는 뿌리 깊은 신앙을 갖게 됐다", 「디사이플」(2006. 2.), 48-49.

25 김재석, 김정숙, "제자훈련의 힘은 세대를 이어가며 사람을 세우는 것", 「디사이플」(2006. 3.), 55-57.
26 최화숙, "내 인생은 내 것이 아니며 주님의 것입니다", 「디사이플」(2006. 5.), 54-55.
27 "연세대 부총장 한기수 장로, 옥한흠 목사를 만나다", 「기독신문」(2012. 7. 9.).
28 Eui-Gak Hwang, *The Search for a United Korea: Political and Economic Implications*(New York: Springer, 2010).
29 유승관, 『두 광인 이야기』, 201.
30 같은 글, 58.
31 같은 글, 60-61.
32 이만열, "역사를 앞서 준비한 선견자였다", 36-37.
33 옥한흠, "정직한 바보들의 비상한 믿음이 승리한다", 95-97.
34 하용조, 『나는 선교에 목숨을 걸었다』(서울: 두란노, 2008), 124.
35 옥한흠, "정직한 바보들의 비상한 믿음이 승리한다", 103-104, 106-107.
36 송길원 목사와 필자와의 면담, 2012년 5월 14일.
37 옥한흠, 『요한이 전한 복음 2』, 271.
38 이중표, "별세의 사람 옥한흠", 92.
39 같은 책, 92.
40 "옥 목사님은 이 민족을 사랑하신 분", 「뉴스파워」(2010. 9. 1.).
41 제 11회 강남지역 연합신앙강좌가 "현대교회와 국가"라는 주제로 1988년 3월 3-5일 동안 강변교회에서 개최되었다. 이 강좌에서 옥한흠 목사는 "평신도의 정치참여"라는 제목으로 강연했다. 발표했던 원고들이 김명혁 외 3명, 『현대교회와 국가』라는 제목으로 출판되었다.
42 옥한흠, "평신도의 정치참여", 10.
43 같은 책, 13.
44 같은 책, 10.
45 같은 책, 10-11.
46 같은 책, 30.
47 같은 책, 25.
48 같은 책, 17.
49 같은 책, 25-27.
50 같은 책, 27-28.
51 같은 책, 28-29.
52 같은 책, 30-34.
53 "질의·응답", 김명혁 외 3명, 『현대교회와 국가』, 133.
54 같은 책, 135.

55 김명혁 외 3명, 『현대교회와 국가』, 136.
56 [인터뷰] 홍정길 목사, '복음주의의 맏형'다운 아름다운 은퇴 "목회는 오직 하나님 뜻 순종하는 것", 「국민일보」(2012. 1. 31.),
57 송길원 목사와 필자와의 면담, 2012년 5월 14일.
58 옥한흠이 교역자 전체에 보낸 메일, "정치를 살려야 교회도 산다", 2003년 6월 19일.
59 유승관, "제자훈련 목회, 선교적 교회론으로 실현되다", 「디사이플」(2010. 10.), 115.
60 옥한흠, "사랑의교회와 제자훈련", 특별 세미나 미출판 강의안. 이 특별 세미나는 1998년 10월 8-9일에 Calvin Theological Seminary에서 개최되었다.
61 방선기, "직장과 세상에서 제자 삼는 사역일 일어나야 한다", 「디사이플」(2005. 7.), 49.
62 옥한흠, "예수는 누구이신가", 손봉호 편집, 『현대와 크리스챤의 신앙』, 66.
63 이정철 목사와 필자와의 면담, 2012년 6월 20일. 이정철 목사는 미국 필라델피아에 소재한 제자교회를 담임하고 있다.
64 "LA 세리토스장로교회 김한요 목사 인터뷰", 「디사이플」(2009. 9. 1.); "김한요 목사, 어바인베델한인교회 제4대 담임확정", 「크리스천투데이」(2013. 6. 16.). 김한요 목사는 코네티컷 하트포드장로교회에서 10년간 목회했고, 2005년 9월에 세리토스장로교회에 부임하여 교회를 크게 부흥시켰다. 그는 2013년 8월에 어바인베델한인교회에 담임 목사로 부임하여 목회하고 있으며, "남가주에서 가장 주목받는 1.5세 목회자"로 알려져 있다.
65 "중국인 목회자를 위한 CAL 세미나", 「우리」(1989. 5. 28.), 1; "대만 목회자 세미나 성료", 「우리」(1989. 6. 18.), 1.
66 "日本에서 퍼지는 제자훈련", 「월간조선」(2000. 11. 30.).
67 같은 기사.
68 김만형 목사와 필자와의 면담, 2013년 1월 24일.
69 옥성호, 『아버지, 옥한흠』, 21-22.
70 같은 책, 24.
71 옥한흠, 『하늘 행복으로 살아가는 작은 예수』, 82-83.
72 사랑의교회는 2008년 12월 31일부로 변재창 선교사와 현지 지도자 하타나카 준꼬와의 협력 관계를 해제했다. 사랑의교회 세계 선교부, "선교관련 참고자료"(2012. 5. 16.), 48-49. 『옥한흠 평전』을 위해 유승관 목사와 세계 선교부가 이 자료를 제공해 주었다. 참고. "사랑의교회 세계 선교부 년도별 실행 운영 계획 및 사역 결과(2002-2011)". 이 분야에 대한 연구도 별도로 진행되어야 할 만큼 사랑의교회 선교 사역과 관련 자료가 방대하다.
73 옥한흠이 이혜진에게 보낸 메일, 2003년 8월 2일.
74 사랑의교회 세계 선교부, "선교관련 참고자료", 23-24.
75 옥한흠, 『제자훈련 열정 40년』, 151-152.
76 사랑의교회 세계 선교부, "제자훈련 세계화 사역관련 자료"(2010. 10. 5.), 5.

77 "'한국 교회 제자훈련법, 브라질에 전할 것'- 호베르토 실바 총회장", 「국민일보」(2005. 11.).
78 김명호, "목회자를 깨운 CAL 세미나", 69.
79 박응규, "은보 옥한흠 목사의 선교적 교회론과 제자훈련 목회", 「성경과 신학」65(2013), 123-128; 박주성, "한국 교회와 세계 교회의 플랫폼이 되고 있는 CAL 세미나", 「디사이플」(2015. 4.), 17.
80 "옥한흠 목사 목회학 박사 학위 취득", 「평깨」(1996. 6. 25.).
81 Special Interview, "John H. Oak", 「평깨」(2001. 9-10.), 17.
82 같은 글, 17.
83 강웅산 교수 및 옥성호 본부장과 필자와의 면담, 2012년 6월 20일. 강웅산은 웨스트민스터 신학교에서 조직신학 전공으로 박사 학위를 받은 후 총신대학교 신학대학원 교수로 재직하고 있다.
84 옥한흠, 「제자훈련 열정 40년」, 138.
85 "제자훈련이 박사 학위를 받았습니다", 「평깨」(2001. 7-8.), 1.
86 사무엘 로간 총장과 황규명 박사가 웨스트민스터 신학교 교수들과 이사들에게 보낸 편지, 2000년 2월 7일.
87 사랑의교회 세계 선교부, "선교관련 참고자료", 1.
88 같은 글, 12-17.
89 옥한흠, "그리스도인의 전도", 홍정길 편집, 「현대와 크리스챤의 사명」(1986), 102-103.
90 옥한흠, "한국 교회의 선교 전략", 손봉호 외 4명, 「한국 교회와 세계선교」, 64-65.
91 같은 책, 71.
92 같은 책, 79.
93 같은 책, 84.
94 같은 책, 89.
95 옥한흠, "그리스도인의 전도", 107.
96 같은 책, 109.
97 같은 책, 110.
98 같은 책, 113.
99 "신년사, 1989년에 기대한다", 「우리」(1989. 1. 15.), 1.
100 "담임 목사 출국: 내일, 코스타 수련회 주강사로", 「우리」(1988. 5. 22.), 1.
101 한국오엠국제선교회 홈페이지, http://www.omkorea.org 참조.
102 김수용 선교사와 필자와의 면담, 2012년 5월 2일.
103 "인터뷰, 조지 버워 OM 총재, 훈련된 그리스도인이 필요하다", 「우리」(1990. 9. 2.), 2.
104 최종상 선교사와 필자와의 면담, 2012년 5월 22일.
105 "오엠 국제선교회 설립자 조지 버워 목사와 사랑의교회 옥한흠 원로 목사와의 아름다운 만남", 「우리」(2007. 7. 8.), 1.

106 유승관, 『두 광인이야기』, 186.
107 허련순, 『사랑주의』, 150.
108 "중국 연변 조선족 기술대학교 공사 진척 활발", 「우리」(1990. 6. 10.); "연변과학기술대학 개교", 「우리」(1993. 11. 7.).
109 "기독교 의료지원본부 옥한흠 대표회장", 「국민일보」(1998. 3. 30.).
110 김해용 목사와 필자와의 면담, 2012년 5월 11일.
111 사랑의교회 「장애인선교」, 창간호 격려사.
112 박남규 목사와 필자와의 면담, 2012년 4월 27일. 박남규는 이러한 옥한흠의 태도를 보면서 이런 분과 함께라면 자신의 평생을 바쳐 동역에 충성해야겠다는 다짐을 하게 되었다.
113 우물가선교회 편, "우물가선교회의 명칭과 소개 및 취지", 1. 이 선교회를 위하여 최재하 목사가 대표로서 14년간 사역했고, 2003년 10월 남부사랑의교회를 개척하여 시무하고 있다.
114 "세상과 교회를 잇는 다리 '아름다운 땅'", 「목회와신학」(1996. 9.), 130-131.
115 우물가선교회 편, 『네겐 내가 있지 않느냐-주제가 있는 예배를 위한 드라마 모음집』(서울: 국제제자훈련원, 1999). 참고. 최재하, 『우물가에서 생긴 일』(서울: 예영커뮤니케이션, 2003).
116 옥한흠, 『히늘 행복으로 실아가는 삭은 예수』, 95-97.
117 같은 책, 99.
118 같은 책, 100.
119 같은 책, 102-103.
120 같은 책, 106.
121 이관칠 장로와 필자와의 면담, 2012년 4월 16일.
122 옥한흠, 『희망은 있습니다』, 234-235.
123 황의각 장로와 필자와의 면담, 2012년 4월 18일.
124 문성모, 『하용조 목사 이야기』, 166.

15장 은퇴 전후의 옥한흠

1 옥한흠 목사의 2009년과 2010년 개인 수첩 첫 면에 찰스 토마스 스터드(Charles Thomas Studd) 선교사가 남긴 말이 적혀 있다. 스터드는 영국 출신으로 중국과 인도, 그리고 아프리카 콩고에서 선교사로 활동했으며, WEC(Worldwide Evangelization Crusade)의 모체가 되는 Heart of Africa Mission을 설립했다.
2 양승언의 페이스북 글(2013, 8, 1.).
3 옥한흠 목사는 한국 오엠선교회 이사장직을 1990년부터 2005년까지 맡았고, 2006년부터 무학교회 김창근 목사에게 이사장직을 넘겼다. 옥한흠이 소천하기까지 유지했던

직함은 국제제자훈련원 원장이었다. 참조. 김수용 선교사와 필자와의 면담, 2012년 5월 2일.

4   김진경 박사와 필자와의 면담, 2013년 1월 15일.
5   "목회자가 목회하면서 먼저 제자돼야",「뉴스파워」(2010, 3, 26.).
6   존 스토트 지음, 김명희 옮김『제자도: 변함없는 핵심자질 8가지』(서울: IVP, 2010).
7   옥한흠, "한국 교회 세속화 심각",「크리스천투데이」(2005, 9, 9.).
8   존 스토트,『제자도』, 17.
9   "목회자가 목회하면서 먼저 제자돼야",「뉴스파워」(2010, 3, 26.).
10 같은 기사.
11 같은 기사.
12 같은 기사.
13 같은 기사.
14 정경자 권사와 필자와의 면담, 2012년 4월 20일.
15 [인터뷰] 홍정길 목사, "목회는 오직 하나님 뜻 순종하는 것",「국민일보」(2012, 1, 31.).
16 옥한흠, "와 보라" (요 1:35-39), 1995년 10월 1일 주일 예배,『요한이 전한 복음 1』(서울: 국제제자훈련원, 2000), 69.
17 이동원 목사와 필자와의 면담, 2010년 9월 9일.
18 옥한흠,『옥한흠 목사가 목사에게』, 임문희 편집 (수원: 도서출판은보, 2013), 123.
19 옥한흠, 홍정길 외,『내 마음을 찢어라』(서울: 규장, 1998), 34.
20 같은 책, 34.
21 박성수, "내 인생을 바꾼 사건", 125.
22 옥한흠, "사랑의교회 다음 사역을 준비하면서", 빌립보서 3:7-14를 본문으로 한 교역자 모임설교, 2002년 5월 21일, 강명옥, "옥한흠 목사와 함께 한 24년", 153-159에서 재인용.
23 김병재, "믿을만한 진실한 맏형",『광인』, 96.
24 옥성호,『아버지, 옥한흠』, 146.
25 옥한흠, "제자훈련 인도자의 자격, 실력이 문제라기보다 자세의 문제다",「디사이플」(2010, 1.).
26 김영순 사모와 필자와의 면담, 2012년 4월 4일; 송길원 목사와 필자와의 면담, 2012년 5월 14일. 옥한흠은 성도 한 사람, 한 사람이 하나님의 말씀에 은혜 받지 못하는 모습이 보이면 안타까워하고 말할 수 없는 고통을 느꼈다. 그래서 그는 송길원에게 "나 우울증이야"라고 고백했던 적도 있었다. 이런 부담감 때문에 그는 인간적으로는 스스로 기쁨에 도취한 적이 없이 재미없이 살아갔던 삶이었지만, 남들이 재미있게 살아가며 사역하는 모습에는 그 누구보다도 천진난만하게 기뻐했었다.
27 옥성호,『아버지, 옥한흠』, 147-148.
28 김영순 사모와 필자와의 면담, 2015년 2월 18일. 그 당시 설교 사역을 위해 강단을 맡기

고자 했다면 권성수 교수였다고 한다. 그의 설교야말로 사랑의교회 성도들에게 외부 강사로는 은혜를 가장 많이 끼쳤다고 한다.

29 옥성호 본부장과 필자와의 면담, 2012년 3월 14일.
30 Special Interview, "John H. Oak",「평깨」(2001, 9-10.), 17.
31 옥한흠 목사의 워싱톤중앙장로교회에서의 부흥회 설교, 2003년 10월 2일.
32 오정현, "복음만이 세상을 바꿀 수 있다",『광인』, 127-129; 황태연, "1년 제자훈련이 평생 살아갈 신앙 컬러를 만들어줬다",「디사이플」(2006, 9.), 65.
33 오정현 목사와 필자와의 면담, 2012년 11월 30일.
34 같은 면담; 윤난영 사모와 필자와의 면담, 2012년 12월 27일.
35 오정현, "복음만이 세상을 바꿀 수 있다", 130.
36 같은 책, 130-131.
37 같은 책, 131.
38 오정현 목사와 필자와의 면담, 2012년 11월 30일.
39 "창립예배, 남가주사랑의교회",「우리」(1988. 4.), 1.
40 오정현, "내 평생의 스승",『8인이 말하는 옥한흠』, 196-197.
41 송태근 목사와 필자와의 면담, 2012년 10월 19일.
42 옥성호,『왜WHY?: 한국 교회 미래를 위한 특별 보고서』(수원: 도서출판 큰보, 2014), 58.
43 옥한흠, 홍정길 외,『내 마음을 찢어라』, 34-35.
44 옥성호 본부장과 필자와의 면담, 2012년 3월 14일.
45 홍정길, "그의 영혼, 영광의 개선식을 누리니", 23.
46 이동원 목사와 필자와의 면담, 2010년 9월 9일.
47 옥성호,『왜WHY?』, 68.
48 송길원, "영적 거장의 광인론에 매료되어", 172.
49 강명옥, "옥한흠 목사와 함께 한 24년", 151.
50 옥한흠,『제자훈련 열정 40년』, 329.
51 같은 책, 330.
52 같은 책, 331-333.
53 옥한흠이 오정현에게 보내는 편지, 2003년 1월 11일; 오정현, "내 평생의 스승", 200에서 재인용.
54 옥성호, "옥성호, 최초로 아버지 옥한흠을 말하다",「국민일보」(2010. 8. 17.); 옥성호,『아버지, 옥한흠』, 145-146.
55 김영순 사모와 필자와의 면담, 2012년 4월 4일.
56 옥성호,『왜WHY?: 한국 교회 미래를 위한 특별 보고서』, 110.
57 「디사이플」(2009, 10.).
58 옥한흠이 이혜진에게 보낸 이메일, 2003년 7월 24일.

59 옥한흠이 이혜진에게 보낸 이메일, 2003년 7월 24일.
60 오정현 목사와 필자와의 면담, 2012년 11월 30일.
61 윤난영 사모와 필자와의 면담, 2012년 12월 27일.
62 송태근 목사와 필자와의 면담, 2012년 10월 19일.
63 윤난영 사모와 필자와의 면담, 2012년 12월 27일.
64 옥한흠이 오정현에게 보내는 편지, 2003년 1월 11일; 오정현, "내 평생의 스승", 200-201에서 재인용.
65 옥한흠이 오정현에게 보낸 편지, 2003년 1월 11일.
66 오정현이 옥한흠에게 보낸 편지, 2010년 1월 17일; 오정현, "내 평생의 스승", 203에서 재인용.
67 같은 책, 205.
68 이중표, "별세의 사람 옥한흠", 93.
69 옥한흠 목사와 이상화 편집인과의 인터뷰, "교회침체가 아니라 교회본질이 파괴는 문제다",「크리스찬 투데이」(2010. 1. 13).
70 "교회승계 새 모델 제시, 사랑의교회 옥한흠-오정현 목사",「동아일보」(2003. 9. 5.).
71 같은 기사.
72 디지털과 아날로그의 합성어인 "디지로그" 시대에 대한 언급은 2010년 9월 19일 방영된 EBS의 교육 초대석, "디지로그 시대의 창조적 인간"이라는 이어령 박사의 특강에서 발췌했다.
73 오정현 목사와 필자와의 면담, 2012년 11월 30일.
74 윤난영 사모와 필자와의 면담, 2012년 12월 27일. 참조. 대천덕,『나와 하나님』(서울: 홍성사, 2004). 대천덕(Reuben Archer Torrey III)은 1918년 중국 산둥성(山東省) 지난(濟南)에서 장로교 선교사의 아들로 태어나 중국과 한국에서 성장기를 보냈다. 미국 데이비슨 대학교에서 사회학과 교육학을, 프린스턴 신학교에서 신학을 공부했고, 건축 노동자와 선원 등으로 일하며 사회생활을 익혔다. 후에 교파를 성공회로 옮겨 남부 대학에서 신학 공부를 했으며, 1946년에 사제 서품을 받고 12년간 목회 사역을 했다. 한국전쟁으로 피폐해진 성 미가엘 신학원(현 성공회대학교)의 재건을 도와 달라는 요청으로 1957년 한국에 왔고 1964년 신학원장직을 사임했다. 다음 해인 1965년 뜻을 같이하는 몇몇 동역자들 및 아내 현재인(Jane Grey Torrey)과 함께 강원도 황지(현 태백) 하사미에 노동과 기도의 삶을 실현하기 위해 '예수원' 공동체를 세웠고, 2002년 8월 6일 사망할 때까지 그곳에서 생활했다. 할아버지인 R. A. 토리 1세로부터 시작한 성령론과 헨리 조지의 원리에 토대를 둔 경제 이론 및 공동체에 관한 가르침은 그의 삶과 함께 한국의 그리스도인들에게 영향을 끼쳤다.
75 박용규,『사랑의교회 이야기』(서울: 생명의말씀사, 2012), 401.
76 오정현, "복음만이 세상을 바꿀 수 있다", 135-136.
77 윤난영 사모와 필자와의 면담, 2012년 12월 27일.
78 "사랑의교회, 목회 윤리 다시 세우기 첫 걸음",「뉴스앤조이」(2013. 4. 2.).

79 오정현 목사와 필자와의 면담, 2012년 11월 30일.
80 고성삼 목사와 필자와의 면담, 2010년 11월 12일.
81 "옥한흠 목사님 미공개 오디오 파일 녹취본" (2005. 1. 26.), 1. 사랑의교회 훈련담당 부목사 대상 특강 자료.
82 같은 녹취본, 2.
83 같은 녹취본, 2-5.
84 같은 녹취본, 5-6.
85 같은 녹취본, 7.
86 같은 녹취본, 7.
87 같은 녹취본, 7-8.
88 같은 녹취본, 8.
89 같은 녹취본, 9-11.
90 옥한흠이 오정현에게 보낸 이메일, 2005년 5월 21일.

16장 옥한흠의 한국 교회를 향한 외침

1 "'부활절 연합예배 설교-옥한흠, 한국 교회여, 다시 일어나라", 「국민일보」(2004. 4. 11.).
2 옥한흠, 『안아주심』(서울: 국제제자훈련원, 2007).
3 "'세속화 회개 사랑 평화실천을'-교계 대표지도자 4인, 한복협 조찬기도회 참석 호소", 「국민일보」(2008. 1. 11.).
4 이태형, "옥한흠 목사의 기도에 동참해야 할 이유", 「빛과 소금」 309 (2007. 8.), 175.
5 "'한국 교회 대부흥대회'에서 설교한 옥한흠 목사", 「중앙일보」(2007. 7. 10.).
6 "한국 교회 대부흥 100주년 기념행사 열려", 「연합뉴스」(2007. 7. 8.).; 김한수, "한국 교회 부흥은 가슴치는 회개로부터", 「조선일보」(2007. 7. 9.); "2007 한국 교회 대부흥 100주년기념대회… 교회 분열 버리고 100년의 부흥을 위하여", 「국민일보」(2007. 7. 9.).
7 이동원 목사와 필자와의 면담, 2010년 9월 9일.
8 이태형, "옥한흠 목사의 기도에 동참해야 할 이유", 175.
9 손인웅 목사와 필자와의 면담, 2010년 7월 30일.
10 이태형, "옥한흠 목사의 기도에 동참해야 할 이유", 175.
11 같은 글, 175.
12 옥한흠, "한국 교회 부흥회, 무엇이 문제인가?", 103.
13 같은 글, 104.
14 참조. 존 스토트 지음, 김명희 옮김, 『너의 죄를 고백하라』(서울: IVP, 2012).
15 옥한흠, 『요한이 전한 복음 1』, 109.
16 민경배, 『순교자 주기철 목사』(서울: 대한기독교서회, 1997), 282.

17 "30년 제자의 길 달려 온 사랑의교회, 30주년 기념예배 드려", 「뉴스미션」(2008. 10. 6.).
18 옥성호, 『왜Why?』, 158.
19 옥한흠, 오정현, "푯대를 향해 함께 달려갑시다", 사랑의교회 30주년 기념예배 설교, 2008년 10월 5일.
20 "30년 제자의 길 달려 온 사랑의교회, 30주년 기념예배 드려", 「뉴스미션」(2008. 10. 6.).
21 같은 기사.
22 막상 옥한흠 목사가 소천하니까 평생 병고로 시달리다 이 세상에서의 삶을 마감한 남편의 장기를 그의 뜻대로 차마 기증할 수 없었고, 그동안 사역에 바빠 아내의 곁에 없었지만 이제라도 남편을 내 곁에 두겠다는 생각이 강했다고 언급했다. 아들도 "그 부분은 가족이지만 어머님만의 결정이고 어머님만의 권리"라고 했다. 김영순 사모와 필자와의 면담, 2012년 4월 4일; 옥성호 본부장과 필자와의 면담, 2012년 6월 20일.
23 김대조, 『광인 옥한흠, 나는 죽고 교회는 살아야 한다』(서울: 두란노, 2012), 221.
24 같은 책, 222.
25 같은 책, 222.
26 옥성호, 『왜Why?』, 168.
27 옥한흠이 오정현에게 보낸 이메일, 2005년 5월 21일.
28 "옥한흠 목사, '나는 대형 교회주의자가 아니다,'" 「뉴스파워」(2007. 12. 18.).
29 옥한흠이 황의각에게 보내는 이메일, 2008년 1월 3일.
30 고성삼 목사와 필자와의 면담, 2010년 11월 12일.
31 옥성호 본부장과 필자와의 면담, 2012년 3월 14일.
32 한인권 장로와 필자와의 면담, 2010년 4월 23일.
33 오정현 목사와 필자와의 면담, 2012년 11월 30일.
34 옥성호 본부장과 필자와의 면담, 2012년 3월 14일.
35 황의각 장로와 필자와의 면담, 2012년 4월 18일.
36 김영순 사모와 필자와의 면담, 2012년 4월 4일.
37 송태근 목사와 필자와의 면담, 2012년 10월 19일.
38 옥한흠이 오정현에게 보낸 이메일, 2008년 6월 1일. 이 편지는 「뉴스앤조이」(2013. 2. 20.)에 전문 보도되었다. http://www.newsnjoy.or.kr/news/articleView.html?idxno=193415.
39 참조. 옥한흠 목사의 2008년 개인 수첩.
40 옥한흠이 오정현에게 보낸 이메일, 2008년 6월 1일.
41 오정현은 2008년 1월 14일자 「국민일보」에 당시 이명박 대통령의 4대강 사업을 지원하는 칼럼을 기고했다.
42 옥한흠이 오정현에게 보낸 이메일, 2008년 6월 1일, 2-3.
43 옥한흠이 오정현에게 보낸 이메일, 2008년 6월 1일, 3.
44 한규철 목사와 필자와의 면담, 2010년 9월 19일.

45 고성삼 목사와 필자와의 면담, 2010년 11월 12일.
46 옥한흠 목사 대담, "나의 교회론과 제자훈련은 엇박자가 된 것 같다",「디사이플」(2009. 11. 1.).
47 김만형 목사와 필자와의 면담, 2013년 1월 24일. 옥한흠은 교회가 어느 정도 안정되자 외제차인 포드 토러스를 구입했다가 여 순장반에서 비판하자 차를 금방 국산차로 바꾸었다. 토러스가 고급 승용차는 아니었지만, 정서상 반대가 있자 그렇게 결정했다. 또한 일산에 교회를 세우고자 했으나 지역 교회 목회자들이 반발하자 숙의 끝에 그러한 시도를 중단하기도 했다. 이런 면을 고려해 볼 때, 옥한흠이 사랑의교회 신축 문제로 벌어지는 상황을 보았다면 그는 신축 공사를 중단했을 것이라는 의견이 지배적이다. 그는 성경적으로 확실한 것이 아니라면, 얼마든지 접을 수 있다고 생각했다. 1993년에는 파이프 오르간 제작과 설치를 위해 6억 원이나 되는 경비를 기꺼이 헌납하겠다는 성도가 있었음에도 불구하고 옥한흠 목사와 당회원들은 당시의 경제 상황과 교회의 사회적 책임을 고려하여 백지화한 적이 있었다. "파이프 올겐 구입 백지화",「우리」(1993. 3. 21.), 1. 참조. 옥성호,『왜Why?』, 171.
48 박남규 목사와 필자와의 면담, 2012년 4월 27일.
49 옥성호 본부장과 필자와의 면담, 2012년 6월 20일; 김상복 목사와 필자와의 면담, 2013년 8월 13일.
50 김영순 사모와 필자와의 면담, 2012년 4월 4일; 박남규 목사의 필자와의 면담, 2012년 4월 27일; 옥성호 본부장과 필자와의 면담, 2012년 6월 20일.
51 옥한흠의 2008년 개인 수첩. 참조. 김용태 약국 보고서(옥한흠).
52 옥한흠의 2009년 개인 수첩.
53 같은 개인 수첩.
54 이종식 목사와 필자와의 면담, 2012년 6월 21일.
55 "옥한흠 목사의 마지막 흔적들", 옥한흠의 2009년, 2010년 개인 수첩; 박정은이 필자에게 보내 온 이메일, "은보 옥한흠 목사의 2008-2012 주요 공식 일정", 2012년 5월 4일.
56 옥성호,『아버지, 옥한흠』, 136-137.
57 같은 책, 137; 황의각 장로와 필자와의 면담, 2012년 4월 18일.
58 옥한흠,『평신도를 위한 제자훈련 입문, 길』(서울: 국제제자훈련원, 2003), 26.
59 옥한흠,『길』, 31.
60 옥성호,『아버지, 옥한흠』, 138.
61 같은 책, 143; 옥한흠 목사 대담, "나의 교회론과 제자훈련은 엇박자가 된 것 같다",「디사이플」(2009. 11. 1.).
62 김진경 박사와 필자와의 면담, 2013년 1월 15일.
63 김명호,『나는 잇는다』(서울: 국제제자훈련원, 2011).
64 옥성호,『아버지, 옥한흠』, 157.
65 옥한흠,『길』, 53.

66　옥성호, 『아버지, 옥한흠』, 159.
67　박영돈, 『일그러진 한국 교회의 얼굴』(서울: IVP, 2013), 23.
68　유진 피터슨, 『유진 피터슨』, 270-271.
69　같은 책, 288.
70　"'사랑의교회=제자훈련' '삼일교회=청년'… 우리교회는?", 「크리스천투데이」(2014. 2. 5.).

17장　옥한흠의 마지막 투병과 소천

1　옥성호, 『아버지, 옥한흠』, 156.
2　"옥한흠 목사님 기도제목: 분당우리교회 이찬수 목사님", http://www.cyworld.com/kyd 972/4865783.
3　옥한흠, 『요한이 전한 복음 2』, 251.
4　같은 책, 261.
5　<속보>, "옥한흠 목사 장남, '아버지 매우 위중한 상태'", 「국민일보」(2010. 8. 24.).
6　"옥한흠 목사님은 이 시대의 스승", 「뉴스파워」(2010. 8. 25.).
7　"옥한흠 목사님, 벌떡 일어나십시오", 「뉴스파워」(2010. 8. 10.).
8　오정현 목사와 필자와의 면담, 2012년 11월 30일.
9　옥한흠 목사의 2010년 개인 수첩.
10　박남규 목사와 필자와의 면담, 2012년 4월 27일. 옥한흠 목사가 애창했던 찬송은 「주 달려 죽은 십자가」, 「주 예수보다도 더 귀한 것은 없네」, 「나 같은 죄인 살리신」, 등이었고, 복음송가로는 「내 평생 사는 동안 주를 찬양하리」, 「흙으로 사람을 지으사」, 등이었다. 이러한 찬양은 병상에 누워 있는 옥한흠에게 많은 위로와 소망을 주었다.
11　"목사님의 말없는 설교", 「우리」(1989. 6. 18.), 5.
12　박성수, "내 인생을 바꾼 사건", 124.
13　유진 피터슨, 『유진 피터슨』, 358-359.
14　김영순 사모와 필자와의 면담, 2012년 4월 13일.
15　2009년 3월 12일, 옥한흠 목사는 사랑의교회 안성수양관에서 모인 포에버 수양회에 와서 인사말을 전하고 이 찬송을 불렀다. 참조, 옥한흠 목사의 2009년 개인 수첩.
16　옥한흠, 『제자훈련 열정 40년』, 219.
17　옥한흠, 『소명자는 낙심하지 않는다』(서울: 국제제자훈련원, 2003), 251-252.
18　존 스토트, 『제자도』, 138.
19　"죽음을 통한 생명의 원리"는 스토트가 급진적 제자도의 여덟째이자 마지막 특징으로 언급하고 있다. 존 스토트, 『제자도』, 135-157.
20　콜린 듀리에즈, 『프랜시스 쉐퍼』, 358.

21 김영순 사모와 필자와의 면담, 2012년 4월 13일.
22 이찬수 목사와 필자와의 면담, 2012년 4월 25일.
23 송길원, "영적 거장의 광인론에 매료되어", 『8인이 말하는 옥한흠』, 171-172.
24 이상규, "부산, 경남지방에서의 첫 수세자(受洗者)는 누구인가?", 「미스바」 16(1990), 135.
25 한인권, "교회 안의 하나님을 가정과 직장에서도 만나게 하셨던 분", 『광인』, 105.
26 옥성호, "나는 아빠처럼 살고 싶지 않았어요", 『광인』, 164.
27 같은 책, 165.
28 오정현, "복음만이 세상을 바꿀 수 있다", 『광인』, 138.
29 같은 책, 138-139.
30 같은 책, 139.
31 [한국 교회언론회 논평], "제자훈련, 교회 갱신, 복음주의로 한국 교회 섬김이 역할", 「크리스천투데이」(2010. 9. 2.).
32 옥한흠, "한국 교회, 여기에 그 해답이 있다", 130-131.
33 옥한흠, 『희망은 있습니다』, 185-195.
34 이러한 특성은 사회적 문제들에 대한 옥한흠의 설교집인 『희망은 있습니다』에서 발견된다.
35 옥한흠, "교회 부흥을 교회가 가로막고 있다!", 「월간목회」 245(1997. 1.), 40-55.
36 이찬수, "옥한흠 목사에게서 배워야 할 것들", 「국민일보」(2010. 9. 5.).
37 옥한흠 목사 대담, "나의 교회론과 제자훈련은 엇박자가 된 것 같다", 「디사이플」(2009. 11.); 옥성호, 『아버지, 옥한흠』, 158에서 재인용.
38 같은 책, 158.
39 같은 책, 162.
40 옥한흠은 2001년 8월 20일에 열린 교회갱신목회자협의회(교갱협) 영성 수련회에서 "소명자는 낙심하지 않는다"(고후 4:16-18)라는 설교를 선포했다. 또한 이 모임에서 외친 설교들을 모아 동일한 제목의 설교집을 출판했다. 참조. 옥한흠, 『소명자는 낙심하지 않는다』(서울: 국제제자훈련원, 2003).
41 옥성호, 『아버지, 옥한흠』, 174.
42 라일 도싯, 『C. S. 루이스의 영성』, 60.
43 강명옥 전도사와 필자와의 면담, 2012년 3월 28일.
44 오정현, "복음만이 세상을 바꿀 수 있다", 134-135.
45 옥성호, 『아버지, 옥한흠』, 179.
46 김한수, "기도해 준 분들에게 진 빚", 「조선일보」(2015. 2. 4.).
47 김영순 사모와 필자와의 면담, 2012년 11월 16일; 옥성호 본부장과 필자와의 면담, 2012년 6월 20일.

옥한흠 평전

1판 1쇄	인쇄	2025년 11월 25일
1판 1쇄	발행	2025년 12월 5일

지은이   박응규

발행처   도서출판 뜰힘
발행인   최병인
편집   최병인
디자인   이차희
등록   2021년 9월 13일 제 2021-000037호
이메일   talkingworker@gmail.com
인스타그램 instagram.com/ddeulhim
페이스북 facebook.com/ddeulhim

ISBN 979-11-979243-9-2 03230

ⓒ 박응규 2025
이 책은 저작권법에 의해 보호받는 저작물이므로
무단전재와 무단복제를 금합니다.
이 책 내용의 일부 또는 전부를 이용하려면 저작권자와
도서출판 뜰힘의 동의를 얻어야 합니다.

뜰힘은 아래를 향하는 힘에 반하여 위로 뜨려는 힘입니다.

옥한흠 연보

1938년	12월 5일, 경남 거제에서 아버지 옥약실과 어머니 이희순의 3남 1녀 중 장남으로 태어나다.
1951년	경남 거제 일운초등학교를 졸업하다.
1955년	경남 거제 지세포 대광중학교를 졸업하다.
1958년	경남 거제 장승포 거제고등학교를 졸업하다.
1961년	12월, 육군 현역으로 입대하다.
1962년	군복무 중 성균관대학교 문리대학 영문학과(야간)에 입학하다.
1963년	여름 폐결핵 발병하다.
1964년	9월, 서울6관구에서 근무, 육군 병장으로 만기 제대하다.
1965년	4월, 김영순과 결혼하다.
1967년	2월, 장남 성호가 태어나다.
1968년	2월, 성균관대학교 문리대학 영문학과를 졸업하다.
1968년	3월, 총신대학교 신학대학원에 입학하다.
1968년	4월, 서울 은평교회 전도사로 부임하다.
1968년	10월, 차남 승훈이 태어나다.
1970년	4월, 서울 성도교회 전도사로 부임하다. 대학부를 맡아 제자훈련 사역에 눈을 뜨다.
1970년	12월, 총신대학교 신학대학원을 졸업하다.
1972년	대한예수교장로회(합동) 수도노회에서 목사 안수를 받다.
1974년	9월, 삼남 성수가 태어나다.
1975년	국비 장학생으로 선발되어 가족을 두고 홀로 미국 유학을 떠나다. 미국 칼빈 신학교에 입학하다.
1977년	5월, 미국 칼빈 신학교에서 신학석사 학위를 받다.
1978년	7월, 강남은평교회를 개척하다.
1980년	11월, 합동신학교에서 실천신학을 강의하다.
1981년	9월, 강남은평교회를 사랑의교회로 개칭하다.
1982년	7월, 제1회 '사랑의 생활화 세미나'(현재 대각성전도집회)를 개최하다.
1983년	7월, 성전 건축 기공 예배를 드리다.
1984년	6월, 『평신도를 깨운다』를 발간하다.